Paramahansa Yogananda
(5 gennaio 1893 – 7 marzo 1952)
Un *premavatar*, 'Incarnazione dell'amore' (vedere nota a pagina 363)

Autobiografia di uno Yogi

di Paramahansa Yogananda

con una prefazione di W. Y. Evans-Wentz

"Se non vedete segni e prodigi, voi non credete". (Giovanni 4, 48)

Self-Realization Fellowship
FOUNDED 1920 BY PARAMAHANSA YOGANANDA

Titolo originale dell'opera in inglese pubblicata dalla
Self-Realization Fellowship, Los Angeles (California):
Autobiography of a Yogi

ISBN: 978-0-87612-083-5

Traduzione italiana a cura della Self-Realization Fellowship

Copyright © 2009, 2025 Self-Realization Fellowship

Tutti i diritti riservati. Eccetto che per brevi recensioni librarie, *Autobiografia di uno Yogi (Autobiography of a Yogi)* non può essere riprodotto, memorizzato, trasmesso o diffuso in alcuna sua parte e con alcun mezzo – elettronico, meccanico o altro – attualmente conosciuto o che verrà inventato in futuro, comprese fotocopie, registrazioni e qualsiasi altro sistema di conservazione e reperimento dati, senza il permesso scritto della Self-Realization Fellowship, 3880 San Rafael Avenue, Los Angeles, California 90065-3219, U.S.A.

Autobiografia di uno Yogi è stato pubblicato in lingua albanese, araba, armena, assanese, bengali, bulgara, ceca, cinese (semplificata e tradizionale), coreana, croata, danese, ebraica, estone, farsi, filippina, finlandese, francese, giapponese, greca, gujarati, hindi, indonesiana, inglese, islandese, italiana, kamada, kazaka, lettone, lituana, malayalam, marathi, nepalese, norvegese, olandese, oriya, polacca, portoghese, punjabi, rumena, russa, sanscrita, serba, singalese, slovacca, spagnola, svedese, tailandese, tamil, tedesca, telugu, turca, ucraina, ungherese, urdu e vietnamita.

L'edizione audio è disponibile in lingua inglese, italiana, spagnola e tedesca.

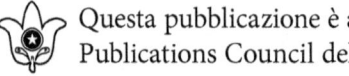 Questa pubblicazione è autorizzata dall'International Publications Council della Self-Realization Fellowship

Il nome *Self-Realization Fellowship* e l'emblema (riportato in alto) appaiono su tutti i libri, le registrazioni e le altre pubblicazioni della SRF garantendo al lettore che l'opera proviene dall'organizzazione fondata da Paramahansa Yogananda e riporta fedelmente i suoi insegnamenti.

Prima edizione in italiano pubblicata dalla Self-Realization Fellowship, 2025
First edition in Italian by Self-Realization Fellowship, 2025
Stampato, 2025
This printing, 2025

ISBN: 978-1-68568-057-2

1142-J7519

L'eredità spirituale di Paramahansa Yogananda

Tutti i suoi scritti, le conferenze e i discorsi informali

Paramahansa Yogananda ha fondato la Self-Realization Fellowship[1] nel 1920 per divulgare i propri insegnamenti e preservare la loro purezza e autenticità per le generazioni future. Scrittore e oratore prolifico fin dai suoi primi anni in America, Yogananda ha prodotto una grande varietà di opere di successo sulla scienza della meditazione yoga, sull'arte di vivere in modo equilibrato e sulla fondamentale unità di tutte le grandi religioni. Oggi questo impareggiabile patrimonio spirituale di così vasta portata si perpetua e si diffonde in tutto il mondo, ispirando milioni di ricercatori della verità.

In conformità al desiderio espresso dal grande maestro, la Self-Realization Fellowship ha continuato a pubblicare e a ristampare la serie completa delle opere di Paramahansa Yogananda. Queste comprendono non solo le ultime edizioni dei libri pubblicati quando egli era in vita, ma anche molti nuovi testi: opere in attesa di pubblicazione al tempo della sua scomparsa avvenuta nel 1952, oppure apparse solo in parte e a puntate sulla rivista della Self-Realization Fellowship, come pure centinaia di conferenze e discorsi informali profondamente ispiranti, che erano stati registrati o trascritti ma non ancora pubblicati.

Paramahansa Yogananda scelse e preparò personalmente i discepoli a lui molto vicini che formavano il Publications Council della Self-Realization Fellowship, impartendo loro precise istruzioni in merito alla pubblicazione degli scritti contenenti i suoi insegnamenti. I responsabili del Publications Council della SRF (monaci e monache che hanno fatto voto di rinuncia e dedicano la loro vita al servizio altruistico) rispettano

---

[1] Paramahansa Yogananda ha spiegato che la denominazione 'Self-Realization Fellowship', letteralmente "Fratellanza nella realizzazione del Sé", significa "amicizia con Dio grazie alla realizzazione del Sé e amicizia con tutte le anime che sono alla ricerca della verità".

queste istruzioni come un sacro dovere, affinché il messaggio universale di questo maestro amato in tutto il mondo possa perpetuarsi con la forza e l'autenticità originarie.

L'emblema della Self-Realization Fellowship (riportato alla pagina precedente) è stato scelto da Paramahansa Yogananda per contraddistinguere l'organizzazione senza scopo di lucro che lui stesso ha fondato al fine di divulgare in tutto il mondo la sua opera spirituale e umanitaria. Il nome della SRF e l'emblema appaiono su tutte le pubblicazioni e gli articoli audiovisivi della Self-Realization Fellowship, garantendo che l'opera proviene dall'organizzazione fondata da Paramahansa Yogananda e presenta fedelmente i suoi insegnamenti proprio secondo i suoi desideri.

Self-Realization Fellowship

Dedicato alla memoria di Luther Burbank:

"Un santo americano"

Ringraziamenti

Sono profondamente grato a L. V. Pratt [Tara Mata] per il lungo lavoro redazionale da lei svolto sul manoscritto di questo libro. Ringrazio sentitamente anche C. Richard Wright per avermi permesso di utilizzare alcuni brani tratti dal suo diario di viaggio in India. Sono grato a W. Y. Evans-Wentz non solo per la prefazione, ma anche per i suggerimenti e l'incoraggiamento.

Paramahansa Yogananda

28 ottobre 1945

Prefazione

di W. Y. Evans-Wentz

Autore e traduttore di molti classici sullo yoga e sull'antica saggezza dell'Oriente, tra cui *Lo yoga tibetano e le dottrine segrete*, *Tibet's Great Yogi Milarepa*, *The Tibetan Book of the Dead*.

Il valore dell'*Autobiografia* di Yogananda è oltremodo accresciuto dal fatto che, tra i libri pubblicati in inglese sui saggi dell'India, questo è uno dei pochi che sia stato scritto non da un giornalista o da uno straniero, ma da un saggio come loro, con le stesse origini e la stessa formazione: in breve, è il libro *di uno yogi sugli yogi*. In quanto testimonianza diretta sulle vite straordinarie e gli straordinari poteri dei santi indù dell'epoca moderna, quest'importante opera si colloca sia nel tempo sia al di fuori del tempo. Mi auguro vivamente che ogni lettore riservi al suo illustre autore, che ho avuto il piacere di incontrare sia in India sia in America, l'apprezzamento e la gratitudine che gli spettano. Quanto l'autore narra della propria vita singolare è di certo, tra tutte le opere simili che siano mai state pubblicate in Occidente, uno dei racconti più capaci di rivelare i profondi contenuti della mente e del cuore degli indiani e la ricchezza spirituale dell'India.

Ho avuto il privilegio di incontrare uno dei saggi del quale si narra qui la biografia: Sri Yukteswar Giri. Un'immagine del venerabile santo è apparsa sul frontespizio nel mio libro *Lo yoga tibetano e le dottrine segrete*[1]. Fu a Puri, in Orissa, sul golfo del Bengala, che incontrai Sri Yukteswar. Dirigeva allora un tranquillo *ashram* in riva al mare e si occupava principalmente della formazione spirituale di un gruppo di giovani discepoli. Egli espresse un vivo interesse per il benessere della gente degli Stati Uniti e di tutte le Americhe, come pure dell'Inghilterra, e mi interrogò sulle attività, in particolare quelle svolte nella lontana California, del suo principale discepolo, Paramahansa Yogananda, che

---

[1] Astrolabio-Ubaldini, Roma 1973.

egli amava molto e che aveva inviato nel 1920 in Occidente con l'incarico di diffondere i suoi insegnamenti.

Sri Yukteswar aveva modi gentili, una voce pacata, un piacevole aspetto, ed era degno della venerazione che i suoi seguaci spontaneamente gli tributavano. Tutti coloro che lo conoscevano, che appartenessero alla sua comunità o meno, lo stimavano profondamente. Ricordo vividamente la sua figura ascetica, alta ed eretta, avvolta nella veste color ocra di chi ha rinunciato a ricercare i beni terreni, mentre stava all'entrata dell'eremitaggio per darmi il benvenuto. Aveva la barba e i capelli lunghi e un po' ondulati. Il corpo era sodo e muscoloso, ma snello e di bell'aspetto, e il passo energico. Aveva scelto per sua dimora terrena la sacra città di Puri, dove moltitudini di religiosi indù, provenienti da ogni provincia dell'India, si recano ogni giorno in pellegrinaggio al famoso tempio di Jagannath, 'Signore del mondo'. Fu a Puri che nel 1936 Sri Yukteswar chiuse i suoi occhi mortali dinanzi alle scene di questa esistenza transitoria e passò oltre, consapevole che la sua incarnazione era ormai giunta a un trionfale epilogo.

Sono veramente felice di poter rendere questa testimonianza sulla nobile natura e sulla santità di Sri Yukteswar. Lieto di condurre una vita appartata, lontano dalle folle, egli si era votato senza riserve e con grande serenità a quegli ideali di vita che Paramahansa Yogananda, suo discepolo, ha ora descritto per i secoli a venire.

Introduzione

"L'incontro con Paramahansa Yogananda mi è rimasto impresso nella memoria come uno degli avvenimenti indimenticabili della mia vita... Mentre guardavo il suo volto, i miei occhi erano quasi abbagliati da un fulgore, una luce spirituale che letteralmente emanava dalla sua persona. La sua infinita gentilezza, quell'amabile cortesia mi avvolgevano come una calda luce solare... Mi rendevo conto che la sua comprensione e la sua intuizione erano talmente grandi da arrivare a includere il più prosaico dei problemi, sebbene egli fosse un uomo dello Spirito. In lui ho trovato un vero ambasciatore dell'India, che ha portato e diffuso nel mondo l'essenza dell'antica saggezza dell'India."

Binay R. Sen, ex ambasciatore
dell'India negli Stati Uniti

Per quanti hanno conosciuto personalmente Paramahansa Yogananda, la sua vita e la sua persona sono state un'indiscutibile testimonianza del potere e dell'autenticità dell'antica saggezza che egli trasmise al mondo. Innumerevoli lettori della sua autobiografia hanno affermato che da queste pagine traspare la stessa luce di autorevolezza spirituale irradiata dalla sua persona. Acclamato come un capolavoro alla sua prima pubblicazione, risalente a più di settantacinque anni fa, il libro non soltanto narra la storia di una vita di indubbia grandezza, ma è un'affascinante introduzione al pensiero spirituale dell'Oriente (in particolare alla sua impareggiabile scienza della comunione diretta e personale con Dio) e schiude al pubblico occidentale un mondo finora accessibile solo a pochi.

Oggi *Autobiografia di uno Yogi* è riconosciuto in tutto il mondo come un classico della letteratura spirituale. In questa introduzione desideriamo farvi partecipi della straordinaria storia del libro.

La stesura dell'opera era stata profetizzata molto tempo addietro. Una delle figure che svolse un ruolo preminente nella rinascita dello yoga nei tempi moderni, Lahiri Mahasaya, venerato maestro del diciannovesimo secolo, aveva predetto: "Circa cinquant'anni dopo che me ne sarò andato, qualcuno scriverà la mia biografia, perché in Occidente nascerà un profondo interesse per lo yoga. Il messaggio dello yoga si diffonderà in tutto il mondo e contribuirà a stabilire la fratellanza tra gli uomini: un'unione che si fonda sulla percezione diretta dell'Unico Padre".

Molti anni più tardi un grande discepolo di Lahiri Mahasaya, lo Swami Sri Yukteswar, riferì questa profezia a Sri Yogananda. "Tu devi fare la tua parte", affermò, "diffondendo quel messaggio e scrivendo la storia di quella vita santa".

Fu nel 1945, esattamente cinquant'anni dopo la morte di Lahiri Mahasaya, che Paramahansa Yogananda terminò la sua *Autobiografia di uno Yogi*, soddisfacendo pienamente entrambe le richieste del proprio guru: narrare per la prima volta, in inglese e con dovizia di particolari, la straordinaria vita di Lahiri Mahasaya e presentare a un pubblico mondiale l'antica scienza spirituale dell'India.

Paramahansa Yogananda lavorò alla stesura di *Autobiografia di uno Yogi* per molti anni. Sri Daya Mata, una delle prime discepole[1], che fu molto vicina al maestro, ricorda:

"Quando nel 1931 giunsi a Mount Washington, Paramahansaji aveva già iniziato a lavorare all'*Autobiografia*. Una volta, mentre mi trovavo nel suo studio per svolgere alcuni lavori di segreteria, ebbi il privilegio di vedere uno dei primi capitoli scritti dal maestro: era quello sullo 'swami delle tigri'. Mi chiese di conservarlo, e mi spiegò che avrebbe fatto parte del libro che stava scrivendo. La maggior parte del libro fu scritta in seguito, tra il 1937 e il 1945".

Dal giugno 1935 all'ottobre 1936, Sri Yogananda ritornò in India (facendo tappa in Europa e in Palestina) per incontrare un'ultima volta il proprio guru, Swami Sri Yukteswar. In India raccolse molte informazioni sugli eventi che avrebbe menzionato nell'*Autobiografia*, come pure episodi della vita di alcuni dei santi e dei saggi che aveva conosciuto, narrati poi nel libro in modo memorabile. Scrisse più tardi: "Non avevo mai dimenticato la richiesta di Sri Yukteswar di scrivere la storia della vita di Lahiri Mahasaya. Durante il mio soggiorno in India coglievo ogni

---

[1] Sri Daya Mata entrò nel 1931 a far parte della comunità monastica che Paramahansa Yogananda aveva fondato sulla collina di Mount Washington, che domina la città di Los Angeles. È stata presidente della Self-Realization Fellowship dal 1955 fino alla sua scomparsa nel 2010.

occasione per incontrare i discepoli diretti e i parenti dello *yogavatar*. Riportando le loro testimonianze in voluminosi appunti, verificavo fatti e date e raccoglievo fotografie, vecchie lettere, documenti".

Appena tornato negli Stati Uniti alla fine del 1936, cominciò a trascorrere gran parte del tempo nell'eremitaggio che era stato costruito per lui durante la sua assenza a Encinitas, sulla costa meridionale della California. Encinitas si rivelò un luogo ideale per concentrarsi e completare il libro che aveva iniziato anni prima.

"È ancora vivo nella mia memoria il ricordo dei giorni trascorsi in quel tranquillo eremitaggio sul mare", racconta Daya Mata. "Paramahansaji aveva molti altri impegni e responsabilità, per cui non poteva lavorare tutti i giorni all'*Autobiografia*, ma di solito riservava al libro le ore serali e ogni momento libero disponibile. A partire dal 1939 o dal 1940, poté dedicare tutto il suo tempo al libro. E tutto il suo tempo significava dall'alba di ogni giorno fino all'alba del giorno seguente! Un piccolo gruppo di noi discepole, Tara Mata, mia sorella Ananda Mata, Sraddha Mata e io, lo assisteva nella stesura. Ogni parte, una volta dattiloscritta, veniva consegnata a Tara Mata, che ne curava la redazione.

"Che preziosi ricordi! Mentre scriveva, Paramahansaji riviveva interiormente le sacre esperienze che stava narrando. Il divino intento che si prefiggeva era condividere la gioia e le rivelazioni ricevute in presenza dei santi e dei grandi maestri, e la sua personale realizzazione del Divino. Spesso si interrompeva per qualche tempo, con lo sguardo rivolto verso l'alto e il corpo immobile, assorto nel *samadhi*, lo stato di profonda comunione con Dio. L'intera stanza era pervasa da un'atmosfera straordinariamente potente di amore divino. Per noi discepole, il solo essere presenti in tali occasioni significava sentirsi elevate a uno stato di coscienza superiore.

"Finalmente, nel 1945, giunse il giorno trionfale della conclusione del libro. Paramahansaji scrisse le ultime parole: 'Signore, Tu hai dato a questo monaco una grande famiglia'; poi posò la penna ed esclamò con gioia:

"'È fatto, è finito. Questo libro cambierà la vita di milioni di persone. Sarà il mio messaggero, quando io non ci sarò più'".

Fu allora compito di Tara Mata trovare un editore. Paramahansa Yogananda l'aveva incontrata nel 1924 a San Francisco, mentre teneva una serie di conferenze e lezioni. Dotata di rara intuizione spirituale,

Tara Mata venne a far parte del piccolo gruppo di discepoli più avanzati che circondava Paramahansaji. Egli la stimava moltissimo per le sue capacità redazionali, ed era solito dire che Tara Mata possedeva una delle menti più brillanti che avesse mai conosciuto. Apprezzava la sua vasta cultura e la sua capacità di comprendere la saggezza delle scritture dell'India; in un'occasione osservò: "Ad eccezione del mio grande guru Sri Yukteswar, non c'è nessuno con il quale abbia parlato con maggior piacere della filosofia indiana".

Tara Mata portò il manoscritto a New York. Ma trovare un editore non era compito facile. Come si ha spesso modo di osservare, la vera statura di una grande opera può non essere inizialmente riconosciuta dalle menti più conformiste. Sebbene l'era atomica, che era appena iniziata, avesse già ampliato le capacità della coscienza collettiva umana, permettendo di comprendere sempre più la sottile unità tra materia, energia e pensiero, gli editori dell'epoca non erano ancora pronti ad accogliere capitoli come "Un palazzo si materializza sull'Himalaya" e "Il santo dai due corpi"!

Per un anno, Tara Mata visse in un appartamentino arredato in modo molto spartano, senza riscaldamento né acqua calda, facendo il giro delle case editrici. Finalmente poté spedire un cablogramma che annunciava la riuscita dell'impresa. La Philosophical Library, una stimata casa editrice di New York, aveva accettato di pubblicare l'*Autobiografia*. "Non riesco neanche a dare un'idea di quanto Tara Mata abbia fatto per questo libro…", dichiarò Sri Yogananda. "Se non fosse stato per lei, il libro non sarebbe mai uscito".

Poco prima del Natale del 1946, le copie tanto attese giunsero a Mount Washington.

Il libro fu accolto dai lettori e dalla stampa mondiale con calorose manifestazioni di apprezzamento.

> "Prima d'ora non è stato scritto, in inglese o in nessun'altra lingua, nulla di simile a questa presentazione dello yoga", affermò la *Columbia University Press* nella sua *Review of Religions*.

> The *New York Times* lo definì "un documento raro".

> Il *Newsweek* dichiarò: "Il libro di Yogananda è un'autobiografia dell'anima anziché del corpo… È un'analisi affascinante di uno stile religioso

di vita, commentato in modo chiaro e candidamente descritto nello stile esuberante dell'Oriente".

Riportiamo di seguito alcuni passaggi tratti da altre recensioni che apparvero sulla stampa.

Il *San Francisco Chronicle* scrisse: "In uno stile di lettura molto piacevole... Yogananda offre una presentazione convincente dello yoga, e coloro che erano 'venuti per deridere' potrebbero rimanere 'per pregare'".

Lo *United Press* commentò: "Yogananda illustra le dottrine esoteriche orientali con grande chiarezza e senso dell'umorismo. Il suo libro merita di essere letto in quanto è la narrazione di una vita ricca di esperienze spirituali".

Sul *The Times of India* apparve: "L'autobiografia di questo saggio è una lettura accattivante".

Il *Saturday Review* affermò: "...non può non coinvolgere e appassionare il lettore occidentale".

Il *Grandy's Syndicated Book Reviews*: "Avvincente, ispirante; una 'rarità letteraria'".

Il *West Coast Review of Books*: "Qualunque sia il vostro credo religioso, troverete in *Autobiografia di uno Yogi* la gioiosa affermazione del potere insito nell'animo umano".

Il *News-Sentinel, Fort Wayne, Indiana*: "Una vera e propria rivelazione... un racconto intriso di umanità... può aiutare il genere umano a comprendere meglio sé stesso... un'autobiografia esemplare... emozionante... narrata con arguta intelligenza e sincerità irresistibile... affascinante come un romanzo".

Il *Sheffield Telegraph, England*: "...un'opera monumentale".

Con la traduzione del libro in altre lingue, cominciò ad apparire un numero molto più vasto di recensioni sui giornali e sui periodici di tutto il mondo.

Il Tempo del Lunedì di Roma affermò: "Pagine che incanteranno il lettore, poiché rispondono all'aspirazione e al desiderio sopiti nel cuore di ogni essere umano".

Sul *China Weekly Review* di Shanghai apparve: "Un libro dai contenuti insoliti... in modo particolare per i cristiani contemporanei, che hanno preso l'abitudine di relegare in modo confortevole i miracoli ai secoli passati... I passaggi filosofici sono di estremo interesse. Yogananda si trova su un piano spirituale che trascende le differenze religiose... Un libro che vale la pena di leggere."

In Olanda l'*Haagsche Post* dichiarò: "...frammenti di saggezza di una profondità tale da lasciare il lettore ammaliato, perennemente commosso".

Il mensile letterario tedesco *Welt und Wort* riportò queste parole: "Estremamente avvincente... Il valore straordinario di *Autobiografia di uno Yogi* consiste nel fatto che in queste righe, per la prima volta, uno yogi rompe il silenzio e ci parla delle sue esperienze spirituali. Fino a qualche tempo fa, un simile resoconto sarebbe stato considerato con un certo scetticismo. Ma la situazione mondiale odierna ci induce a riconoscere il valore di questo libro... L'intento dell'autore non è quello di presentare lo Yoga dell'India in contrapposizione alla dottrina cristiana, bensì come un suo alleato, come fossero compagni di viaggio diretti verso la stessa meta suprema".

Eleftheria, Grecia: "Grazie a questo libro il lettore... vedrà ampliarsi all'infinito gli orizzonti del pensiero e comprenderà che il proprio cuore è capace di battere per tutti gli esseri umani, indipendentemente dal colore o dalla razza. È un libro che si può definire ispirante".

Neue Telta Zeitung, Austria: "Tra i messaggi più profondi e significativi di questo secolo".

La Paz, Bolivia: "Il lettore contemporaneo raramente troverà un libro così meraviglioso, intenso e pieno di verità come *Autobiografia di uno Yogi*... Colmo di sapienza e ricco di esperienze personali... Uno dei capitoli più straordinari del libro è quello che illustra i misteri della vita dopo la morte del corpo fisico".

Shleswig-Holsteinische Tagespost, Germania: "Queste pagine rivelano, con una potenza e una chiarezza impareggiabili, una vita affascinante e una personalità di tale inaudita grandezza da lasciare il lettore senza fiato dal principio alla fine... Dobbiamo riconoscere che questa biografia davvero degna di nota ha la capacità di generare una rivoluzione spirituale".

Presto uscì una seconda edizione, poi una terza nel 1951. Oltre alle correzioni, agli aggiornamenti di parti del testo e all'eliminazione di alcuni brani in cui si descrivevano attività e programmi organizzativi non più attuali, Paramahansa Yogananda aggiunse un capitolo conclusivo, uno dei più lunghi del libro, che riguarda gli anni 1940-1951. In una nota a questo nuovo capitolo, l'autore dichiara: "Nel capitolo 49 della terza edizione di questo libro (1951), ho aggiunto molte nuove informazioni. In risposta alle richieste avanzate da svariati lettori delle prime due edizioni, ho risposto qui a varie domande sull'India, sullo yoga e sulla filosofia vedica".²

"È stato per me molto commovente ricevere le lettere di migliaia di lettori", scrisse Sri Yogananda nell'edizione del 1951 in una nota dell'autore. "Le loro osservazioni, e il fatto che il libro sia stato tradotto in molte lingue, mi incoraggiano a credere che l'Occidente abbia trovato in queste pagine una risposta affermativa alla domanda: 'L'antica scienza dello yoga può occupare un posto significativo nella vita dell'uomo moderno?'".

Con il passare degli anni, le 'migliaia di lettori' sono diventate milioni, e il fascino costante e universale di *Autobiografia di uno Yogi* si è fatto sempre più manifesto. Settantacinque anni dopo la sua prima

---

² Ulteriori revisioni, sempre a opera di Paramahansa Yogananda, furono incluse nella settima edizione (1956), come si legge in una Nota dell'editore a questa edizione:

"Questa edizione americana del 1956 contiene revisioni fatte da Paramahansa Yogananda nel 1949 per l'edizione inglese di Londra, come pure revisioni aggiuntive apportate dall'autore nel 1951. In una nota all'edizione di Londra, datata 25 ottobre 1949, Paramahansa Yogananda ha scritto: 'Gli adattamenti per l'edizione inglese di questo libro mi hanno dato l'opportunità di modificare e ampliare un poco il testo. Oltre al nuovo materiale presente nell'ultimo capitolo, ho aggiunto un certo numero di note nelle quali ho risposto a domande che mi erano state poste dai lettori dell'edizione americana'.

"Le revisioni più recenti che l'autore aveva apportato nel 1951 erano destinate alla quarta edizione americana del 1952. A quel tempo i diritti di *Autobiografia di uno Yogi* appartenevano a una casa editrice di New York. Nel 1946 a New York ogni pagina del libro era stata riprodotta con una matrice per galvanotipia. Di conseguenza, per aggiungere anche una sola virgola, era necessario eliminare la matrice di metallo di un'intera pagina e saldare un'altra matrice che riportasse la virgola desiderata. A causa del costo richiesto dal rifacimento di molte lastre, l'editore di New York non incluse nella quarta edizione le revisioni fatte dall'autore nel 1951.

"Verso la fine del 1953, la Self-Realization Fellowship (SRF) acquistò dall'editore di New York tutti i diritti di *Autobiografia di uno Yogi*. La SRF ristampò il libro nel 1954 e nel 1955 (quinta e sesta edizione); tuttavia nel corso di quei due anni altri impegni impedirono alla sezione editoriale della SRF di intraprendere l'arduo compito di includere le revisioni nelle matrici per galvanotipia. Il lavoro, però, fu compiuto in tempo per la settima edizione".

Dopo il 1956 furono apportate ulteriori revisioni editoriali, seguendo le indicazioni che Tara Mata aveva ricevuto da Paramahansa Yogananda prima della sua scomparsa.

Nelle prime edizioni di *Autobiografia di uno Yogi* l'autore viene chiamato 'Paramhansa', secondo l'uso alquanto diffuso in bengali di omettere la trascrizione della *a* muta o semimuta. Per assicurarsi che risultasse esplicito il sacro significato di questo appellativo fondato sui *Veda*, nelle edizioni successive è stata adottata la regola sanscrita di trascrizione: 'Paramahansa', da *parama*, 'il più nobile o supremo' e *hansa*, 'cigno', per indicare colui che ha conseguito la suprema realizzazione del suo vero Sé divino, e l'unità di quel Sé con lo Spirito.

pubblicazione, il libro appare ancora tra i best-seller delle opere di metafisica e spiritualità. Un fenomeno raro! Disponibile in molte lingue e anche in un'edizione audio, con la lettura in italiano di Norman Mozzato, oltre che in formato digitale, il libro è inoltre ampiamente utilizzato dai college e dalle università di tutto il mondo, in corsi che spaziano dalla filosofia e dalla religione orientale alla letteratura inglese, alla psicologia, alla sociologia, all'antropologia, alla storia e persino alla direzione aziendale. Nel 2014 è uscito nelle sale cinematografiche il film documentario pluripremiato *Awake: the life of Yogananda* (*Il sentiero della felicità*), che ha reso disponibili al grande pubblico in tutto il mondo molti degli episodi narrati nell'*Autobiografia*. Come predetto più di un secolo prima da Lahiri Mahasaya, il messaggio dello yoga e la sua antica tradizione della meditazione hanno davvero abbracciato il mondo intero.

"Famoso soprattutto per la sua *Autobiografia di uno Yogi*, che ha ispirato innumerevoli milioni di persone nel mondo", scrive la rivista di metafisica *New Frontier* (ottobre 1986), "Paramahansa Yogananda, come Gandhi, ha fatto entrare la spiritualità nella visione tradizionale della società. Si può a ragione dire che Yogananda abbia contribuito più di chiunque altro a introdurre il termine 'yoga' nel nostro vocabolario". Diana L. Eck, nota studiosa delle religioni presso la Harvard University, ha ripreso questa osservazione affermando nel suo libro *A New Religious America*, pubblicato nel 2001: "Il motivo centrale dell'opera di Yogananda ha toccato un tasto molto sentito in America: l'unità di fondo tra scienza e religione… Yogananda ha reso famoso lo yoga in America". Phyllis Tickle, già redattrice per l'ambito religioso del *Publishers Weekly* e una delle più autorevoli voci in materia di religione in America fino alla sua scomparsa avvenuta nel 2015, ha dichiarato nel suo libro *God-Talk in America*: "Pochi libri… hanno avuto un impatto maggiore sulla teologia in ambito popolare di *Autobiografia di uno Yogi* di Paramahansa Yogananda".

Il dottor David Frawley, stimato studioso e direttore dell'American Institute of Vedic Studies, afferma nella rivista *Yoga International* (ottobre/novembre 1996): "Si può sostenere che Yogananda sia il padre dello yoga in Occidente, non del puro e semplice yoga fisico, che è oggi di moda, ma dello yoga spirituale, la scienza della realizzazione del Sé, che è il vero significato dello yoga".

Il professor Ashutosh Das dell'Università di Calcutta sostiene: *Autobiografia di uno Yogi* è considerato come una *Upanishad* della nuova era… Ha appagato la sete spirituale dei ricercatori della verità di tutto il mondo. Noi, in India, constatiamo incantati e stupiti la straordinaria popolarità di questo libro che parla dei santi e della filosofia indiana. Ci ha riempito di soddisfazione e di orgoglio vedere che il nettare immortale del *Sanatana Dharma* dell'India (le leggi eterne della verità) è custodito nell'aurea coppa di *Autobiografia di uno Yogi*".

Anche nella ex Unione Sovietica il libro sembrò aver suscitato una profonda impressione in quei pochi lettori che riuscirono a leggerlo durante il regime comunista. Justice V. R. Krishna Iyer, ex giudice della Corte Suprema dell'India, racconta che, in occasione di una sua visita a una città nei pressi di San Pietroburgo (l'allora Leningrado), chiese a un gruppo di professori "se avessero pensato a cosa accade quando l'uomo muore… Allora uno dei professori si ritirò tranquillamente e poi tornò con un libro: *Autobiografia di uno Yogi*. La cosa destò in me una certa sorpresa. In un Paese dominato dalla filosofia materialistica di Marx e Lenin, ecco il funzionario di un istituto governativo che mi mostrava il libro di Paramahansa Yogananda! 'Vogliate comprendere che lo spirito dell'India non ci è estraneo', mi disse. 'Noi accogliamo come veritiero tutto ciò che è riportato in questo libro'".

"Tra le migliaia di libri pubblicati ogni anno", concludeva un articolo dell'*India Journal* (21 aprile 1995), "alcuni sono di intrattenimento, altri sono istruttivi, e altri ancora sono edificanti. Un lettore può considerarsi fortunato se trova un libro che assolva tutti e tre i compiti. *Autobiografia di uno Yogi* è qualcosa di eccezionale: è un libro che schiude le porte della mente e dello spirito".

Negli ultimi anni il libro è stato accolto da librai, critici e lettori come una delle opere spirituali più autorevoli dei tempi moderni. Nel 1999 una commissione di autori e studiosi nominata dalla Harper Collins ha selezionato *Autobiografia di uno Yogi* tra i "Cento migliori libri spirituali del secolo"; Tom Butler-Bowden ha scritto nel suo *50 Spiritual Classics*, pubblicato nel 2005, che l'*Autobiografia* era "legittimamente celebrata come uno dei libri spirituali più piacevoli e illuminanti che sia mai stato scritto".

Nel capitolo finale dell'*Autobiografia* troviamo la solenne assicurazione che hanno proclamato i santi e i saggi di tutte le religioni del mondo, dall'antichità fino ai nostri giorni:

> "Dio è Amore; il suo progetto creativo può essere fondato solo sull'amore. Questo semplice pensiero non offre forse al cuore umano una consolazione maggiore di ogni ragionamento erudito? Tutti i santi che sono penetrati nel cuore della Realtà hanno dato testimonianza dell'esistenza di un divino disegno universale che è meraviglioso e pieno di gioia".

Mentre *Autobiografia di uno Yogi* si inoltra nel suo secondo mezzo secolo di vita, la nostra speranza è che tutti i lettori di quest'opera così feconda di ispirazione (coloro che ne fanno la conoscenza per la prima volta, come pure quei lettori per i quali è diventata da tempo un'amata compagna sul sentiero della vita) vedano le proprie anime aprirsi a una fede più profonda nella verità trascendente che si cela nel cuore degli apparenti misteri della vita.

Self-Realization Fellowship
Los Angeles, California
Settembre 2021

L'eterna legge della rettitudine

La bandiera della nuova India indipendente (1947) ha una banda color arancione, una bianca e una verde scuro. Il *Dharma Chakra* ('ruota della legge'), di colore blu marino, è la riproduzione di un disegno apparso sulla colonna di pietra di Sarnath, eretta nel terzo secolo a. C. dall'imperatore Asoka.

La ruota è stata scelta in quanto simbolo dell'eterna legge della rettitudine; e in secondo luogo anche in onore alla memoria del più illustre sovrano del mondo. "Il suo regno, che durò quarant'anni, non ha eguali nella storia", scrive lo storico inglese H. G. Rawlinson. "È stato spesso paragonato a Marco Aurelio, san Paolo e Costantino… Duecentocinquanta anni prima di Cristo, Asoka ha avuto il coraggio di esprimere orrore e rimorso dinanzi alle conseguenze di una campagna vittoriosa e di rinunciare volontariamente alla guerra come mezzo politico".

I domini ereditati da Asoka comprendevano l'India, il Nepal, l'Afghanistan e il Baluchistan. Primo sostenitore di un'ideologia internazionalista, egli inviò missioni culturali e religiose, colme di regali e benedizioni, a Burma, a Ceylon, in Egitto, in Siria e in Macedonia.

"Asoka, terzo re della dinastia Maurya, fu uno dei grandi re filosofi della storia", ha osservato lo studioso P. Masson-Oursel. "Nessuno è mai riuscito come lui a unire energia e benevolenza, giustizia e carità. Asoka è stato l'incarnazione vivente dei suoi tempi, e allo stesso tempo ci appare ancora oggi come una figura molto moderna. Nel corso del suo lungo regno riuscì a ottenere ciò che ai nostri occhi sembrerebbe la semplice aspirazione di un visionario: godendo del potere materiale più grande possibile, fu capace di creare le condizioni per la pace. Ben oltre i suoi vasti domini, Asoka realizzò quello che era stato il sogno di alcune religioni: l'ordine universale, un ordine che abbracciava il genere umano".

"Lo scopo del *dharma* (la legge cosmica) è la felicità di tutte le creature". Sui suoi editti scolpiti nella roccia e sulle colonne di pietra che sono rimasti fino ai nostri giorni, Asoka avverte amorevolmente i sudditi del suo vasto impero che la felicità è radicata nella moralità e nella devozione.

Con la sua nuova bandiera, l'India moderna, che aspira a rinnovare la gloria e la prosperità che per millenni regnò in tutto il Paese, rende omaggio alla memoria di Asoka, il sovrano 'caro agli dei'.

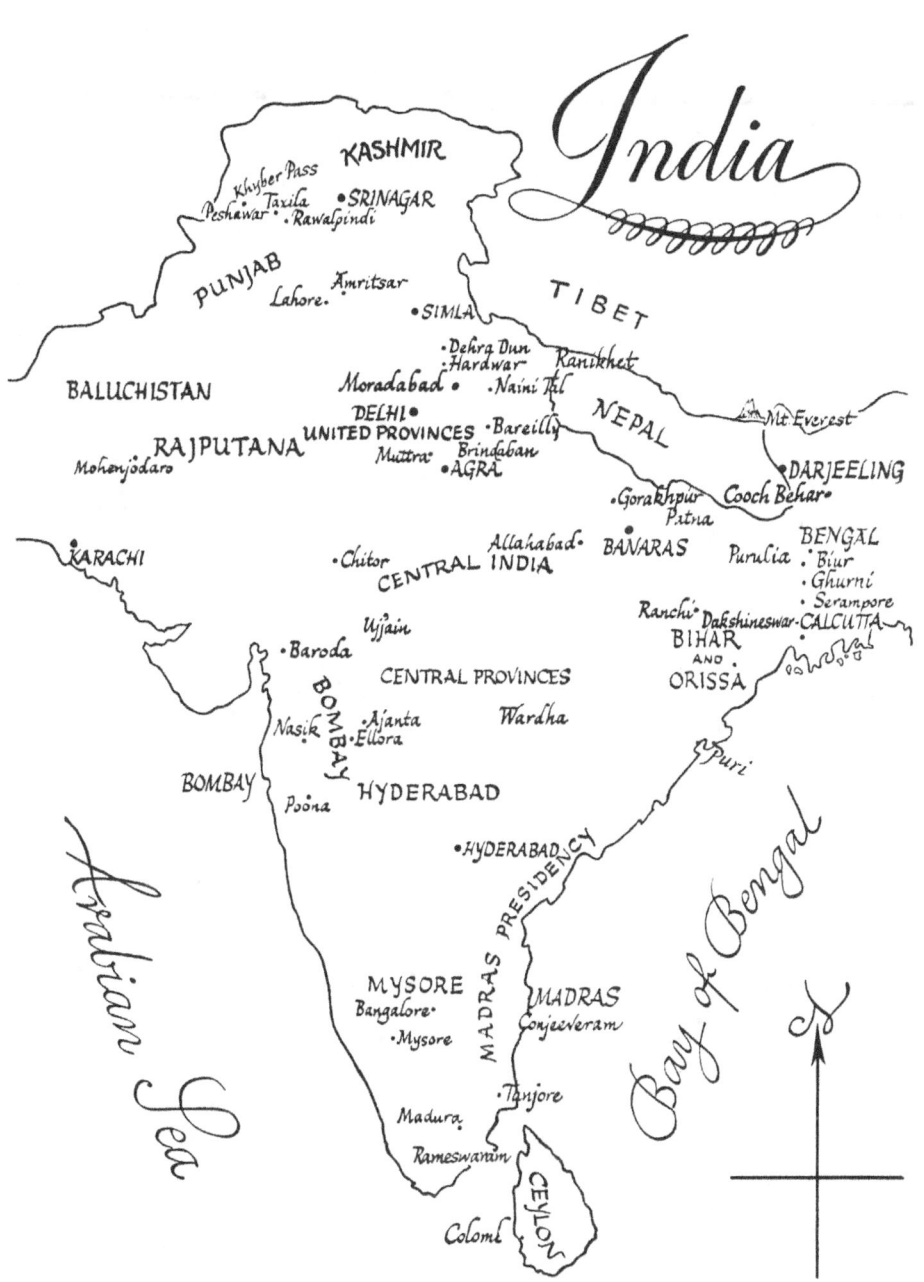

L'India prima del 1947. (Alcune aree a nord-ovest formano ora il Pakistan e altre a nord-est il Bangladesh.)

Autobiografia di uno Yogi

Capitolo 1

I miei genitori e la mia prima infanzia

I segni distintivi della cultura indiana sono stati fin dai tempi più remoti la ricerca delle verità supreme e il rapporto fra guru[1] e discepolo, che a queste verità è strettamente connesso.

Il mio sentiero mi condusse alla presenza di un saggio simile al Cristo, la cui vita meravigliosa era destinata a lasciare un'impronta nel tempo. Egli fu uno dei grandi maestri ai quali l'India deve la sua ricchezza imperitura. Manifestandosi nel corso di ogni generazione, essi hanno protetto il loro Paese dal destino subito dalle antiche civiltà dell'Egitto e della Babilonia.

Tra i miei primi ricordi affiorano immagini di un'incarnazione precedente, chiare reminiscenze di una vita lontana, in cui ero uno yogi[2] e vivevo fra le nevi dell'Himalaya. Per qualche inafferrabile legame, questi barlumi del passato mi hanno permesso di scorgere il futuro.

Ricordo ancora il senso di impotenza per le umiliazioni sofferte nella prima infanzia. Ero consapevole, con mio grande disappunto, di non riuscire a camminare e a esprimermi liberamente. Quando mi rendevo conto di queste limitazioni fisiche, dal profondo del mio cuore si levavano prorompenti preghiere. La mia intensa vita emotiva si esprimeva silenziosamente dentro di me con le parole di molte lingue diverse. In questa 'torre di Babele' interiore, mi abituai gradualmente alla lingua bengali dei miei familiari. Oh, l'affascinante universo della mente di un bambino, che gli adulti credono interessato solo ai giocattoli e alle dita dei propri piedini!

Il fermento psicologico e l'incapacità del corpo di rispondere ai miei comandi mi provocavano frequenti e ostinate crisi di pianto. Ricordo lo

---

[1] Maestro spirituale. La *Guru Gita* (verso 17) definisce il guru 'colui che disperde l'oscurità' (da *gu* 'oscurità' e *ru* 'colui che disperde').
[2] Colui che pratica lo yoga, 'unione', l'antica scienza della meditazione su Dio (vedere il capitolo 26: "La scienza del Kriya Yoga").

sgomento di tutta la famiglia di fronte alla mia disperazione. Ma nella mia mente si affollano anche ricordi più felici: le carezze di mia madre, i miei tentativi di balbettare le prime frasi e di muovere i primi, incerti passi. Questi trionfi iniziali, di solito presto dimenticati, sono tuttavia la base naturale della fiducia in sé stessi.

Avere lontanissimi ricordi non è una mia esclusiva prerogativa. Si conoscono molti yogi che hanno mantenuto ininterrotta la coscienza di sé nonostante il drammatico passaggio dalla 'vita' alla 'morte' e viceversa. Se l'uomo fosse soltanto una forma fisica, la perdita del corpo metterebbe davvero fine alla sua identità; ma, se per millenni i profeti hanno detto il vero, l'uomo è essenzialmente l'anima incorporea e onnipresente.

Per quanto insolito, non è rarissimo avere chiare reminiscenze della prima infanzia. Nel corso dei viaggi che ho compiuto in numerosi Paesi ho incontrato alcune persone, assolutamente attendibili, che mi hanno parlato dei loro primissimi ricordi.

Sono nato il 5 gennaio del 1893 a Gorakhpur, nell'India nord-orientale, vicino alla catena dell'Himalaya, e vi ho trascorso i primi otto anni della mia vita. Eravamo otto figli, quattro maschi e quattro femmine. Io, Mukunda Lal Ghosh,[3] ero il secondo maschio e il quarto figlio.

I miei genitori erano bengalesi e appartenevano alla casta *kshatriya*.[4] Entrambi erano stati dotati di una natura profondamente spirituale, e il loro amore reciproco, dignitoso e tranquillo, non si esprimeva mai futilmente. La perfetta armonia che regnava tra loro era il fulcro attorno al quale turbinava l'esuberanza di otto giovani vite.

Mio padre, Bhagabati Charan Ghosh, era mite, grave, a volte severo. Pur amandolo molto, noi bambini ci tenevamo a rispettosa distanza. Matematico e logico di notevole statura, era guidato principalmente dall'intelletto. Mia madre, invece, era una vera regina di cuori e ci educava solo con l'amore. Dopo la sua morte, mio padre manifestò maggiormente la sua tenerezza nascosta. Mi accorgevo allora che il suo sguardo sembrava spesso trasformarsi in quello di mia madre.

Sotto la guida materna noi bambini facemmo i primi approcci dolceamari con le sacre Scritture. Per mantenere la disciplina, ella faceva ingegnosamente ricorso ad appropriati racconti tratti dal *Mahabharata*

---

[3] Il mio nome cambiò in quello di Yogananda quando, nel 1915, entrai nell'antico Ordine monastico degli swami. Il mio guru mi conferì il titolo religioso di *Paramahansa* nel 1935 (vedere pagine 244 e 442).

[4] La seconda casta, originariamente quella dei sovrani e dei guerrieri.

I miei genitori e la mia prima infanzia

e dal *Ramayana*;[5] in quelle occasioni punizioni e insegnamenti andavano di pari passo.

In segno di rispetto verso nostro padre, ogni pomeriggio nostra madre ci vestiva con cura per accoglierlo quando tornava dall'ufficio. Le sue mansioni erano pari a quelle di un vicepresidente in una delle più grandi società indiane: la compagnia ferroviaria Bengal-Nagpur Railway. Poiché il lavoro lo costringeva a viaggiare, da bambino ho vissuto con la mia famiglia in diverse città.

Mia madre era sempre generosa con i bisognosi. Anche mio padre era di animo buono, ma estendeva al bilancio familiare il suo rispetto per la legge e per l'ordine. Una volta, per nutrire i poveri, mia madre spese in due settimane più di quanto mio padre guadagnasse in un mese.

"Per favore, non ti chiedo altro che di mantenere la tua carità entro un limite ragionevole", le disse mio padre. Ma anche il più lieve rimprovero da parte del marito era penoso per lei. Senza far minimamente cenno a noi figli del loro dissapore, ordinò una carrozza.

"Addio, torno da mia madre". Antico ultimatum!

Noi, sconcertati, scoppiammo in lacrime. In quel momento arrivò, giusto in tempo, lo zio materno, che bisbigliò a mio padre alcuni saggi consigli, frutto senza dubbio di una saggezza secolare. E dopo qualche parola conciliante da parte di mio padre, mia madre, tutta felice, mandò via la carrozza. Così scomparve l'unica nube che io abbia mai notato fra i miei genitori. Ma ricordo una loro emblematica discussione.

"Per favore, dammi dieci rupie per una povera donna che ha chiesto proprio ora il mio aiuto". Il sorriso di mia madre aveva un certo potere persuasivo.

"Perché dieci rupie? Una è sufficiente". E per giustificarsi mio padre aggiunse: "Quando mio padre e i nonni morirono improvvisamente, conobbi per la prima volta la povertà. A colazione, prima di andare a scuola, distante parecchie miglia, mangiavo solo una piccola banana. Più tardi, all'università, ero tanto povero che chiesi a un ricco giudice il sussidio di una rupia al mese, ma lui me la negò, osservando che anche una sola rupia aveva la sua importanza".

"Con quanta amarezza rammenti il rifiuto di quella rupia!". Il cuore di mia madre fu ispirato da una logica immediata: "Vuoi che anche

---

[5] Questi antichi poemi epici rappresentano un patrimonio che racchiude in sé la storia, la mitologia e la filosofia dell'India.

questa donna ricordi con dolore il tuo rifiuto delle dieci rupie di cui ha urgente bisogno?".

"Hai vinto!". Con l'eterno gesto di ogni marito sconfitto, aprì il portafoglio: "Eccoti dieci rupie; gliele offro di tutto cuore".

Mio padre aveva la tendenza a reagire con un 'no' a qualsiasi nuova proposta. Il suo atteggiamento verso la sconosciuta che aveva così prontamente suscitato la compassione di mia madre era un esempio della sua abituale prudenza. Questa riluttanza ad accettare immediatamente qualsiasi cosa onorava in realtà il principio di accordare la 'debita riflessione' a ogni iniziativa. Ho sempre considerato mio padre ragionevole ed equilibrato nei suoi giudizi. Se ero in grado di sostenere le mie numerose richieste con un buon argomento o due, invariabilmente mi concedeva ciò che desideravo, si trattasse di un viaggio o di una motocicletta nuova.

Egli impose ai figli una severa disciplina sin dall'infanzia, e verso sé stesso aveva un atteggiamento veramente spartano. Non andava mai a teatro, per esempio, ma cercava il suo svago nelle pratiche spirituali e nella lettura della Bhagavad Gita.[6] Rifuggendo da ogni tipo di lusso, portava sempre le stesse vecchie scarpe finché non diventavano inservibili. I figli comperarono l'automobile, quando divenne d'uso comune, ma mio padre si accontentò sempre del tram per recarsi ogni giorno in ufficio.

Accumulare denaro per amore del potere era contrario alla sua natura. Quando organizzò la Calcutta Urban Bank, rinunciò al beneficio di tenere delle azioni per sé. Era stato mosso soltanto dal desiderio di compiere un dovere civico nel tempo libero a sua disposizione.

Mio padre era andato in pensione già da diversi anni quando giunse dall'Inghilterra un ispettore con l'incarico di esaminare i libri contabili della Compagnia Ferroviaria Bengala-Nagpur. Questo ispettore scoprì, con sua grande sorpresa, che mio padre non aveva mai reclamato le gratifiche arretrate.

"Ha svolto il lavoro di tre impiegati", dichiarò ai responsabili della Compagnia, "e ha un credito di 125.000 rupie (pari a 41.250 dollari), per i compensi arretrati". L'amministrazione inviò a mio padre un assegno

---

[6] Questo sommo poema sanscrito, che fa parte dell'epopea del *Mahabharata*, è la bibbia induista. Mahatma Gandhi ha scritto: "Chi mediterà sui versetti della Bhagavad Gita ne trarrà ogni giorno nuova gioia e nuovi significati. Non esiste un solo problema spirituale che la *Gita* non possa risolvere".

I miei genitori e la mia prima infanzia

di quella cifra. Egli se ne curò così poco che dimenticò di parlarne in famiglia. Molto tempo dopo, Bishnu, il più giovane dei miei fratelli, notò il grosso deposito leggendo un estratto conto bancario e lo interrogò in merito.

"Perché gioire dei vantaggi materiali?", rispose mio padre. "Colui che persegue la meta della serenità d'animo non si rallegra per un guadagno né si addolora per una perdita. Sa che giunge povero su questa terra e da questa terra riparte senza una sola rupia".

Nei primi tempi del loro matrimonio i miei genitori divennero discepoli di un grande maestro: Lahiri Mahasaya di Benares. Questo legame rafforzò la naturale indole ascetica di mio padre. Una volta mia madre fece alla mia sorella maggiore, Roma, una straordinaria rivelazione: "Tuo padre e io dormiamo insieme come marito e moglie solo una volta all'anno, allo scopo di avere dei figli".

Mio padre incontrò Lahiri Mahasaya grazie ad Abinash Babu,[7] un impiegato dell'ufficio di Gorakhpur della Compagnia Ferroviaria Bengala-Nagpur. Le mie giovani orecchie udirono da lui storie appassionanti sulla vita di molti santi indiani, che terminavano invariabilmente con un tributo alla somma grandezza del suo guru.

"Hai mai conosciuto le circostanze straordinarie che indussero tuo padre a diventare discepolo di Lahiri Mahasaya?". Era un pigro pomeriggio estivo, e mi trovavo seduto insieme ad Abinash nel cortile di casa mia, quando egli mi fece questa interessante domanda. Scossi il capo sorridendo, in attesa.

"Molti anni fa, prima che tu nascessi, chiesi a tuo padre, che era il mio superiore, di concedermi una settimana di permesso per recarmi a visitare il mio guru a Benares. Tuo padre si burlò di me:

'Volete diventare un fanatico religioso?', mi domandò. 'Concentratevi sul lavoro d'ufficio, se volete fare carriera'.

"Quel giorno, mentre tornavo tristemente a casa lungo un sentiero fra i boschi, incontrai tuo padre in portantina. Egli congedò portatori e portantina e si incamminò al mio fianco. Per consolarmi, enumerò tutti i vantaggi che si potevano ottenere lavorando per raggiungere il successo nel mondo. Ma io lo ascoltavo distrattamente; il mio cuore ripeteva: 'Lahiri Mahasaya! Non posso vivere senza vedervi!'.

---

[7] L'appellativo *Babu* (signore) in bengali viene posto dopo il nome.

Gurru (Gyana Prabha) Ghosh
(1868–1904)
Madre di Yoganandaji; discepola di Lahiri Mahasaya.

"Il sentiero che stavamo percorrendo ci condusse sul ciglio di un campo tranquillo, dove gli ultimi raggi del sole indoravano le cime ondeggianti dell'erba incolta. Ci fermammo ammirati. E all'improvviso, nel campo, a pochi passi da noi, apparve la figura del mio grande guru![8]

'Bhagabati, sei troppo severo con il tuo dipendente!'. Le sue parole risuonarono nei nostri orecchi attoniti, poi scomparve, così misteriosamente com'era venuto. Mi inginocchiai, invocando: 'Lahiri Mahasaya! Lahiri Mahasaya!'. Tuo padre rimase qualche istante immobile per lo stupore.

"Poi disse: 'Abinash, non solo concedo *a voi* il permesso, ma lo concedo anche *a me stesso*, e domani partiremo per Benares. Devo conoscere questo grande Lahiri Mahasaya, che ha il potere di materializzarsi quando vuole, per intercedere in vostro favore. Condurrò anche mia moglie e chiederò al maestro di accoglierci sul suo sentiero spirituale. Volete accompagnarci da lui?'.

[8] I poteri straordinari dei grandi maestri sono descritti nel capitolo 30: "La legge dei miracoli".

I miei genitori e la mia prima infanzia

Bhagabati Charan Ghosh
(1853–1942)
Padre di Yoganandaji; discepolo di Lahiri Mahasaya.

'Certamente!'. Provai una gioia immensa per la miracolosa risposta che aveva ricevuto la mia preghiera e per il rapido e favorevole svolgersi degli eventi.

"La sera seguente i tuoi genitori e io partimmo per Benares. Vi arrivammo il giorno dopo; prendemmo una carrozza per un tratto di strada e poi ci inoltrammo a piedi lungo gli stretti viottoli che conducevano alla casa solitaria del mio guru. Entrando nel suo salottino ci inchinammo dinanzi al maestro, che sedeva raccolto nella sua abituale posizione del loto. Egli socchiuse i suoi occhi penetranti e li fissò su tuo padre. 'Bhagabati, sei troppo severo con il tuo dipendente!'. Erano le stesse parole che aveva pronunciato due giorni prima nel campo incolto. E aggiunse: 'Sono lieto che tu abbia permesso ad Abinash di venirmi a trovare, e che tu e tua moglie lo abbiate accompagnato'.

"Con loro grande gioia, egli iniziò i tuoi genitori alla tecnica spirituale del Kriya Yoga.[9] Tuo padre e io, essendo entrambi discepoli dello

---

[9] Una tecnica yoga insegnata da Lahiri Mahasaya mediante la quale si acquieta il tumulto dei sensi e si raggiunge un'identità sempre maggiore con la coscienza cosmica (vedere il capitolo 26).

stesso guru, siamo diventati amici fraterni fin dal giorno memorabile di quella visione. Lahiri Mahasaya si interessò particolarmente a te, fin dalla tua nascita. Di sicuro la tua vita sarà legata alla sua; la benedizione del maestro non viene mai meno".

Lahiri Mahasaya abbandonò questo mondo poco tempo dopo che io vi feci il mio ingresso. Il suo ritratto, racchiuso in una bella cornice, ha sempre adornato il nostro altare di famiglia in tutte le città in cui mio padre fu trasferito per il suo lavoro. Molte mattine e molte sere mia madre e io meditammo dinanzi a un altare improvvisato, offrendo fiori intinti in una fragrante pasta di legno di sandalo. Con l'incenso e la mirra, e con le nostre preghiere, onoravamo la divinità che aveva trovato massima espressione in Lahiri Mahasaya.

Il suo ritratto esercitò un'influenza straordinaria sulla mia vita. Man mano che crescevo, il pensiero del maestro cresceva con me. Spesso, quando meditavo, vedevo la sua immagine fotografica prendere vita e staccarsi dalla piccola cornice per venire a sedersi di fronte a me. Se cercavo di toccare i piedi del suo corpo luminoso, tornava ad essere nuovamente un ritratto. Passando dall'infanzia alla fanciullezza scoprii che Lahiri Mahasaya si era trasformato nella mia mente: non era più una piccola immagine racchiusa in una cornice, ma una presenza viva e illuminante. Nei momenti di difficoltà o di turbamento lo pregavo spesso, trovando dentro di me il conforto della sua guida.

In principio ero addolorato perché non viveva più nel suo corpo fisico, ma quando cominciai a scoprire la sua onnipresenza segreta, non mi lamentai più. Egli stesso aveva scritto sovente a quei discepoli che erano troppo ansiosi di vederlo: "Perché volete venire a vedere le mie ossa e la mia carne, quando io sono sempre nella sfera del vostro *kutastha* (vista spirituale)?".

Avevo circa otto anni quando fui benedetto da una prodigiosa guarigione, compiuta attraverso il ritratto di Lahiri Mahasaya. Questa esperienza intensificò il mio amore. Mentre mi trovavo nella proprietà di famiglia a Ichapur, nel Bengala, fui colpito dal colera asiatico. Ero condannato; i medici non potevano far nulla. Vicino al capezzale, mia madre mi esortava affannosamente a guardare l'immagine di Lahiri Mahasaya, che si trovava sulla parete, sopra il mio letto.

"Inchinati a lui mentalmente!". Sapeva che ero troppo debole perfino per sollevare le mani in segno di saluto. "Se davvero gli dimostri la tua devozione e ti inginocchi interiormente dinanzi a lui, la tua vita sarà salva!".

Fissai il ritratto, e d'improvviso una luce abbagliante avvolse il mio corpo e si diffuse in tutta la stanza. La nausea e gli altri sintomi incontrollabili scomparvero. Ero guarito. Tutt'a un tratto mi sentii abbastanza forte per inchinarmi e toccare i piedi di mia madre in segno di rispetto per l'immensa fede che aveva nel suo guru. Ella appoggiò ripetutamente la fronte sul piccolo ritratto.

"Maestro onnipresente, ti ringrazio per aver guarito mio figlio con la tua luce!".

Mi resi conto che anche lei aveva visto quel grande bagliore che mi aveva guarito all'istante da una malattia di solito fatale.

Uno dei miei tesori più preziosi è proprio quella fotografia. Donata personalmente a mio padre da Lahiri Mahasaya, trasmette una sacra vibrazione. L'immagine aveva un'origine miracolosa; ne appresi la storia da Kali Kumar Roy che, come mio padre, era un discepolo di Lahiri Mahasaya.

Sembra che il maestro non gradisse affatto essere fotografato. Nonostante le sue proteste, una volta fu ripreso insieme a un gruppo di devoti, fra cui si trovava anche Kali Kumar Roy. Il fotografo scoprì con grande stupore che mentre sulla lastra erano impresse molto nitidamente le immagini di tutti i discepoli, al centro, dove logicamente si aspettava di trovare la figura di Lahiri Mahasaya, appariva soltanto uno spazio vuoto. Questo fenomeno fu oggetto di grandi discussioni.

Un discepolo esperto di fotografia, Ganga Dhar Babu, si vantò di essere capace di immortalare quella figura inafferrabile, dichiarando che a lui non sarebbe sfuggita. La mattina seguente, mentre il guru era seduto nella posizione del loto su una panca di legno con un paravento alle spalle, Ganga Dhar Babu giunse con la sua attrezzatura. Prendendo ogni precauzione per raggiungere lo scopo, usò ben dodici lastre ma dovette presto scoprire che su ciascuna di esse erano rimasti impressi soltanto la panca di legno e il paravento: ancora una volta la figura del maestro non appariva.

Umiliato, Ganga Dhar Bahu si recò piangendo dal suo guru. Molte ore passarono prima che Lahiri Mahasaya rompesse il silenzio con queste incisive parole:

"Io sono Spirito. Può il tuo apparecchio fotografico ritrarre l'Onnipresente Invisibile?".

11

"Vedo bene che non può. Ma, venerabile maestro, io desidero ardentemente un'immagine del vostro tempio corporeo. Il mio modo di pensare è stato fino a oggi piuttosto limitato, non mi ero reso conto che lo Spirito dimora pienamente in voi".

"Vieni domattina, allora, e poserò per te".

Di nuovo il fotografo mise a fuoco l'obiettivo. Questa volta la sacra figura, non più ammantata di misteriosa impercettibilità, apparve nitida sulla lastra. Il maestro non posò mai più, che io sappia, per nessun'altra fotografia.

L'immagine è riprodotta in questo libro.[10] Il volto di Lahiri Mahasaya, dai lineamenti molto regolari, non rivela affatto a quale etnia appartenesse. La gioia della comunione con Dio è appena accennata dal suo enigmatico sorriso. Gli occhi sono semiaperti per indicare un interesse del tutto marginale verso il mondo esteriore, ma sono anche semichiusi, per indicare che è immerso nella beatitudine interiore. Dimentico delle lusinghe terrene, egli era tuttavia pienamente consapevole dei bisogni spirituali di coloro che si rivolgevano a lui, attratti dalla sua generosità d'animo.

Una mattina, mentre ero seduto sul letto, poco tempo dopo la mia guarigione avvenuta grazie al potere del ritratto del guru, fui rapito da una profonda visione spirituale.

"Che cosa c'è dietro l'oscurità degli occhi chiusi?". Questo interrogativo si presentò con forza alla mia mente. Un immenso lampo di luce apparve d'improvviso al mio sguardo interiore; divine figure di santi, assorti nella meditazione in grotte montane, apparvero come immagini cinematografiche in miniatura sul grande schermo luminoso all'interno della mia fronte.

"Chi siete?", domandai ad alta voce.

"Siamo gli yogi dell'Himalaya". È difficile tradurre in parole quella risposta celestiale. Il mio cuore palpitava di emozione.

---

[10] Vedere immagine a pagina 323. Si possono richiedere copie di questa fotografia alla Self-Realization Fellowship. Vedere anche il ritratto di Lahiri Mahasaya a pagina 354. Mentre si trovava in India negli anni 1935 e 1936, Paramahansa Yogananda incaricò un pittore bengalese di dipingere questo ritratto, ispirandosi alla fotografia originale, e successivamente lo scelse come ritratto ufficiale da utilizzare nelle pubblicazioni SRF. (Questo dipinto si trova nel piccolo soggiorno di Paramahansa Yogananda a Mt. Washington, Los Angeles). (*Nota dell'editore*)

"Oh, vorrei tanto andare sull'Himalaya e diventare come voi!". La visione svanì, ma i raggi d'argento continuarono a diffondersi all'infinito, in cerchi sempre più ampi.

"Che cos'è questo meraviglioso splendore?".

"Io sono Ishwara.[11] Sono la Luce". La Voce era simile a un mormorio di nubi.

"Voglio essere una cosa sola con Te!".

La mia estasi divina si dissolse lentamente, ma io la ritenni un dono perenne: l'ispirazione di cercare Dio. "Egli è Gioia eterna e sempre nuova!". Questo ricordo rimase vivo nella mia memoria a lungo dopo il giorno di quella estatica visione.

Un altro ricordo dei miei primi anni è rimasto inciso in me; letteralmente inciso, poiché ancora oggi ne porto la cicatrice. Mia sorella Uma e io sedevamo di primo mattino sotto un albero di *neem* nel cortile della nostra casa di Gorakhpur. Mia sorella mi aiutava a studiare un sillabario bengali nei momenti in cui riuscivo a distogliere lo sguardo dai piccoli pappagalli che, lì vicino, beccavano i frutti maturi di margosa.

Uma, infastidita da un foruncolo che le era spuntato su una gamba, andò a prendere un vasetto d'unguento. Io me ne spalmai un po' sull'avambraccio.

"Perché metti l'unguento sul tuo braccio, che è perfettamente sano?".

"Beh, sorellina, sento che domani avrò un foruncolo. Provo il tuo balsamo nel punto in cui spunterà".

"Piccolo bugiardo!".

"Sorellina, non chiamarmi bugiardo fino a quando non vedrai quello che accadrà domattina". Ero colmo d'indignazione.

Uma non si impressionò affatto, e per tre volte ripeté il suo sarcastico rimprovero. Una risoluzione incrollabile vibrava nella mia voce mentre le rispondevo lentamente:

"Con il potere della volontà che è in me, dico che domani avrò un grosso foruncolo in questo punto preciso del braccio e che il *tuo* foruncolo sarà due volte più grosso di quello che è ora!".

La mattina seguente avevo un bel foruncolo nel punto che avevo indicato, e le dimensioni di quello di mia sorella erano raddoppiate.

---

[11] Un nome sanscrito che indica Dio nel Suo aspetto di Sovrano del Cosmo; dalla radice *is*, ossia 'regnare'. Nelle Scritture induiste vengono attribuiti a Dio mille nomi, ciascuno dei quali corrisponde a una diversa sfumatura del relativo significato filosofico. Ishwara è Colui che, con la sua volontà, crea e dissolve tutti gli universi in cicli regolari.

Sri Yogananda all'età di sei anni.

Con un grido Uma corse dalla mamma: "Mukunda è diventato uno stregone!". Gravemente, mia madre mi ingiunse di non usare mai il potere delle parole per fare del male. Ho sempre ricordato e seguito la sua raccomandazione.

Il mio foruncolo fu curato chirurgicamente. Una grossa cicatrice, dovuta all'incisione subita, è visibile ancora oggi. Sull'avambraccio destro porto un permanente ricordo del potere che ha la parola dell'uomo.

Quelle semplici frasi rivolte a Uma, in apparenza innocue, ma pronunciate con profonda concentrazione, possedevano una tale forza nascosta da esplodere come bombe e produrre effetti precisi, benché nocivi. In seguito compresi che l'esplosivo potere vibratorio delle parole poteva essere usato saggiamente per appianare le difficoltà della vita, senza provocare cicatrici o rimproveri.[12]

---

[12] La potenza infinita del suono deriva dalla Parola Creativa *Om*, il cosmico potere vibratorio che si cela in tutte le energie atomiche. Qualsiasi parola pronunciata con chiara

I miei genitori e la mia prima infanzia

La nostra famiglia si trasferì a Lahore nel Punjab. Là acquistai un quadretto della Madre Divina nelle sembianze della dea Kali.[13] L'immagine santificò un semplice tempietto posto sul balcone della nostra casa. Ero assolutamente convinto che tutte le preghiere pronunciate in quel sacro luogo sarebbero state esaudite. Un giorno, mentre mi trovavo sul balcone con mia sorella Uma, vidi due ragazzi che facevano volare i loro aquiloni sopra i tetti degli edifici che uno stretto vicolo separava dalla nostra casa.

"Perché sei così silenzioso?", domandò Uma, dandomi scherzosamente una spinta.

"Sto solo pensando come sia meraviglioso che la Madre Divina mi conceda sempre tutto ciò che le chiedo".

"Immagino che ti darebbe anche quei due aquiloni, non è vero?", mi schernì ridendo mia sorella.

"Perché no?". E cominciai a pregare silenziosamente per ottenerli.

In India si usa gareggiare con gli aquiloni, che hanno le corde ricoperte di colla e polvere di vetro, e ogni giocatore tenta di spezzare la corda dell'avversario. Un aquilone lasciato libero vola sui tetti, e cercare di afferrarlo è molto divertente. Dato che Uma e io ci trovavamo su un balcone coperto e rientrante, sembrava impossibile che uno di quegli aquiloni potesse giungere alla nostra portata; la sua corda, verosimilmente, sarebbe rimasta a penzolare sul tetto.

Dall'altra parte del vicolo i ragazzi diedero inizio alla gara. Una corda si spezzò, e un aquilone volò immediatamente verso di me; indugiò un istante per un improvviso calo del vento, e questo bastò per farne impigliare saldamente la corda a una pianta di cactus che si trovava in cima alla casa di fronte. Si formò un cappio perfetto, lungo abbastanza perché io riuscissi ad afferrare l'aquilone. Misi il trofeo nelle mani di Uma.

"È stato un caso fortuito, e non una risposta alla tua preghiera. Se arriverà qui anche l'altro aquilone, allora ti crederò". Gli occhi scuri di mia sorella esprimevano, più delle sue parole, un grande stupore. Continuai a pregare intensamente. L'altro giocatore, facendo un movimento brusco, si lasciò sfuggire l'aquilone, che si diresse verso di me danzando

---

consapevolezza e profonda concentrazione ha un potere di materializzazione. Secondo il metodo Coué e altri metodi simili di psicoterapia, si ottengono validi risultati ripetendo le parole di ispirazione ad alta voce o mentalmente. Il segreto consiste nell'elevazione del ritmo vibratorio della mente.

[13] Kali è un simbolo di Dio nell'aspetto dell'eterna Madre Natura.

nel vento. Il mio servizievole assistente, la pianta di cactus, trattenne di nuovo la corda dell'aquilone, formando il cappio necessario perché io potessi impadronirmene. Presentai a Uma il mio secondo trofeo.

"Davvero la Madre Divina ti ascolta! Tutto questo è troppo incomprensibile per me!", e mia sorella scappò via come un cerbiatto impaurito.

Capitolo 2

La morte di mia madre e l'amuleto dai poteri mistici

Mia madre desiderava più di ogni altra cosa che mio fratello maggiore si sposasse. "Ah, quando vedrò il viso della moglie di Ananta, troverò il paradiso su questa terra!". Con queste parole la sentivo spesso esprimere il suo intenso desiderio, tipicamente indiano, di vedere assicurata la continuità della famiglia.

Avevo circa undici anni all'epoca del fidanzamento di Ananta. Mia madre si trovava a Calcutta a dirigere gioiosamente i preparativi per le nozze, mentre mio padre e io eravamo rimasti soli nella nostra casa di Bareilly, nell'India settentrionale, dove era stato trasferito dopo aver trascorso due anni a Lahore.

Avevo già assistito agli splendidi riti nuziali celebrati per le nozze di Roma e Uma, le mie sorelle maggiori, ma per Ananta, che era il primogenito, i preparativi erano veramente elaborati. Mia madre accoglieva i numerosi parenti che ogni giorno giungevano a Calcutta da lontano e li ospitava in una casa confortevole e spaziosa, acquistata di recente in Amherst Street 50. Era tutto pronto: le prelibatezze del banchetto, il trono variopinto, sul quale mio fratello sarebbe stato condotto, a spalla, alla dimora della promessa sposa, i festoni di lampioncini multicolori, i giganteschi elefanti e cammelli di cartone, le orchestre indiane, inglesi e scozzesi, gli animatori incaricati di intrattenere gli ospiti e i sacerdoti che dovevano celebrare il matrimonio secondo gli antichi riti.

Mio padre e io, di umore festoso, pensavamo di raggiungere la famiglia in tempo per assistere alla cerimonia. Poco prima del gran giorno, però, ebbi una visione infausta.

Era mezzanotte, e dormivo accanto a mio padre nella veranda della nostra casa a Bareilly, quando fui svegliato da uno strano ondeggiare della zanzariera che avvolgeva il letto. Il velo leggero si scostò e vidi l'amata figura di mia madre.

"Sveglia tuo padre!". La sua voce era solo un sussurro. "Prendete il primo treno della mattina, quello delle quattro, e venite subito a Calcutta, se volete rivedermi!". E la visione svanì.

"Padre, padre, la mamma sta morendo!". Il terrore che risuonava nella mia voce lo fece svegliare immediatamente. Singhiozzando, gli diedi la terribile notizia.

"Hai avuto un'allucinazione, non ti preoccupare". Mio padre ebbe la sua tipica reazione di rifiuto di fronte a ogni situazione nuova: "Tua madre sta benissimo. Se riceveremo cattive notizie, partiremo domani".

"Non ti perdonerai mai di non essere partito subito!". L'angoscia mi fece aggiungere, con amarezza: "E neanch'io riuscirò mai a perdonartelo!".

Giunse la mattina, che tristemente ci portò questo esplicito messaggio: "Nostra madre gravemente ammalata. Matrimonio rimandato. Venite immediatamente".

Mio padre e io partimmo precipitosamente. Uno dei miei zii ci venne incontro lungo il viaggio, in una stazione intermedia. Un treno avanzava rombando verso di noi e diventava sempre più grande man mano che si avvicinava, quando dal mio tumulto interiore scaturì l'improvvisa decisione di lanciarmi sulle rotaie. Già privato, lo sentivo, di mia madre, non potevo più sopportare un mondo improvvisamente vuoto. Amavo mia madre come la mia amica più cara. I suoi sereni occhi neri erano sempre stati il mio conforto nelle piccole tragedie dell'infanzia.

"È ancora viva?". Mi fermai per rivolgere quest'ultima domanda allo zio.

Avendo subito compreso la disperazione dipinta sul mio viso, rispose: "Certo che è viva!", ma io gli credetti a stento.

Giungemmo nella nostra casa di Calcutta solo per trovarci dinanzi all'agghiacciante mistero della morte. Sprofondai in uno stato di prostrazione assoluta, quasi senza vita. Passarono molti anni prima che la pace tornasse nel mio cuore. Tempestando le porte stesse del cielo, i miei pianti alla fine commossero la Madre Divina. Le sue parole guarirono per sempre le mie ferite ancora aperte:

"Sono Io che ho vegliato su di te, vita dopo vita, con la tenerezza di innumerevoli madri. Scorgi nel Mio sguardo i due occhi neri, i dolcissimi occhi perduti che cerchi!".

La morte di mia madre e l'amuleto dai poteri mistici

Appena conclusi i riti della cremazione della mia adorata madre, tornai con mio padre a Bareilly. Ogni mattina, al sorgere del sole, mi recavo in commosso pellegrinaggio al grande albero di *sheoli* che proiettava la sua ombra sul soffice prato di un bel verde dorato, dinanzi alla nostra casa. In alcuni momenti immaginavo poeticamente che i bianchi fiori dell'albero cadessero di proposito per spargersi con religiosa devozione su quell'altare d'erba. Mescolando le lacrime alla rugiada, spesso osservavo una strana luce soprannaturale che nasceva con l'aurora. Mi assaliva allora uno struggente desiderio di Dio. L'Himalaya mi attirava irresistibilmente.

Uno dei miei cugini, di ritorno da un viaggio sulle sacre montagne, venne a farci visita a Bareilly. Ascoltai avidamente i suoi racconti degli alti monti in cui dimorano gli yogi e gli swami.[1]

"Fuggiamo sull'Himalaya!", proposi un giorno a Dwarka Prasad, il giovane figlio del nostro padrone di casa di Bareilly. Egli non accolse il mio progetto come speravo e lo rivelò a mio fratello maggiore, che era appena venuto a trovare nostro padre. Ananta, anziché limitarsi a sorridere dei chimerici progetti di un ragazzino, colse l'occasione per prendermi in giro.

"Dov'è la tua veste arancione? Non puoi essere uno swami senza la veste!".

Ma inesplicabilmente le sue parole mi diedero un fremito di gioia misterioso e mi suggerirono la nitida visione di me stesso mentre vagavo per l'India, vestito da monaco. Forse risvegliavano in me il ricordo di una vita precedente. Mi resi conto, comunque, che mi sarei sentito perfettamente a mio agio indossando la veste di quell'antico Ordine monastico.

Una mattina, mentre chiacchieravo con Dwarka, sentii un profondo amore per Dio che irrompeva dentro di me con l'impeto di una valanga. Il mio compagno non prestava molta attenzione alla mia fervente eloquenza, ma io ascoltavo le mie parole con tutto il cuore.

Quello stesso pomeriggio fuggii alla volta di Naini Tal, ai piedi dell'Himalaya. Ananta si gettò risoluto al mio inseguimento e fui quindi costretto a tornare malinconicamente a Bareilly. Il solo pellegrinaggio che mi era concesso consisteva in quello che compivo ogni mattina

---

[1] Il significato della parola sanscrita *swami* è 'colui che è diventato una cosa sola con il Sé *(Swa)*' (vedere il capitolo 24).

all'alba presso l'albero di *sheoli*. Il mio cuore dolente piangeva la perdita di due madri: quella terrena e quella Divina.

La morte di mia madre provocò una ferita insanabile in seno alla famiglia. Nei rimanenti quarant'anni della sua vita, mio padre non si risposò mai. Assumendo per il suo piccolo gregge il difficile ruolo di padre e di madre, divenne molto più tenero e disponibile. Con calma e intuito risolveva i vari problemi familiari. Al ritorno dall'ufficio si ritirava, come un eremita, nella solitudine della sua camera, praticando il Kriya Yoga in dolce serenità. Molto tempo dopo la morte di mia madre gli proposi di assumere una governante inglese perché si occupasse di qualche piccola incombenza, rendendogli l'esistenza più confortevole. Ma egli scosse il capo.

"Da quando non c'è più tua madre non ho permesso a nessun'altra donna di prendersi cura di me". Nel suo sguardo assorto si leggeva l'affetto di tutta una vita. "Solo da lei avrei potuto accettare tali attenzioni".

Quattordici mesi dopo la scomparsa di mia madre, appresi che prima di morire mi aveva lasciato un messaggio molto importante. Ananta si trovava al suo capezzale allora, e aveva annotato le sue ultime parole, ma tardò a riferirmele, sebbene mia madre gli avesse chiesto di farlo dopo un anno dalla sua morte. Mio fratello era in procinto di lasciare Bareilly per recarsi a Calcutta e sposare la ragazza che mia madre aveva scelto per lui,[2] quando una sera mi chiamò accanto a sé.

"Mukunda, ero riluttante a riferirti certe strane notizie". Nella voce di Ananta vibrava una nota di rassegnazione. "Temevo di alimentare il tuo desiderio di andartene da casa, ma vedo che sei comunque infiammato di ardore divino. Quando di recente ti ho riportato indietro dalla tua fuga verso l'Himalaya, ho preso la risoluzione di non indugiare più e di mantenere finalmente la mia solenne promessa". Porgendomi una piccola scatola, mi riferì il messaggio di mia madre.

"Queste parole siano la mia ultima benedizione, Mukunda, amato figlio mio!", aveva detto mia madre. "È giunto il momento di rivelarti una serie di eventi straordinari accaduti dopo la tua nascita. Non eri che un bimbo fra le mie braccia, quando seppi qual era il sentiero che ti era stato destinato. Ti avevo portato dal mio guru, nella sua casa di Benares. Quasi completamente nascosta dietro una folla di discepoli,

---

[2] L'usanza indiana secondo la quale i genitori scelgono gli sposi per i loro figli ha resistito agli assalti del tempo. In India la percentuale dei matrimoni felici è molto alta.

Yoganandaji (*in piedi*) quando era studente di scuola superiore, con il fratello maggiore Ananta.

La sorella maggiore Roma (*a sinistra*) e la sorella minore Nalini con Paramahansa Yogananda nella casa d'infanzia a Calcutta, nel 1935.

Uma, una delle sorelle maggiori di Yoganandaji da piccola, a Gorakhpur.

potevo appena intravedere Lahiri Mahasaya, che era immerso in profonda meditazione.

"Mentre ti accarezzavo, pregavo che il grande guru si accorgesse di noi e ci benedisse. Quando la mia devota e tacita richiesta divenne più intensa, egli aprì gli occhi e mi fece cenno di avvicinarmi. Gli altri mi lasciarono passare e io m'inchinai ai suoi sacri piedi. Lahiri Mahasaya ti prese in grembo e, posando la mano sulla tua fronte, ti impartì il suo battesimo spirituale.

"'Piccola madre, tuo figlio sarà uno yogi. Come una possente dinamo spirituale, condurrà molte anime al regno di Dio'.

"Il mio cuore ebbe un sussulto di gioia quando vidi che la mia preghiera segreta era stata esaudita dal guru onnisciente. Poco prima della tua nascita mi aveva già detto che avresti seguito il suo sentiero.

"Più tardi, figlio mio, tua sorella Roma e io fummo testimoni della tua visione della Grande Luce, osservandoti dalla stanza accanto, immobile sul letto, con il visino radioso. Nella tua voce vibrava una determinazione irremovibile mentre affermavi di voler raggiungere l'Himalaya alla ricerca del Divino.

"In questo modo, figlio mio, ho saputo che la tua strada ti condurrà lontano dalle ambizioni di questo mondo. L'avvenimento più straordinario della mia vita me ne ha dato un'ulteriore conferma, e mi impone ora di inviarti questo messaggio dal mio letto di morte.

"Si trattò del colloquio che ebbi con un saggio a Lahore, nel Punjab, dove risiedeva la nostra famiglia. Una mattina il domestico entrò nella mia stanza. 'Signora, è giunto uno strano *sadhu*[3] e insiste per 'vedere la madre di Mukunda'.

"Queste semplici parole suscitarono in me un'emozione profonda. Andai immediatamente ad accogliere l'ospite; inchinandomi ai suoi piedi, sentii di trovarmi dinanzi a un vero uomo di Dio.

"'Madre', egli disse, 'i grandi maestri desiderano farti sapere che non rimarrai ancora a lungo su questa terra. La tua prossima malattia sarà anche l'ultima'.[4] Seguì un breve silenzio, durante il quale non provai alcun timore, ma solo una grande serenità. Infine egli aggiunse:

---

[3] Un anacoreta, colui che è votato all'ascetismo e alla disciplina spirituale.

[4] Quando scoprii da queste parole che mia madre era segretamente consapevole di non poter vivere a lungo, compresi per la prima volta perché avesse tanto insistito per affrettare i progetti di matrimonio di Ananta. Sebbene sia morta prima delle nozze, il suo naturale desiderio materno era quello di poter assistere ai riti nuziali.

La morte di mia madre e l'amuleto dai poteri mistici

"'Dovrai custodire un amuleto d'argento. Ma non te lo darò oggi; per dimostrarti che le mie parole sono veritiere, il talismano si materializzerà fra le tue mani domani, mentre sarai raccolta in meditazione. Prima di morire, dovrai incaricare il tuo primogenito Ananta di tenere l'amuleto per un anno e di consegnarlo poi al tuo secondo figlio. Mukunda comprenderà il significato del talismano, dono dei grandi maestri. Lo riceverà quando sarà pronto ad abbandonare tutte le speranze del mondo e a iniziare la sua irrinunciabile ricerca di Dio. L'amuleto resterà in suo possesso per alcuni anni e, quando sarà servito allo scopo, scomparirà. Anche se custodito nel luogo più segreto, ritornerà da dove è venuto'.

"Offrii un'elemosina al santo[5] e mi inchinai dinanzi a lui con profondo rispetto. Senza accettare l'offerta, mi benedisse e se ne andò. La sera seguente, mentre meditavo, un amuleto d'argento si materializzò fra le mie mani giunte, proprio come aveva promesso il *sadhu*. Ne avvertii la presenza sentendo qualcosa di liscio e freddo tra le dita. Per più di due anni l'ho conservato gelosamente e ora lo affido ad Ananta. Non addolorarti per me, poiché il mio grande guru mi condurrà fra le braccia dell'Infinito. Addio, figlio mio, la Madre Cosmica ti proteggerà".

Mentre entravo in possesso dell'amuleto, fui folgorato da un lampo di illuminazione interiore, che risvegliò in me molti ricordi sopiti. Il talismano, rotondo e di foggia antica, portava incisi alcuni caratteri sanscriti. Compresi che proveniva da maestri di vite precedenti i quali, invisibilmente, guidavano i miei passi. Il talismano aveva in realtà anche un altro significato, ma non si può svelare interamente ciò che si nasconde nel cuore di un amuleto.[6]

---

[5] Un gesto abituale di rispetto nei confronti di un *sadhu*.

[6] L'amuleto era un oggetto astrale. Di struttura evanescente, questi oggetti sono destinati a scomparire da questa terra (vedere il capitolo 43).

Sul talismano era inciso un *mantra* (formula sacra). In India, più che in qualsiasi altro Paese, i poteri del suono e di *vach*, la voce umana, sono stati oggetto di studio approfondito. La vibrazione di *Om* che risuona in tutto l'universo (la Parola o 'la voce di molte acque' di cui parla la Bibbia), ha tre manifestazioni o *guna*: la creazione, la conservazione e la distruzione (Taittiriya Upanishad I, 8). Ogni volta che un essere umano pronuncia una parola, fa agire una delle tre qualità dell'*Om*. Questa è la vera ragione per cui tutte le Scritture ingiungono di dire sempre la verità.

Il *mantra* sanscrito inciso sull'amuleto possedeva, se pronunciato correttamente, una potenza vibratoria spiritualmente benefica. L'alfabeto sanscrito, che ha una composizione perfetta, è dotato di cinquanta lettere, ognuna delle quali ha una pronuncia definita e invariabile. George Bernard Shaw ha scritto un saggio intelligente, e ovviamente anche arguto, sull'inadeguatezza fonetica dell'alfabeto inglese (basato su quello latino), in cui ventisei lettere tentano invano di assolvere il gravoso compito di trasmettere tanti fonemi

Come alla fine scomparve, in circostanze molto dolorose della mia vita, e in che modo la sua perdita preannunciò l'incontro con il mio guru, non può essere narrato in questo capitolo.

Ma il ragazzino che aveva visto frustrati i suoi tentativi di raggiungere l'Himalaya volava ogni giorno lontano sulle ali del suo amuleto.

---

diversi. Con la sua abituale rudezza, ("Se l'introduzione di un alfabeto inglese per la lingua inglese dovrà costare una guerra civile... non me ne lamenterò"), Shaw consiglia vivamente l'adozione di un nuovo alfabeto con quarantadue caratteri (vedere la sua prefazione a *The Miraculous Birth of Language* di Wilson, Philosophical Library, New York). Tale alfabeto si avvicinerebbe alla perfezione fonetica di quello sanscrito, nel quale l'uso di cinquanta lettere evita ogni pronuncia errata.

La scoperta dei sigilli nella valle dell'Indo induce diversi studiosi ad abbandonare la teoria attuale che l'India abbia 'preso a prestito' l'alfabeto sanscrito da fonti semitiche. Alcune grandi città indiane, portate recentemente alla luce nel corso degli scavi di Mohenjo-Daro e Harappa, testimoniano l'esistenza di una civiltà avanzata che "deve avere avuto una storia antichissima sul suolo dell'India, e ci riporta a un'epoca che possiamo solo vagamente immaginare" (John Marshall, *Mohenjo-Daro and the Indus Civilization*, 1931).

Se è fondata la teoria indiana secondo la quale l'esistenza dell'uomo civilizzato nel nostro pianeta sarebbe estremamente remota, allora è possibile spiegare perché la lingua più antica del mondo, il sanscrito, sia anche la più perfetta (vedere la nota a pagina 95). "Il sanscrito", afferma William Jones, fondatore della Società Asiatica, "a qualsiasi epoca risalga, ha una struttura meravigliosa; è più perfetto del greco, più ricco del latino e più squisitamente raffinato di entrambi".

"Dalla rinascita della cultura classica", si legge nell'*Encyclopedia Americana*, "non vi fu nella storia della civiltà un evento più importante della scoperta del sanscrito [da parte degli studiosi occidentali] nell'ultimo scorcio del XVIII secolo. La linguistica, la grammatica comparata, la mitologia comparata, la scienza delle religioni... devono la loro stessa esistenza alla scoperta del sanscrito, o quanto meno sono state profondamente influenzate dallo studio di questa lingua".

Capitolo 3

Il santo dai due corpi

"Padre, se prometto di tornare a casa di mia volontà, posso andare a visitare Benares?".

La mia passione per i viaggi raramente veniva ostacolata da mio padre. Anche quando ero soltanto un ragazzino, mi permise di recarmi in molte città e in molti luoghi di pellegrinaggio. Di solito si univano a me uno o più amici; viaggiavamo comodamente in prima classe con i biglietti da lui procurati. La sua posizione di funzionario delle ferrovie era molto gradita ai componenti della famiglia che amavano viaggiare.

Mio padre promise di considerare con attenzione la mia richiesta. Il giorno seguente mi chiamò e mi consegnò un biglietto di andata e ritorno Bareilly-Benares, una discreta somma di denaro e due lettere.

"Ho un affare da proporre a un amico di Benares, Kedar Nath Babu. Purtroppo ho perduto il suo indirizzo, ma credo che riuscirai a consegnargli questa lettera tramite swami Pranabananda, nostro comune amico. Lo swami, anche lui discepolo di Lahiri Mahasaya, è un uomo di grande levatura spirituale; la sua compagnia ti sarà di beneficio. Questa seconda lettera ti servirà di presentazione".

Poi, con un lampo negli occhi, aggiunse: "Ma ricorda, niente più fughe da casa!".

Partii con l'entusiasmo dei miei dodici anni (sebbene il tempo non abbia mai attenuato in me il piacere di vedere scenari e volti nuovi). Arrivato a Benares, mi affrettai a raggiungere la dimora dello swami. La porta d'ingresso era aperta; salii al primo piano per recarmi nel suo lungo salone. Un uomo piuttosto robusto, che indossava solo una fascia intorno ai fianchi, era seduto nella posizione del loto su una pedana leggermente rialzata. Il capo e il viso privo di rughe erano perfettamente rasati; un sorriso di beatitudine aleggiava sulle sue labbra. Per dissipare ogni mio timore di recargli disturbo, mi accolse come un vecchio amico.

25

"*Baba anand* ('La gioia sia con te, mio caro')". Il saluto mi fu rivolto calorosamente, con voce squillante. Mi inginocchiai e toccai i suoi piedi.

"Siete swami Pranabananda?".

Egli annuì. "E tu sei il figlio di Bhagabati?". Queste parole furono pronunciate prima che io avessi avuto il tempo di estrarre dalla tasca la lettera di mio padre. Sbigottito, gli consegnai il biglietto di presentazione, che ormai pareva superfluo.

"Certo che troverò per te Kedar Nath Babu. Il santo mi stupì di nuovo per la sua chiaroveggenza. Diede uno sguardo alla lettera ed espresse alcuni affettuosi apprezzamenti su mio padre.

"Sai che io dispongo di due pensioni? Una mi è stata accordata per intercessione di tuo padre, con il quale lavorai un tempo nella compagnia ferroviaria, e l'altra per intercessione del mio Padre Celeste, per il quale ho portato coscienziosamente a termine i miei doveri terreni in questa vita".

Trovai queste ultime parole molto oscure. "Che genere di pensione ricevete, signore, dal Padre Celeste? Vi fa cadere in grembo il denaro?".

Egli rise. "Mi riferisco a una pensione di pace inesauribile, la ricompensa per i molti anni trascorsi in profonda meditazione. Non desidero più il denaro, ormai. Le mie semplici esigenze materiali sono ampiamente soddisfatte. Più tardi capirai il significato di questa seconda pensione".

Ponendo bruscamente fine alla conversazione, il santo si raccolse in una solenne immobilità, avvolto da un'aura misteriosa. Dapprima i suoi occhi brillarono come se osservassero qualcosa di interessante, poi si offuscarono. Fui sconcertato dal suo improvviso silenzio; non mi aveva ancora detto come avrei potuto incontrare l'amico di mio padre. Un po' inquieto, volsi lo sguardo in giro per la stanza vuota, nella quale ci trovavamo soltanto lui e io. Gli occhi mi caddero per caso sui suoi sandali di legno, poggiati sotto la pedana su cui era seduto.

"Giovane signore,[1] non preoccuparti. La persona che desideri incontrare sarà qui tra mezz'ora". Lo yogi continuava a leggere nella mia mente, anche se questa volta l'impresa non era molto difficile!

S'immerse di nuovo in un silenzio imperscrutabile. Quando il mio orologio mi informò che erano trascorsi trenta minuti, lo swami si alzò.

"Credo che Kedar Nath Babu si stia avvicinando alla porta", disse.

---

[1] *Choto Mahasaya* è il termine con cui molti santi indiani si rivolgevano a me; significa 'giovane signore'.

Il santo dai due corpi

Swami Pranabananda
Il 'santo dai due corpi' di Benares.

Udii qualcuno salire le scale. Fui colto dallo stupore più profondo, mentre nella mia mente si affollavano numerosi pensieri: "Come è possibile che l'amico di mio padre sia stato attirato qui senza aver ricevuto nessun messaggio? Lo swami non ha parlato che con me, da quando sono arrivato!".

Uscii dalla stanza senza troppi convenevoli e discesi le scale. A metà strada m'imbattei in un uomo magro, di media statura e dalla pelle chiara, che sembrava aver fretta.

"Siete Kedar Nath Babu?". La mia voce vibrava di eccitazione.

"Sì. Sei tu il figlio di Bhagabati che mi stava aspettando?". Sorrise con fare amichevole.

"Signore, come mai siete qui?". Provavo un misto di irritazione e di smarrimento per la sua inspiegabile presenza.

"Oggi tutto è misterioso! Meno di un'ora fa, avevo appena finito le mie abluzioni nel Gange, quando mi ha raggiunto swami Pranabananda. Non ho proprio idea di come potesse sapere che mi trovavo là in quel momento.

"'Il figlio di Bhagabati vi sta aspettando a casa mia', mi ha detto. 'Volete venire con me?'. Ho accettato con piacere il suo invito. Ci siamo avviati tenendoci per mano, ma lo swami, con i suoi sandali di legno, riusciva stranamente a tenere un passo più veloce del mio, benché io portassi delle scarpe robuste .

"'Quanto tempo impiegherete per raggiungermi a casa?'. D'un tratto Pranabananda si è fermato per rivolgermi questa domanda.

"'Circa mezz'ora'.

"'Ho qualcos'altro da fare in questo momento'. E mi ha lanciato uno sguardo enigmatico. 'Vi devo lasciare. Mi troverete a casa, dove vi aspetterò in compagnia del figlio di Bhagabati'.

"Prima che potessi protestare, si è allontanato rapidamente ed è scomparso tra la folla. Mi sono diretto qui camminando più in fretta che ho potuto".

Questa spiegazione non fece che aumentare il mio stupore. Gli chiesi da quanto tempo conoscesse lo swami.

"Ci siamo incontrati qualche volta l'anno scorso, ma non di recente. L'ho rivisto con piacere oggi al *ghat*".

"Non posso credere alle mie orecchie! Sto perdendo la ragione? Vi è apparso in una visione o lo avete visto in carne e ossa, avete toccato la sua mano e udito il suono dei suoi passi?".

"Non vedo dove vuoi arrivare!", esclamò irritato. "Non ti sto mentendo! Ma non capisci che solo dallo swami avrei potuto sapere che tu mi aspettavi qui?".

"Ma io non ho perso di vista swami Pranabananda neanche per un attimo da quando sono arrivato, circa un'ora fa", e gli raccontai tutta la storia, ripetendo, parola per parola, la nostra conversazione.

I suoi occhi si spalancarono. "Stiamo vivendo in questo mondo materiale o stiamo sognando? Non avrei mai creduto di assistere nella mia vita a un simile miracolo! Pensavo che questo swami fosse un uomo comune, e ora scopro che può materializzare un altro corpo e agire per mezzo suo!". Entrammo insieme nella stanza del santo. Kedar Nath Babu indicò i sandali sotto la pedana.

"Guarda, quelli sono proprio i sandali che portava al *ghat*", bisbigliò. "Indossava solo una fascia intorno ai fianchi, proprio come ora".

Mentre il visitatore s'inchinava dinanzi a lui, il santo si rivolse a me con un sorriso interrogativo.

"Perché ti stupisci di tutto questo? La conoscenza della sottile unità del mondo fenomenico non è preclusa ai veri yogi. In questo stesso momento io posso vedere i miei discepoli nella lontana Calcutta e conversare con loro. Anch'essi hanno la facoltà di superare a loro piacimento tutti gli ostacoli frapposti dalla densa materia".

Fu probabilmente per alimentare l'ardore spirituale del mio giovane cuore che lo swami acconsentì a parlarmi dei suoi poteri astrali di percezione e trasmissione a distanza.[2] Ma invece di suscitare il mio entusiasmo, m'ispirò solo un senso di timore reverenziale. Poiché ero destinato a intraprendere la ricerca del Divino sotto la guida di un guru particolare – Sri Yukteswar, che non avevo ancora incontrato – non mi sentivo disposto ad accettare Pranabananda come maestro. Lo guardavo dubbioso, domandandomi se chi mi stava davanti fosse lui o il suo doppio.

Il maestro cercò di dissipare la mia inquietudine rivolgendomi uno sguardo che penetrò nella mia anima e pronunciando alcune parole ispirate sul suo guru.

"Lahiri Mahasaya è stato il più grande yogi che io abbia mai conosciuto. Era la Divinità stessa fatta persona".

---

[2] La scienza fisica, seguendo i propri metodi, sta confermando la validità delle leggi scoperte dalla scienza mentale degli yogi. Per esempio, il 26 novembre 1934 un esperimento condotto nella Regia Università di Roma ha dimostrato che l'uomo è dotato di poteri di percezione a distanza. "Giuseppe Calligaris, professore di neuropsicologia, esercitando pressione su alcuni punti del corpo di un soggetto, provocò le sue dettagliate descrizioni di persone e cose che si trovavano al di là di una parete. Il dottor Calligaris riferì agli altri docenti che la stimolazione di alcune aree della pelle induceva percezioni supersensoriali, permettendo al soggetto di vedere oggetti che non avrebbe potuto percepire altrimenti. Per permettergli di riconoscere gli oggetti posti dietro la parete, il professor Calligaris premette un punto sul lato destro del torace del soggetto per quindici minuti. Calligaris affermò inoltre che, stimolando determinate aree del corpo, i soggetti potevano vedere persone e cose poste a qualsiasi distanza, anche se non le avevano mai viste prima".

Autobiografia di uno Yogi

Se un discepolo, pensai, aveva il potere di materializzarsi in un secondo corpo fisico quando lo desiderava, quali miracoli poteva mai compiere il suo maestro?

"Ti dirò quanto sia inestimabile l'aiuto di un guru", continuò Pranabananda. "Ero solito meditare con un altro discepolo per otto ore, ogni notte. Durante il giorno dovevamo lavorare all'ufficio della compagnia ferroviaria. Mi riusciva penoso svolgere il mio lavoro, poiché desideravo poter dedicare tutto il mio tempo a Dio. Per otto anni continuai con perseveranza a meditare per metà della notte. Ottenni risultati sorprendenti; straordinarie percezioni spirituali mi illuminavano la mente. Ma tra me e l'Infinito restava sempre un velo sottile. Nonostante i miei sforzi sovrumani, l'unione suprema mi era negata. Una sera andai a trovare Lahiri Mahasaya e implorai la sua divina intercessione, continuando a importunarlo per tutta la notte.

"'Angelico guru, la mia angoscia spirituale è così profonda che non posso più continuare a vivere senza vedere con i miei occhi il Grande Amato'.

"'Che cosa posso farci? Devi meditare più profondamente'.

"'Mi appello a Voi, o Dio, mio Maestro! Vi vedo materializzato dinanzi a me in un corpo fisico; beneditemi, affinché io possa percepirvi nella Vostra forma infinita!'.

"Lahiri Mahasaya protese la mano con gesto benevolo. 'Adesso puoi andare a meditare. Ho interceduto per te presso Brahma'.[3]

"Immensamente sollevato, tornai a casa. Quella notte, nella meditazione, il sogno ardente della mia vita fu esaudito. Ora godo incessantemente della pensione spirituale; da quel giorno, il velo dell'illusione non ha più nascosto ai miei occhi il Divino Beato.

Il viso di Pranabananda era soffuso di una luce celestiale. La pace di un mondo sovrumano penetrò nel mio cuore, e ogni timore scomparve. Il santo mi fece un'altra confidenza.

"Alcuni mesi dopo tornai da Lahiri Mahasaya e cercai di esprimergli la mia gratitudine per avermi concesso quel dono infinito. Quindi gli parlai di un altro argomento.

---

[3] Dio nel suo aspetto di Creatore, dalla radice sanscrita *brih*, 'espandersi'. Quando nel 1857 l'*Atlantic Monthly* pubblicò la poesia di Emerson 'Brahma', molti lettori ne furono sconcertati. Emerson reagì con un sorriso divertito. "Dite loro", suggerì, "di leggere 'Jehovah' invece di 'Brahma' e non proveranno più alcuno sconcerto".

Il santo dai due corpi

"'Divino guru, non posso più lavorare in ufficio. Vi prego, liberatemi da questo impegno. Brahma m'inebria incessantemente'.

"'Chiedi una pensione alla compagnia ferroviaria'.

"'Quale ragione posso portare a sostegno della richiesta di lasciare il mio impiego con tanto anticipo?'.

"'Di' quello che senti'.

"Il giorno seguente presentai la mia domanda. Il medico mi interrogò sulle ragioni della mia richiesta prematura.

"'Mentre lavoro', risposi, 'provo una sensazione travolgente che sale lungo la spina dorsale e pervade tutto il corpo, rendendomi incapace di svolgere le mie mansioni'.[4]

"Senza farmi altre domande, il medico raccomandò caldamente la mia richiesta e poco tempo dopo ottenni la pensione. So che la divina volontà di Lahiri Mahasaya operò tramite il medico e gli altri funzionari delle ferrovie, compreso tuo padre, perché senza saperlo, obbedirono alle direttive spirituali del grande guru e mi lasciarono libero di dedicare tutta la vita alla comunione ininterrotta con l'Amato".

Dopo questa straordinaria rivelazione, swami Pranabananda si chiuse in uno dei suoi lunghi silenzi. Mentre prendevo commiato chinandomi a toccare con reverenza i suoi piedi, egli mi benedisse:

"La tua vita appartiene al sentiero della rinuncia e dello yoga. Ti rivedrò ancora in futuro, con tuo padre". Negli anni, entrambe queste predizioni si sono avverate.[5]

---

[4] Nella meditazione profonda, la prima esperienza dello Spirito avviene sull'altare della spina dorsale e poi nel cervello. Quella beatitudine travolgente è irresistibile, ma lo yogi impara a controllarne le manifestazioni esteriori.

All'epoca del nostro incontro, Pranabananda aveva ormai raggiunto la piena illuminazione, ma gli ultimi avvenimenti della sua vita lavorativa erano accaduti parecchi anni prima: allora non aveva definitivamente conquistato il *nirbikalpa samadhi* (vedere le note delle pagine 263 e 459). In quello stato di coscienza perfetto e permanente, lo yogi non trova alcuna difficoltà nel compiere i propri doveri terreni.

Dopo essere andato in pensione, Pranabananda scrisse la *Pranab Gita*, un profondo commento della Bhagavad Gita, disponibile in hindi e in bengali.

La facoltà di apparire in più corpi è un potere yogico (*siddhi*) di cui parla Patanjali negli *Yoga Sutra* (vedere la nota di pagina 252). Il fenomeno della bilocazione è stato riscontrato nella vita di molti santi, in ogni epoca. Nel suo libro *The story of Therese Neumann* (Bruce Pub. Co.), A. P. Schimberg descrive vari episodi in cui questa santa cristiana apparve a distanza a persone che avevano bisogno del suo aiuto, e conversò con loro.

[5] Vedere il capitolo 27.

Kedar Nath Babu camminava accanto a me nell'oscurità che s'infittiva. Gli consegnai la lettera di mio padre, ed egli la lesse alla luce di un lampione.

"Tuo padre mi propone di accettare un incarico nell'ufficio di Calcutta della sua compagnia ferroviaria. Come sarebbe bello vivere con la prospettiva di ricevere almeno una delle pensioni di cui gode swami Pranabananda! Ma è impossibile; non posso lasciare Benares e ahimè, non ho ancora due corpi!".

Capitolo 4

Tento invano di fuggire verso l'Himalaya

"Esci da scuola con un pretesto qualunque e prendi una carrozza a noleggio. Fermati nel vicolo dove nessuno, da casa mia, possa vederti".

Queste furono le mie ultime istruzioni ad Amar Mitter, un compagno di scuola che aveva l'intenzione di venire con me sull'Himalaya. Avevamo deciso di fuggire il giorno seguente. Era indispensabile prendere molte precauzioni, perché mio fratello Ananta mi sorvegliava, deciso a sventare i piani di fuga che sospettava fossero il primo dei miei pensieri. L'amuleto, come un fermento spirituale, operava silenziosamente dentro di me. Fra le nevi dell'Himalaya speravo di trovare il maestro il cui volto mi era spesso apparso in visione.

La mia famiglia adesso abitava a Calcutta, dove mio padre era stato trasferito definitivamente. Seguendo la tradizione patriarcale indiana, Ananta aveva condotto sua moglie a vivere nella casa paterna. Là, in un piccolo attico, meditavo ogni giorno e preparavo la mia mente alla ricerca di Dio.

Quella mattina memorabile giunse con una pioggia di cattivo auspicio. Quando udii provenire dalla strada il rumore della carrozza di Amar, presi in tutta fretta una coperta, un paio di sandali, due fasce per i fianchi, una *mala* (rosario) per le preghiere, il ritratto di Lahiri Mahasaya e una copia della Bhagavad Gita. Gettai il fagotto dalla finestra della mia stanza al secondo piano, poi corsi giù per le scale e passai accanto a mio zio che, sulla porta, comperava del pesce.

"Che cos'è tutta questa agitazione?", domandò, squadrandomi con occhi sospettosi.

In risposta mi limitai a rivolgergli un sorriso evasivo, e svoltai nel vicolo. Raccolsi il mio fagotto e, con la circospezione di un cospiratore, raggiunsi Amar. Ci dirigemmo verso il mercato di Chandni Chauk. Per mesi avevamo messo da parte i soldi della merenda per acquistare abiti inglesi. Ben sapendo che il mio sagace fratello avrebbe potuto facilmente trasformarsi in un perfetto investigatore, pensavamo di sviarlo indossando vestiti europei.

Durante il tragitto verso la stazione ci fermammo per far salire mio cugino Jotin Ghosh, che io chiamavo Jatinda. Era un nuovo adepto, che sognava di trovare un guru sull'Himalaya. Indossò l'abito che avevamo portato per lui. Speravamo proprio che fosse un buon travestimento! I nostri cuori erano in preda a un profondo entusiasmo.

"Ora ci occorrono soltanto delle scarpe di tela". Condussi i miei compagni in un negozio che esponeva scarpe con la suola di gomma. "In questo santo viaggio non dobbiamo usare oggetti di pelle, che si ottengono unicamente uccidendo degli animali". Mi fermai lungo la strada per strappare la copertina di cuoio della Bhagavad Gita e le cinghiette del mio caschetto *sola topee* di fabbricazione inglese.

Alla stazione acquistammo i biglietti per Burdwan, dove contavamo di prendere la coincidenza per Hardwar, ai piedi dell'Himalaya. Non appena il treno si mise a correre, come fuggivamo via noi, diedi voce ad alcune delle mie meravigliose aspettative.

"Immaginate!", esclamai. "Saremo iniziati dai maestri e proveremo l'estasi della coscienza cosmica. Il nostro corpo sarà carico di un tale magnetismo che gli animali feroci dell'Himalaya si avvicineranno a noi docilmente. Le tigri non saranno altro che mansueti gattini domestici in cerca delle nostre carezze!".

Questa prospettiva, che io consideravo particolarmente allettante, sia in senso metaforico sia in senso letterale, suscitò il sorriso entusiastico di Amar. Ma Jatinda distolse lo sguardo, fissando dal finestrino il paesaggio che scorreva veloce.

"Dividiamo il denaro in tre", suggerì Jatinda dopo un lungo silenzio. "Giunti a Burdwan, compreremo ciascuno un biglietto, così alla stazione nessuno sospetterà che stiamo fuggendo insieme".

Acconsentii senza insospettirmi. Al crepuscolo il nostro treno si fermò a Burdwan. Jatinda entrò nella biglietteria, mentre Amar e io restammo seduti sulla banchina ad aspettarlo. Dopo un quarto d'ora di attesa, cominciammo a cercarlo dappertutto, senza alcun risultato. Lo chiamavamo a gran voce, sempre più spaventati, ma Jatinda era stato inghiottito dalla misteriosa oscurità che avvolgeva la piccola stazione.

Caddi in uno stato di prostrazione totale; il turbamento era così intenso da provocarmi uno strano torpore. Come poteva Dio permettere che accadesse un fatto tanto sconfortante? La mia prima, romantica fuga alla ricerca di Lui, preparata con tanta cura, si era crudelmente conclusa.

"Amar, dobbiamo tornare a casa". Piangevo come un bambino. "L'improvvisa partenza di Jatinda è di cattivo augurio. Questo viaggio è destinato all'insuccesso!".

"È questo il tuo amore per il Signore? Non sei capace di affrontare la piccola prova del tradimento di un compagno?".

Con questo accenno di Amar a una prova voluta da Dio, il mio cuore si rinfrancò. Ci rifocillammo con i famosi dolci di Burdwan, le *sitabhog* (il nutrimento della dea) e le *motichur* (pasticcini di granelle dolci). Dopo poche ore, partimmo per Hardwar, via Bareilly. Il giorno seguente, a Moghul Serai, scendemmo per cambiare treno. Mentre eravamo in attesa sulla banchina, affrontammo una questione molto importante.

"Amar, presto i dipendenti delle ferrovie potrebbero infastidirci con le loro domande. Non sottovaluto l'acume di mio fratello! Ma, qualunque cosa avvenga, io non dirò bugie".

"L'unica cosa che ti chiedo, Mukunda, è di stare tranquillo. Non ridere e non fare smorfie mentre io parlo".

In quel momento mi si avvicinò un agente della stazione, un europeo. Sventolava un telegramma di cui compresi subito il contenuto.

"State scappando di casa perché siete in collera?".

"No!". Ero lieto che le parole scelte per formulare questa domanda mi permettessero di rispondere con convinzione. Non la collera, ma un 'divino struggimento' era responsabile della mia condotta poco ortodossa.

Il funzionario si rivolse quindi ad Amar. L'arguto duello verbale che ne seguì mi permise a stento di mantenere il contegno compassato che mi era stato raccomandato.

"Dov'è il terzo ragazzo?". La sua voce aveva un tono molto autoritario. "Avanti, parla, dimmi la verità!".

"Signore, noto che portate gli occhiali. Non vedete che siamo soltanto due?". Amar sorrise impertinente. "Io non sono un mago, non posso far comparire un terzo ragazzo".

Il funzionario, visibilmente sconcertato dalla sua impertinenza, tentò un nuovo piano di attacco. "Come ti chiami?".

"Mi chiamano Thomas. Sono figlio di madre inglese e di padre indiano, convertito al cristianesimo".
"E qual è il nome del tuo amico?".
"Io lo chiamo Thompson".

A questo punto la mia ilarità trattenuta a stento aveva raggiunto il culmine; bruscamente mi diressi verso il treno, che per fortuna stava già fischiando, pronto a partire. Amar mi seguì con il funzionario, che fu tanto ingenuo e cortese da farci salire in uno scompartimento riservato agli europei. Evidentemente gli dispiaceva che due ragazzi per metà inglesi viaggiassero nello scompartimento destinato agli indiani. Quando si congedò educatamente, mi rovesciai sul sedile e scoppiai in una fragorosa risata. Amar aveva un'aria di gioiosa soddisfazione per essere riuscito a superare in astuzia un vecchio funzionario europeo.

Sulla banchina ero riuscito a leggere il telegramma. L'aveva spedito mio fratello Ananta e questo era il contenuto: "Tre ragazzi bengalesi vestiti all'inglese fuggiti di casa in direzione Hardwar, via Moghul Serai. Prego trattenerli fino al mio arrivo. Generosa ricompensa per la vostra collaborazione".

"Amar, ti avevo detto di non lasciare a casa orari ferroviari e indicazioni". Il mio sguardo era carico di disapprovazione. "Mio fratello deve averne trovato uno".

Il mio amico, provandone vergogna, accettò il rimprovero senza fiatare. Il treno effettuò una breve sosta a Bareilly, dove trovammo ad attenderci Dwarka Prasad[1] con un telegramma di Ananta. Dwarka fece di tutto per trattenerci. Ma io lo convinsi che la nostra fuga non era stata intrapresa a cuor leggero. Come in una precedente occasione, egli non accettò il mio invito a seguirci sull'Himalaya.

Quella notte, mentre il treno sostava in una stazione e io ero semiaddormentato, Amar fu svegliato da un altro funzionario indagatore, che cadde anch'egli vittima del fascino meticcio di 'Thomas' e di 'Thompson'. All'alba il treno ci condusse trionfanti ad Hardwar. In lontananza si delineavano, invitanti, le maestose montagne. Uscimmo rapidamente dalla stazione e ci confondemmo con facilità tra la folla cittadina. Per prima cosa indossammo di nuovo gli abiti indiani, visto che Ananta, non so come, aveva sospettato il nostro travestimento europeo. Tuttavia, in cuor mio, ero oppresso dal presentimento che saremmo stati catturati.

[1] Menzionato a pagina 19.

Tento invano di fuggire verso l'Himalaya

Ritenendo opportuno lasciare Hardwar al più presto, comperammo i biglietti per proseguire verso nord fino a Rishikesh, una terra che la presenza di tanti maestri aveva reso sacra da tempi immemorabili. Io ero già salito sul treno quando Amar, che ancora si attardava sulla banchina, fu bruscamente fermato dal richiamo di un poliziotto. Lo sgradito guardiano ci scortò nell'ufficio della polizia ferroviaria e prese in consegna il nostro denaro. Ci spiegò con garbo che era suo dovere trattenerci fino a quando non fosse giunto mio fratello Ananta.

Quando apprese che la meta dei fuggitivi era l'Himalaya, raccontò una strana storia.

"Vedo che andate matti per i santi! Non conoscerete mai un uomo di Dio più grande di quello che ho visto proprio ieri. Un mio collega e io lo abbiamo conosciuto cinque giorni fa. Stavamo perlustrando le rive del Gange alla serrata ricerca di un assassino, con l'ordine di catturarlo vivo o morto. Sapevamo che si travestiva da *sadhu* per poter derubare i pellegrini. A poca distanza da noi, abbiamo scorto una figura che rispondeva alla descrizione del criminale. Gli abbiamo ordinato di fermarsi, ma non ci ha dato ascolto; allora ci siamo messi a correre per avere la meglio su di lui. Io l'ho raggiunto alle spalle e ho sferrato con la scure un colpo tremendo, tanto che il suo braccio destro si è staccato quasi completamente dal corpo.

"Senza emettere un lamento né lanciare uno sguardo alla spaventosa ferita, lo sconosciuto, con nostra grande meraviglia, ha proseguito il suo cammino con passo veloce. Quando finalmente siamo riusciti con un balzo a trovarci di fronte a lui, ci ha detto tranquillo:

"'Non sono l'assassino che cercate'.

"Profondamente mortificato per aver ferito qualcuno che era evidentemente un santo, mi sono prostrato ai suoi piedi implorando il suo perdono e gli ho offerto la tela del mio turbante per arrestare la fuoriuscita di sangue.

"'Figliolo, è stato un errore comprensibile da parte tua'. Il santo mi ha guardato con benevolenza. 'Va' per la tua strada e non rimproverarti. L'Amata Madre si prende cura di me'. Ha riaggiustato sul moncone il braccio penzolante, che vi ha aderito alla perfezione. E il sangue, inspiegabilmente, ha cessato di sgorgare.

"'Torna fra tre giorni presso quell'albero, e mi troverai completamente guarito. Così non avrai più rimorsi'.

"Ieri il mio collega e io ci siamo recati, trepidanti, nel luogo indicato. Vi abbiamo trovato il *sadhu*, che ci ha permesso di esaminare il suo braccio. Non mostrava né cicatrici né tracce di ferite!

"'Ora, passando per Rishikesh, m'inoltrerò nelle solitudini dell'Himalaya', ha detto il *sadhu*. Poi ci ha benedetto e si è allontanato velocemente. Sento che grazie alla sua santità la mia vita si è elevata spiritualmente".

Il funzionario concluse il suo racconto con alcune parole ispirate; quell'esperienza aveva senza dubbio toccato profondità della sua anima prima inesplorate. Con un gesto solenne mi porse un ritaglio di giornale che raccontava del miracolo. Nel solito stile enfatico, proprio della stampa che ama pubblicare notizie sensazionali (non manca, ahimè, neppure in India!), il giornalista presentava una versione leggermente esagerata dei fatti: a suo dire il *sadhu* era stato quasi decapitato!

Amar e io ci rammaricammo di non aver incontrato questo grande yogi, capace di perdonare, come avrebbe fatto lo stesso Cristo, colui che lo aveva perseguitato. L'India, divenuta così povera di beni materiali negli ultimi due secoli, possiede tuttavia un capitale inesauribile di ricchezze divine; anche uomini semplici e appartenenti al mondo, come questo poliziotto, possono incontrare 'grattacieli' spirituali lungo la loro strada.

Ringraziammo il funzionario per aver alleviato la noia della nostra attesa con la sua storia meravigliosa. Egli probabilmente voleva lasciar intendere di essere stato più fortunato di noi, poiché aveva incontrato senza alcuna fatica un santo illuminato, mentre la nostra fervente ricerca non si era conclusa ai piedi di un maestro, bensì in uno squallido ufficio di polizia!

Tanto vicini all'Himalaya, eppure, dopo la nostra cattura, tanto lontani, comunicai ad Amar che mi sentivo più che mai spinto a cercare la libertà.

"Sgattaioliamo via, non appena se ne offrirà l'occasione. Possiamo andare a piedi fino alla città santa di Rishikesh", proposi con un sorriso incoraggiante.

Ma il mio compagno era diventato pessimista, da quando ci avevano confiscato il sostegno pratico, il nostro gruzzoletto di denaro.

"Se attraversassimo quella giungla fitta di pericoli, non finiremmo nella città dei santi, ma nello stomaco delle tigri!".

Tento invano di fuggire verso l'Himalaya

Ananta e il fratello di Amar arrivarono dopo tre giorni. Amar accolse il fratello con affetto e sollievo; io, invece, non mi volevo rassegnare. Ananta non ricevette da me che un aspro rimprovero.

"Comprendo ciò che provi", disse mio fratello, conciliante. "Ti chiedo soltanto di accompagnarmi a Benares per incontrare un saggio, e di venire a Calcutta per qualche giorno a trovare nostro padre, che è molto addolorato. Dopo potrai tornare qui alla ricerca di un maestro".

A questo punto, Amar si inserì nella conversazione dichiarando di non aver più nessuna intenzione di tornare con me ad Hardwar. Si godeva il calore della famiglia. Ma io sapevo che non avrei mai rinunciato a cercare il mio guru.

Partimmo tutti per Benares, dove ricevetti una singolare e immediata risposta a una mia preghiera.

Ananta aveva architettato un piano molto ingegnoso. Prima di venirmi a prendere ad Hardwar, si era fermato a Benares per pregare un autorevole esperto delle Scritture di parlare, in seguito, con me. Il pandit, come pure suo figlio, gli avevano promesso che avrebbero tentato di dissuadermi dal seguire il cammino del *sannyasi*.[2]

Ananta mi condusse a casa loro. Il figlio, un giovane esuberante, venne ad accogliermi nel cortile e mi impegnò in una lunga discussione filosofica. Dichiarando di avere il dono della chiaroveggenza, cercò di convincermi ad abbandonare l'idea di farmi monaco.

"Non avrai altro che guai, e non riuscirai a trovare Dio, se continui a sottrarti alle tue responsabilità quotidiane! Se non affronterai le esperienze della vita terrena non potrai liberarti del tuo karma[3] passato".

Per tutta risposta mi salirono alle labbra le immortali parole di Krishna[4]: "Perfino colui che ha il karma peggiore, se medita incessantemente su di Me, disperde in breve tempo l'effetto delle cattive azioni compiute nel passato. Diventando un uomo profondamente spirituale, egli presto raggiungerà la pace perenne. Arjuna, sappi questo per certo: il devoto che ripone in Me la sua fiducia non perirà mai!".

Ma gli enfatici pronostici del giovane avevano lievemente incrinato la mia sicurezza. Con tutto il fervore del mio cuore rivolsi a Dio una silenziosa preghiera:

---

[2] Letteralmente: 'rinunciante'. Dalla radice del verbo sanscrito 'gettare da parte'.

[3] Le conseguenze delle azioni compiute nel passato in questa vita o in vite precedenti. Dalla radice sanscrita del verbo *kri*, 'fare'.

[4] Bhagavad Gita IX, 30-31.

"Ti prego, metti fine al mio smarrimento e dimmi all'istante se desideri che io segua la via della rinuncia o quella del mondo!".

Notai allora la presenza di un *sadhu* dal nobile portamento, fermo appena oltre il cortile della casa del pandit. Evidentemente lo sconosciuto aveva udito l'animata conversazione fra me e il sedicente profeta, perché mi pregò di avvicinarmi; sentii che dai suoi occhi sereni si sprigionava uno straordinario magnetismo.

"Figliolo, non ascoltare quell'ignorante. In risposta alla tua preghiera il Signore mi incarica di assicurarti che l'unico sentiero della tua vita è quello della rinuncia".

Stupito e riconoscente, sorrisi felice per questo messaggio inequivocabile.

"Vieni via, non parlare con quell'uomo!", gridò l'"ignorante' dal cortile. Il saggio mi benedisse e s'incamminò lentamente.

"Quel *sadhu* è matto proprio come te". Fu il pandit dai capelli bianchi a esprimere questa gentile osservazione, fissandomi, insieme al figlio, con aria lugubre. "Mi hanno detto che anche lui ha lasciato la propria casa per una inconcludente ricerca di Dio".

Voltai loro le spalle. Dissi ad Ananta che non volevo più discutere con i nostri ospiti. Mio fratello, scoraggiato, accettò di partire immediatamente e quindi prendemmo subito il treno per Calcutta.

"Signor poliziotto, come hai fatto a scoprire che ero fuggito con due compagni?". Durante il viaggio di ritorno diedi libero sfogo alla mia viva curiosità. Ananta sorrise maliziosamente.

"Alla tua scuola sono venuto a sapere che Amar aveva lasciato la classe senza più tornare. La mattina seguente sono andato a casa sua e ho trovato un orario ferroviario con l'itinerario segnato. Proprio allora il padre di Amar stava uscendo in carrozza e parlava con il cocchiere.

"'Non porterò mio figlio a scuola questa mattina; è sparito!', si lamentava il padre.

"'Ho sentito dire da un altro conducente che vostro figlio e altri due ragazzi, vestiti con abiti europei, hanno preso il treno alla stazione di Howrah', ha dichiarato l'uomo. 'Hanno regalato le loro scarpe di pelle al cocchiere'.

"Avevo così tre indizi: l'orario ferroviario, il terzetto dei ragazzi e gli abiti inglesi".

Tento invano di fuggire verso l'Himalaya

Ascoltavo le rivelazioni di Ananta con un misto di divertimento e di irritazione. La nostra generosità verso il cocchiere era stata alquanto fuori luogo!

"Naturalmente mi sono precipitato a telegrafare a tutti i funzionari delle stazioni che Amar aveva sottolineato nell'orario. Aveva segnato Bareilly, così ho telegrafato al tuo amico Dwarka. Informandomi con i vicini di casa, sono venuto a sapere che il cugino Jatinda si era assentato da casa per una notte, ma era tornato il mattino seguente, vestito all'europea. Sono andato a cercarlo e l'ho invitato a pranzo; disarmato dal mio fare amichevole, ha accettato l'invito. Strada facendo, senza che si insospettisse, l'ho condotto in una stazione di polizia, dove è stato circondato da alcuni agenti che avevo scelto in precedenza per il loro aspetto feroce. Intimidito da quegli sguardi severi, Jatinda non ha tardato a spiegare il motivo della sua condotta misteriosa.

"'Ero partito per l'Himalaya pieno di fervore spirituale. Mi sentivo ispirato all'idea di incontrare i maestri. Ma non appena Mukunda ha detto: 'Mentre saremo in estasi nelle grotte dell'Himalaya, le tigri, affascinate, ci si accosteranno e si accucceranno intorno a noi, mansuete come gattini', il mio entusiasmo si è raggelato; gocce di gelido sudore mi hanno imperlato la fronte. 'E allora?', ho pensato, se il potere della nostra estasi spirituale non riuscisse a trasformare la loro indole feroce, le tigri si comporterebbero ugualmente come docili gatti domestici? Con gli occhi della mente mi vedevo ospite forzato nello stomaco di una tigre, non ingoiato in un sol boccone, ma divorato un pezzetto per volta!'".

La mia rabbia per la scomparsa di Jatinda sbollì fra le risate. Questa comica spiegazione mi ripagava di tutti gli affanni che Jatinda mi aveva procurato. Devo confessare che provai una certa soddisfazione: anche a lui non era stato risparmiato un incontro con la polizia!

"Ananta,[5] tu sei un segugio nato!". Il mio sguardo divertito non era privo di una nota di esasperazione. "E dirò a Jatinda che sono lieto che non avesse in animo di tradirci, come pensavo, ma fosse spinto solo da un prudente istinto di conservazione!".

Quando tornai a casa, a Calcutta, mio padre mi pregò, con parole toccanti, di tenere a freno la mia indole vagabonda, almeno fino al termine della scuola superiore. Durante la mia assenza egli aveva

---

[5] Mi rivolgevo sempre a lui chiamandolo Ananta-da. *Da* è un suffisso di rispetto che i fratelli e le sorelle aggiungono al nome del fratello maggiore.

amorevolmente ordito una congiura, prendendo accordi con un santo pandit, swami Kebalananda, perché frequentasse con regolarità la nostra casa.

"Quel saggio sarà il tuo insegnante di sanscrito", annunciò fiduciosamente mio padre.

Sperava di appagare le mie aspirazioni religiose facendomi istruire da un dotto filosofo. Ma presto la situazione subì un velato capovolgimento: il mio nuovo insegnante, anziché impartirmi aride lezioni intellettuali, alimentava il fuoco del mio desiderio di Dio. Mio padre ignorava che swami Kebalananda fosse un fervente discepolo di Lahiri Mahasaya. L'impareggiabile guru aveva avuto migliaia di discepoli, silenziosamente attratti dalla forza irresistibile del suo magnetismo divino. Appresi in seguito che Lahiri Mahasaya aveva spesso definito Kebalananda un *rishi*, ossia un saggio illuminato.[6]

Il suo bel volto era incorniciato da folti riccioli; i suoi occhi neri erano schietti e limpidi come quelli di un bambino. Tutti i movimenti del suo corpo snello denotavano una calma riflessiva. Sempre gentile e amabile, era stabilmente ancorato nella coscienza infinita. Trascorremmo insieme molte ore felici, assorti nella profonda meditazione Kriya.

Kebalananda era un rinomato conoscitore degli antichi *shastra* (libri sacri); la sua erudizione gli valse il titolo di 'Shastri Mahasaya', con il quale ci si rivolgeva a lui abitualmente. Ma io non facevo progressi degni di nota nello studio del sanscrito, poiché coglievo ogni minimo pretesto per lasciar da parte l'arida grammatica e parlare di yoga e di Lahiri Mahasaya. Un giorno il mio insegnante acconsentì a raccontarmi alcuni episodi della sua vita con il maestro.

"Una sorte straordinariamente benevola mi permise di trascorrere dieci anni accanto a Lahiri Mahasaya. La sua casa di Benares era la meta serale dei miei pellegrinaggi. Il guru si tratteneva sempre in una piccola stanza di ingresso al pian terreno. Si sedeva nella posizione del loto su una panca di legno senza schienale e i discepoli si disponevano attorno a lui in semicerchio. I suoi occhi scintillavano e danzavano di

---

[6] Al tempo del nostro incontro, Kebalananda non era ancora entrato nell'Ordine degli swami e generalmente veniva chiamato 'Shastri Mahasaya'. Per evitare confusione con i nomi di Lahiri Mahasaya e maestro Mahasaya (vedere il capitolo 9), mi riferisco al mio insegnante di sanscrito solo con il nome monastico che assunse in seguito, swami Kebalananda. La sua biografia è stata pubblicata di recente in bengali. Nato nel distretto di Khulna, Bengala, nel 1863, Kebalananda abbandonò le sue spoglie mortali a Benares all'età di 68 anni. Il suo nome di famiglia era Ashutosh Chatterji.

gioia divina. Erano sempre semichiusi e penetravano, con l'acuta vista interiore, in una sfera di beatitudine eterna. Raramente teneva lunghi discorsi. A volte il suo sguardo si soffermava su uno studente che aveva bisogno d'aiuto; parole risanatrici sgorgavano allora dalle sue labbra come una cascata di luce.

"Una pace indescrivibile sbocciava nel mio cuore quando il maestro mi guardava. Ero permeato dalla sua fragranza, che pareva emanare da un loto dell'infinità. Stare con lui, anche senza scambiare una parola per giorni interi, è stata un'esperienza che ha completamente trasformato tutto il mio essere. Se una barriera invisibile sorgeva sul sentiero della mia concentrazione, mi sedevo a meditare ai piedi del guru. Allora potevo cogliere gli stati di coscienza più inafferrabili. Queste percezioni mi sfuggivano quando mi trovavo alla presenza di altri maestri di minore levatura spirituale. Il guru era un tempio vivente di Dio, le cui porte segrete si dischiudevano a tutti i discepoli grazie alla loro devozione.

"Lahiri Mahasaya non offriva un'interpretazione teorica delle Scritture; senza difficoltà si immergeva nella 'biblioteca divina'. La spuma delle parole e gli spruzzi dei pensieri sgorgavano dalla fonte della sua onniscienza. Possedeva la chiave meravigliosa che gli permetteva di accedere alla profonda scienza filosofica nascosta da tanti secoli nei *Veda*.[7] Se qualcuno gli domandava di spiegare i diversi stati di coscienza descritti negli antichi testi, acconsentiva sorridendo.

"'Mi immergerò in questi stati e poi vi svelerò le mie percezioni'. Egli era quindi totalmente diverso da quegli insegnanti che si limitano a imparare le Scritture a memoria e a propinare concetti astratti, non sperimentati personalmente.

"'Ti prego di commentare i sacri versetti man mano che ne comprendi il significato'. Il Guru taciturno spesso rivolgeva questa richiesta a uno dei discepoli che erano con lui. 'Guiderò i tuoi pensieri affinché tu dia l'interpretazione giusta'. In questo modo molte percezioni di

---

[7] I quattro antichi *Veda* comprendono più di cento libri canonici tuttora esistenti. Nel suo *Journal*, Emerson rese il seguente tributo al pensiero vedico: "Esso è sublime come il calore e la notte e un oceano senza respiro. Contiene ogni sentimento religioso, tutta la più alta etica che palpiti in ogni mente nobile e poetica... È inutile mettere da parte il libro; se mi trovo nel bosco o in una barca sul fiume, la natura stessa mi rende *bramino*: necessità eterna, eterno compenso, impenetrabile potere, ininterrotto silenzio... Questo è il suo credo. Pace, mi dice, e purezza e abbandono assoluto. Queste panacee espiano tutti i peccati e conducono alle beatitudini delle Otto Divinità".

Lahiri Mahasaya furono trascritte su voluminosi commentari ad opera di diversi studenti.

"Il maestro non consigliava mai di credere passivamente. 'Le parole non sono che gusci', diceva. 'Conquistate la certezza della presenza divina raggiungendo con la meditazione la gioiosa comunione con Lui'.

"Qualunque fosse il problema di un discepolo, il guru consigliava di praticare il Kriya Yoga per trovarne la soluzione.

"'La chiave dello yoga non perderà la sua efficacia quando io non sarò più fisicamente fra voi a guidarvi. Questa tecnica non può essere archiviata, catalogata e quindi dimenticata, come avviene con le astratte intuizioni intellettuali. Dovete avanzare continuamente sul sentiero della liberazione grazie al Kriya, il cui potere risiede nella pratica'.

"Io stesso ritengo che, tra gli strumenti per raggiungere la salvezza mediante l'impegno personale, il Kriya sia il più efficace mai apparso nel corso dell'evoluzione per guidare l'uomo alla ricerca dell'Infinito". Kebalananda concluse con questa importante testimonianza: "Per mezzo del Kriya il Dio onnipotente che si cela in ogni uomo si è manifestato visibilmente nel corpo di Lahiri Mahasaya e di molti suoi discepoli".

Alla presenza di Kebalananda, Lahiri Mahasaya compì un miracolo simile a quelli compiuti da Cristo. Il mio santo mentore me ne raccontò la storia un giorno, distogliendo lo sguardo dai testi sanscriti aperti sul tavolo dinanzi a noi.

"Un discepolo cieco, Ramu, mi suscitava una grande pietà. Perché i suoi occhi non dovevano vedere la luce, se con tanta devozione serviva il nostro maestro, in cui la Divinità risplendeva pienamente? Un mattino cercai di parlare con Ramu, che però restava pazientemente seduto per ore facendo vento al guru con un *punkha* (ventaglio) di foglie di palma. Quando infine il devoto lasciò la stanza, lo seguii.

"'Ramu, da quanto tempo sei cieco?'.

"'Dalla nascita, signore! I miei occhi non sono mai stati benedetti, neanche per un attimo, dalla vista del sole'.

"'Il nostro guru onnipotente può aiutarti. Ti prego, supplicalo di guarirti'.

"Il giorno seguente Ramu si accostò timidamente a Lahiri Mahasaya. Il discepolo quasi si vergognava di chiedere il dono del benessere fisico, in aggiunta alla sovrabbondanza di tesori spirituali che riceveva.

Tento invano di fuggire verso l'Himalaya

"'Maestro, Colui che illumina il cosmo è in voi. Vi prego di portare la Sua luce nei miei occhi, affinché io possa scorgere lo splendore ben più tenue del sole'.

"'Ramu, qualcuno sta tramando per mettermi in difficoltà. Io non ho il potere di guarire'.

"'Signore, l'Infinito che è in voi ha certamente quel potere'.

"'Questo è diverso, Ramu. Dio non ha limiti! Colui che accende le stelle e le cellule del corpo con il misterioso fulgore della vita, può certamente portare la luce nei tuoi occhi'. Il maestro toccò la fronte di Ramu nel punto fra le sopracciglia.[8]

"'Concentra la tua mente in questo punto e canta spesso il nome del profeta Rama,[9] per sette giorni. Lo splendore del sole avrà per te un'aurora speciale'.

"Ed ecco che, dopo una settimana, accadde proprio quanto era stato predetto. Per la prima volta Ramu contemplò il leggiadro volto della natura. L'onnisciente maestro, con la sua infallibile lungimiranza, aveva esortato il suo discepolo a ripetere il nome di Rama, che egli venerava sopra tutti gli altri santi. La fede di Ramu fu il terreno fertile arato dalla devozione, in cui potè germogliare il possente seme del guru della guarigione permanente". Kebalananda tacque per un istante, poi tributò un nuovo omaggio al suo guru.

"In tutti i miracoli compiuti da Lahiri Mahasaya, era evidente che egli non permetteva mai al principio dell'ego[10] di considerarsi la forza causale. Con la perfezione del suo completo abbandono al Divino, il

---

[8] La sede dell'occhio 'singolo' o occhio spirituale. Al momento della morte la coscienza dell'uomo è in genere attirata verso questo sacro punto, il che spiega perché, morendo, le persone rivolgano gli occhi verso l'alto.

[9] La sacra figura centrale del poema epico sanscrito *Ramayana*.

[10] Il principio dell'ego, *ahamkara* (letteralmente: 'io faccio'), è la causa fondamentale del dualismo o dell'apparente separazione dell'uomo dal suo Creatore. *Ahamkara* pone l'uomo sotto il dominio di *maya* (illusione cosmica) per cui il soggetto (ego) appare erroneamente come oggetto; le creature immaginano di essere i creatori (vedere la nota a pagina 49, le pagine 294 e 295, e la nota a pagina 304).

"In verità nulla io faccio!".
Così penserà colui che possiede la verità delle verità…
Sempre certo che "Questo è il mondo dei sensi che gioca
con i sensi". (V, 8-9)
Vedendo, vede davvero
chi vede che le opere
sono quanto la Natura usa compiere affinché l'anima si addestri:
questi agisce pur non essendo l'artefice. (XIII, 29)

Autobiografia di uno Yogi

maestro consentiva a quel supremo potere risanante di fluire liberamente attraverso sé stesso.

"I numerosi corpi che furono guariti in modo spettacolare da Lahiri Mahasaya dovevano infine alimentare le fiamme della cremazione. Ma i silenziosi risvegli spirituali di cui fu l'artefice, i discepoli simili al Cristo che modellò, sono i suoi miracoli imperituri".

Non sono mai diventato uno studioso di sanscrito, ma Kebalananda mi ha insegnato una ben più divina sintassi.

Sebbene Io sia
senza nascita e senza morte, indistruttibile,
pur essendo il Signore di tutte le cose viventi, nondimeno,
attraverso *maya*, la magia che ho impresso
sulle fluttuanti forme della Natura, la vastità primordiale,
Io vengo e vado e vengo. (IV, 6)

Arduo è
lacerare quel velo divino di molteplici manifestazioni
che Mi nasconde; tuttavia, coloro che Mi adorano
lo squarciano e lo oltrepassano. (VII, 14)
Bhagavad Gita (dalla traduzione inglese di Sir Edwin Arnold)

Swami Kebalananda
L'amato insegnante di sanscrito di Yoganandaji.

La casa di Calcutta in cui abitava Paramahansa Yogananda prima di prendere i voti di rinunciante nel luglio del 1915, diventando un *sannyasi* (monaco) dell'antico Ordine degli swami.

Capitolo 5

Il 'santo dei profumi' mostra i suoi prodigi

"Ogni cosa ha il suo tempo e vi è il tempo adatto per ogni cosa sotto il cielo".[1]

Io non possedevo la saggezza di Salomone ad arrecarmi conforto; ogni volta che uscivo di casa, mi guardavo attentamente intorno alla ricerca del volto del guru che mi era destinato. Ma la mia strada non si incrociò con la sua finché non ebbi terminato la scuola superiore.

Trascorsero due anni dalla mia fuga con Amar verso l'Himalaya prima che arrivasse il grande giorno in cui Sri Yukteswar fece la sua comparsa nella mia vita. In questo lasso di tempo feci la conoscenza di numerosi saggi: il 'santo dei profumi', lo 'swami delle tigri', Nagendra Nath Bhaduri, il maestro Mahasaya e il famoso scienziato bengali Jagadis Chandra Bose.

Il mio incontro con il 'santo dei profumi' fu preceduto da due episodi: uno molto piacevole e l'altro divertente.

"Dio è semplice. Ogni altra cosa è complessa. Non cercare valori assoluti nel mondo relativo della natura".

Queste perentorie considerazioni filosofiche, espresse con voce sommessa, mi giunsero all'orecchio mentre contemplavo in un tempio l'immagine di Kali.[2] Mi voltai e mi trovai faccia a faccia con un uomo alto, il cui abbigliamento, o meglio la cui mancanza di abbigliamento, rivelava trattarsi di un *sadhu* errante.

---

[1] Ecclesiaste 3, 1.

[2] Kali rappresenta il Principio Eterno immanente nella natura ed è tradizionalmente raffigurata come una donna con quattro braccia, in posizione eretta sulla forma distesa del dio Shiva, l'Infinito, poiché le attività della natura, il mondo fenomenico, scaturiscono dallo Spirito immanifesto. Le quattro braccia rappresentano gli attributi principali, due benefici e due distruttivi, e indicano l'essenziale dualità della materia, ossia del creato.

Il 'santo dei profumi' mostra i suoi prodigi

"Siete proprio riuscito a leggere i miei pensieri e a comprendere lo sconcerto che provo!", esclamai, sorridendo con gratitudine. "La coesistenza disordinata degli aspetti benevoli e di quelli terribili nella natura, simboleggiata dalla dea Kali, ha confuso menti assai più sagge della mia!".

"Pochi sono coloro che risolvono il suo mistero! Il bene e il male sono l'enigma che la vita, come una sfinge, sottopone all'intelligenza umana. Poiché la maggior parte degli uomini non ne cerca la soluzione, paga con la propria vita, oggi, così come ai tempi di Tebe. Di tanto in tanto emerge una figura solitaria che non accetta la sconfitta, e dalla dualità di *maya*,[3] riesce a cogliere la verità indivisibile dell'unità".

"Parlate con molta convinzione, signore".

"Mi sono a lungo dedicato a un'imparziale introspezione, metodo squisitamente doloroso per accostarsi alla saggezza. L'esame scrupoloso di sé stessi, l'inesorabile analisi dei propri pensieri, è un'esperienza dura e sconvolgente, capace di ridurre in polvere l'ego più tenace. Ma la vera autoanalisi rende matematicamente saggi. Il metodo della libera 'espressione di sé stessi' e della ricerca di riconoscimenti personali, invece, fa diventare egotisti, convinti di avere il diritto di dare la propria interpretazione personale di Dio e dell'universo".

"Non c'è dubbio: la verità si ritrae umilmente dinanzi a un'originalità così arrogante". Cominciavo ad appassionarmi alla discussione.

"L'uomo non è in grado di comprendere le verità eterne finché non si libera di ogni falsa pretesa. La mente umana, se messa a nudo fino a rivelare la melma accumulata nei secoli, brulica di creature ripugnanti: le innumerevoli illusioni terrene. Le lotte sui campi di battaglia diventano insignificanti, se paragonate ai conflitti di colui che affronta per la prima volta i nemici interiori! Questi non sono avversari umani, che si lasciano sopraffare da un terribile spiegamento di forze! Onnipresenti,

---

[3] Illusione cosmica, letteralmente il 'misuratore'. *Maya* è il potere magico che agisce nella creazione, a causa del quale le limitazioni e le divisioni sono apparentemente presenti nell'incommensurabile e nell'indivisibile.

Emerson scrisse la seguente poesia intitolata *Maya* (che egli scriveva *Maia*):

> L'illusione agisce nel mistero,
> tessendo tele innumerevoli;
> le sue gaie visioni non vengono mai meno.
> S'affollano l'una sull'altra, velo su velo;
> incantatrice che vuol essere creduta
> dall'uomo che vuol essere ingannato.

infaticabili, ossessionanti perfino nel sonno, subdolamente muniti di armi mefitiche, questi soldati, i nostri ciechi desideri, cercano di annientarci tutti. Stolto è colui che seppellisce i propri ideali per arrendersi al destino comune. Chi è mai costui, se non una creatura impotente, insensibile, spregevole?".

"Rispettabile signore, non provate compassione per le masse insicure e confuse?".

Il saggio tacque per un istante, poi rispose indirettamente.

"Spesso è sconcertante poter amare sia il Dio invisibile, Custode di tutte le virtù, sia l'uomo visibile, che sembra non possederne alcuna! Ma l'ingegnosità dell'uomo è pari al suo sgomento. La ricerca interiore ben presto rivela l'esistenza di un elemento che accomuna ogni mente umana: il profondo vincolo del movente egoistico. In questo senso, almeno, si manifesta la fratellanza fra gli uomini. Tale scoperta suscita in noi un'attonita umiltà, che si trasforma in compassione per i nostri simili incapaci di vedere le forze risanatrici dell'anima che attendono di essere scoperte".

"I santi di ogni tempo, signore, hanno provato gli stessi sentimenti che provate voi per le sofferenze del mondo".

"Solo una persona superficiale può rimanere insensibile di fronte alle sventure che turbano la vita dei propri simili, perché è immersa nel mondo ristretto delle proprie sofferenze". Il viso austero del *sadhu* si era notevolmente addolcito. "Colui che usa il bisturi dell'introspezione per analizzare sé stesso con inesorabile severità sentirà espandersi dentro di sé la compassione per il mondo intero e sarà libero dalle assordanti richieste dell'ego. L'amore di Dio fiorisce su questo terreno. La creatura si rivolge finalmente al suo Creatore, se non altro per porgli, angosciata, questa domanda: 'Perché, Signore, perché?'. Sotto le sferzate degradanti del dolore, l'uomo è sospinto infine verso la Presenza Infinita, la cui bellezza dovrebbe da sola bastare ad attirarlo a Sé".

Il saggio e io ci trovavamo nel tempio di Kalighat, a Calcutta, di cui ero andato ad ammirare la rinomata magnificenza. L'inatteso compagno che il caso mi aveva mandato fece un ampio gesto con la mano, a significare la sua scarsa considerazione per tutti quegli splendidi ornamenti.

"I mattoni e la malta non cantano per noi alcuna melodia; il cuore si apre soltanto alla musica umana dell'essere".

Attirati dall'invitante luce del sole, ci avviammo verso l'ingresso del tempio, animato dal viavai di folti gruppi di devoti.

Il 'santo dei profumi' mostra i suoi prodigi

"Tu sei giovane". Il saggio mi scrutò pensoso. "Anche l'India è giovane. Gli antichi *rishi*[4] hanno formulato i princìpi imperituri della vita spirituale. I loro antichi precetti sono validi ancora oggi in questo Paese. Sempre attuali e tutt'altro che disarmati contro le insidie del materialismo, questi precetti di condotta plasmano l'India anche ai nostri giorni. Per millenni – più numerosi di quanto gli imbarazzati studiosi vogliano riconoscere nei loro calcoli! – il tempo, questo grande scettico, ha confermato l'importanza dei *Veda*. Sia questa la tua eredità".

Mentre prendevo rispettosamente congedo dall'eloquente *sadhu*, egli mi rivelò una sua percezione chiaroveggente:

"Oggi, lasciato questo luogo, farai un'esperienza fuori dal comune".

Mi allontanai dal santuario e girovagai senza meta. A una svolta della strada m'imbattei in una vecchia conoscenza, uno di quegli individui ciarlieri la cui loquacità ignora il tempo e abbraccia l'eternità.

"Ti lascerò andar via presto", promise, "se mi racconterai tutto ciò che ti è accaduto in questi anni in cui non ci siamo visti".

"Che paradosso! Devo lasciarti subito".

Ma egli mi trattenne per la mano, cercando di strapparmi qualche informazione a spizzichi e bocconi. "Sembra un lupo famelico", pensai divertito; più parlavo e più si mostrava avido di notizie. Implorai in cuor mio la dea Kali di suggerirmi un modo garbato per sfuggirgli.

All'improvviso il mio conoscente mi lasciò. Tirai un sospiro di sollievo e mi allontanai in gran fretta, per timore di ricadere in balìa della sua loquacità febbrile. Udendo dei passi rapidi dietro di me, accelerai l'andatura, senza osare voltarmi. Ma con un balzo il giovane mi raggiunse, afferrandomi giovialmente per una spalla.

"Ho dimenticato di parlarti di Gandha Baba (il 'santo dei profumi'), che onora della sua presenza quella casa". E mi indicò un'abitazione a pochi metri di distanza. "Lo devi conoscere, è una persona interessante; potresti fare un'esperienza fuori dal comune. Arrivederci!". E questa volta se ne andò per davvero.

Mi tornarono allora alla mente le parole, molto simili, della predizione che il *sadhu* aveva pronunciato nel tempio di Kalighat. Incuriosito, entrai nella casa e fui introdotto in una stanza spaziosa, dove si trovavano molte persone, sedute alla maniera orientale su un folto tappeto arancione. Mi giunse all'orecchio un reverente bisbiglio:

---

[4] I *rishi*, letteralmente 'veggenti', furono gli autori dei *Veda* in una remota antichità.

"Ecco Gandha Baba, seduto sulla sua pelle di leopardo. È capace di far profumare un fiore inodore, conferendogli il profumo di qualsiasi altro fiore; fa anche rivivere i fiori appassiti e fa emanare fragranze deliziose dalla pelle della gente".

Guardai il santo; il suo sguardo acuto incontrò il mio. Era un uomo florido, con la barba, la carnagione scura e grandi occhi lucenti.

"Figliolo, sono lieto di vederti. Dimmi che cosa desideri. Gradiresti del profumo?".

"A quale scopo?". Giudicavo le sue parole alquanto puerili.

"Per fare esperienza di un modo miracoloso in cui si può godere dei profumi".

"Approfittando del potere di Dio per creare dei profumi?".

"E perché no? Dio li crea comunque".

"Sì, ma Dio modella fragili calici di petali, che si usano freschi e poi si gettano via. Voi sapete creare i fiori?".

"Sì, ma di solito creo fragranze, mio piccolo amico".

"Allora le fabbriche di profumi dovranno chiudere".

"No, lascerò che continuino la loro attività! Il mio unico scopo è dimostrare il potere di Dio".

"Signore, è proprio necessario dimostrarlo? Dio non compie continuamente miracoli, in ogni cosa, in ogni luogo?".

"Sì, ma anche noi dovremmo manifestare un poco della Sua infinita varietà creativa".

"Quanto tempo avete impiegato per diventare esperto in quest'arte?".

"Dodici anni".

"Per creare profumi con mezzi astrali! Mi sembra, venerabile santo, che abbiate sprecato una dozzina di anni per ottenere le stesse fragranze che potreste acquistare da un fioraio per poche rupie".

"I profumi svaniscono con i fiori".

"I profumi svaniscono con la morte. Perché dovrei desiderare quello che piace soltanto al corpo?".

"Signor filosofo, mi piace il tuo modo di ragionare. Ora stendi verso di me la mano destra". E fece un gesto di benedizione.

Mi trovavo a poca distanza da Gandha Baba e nessun altro mi era tanto vicino da potermi toccare. Allungai la mano, che lo yogi non sfiorò neppure.

"Quale profumo desideri?".

"Quello della rosa".

"Così sia".

Con mia grande sorpresa, un'intensa e deliziosa fragranza di rosa si sprigionò dal palmo della mia mano. Sorridendo, presi da un vaso lì accanto un grande fiore bianco che non emanava alcun odore.

"È possibile dare a questo fiore inodore il profumo del gelsomino?".

"Così sia".

All'istante, dai suoi petali si diffuse proprio la fragranza del gelsomino. Ringraziai il santo per il miracolo e mi sedetti vicino a uno dei suoi allievi. Questi mi informò che Gandha Baba, il cui vero nome era Visuddhananda, aveva appreso in Tibet molti sorprendenti segreti yoga da un maestro che, così mi assicurò, aveva raggiunto l'età di oltre mille anni.

"Il suo discepolo Gandha Baba non sempre compie i suoi prodigi con i profumi usando semplicemente la parola, come hai appena visto". L'allievo parlava del maestro con visibile orgoglio. "I suoi metodi variano considerevolmente a seconda della diversa indole delle persone. È un uomo meraviglioso! Molti intellettuali di Calcutta sono tra i suoi seguaci".

Tra me e me decisi che non mi sarei aggiunto ad essi. Un guru così letteralmente 'meraviglioso' non era di mio gusto. Ringraziai cortesemente Gandha Baba e me ne andai. Avviandomi lentamente verso casa, riflettevo sui tre diversi incontri di quello stesso giorno.

Quando arrivai, trovai ad accogliermi mia sorella Uma.

"Stai diventando proprio raffinato, ti profumi!".

Senza rispondere, le feci segno di odorare la mia mano.

"Che delizioso profumo di rosa! Ed è insolitamente forte!".

Pensando che fosse davvero 'fortemente insolito', in silenzio le misi sotto il naso il fiore profumato astralmente.

"Oh! Adoro il gelsomino!", e prese il fiore. Un comico stupore si dipinse sul suo viso mentre aspirava ripetutamente il profumo del gelsomino da un fiore che ben sapeva privo di qualsiasi odore. La sua reazione dissipò il mio sospetto che Gandha Baba mi avesse suggestionato e che soltanto io potessi percepire quei profumi.

In seguito seppi da un amico, Alakananda, che il 'santo dei profumi' aveva un potere che vorrei fosse condiviso dai milioni di persone che muoiono di fame nel mondo.

"Mi trovavo, con un centinaio di altri ospiti, nella casa di Gandha Baba a Burdwan", mi raccontò Alakananda. "Era un ricevimento molto elegante. Poiché lo yogi aveva fama di saper far comparire oggetti

Autobiografia di uno Yogi

dal nulla, lo pregai ridendo di far apparire dei mandarini, allora fuori stagione. Immediatamente i *luchi*,[5] che erano serviti su foglie di banano, si gonfiarono. Dentro ogni forma di pane si era materializzato un mandarino sbucciato. Addentai il mio con una certa trepidazione, ma lo trovai squisito".

Molti anni più tardi, grazie a una profonda realizzazione interiore, compresi in qual modo Gandha Baba poteva compiere le sue materializzazioni. Questo metodo, purtroppo, non è alla portata delle popolazioni che soffrono la fame!

I diversi stimoli sensoriali a cui l'uomo reagisce (tattili, visivi, gustativi, uditivi, olfattivi) sono generati dalle variazioni vibratorie degli elettroni e dei protoni. Queste vibrazioni sono a loro volta determinate dal *prana*, ovvero dai 'vitatroni', forze vitali o energie più sottili di quelle dell'atomo, sature delle specifiche sostanze mentali corrispondenti a ciascuno dei cinque sensi.

Gandha Baba, ponendosi in sintonia con la forza pranica mediante particolari esercizi yoga, era in grado di indurre i 'vitatroni' a modificare la propria struttura vibratoria, dando così realtà oggettiva a ciò che desiderava creare. Il profumo, i frutti e gli altri miracoli erano vere e proprie materializzazioni di vibrazioni fisiche, e non sensazioni soggettive provocate ipnoticamente.

La tecnica dell'ipnosi è stata utilizzata in medicina come una sorta di cloroformio psichico per sottoporre a piccoli interventi chirurgici quei pazienti che non tolleravano l'anestesia. Ma subire spesso l'azione ipnotica è dannoso, perché può provocare effetti psicologici negativi, che con l'andar del tempo danneggiano le cellule cerebrali. L'ipnotismo è un'invasione nel territorio della coscienza altrui.[6] I suoi fenomeni transitori non hanno nulla in comune con i miracoli compiuti dagli uomini divinamente realizzati. Essendo desti in Dio, i veri santi possono provocare mutamenti in questo mondo di sogno grazie alla propria

---

[5] Pane indiano sottile e rotondo.

[6] Gli studi sulla coscienza compiuti dagli psicologi occidentali si limitano in buona misura a esplorare la mente subcoscia e le malattie mentali curate dalla psichiatria e dalla psicoanalisi. Sono poche le ricerche che indagano l'origine e la formazione degli stati psichici normali e le loro modalità di espressione attraverso le emozioni e le azioni volontarie: temi, questi, di importanza veramente fondamentale, che la filosofia indiana non trascura. I sistemi *Sankhya* e *Yoga* propongono precise classificazioni delle varie connessioni esistenti tra i normali stati mentali, nonché delle funzioni caratteristiche di *buddhi* (intelletto discriminante), *ahamkara* (principio dell'ego) e *manas* (mente o coscienza sensoria).

volontà, che è armoniosamente in sintonia con il Sognatore della Creazione Cosmica.[7]

I prodigi simili a quelli compiuti dal 'santo dei profumi' sono spettacolari, ma spiritualmente inutili. Non avendo quasi altro scopo che quello di stupire, distolgono da una seria ricerca di Dio.

L'ostentazione di insoliti poteri è condannata dai maestri. Il mistico persiano Abu Said rise una volta di alcuni fachiri (asceti musulmani) che si vantavano di possedere poteri miracolosi sull'acqua, sull'aria e sullo spazio.

"Anche una rana si sente a proprio agio nell'acqua", osservò Abu Said con leggero disprezzo. "Il corvo e l'avvoltoio volano nell'aria con tutta facilità; il demonio può apparire nello stesso tempo sia in Oriente sia in Occidente! Il vero uomo, colui che vive rettamente fra i propri simili, può comprare e vendere, ma nemmeno per un solo istante dimentica Dio!".[8] In un'altra occasione il grande maestro persiano espresse in

---

[7] "L'universo è rappresentato in ogni sua particella. Ogni cosa è fatta della stessa sostanza occulta. Il mondo stesso è racchiuso in una goccia di rugiada... La vera dottrina dell'onnipresenza dichiara che Dio si manifesta totalmente in ogni muschio e in ogni ragnatela". Da Emerson, *Compensation*.

[8] "Comprare e vendere, ma non dimenticare mai Dio". L'ideale è che le mani e il cuore operino insieme in armonia. Alcuni scrittori occidentali sostengono che lo scopo ultimo dell'induismo sia una pavida 'evasione' nell'inattività e nel distacco antisociale. Ma il quadruplice piano vedico propone un sistema di vita equilibrato per l'umanità, riservando metà del tempo allo studio e ai doveri familiari, e l'altra metà alla contemplazione e alle pratiche meditative. (Vedere la nota a pagina 273.)

La solitudine è necessaria per prender dimora stabile nel Sé, ma i maestri ritornano poi nel mondo per servirlo. Perfino i santi che non compiono azioni esteriori elargiscono al mondo, con i loro pensieri e le loro sacre vibrazioni, maggiori e più preziosi benefici di quanti ne possa dare la più strenua attività umanitaria compiuta da persone non illuminate. I grandi, ciascuno alla propria maniera e spesso malgrado un'accanita opposizione, cercano altruisticamente di ispirare ed elevare i propri simili. Nessun ideale induista, religioso o sociale, è meramente negativo. L'*ahimsa*, la 'non violenza', definita 'virtù totale' (*sakalo dharma*) nel *Mahabharata*, è un'ingiunzione positiva in virtù del concetto secondo il quale chi non è di aiuto agli altri, in qualche modo arreca loro danno.

La Bhagavad Gita (III, 4-8) sostiene che l'attività è una necessità insita nella natura stessa dell'uomo. La pigrizia è semplicemente una 'attività sbagliata'.

"Nessun uomo sfuggirà all'azione
ritraendosi dall'agire; no, e nessuno giungerà
con le sole rinunce alla perfezione.
No, e nessuna minima frazione di tempo, in nessun tempo
lascia alcuno inattivo; poiché la legge della sua natura
lo costringe, sia pur di malavoglia, ad agire.
(Poiché è azione di fantasia anche il pensiero).

questo modo il proprio punto di vista sulla vita religiosa: "Rinunciare a quello che si ha nella testa (le ambizioni e i desideri egoistici); donare generosamente quello che si ha nelle mani; non indietreggiare mai dinanzi agli assalti delle avversità!".

Né l'equanime saggio del tempio di Kalighat né lo yogi istruito nel Tibet avevano soddisfatto il mio ardente desiderio di trovare un guru. Quando infine incontrai il mio maestro, il mio cuore, che non aveva bisogno di una guida per riconoscerlo, ebbe un moto spontaneo di esultanza, tanto più forte e chiaro quanto più era raro riuscire a scuoterlo dal suo silenzio. Bastò l'esempio sublime del mio guru a insegnarmi che cosa sia un vero uomo.

"...Colui che con un corpo forte serve la mente,
sacrifica le sue forze mortali a un degno lavoro
e non cerca guadagni, Arjuna! questi
è da onorare. Compi l'opera tua!".

(Dalla traduzione inglese di Sir Edwin Arnold)

Capitolo 6

Lo swami delle tigri

"Ho scoperto dove vive lo 'swami delle tigri'. Andiamo a trovarlo domani!".

Questa gradita proposta mi venne avanzata da Chandi, uno dei miei compagni di scuola. Ero impaziente di incontrare il santo che, prima di diventare monaco, aveva catturato le tigri affrontandole a mani nude. Provavo un vivo entusiasmo giovanile per quelle straordinarie prodezze.

Il giorno seguente si annunciò con un freddo invernale, ma Chandi e io ci mettemmo in viaggio allegramente. Dopo molte vane ricerche a Bhowanipur, fuori Calcutta, giungemmo infine alla casa dello swami. Sul portone dell'edificio erano fissati due anelli di ferro, che io feci risuonare energicamente. Nonostante il frastuono, un domestico arrivò senza alcuna fretta; il suo sorriso ironico voleva sottintendere che i visitatori, seppure chiassosi, non avevano il potere di turbare la calma della dimora di un santo.

Intuendo il tacito rimprovero, il mio compagno e io fummo grati dell'invito ad accomodarci nell'anticamera. Ma la lunga attesa a cui fummo costretti ci mise in apprensione. La legge non scritta dell'India, che il ricercatore della verità è tenuto a osservare, è la pazienza; un maestro può mettere di proposito alla prova il desiderio che si ha di incontrarlo. In Occidente, medici e dentisti fanno largo uso di questo espediente psicologico!

Finalmente il servitore ci chiamò e Chandi e io entrammo nella camera del famoso swami Sohong,[1] che trovammo seduto sul suo letto. Nel vedere quel corpo gigantesco rimanemmo così impressionati da restare senza parole, con gli occhi spalancati. Mai prima di allora avevamo visto un torace simile e dei bicipiti grossi come palloni da

---

[1] Sohong era il suo nome monastico, ma egli era comunemente noto come lo 'swami delle tigri'.

football. Su un collo enorme poggiava un viso fiero e tuttavia sereno, ricoperto di barba e baffi e incorniciato da riccioli fluenti. Negli occhi scuri splendeva uno sguardo che richiamava allo stesso tempo qualcosa della colomba e della tigre. Attorno ai fianchi muscolosi non indossava che una pelle di tigre.

Ritrovando la parola, il mio amico e io salutammo il monaco e gli esprimemmo la nostra ammirazione per il coraggio dimostrato nei suoi straordinari combattimenti con le tigri.

"Non vorreste raccontarci, per favore, come siete riuscito a domare, a mani nude, la belva più feroce della giungla, la tigre reale del Bengala?".

"Figlioli, per me è una cosa da nulla lottare con le tigri. Potrei farlo anche oggi, se fosse necessario". Rise come un bambino. "Per voi le tigri sono tigri; per me non sono che gattini".

"Swamiji, forse potresti convincere il mio subcosciente che le tigri sono gattini, ma riuscirei a farlo credere alle tigri?".

"Naturalmente anche la forza è necessaria! Non ci si può certo aspettare che un bambino abbia la meglio su una tigre solo perché è convinto che sia un gatto domestico! La forza delle mie mani è per me un'arma sufficiente".

Ci invitò a seguirlo nel patio, dove colpì con un pugno lo spigolo di un muro. Un mattone finì rumorosamente a terra, aprendo nel muro un varco, simile a quello lasciato da un dente mancante, da cui il cielo fece sfacciatamente capolino. Barcollai per lo stupore. Una persona in grado di far cadere con un sol colpo un mattone fissato con la calce in un solido muro, pensai, era senz'altro capace di far saltar via i denti a una tigre!

"Più di un uomo è dotato di una forza fisica pari alla mia, ma gli manca una incrollabile fiducia in sé stesso. Chi è fisicamente forte ma mentalmente debole può cadere svenuto alla sola vista di una belva che si aggira libera nella giungla. La tigre che vive nel suo habitat, con la sua naturale ferocia, è ben diversa dall'animale imbottito d'oppio che si vede nei circhi!

"Di fronte all'assalto di una tigre del Bengala, molti uomini dotati di forza erculea sono caduti in preda a un terrore che li ha ridotti a una vile impotenza. In questo modo la tigre trasforma l'uomo, inducendo nella sua mente uno stato di paura pari a quello di un gattino. Ma un uomo dotato di un corpo vigoroso e di una fortissima determinazione può capovolgere la situazione e costringere la tigre a convincersi di essere un inerme gattino. Quante volte io ho fatto proprio questo!".

Ero ormai molto propenso a credere che il titano che mi stava dinanzi fosse capace di compiere la metamorfosi di una tigre in un gatto. Sembrava in vena di impartirci i suoi insegnamenti; Chandi e io lo ascoltavamo rispettosamente.

"È la mente che comanda i muscoli. La forza di una martellata dipende dall'energia che si impiega nel vibrarla. Nell'uomo la forza espressa dallo strumento del corpo dipende dalla sua volontà di combattere e dal suo coraggio. Il corpo è letteralmente plasmato e sostenuto dalla mente. Sotto l'impulso delle inclinazioni sviluppate nelle vite precedenti, le nostre forze o debolezze filtrano gradualmente nella coscienza e si esprimono nelle abitudini, che a loro volta si manifestano in un corpo robusto o gracile. La fragilità fisica ha origine nella mente; costretto in un circolo vizioso, il corpo, prigioniero delle abitudini, ostacola la mente. Se il padrone si lascia comandare dal servo, questi diventa un vero tiranno; allo stesso modo la mente, sottomettendosi alla dittatura del corpo, diventa sua schiava".

L'imponente swami acconsentì alla nostra richiesta di raccontarci qualche episodio della sua vita.

"La mia prima ambizione fu quella di misurarmi con le tigri. La mia volontà era forte, ma il mio corpo era debole".

Mi sfuggì un'esclamazione di sorpresa. Sembrava incredibile che quell'uomo, le cui spalle, come quelle di Atlante, parevano fatte per sostenere il mondo, avesse mai potuto conoscere la debolezza.

"Con indomita ostinazione coltivai il pensiero di essere sano e forte, e riuscii così a superare i miei limiti fisici. Ho tutte le ragioni per esaltare il potere irresistibile della mente, che considero il vero domatore delle tigri reali del Bengala".

"Venerabile swami, pensate che un giorno anch'io potrò lottare con le tigri?". Fu la prima e anche l'ultima volta che questa stravagante ambizione sfiorò la mia mente!

"Sì", rispose sorridendo. "Ma vi sono molte specie di tigri; alcune si aggirano nella giungla dei desideri umani. Mettere fuori combattimento gli animali feroci non arreca alcun beneficio spirituale. È meglio cercare di vincere le belve interiori".

"Possiamo sapere, signore, in che modo vi siete trasformato da domatore di tigri selvagge in domatore di passioni selvagge?".

Lo swami delle tigri rimase in silenzio. Il suo sguardo si fece distante, assorto in immagini di tempi lontani. Intuii che stava vivendo un piccolo conflitto interiore, indeciso se accogliere o meno la mia richiesta. Alla fine, acconsentì sorridendo.

"Quando la mia fama fu al culmine, portò con sé l'ebbrezza dell'orgoglio. Decisi che non solo avrei combattuto le tigri, ma le avrei anche fatte esibire in diversi giochi di abilità. Avevo l'ambizione di costringere gli animali selvatici a comportarsi come animali domestici. Cominciai a sfoggiare le mie prodezze in pubblico, riportando lusinghieri successi".

"Una sera mio padre entrò nella mia stanza con aria pensierosa".

"'Figliolo, ti devo mettere in guardia. Vorrei risparmiarti sventure imminenti, causate dalle inesorabili ruote della legge di causa ed effetto'.

"Padre, siete dunque un fatalista? Devo permettere alla superstizione di arrestare il corso impetuoso delle mie attività?'.

"'Non sono fatalista, figliolo, ma credo nella giusta legge del contrappasso, così come ci insegnano le sacre Scritture. C'è del risentimento contro di te da parte delle creature della giungla; un giorno o l'altro potresti pagarne le conseguenze!'.

"Padre, mi stupite! Sapete bene come sono le tigri: bellissime, ma spietate! Chissà, forse i miei colpi potrebbero far rinsavire un poco le loro teste dure. È come se fossi il direttore di una scuola per ragazze, sorta nella giungla per insegnare alle tigri le buone maniere!

"Vi prego di vedere in me un domatore di tigri, e mai il loro carnefice. Come potrebbero le mie buone azioni arrecarmi danno? Vi supplico, non mi obbligate a cambiare il mio modo di vivere".

Chandi e io ascoltavamo attentamente, ben comprendendo l'antico dilemma. In India non è facile per un figlio disobbedire al volere dei genitori. Lo swami delle tigri proseguì:

"Mio padre ascoltò la mia spiegazione in uno stoico silenzio; poi, con voce grave, mi fece una rivelazione.

"'Figlio mio, mi costringi a riferirti una predizione funesta pronunciata dalle labbra di un santo, che ieri mi si è avvicinato mentre sedevo sulla veranda assorto nella mia meditazione quotidiana.

"'Caro amico, porto un messaggio per il vostro bellicoso figliolo. Fa' sì che ponga fine alla sua feroce attività, altrimenti il suo prossimo incontro con una tigre gli causerà gravi ferite e per sei mesi resterà sospeso fra la vita e la morte. Allora cambierà vita e si farà monaco'".

Lo swami delle tigri

"Questo racconto non m'impressionò affatto; pensai che mio padre fosse l'ingenua vittima di un fanatico visionario".

Lo swami delle tigri accompagnò questa confessione con un gesto di impazienza, come se si trattasse di uno stupido errore. Rimase a lungo immerso in un cupo silenzio; sembrava quasi aver dimenticato la nostra presenza. Poi, improvvisamente, riprese a bassa voce il filo interrotto del racconto.

"Non molto tempo dopo l'avvertimento di mio padre, mi recai nella città di Cooch Behar. Non avevo mai visitato quella zona pittoresca, e speravo che il viaggio fosse per me un tranquillo diversivo. Come sempre accadeva dovunque andassi, una folla di curiosi mi seguiva per la strada. Coglievo ogni tanto qualche commento appena sussurrato:

"'Quello è l'uomo che lotta con le tigri selvagge'.

"'Sono gambe, le sue, o tronchi d'albero?'.

"'Guardate che viso! Deve essere proprio una incarnazione del re delle tigri!'.

"Sapete bene che in un villaggio i monelli fanno circolare le novità proprio come l'ultima edizione di un giornale! E con quanta rapidità gli ultimi notiziari delle donne si diffondono di casa in casa! In poche ore tutta la città fu presa da grande eccitazione alla notizia della mia presenza.

"Quella sera, mentre riposavo tranquillo nel mio alloggio, udii uno scalpitìo di cavalli al galoppo. Si fermarono davanti alla mia porta. Numerose guardie di alta statura, con il turbante in testa, entrarono in casa.

"Ne fui sconcertato. 'Tutto è possibile a questi servitori della legge umana', pensai. 'Chissà se sono venuti a prendermi, con l'accusa di aver compiuto qualcosa che ignoro completamente'. Ma le guardie mi salutarono con inattesa cortesia.

"'Onorevole signore, siamo qui per porgervi il benvenuto del principe di Cooch Behar, che ha il piacere di invitarvi al suo palazzo domani mattina'.

"Mi soffermai un momento a riflettere. Per qualche oscura ragione provavo un profondo rammarico per la brusca interruzione della mia tranquilla vacanza. Ma le richieste gentili e pressanti delle guardie mi convinsero, e accettai l'invito.

"Il giorno dopo, con mia grande sorpresa, trovai alla porta una scorta che, con fare ossequioso, mi fece salire su una magnifica carrozza trainata da quattro cavalli. Un servitore reggeva un ombrello riccamente decorato per proteggermi dai raggi cocenti del sole. La passeggiata attraverso la città e i dintorni boscosi mi piacque molto. Il principe in persona venne a ricevermi sulla porta del palazzo. Mi offrì il suo seggio di broccato d'oro, mentre lui si accomodò, sorridendo, su una sedia di più semplice fattura.

"'Tutte queste cortesie mi costeranno certamente qualcosa!', pensai, sempre più meravigliato. Dopo alcuni convenevoli, le intenzioni del principe divennero chiare.

"'In città corre voce che siate capace di affrontare le tigri selvagge con la sola arma delle vostre mani nude. È vero?'.

"'Sì, è vero'.

"'Stento a crederlo! Voi siete un bengalese di Calcutta, nutrito con il riso bianco della gente di città. Siate sincero, vi prego, non avete forse affrontato soltanto animali debilitati e imbottiti d'oppio?'. Aveva una voce stentorea e un tono sarcastico; nella sua parlata si avvertiva un lieve accento provinciale.

"Non mi degnai di rispondere alla sua domanda offensiva.

"'Vi sfido a battervi con la mia tigre appena catturata, Raja Begum.[2] Se riuscirete a fronteggiare i suoi attacchi, a legarla con una catena e a uscire dalla gabbia con le vostre gambe, la tigre sarà vostra! E vi saranno offerti anche altri doni e parecchie migliaia di rupie. Se rifiutate la sfida, infamerò il vostro nome in tutto lo Stato, bollandovi con il marchio di impostore!'.

"Le sue parole insolenti mi colpirono come una raffica di proiettili. Pieno di rabbia, accettai la sfida. Sollevato a metà dalla sedia per l'eccitazione, il principe vi si riadagiò con un sadico sorriso. Mi fece pensare agli imperatori romani che, nell'arena, si divertivano a gettare i cristiani in pasto alle belve. Poi disse:

"'L'incontro avverrà fra una settimana. Mi dispiace di non potervi concedere di vedere la tigre prima di allora'.

"Non so se il principe temeva che potessi ipnotizzarla oppure drogarla di soppiatto.

"Lasciai il palazzo, notando divertito che questa volta mancavano sia l'ombrello principesco sia la carrozza con il baldacchino.

---

[2] 'Principe Principessa', così chiamata per indicare che possedeva la ferocia della tigre maschio insieme a quella della tigre femmina.

Lo swami delle tigri

"Nella settimana che seguì, preparai con metodo mente e corpo per l'ardua prova che mi attendeva. Dal mio servitore appresi storie fantastiche sul mio conto. In qualche modo la terribile predizione che il santo aveva riferito a mio padre si era diffusa, ingigantendosi strada facendo. Molti paesani creduloni erano convinti che uno spirito maligno, maledetto dagli dèi, si fosse incarnato in una tigre, che di notte assumeva vari aspetti demoniaci, mentre di giorno tornava a essere soltanto una belva con il manto striato. Si supponeva che la tigre-demonio fosse proprio quella destinata a umiliarmi.

"Secondo un'altra fantastica versione, la preghiera rivolta dalle belve agli dèi delle tigri era stata esaudita nella forma di Raja Begum, lo strumento prescelto per punire me, l'audace bipede che tanto offendeva l'intera specie delle tigri! Un uomo senza pelo e senza zanne, che osava sfidare una tigre munita di membra possenti e armata di artigli! L'odio di tutte le tigri umiliate, così dichiaravano i paesani, aveva raggiunto una forza tale da mettere in azione leggi misteriose e provocare la sconfitta dell'orgoglioso domatore.

"Il mio servitore mi informò inoltre che il principe si trovava proprio a suo agio a organizzare i preparativi per lo scontro fra l'uomo e la belva. Aveva diretto personalmente l'allestimento di un padiglione a prova di temporali, destinato ad accogliere migliaia di spettatori. Al centro era situata l'enorme gabbia di ferro di Raja Begum, circondata da un recinto di sicurezza. La prigioniera emetteva continuamente dei ruggiti che gelavano il sangue. Per renderla famelica e rabbiosa, la nutrivano a stento. Forse il principe pensava di compensarla dandole in pasto la mia persona!

"Una grande folla, proveniente dalla città e dai sobborghi, si precipitò impaziente ad acquistare i biglietti, attirata dal suono dei tamburi che annunciavano lo straordinario combattimento. Nel giorno fissato per l'incontro, centinaia di persone dovettero tornare indietro per mancanza di posti. Molti riuscirono a intrufolarsi dalle aperture della tenda o si affollarono in ogni spazio libero sotto le tribune".

Man mano che il racconto dello swami delle tigri si avvicinava al punto culminante, la mia emozione cresceva; anche Chandi taceva, rapito.

"Fra i laceranti boati di Raja Begum e il frastuono della folla atterrita, feci tranquillamente la mia apparizione. Indossavo solo una fascia attorno ai fianchi, senza altro indumento per proteggermi. Aprii il catenaccio della porta che immetteva nel recinto di sicurezza, e con calma lo richiusi dietro di me. La tigre pregustò l'odore del sangue. Avventandosi contro le sbarre con uno schianto fragoroso, mi lanciò un feroce benvenuto. Il pubblico ammutolì di paura e di compassione: io sembravo un timido agnellino dinanzi alla belva furente.

"In un attimo mi trovai dentro la gabbia, ma appena chiusi la porta, Raja Begum si buttò a capofitto su di me, lacerandomi orrendamente la mano destra. Il sangue umano, la più squisita leccornia che una tigre possa conoscere, scorreva a fiotti. La profezia del santo pareva stesse per avverarsi.

"Mi ripresi immediatamente dal trauma provocato dalla prima ferita grave riportata in tutta la mia vita. Nascosi alla vista le dita sanguinanti, infilandole sotto la fascia che mi cingeva i fianchi, e con il braccio sinistro le assestai un colpo tremendo. La belva indietreggiò vacillando, girò vorticosamente in fondo alla gabbia, poi si lanciò ancora in avanti, freneticamente. La mia famosa scarica di pugni le piovve sulla testa.

"Ma il sapore del sangue aveva prodotto su Raja Begum lo stesso effetto sconvolgente che il primo sorso di vino provoca a un alcolizzato rimasto a lungo in astinenza. Gli assalti della belva, inframmezzati da tonanti ruggiti, divennero sempre più furibondi. Potendo usare una mano sola, non riuscivo a difendermi bene ed ero quindi facile preda delle sue zanne e dei suoi artigli. Tuttavia, ricambiai coraggiosamente colpo su colpo. Entrambi sanguinanti, combattevamo una lotta per la vita. Nella gabbia si era scatenato un pandemonio, il sangue spruzzava in tutte le direzioni, e dalla gola della belva prorompevano feroci ruggiti di dolore e di brama di uccidere.

"'Sparategli!', 'Uccidete la tigre!', cominciarono a urlare gli spettatori. Ma l'uomo e l'animale si muovevano con tale rapidità che il colpo sparato da una guardia non andò a segno. Chiamai a raccolta tutta la mia forza di volontà, lanciai un urlo selvaggio e sferrai un colpo decisivo. La tigre si abbatté al suolo e lì giacque, immobile".

"Come un gattino!", interruppi.

Lo swami rise di cuore, poi riprese a narrare la sua storia appassionante.

"Raja Begum era finalmente sconfitta. Il suo regale orgoglio subì ancora un'altra umiliazione, perché con le mani lacerate le aprii audacemente le fauci e, per un drammatico istante, infilai la testa in quella trappola mortale. Poi mi guardai intorno in cerca di una catena; ne raccolsi una da terra, cinsi il collo della tigre e assicurai la mia vittima alle sbarre della gabbia. Trionfante, mi incamminai verso la porta.

"Ma Raja Begum, quel diavolo incarnato, aveva una resistenza degna della sua presunta origine demoniaca. Compiendo un balzo incredibile, spezzò la catena e mi assalì alle spalle. Caddi violentemente a terra, con una spalla serrata fra le sue mascelle. In un batter d'occhio, però, riuscii ad avventarmi su di lei e a immobilizzarla. Sotto i miei colpi implacabili l'infida creatura piombò in uno stato di semincoscienza. Questa volta la legai con maggiore attenzione e uscii lentamente dalla gabbia.

"Mi trovai di nuovo in mezzo a un tumulto, ma questa volta di gioia. Le acclamazioni della folla si levavano come da un'unica gola gigantesca. Pur essendo molto malconcio, avevo tuttavia rispettato le tre condizioni della lotta: stordire la tigre, incatenarla e lasciare la gabbia senza chiedere l'aiuto di nessuno. Inoltre, avevo ferito e impaurito l'aggressivo animale in modo così grave e definitivo da renderlo incapace di approfittare del premio che gli era stato offerto: la mia testa tra le sue fauci!

"Una volta medicate le mie ferite, fui portato in trionfo e cinto di ghirlande; numerose monete d'oro piovvero ai miei piedi. Tutta la città era in festa. Da ogni parte si accendevano discussioni senza fine sulla mia vittoria contro una delle tigri più grandi e più feroci che si fossero mai viste. Come mi era stato promesso, ebbi in dono Raja Begum, ma non ne provai alcuna gioia. Nel mio cuore era avvenuta una trasformazione spirituale. Sembrava che, uscendo da quella gabbia, mi fossi chiuso alle spalle anche la porta delle ambizioni terrene.

"Seguì un periodo molto doloroso. Per sei mesi rimasi tra la vita e la morte a causa di un avvelenamento del sangue. Appena fui in grado di lasciare Cooch Behar, tornai nella mia città natale.

"'Ora so', confessai umilmente a mio padre, 'che il santo che diede quel saggio avvertimento deve essere il mio maestro. Oh, se solo potessi ritrovarlo!'. Il mio desiderio era sincero, perché infatti un giorno il santo giunse, all'improvviso.

"'Basta domare le tigri', disse, con calma sicurezza. 'Vieni con me, ti insegnerò a soggiogare le belve dell'ignoranza che si aggirano nella giungla della mente umana. Tu sei abituato ad avere un pubblico: fa' che i tuoi spettatori siano stuoli di angeli, incantati dalla tua sensazionale maestria nello yoga!'.

"Fui iniziato al sentiero spirituale dal mio santo guru. Egli aprì le porte della mia anima, arrugginite e bloccate dal lungo disuso.

Tenendoci per mano, presto partimmo per dare inizio alla mia istruzione sull'Himalaya".

Chandi e io ci inchinammo ai piedi dello swami e lo ringraziammo per averci narrato gli episodi salienti della sua vita tempestosa. Entrambi ci sentivamo ampiamente ricompensati della lunga attesa nel freddo dell'anticamera che tanto ci aveva messo alla prova!

Capitolo 7

Il santo che levita

"Ieri sera, durante una riunione, ho visto uno yogi che si sollevava da terra rimanendo sospeso per aria a una certa altezza", dichiarò con tono solenne il mio amico Upendra Mohun Chowdhury.

Gli risposi con un sorriso entusiastico. "Credo di poter indovinare di chi si tratta. Era forse Bhaduri Mahasaya, che abita in Upper Circular Road?".

Upendra annuì, un po' deluso di non essere stato il primo a darmi la notizia. Il mio vivo interesse per i santi era ben noto agli amici, che erano sempre lieti di potermi mettere su una nuova pista.

"Lo yogi vive così vicino a casa mia che vado spesso a trovarlo", gli dissi. A queste parole sul viso di Upendra apparve un'espressione molto interessata e gli feci quindi un'altra confidenza.

"L'ho visto compiere gesta straordinarie. Ha raggiunto la perfetta padronanza dei diversi *pranayama*[1] di cui parla Patanjali[2] descrivendo gli otto passi dell'antico sentiero yoga. Una volta Bhaduri Mahasaya eseguì in mia presenza il *bhastrika pranayama* con una forza così sbalorditiva che pareva si fosse scatenata nella stanza una vera bufera! Poi placò il respiro tumultuoso e rimase immobile, immerso in uno stato elevato di supercoscienza.[3] L'aura di pace che si diffuse dopo la tempesta era così pura e intensa che non la potrò mai dimenticare".

---

[1] Metodi per controllare la forza vitale (*prana*), che si applicano regolando il respiro. Il *Bhastrika* (mantice) *Pranayama* rende la mente salda.

[2] Il più grande esponente dello yoga dell'antichità.

[3] Il professor Jules-Bois della Sorbona nel 1928 dichiarò che gli psicologi francesi avevano studiato e riconosciuto l'esistenza della supercoscienza la quale, nella sua grandezza, "è precisamente il contrario della mente subconscia di Freud, e racchiude le facoltà che rendono l'uomo veramente uomo e non semplicemente un super-animale". Lo scienziato francese spiegò che il risveglio della coscienza superiore "non deve essere confuso con il coueismo né con l'ipnotismo. L'esistenza di una mente supercosciente è stata riconosciuta dalla filosofia da molto tempo, essendo essa in realtà la Super-Anima di cui parla

"Ho sentito dire che il santo non esce mai di casa". Il tono di Upendra era un po' incredulo.

"È proprio così! Negli ultimi venti anni è vissuto sempre in casa. In occasione delle nostre sacre festività, allenta leggermente il rigore della disciplina che egli stesso si è imposto, spingendosi fino al marciapiede di fronte! Là si radunano i poveri, poiché il santo Bhaduri è noto per il suo buon cuore".

"Come può rimanere sollevato per aria, sfidando la legge di gravità?".

"Con la pratica di certi *pranayama,* il corpo di uno yogi perde la sua densa materialità. Allora può levitare, o compiere grandi balzi, come una rana. È noto che anche i santi che non praticano lo yoga tradizionale possono levitare quando sono immersi in uno stato di profonda devozione per il Divino.

"Mi piacerebbe saperne di più su questo saggio. Tu frequenti le sue riunioni serali?". Gli occhi di Upendra brillavano di curiosità.

"Sì, ci vado spesso; mi piace molto la vena di umorismo che permea la sua saggezza. A volte le mie continue risate turbano la solennità delle riunioni. Il santo non ne è infastidito, ma i discepoli mi fulminano con gli occhi!".

Quel pomeriggio, tornando a casa da scuola, passai davanti alla dimora di Bhaduri Mahasaya e decisi di andarlo a trovare. Nessun comune visitatore poteva avvicinare lo yogi. Un discepolo solitario, che alloggiava al pianterreno, vigilava affinché nessuno violasse la solitudine del maestro. Questo allievo, che somigliava a un inflessibile caporale, mi chiese con aria formale se avessi un 'appuntamento'. Proprio in quel momento il guru fece la sua apparizione, appena in tempo per evitarmi di essere mandato via senza riguardo.

"Lascia che Mukunda venga quando vuole", disse il saggio, con un luccichio negli occhi. "La regola di solitudine che mi sono dato non è a mio beneficio, ma a vantaggio degli altri. La gente materialista non ama

---

Emerson; ma solo recentemente le si è dato un riconoscimento scientifico" (vedere la nota di pagina 140).

In *The Over-Soul* Emerson scrive: "L'uomo è la facciata di un tempio in cui risiede tutta la saggezza e tutto il bene. Ciò che comunemente chiamiamo uomo, l'uomo che conosciamo, quello che mangia, beve, coltiva, fa di conto, non rappresenta adeguatamente sé stesso, anzi dà di sé un'idea sbagliata. Non è lui ciò che rispettiamo; ma l'anima, di cui l'uomo è lo strumento, ci farebbe prostrare in ginocchio, se egli la lasciasse trasparire dalle proprie azioni. Con una parte del nostro essere, noi siamo capaci di recepire le profondità della natura spirituale, tutti gli attributi di Dio".

Il santo che levita

la schiettezza che manda in frantumi le proprie illusioni. I santi non sono solo rari, ma anche sconcertanti, e perfino nelle Scritture, a volte, suscitano imbarazzo!".

Seguii Bhaduri Mahasaya all'ultimo piano, nelle sue austere stanze da cui si allontanava raramente. I maestri spesso ignorano il caotico susseguirsi degli eventi del mondo, che rimangono indistinti e oscuri finché non sono visti nella giusta prospettiva dei secoli. I contemporanei di un saggio non sono soltanto coloro che vivono nell'angusto presente.

"Maharishi,[4] tra gli yogi che ho conosciuto siete il primo che non esce mai di casa".

"Dio a volte dissemina i suoi santi nei terreni più imprevedibili, per non farci credere di poterlo circoscrivere entro rigidi canoni!".

Il saggio raccolse il suo corpo vigoroso nella posizione del loto. Malgrado avesse più di settant'anni, non mostrava gli sgradevoli segni della vecchiaia né della vita sedentaria. Robusto ed eretto, era una figura ideale sotto ogni aspetto. Il viso era quello di un *rishi*, come lo descrivono gli antichi testi. I lineamenti nobili, la barba folta, egli sedeva sempre con il busto eretto, mentre i suoi occhi calmi contemplavano l'Onnipresenza.

Il santo e io ci immergemmo nella meditazione. Dopo un'ora mi richiamò con la sua voce gentile.

"Tu entri spesso nel silenzio, ma hai raggiunto l'*anubhava*?".[5] Mi stava ricordando che dovevo amare Dio più della meditazione. "Non confondere la tecnica con la Meta".

Mi offrì dei frutti di mango. Con quella vena umoristica che trovavo così piacevole nella sua indole austera, osservò: "Gli uomini in genere preferiscono il *Jala Yoga* (unione con il cibo) al *Dhyana Yoga* (unione con Dio)".

Il suo gioco di parole mi fece ridere fragorosamente.

"Hai proprio una risata sonora!". Il suo sguardo brillò di una luce affettuosa. Aveva sempre un'espressione seria, e tuttavia un sorriso estatico aleggiava sul suo viso. Una gioia divina splendeva nei suoi grandi occhi di loto.

"Quelle lettere giungono dalla lontana America". Il saggio mi indicò diverse buste voluminose sopra un tavolo. "Sono in corrispondenza con alcune associazioni i cui affiliati si interessano allo yoga; stanno

---

[4] 'Grande saggio'.
[5] La reale percezione di Dio.

Nagendra Nath Bhaduri
Il 'santo che levita'.

riscoprendo l'India, ma con un senso dell'orientamento migliore di quello di Colombo! Sono felice di aiutarli. La conoscenza dello yoga, come la luce del giorno, è a disposizione di tutti coloro che sono pronti a riceverla.

"Ciò che i *rishi* consideravano indispensabile per la salvezza degli uomini non ha bisogno di essere semplificato e impoverito per l'Occidente. L'anima è la stessa, nonostante la diversità delle esperienze esteriori; né l'Oriente né l'Occidente potranno prosperare se non seguiranno qualche forma di disciplina yoga".

Ero catturato dallo sguardo sereno del santo. Non mi resi conto che il suo discorso era velatamente profetico; solo adesso, mentre scrivo queste parole, comprendo appieno il significato delle frequenti allusioni che faceva, con apparente noncuranza, alla mia missione di portare un giorno in America gli insegnamenti dell'India.

"Maharishi, vorrei tanto che scriveste un libro sullo yoga, per il bene del mondo".

"Io istruisco i discepoli. Essi, e in seguito i loro allievi, saranno come libri viventi, testimonianze impervie agli attacchi della naturale usura del tempo e delle artificiose interpretazioni dei critici".

Rimasi solo con lo yogi fino a sera, quando giunsero i suoi discepoli. Bhaduri Mahasaya diede allora inizio a uno dei suoi inimitabili discorsi, e come una pacifica marea, spazzò via i detriti mentali degli ascoltatori sospingendoli verso il Divino. Narrava le sue straordinarie parabole in un bengali perfetto.

Quella sera Bhaduri trattò vari argomenti filosofici legati alla vita di Mirabai, una principessa medievale Rajputani che abbandonò la vita di corte per cercare la compagnia dei santi. Un grande *sannyasi*, Sanatana Goswami, rifiutò di riceverla perché era una donna; ma, venuto a sapere come Mirabai aveva reagito al rifiuto, si prostrò umilmente ai suoi piedi.

"Riferite al maestro", aveva detto Mirabai, "che non sapevo che esistessero altri maschi nell'universo all'infuori di Dio; non siamo forse tutti femmine dinanzi a Lui?". (Mirabai fa qui riferimento alle Scritture, che concepiscono il Signore come l'unico Principio Creativo Positivo, non essendo la Sua creazione altro che *maya*, il principio passivo).

Mirabai compose molti canti estatici, di cui ancora oggi l'India fa tesoro. Riporto qui la mia traduzione di uno di essi:

> Se immergendosi nell'acqua ogni giorno si potesse realizzare Dio
> vorrei essere una balena nel mare profondo;
> se mangiando radici e frutti Lo si potesse conoscere
> sarei felice di scegliere la forma di una capra;
> se contando i grani del rosario si potesse scoprire Dio
> direi le mie preghiere sgranando rosari giganteschi;
> se inchinandosi alle immagini di pietra Lo si potesse svelare
> adorerei umilmente una montagna rocciosa;
> se bevendo latte si potesse sorbire il Signore
> molti piccoli vitelli e molti bambini Lo conoscerebbero;
> se abbandonando la propria sposa si potesse attirare Dio
> non diverrebbero eunuchi migliaia di uomini?
> Mirabai sa che per trovare il Divino
> la sola cosa indispensabile è l'Amore.

Molti allievi lasciarono cadere alcune rupie nei sandali di Bhaduri, che erano posti accanto a lui, mentre era seduto nella posizione yoga. Questa rispettosa offerta, abituale in India, significa che il discepolo pone i propri beni materiali ai piedi del guru. Il Signore assume l'aspetto degli amici riconoscenti per prendersi cura dei Suoi figli.

"Maestro, siete meraviglioso!". Un allievo, prendendo commiato, rivolse al venerabile saggio uno sguardo colmo di ammirazione. "Avete rinunciato alle ricchezze e ai piaceri per cercare Dio e insegnarci la saggezza!". Era noto, infatti, che Bhaduri Mahasaya aveva rinunciato a un grande patrimonio di famiglia quando, ancora fanciullo, aveva intrapreso con ferrea determinazione il sentiero dello yoga.

"Tu capovolgi la situazione!". Il viso del santo esprimeva un mite rimprovero. "Non ho lasciato che poche misere rupie e qualche insignificante piacere, per un impero cosmico di felicità senza limiti. Come posso, quindi, essermi privato di qualcosa? Io conosco la gioia che si prova nel condividere il proprio tesoro spirituale con gli altri. È un sacrificio questo? Coloro che vivono nel mondo e non sanno vedere più lontano, sono i veri rinuncianti! Si privano di una impareggiabile ricchezza divina per una misera manciata di balocchi terreni!".

Risi fra me e me per questo concetto paradossale di rinuncia, quello cioè che trasforma ogni santo mendicante in un ricchissimo Creso e tutti gli orgogliosi milionari in martiri inconsapevoli.

"Le disposizioni divine provvedono al nostro futuro più saggiamente di una compagnia di assicurazioni". Le parole conclusive del maestro rivelavano la piena realizzazione della sua fede. "Il mondo è pieno di persone inquiete che credono nella sicurezza esteriore. I loro tristi pensieri sono come cicatrici sulla loro fronte. Colui che ci ha dato l'aria e il latte fin dal nostro primo respiro, sa come provvedere, giorno per giorno, ai Suoi devoti".

Continuai a compiere i miei pellegrinaggi alla porta del santo ogni giorno dopo la scuola. Con tacita sollecitudine egli mi aiutò a conseguire l'*anubhava*. Ma un giorno si trasferì in Ram Mohan Roy Road, lontano da casa mia. I suoi premurosi discepoli avevano costruito per lui un nuovo eremitaggio, conosciuto con il nome di Nagendra Math.[6]

[6] Il nome completo del santo era Nagendra Nath Bhaduri. *Math* significa, letteralmente, 'monastero', ma il termine viene spesso esteso anche a un eremitaggio o *ashram*.
    Fra i numerosi santi cristiani che possedevano il dono della levitazione si annovera san Giuseppe da Copertino, vissuto nel XVII secolo, le cui gesta furono ampiamente attestate

Il santo che levita

Sebbene io anticipi così di qualche anno il mio racconto, voglio riportare qui le ultime parole che mi rivolse Bhaduri Mahasaya. Poco prima di imbarcarmi per l'Occidente, andai a trovarlo e m'inginocchiai umilmente dinanzi a lui per ricevere la sua benedizione di addio:
"Va' in America, figliolo. La dignità dell'antica India sia il tuo scudo protettivo. La vittoria è scritta sulla tua fronte; il nobile popolo lontano ti accoglierà degnamente".

---

da testimoni oculari. La disattenzione che san Giuseppe mostrava per le cose terrene era in realtà un sublime trasporto per il Signore. I frati non potevano permettergli di servire alla mensa comune, per timore che si sollevasse fino al soffitto con tutte le stoviglie. Il santo era infatti singolarmente inadatto alle mansioni terrene a causa della sua incapacità di rimanere a lungo con i piedi su questa terra! Spesso gli bastava guardare la statua di un santo per innalzarsi in un volo verticale; allora era possibile vedere i due santi, quello di pietra e quello di carne, che volteggiavano insieme nell'aria.

Santa Teresa d'Avila, dotata di grande elevazione spirituale, trovava l'elevazione fisica assai sconcertante. Oberata da gravi responsabilità organizzative, tentava invano di opporsi alle esperienze "innalzanti". "Ma le mie piccole precauzioni sono inutili", scriveva, "quando nostro Signore vuole altrimenti". Il corpo di santa Teresa, sepolto in una chiesa di Alba, in Spagna, è rimasto incorrotto per quattro secoli, emanando un profumo di fiori. In quel luogo sono avvenuti moltissimi miracoli.

Capitolo 8

Il grande scienziato indiano J. C. Bose

"Jagadis Chandra Bose ha inventato i radiotrasmettitori prima di Guglielmo Marconi".

Avendo udito per caso questa interessante affermazione, mi avvicinai a un gruppo di professori impegnati in una discussione scientifica. Se nell'unirmi a loro fui mosso da un sentimento di orgoglio nazionale, me ne rammarico. Tuttavia, non posso negare il mio vivo interesse per ogni prova a sostegno del fatto che l'India sia in grado di ricoprire un ruolo di primo piano nella fisica e non soltanto nella metafisica.

"Che intendete dire, signore?".

Gentilmente il professore mi spiegò: "Bose è stato il primo a inventare un coesore senza fili e un apparecchio per misurare la rifrazione delle onde elettromagnetiche. Ma lo scienziato indiano non ha sfruttato le potenzialità commerciali delle sue invenzioni. Presto ha distolto l'attenzione dal mondo inorganico per rivolgerla a quello organico. Le sue scoperte rivoluzionarie nel campo della fisiologia vegetale superano perfino gli importanti successi conseguiti nel campo della fisica".

Ringraziai educatamente il mio mentore, che aggiunse: "Il grande scienziato è mio collega al Presidency College".

Il giorno seguente mi recai a far visita all'illustre studioso che abitava vicino a casa mia. Da molto tempo lo ammiravo, tenendomi però a rispettosa distanza. L'austero e riservato botanico mi accolse amabilmente. Era un uomo robusto e di bell'aspetto, sulla cinquantina, con i capelli folti, la fronte ampia e lo sguardo svagato di un sognatore. La precisione del suo linguaggio rivelava l'orientamento scientifico di tutta una vita.

"Sono tornato di recente da un viaggio in Occidente, dove ho visitato alcuni istituti scientifici. Gli studiosi hanno manifestato un vivo interesse per i delicati apparecchi di mia invenzione, che dimostrano

Il grande scienziato indiano J. C. Bose

l'indivisibile unità di ogni cosa vivente.[1] Il crescografo[2] Bose consente un ingrandimento di dieci milioni di volte. Il microscopio ingrandisce solo di qualche migliaio di volte, eppure ha dato alla scienza biologica un impulso vitale. Il crescografo apre orizzonti sconfinati".

"Avete fatto molto, signore, per promuovere il connubio fra Oriente e Occidente, unendoli nell'abbraccio imparziale della scienza".

"Io ho compiuto i miei studi a Cambridge. Come è ammirevole il metodo occidentale di sottoporre qualsiasi teoria a una scrupolosa verifica sperimentale! Questo metodo empirico va di pari passo con il dono dell'introspezione, che rispecchia la mia eredità orientale. I due metodi, applicati congiuntamente, mi hanno permesso di rompere il silenzio in cui sono rimasti a lungo avvolti alcuni regni della natura. Le rilevazioni ottenute con il mio crescografo rappresentano, per la maggior parte degli scettici, una prova evidente del fatto che le piante sono dotate di un sistema nervoso capace di reagire alle influenze dell'ambiente e di manifestare una vita emotiva complessa. Amore, odio, gioia, paura, piacere, dolore, eccitabilità, stupore, come tante altre risposte appropriate agli stimoli ricevuti, sono reazioni universali, condivise sia dalle piante sia dagli animali".

"L'unico fremito di vita che pervade tutto il creato poteva apparire una mera fantasia poetica prima delle vostre scoperte, professore! Ho conosciuto una volta un santo che si rifiutava di cogliere i fiori. 'Come potrei privare il roseto della sua orgogliosa bellezza? Come potrei ferire la sua dignità con il mio brutale saccheggio?'. Queste parole di condivisione empatica trovano una precisa conferma nelle vostre scoperte".

"Il poeta conosce intimamente la verità, mentre l'uomo di scienza le si avvicina in modo maldestro. Venite un giorno nel mio laboratorio e vi convincerete dell'inequivocabile testimonianza del mio crescografo".

Accettai l'invito con gratitudine e mi congedai. Appresi in seguito che il professore aveva lasciato il Presidency College e stava progettando di fondare un centro di ricerca a Calcutta.

Quando l'Istituto Bose fu inaugurato partecipai alla cerimonia. Centinaia di visitatori entusiasti si aggiravano per l'Istituto. Fui affascinato

---

[1] "La scienza deve essere trascendentale, altrimenti è effimera. La botanica sta ora acquisendo la teoria corretta; le parole degli avatar di Brahma diventeranno presto i libri di testo della storia naturale". Emerson

[2] Dal latino *crescere*. Per il suo crescografo e per altre invenzioni Bose fu insignito nel 1917 del titolo di Cavaliere.

dal valore artistico e dal simbolismo spirituale del nuovo tempio della scienza. Il cancello di ingresso era appartenuto secoli prima a un antico santuario. Sulla sponda di un laghetto di fiori di loto,[3] una scultura ritraeva una figura femminile con una torcia in mano. La statua esprimeva il rispetto che l'India tributa alla donna quale immortale apportatrice di luce. In un giardino si ergeva un piccolo tempio dedicato al noumeno, la realtà al di là del mondo fenomenico. L'assenza di qualsiasi immagine sacra suggeriva il carattere incorporeo della Divinità.

In questa solenne occasione, il discorso proferito da Bose avrebbe potuto essere pronunciato dalle labbra di un antico *rishi* illuminato.

"L'inaugurazione oggi di questo Istituto non è quella di un semplice laboratorio, ma di un tempio". La reverente solennità delle sue parole avvolse come un manto invisibile la folla dei presenti. "Le mie ricerche mi hanno inconsapevolmente condotto ai confini tra la fisica e la fisiologia. Con mia somma meraviglia ho scoperto che ogni linea di demarcazione fra il regno organico e quello inorganico scompariva, mentre affioravano i punti di contatto. La materia inorganica appariva tutt'altro che inerte, anzi, palpitava sotto l'azione di innumerevoli forze.

"Una reazione universale sembrava porre sotto una legge comune i metalli, le piante e gli animali: tutti manifestavano essenzialmente gli stessi fenomeni di fatica e depressione, con possibilità di recupero e di potenziamento, come pure la stessa mancanza definitiva di reattività propria della morte. Colmo di riverente stupore dinanzi a questa stupenda generalizzazione, presentai fiducioso alla Royal Society i miei risultati, avvalorati da prove sperimentali. Ma i fisiologi presenti mi consigliarono di limitare le mie ricerche all'ambito della fisica, in cui avevo già riportato successi consolidati, invece di invadere il loro territorio. Ero involontariamente sconfinato nel dominio di una casta a me poco nota e avevo violato le sue regole di condotta.

"Esisteva anche un inconscio pregiudizio di carattere teologico, che porta a confondere l'ignoranza con la fede. Si dimentica spesso che Colui che ci ha circondato del mistero del creato in continua evoluzione ha anche instillato in noi il desiderio di interrogarci e di capire. Dopo molti anni di incomprensioni, ho imparato che la vita di chi si vota alla scienza è inevitabilmente costellata di lotte senza fine. Lo scienziato

---

[3] Il fiore del loto è un antico simbolo divino dell'India; il dischiudersi dei suoi petali richiama alla mente l'espansione dell'anima. Lo sbocciare della sua pura bellezza dal fango delle sue origini racchiude una incoraggiante promessa spirituale.

Il grande scienziato indiano J. C. Bose

deve trasformare la propria esistenza in una fervente offerta all'umanità, considerando alla stessa stregua la vittoria e la sconfitta, il successo e l'insuccesso.

"Con il passare del tempo le principali istituzioni scientifiche del mondo accettarono le mie teorie e i risultati delle mie ricerche, riconoscendo così l'importanza del contributo apportato dall'India alla scienza.[4] Lo spirito dell'India potrà mai essere appagato da qualcosa di ristretto o delimitato? Grazie a una tradizione sempre attuale e a un vitale potere di rinnovamento, il nostro Paese è sempre riuscito a risollevarsi, compiendo innumerevoli trasformazioni. Dal seno dell'India sono sempre emersi uomini che, rinunciando alle immediate e attraenti gratificazioni del momento, hanno cercato di realizzare i più alti ideali della vita, non attraverso la rinuncia passiva, ma grazie a un indomito e attivo impegno. Il debole che si rifiuta di lottare non ottiene nulla e quindi non ha nulla a cui rinunciare. Solo colui che ha lottato e ha vinto può arricchire il mondo donandogli i frutti della propria esperienza vittoriosa.

"Il lavoro già compiuto nel laboratorio Bose sulle reazioni della materia, come pure le inattese scoperte sulla vita delle piante, hanno aperto la strada a un vastissimo campo di ricerche nella fisica, nella fisiologia, nella medicina, nell'agricoltura e perfino nella psicologia. Problemi considerati finora insolubili sono ormai diventati oggetto di ricerca sperimentale.

"Ma non è possibile ottenere grandi risultati senza un rigore assoluto. Ecco dunque la lunga serie di strumenti e di apparecchi ultrasensibili di mia invenzione che potete vedere oggi esposti nella sala d'ingresso. Essi vi parlano dei persistenti sforzi compiuti allo scopo di penetrare al di là dell'apparenza illusoria nella realtà che rimane invisibile, del lavoro infaticabile, della tenacia e dell'ingegnosità necessari per superare i limiti umani. Tutti gli scienziati dotati di creatività sanno che il vero laboratorio è la mente: è lì che dietro le apparenze scoprono le leggi della verità.

"Le conferenze che si terranno qui non saranno semplici esposizioni di nozioni risapute, ma annunceranno nuove scoperte, dimostrate

---

[4] "Noi crediamo... che in una grande università tutte le facoltà, e in particolare quelle umanistiche, non possano considerarsi complete se non si avvalgono di docenti dotati di una competenza specifica riguardo al contributo arrecato dall'India nei vari ambiti disciplinari. Riteniamo anche che le istituzioni che intendano formare i loro studenti in vista di un lavoro intellettuale nel mondo in cui dovranno vivere, debbano annoverare nel corpo insegnante un cultore di storia della civiltà indiana". Estratto da un articolo del prof. W. Norman Brown dell'Università della Pennsylvania, pubblicato nel maggio 1939 nel *Bulletin of the American Council of Learned Societies, Washington, D.C.*

per la prima volta in queste aule. Pubblicando regolarmente i risultati degli studi condotti dall'Istituto, il contributo dell'India alla scienza sarà conosciuto in tutto il mondo e diverrà di pubblico dominio; non sarà mai vincolato da brevetti. Lo spirito della nostra cultura nazionale esige che rimaniamo sempre liberi dall'esecrabile abitudine di sfruttare la conoscenza unicamente per ricavarne un profitto personale.

"Desidero inoltre che le strutture di questo Istituto siano a disposizione, per quanto possibile, dei ricercatori di ogni nazione. In questo modo cerco di perpetuare le tradizioni del mio Paese. Già venticinque secoli fa, l'India accoglieva nelle sue antiche università di Nalanda e di Taxila studiosi che provenivano da ogni parte del mondo.

"Sebbene la scienza non sia prerogativa né dell'Oriente né dell'Occidente, ma sia piuttosto internazionale in virtù della sua universalità, tuttavia l'India è particolarmente idonea ad offrire un grande contributo in questo campo.[5] La fervida immaginazione indiana, che può intravedere un ordine nuovo in una congerie di fatti apparentemente

---

[5] La struttura atomica della materia era ben nota agli antichi indù. Uno dei sei sistemi della filosofia indiana è il *Vaisesika*, dalla radice sanscrita *visesas*, 'individualità atomica'. Uno dei maggiori esponenti del *Vaisesika* fu Aulukya, chiamato anche Kanada, 'il mangiatore dell'atomo', vissuto circa 2800 anni fa.

In un articolo apparso su *East-West* nell'aprile 1934, Tara Mata riassume le conoscenze scientifiche del *Vaisesika* come segue: "Sebbene la 'teoria atomica' moderna sia comunemente considerata un'acquisizione recente della scienza, Kanada, 'il mangiatore dell'atomo', ne fornì in epoche remote una brillante trattazione. La parola sanscrita *anus* può essere correttamente tradotta con il termine 'atomo' nel senso letterale greco di 'non sezionato' o indivisibile. I trattati *Vaisesika*, che risalgono all'epoca pre-cristiana, contengono dissertazioni scientifiche su una varietà di argomenti: 1) l'attrazione degli aghi verso i magneti, 2) la circolazione dell'acqua nelle piante, 3) l'*akash* o etere, inerte e privo di struttura, quale elemento di trasmissione delle forze sottili, 4) il calore solare quale causa di ogni altra forma di calore, 5) il calore quale causa di trasformazione molecolare, 6) la legge di gravità causata dalle proprietà degli atomi della terra che conferisce loro il potere d'attrazione, o trazione verso il basso, 7) la natura cinetica di ogni forma di energia, e il consumo di energia o la ridistribuzione del moto come origine di ogni processo di causa ed effetto, 8) la disintegrazione degli atomi come causa di distruzione universale, 9) l'irraggiamento di raggi di calore e di luce, particelle infinitamente piccole che si diffondono in ogni direzione a una velocità inimmaginabile (la teoria moderna dei 'raggi cosmici'), 10) la relatività del tempo e dello spazio.

Il *Vaisesika* attribuì l'origine del mondo agli atomi, eterni nella loro natura, e cioè nella loro ultima essenza. Si riteneva che questi atomi fossero dotati di un incessante movimento vibratorio... La recente scoperta secondo la quale un atomo è un sistema solare in miniatura non sarebbe affatto una novità per gli antichi filosofi *Vaisesika*, che ridussero anche il tempo al suo più elementare concetto matematico, descrivendo la più piccola unità di tempo (*kala*) come il periodo impiegato da un atomo per attraversare la propria unità di spazio".

contraddittori, è tenuta sotto controllo dall'abitudine alla concentrazione, che permette di mantenere la mente orientata alla ricerca della verità con una pazienza infinita".

A queste ultime parole dello scienziato mi salirono le lacrime agli occhi. Non è forse la 'pazienza' un sinonimo dell'India, che sconcerta sia il tempo sia gli storici?

Visitai di nuovo il centro di ricerca poco tempo dopo l'inaugurazione. Il grande botanico, ricordando la sua promessa, mi condusse nel suo tranquillo laboratorio.

"Applicherò il crescografo a questa felce; il suo potere di ingrandimento è straordinario. Se il movimento di una lumaca fosse amplificato nelle stesse proporzioni, la piccola creatura ci sembrerebbe filare come un treno espresso!".

Fissavo con grande aspettativa lo schermo che rifletteva la sagoma ingrandita della felce. Ora si distinguevano chiaramente tenui movimenti di vita; la pianta cresceva lentamente dinanzi ai miei occhi incantati. Lo scienziato toccò la sommità della felce con una barretta di metallo: i movimenti si arrestarono bruscamente, per riprendere il loro ritmo eloquente non appena la barretta fu allontanata.

"Avete visto come la più piccola interferenza esterna sia nociva a questi sensibili tessuti", commentò Bose. "Osservate: ora somministrerò alla pianta del cloroformio e subito dopo un antidoto".

Il cloroformio arrestò la crescita; l'antidoto la riattivò. Il susseguirsi delle immagini sullo schermo era per me più avvincente della trama di un film. Il mio compagno, che ora impersonava la parte del cattivo, trafisse la felce con uno strumento affilato. Spasmodiche contrazioni indicarono l'intensità del dolore. Quando egli affondò nel gambo la lama di un rasoio, la sagoma si agitò convulsamente, poi si acquietò nell'arresto finale della morte.

"Somministrando del cloroformio a un albero immenso, sono riuscito a trapiantarlo con successo. Se vengono rimosse, queste regali creature della foresta in genere muoiono assai presto". Jagadis Bose sorrideva felice mentre raccontava la sua opera di salvataggio. "I diagrammi del mio sensibilissimo apparecchio hanno dimostrato che gli alberi possiedono un sistema circolatorio; i movimenti della linfa corrispondono alla pressione sanguigna nel corpo degli animali. L'ascesa della linfa non si può spiegare basandosi sulle cause meccaniche comunemente ipotizzate, come ad esempio la capillarità. Per mezzo del crescografo si

Autobiografia di uno Yogi

Jagadis Chandra Bose
Rinomato fisico e botanico indiano, inventore del crescografo.

è compreso che il fenomeno è dovuto all'attività di cellule viventi. Le onde peristaltiche si propagano da un condotto cilindrico che si estende lungo l'albero e funziona come un cuore vero e proprio! Più andiamo in profondità con le nostre indagini, più inconfutabili diventano le prove che ogni forma della molteplice natura fa parte di un disegno unitario".

Il grande scienziato indicò un altro strumento di sua invenzione.

"Ora farò un esperimento con un pezzo di stagno. La forza vitale dei metalli risponde agli stimoli in maniera positiva o negativa. I tracciati registreranno le varie reazioni".

Profondamente interessato, osservai il grafico che registrava le onde caratteristiche della struttura atomica. Quando il professore mise del cloroformio sullo stagno, le vibrazioni dell'ago si arrestarono, per ricominciare via via che il metallo ritornava lentamente alla normalità. Il professore trattò il metallo con una sostanza chimica velenosa. Proprio mentre cessava l'ultimo sussulto del pezzo di stagno, l'ago tracciò drammaticamente sul grafico l'annuncio della sua morte. Lo scienziato disse:

Il grande scienziato indiano J. C. Bose

"Gli strumenti Bose hanno dimostrato che i metalli, come ad esempio l'acciaio delle forbici e dei macchinari, sono soggetti a fatica e riprendono la loro efficienza a seguito di periodici riposi. L'applicazione di correnti elettriche o di forti pressioni causa seri danni e perfino l'esaurimento della vitalità dei metalli".

Percorsi con lo sguardo tutta la stanza in cui erano raccolte le numerose invenzioni, testimonianze eloquenti di una genialità inesauribile.

"Signore, è veramente deplorevole che il progresso agricolo non venga accelerato da un più vasto impiego dei vostri meravigliosi congegni. Non se ne potrebbero facilmente utilizzare alcuni per condurre rapidi esperimenti di laboratorio allo scopo di stabilire l'influenza dei vari tipi di concime sullo sviluppo delle piante?".

"Avete ragione, le generazioni future troveranno innumerevoli applicazioni per gli strumenti Bose. Lo scienziato ottiene raramente il riconoscimento dei suoi contemporanei. Gli basta la gioia di aver creato qualcosa di utile".

Mi congedai dall'infaticabile saggio esprimendogli la mia immensa gratitudine. "La meravigliosa fecondità del suo ingegno potrà mai esaurirsi?", mi chiedevo.

Ma con gli anni la sua creatività non subì alcun declino. Dopo aver inventato un complicato strumento, il 'cardiografo a risonanza', Bose compì approfondite ricerche su innumerevoli specie della flora indiana, permettendo così lo sviluppo di un'immensa e insospettata farmacopea di utilissime sostanze medicinali. Essendo costruito con una precisione straordinaria, il cardiografo può registrare graficamente ciò che avviene in un centesimo di secondo e, per mezzo di registrazioni di risonanza, può misurare le pulsazioni infinitesimali emesse da organismi vegetali, animali e umani. Il grande botanico predisse che l'uso del suo cardiografo avrebbe favorito la pratica della vivisezione sulle piante e non più sugli animali.

"Somministrando un farmaco simultaneamente a una pianta e a un animale e confrontando le rilevazioni degli effetti prodotti dal farmaco, si è riscontrata una stupefacente uniformità di risultati", egli osservò. "Tutto ciò che si trova nell'uomo è già adombrato nelle piante. La sperimentazione sul mondo vegetale contribuirà a lenire le sofferenze degli animali e degli uomini".

Molti anni più tardi le scoperte pionieristiche di Bose sul mondo vegetale furono comprovate da altri scienziati. Il lavoro compiuto nel 1938 alla Columbia University fu così descritto dal *New York Times*:

> In questi ultimi anni si è appurato che, durante la trasmissione nervosa dei messaggi che intercorrono tra il cervello e le altre parti del corpo, si generano tenui impulsi elettrici. Questi impulsi sono stati misurati da sensibilissimi galvanometri e amplificati milioni di volte grazie a moderne apparecchiature. Finora non esistevano strumenti adeguati per esaminare la trasmissione di questi impulsi lungo le fibre nervose degli animali o dell'uomo, a causa dell'elevata velocità con cui si propagano gli impulsi stessi.
>
> Il dottor K. S. Cole e il dottor H. J. Curtis hanno dichiarato di aver scoperto che le semplici cellule allungate della nitella, una pianta d'acqua dolce che spesso si usa nell'arredamento dei piccoli acquari dei pesci rossi, sono sostanzialmente identiche alle cellule semplici delle fibre nervose. I due scienziati hanno inoltre constatato che le fibre della nitella, se stimolate, propagano onde elettriche simili in tutto, fuorché nella velocità, a quelle delle fibre nervose animali e umane. Si è riscontrato infatti che gli impulsi nervosi delle piante sono molto più lenti di quelli degli animali. Questa scoperta ha permesso ai ricercatori della Columbia University di filmare al rallentatore il passaggio degli impulsi elettrici nei nervi.
>
> La pianta di nitella può così diventare una specie di stele di Rosetta, permettendo di decifrare i misteri gelosamente racchiusi in un dominio molto prossimo al confine tra la mente e la materia.

Il poeta Rabindranath Tagore era un grande amico dello scienziato idealista indiano. A lui, il dolce cantore bengalese ha dedicato questi versi:

> O Eremita, con le autentiche parole
> dell'antico inno detto *Sama*, grida: "Sorgi! Ridestati!".
> Richiama colui che vanta il suo sapere *shastrico*;
> dalle vane, pedanti dispute infruttuose,
> richiama quello stolto vanaglorioso, gridagli di uscire
> di fronte alla natura, alla vasta terra;
> diffondi il tuo richiamo ai tuoi pari, gli uomini di scienza,
> affinché si riuniscano tutti
> intorno al tuo fuoco sacrificale.
> Possa così la nostra India,
> la nostra antica terra, ritornare a sé stessa,
> e tornare ancora al perseverante lavoro,
> al dovere e alla devozione, all'estasi
> della profonda meditazione; e possa riprendere posto,
> di nuovo imperturbata, senza bramosie, senza conflitti, pura,

Il grande scienziato indiano J. C. Bose

ancora una volta sul suo nobile trono
e piedistallo, per dispensare i suoi insegnamenti al mondo intero[6].

---

[6] I versi bengali di Rabindranath Tagore furono tradotti in inglese da Manmohan Ghosh e pubblicati in *The Visvabharati Quarterly*, Santiniketan, India.

L'inno detto *Sama* citato nella poesia di Tagore è uno dei quattro *Veda*. Gli altri tre *Veda* sono: *Rig*, *Yajur* e *Atharva*. Questi sacri testi spiegano la natura di Brahma, il Divino Creatore, la cui manifestazione nell'uomo è chiamata *atma*, ossia anima. La radice della parola Brahma è il verbo *brih*, 'espandersi', che esprime il concetto vedico del divino potere di crescita spontanea, di irruzione nell'attività creativa. Si dice che il cosmo si sviluppi (*vikurute*), come una tela di ragno, dall'Essere divino. La fusione consapevole di *atma* con Brahma, cioè dell'anima con lo Spirito, può essere considerata l'intera essenza dei *Veda*.

I *Vedanta*, compendi dei *Veda*, hanno ispirato molti grandi pensatori occidentali. Lo storico francese Victor Cousin ha affermato: "Se leggiamo con attenzione i monumenti filosofici dell'Oriente, e soprattutto dell'India, vi scopriamo molte verità così profonde... che siamo costretti a inchinarci davanti alla filosofia orientale e a vedere in questa culla della razza umana la patria della più alta filosofia". Schlegel osservò: "Perfino la più elevata filosofia europea, l'idealismo della ragione così come è definito dai filosofi greci, appare, in confronto alla traboccante vitalità e al vigore dell'idealismo orientale, come una debole scintilla prometeica rispetto a un'inondazione di luce solare".

Nell'immensa letteratura indiana, i *Veda* (dalla radice *vid*, conoscere) costituiscono gli unici testi di cui non si attribuisce la paternità ad alcun autore; secondo il *Rig Veda* (X, 90, 9), gli inni hanno un'origine divina, e sono stati tramandati da 'tempi antichi' e riscritti in un linguaggio nuovo (III, 39, 2). Si dice che i *Veda*, di epoca in epoca rivelati da fonte divina ai *rishi* o 'veggenti', posseggano *nityatva*, ossia una 'validità che trascende il tempo'.

I *Veda* furono rivelati attraverso il suono, 'uditi direttamente' (*shruti*) dai *rishi*. Sono opere destinate essenzialmente alla salmodia e alla declamazione. Nel corso dei millenni, quindi, i centomila versi dei *Veda* non furono trascritti, ma furono tramandati oralmente dai bramini. La carta e la pietra sono entrambe soggette agli effetti distruttivi del tempo. I *Veda* hanno sfidato i secoli perché i *rishi* compresero la superiorità della mente (il vero mezzo imperituro di trasmissione) sulla materia. Che cosa potrà mai superare le 'tavole del cuore'?

Studiando l'ordine particolare (*anupurvi*) in cui si succedono le parole vediche, con l'ausilio delle regole fonetiche che presiedono alla combinazione dei suoni (*sandhi*), e ai rapporti delle lettere fra loro (*sanatana*), nonché verificando con particolari metodi matematici l'esattezza dei testi mandati a memoria, i bramini sono riusciti a conservare in maniera unica, da un'antichità remotissima, l'originale purezza dei *Veda*. Ogni sillaba (*aksara*) di una parola vedica è dotata di significato e di efficacia (vedere le pagine 360 e 361).

Capitolo 9

Il devoto estatico e il suo romanzo cosmico

"Giovane signore, accomodati pure. Sto parlando con la mia Madre Divina".

Ero entrato nella stanza in silenzio, con profonda reverenza. Fui letteralmente abbagliato dalle sembianze angeliche del maestro Mahasaya.[1] Con la sericea barba bianca e i grandi occhi luminosi, pareva un'incarnazione della purezza. Il mento sollevato e le mani giunte mi fecero capire che la mia visita, la prima che gli facevo, lo aveva interrotto nel bel mezzo delle sue pratiche devozionali.

Le sue semplici parole di saluto suscitarono in me la reazione più violenta mai avuta fino ad allora. Credevo che l'amarezza della separazione sofferta per la morte di mia madre fosse l'angoscia più grande che era possibile provare. Ma ora la coscienza della separazione dalla Madre Divina provocava in me un indescrivibile tormento spirituale. Caddi a terra singhiozzando.

"Giovane signore, calmati!". Il santo, mosso a compassione, prendeva anch'egli parte al mio turbamento.

Smarrito in un oceano di disperazione, mi aggrappai ai suoi piedi come all'unica ancora di salvezza.

"Venerabile maestro, intercedete per me! Domandate alla Madre Divina se potrò mai sperare nella Sua benevolenza!".

La sacra promessa di intercedere in favore di altri non viene concessa facilmente; la mia richiesta indusse il maestro al silenzio.

Ero convinto, al di là di ogni dubbio, che il maestro Mahasaya fosse in intima comunione con la Madre Universale e quindi mi umiliava profondamente constatare che i miei occhi non potevano scorgere Colei

---

[1] Maestro Mahasaya è un titolo onorifico con cui abitualmente ci si rivolgeva a lui. Il maestro si chiamava Mahendra Nath Gupta e firmava i propri lavori letterari con una semplice 'M'.

Il devoto estatico e il suo romanzo cosmico

che in quello stesso istante si manifestava al puro sguardo del santo. Tornando senza alcun pudore ad avvinghiarmi ai suoi piedi, sordo alle sue gentili rimostranze, continuai a implorare la grazia della sua intercessione.

"Supplicherò per te l'Amata". Il maestro alla fine si arrese con un pacato sorriso pieno di compassione.

Quelle poche parole racchiudevano un immenso potere, la promessa che la mia anima avrebbe finalmente conosciuto la libertà dal suo travagliato esilio!

"Signore, ricordate la vostra promessa! Tornerò presto per conoscere il messaggio della Madre!". Una nota di gioiosa attesa vibrava nella mia voce, che solo un istante prima era soffocata da singhiozzi disperati.

Scendendo la lunga scalinata, fui sopraffatto dai ricordi. Questa casa di Calcutta in cui ora abitava il maestro Mahasaya, al 50 di Amherst Street, era stata un tempo la dimora della mia famiglia e lo scenario in cui era avvenuta la morte di mia madre. Proprio qui, la sua perdita aveva spezzato il mio cuore umano, e sempre qui, oggi, l'assenza della Madre Divina aveva torturato il mio spirito. Sacre mura, silenziose testimoni delle mie dolorose ferite e della mia guarigione finale!

Mi diressi verso casa con passi impazienti. Desideravo rifugiarmi nella solitudine del mio piccolo attico, dove mi immersi nella meditazione fino alle dieci di sera. Improvvisamente l'oscurità della calda notte indiana fu illuminata da una visione meravigliosa.

Circondata da un fulgido alone di luce, ecco dinanzi a me la Madre Divina. Il suo volto, che sorrideva teneramente, era la bellezza stessa.

"Ti ho sempre amato, e ti amerò sempre!".

Mentre la Sua voce celestiale vibrava ancora nell'aria, la Divina Madre scomparve.

La mattina seguente il sole si era appena levato a un'altezza decorosa, quando feci la mia seconda visita al maestro Mahasaya. Salendo le scale di quella casa piena di struggenti ricordi, raggiunsi la sua stanza al terzo piano. La porta era chiusa e la maniglia era avvolta in un panno; un segno, immaginai, che il santo desiderava rimanere solo. Mentre indugiavo indeciso sul pianerottolo, il maestro stesso aprì la porta, sollevando la mano in un gesto di accoglienza. Mi inginocchiai ai suoi sacri piedi. Per gioco, nascosi la mia gioia divina dietro un'espressione solenne.

"Signore, eccomi qui, molto presto a dire il vero, per avere notizia del vostro messaggio. L'Amata Madre non vi ha detto nulla di me?".

"Sei proprio un birbante, giovane signore!".

Non volle aggiungere altro. La gravità del mio contegno, a quanto sembrava, non l'aveva minimamente impressionato.

"Perché siete così misterioso, così evasivo? I santi non possono mai parlare chiaramente?". Forse la sua reazione mi aveva un po' contrariato.

"Devi proprio mettermi alla prova?". I suoi occhi sereni erano pieni di comprensione. "Potrei forse aggiungere una sola parola, questa mattina, alla confortante conferma che hai ricevuto ieri sera alle dieci dalla Bellissima Madre Stessa?".

Il maestro Mahasaya riusciva ad aprire gli argini della mia anima e a farne erompere ogni sentimento: mi gettai di nuovo ai suoi piedi, ma questa volta la fonte da cui traboccavano le mie lacrime era una felicità immensa, e non più la sofferenza del passato.

"Pensi che la tua devozione non abbia commosso la Misericordia Infinita? L'aspetto materno di Dio, che hai venerato nella sua forma umana e in quella divina, non poteva ignorare il tuo pianto disperato".

Chi era questo candido santo al quale bastava fare qualsiasi richiesta allo Spirito Universale per ricevere una dolce risposta di assenso? Il suo ruolo nel mondo era modesto, come si addiceva a questo esempio di umiltà, il più grande che io abbia mai conosciuto. Nella casa di Amherst Street il maestro Mahasaya dirigeva una piccola scuola per ragazzi. Dalle sue labbra non usciva mai la minima parola di rimprovero; egli manteneva la disciplina senza imporre regole né sanzioni. In quelle modeste aule si insegnava un'alta matematica e una chimica dell'amore che non si trova sui libri di testo.

Egli diffondeva la sua saggezza con l'esempio spirituale, più che con aridi precetti. Consumato da una spontanea passione per la Madre Divina, il santo non esigeva nessuna forma esteriore di rispetto, così come farebbe un bambino.

"Io non sono il tuo guru; egli verrà più tardi", mi disse. "Sotto la sua guida, la Divinità che ora conosci come amore e devozione si tradurrà in saggezza infinita, l'aspetto divino a lui connaturale".

Tutti i giorni, nel tardo pomeriggio, mi recavo ad Amherst Street. Anelavo al Divino che potevo sorbire dalla coppa del maestro Mahasaya, così ricolma da lasciar traboccare ogni giorno qualche goccia, inondando il mio essere. Mai prima di allora mi ero inchinato con tanto rispetto; ora consideravo un immenso privilegio perfino camminare sullo stesso suolo che i passi del maestro Mahasaya avevano santificato.

Il devoto estatico e il suo romanzo cosmico

"Signore, vi prego, indossate questa ghirlanda di fiori di *champak* che ho intrecciato proprio per voi". Una sera giunsi con la mia collana di fiori; ma, schivo, il maestro si ritrasse, rifiutando ripetutamente l'onore che insistevo a volergli tributare. Alla fine, accorgendosi di avermi ferito, accettò con un sorriso.

"Poiché siamo entrambi devoti della Divina Madre, puoi cingere con la ghirlanda questo tempio corporeo in segno di offerta a Colei che vi dimora". La sua natura magnanima non lasciava alcuno spazio alla minima considerazione egoistica.

"Andiamo domani a Dakshineswar, al tempio di Kali, santificato per sempre dalla presenza del mio guru". Il santo era discepolo di Sri Ramakrishna Paramahansa, un maestro simile al Cristo.

Il mattino seguente prendemmo il battello per compiere il nostro viaggio di circa sei chilometri sul Gange. Entrammo nel tempio di Kali, sormontato da nove cupole, nel quale le immagini della Madre Divina e di Shiva sorgono da un loto d'argento brunito, dai mille petali minuziosamente cesellati. Il maestro Mahasaya era raggiante, immerso nell'estasi del suo infinito romanzo d'amore con l'Amata Madre. Mentre cantava il Suo nome, il mio cuore, rapito, parve frangersi in mille parti, come il fiore del loto.

Più tardi, passeggiando in quel sacro luogo, ci fermammo in un boschetto di tamerici. Quegli alberi secernono una manna che era per me simbolo del nutrimento divino elargito dal maestro Mahasaya. Egli continuava a rivolgere le sue invocazioni all'Amata, mentre io sedevo perfettamente immobile sull'erba, fra i soffici fiori rosa delle tamerici. Temporaneamente assente dal corpo, mi libravo fino alle sfere celesti.

Questo fu il primo dei numerosi pellegrinaggi a Dakshineswar compiuti con il santo maestro. Da lui imparai a conoscere la dolcezza dell'aspetto materno di Dio, la Misericordia Divina. Il santo, la cui indole era tanto simile a quella di un fanciullo, non era molto attratto dall'aspetto paterno di Dio, la Giustizia Divina. Il giudizio severo, inflessibile, incontrovertibile, era estraneo alla sua mite natura.

"Può rappresentare sulla terra il modello perfetto degli angeli del cielo!", pensai un giorno amorevolmente, mentre lo osservavo assorto nelle sue preghiere. Senza la minima ombra di disapprovazione o di critica, egli contemplava il mondo con occhi che conoscevano da lungo tempo la purezza originaria. Il corpo, la mente, le parole e le azioni del santo si accordavano senza sforzo con la semplicità della sua anima.

Il maestro Mahasaya
Il 'devoto estatico'.

"Così ha detto il mio maestro". Rifuggendo dalle affermazioni personali, il santo era solito concludere ogni suo saggio insegnamento con questo atto di omaggio. Il suo senso di identità con Sri Ramakrishna era tanto profondo che il maestro Mahasaya non considerava più suoi i suoi stessi pensieri.

Una sera, il santo e io passeggiavamo mano nella mano nei pressi della sua scuola quando la mia gioia fu offuscata dall'arrivo di un conoscente assai borioso, che ci estenuò con un interminabile discorso.

"Vedo che quest'uomo non ti piace". Le parole che mi bisbigliò il santo non giunsero all'orecchio di quell'egocentrico, tutto preso dal suo stesso monologo. "Ne ho parlato alla Madre Divina; Ella comprende la nostra triste situazione, e mi ha promesso che, quando arriveremo davanti a quella casa rossa, gli rammenterà un impegno più urgente".

I miei occhi erano incollati sul luogo della nostra salvezza. Appena raggiunto il cancello dipinto di rosso, l'uomo, inspiegabilmente, si voltò e si allontanò senza neppure terminare l'ultima frase né salutare. Il ciclone si dileguò e su di noi ridiscese la pace.

Un altro giorno, mentre passeggiavo da solo nei pressi della stazione ferroviaria di Howrah, mi fermai un istante vicino a un tempio, criticando fra me e me un gruppetto di uomini che, accompagnandosi con tamburi e cembali, recitavano una litania a squarciagola.

"Come possono pronunciare il nome divino del Signore senza alcuna devozione, ripetendolo in questo modo così meccanico!", pensavo. Tutto a un tratto, con mia grande sorpresa, scorsi il maestro Mahasaya che si avvicinava a me rapidamente.

"Signore, come mai siete qui?".

Il santo, ignorando la mia domanda, rispose invece al mio pensiero. "Non è forse vero, giovane signore, che il nome dell'Amato risuona dolcemente sulle labbra di tutti, saggi o ignoranti che siano?". Mi cinse affettuosamente con il braccio; e, sul suo tappeto magico, mi sentii trasportare dinanzi alla Presenza Misericordiosa.

"Ti piacerebbe vedere dei bioscopi?". Questa domanda, che mi rivolse un pomeriggio il solitario maestro Mahasaya, mi lasciò interdetto. Bioscopio era il termine usato a quel tempo in India per indicare le proiezioni cinematografiche. Accettai, felice di godere della sua compagnia in qualsiasi circostanza. Dopo una passeggiata di buon passo, arrivammo nel giardino prospiciente l'Università di Calcutta. Il mio compagno indicò una panchina vicino a un *goldighi*, un laghetto.

"Sediamoci qui per qualche minuto. Il mio maestro mi esortava sempre a meditare nei pressi di uno specchio d'acqua. Le quiete distese d'acqua richiamano la calma infinita di Dio. Come tutte le cose si riflettono nell'acqua, così l'intero universo si rispecchia nel lago della Mente Cosmica. Questo diceva spesso il mio gurudeva".[2]

---

[2] Gurudeva: 'Maestro Divino', l'abituale termine sanscrito con cui ci si riferisce al proprio precettore spirituale. *Deva* ('Dio') unito a *guru* ('Maestro illuminato') indica profonda riverenza e profondo rispetto. Io lo traduco semplicemente con 'Maestro'.

La Madre Divina

La Madre Divina è l'aspetto di Dio che è attivo nella creazione: la *shakti*, o energia, del Signore trascendente. È conosciuta con molti nomi, a seconda delle qualità che esprime. Qui la Sua mano alzata significa benedizione universale; nelle altre mani tiene un rosario per le preghiere (simbolo della devozione), pagine delle Scritture (simbolo della conoscenza e della saggezza) e un vaso contenente acqua sacra (simbolo della purificazione).

Poco dopo entrammo in un'aula dell'università, dove si svolgeva una conferenza che si rivelò di una noia abissale, sebbene fosse illustrata di tanto in tanto da alcune proiezioni, ugualmente prive di interesse.

"È dunque questo il genere di bioscopio che il maestro voleva mostrarmi!". I miei pensieri tradivano una certa insofferenza; non volevo tuttavia recare dispiacere al santo mostrandomi annoiato. Ma egli si protese verso di me e mi disse in tono confidenziale: "Vedo, giovane

Il devoto estatico e il suo romanzo cosmico

signore, che questo bioscopio non ti piace. Ne ho parlato alla Madre Divina. Ella ci comprende pienamente e mi informa che tra poco la luce elettrica si spegnerà e non tornerà finché non riusciremo ad allontanarci dalla sala".

Aveva appena finito di bisbigliarmi queste parole quando la sala piombò nell'oscurità. La stridula voce del professore si interruppe un attimo per la sorpresa, poi riprese: "Sembra che l'impianto elettrico di questa sala sia difettoso". Ma già il maestro Mahasaya e io avevamo oltrepassato la soglia. Nel corridoio, voltandomi a guardare la sala, la vidi di nuovo illuminata.

"Giovane signore, quel bioscopio ti ha deluso, ma credo che te ne piacerà uno di tipo diverso". Il santo e io ci trovavamo sul marciapiede di fronte all'università. Egli mi diede un lieve colpetto sul petto, dalla parte del cuore.

Al suo tocco, tutt'intorno si fece un silenzio che trasformò ogni cosa. Come i moderni film sonori diventano muti se l'audio non funziona, così per uno strano prodigio, la Mano Divina aveva reso silenzioso ogni trambusto terreno. I pedoni, i tram, le automobili, i carri trainati dai buoi e le carrozze con le ruote cerchiate di ferro, ogni cosa si muoveva senza il minimo rumore. Come se possedessi una vista onnipresente, potevo distinguere ciò che accadeva alle mie spalle e lateralmente con la stessa chiarezza con cui vedevo ciò che si trovava davanti a me. Lo spettacolo di tutte le attività che si stavano svolgendo in quella piccola zona di Calcutta scorreva muto dinanzi ai miei occhi. L'intera scena era soffusa di una tenue luminescenza, simile al bagliore di un fuoco che si intravede sotto un sottile strato di cenere.

Anche il mio corpo non sembrava che una delle tante ombre, benché fosse immobile, mentre le altre ombre andavano e venivano in silenzio. Parecchi ragazzi, miei amici, si avvicinarono e passarono oltre senza riconoscermi, pur avendo guardato direttamente verso di me.

Questa pantomima, unica nel suo genere, mi trasportò in un'estasi ineffabile. Attinsi copiosamente a un'ignota fonte di beatitudine. All'improvviso ricevetti dal maestro Mahasaya un altro lieve colpetto sul petto. Il fragore del mondo tornò ad assordare le mie orecchie, loro malgrado, e io vacillai, come se fossi stato bruscamente risvegliato da un diafano sogno incantato. La coppa del vino trascendente era ormai lontana.

"Giovane signore, vedo che questo secondo bioscopio[3] è stato di tuo gradimento!". Il santo sorrideva. Stavo per chinarmi ai suoi piedi in segno di gratitudine, quando esclamò: "Non puoi più inginocchiarti davanti a me. Ora sai che Dio dimora anche nel tuo tempio! Non posso permettere che la Madre Divina tocchi i miei piedi attraverso le tue mani!".

Se qualcuno avesse osservato l'umile maestro insieme a me mentre ci allontanavamo lentamente dalla strada affollata, avrebbe di sicuro sospettato che fossimo ubriachi. Avevo la sensazione che le ombre della sera fossero anch'esse ebbre di Dio.

Mentre tento con queste povere parole di dare un'idea adeguata della sua bontà, mi domando se il maestro Mahasaya e gli altri santi che ho incontrato sul mio cammino sapessero che molti anni dopo, in un Paese occidentale, io avrei descritto la loro vita di devoti divini. La loro preveggenza non mi sorprenderebbe, e non sorprenderebbe, almeno spero, i lettori che mi hanno seguito fin qui.

Santi di tutte le religioni hanno raggiunto l'illuminazione divina concependo Dio semplicemente come l'Amato Cosmico. Poiché l'Assoluto è *nirguna*, 'privo di qualità', e *acintya*, 'inconcepibile', il pensiero e il desiderio umano Lo hanno personificato nella Madre Universale. La combinazione del teismo personale con la filosofia dell'Assoluto è un'antica conquista del pensiero indiano, descritta nei *Veda* e nella Bhagavad Gita. Questa 'conciliazione degli opposti' soddisfa il cuore e la mente. *Bhakti* (devozione) e *Jnana* (saggezza) sono essenzialmente una cosa sola. *Prapatti*, 'trovare rifugio' in Dio, e *sharanagati*, 'abbandonarsi totalmente alla Compassione Divina', sono in realtà i sentieri della conoscenza suprema.

L'umiltà del maestro Mahasaya e di tutti gli altri santi nasce dalla consapevolezza della propria totale dipendenza (*seshatva*) dal Signore, unica Vita e unico Giudice. Poiché la natura stessa di Dio è Beatitudine, l'uomo che è in sintonia con Lui prova una gioia pura e senza limiti. "La prima passione dell'anima e della volontà è la gioia".[4]

---

[3] Il *Webster's New International Dictionary* (1934) riporta, come rara, questa definizione di bioscopio: "Una visione della vita; ciò che dà tale visione". La scelta di questa parola da parte del maestro Mahasaya era dunque particolarmente appropriata.

[4] San Giovanni della Croce. Il corpo di questo dolce santo cristiano, che morì nel 1591, fu riesumato nel 1859 e fu trovato in uno stato di incorruttibilità.

Il devoto estatico e il suo romanzo cosmico

I devoti di tutti i tempi che si sono avvicinati alla Madre Divina con animo di fanciullo possono testimoniare di averla trovata sempre disposta a giocare con loro. Nella vita del maestro Mahasaya, la Madre manifestava i suoi giochi divini sia in occasioni importanti sia in circostanze di poco conto. Agli occhi di Dio nulla è grande o piccolo. Se non fosse per la sua precisione perfetta nel creare il minuscolo atomo, potrebbero i cieli sfoggiare le superbe strutture di Vega e di Arturo? La distinzione fra 'rilevante' e 'irrilevante' è sicuramente sconosciuta al Signore, altrimenti, per la mancanza di uno spillo, il cosmo intero potrebbe crollare!

Sir Francis Younghusband descrisse la propria esperienza della gioia cosmica con queste parole: "Mi invase qualcosa che era assai più che euforia o allegria; ero fuori di me per un'intensa gioia, e a questa gioia indescrivibile e quasi insostenibile si accompagnava la rivelazione della essenziale bontà del mondo. Ero convinto, senza ombra di dubbio, che gli uomini nel profondo del cuore sono buoni e che il male in loro è solo superficiale". *Atlantic Monthly*, dicembre 1936.

Capitolo 10

Incontro il mio maestro, Sri Yukteswar

"La fede in Dio può compiere qualsiasi miracolo, tranne uno: superare un esame senza avere studiato". Chiusi infastidito il libro così 'illuminante' che avevo aperto per caso in un momento d'ozio.

"Facendo questa eccezione, l'autore dimostra la sua completa mancanza di fede", pensai. "Pover'uomo! Nutre un grande rispetto per chi studia fino a notte fonda!".

Avevo promesso a mio padre che avrei terminato la scuola superiore, ma non posso certo dare a intendere di essere stato diligente. Con il trascorrere dei mesi, mi si vedeva sempre meno a scuola e sempre più nei luoghi solitari, lungo i *ghat* di Calcutta. Le aree adiacenti riservate alla cremazione, particolarmente lugubri di notte, sono considerate molto attraenti dagli yogi. Colui che desidera trovare l'essenza immortale non deve farsi impressionare da qualche semplice teschio disadorno. La pochezza dell'uomo diviene evidente nei tetri luoghi in cui giacciono cumuli d'ossa. Le mie veglie notturne erano quindi di natura assai diversa da quelle di uno studioso.

La settimana degli esami finali alla Hindu High School era ormai alle porte. Questo periodo di interrogazioni, come gli spettri dei sepolcri, incute un ben noto terrore, e tuttavia io mi sentivo tranquillo. Sfidando i demoni, stavo portando alla luce un sapere che non si trova nelle aule scolastiche. Non conoscevo però l'arte di swami Pranabananda, che appariva senza difficoltà in due luoghi diversi allo stesso tempo. Ero convinto (benché a molti possa purtroppo apparire illogico) che il Signore si sarebbe accorto del mio dilemma e mi avrebbe tolto d'impaccio. L'irrazionalità del devoto nasce dalle migliaia di inspiegabili circostanze in cui Dio dimostra la sua sollecitudine venendoci in aiuto nei momenti difficili.

"Salve Mukunda! Hai fatto solo qualche fugace apparizione in questi giorni!". Così mi apostrofò un compagno di scuola incontrandomi un pomeriggio in Garpar Road.

Incontro il mio maestro, Sri Yukteswar

"Oh, salve Nantu! L'essermi reso pressoché invisibile a scuola pare che mi abbia messo in una posizione decisamente difficile!". Il suo sguardo amichevole mi spinse a confidarmi con lui.

Nantu, che era un bravissimo studente, rise di cuore; la mia situazione non mancava di un suo lato comico.

"Sei completamente impreparato per gli esami finali!", disse. "Penso proprio che mi toccherà darti una mano!".

Queste semplici parole risuonarono alle mie orecchie come una promessa divina; mi affrettai quindi a recarmi a casa del mio amico, il quale fu così gentile da spiegarmi come rispondere a varie domande che considerava probabili agli esami.

"Queste domande trabocchetto sono l'esca che attirerà molti ragazzi ingenui nelle trappole degli esami. Ricorda le mie risposte e te la caverai senza danni".

Era notte fonda quando me ne andai. Traboccante di erudizione mal assimilata, pregai intensamente di poterla tenere a mente fino a quei pochi giorni cruciali. Nantu mi aveva preparato in diverse materie, ma sotto l'assillo del tempo, aveva dimenticato il mio corso di sanscrito. Con fervore feci presente a Dio questa dimenticanza.

La mattina seguente uscii a fare una passeggiata, ripassando mentalmente le nuove nozioni al ritmo cadenzato dei miei passi. Mentre imboccavo una scorciatoia tra le erbacce di un terreno incolto, mi cadde lo sguardo su alcuni fogli sparsi per terra. Li raccolsi con un balzo trionfante: si trattava di versi sanscriti stampati! Cercai un pandit per farmi aiutare nella mia incerta interpretazione. La sua voce calda e modulata riempì l'aria della dolce e melodiosa bellezza di questa antica lingua.[1]

"Questi versi poco conosciuti non potranno certo esserti di aiuto nell'esame di sanscrito". Il dotto pandit li mise da parte con aria scettica.

Invece fu proprio conoscere quei versi che mi permise di superare l'esame il giorno seguente. Grazie al giudizioso aiuto ricevuto da Nantu, riuscii anche a ottenere la sufficienza in tutte le altre materie.

---

[1] *Sanskrita*: 'levigato, completo'. La lingua sanscrita è la sorella maggiore di tutte le lingue indo-europee. Il suo alfabeto scritto è chiamato *Devanagari*, letteralmente 'divina dimora'. "Colui che conosce la mia grammatica conosce Dio!". Panini, grande esperto di filologia dell'India antica, rese questo tributo alla perfezione matematica e psicologica del sanscrito. Colui che approfondirà la conoscenza di questa lingua fino alle sue radici diverrà, invero, onnisciente.

Mio padre fu molto contento che avessi mantenuto la parola riuscendo a terminare la scuola. La mia gratitudine corse subito al Signore, perché intuivo che Lui solo aveva guidato i miei passi a casa di Nantu e in quell'insolito percorso in mezzo al terreno incolto cosparso di rifiuti. Scherzosamente, Dio aveva dato una duplice espressione al suo provvidenziale intervento in mio soccorso.

Ritrovando per caso il libro che avevo scartato, in cui l'autore negava che Dio potesse svolgere un ruolo preminente nelle aule d'esame, non potei trattenere una risatina nel fare questo commento fra me e me:

"Se gli raccontassi che la divina meditazione fra i cadaveri è una scorciatoia per ottenere il diploma di maturità, non farei altro che aggravare la sua confusione!".

Forte della mia nuova dignità, adesso progettavo apertamente di andarmene di casa. Insieme a un giovane amico, Jitendra Mazumdar,[2] decisi di recarmi in un eremitaggio di Benares,[3] lo Sri Bharat Dharma Mahamandal, per ricevere la disciplina spirituale impartita in questo *ashram*.

Un giorno, al pensiero di separarmi dalla mia famiglia, mi sentii assalire da una profonda tristezza. Dopo la morte di mia madre provavo un affetto sempre più tenero per i miei due fratelli minori, Sananda e Bishnu, e per la mia sorellina Thamu. Corsi nel mio rifugio, il piccolo attico testimone di tanti momenti della mia tumultuosa *sadhana*.[4] Dopo aver pianto per due ore fiumi di lacrime, mi sentii straordinariamente trasformato, come per effetto di un'alchimia purificatrice. Ogni attaccamento[5] era svanito e la mia decisione di cercare in Dio l'Amico supremo divenne incrollabile.

"Ti supplico per l'ultima volta!", implorò afflitto mio padre, quando andai da lui per ricevere la sua benedizione. "Non te ne andare, non lasciare me e i tuoi fratelli nel più profondo sconforto".

---

[2] Non si trattava di Jatinda (Jotin Ghosh) che, come i lettori ricorderanno, aveva un'avversione per le tigri!

[3] Da quando l'India ha ottenuto l'indipendenza, si è tornati alla pronuncia originaria di molte parole che sotto il dominio britannico erano state anglicizzate. Così Benares è ora più comunemente chiamata Varanasi, oppure Kashi, che è il suo nome più antico.

[4] Sentiero o via preliminare che conduce a Dio.

[5] Le Scritture induiste insegnano che l'attaccamento verso la propria famiglia è illusorio se impedisce al devoto di ricercare il Dispensatore di ogni bene, compreso l'amore dei familiari, nonché il dono della vita stessa. Allo stesso modo, Gesù ha sostenuto: "Chi ama il padre o la madre più di me non è degno di me" (Matteo 10, 37).

Incontro il mio maestro, Sri Yukteswar

"Mio onorato padre, come posso esprimervi tutto il mio amore? Ma ancora più grande è il mio amore per il Padre Celeste, che mi ha concesso il dono di un padre perfetto sulla terra. Lasciatemi andare, affinché un giorno io ritorni con una più grande comprensione di Dio".

Ottenuto il riluttante consenso paterno, partii per raggiungere Jitendra, che si trovava già nell'eremitaggio di Benares. Al mio arrivo il giovane swami Dayananda, responsabile dell'*ashram*, mi accolse cordialmente. Alto, magro, dall'aria pensosa, mi fece una buona impressione. Il suo bel viso aveva la compostezza del Buddha.

Fui lieto che nella mia nuova dimora ci fosse un attico, dove mi recavo all'alba per trascorrere le ore del mattino. I compagni dell'*ashram*, pur complimentandosi con me per il lavoro svolto nel pomeriggio nel loro ufficio, non avevano molta dimestichezza con la meditazione, e pensavano che io dovessi dedicare tutto il mio tempo alle mansioni organizzative.

"Non cercare di raggiungere Dio così presto!". Queste parole di derisione, pronunciate da uno di loro, accompagnarono una delle mie partenze mattutine verso l'attico. Mi recai allora da Dayananda, che era indaffarato nel suo piccolo studio affacciato sul Gange.

"Swamiji,[6] non capisco che cosa si voglia qui da me. Io cerco la percezione diretta di Dio. Senza di Lui, non posso accontentarmi né di appartenere a un gruppo né di abbracciare una fede né di compiere opere buone.

Il monaco dalla veste arancione mi diede un buffetto affettuoso. Assumendo un'aria di finta severità, ammonì alcuni discepoli che gli stavano intorno: "Non importunate Mukunda. Imparerà le nostre abitudini".

Nutrivo qualche dubbio al riguardo, ma lo nascosi educatamente. Gli studenti uscirono dalla stanza, senza mostrarsi turbati da questo rimprovero. Dayananda aveva qualcosa da dire anche a me.

"Ho notato, Mukunda, che tuo padre ti invia regolarmente del denaro. Ti prego di restituirglielo; qui non ti occorre. E un secondo monito per la tua disciplina riguarda il cibo. Anche quando hai fame, non lo devi dire".

---

[6] *Ji* è un abituale suffisso di rispetto che si usa particolarmente nei discorsi diretti. Ad esempio: 'swamiji,' 'guruji', 'Sri Yukteswarji'.

Se la fame trasparisse dal mio sguardo, lo ignoravo, ma che fossi affamato, lo sapevo fin troppo bene. All'eremitaggio il primo pasto si serviva invariabilmente a mezzogiorno, mentre a casa ero abituato a consumare un'abbondante colazione alle nove del mattino.

Quelle tre ore di attesa diventavano ogni giorno più interminabili. Erano ormai lontani i tempi di Calcutta, quando potevo rimproverare il cuoco per un ritardo di dieci minuti. Ora cercavo di controllare il mio appetito, e a questo scopo mi imposi un digiuno di ventiquattr'ore. Il giorno dopo, aspettavo con raddoppiato fervore che arrivasse mezzogiorno.

"Il treno di Dayanandaji è in ritardo; non mangeremo prima del suo arrivo". Fu Jitendra a darmi questa catastrofica notizia. In segno di benvenuto allo swami che era mancato dall'*ashram* per due settimane, si stavano preparando molte pietanze prelibate. Un profumo stuzzicante si sprigionava nell'aria. Poiché non veniva offerto nient'altro, che cosa mai potevo inghiottire se non l'orgoglio per il mio digiuno del giorno prima?

"Signore, fa' che il treno arrivi al più presto!". Il Dispensatore Celeste, pensavo, non poteva certo essere incluso tra coloro a cui Dayananda mi aveva proibito di far parola delle mie esigenze. Ma l'Attenzione Divina era rivolta altrove; l'orologio continuava a scandire lentamente le ore. Già scendeva la sera quando lo swami varcò la soglia. Lo accolsi con immensa gioia.

"Dayanandaji dovrà fare il bagno e meditare, prima che possiamo metterci a tavola". Jitendra mi si era avvicinato ancora una volta come un uccello del malaugurio.

Mi sentivo quasi svenire. Il mio giovane stomaco, non avvezzo alle privazioni, protestava con lancinante vigore. Dinanzi ai miei occhi scorrevano come spettri le immagini di alcune vittime della fame che avevo visto in fotografia.

"La prossima morte d'inedia a Benares avverrà proprio adesso in questo eremitaggio", pensavo. L'incombente sciagura fu scongiurata alle nove della sera. Come fu soave il richiamo che ci invitava a cena! Il ricordo di quel pasto serale è rimasto vivido come una delle ore più perfette della mia vita.

Pur essendo intento ad assaporare il mio pasto, notai che Dayananda mangiava con aria assente. Era evidentemente superiore a questi miei piaceri grossolani.

"Swamiji, non avevate appetito?". Satollo e felice, mi trovavo solo con lui nel suo studio.

"Oh, sì!", rispose. "Ho trascorso questi ultimi quattro giorni senza mangiare e senza bere. Non mangio mai sui treni, così saturi delle discordanti vibrazioni emanate da gente materialista. Osservo strettamente le regole *shastriche*[7] proprie del mio Ordine monastico.

"Alcuni problemi del nostro lavoro organizzativo occupano la mia mente. Questa sera ho trascurato la cena. Che fretta c'è? Domani mi riprometto di fare un buon pasto". E rise allegramente.

Mi sentii invadere da un soffocante senso di vergogna. Ma non era facile dimenticare quella giornata di tortura; azzardai un'altra osservazione.

"Swamiji, sono perplesso. Supponiamo che seguendo le vostre istruzioni io non chieda mai da mangiare e nessuno me ne dia. Finirei per morire di fame".

"Muori, allora!". Queste minacciose parole fendettero l'aria. "Muori, se devi morire, Mukunda! Non credere mai che la tua vita dipenda dal potere del cibo anziché dal potere di Dio! Colui che ha creato ogni forma di nutrimento, Colui che ci ha dato l'appetito, provvederà certamente a sfamare il Suo devoto! Non pensare che sia il riso a mantenerti in vita, o che siano il denaro o gli esseri umani ad aiutarti. Come potrebbero farlo se il Signore ritirasse da te il soffio della vita? Essi sono semplicemente i Suoi strumenti. È forse in virtù di qualche tuo potere che gli alimenti vengono digeriti nel tuo stomaco? Usa la spada del discernimento, Mukunda! Spezza le catene degli effetti e percepisci l'Unica Causa!".

Le sue incisive parole penetrarono profondamente dentro di me, dissipando così l'antico pregiudizio per cui le necessità del corpo avrebbero la meglio sull'anima. In quello stesso istante percepii la suprema sovranità dello Spirito. In quante città sconosciute, nel corso della mia

---

[7] Che si riferiscono ai *shastra*, letteralmente 'libri sacri', i quali comprendono quattro generi di Scritture: *shruti*, *smriti*, *purana* e *tantra*. Questi vasti trattati riguardano ogni aspetto della vita religiosa e sociale, nonché gli ambiti della legge, della medicina, dell'architettura, dell'arte, e così via. Le *shruti* sono Scritture 'udite direttamente' o 'rivelate', ossia i *Veda*. Le *smriti* o dottrine 'ricordate', furono poi messe per iscritto in un remoto passato, nel *Mahabharata* e nel *Ramayana*, i più lunghi poemi epici del mondo. I *purana*, diciotto in totale, sono letteralmente 'antiche' allegorie; i *tantra* letteralmente significano 'riti' o 'rituali'. Questi trattati contengono profonde verità sotto i veli di un elaborato simbolismo.

Sri Yogananda insieme a swami Gyanananda, guru di swami Dayananda, nell'eremitaggio Mahamandal di Benares, il 7 febbraio 1936. Compiendo un tradizionale gesto di rispetto, Yoganandaji si è seduto ai piedi di Gyanandaji, guida spirituale di questo eremitaggio. Quando era ragazzo, Yoganandaji aveva seguito qui una disciplina spirituale prima di trovare il proprio guru, Swami Sri Yukteswar, nel 1910.

vita di instancabile viaggiatore, ebbi l'occasione di dimostrare l'utilità di quella lezione ricevuta nell'eremitaggio di Benares!

L'unico tesoro che avevo portato con me da Calcutta era l'amuleto d'argento del *sadhu*, che mi aveva lasciato mia madre. Dopo averlo custodito per anni, ora l'avevo accuratamente nascosto nella mia stanza dell'*ashram*. Desideroso di rinnovare la gioia che mi dava la sua magica presenza, una mattina aprii la scatola, che era chiusa a chiave. La busta ancora sigillata che lo conteneva era intatta, ma ahimè! il talismano era scomparso. Con grande dolore lacerai la busta e ne fui inequivocabilmente certo. Come aveva predetto il *sadhu*, era scomparso nell'etere da dove era stato attirato.

Feriti dal mio stoico riserbo, i discepoli di Dayananda si sentivano rifiutati, e di conseguenza i nostri rapporti peggioravano di giorno in giorno. Il mio rigore nel meditare sull'unico Ideale, per il quale avevo lasciato la casa paterna e ogni ambizione terrena, suscitava da ogni parte critiche superficiali.

Lacerato dall'angoscia spirituale, un giorno mi recai all'alba nell'attico, deciso a pregare finché non avessi ricevuto una risposta.

"Madre misericordiosa dell'Universo, Ti prego, guidami Tu stessa per mezzo di visioni o tramite un guru inviato da Te!".

Le ore trascorrevano e io continuavo a piangere e supplicare senza ricevere risposta. All'improvviso mi sentii sollevare quasi materialmente in una sfera infinita.

"Il tuo maestro verrà oggi!", annunciò una divina voce femminile, che pareva giungere da ovunque e da nessun luogo.

L'esperienza celestiale fu dissolta da un grido che proveniva da un luogo ben preciso. Un giovane discepolo, soprannominato Habu, mi stava chiamando dalla cucina al piano inferiore.

"Mukunda, basta con la meditazione! C'è bisogno di te per una commissione".

In un altro momento probabilmente avrei risposto con impazienza, ma questa volta mi asciugai il viso gonfio di pianto e obbedii docilmente. Insieme ad Habu m'incamminai verso un lontano mercato, nel quartiere bengalese di Benares. L'implacabile sole indiano non era ancora allo zenith quando ci dedicammo ai nostri acquisti nei bazar, facendoci largo tra la variopinta folla di massaie, guide, monaci, vedove dalle semplici vesti, solenni bramini e onnipresenti tori sacri. Mentre procedevo con Habu, mi voltai a guardare una stretta viuzza secondaria.

Un uomo simile al Cristo, che indossava la veste ocra degli swami, stava immobile in fondo al vicolo. Mi sembrò immediatamente di conoscerlo e di averlo conosciuto da sempre; per un attimo il mio sguardo si nutrì avidamente di lui. Ma poi fui assalito dal dubbio.

"Tu confondi questo monaco errante con qualche conoscente", pensai. "Sognatore, vai per la tua strada!".

Dopo dieci minuti, sentii una spossante pesantezza ai piedi. Come fossero diventati di pietra, si rifiutavano di condurmi oltre. Riuscii a fatica a girarmi, invertendo la direzione dei miei passi, e i piedi tornarono normali. Mi rigirai ancora nella direzione opposta, e di nuovo fui assalito da quella strana pesantezza.

"Il santo mi sta attirando magneticamente a sé!". A questo pensiero, ammonticchiai i miei pacchetti fra le braccia di Habu, che aveva osservato con stupore le bizzarre manovre dei miei piedi e ora scoppiò in una risata.

"Che cosa ti succede? Sei impazzito?".

Il tumulto delle mie emozioni mi impediva di rispondere; corsi via senza una parola.

Tornando sui miei passi con le ali ai piedi, giunsi nella stradina. Una rapida occhiata mi permise di distinguere subito la calma figura, che guardava fisso nella mia direzione. Con impazienza feci ancora qualche passo e mi ritrovai ai suoi piedi.

"Gurudeva!". Il suo volto divino era quello che avevo veduto in mille visioni. Quegli occhi calmi d'alcione, quella testa leonina dalla barba a punta e i capelli fluenti, erano apparsi spesso nell'oscurità delle mie fantasticherie notturne, messaggeri di una promessa che non avevo compreso appieno.

"Mio caro, finalmente sei giunto a me!". Il mio guru continuava a ripetere queste parole in bengali, con un fremito di gioia nella voce. "Per quanti anni ti ho atteso!".

Rimanemmo in silenzio, in una comunione profonda; le parole sembravano del tutto superflue. Un'eloquente melodia silenziosa fluiva dal cuore del maestro a quello del discepolo. Con la irrefutabile certezza dell'intuizione, sentii che il mio guru conosceva Dio e mi avrebbe condotto a Lui. Le oscure ombre di questa vita svanirono in una tenue aurora di ricordi prenatali. Il dramma del tempo! Passato, presente e futuro sono i suoi ricorrenti scenari. Questo non era il primo sole che mi vedeva chino ai suoi sacri piedi!

Tenendomi per mano, il guru mi condusse al suo alloggio, nel quartiere Rana Mahal della città. La sua atletica figura avanzava con passo fermo. Alto, eretto, di circa cinquantacinque anni di età a quell'epoca, era dinamico e vigoroso come un giovane. Aveva grandi occhi scuri in cui risplendeva un'insondabile saggezza. I capelli leggermente ricciuti addolcivano il viso, che esprimeva una potenza straordinaria. La forza si fondeva armoniosamente con la dolcezza.

Mentre ci dirigevamo verso la terrazza in pietra di una casa affacciata sul Gange, egli mi disse con affetto:

"Ti darò i miei eremitaggi e tutto ciò che possiedo".

"Signore, io cerco la saggezza e l'unione con Dio. Questi sono i vostri tesori che desidero!".

Il repentino crepuscolo indiano aveva quasi calato il suo sipario, prima che il mio maestro parlasse di nuovo. I suoi occhi esprimevano una tenerezza infinita.

"Ti do il mio amore incondizionato".

Parole preziose! Passò un quarto di secolo prima che ricevessi un'altra testimonianza verbale del suo amore. Le sue labbra non erano avvezze alle espressioni ardenti; al suo cuore oceanico si addiceva il silenzio.

"E tu mi darai lo stesso amore incondizionato?" domandò, con lo sguardo fiducioso di un fanciullo.

"Vi amerò eternamente, Gurudeva!".

"L'amore comune è egoistico, perché nascostamente radicato nei desideri e nel loro appagamento. L'amore divino è senza condizioni, senza confini e senza mutamento. L'incostanza del cuore umano scompare per sempre al tocco trasfigurante dell'amore puro". E aggiunse, umilmente: "Se mai un giorno tu mi vedessi decadere dallo stato di realizzazione divina, ti prego, promettimi che porrai il mio capo sul tuo grembo e mi aiuterai a tornare all'Amato Cosmico che entrambi adoriamo".

Quindi si alzò mentre scendeva l'oscurità, e mi condusse in casa. Mentre conversavamo mangiando frutti di mango e dolci di mandorle, egli rivelò con discrezione un'intima conoscenza della mia natura. Ero incantato dalla sublimità della sua saggezza, che si fondeva squisitamente con una innata umiltà.

"Non rattristarti per il tuo amuleto; è servito al suo scopo". Come uno specchio divino, il mio guru mostrava di poter cogliere l'immagine di tutta la mia vita che si rifletteva in lui.

"La realtà vivente della vostra presenza, maestro, è una gioia ineffabile, che nessuna metafora è in grado di esprimere".

"Dato che non sei felice nell'eremitaggio, è ora che avvenga un cambiamento".

Non avevo fatto il minimo accenno alla mia vita e ormai sembrava superfluo! Dal suo comportamento semplice e naturale, compresi che non desiderava dimostrazioni di meraviglia per la sua chiaroveggenza.

"Dovresti tornare a Calcutta. Perché escludere i parenti dall'amore che provi per tutta l'umanità?".

Questo suggerimento mi lasciò interdetto. I miei familiari prevedevano il mio ritorno, sebbene io non avessi mai ceduto alle tante suppliche che mi rivolgevano per lettera. "Lasciate che il giovane uccello voli nei cieli metafisici", aveva commentato Ananta. "La densa atmosfera

Sri Yukteswar (1855–1936)
Uno *Jnanavatar*, 'Incarnazione della saggezza'. Discepolo di Lahiri Mahasaya; guru di Sri Yogananda; paramguru di tutti i Kriya Yogi della SRF-YSS.

Tempio della meditazione di Swami Sri Yukteswar, inaugurato nel 1977, nell'area in cui sorgeva il suo *ashram* di Serampore. Per costruirlo furono utilizzati numerosi mattoni provenienti dall'*ashram* originario. L'architettura del tempio si basa su un modello disegnato da Paramahansa Yogananda.

Yoganandaji nel 1915, seduto sul sedile posteriore della motocicletta che il padre gli aveva regalato. "Mi recavo dappertutto con quella moto", disse, "specialmente a far visita al mio maestro, Sri Yukteswarji, nel suo eremitaggio di Serampore".

fiaccherà le sue ali. Lo vedremo ancora scendere in picchiata verso casa, ripiegare le ali e rifugiarsi umilmente nel nostro nido familiare". Avendo viva nella mente questa sconfortante allegoria, ero fermamente deciso a non 'scendere in picchiata' alla volta di Calcutta.

"Signore, io non tornerò a casa, ma vi seguirò ovunque. Vi prego, ditemi il vostro nome e il vostro indirizzo".

"Swami Sri Yukteswar Giri. Il mio eremitaggio principale si trova a Serampore, in Rai Ghat Lane. Sono qui solo per pochi giorni per fare visita a mia madre".

Riflettei con stupore su quanto fosse intricato il gioco di Dio con i suoi devoti. Serampore si trova solo a circa 20 chilometri da Calcutta, eppure da quelle parti non avevo mai nemmeno intravisto il mio guru. Per incontrarci eravamo dovuti andare entrambi nell'antica città di Kashi (Benares), santificata dal ricordo di Lahiri Mahasaya. Anche i passi di Buddha, di Shankaracharya[8] e di molti altri yogi simili al Cristo avevano benedetto il suolo di questa città.

---

[8] Shankaracharya (Shankara), il più grande filosofo indiano, fu discepolo di Govinda Jati e del suo guru, Gaudapada. Shankara scrisse un famoso commentario su un trattato di Gaudapada, il *Mandukya Karika*. Con una logica inoppugnabile e uno stile incantevole e armonioso, egli interpretò la filosofia *Vedanta* in uno spirito strettamente *advaita* (non dualistico, monista). Il grande monista compose anche poemi d'amore devozionale. La sua *Preghiera alla Madre Divina per il perdono dei peccati* ha questo ritornello: "Benché siano molti i figli cattivi, non vi fu mai una madre cattiva".

Sanandana, un discepolo di Shankara, scrisse un commento ai *Brahma Sutra* (filosofia *Vedanta*). Il manoscritto andò distrutto in un incendio, ma Shankara, che lo aveva scorso una volta sola, lo ripeté al suo discepolo parola per parola. Questo testo, noto con il nome di *Panchapadika*, è ancora materia di studio.

Il *cela* Sanandana ricevette un nuovo nome dopo un bellissimo episodio. Un giorno, mentre era seduto sulla riva di un fiume, udì Shankara che lo chiamava dalla riva opposta. Sanandana entrò nell'acqua senza esitare. A sorreggere sia la sua fede sia i suoi piedi fu Shankara, che materializzò un sentiero di fiori di loto sulle acque turbinanti del fiume. Da allora il discepolo fu conosciuto con il nome di Padmapada, 'piedi di loto'.

Nel *Panchapadika*, Padmapada offre al proprio guru molti tributi di affetto. Shankara stesso scrisse queste bellissime parole sul valore di un guru: "Non esiste nulla nei tre mondi che sia paragonabile a un vero guru. Se alla pietra filosofale fosse riconosciuto il potere che le è stato attribuito, riuscirebbe soltanto a trasformare il ferro in oro e non in un'altra pietra filosofale. Il venerato maestro, invece, rende uguale a sé stesso il discepolo che si rifugia ai suoi piedi. Il guru è perciò ineguagliabile, anzi soprannaturale". (*Century of Verses*, 1).

Sri Shankara riuniva in sé, in una rara combinazione, il santo, il dotto e l'uomo d'azione. Anche se visse solo fino all'età di trentadue anni, impiegò buona parte della sua vita compiendo duri e sfibranti viaggi in ogni regione dell'India, per diffondere la sua dottrina *advaita*. Grandi moltitudini si radunavano per ascoltare le consolanti parole di saggezza che sgorgavano dalle labbra del giovane monaco scalzo.

Incontro il mio maestro, Sri Yukteswar

"Verrai da me fra quattro settimane". Per la prima volta la voce di Sri Yukteswar aveva un tono severo. "Ora che ti ho detto che ti amerò per sempre e ti ho mostrato la mia felicità per averti ritrovato, ti senti libero di non rispettare la mia richiesta. La prossima volta che ci incontreremo, dovrai risvegliare di nuovo il mio interesse per te. Non ti accetterò facilmente come discepolo: dovrai mostrare un totale abbandono alla mia volontà, obbedendo ai miei severi insegnamenti!".

Rimasi ostinatamente in silenzio. Il mio guru comprese subito il mio problema.

"Credi che i tuoi parenti si burleranno di te?".

"Non tornerò a casa".

"Vi tornerai fra trenta giorni".

"No, mai".

In questa atmosfera di tensione, mi inchinai con reverenza ai suoi piedi e presi congedo. Mentre camminavo nell'oscurità della notte verso l'eremitaggio, mi domandavo perché mai il nostro miracoloso incontro si fosse concluso con una nota discordante. La dualità di *maya*, che compensa ogni gioia con un dolore! Il mio giovane cuore non era ancora malleabile sotto le dita del mio guru, pronte a trasformarlo.

La mattina seguente notai che i compagni dell'eremitaggio avevano un atteggiamento sempre più ostile. Tormentarono le mie giornate con continue scortesie. Passarono tre settimane, poi Dayananda lasciò l'*ashram* per partecipare a una conferenza a Bombay. Sul mio capo inerme si abbatté un pandemonio.

"Mukunda è un parassita che gode dell'ospitalità dell'eremitaggio senza dare nulla in cambio". Quando per caso udii questo commento, rimpiansi per la prima volta di aver obbedito alla richiesta di restituire a mio padre il denaro che mi aveva inviato. Con il cuore gonfio, andai in cerca del mio unico amico, Jitendra.

Lo zelo riformatore di Shankara si estese alla riorganizzazione dell'antico Ordine monastico degli swami (vedere la nota a pagina 245 e la pagina 246). Shankara fondò anche dei *math* (centri scolastici tenuti da monaci), in quattro località: Sringeri a sud, Puri a est, Dwarka a ovest e Badrinath nel nord himalayano.

I quattro *math* del grande monista, generosamente sovvenzionati sia da principi sia da gente comune, offrivano insegnamento gratuito di grammatica sanscrita, logica e filosofia *Vedanta*. L'obiettivo di Shankara nel fondare i suoi *math* ai quattro punti cardinali dell'India era quello di promuovere l'unità religiosa e nazionale in tutto il vasto Paese. Ora come nel passato, i devoti indù trovano vitto e alloggio gratuito nei *choultrie* e nei *sattram* (luoghi di ristoro lungo i percorsi dei pellegrinaggi), che sono mantenuti dalla beneficenza pubblica.

"Me ne vado. Ti prego di porgere le mie rispettose scuse a Dayanandaji, quando tornerà".

"Me ne vado anch'io! I miei tentativi di meditare non sono più benaccetti dei tuoi". Jitendra parlava con tono deciso.

"Ho incontrato un santo simile al Cristo. Andiamo a trovarlo a Serampore".

E così l'‘uccello’ si apprestava a ‘scendere in picchiata’ in una zona pericolosamente vicina a Calcutta!

Capitolo 11

Due ragazzi senza un soldo a Brindaban

"Meriteresti proprio che nostro padre ti diseredasse, Mukunda! Stai sprecando stupidamente la tua vita!". Mio fratello maggiore mi assalì immediatamente con la sua predica, ferendo le mie povere orecchie.

Jitendra e io, scesi freschi freschi dal treno (si fa per dire: eravamo coperti di polvere da capo a piedi!), eravamo appena arrivati a casa di Ananta, che si era da poco trasferito da Calcutta nell'antica città di Agra. Mio fratello era un funzionario amministrativo del Ministero dei Lavori Pubblici.

"Tu sai bene, Ananta, che cerco l'eredità dal Padre Celeste".

"Prima il denaro; Dio può aspettare! Chissà, la vita potrebbe essere troppo lunga!".

"Prima Dio; il denaro dipende da Lui! Chi può dirlo? La vita potrebbe essere troppo breve!".

La mia risposta era dettata dall'esigenza del momento, e non da un presentimento. (Ma, ahimè, la vita di Ananta si concluse prematuramente.)[1]

"Saggezza appresa all'eremitaggio, immagino! Ma vedo che hai lasciato Benares". Gli occhi di Ananta brillavano di soddisfazione; sperava ancora di farmi ripiegare le ali nel nido familiare.

"Il mio soggiorno a Benares non è stato inutile! Là ho trovato tutto ciò che il mio cuore desiderava. Puoi star certo che non si tratta del tuo pandit né di suo figlio!".

Ananta scoppiò a ridere insieme a me, a quel ricordo; aveva dovuto ammettere che il 'veggente' di Benares, da lui stesso scelto, si era dimostrato poco lungimirante.

"Quali sono i tuoi progetti, mio caro fratello vagabondo?".

[1] Vedere il capitolo 25.

"Jitendra mi ha persuaso a venire ad Agra. Visiteremo le meraviglie del Taj Mahal",[2] gli spiegai. "Poi andremo dal mio guru, che ho appena ritrovato e che ha un eremitaggio a Serampore".

Ananta ci offrì una confortevole ospitalità. Durante la serata notai più di una volta che mi fissava meditabondo.

"Conosco quello sguardo", pensavo. "Sta tramando qualcosa!".

L'arcano fu svelato la mattina dopo, mentre facevamo colazione.

"Dunque tu pensi di non avere affatto bisogno del denaro di nostro padre". Ananta riprese la conversazione del giorno prima con aria innocente.

"So bene di dipendere solo da Dio".

"Facile a dirsi! Fino a oggi la vita ti ha risparmiato i suoi problemi. Ma che tragedia se tu fossi costretto a ricorrere alla Mano Invisibile per avere vitto e alloggio! Ti troveresti ben presto a chiedere l'elemosina per strada".

"Mai! Non riporrei certo la mia fiducia nei passanti anziché in Dio! Egli può trovare per i suoi devoti risorse di ogni genere, oltre alla ciotola delle elemosine".

"Ancora retorica! E se ti proponessi di mettere alla prova la tua decantata filosofia in questo mondo reale?".

"Accetterei! Vorresti forse relegare Dio al mondo delle idee?".

"Vedremo; oggi stesso ti sarà offerta l'opportunità di ampliare le mie vedute oppure di confermare il mio pensiero". Ananta tacque per un momento denso di drammatica attesa, quindi riprese a parlare lentamente e con voce grave.

"Ti faccio una proposta: questa mattina recati con il tuo compagno, Jitendra, nella vicina Brindaban. Non dovrete portare con voi neanche una rupia; non dovrete chiedere la carità, né in cibo né in denaro; non dovrete rivelare a nessuno la situazione in cui vi trovate; dovrete però mangiare regolarmente; infine, non dovrete restare bloccati a Brindaban. Se tornerete qui a casa mia prima della mezzanotte di oggi senza aver violato nessuna di queste condizioni, io sarò l'uomo più esterrefatto di tutta Agra!".

"Accetto la sfida". Non vi era esitazione nelle mie parole e neppure nel mio cuore. Con gratitudine, mi balenarono alla mente molti ricordi del sollecito intervento divino: la guarigione dall'implacabile

---

[2] Mausoleo famoso in tutto il mondo.

colera, grazie alla supplica rivolta al ritratto di Lahiri Mahasaya; il dono scherzoso dei due aquiloni sul balcone di Lahore; l'amuleto giunto al momento opportuno, quando a Bareilly ero in preda al più profondo sconforto; il decisivo messaggio ricevuto tramite il *sadhu* che si trovava presso la dimora del pandit a Benares; la visione della Madre Divina, le Sue sublimi parole d'amore e la Sua immediata attenzione, tramite il maestro Mahasaya, per le mie piccole difficoltà; i provvidenziali consigli e suggerimenti ricevuti all'ultimo momento, grazie ai quali il mio diploma poté diventare una realtà; e la benedizione più grande, il mio maestro vivente apparso dalla nebbia dei sogni di tutta la mia vita. Mai e poi mai avrei ammesso che la mia 'filosofia' non potesse affrontare qualsiasi battaglia sul duro banco di prova del mondo!

"Che tu abbia accettato la sfida, ti fa onore. Ti accompagnerò immediatamente al treno", disse Ananta.

Si rivolse quindi a Jitendra, che ci guardava a bocca aperta. "Tu devi andare con Mukunda come testimone, e più probabilmente come compagno di sventura!".

Mezz'ora più tardi Jitendra e io eravamo in possesso di un biglietto di sola andata per il nostro viaggio. In un angolo appartato della stazione ci lasciammo perquisire da Ananta, il quale si convinse ben presto che non portavamo con noi nessun gruzzolo nascosto; i nostri semplici *dhoti*[3] non celavano altro che il necessario.

Poiché la fede veniva a invadere l'importante campo della finanza, il mio amico protestò: "Ananta, datemi una o due rupie per sicurezza. Così potrò telegrafarvi in caso di difficoltà".

"Jitendra!", esclamai, con tono di aspro rimprovero. "Mi rifiuto di affrontare la prova se, per tua tranquillità, accetti del denaro!".

"C'è un che di rassicurante nel tintinnìo delle monete", disse Jitendra, ma non aggiunse altro, poiché gli lanciai un'occhiata severa.

"Mukunda, io non sono senza cuore". Un'ombra di umiltà si era insinuata nella voce di Ananta. Forse gli rimordeva la coscienza, vuoi all'idea di mandare due ragazzi senza un soldo in una città sconosciuta, vuoi per lo scetticismo che mostrava in materia di fede. "Se per caso o per grazia divina supererai la prova di Brindaban, ti chiederò di diventare tuo discepolo".

---

[3] Il *dhoti* è un tessuto che si avvolge intorno ai fianchi e che copre le gambe.

Questa era una promessa un po' insolita, come insolita era la situazione. In una famiglia indiana, il fratello maggiore si sottomette raramente al fratello minore e gode di un rispetto e di un'obbedienza inferiori solo a quelli dovuti al padre. Ma non vi era tempo per fare commenti; il treno stava per partire.

Jitendra si chiuse in un lugubre silenzio mentre il treno correva veloce. Infine si riscosse; chinandosi verso di me, mi diede un pizzicotto tremendo in un posto delicato.

"Non vedo segni di come Dio provvederà al nostro prossimo pasto!".

"Stai tranquillo, incredulo Tommaso; il Signore ci assiste".

"Puoi anche fare in modo che si sbrighi? Alla sola idea di quello che ci aspetta, mi sento già morire di fame. Ho lasciato Benares per visitare il mausoleo Taj Mahal, non per entrare nel mio!".

"Coraggio, Jitendra! Non stiamo forse andando ad ammirare per la prima volta le sacre meraviglie di Brindaban?[4] Io provo una gioia immensa al pensiero di camminare sul suolo santificato dai passi di Sri Krishna".

In quel momento, si aprì la porta del nostro scompartimento. Entrarono due uomini e si sedettero. La fermata successiva del treno sarebbe stata l'ultima.

"Ragazzi, avete degli amici a Brindaban?". Il viaggiatore seduto di fronte a me dimostrava per noi un inatteso interesse.

"La cosa non vi riguarda!", risposi e, poco educatamente, guardai altrove.

"Probabilmente state scappando dalla vostra famiglia sotto l'incantesimo del Ladro di Cuori.[5] Ho anch'io un temperamento devozionale. Sarà mio preciso dovere farvi trovare del cibo e un tetto per ripararvi da questo caldo opprimente".

"No, signore, lasciateci in pace. Siete molto gentile, ma vi sbagliate se credete che siamo scappati da casa".

Non scambiammo più una parola. Ma quando il treno si fermò e Jitendra e io scendemmo sul marciapiede, i nostri compagni di viaggio ci presero sottobraccio e chiamarono una carrozza.

---

[4] Brindaban, sul fiume Yamuna, è la Gerusalemme indù. Qui l'avatar Sri Krishna si mostrò in tutta la sua gloria per il bene dell'umanità.

[5] Hari, Ladro di Cuori, un tenero appellativo con cui Sri Krishna è conosciuto dai suoi devoti.

Due ragazzi senza un soldo a Brindaban

Ci fermammo dinanzi a un maestoso eremitaggio, circondato dagli alberi sempreverdi di un parco ben curato. Evidentemente i nostri benefattori non erano degli sconosciuti, perché un ragazzo sorridente ci condusse senza dire una parola in un salotto, dove fummo presto raggiunti da un'anziana donna dal nobile portamento.

"Gauri Ma, i prìncipi non sono potuti venire", disse uno degli uomini rivolgendosi a lei, che era incaricata di accogliere gli ospiti dell'*ashram*. "All'ultimo momento hanno dovuto cambiare i loro programmi e si scusano sentitamente. Ma abbiamo condotto altri due ospiti. Non appena li abbiamo incontrati in treno, mi sono sentito attratto da questi devoti del Signore Krishna".

"Arrivederci, giovani amici". Le nostre due nuove conoscenze si avviarono verso la porta. "Se Dio vorrà, ci incontreremo ancora".

"Siate i benvenuti", disse Gauri Ma con un sorriso materno. "Non potevate capitare in un giorno migliore. Aspettavo due nobili benefattori del nostro eremitaggio. Sarebbe stato un vero peccato se la mia cucina non avesse trovato nessuno che l'apprezzasse!".

Queste amabili parole ebbero un effetto inatteso su Jitendra, che scoppiò in lacrime. Quello che nei suoi timori ci 'aspettava' a Brindaban si stava rivelando un banchetto regale. Questo improvviso capovolgimento di prospettiva era troppo per lui. La nostra ospite lo guardò incuriosita, ma non fece commenti; forse conosceva bene le stranezze degli adolescenti.

Fu annunciato il pranzo. Gauri Ma ci condusse in un patio fragrante di profumi prelibati; poi scomparve nell'attigua cucina.

Attendevo questo momento. Scegliendo il punto più adatto sul corpo di Jitendra, gli diedi un pizzicotto doloroso quanto quello che mi aveva dato lui in treno.

"Incredulo Tommaso, il Signore agisce, e anche in fretta!".

Gauri Ma rientrò con un *punkha* (ventaglio). Secondo l'uso orientale, ci fece vento continuamente mentre stavamo accovacciati su alcune coperte ricamate. I discepoli dell'*ashram* andavano e venivano, servendoci una trentina di portate. Questo non si poteva certo chiamare un 'pasto': la definizione era 'sontuoso banchetto'. Dalla nostra venuta su questo pianeta, Jitendra e io non avevamo mai gustato manicaretti simili.

"Queste pietanze sono davvero degne di un principe, onorata madre! Non riesco a immaginare quali impegni più urgenti di questo banchetto

Bhagavan (Signore) Krishna
Amato avatar dell'India.

abbiano potuto trattenere i vostri nobili benefattori. Ci avete offerto qualcosa che ricorderemo per tutta la vita!".

Costretti al silenzio dalle condizioni imposte da Ananta, non potevamo spiegare alla gentilissima signora che i nostri ringraziamenti avevano un doppio significato. Ma la nostra sincerità, almeno, era fuori discussione. Ce ne andammo dopo aver ricevuto la sua benedizione e l'allettante invito a ritornare all'eremitaggio.

Il caldo, fuori, era spietato. Jitendra e io cercammo rifugio sotto un maestoso albero di cadamba accanto al cancello dell'*ashram*. Di nuovo, seguirono delle parole pungenti, perché Jitendra tornava a essere assalito dai suoi timori.

"Mi hai messo in un bel pasticcio! Questo pranzo è stato solo un colpo di fortuna! Come possiamo visitare le bellezze della città senza neanche un soldo? E come potrai mai riportarmi a casa di Ananta?".

"Fai presto a dimenticarti di Dio, ora che hai lo stomaco pieno". Le mie parole, pur non essendo aspre, avevano un tono accusatorio. L'uomo dimentica così presto i favori divini! Eppure non esiste nessuno che non abbia visto esaudita qualche sua preghiera.

"Quello che non posso dimenticare è la pazzia che ho fatto andando così alla ventura con uno sconsiderato come te!".

"Stai tranquillo, Jitendra! Lo stesso Signore che ci ha nutriti ci farà visitare Brindaban e ci ricondurrà ad Agra".

Un giovane magro e dai bei lineamenti si avvicinava a noi a grandi passi. Si fermò all'ombra del nostro albero e s'inchinò dinanzi a me.

"Caro amico, voi e il vostro compagno dovete essere forestieri. Permettetemi di farvi da guida e di considerarvi miei ospiti".

È quasi impossibile per un indiano impallidire, ma il viso di Jitendra all'improvviso parve sbiancare. Io declinai educatamente l'offerta.

"Non vorrete forse mandarmi via?". L'agitazione dello sconosciuto sarebbe stata comica in qualsiasi altra circostanza.

"E perché no?".

"Voi siete il mio guru". I suoi occhi cercarono fiduciosamente i miei. "Durante le mie preghiere di mezzogiorno, il beato Signore Krishna mi è apparso in una visione e mi ha mostrato due figure solitarie che si trovavano proprio sotto quest'albero. Uno di quei visi era il vostro, o mio maestro! Vi ho veduto spesso nelle mie meditazioni. Sarà una gioia per me, se vorrete accettare i miei umili servigi!".

"Anch'io sono felice che mi abbiate trovato. Né Dio né gli uomini ci hanno abbandonati!". Sebbene restassi immobile, sorridendo al volto che mi fissava ansioso, mi prostrai interiormente ai piedi del Divino.

"Cari amici, non volete onorare la mia casa di una vostra visita?".

"Siete gentile, ma non è possibile. Siamo già ospiti di mio fratello ad Agra".

"Lasciatemi almeno il ricordo di aver visitato Brindaban con voi".

Acconsentii volentieri. Il giovane, che disse di chiamarsi Pratap Chatterji, fermò una carrozza. Visitammo il tempio di Madanamohana e altri santuari dedicati a Krishna. Mentre eravamo ancora raccolti in preghiera e in meditazione, discese la sera.

"Scusatemi, vado a prendere dei *sandesh*[6]". Pratap entrò in una bottega vicina alla stazione. Jitendra e io gironzolammo per la strada, ormai affollata nella relativa frescura della sera. Il nostro amico si assentò per un po', ma infine tornò carico di dolciumi, che ci volle offrire.

"Vi prego, permettetemi di guadagnarmi questo piccolo merito spirituale". Con un sorriso supplichevole Pratap ci porse un fascio di banconote e due biglietti ferroviari per Agra, appena acquistati.

Accettai, in segno di reverente rispetto per la Mano Invisibile. Schernita da Ananta, la generosità divina non aveva forse superato di gran lunga l'aiuto minimo necessario?

Cercammo un luogo appartato accanto alla stazione.

"Pratap, ti insegnerò il Kriya di Lahiri Mahasaya, il più grande yogi dell'epoca moderna. La sua tecnica sarà il tuo guru".

L'iniziazione si concluse in circa mezz'ora. "Il Kriya è il tuo *chintamani*",[7] dissi al nuovo allievo. "La tecnica che, come vedi, è semplice, ha il potere di accelerare l'evoluzione spirituale dell'uomo. Le Scritture induiste insegnano che l'ego, una volta incarnato, impiega un milione di anni per raggiungere la liberazione da *maya*. Il Kriya Yoga permette di abbreviare considerevolmente questo periodo naturale. Grazie alle scoperte di Jagadis Chandra Bose, sappiamo che è possibile accelerare la crescita delle piante ben oltre il loro ritmo normale; allo stesso modo anche lo sviluppo psicologico dell'uomo si può accelerare con un metodo scientifico. Sii costante nel tuo sentiero, e potrai raggiungere il Guru di tutti i guru".

"Per me è una gioia incontenibile possedere finalmente questa chiave dello yoga che ho tanto cercato!", disse Pratap con aria assorta. "Emancipandomi dai legami dei sensi, il Kriya mi renderà libero di raggiungere sfere più elevate. La visione del Signore Krishna che ho avuto oggi poteva solo annunciare che mi apprestavo a ricevere il bene più grande".

Ci sedemmo per un poco in silenziosa comunione, poi lentamente ci incamminammo verso la stazione. Ero pieno di gioia mentre salivo sul treno, ma per Jitendra quello era il giorno delle lacrime. Il mio affettuoso addio a Pratap fu sottolineato dai singhiozzi soffocati di entrambi i miei

---

[6] Dolcini indiani.

[7] Una mitica gemma che ha il potere di esaudire i desideri; è anche un nome di Dio.

Due ragazzi senza un soldo a Brindaban

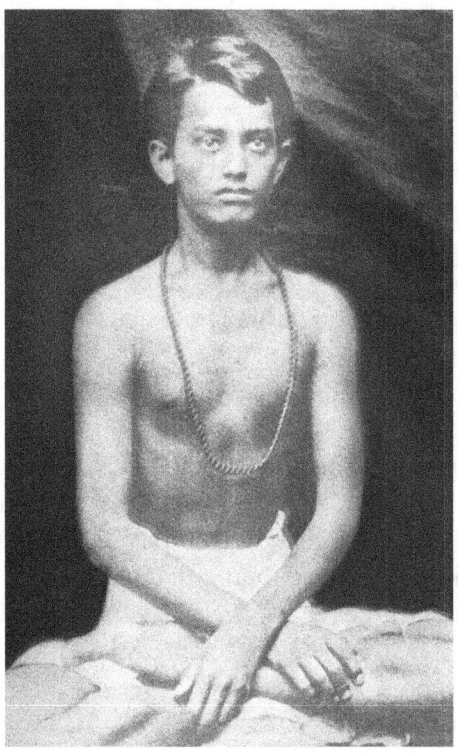

Jitendra Mazumdar, il compagno di Yoganandaji nella 'prova di Brindaban' (vedere il capitolo 11).

compagni. Anche il viaggio di ritorno vide Jitendra confuso e afflitto; non per sé stesso questa volta, ma a causa di sé stesso.

"Com'è fragile la mia fede; ho mostrato di avere un cuore di pietra! Mai più in futuro dubiterò della protezione di Dio!".

Era quasi mezzanotte quando le due 'Cenerentole' mandate via di casa senza un soldo entrarono nella camera da letto di Ananta. Sul suo viso si dipinse l'immagine stessa dello stupore, proprio come lui aveva predetto, se pur con leggerezza. In silenzio rovesciai sul tavolo una pioggia di rupie.

"Jitendra, fuori la verità!". Il tono di Ananta era scherzoso. "Questo giovanotto non ha per caso commesso una rapina?".

Ma quando seppe tutta la storia, mio fratello divenne prima serio, poi si fece solenne.

"La legge della domanda e dell'offerta si estende a coprire campi ben più sottili di quanto avessi mai supposto". Ananta parlava con un entusiasmo spirituale mai dimostrato fino ad allora. "Comprendo per la prima volta la tua indifferenza per le ricchezze e per la volgare avidità del mondo".

Nonostante fosse molto tardi, mio fratello insisté per ricevere la *diksha*[8] al Kriya Yoga. Il 'guru' Mukunda dovette addossarsi, in una sola serata, la responsabilità di due impensati 'discepoli'!

La colazione del mattino seguente si svolse in un'atmosfera di armonia, che era del tutto assente il giorno prima.

Sorrisi a Jitendra. "Non sarai privato del Taj Mahal. Lo visiteremo prima di partire per Serampore".

Salutato Ananta, il mio amico e io ben presto giungemmo dinanzi al mausoleo, la gloria di Agra; con il suo marmo bianco risplendente al sole, è una visione di simmetria pura; gli scuri cipressi, un prato lucente e un placido specchio d'acqua gli fanno da cornice perfetta. L'interno del mausoleo è bellissimo, con intagli lavorati come merletti e decorati con pietre semipreziose. Delicate ghirlande e intricati arabeschi si stagliano sullo sfondo dei marmi di colore bruno e violetto. Dalla cupola la luce cade sui cenotafi dell'imperatore Shah Jehan e di Mumtaz-i-Mahal, regina del suo regno e del suo cuore.

Ma ormai ne avevo abbastanza di giri turistici! Avevo nostalgia del mio guru. Ben presto Jitendra e io ci mettemmo in viaggio verso sud, sul treno diretto nel Bengala.

"Mukunda, io non vedo la mia famiglia da mesi. Ho cambiato idea; forse verrò a trovare il tuo maestro a Serampore fra qualche tempo".

Così il mio amico, che a una descrizione benevola potrebbe dirsi un tipo dal temperamento indeciso, mi lasciò a Calcutta. Con un treno locale raggiunsi subito Serampore, circa 20 chilometri più a nord.

Ebbi un sussulto di meraviglia quando mi resi conto che erano trascorsi proprio ventotto giorni dall'incontro con il mio guru a Benares. "Verrai da me fra quattro settimane!". Ed eccomi, con il cuore in tumulto, nel suo cortile, nel tranquillo Rai Ghat Lane. Per la prima volta entrai nell'eremitaggio dove avrei trascorso la parte migliore dei successivi dieci anni, con lo *Jnanavatar* dell'India, l''incarnazione della saggezza'.

---

[8] Iniziazione spirituale; dalla radice sanscrita *diksh*, 'votarsi'.

Capitolo 12

Gli anni trascorsi nell'eremitaggio del mio maestro

"Sei venuto". Con queste parole mi accolse Sri Yukteswar, che trovai nel soggiorno dell'eremitaggio, seduto su una pelle di tigre distesa sul pavimento. Il tono era freddo, l'atteggiamento non tradiva alcuna emozione.

"Sì, caro maestro, sono qui per seguirvi". Mi inginocchiai e toccai i suoi piedi.

"Come è possibile? Tu non tieni conto dei miei desideri".

"Non lo farò più, guruji! I vostri desideri saranno legge per me".

"Così va meglio! Ora posso assumermi la responsabilità della tua vita".

"Passo volentieri a voi il mio fardello, maestro".

"Per prima cosa, allora, ti chiedo di tornare a casa, dalla tua famiglia. Voglio che tu ti iscriva all'università di Calcutta. La tua istruzione deve continuare".

"Benissimo, signore!", risposi, nascondendo la mia costernazione. Quei libri importuni mi avrebbero dunque perseguitato per anni? Prima mio padre, ora Sri Yukteswar!

"Un giorno andrai in Occidente, dove saranno più propensi ad apprezzare l'antica saggezza indiana se lo strano maestro venuto dall'India avrà un titolo universitario".

"Guruji, voi sapete quale sia la cosa migliore per me". Non sentivo più alcuna tristezza. L'allusione all'Occidente mi sembrava remota e oscura, ma l'opportunità di riuscire gradito al maestro con la mia ubbidienza era immediata e di vitale importanza.

"A Calcutta sarai vicino; potrai venire da me ogni volta che ne troverai il tempo".

"Ogni giorno, se sarà possibile, maestro! Accetto con gratitudine la vostra autorità su ogni minimo dettaglio della mia vita, a una sola condizione".

"Sì?".

"Che promettiate di rivelarmi Dio!".

Seguì un'animata discussione che durò un'ora. Un maestro non può mancare alla sua parola, e questa non viene quindi data con leggerezza. In virtù di una simile promessa, si schiudono sconfinati orizzonti metafisici per il discepolo. Un guru deve avere un rapporto molto intimo con il Creatore prima di poterlo costringere a rivelarsi! Sentivo che Sri Yukteswar aveva conquistato l'unione divina, ed ero deciso, in quanto suo discepolo, a trarne vantaggio.

"Hai un carattere esigente!". Ma dopo questo commento, udii risuonare il consenso del maestro, benevolo e risoluto:

"Che la tua volontà sia la mia".

A queste parole, le ombre che per tutta la vita avevano avvolto il mio cuore si dileguarono: la confusa, inquieta ricerca era terminata. Avevo trovato eterno rifugio in un vero guru.

"Vieni, ti mostro l'eremitaggio". Il maestro si alzò dalla sua pelle di tigre. Guardandomi intorno, notai su una parete un ritratto incorniciato da una ghirlanda di gelsomini.

"Lahiri Mahasaya!", esclamai sorpreso.

"Sì, è il mio divino guru". La voce di Sri Yukteswar vibrava di venerazione. "Sia come uomo sia come yogi è stato il più grande fra tutti i maestri di cui ho avuto modo di conoscere a fondo la vita".

Mi inchinai silenziosamente dinanzi a quell'immagine familiare. La mia anima offrì un fervente omaggio all'incomparabile maestro che, benedicendo la mia infanzia, aveva guidato i miei passi fino a quel momento.

Il mio guru mi condusse a visitare la casa e i giardini. Lo spazioso eremitaggio, antico e ben costruito, poggiava su massicci pilastri che delimitavano un cortile. I muri esterni erano ricoperti di muschio; sulla superficie piana del tetto, di colore grigio, volteggiavano i piccioni, i quali condividevano senza cerimonie con gli uomini gli ambienti dell'*ashram*. In un grazioso giardino sul retro crescevano alberi del pane, manghi e banani. L'edificio aveva due piani e, al piano superiore, delle stanze con balconi che si affacciavano su tre lati del cortile.

Gli anni trascorsi nell'eremitaggio del mio maestro

Una spaziosa sala al pianterreno, con un alto soffitto sostenuto da colonne, era usata, mi spiegò il maestro, soprattutto durante le festività annuali del *Durgapuja*.[1] Una stretta scala conduceva al soggiorno di Sri Yukteswar, il cui balconcino guardava sulla strada. L'*ashram* era arredato con semplicità; ogni cosa era sobria, linda e funzionale. Parecchie sedie, panche e tavoli di stile occidentale vi facevano bella mostra.

Il maestro mi invitò a fermarmi per la notte. Una cena a base di verdure al curry fu servita da due giovani discepoli che si trovavano all'eremitaggio per ricevere la loro formazione spirituale.

"Vi prego, guruji, raccontatemi qualcosa della vostra vita". Ero seduto a gambe incrociate su una stuoia, accanto alla sua pelle di tigre. Le amiche stelle, al di là del balcone, parevano vicinissime.

"Il mio nome era Priya Nath Karar. Sono nato[2] qui a Serampore, dove mio padre era un facoltoso uomo d'affari. Mi ha lasciato questa casa, che apparteneva da generazioni alla mia famiglia e ora è il mio eremitaggio. Ho ricevuto un'istruzione scolastica mediocre; la trovavo lenta e superficiale. Ancora giovanissimo, ho assunto la responsabilità di una famiglia e ho avuto una figlia, che ora è sposata. In età matura ho avuto la benedizione di ricevere la guida spirituale di Lahiri Mahasaya. Dopo la morte di mia moglie sono entrato nell'Ordine degli swami e ho ricevuto il nuovo nome di Sri Yukteswar Giri.[3] Questa è la semplice storia della mia vita".

Il maestro sorrise notando l'espressione avida del mio viso. Come in ogni profilo biografico, le sue parole avevano rivelato i fatti esteriori, ma non l'uomo interiore.

"Guruji, mi piacerebbe conoscere qualche episodio della vostra infanzia".

"Te ne racconterò qualcuno, e ognuno contiene una morale!". Gli occhi di Sri Yukteswar brillarono nel mettermi in guardia. "Una volta mia madre tentò di impaurirmi con la storia terribile di un fantasma che si trovava in una stanza buia. Io vi entrai immediatamente e mi mostrai

---

[1] Il 'culto di Durga'. Questa è la principale festa del calendario bengali e dura 9 giorni nella maggior parte delle località; si svolge nel mese di *asvina* (settembre-ottobre). Durga, letteralmente 'l'Inaccessibile', è un aspetto della Madre Divina o Shakti, personificazione della forza creativa femminile. È Colei che secondo la tradizione annienta tutti i mali.

[2] Sri Yukteswar nacque il 10 maggio 1855.

[3] *Yukteswar* significa 'unito a Ishwara' (uno dei nomi di Dio). *Giri* è il termine distintivo di uno dei dieci antichi rami dell'Ordine degli swami. *Sri* significa 'santo'; non è un nome, ma un titolo di rispetto.

deluso perché non lo avevo trovato. Mia madre non mi raccontò più storie terrificanti. Morale: guarda la paura in faccia e smetterà di turbarti.

"Un altro dei miei primi ricordi è legato al desiderio di possedere un cagnolino piuttosto brutto che apparteneva a un vicino. Per settimane intere misi in subbuglio tutta la famiglia per averlo. Le mie orecchie erano sorde all'offerta di cuccioli dall'aspetto assai più attraente. Morale: la passione acceca; conferisce un immaginario alone di fascino all'oggetto del desiderio.

"Una terza storia dimostra quanto sia malleabile la mente di un fanciullo. Ogni tanto sentivo mia madre fare questa osservazione: 'Chi accetta di lavorare alle dipendenze di qualcuno è uno schiavo'. Queste parole si fissarono nella mia mente in maniera così indelebile che anche dopo essermi sposato rifiutai qualsiasi impiego. Feci fronte alle spese investendo l'eredità di famiglia in terreni. Morale: le sensibili orecchie dei bambini dovrebbero sempre udire consigli buoni e costruttivi. Le loro prime idee rimangono impresse molto profondamente".

Il maestro si immerse in un silenzio colmo di pace. Verso mezzanotte mi indicò il lettino dove avrei dormito. Il mio sonno fu dolce e profondo quella prima notte sotto il tetto del mio guru.

Sri Yukteswar scelse la mattina seguente per concedermi l'iniziazione al Kriya Yoga. Avevo già appreso la tecnica da mio padre e dal mio insegnante swami Kebalananda, entrambi discepoli di Lahiri Mahasaya. Ma il maestro aveva un potere che mi trasformò completamente; al suo tocco, una grande luce inondò il mio essere, simile allo splendore di mille soli fusi in un'unica fiamma. Un'ondata di estasi ineffabile travolse il mio cuore fin nei recessi più segreti.

Solo nel tardo pomeriggio del giorno seguente riuscii a trovare la forza di lasciare l'eremitaggio.

"Tornerai fra trenta giorni". Quando a Calcutta varcai la porta di casa, con me entrò anche la predizione del maestro riguardo al mio ritorno: nessuno in famiglia fece le pungenti osservazioni che avevo temuto, sulla ricomparsa del 'giovane uccello che si era librato in volo'.

Salii nel mio piccolo attico e mi guardai intorno con occhi amorevoli, come se osservassi una presenza viva. "Sei stato testimone delle mie meditazioni, delle lacrime e delle tempeste della mia *sadhana*. Ora ho raggiunto il porto sicuro del mio divino maestro".

"Figliolo, sono felice sia per te sia per me". Mio padre e io sedevamo tranquilli nella calma della sera. "Hai trovato il tuo guru in un modo

Gli anni trascorsi nell'eremitaggio del mio maestro

miracoloso, così come una volta io ho trovato il mio. La santa mano di Lahiri Mahasaya protegge la nostra vita. Inoltre, il tuo maestro non è un santo inaccessibile dell'Himalaya, ma uno che vive non molto lontano da noi. Le mie preghiere sono state esaudite: la ricerca di Dio non ti ha portato via da me per sempre!".

Mio padre era inoltre molto contento che riprendessi gli studi e compì tutti i preparativi necessari. Il giorno seguente mi iscrissi al vicino Scottish Church College di Calcutta.

Trascorsero rapidamente mesi felici. I miei perspicaci lettori avranno già immaginato che le mie apparizioni nelle aule universitarie furono piuttosto rare. L'eremitaggio di Serampore esercitava su di me un'attrazione davvero irresistibile. Il maestro accettava la mia presenza costante senza fare commenti; con mio grande sollievo, alludeva raramente al tempio del sapere. Ma benché risultasse chiaro a tutti che non ero tagliato per lo studio, riuscii di volta in volta a ottenere i voti minimi richiesti per andare avanti.

La vita quotidiana dell'*ashram* scorreva tranquilla, e variava di rado. Il mio guru si svegliava prima dell'alba. Disteso, o talvolta seduto sul letto, entrava in *samadhi*.[4] Era semplicissimo accorgersi che il maestro si era svegliato: il suo stupendo russare[5] si arrestava di colpo; uno o due sospiri, forse un lieve movimento del corpo; poi il silenzioso stato di sospensione del respiro: ed era immerso nella profonda gioia dello yoga.

Non facevamo subito colazione. Prima andavamo a fare una lunga passeggiata in riva al Gange. Quelle passeggiate mattutine con il mio guru sono ancora così vivide e reali nella mia memoria! In questi ricordi che riprendono spontaneamente vita, mi ritrovo spesso al suo fianco, mentre il primo sole riscalda il fiume e sento risuonare la sua voce, vibrante di autentica saggezza.

Un bagno, quindi il pasto di mezzogiorno, preparato con grande cura dai giovani discepoli secondo le direttive quotidiane del maestro. Il mio guru era vegetariano. Prima di diventare monaco, tuttavia, mangiava anche le uova e il pesce. Il consiglio che dava agli studenti era quello di seguire una dieta semplice e adatta alla propria costituzione.

---

[4] Letteralmente: 'dirigere insieme'. *Samadhi* è uno stato di beatitudine supercosciente, in cui lo yogi percepisce l'identità fra l'anima individuale e lo Spirito Cosmico.
[5] Il russare, secondo alcuni fisiologi, indica un perfetto rilassamento.

Il maestro mangiava poco; spesso gradiva il riso lievemente cosparso di *ghee* di bufala o di burro fuso che si colorava della curcuma, del sugo di bietole o degli spinaci con il quale era condito. Altre volte mangiava *dal* di lenticchie oppure *channa* al curry[6] con verdure. E per dessert, manghi o arance con budino di riso, o succo di *jackfruit*.

Nel pomeriggio arrivavano i visitatori, in un flusso continuo che si riversava dal mondo esterno nel tranquillo eremitaggio. Il mio guru accoglieva ogni ospite con sollecitudine e gentilezza. Un maestro, ossia colui che ha compreso di essere l'anima onnipresente e non il corpo o l'ego, percepisce in tutti gli uomini una sorprendente somiglianza.

L'imparzialità dei santi affonda le sue radici nella saggezza; i santi non si lasciano più influenzare dai mutevoli volti di *maya*, né sono soggetti alle simpatie e alle antipatie che offuscano il giudizio degli uomini non illuminati. Sri Yukteswar non dimostrava alcuna considerazione speciale per le persone potenti, ricche o di successo, e non guardava dall'alto in basso i poveri o coloro che non avevano ricevuto un'istruzione scolastica. Sapeva ascoltare con rispetto le parole di verità pronunciate da un bambino e talvolta poteva ignorare apertamente un presuntuoso pandit.

La cena era pronta alle otto di sera e a volte a quell'ora era presente qualche ospite che indugiava a prendere commiato. Per il mio guru sarebbe stato imperdonabile mangiare da solo; nessuno lasciava il suo *ashram* affamato o insoddisfatto. Sri Yukteswar non era mai preso alla sprovvista o preoccupato dalla presenza di ospiti inattesi; sotto le sapienti direttive che dava ai discepoli, una piccola quantità di cibo si trasformava in un banchetto. Eppure, era economo; sapeva fare buon uso dei suoi modesti fondi. "Non spendete più di quanto possiate permettervi", usava dire. "Gli sprechi vi creeranno soltanto disagi". Sia nei dettagli riguardanti l'intrattenimento degli ospiti sia nei lavori di costruzione e di riparazione sia in altre faccende pratiche, il maestro manifestava tutta l'originalità del suo spirito creativo.

Le quiete ore della sera erano spesso testimoni di uno dei discorsi del mio guru: tesori senza tempo! Ogni cosa che diceva era lavorata dal cesello della saggezza. Una sublime sicurezza di sé contrassegnava la sua incomparabile maniera di esprimersi: parlava come non avevo

---

[6] Il *dal* è una densa zuppa di piselli o di altri legumi. Il *channa* è un formaggio di latte fresco cagliato, spesso tagliato a cubetti e cucinato con patate e curry.

mai udito nessun altro parlare! Era davvero impareggiabile. Soppesava i pensieri sulla sensibile bilancia del discernimento, prima di permettere loro di prendere forma in parole. L'essenza della verità, che lo pervadeva perfino nell'aspetto fisico, emanava da lui simile a un fragrante effluvio dell'anima. Ero sempre consapevole di trovarmi alla presenza di una manifestazione vivente di Dio. La sua statura divina mi induceva automaticamente a chinare il capo dinanzi a lui.

Se gli ospiti si accorgevano che Sri Yukteswar stava entrando in contatto con l'Infinito, egli li impegnava immediatamente in una conversazione. Era incapace di assumere una posa o di ostentare il proprio raccoglimento interiore. Sempre in comunione con il Signore, non aveva bisogno di un momento particolare per unirsi a Lui. Un maestro che ha realizzato il Sé ha già superato gli stadi della meditazione. "Il fiore cade quando appare il frutto". Ma spesso i santi continuano ad osservare le pratiche spirituali per dare l'esempio ai discepoli.

Quando si avvicinava la mezzanotte, il mio guru a volte si addormentava con la naturalezza di un bambino. Non c'era da preoccuparsi di preparargli il letto. Spesso si sdraiava, senza neppure un cuscino, su uno stretto divano che si trovava dietro la pelle di tigre su cui sedeva abitualmente.

Capitava anche più di una volta di trascorrere tutta la notte in dissertazioni filosofiche, provocate dal profondo interesse di qualche discepolo. Allora non sentivo alcuna stanchezza né il desiderio di dormire; mi bastavano le vibranti parole del maestro. "Oh! È l'alba! Andiamo a passeggiare sulle rive del Gange!". Così terminavano molte di quelle edificanti veglie notturne.

Un evento culminante dei primi mesi trascorsi con Sri Yukteswar fu una lezione molto utile: "Come averla vinta sulle zanzare!". Di notte, a casa, la mia famiglia usava sempre le zanzariere; quando scoprii che all'eremitaggio di Serampore non si adottava questa prudente abitudine, fui preso dallo sgomento. Eppure, gli insetti lo avevano eletto a loro residenza permanente, e mi pungevano dalla testa ai piedi. Il mio guru ebbe pietà di me.

"Comprati una zanzariera e comprane una anche per me". E aggiunse, ridendo: "Se ne compri soltanto una per te, tutte le zanzare si concentreranno su di me!".

Fui più che felice di accontentarlo. Ogni notte che trascorrevo a Serampore, quando era ora di dormire, il mio guru mi chiedeva di sistemare le zanzariere.

Una sera, mentre eravamo già circondati da un nugolo di zanzare, il maestro non mi diede le sue abituali istruzioni. Ascoltavo con grande inquietudine il ronzio di avvertimento degli insetti. Infilandomi nel letto, lanciai una preghiera propiziatoria al loro riguardo. Dopo mezz'ora tossii con intenzione per richiamare l'attenzione del mio guru. Credevo di impazzire per le punture e soprattutto per il ronzìo con cui le zanzare celebravano i loro riti sanguinari.

Ma dal maestro nessuna reazione; mi avvicinai a lui con circospezione: non respirava. Era la prima volta che lo osservavo così da vicino nell'estasi dello yoga, e fui invaso dalla paura.

"Si sarà fermato il cuore!". Gli posi uno specchio sotto il naso: il vapore del respiro non lo appannò. Per essere più che sicuro, gli serrai con le dita la bocca e le narici per qualche minuto. Il corpo rimase freddo e immobile. Stravolto, andai verso la porta per chiedere aiuto.

"Ma bravo il mio sperimentatore in erba! Oh, il mio povero naso!". La voce del maestro era scossa dalle risa. "Perché non vai a letto? Il mondo intero deve cambiare per te? Cambia te stesso: liberati dalla coscienza delle zanzare!".

Docilmente, tornai a letto. Neanche un insetto osò avvicinarsi. Capii che il mio guru aveva accettato la zanzariera solo per farmi piacere: non aveva nessun timore delle zanzare. Grazie al potere dello yoga, poteva impedire agli insetti di pungerlo, oppure, se lo preferiva, poteva rifugiarsi in una invulnerabilità interiore.

"Mi ha voluto dare una dimostrazione", pensai. "Questo è lo stato yoga che devo impegnarmi a raggiungere. Un vero yogi è capace di entrare nella supercoscienza e di rimanervi, incurante delle infinite distrazioni che non mancano mai su questa terra, si tratti del ronzìo degli insetti o della luce abbagliante del giorno. Nel primo stadio del *samadhi* (*sabikalpa*), il devoto esclude completamente ogni testimonianza percettiva del mondo esterno. Viene allora ricompensato dai suoni e dalle visioni di regni interiori ben più incantevoli dell'Eden originario.[7]

---

[7] Il potere onnipresente di uno yogi, che gli permette di vedere, gustare, odorare, toccare e udire senza servirsi dei sensi, è stato così descritto nel *Taittiriya Aranyaka*: "Il cieco forò la perla, quello senza dita la infilò, quello senza collo la indossò e il muto ne cantò le lodi".

Le istruttive zanzare servirono a impartirmi ben presto un altro insegnamento nell'*ashram*. Era la dolce ora del crepuscolo. Il mio guru stava interpretando in maniera incomparabile gli antichi testi. Io sedevo ai suoi piedi, in uno stato di pace perfetta. Una zanzara insolente turbò l'idillio cercando di attirare la mia attenzione. Mentre inseriva il velenoso 'ago ipodermico' nella mia coscia, alzai automaticamente una mano vendicatrice. Ma sospesi l'esecuzione! Al momento opportuno mi era tornato alla mente l'aforisma di Patanjali sull'*ahimsa* (non violenza).[8]

"Perché non hai completato l'opera?".

"Maestro! Sostenete il diritto di togliere la vita?".

"No, ma nella tua mente avevi già inferto il colpo mortale".

"Non capisco".

"Per Patanjali *ahimsa* significa eliminare il *desiderio* di uccidere". Sri Yukteswar aveva letto nei miei pensieri come in un libro aperto. "Il mondo non è adeguatamente preparato a mettere in pratica l'*ahimsa* alla lettera. L'uomo può essere costretto a sterminare le creature dannose, ma non è altrettanto inevitabile che provi collera o animosità. Ogni forma di vita ha lo stesso diritto di respirare l'aria di *maya*. Il santo che arriva a conoscere il segreto della creazione sarà in armonia con le innumerevoli e sconcertanti espressioni della natura. Tutti gli esseri umani possono comprendere questa verità, superando gli impulsi distruttivi".

"Guruji, dovremmo offrirci in sacrificio piuttosto che uccidere un animale feroce?".

"No, il corpo dell'uomo è prezioso; ha il valore più alto nella scala evolutiva, per l'unicità del suo cervello e dei suoi centri spinali, che permettono ai devoti evoluti di cogliere e di esprimere pienamente gli aspetti più sublimi della divinità. Nessun organismo inferiore ne è dotato. È vero che, se è costretto a uccidere un animale o qualsiasi altra creatura vivente, l'uomo contrae il debito di un peccato veniale; ma i sacri *shastra* insegnano che la perdita inutile di un corpo umano è una grave trasgressione alla legge karmica".

Trassi un sospiro di sollievo; non sempre le Scritture sono disposte a incoraggiare i nostri istinti naturali.

A quanto mi risulta, il maestro non si era mai trovato alle prese con una tigre o un leopardo. Ma una volta lo sfidò un micidiale cobra,

---

[8] "Alla presenza di un uomo che ha raggiunto l'*ahimsa* (non violenza), l'inimicizia [verso tutte le creature] non insorge" (*Yoga Sutra* II, 35).

solo per essere alla fine conquistato dal suo amore. L'incontro avvenne a Puri, dove il mio guru aveva un eremitaggio vicino al mare. Prafulla, un suo giovane discepolo degli ultimi anni, si trovava in quell'occasione con il maestro.

"Eravamo seduti all'aria aperta nei pressi dell'*ashram*", mi raccontò Prafulla, "quando a breve distanza apparve un cobra, più di un metro di vero terrore! Mentre si avvicinava rapido, era in posizione intimidatoria, con il collo dilatato. Il maestro gli rivolse un risolino di benvenuto, come se si trattasse di un bambino. Ma il mio terrore divenne totale al vedere Sri Yukteswarji che si metteva a battere le mani ritmicamente.[9] Stava intrattenendo il minaccioso visitatore! Rimasi assolutamente immobile, pronunciando fra me e me le più ferventi preghiere. Il serpente, ormai molto vicino al maestro, si era fermato; sembrava ipnotizzato dal suo modo di fare amorevole. Il terribile cappuccio diminuì a poco a poco di volume; il serpente scivolò fra i piedi di Sri Yukteswar e poi scomparve tra i cespugli.

"Perché il maestro battesse le mani e perché il cobra non gli si avventasse contro, era un mistero per me", concluse Prafulla. "Ma poi ho capito che il nostro divino guru ha vinto ogni timore che qualsiasi creatura possa fargli del male".

Un pomeriggio, durante i primi mesi che trascorsi all'*ashram*, notai che Sri Yukteswar mi esaminava con uno sguardo penetrante.

"Sei troppo magro, Mukunda".

Questo commento aveva colpito un punto sensibile; i miei occhi incavati e il mio aspetto emaciato non piacevano neanche a me. Una dispepsia cronica mi affliggeva sin dall'infanzia. Su uno scaffale della mia camera, a casa, avevo sistemato numerose bottiglie di ricostituente, dalle quali non avevo tratto però alcun giovamento. A volte mi chiedevo mestamente se valesse la pena di vivere con un fisico così cagionevole.

"Le medicine hanno dei limiti; la divina forza vitale creativa non ne ha nessuno. Devi crederlo, diventerai forte e sano".

Le parole del maestro mi convinsero all'istante che avrei potuto realizzare questa verità nella mia vita. Nessun altro guaritore (e ne avevo consultati parecchi) era stato capace di risvegliare in me una fede così profonda.

---

[9] Il cobra si lancia prontamente su qualsiasi oggetto in movimento nelle vicinanze. L'unica speranza di salvezza, in genere, è restare completamente immobili. Il cobra è molto temuto in India, dove causa ogni anno la morte di circa cinquemila persone.

Gli anni trascorsi nell'eremitaggio del mio maestro

La mia forza e la mia salute progredirono giorno per giorno. Grazie alla segreta benedizione di Sri Yukteswar, dopo due settimane raggiunsi il peso a cui in passato avevo aspirato invano. I miei disturbi di stomaco scomparvero per sempre.

In seguito, ho avuto il privilegio di assistere a guarigioni miracolose compiute dal mio guru su persone sofferenti di diabete, epilessia, tubercolosi o paralisi.

"Anni fa anch'io desideravo aumentare di peso", mi raccontò il maestro poco tempo dopo avermi guarito. "Mentre ero convalescente da una grave malattia, mi recai a Benares per far visita a Lahiri Mahasaya.

"'Signore' gli dissi, 'sono stato molto malato e ho perduto parecchi chili'.

"'Capisco, Yukteswar:[10] ti sei reso malato e ora pensi di essere dimagrito'.

"'Questa risposta era ben diversa da quella che mi aspettavo; ma il mio guru aggiunse, in tono incoraggiante:

"'Vediamo; sono certo che domani dovresti sentirti meglio'.

"La mia mente ricettiva interpretò queste parole come un segno del fatto che segretamente il maestro mi stesse guarendo. La mattina dopo lo cercai e gli annunciai esultante: 'Signore, oggi mi sento molto meglio!'.

"'È vero! Oggi hai risvegliato in te una certa energia'.

"'No, maestro!', protestai. 'Siete voi che mi avete aiutato; questa è la prima volta, da settimane, che mi sento più in forze'.

"'Oh, sicuro! La tua malattia è stata piuttosto grave. Il tuo corpo è ancora debole; chi può dire come ti sentirai domani?'.

"Al solo pensiero di una ricaduta nel mio stato di debilitazione, fui percorso da un gelido brivido di paura. La mattina seguente mi trascinai a fatica fino alla casa di Lahiri Mahasaya.

"'Signore, sto di nuovo male'.

"Lo sguardo del mio guru era ironico. 'E così, ti rendi malato un'altra volta!'.

"La mia pazienza era al limite. 'Gurudeva', esclamai, 'adesso mi accorgo che giorno per giorno vi siete burlato di me. Non capisco perché non volete credere a quanto vi dico'.

---

[10] Lahiri Mahasaya in realtà disse 'Priya' (il vero nome del maestro) e non 'Yukteswar' (nome monastico che il mio guru non possedeva ancora quando Lahiri Mahasaya era in vita). (Vedere la pagina 121). Qui e in altre pagine di questo libro si riporta il nome 'Yukteswar' per non creare confusione fra i due nomi.

"'In realtà sono stati i tuoi stessi pensieri a farti sentire di volta in volta debole o forte'. Il mio guru mi guardò con affetto. 'Hai visto tu stesso che la tua salute ha corrisposto esattamente alle aspettative del tuo subconscio. Il pensiero è una forza, proprio come l'elettricità o la gravità. La mente umana è una scintilla della coscienza onnipotente di Dio. Potrei dimostrarti che il potere della tua mente è in grado di far avverare qualsiasi cosa all'istante, se tu ci credi intensamente'.

"Sapendo che Lahiri Mahasaya non parlava mai con leggerezza, mi rivolsi a lui con profondo rispetto e gratitudine: 'Maestro, se penso di stare bene e di avere riacquistato il mio peso, questo potrà davvero accadere?'.

"'Certo, in questo stesso istante!'. Il mio guru parlava gravemente, con gli occhi fissi nei miei.

"Immediatamente sentii crescere in me non solo la forza, ma anche il peso. Lahiri Mahasaya si immerse nel silenzio. Dopo alcune ore trascorse ai suoi piedi, tornai a casa di mia madre, dove abitavo durante le mie visite a Benares.

"'Figlio mio, che cosa ti succede? Stai diventando idropico?'. Mia madre stentava a credere ai suoi occhi. Il mio corpo era pieno e robusto come prima della malattia.

"Mi pesai, e scoprii che in un solo giorno avevo acquistato circa ventidue chili, che non persi mai più. Gli amici e i conoscenti, che mi avevano visto magro, rimasero senza parole dalla sorpresa. Molti di loro, per effetto di questo miracolo, cambiarono vita e divennero discepoli di Lahiri Mahasaya.

"Il mio guru, sempre desto in Dio, sapeva che il mondo non è altro che l'oggettivazione di un sogno del Creatore. Poiché era pienamente consapevole della propria perfetta unione con il Divino Sognatore, Lahiri Mahasaya poteva materializzare o smaterializzare o modificare a suo piacimento gli atomi di sogno del mondo fenomenico.[11]

"Tutto il creato è governato da leggi", concluse Sri Yukteswar. "I princìpi che operano nell'universo esteriore e che possono essere scoperti dagli scienziati sono chiamati 'leggi naturali'. Ma esistono leggi più sottili, che governano gli invisibili piani spirituali e i reami interiori

---

[11] "Tutto quello che domandate nella preghiera, abbiate fede di ottenerlo e vi sarà accordato" (Marco 11, 24). I maestri che hanno raggiunto l'unione con Dio sono perfettamente in grado di trasferire la propria divina realizzazione ai discepoli più evoluti, come fece in questa occasione Lahiri Mahasaya con Sri Yukteswar.

della coscienza; questi princìpi si possono conoscere mediante la scienza dello yoga. Non è il fisico, bensì il maestro illuminato, a comprendere la vera natura della materia. Grazie a questa consapevolezza, Cristo riuscì a guarire l'orecchio del servo, che era stato mozzato da uno dei suoi discepoli".[12]

Il mio guru era un interprete impareggiabile delle Scritture. Molti dei miei ricordi più felici sono legati ai suoi discorsi. Ma le perle dei suoi pensieri non potevano essere gettate nel fango della disattenzione o della stupidità; bastava un leggero movimento del mio corpo o un solo attimo di distrazione per far sì che il maestro smettesse bruscamente di parlare.

"Tu non sei qui", osservò un pomeriggio Sri Yukteswar, interrompendosi. Come sempre, egli era inesorabilmente consapevole del grado di attenzione che gli prestavo.

"Guruji!", protestai. "Non mi sono mosso; non ho battuto ciglio; posso ripetere parola per parola tutto quello che avete detto!".

"Eppure, non eri completamente con me. La tua obiezione mi obbliga a farti osservare che in un angolo remoto della mente pensavi alla costruzione di tre opere: un eremitaggio tra i boschi in pianura, un altro su una collina, un altro ancora in riva all'oceano".

Quei pensieri appena abbozzati mi avevano davvero sfiorato la mente in forma semicosciente. Gli rivolsi uno sguardo contrito.

"Che cosa posso fare con un simile maestro, che coglie anche i miei pensieri più fugaci?".

"Tu me ne hai dato il diritto. Le sottili verità che ti sto esponendo non si possono afferrare senza la più completa concentrazione. Se non è necessario, io non mi introduco nell'intimità della mente altrui. L'essere umano ha il privilegio di poter spaziare segretamente fra i propri pensieri. Il Signore stesso non vi penetra se non è invitato, né io mi azzarderei a farvi intrusione".

"Voi siete sempre il benvenuto, maestro!".

"I progetti che stai sognando prenderanno forma in futuro. Ora è tempo di studiare!".

Così, incidentalmente, con la semplicità che gli era propria, il mio guru dimostrò di conoscere tre importanti eventi futuri della mia vita. Fin dalla prima giovinezza mi erano apparse le misteriose visioni di tre

---

[12] "E uno di loro colpì il servo del sommo sacerdote e gli staccò l'orecchio destro. Ma Gesù intervenne dicendo: 'Lasciate. Basta così!'. E toccandogli l'orecchio, lo guarì". (Luca 22, 50-51).

edifici, ciascuno in uno scenario diverso. Nell'esatto ordine indicato da Sri Yukteswar, queste visioni divennero realtà. Fondai per prima la mia scuola yoga per ragazzi a Ranchi, che si trova in pianura, poi la Casa Madre americana a Los Angeles su una collina, e infine un eremitaggio a Encinitas, in California, affacciato sull'immensità dell'Oceano Pacifico.

Il maestro non asseriva mai con arroganza: "Io faccio la tale o la talaltra profezia"; suggeriva, invece: "Non credi che potrebbe accadere questo?". Ma le sue semplici parole celavano una forza profetica. Sri Yukteswar non ritrattava mai quanto aveva detto e le sue velate predizioni non risultavano mai inesatte.

Sri Yukteswar aveva un modo di fare riservato e pragmatico. In lui non vi era nulla del visionario vago e stolto. I suoi piedi erano ben poggiati per terra e la sua mente era ancorata nel porto del cielo. Le persone dotate di senso pratico destavano la sua ammirazione. "Santità non è sinonimo di ottusità! Le percezioni divine non rendono incapaci!", diceva. "Manifestare attivamente la virtù sviluppa l'intelligenza più acuta".

Il mio guru parlava con riluttanza dei regni metafisici. La sua unica aura 'prodigiosa' era la perfetta semplicità. Nella conversazione evitava di menzionare fenomeni sensazionali; nell'azione si esprimeva con naturalezza. Molti maestri parlavano di miracoli senza essere in grado di compierli; Sri Yukteswar faceva raramente allusione alle leggi metafisiche, ma le metteva segretamente in pratica a suo piacimento.

"Colui che ha realizzato il Sé non compie nessun miracolo, se prima non sente di aver ricevuto un consenso interiore", spiegava il maestro. "Dio non desidera che i misteri della sua creazione vengano svelati indiscriminatamente.[13] E inoltre ciascun individuo in questo mondo possiede l'inalienabile diritto di agire secondo il proprio libero arbitrio. Un santo non violerà mai questa indipendenza".

Il silenzio abituale di Sri Yukteswar nasceva dalle sue profonde percezioni dell'Infinito. A lui non restava tempo per le interminabili 'rivelazioni' che occupano le giornate dei maestri non illuminati. Come dicono le Scritture indù: "Negli uomini superficiali, i pesciolini dei piccoli pensieri causano molto scompiglio. Nelle menti oceaniche, le balene dell'ispirazione creano appena un'increspatura".

---

[13] "Non date le cose sante ai cani e non gettate le vostre perle davanti ai porci, perché non le calpestino con le loro zampe e poi si voltino per sbranarvi" (Matteo 7, 6).

Gli anni trascorsi nell'eremitaggio del mio maestro

A causa dell'aspetto poco appariscente del mio guru, solo alcuni fra i suoi contemporanei riconobbero in lui un uomo superiore. Il detto: "Chi non sa nascondere la propria saggezza è uno sciocco" non aveva nulla da insegnare al mio maestro, così profondo e tranquillo.

Pur essendo una creatura mortale come tutti gli altri, Sri Yukteswar aveva raggiunto la perfetta identità con il Signore del tempo e dello spazio. Non aveva incontrato nessun ostacolo insuperabile all'unione dell'umano con il Divino. Mi permise di comprendere che tali barriere non esistono; è solo la mancanza di audacia spirituale dell'uomo a crearle.

Quando toccavo i sacri piedi di Sri Yukteswar, mi sentivo sempre elettrizzato. Il riverente contatto con un maestro magnetizza spiritualmente il discepolo; si genera tra loro una corrente sottile, che spesso permette di 'cauterizzare' i meccanismi cerebrali che danno orgine alle cattive abitudini del devoto e di operare alterazioni benefiche nei solchi impressi dalle sue tendenze materialistiche. Almeno per un attimo i veli segreti di *maya* si sollevano ed egli può intravedere così la realtà della beatitudine. Ogni volta che mi prostravo alla maniera indiana dinanzi al mio guru, tutto il mio corpo era pervaso da una luce liberatrice.

"Anche quando Lahiri Mahasaya taceva", mi raccontò il maestro, "oppure quando parlava di argomenti non strettamente religiosi, scoprivo che mi aveva ugualmente trasmesso una conoscenza ineffabile".

Sri Yukteswar esercitava su di me un'influenza molto simile. Se giungevo all'eremitaggio preoccupato o indifferente, la mia disposizione d'animo cambiava in modo impercettibile. Una calma risanatrice discendeva su di me alla sola vista del mio guru. Ogni giorno trascorso con lui era una nuova esperienza di gioia, di pace e di saggezza. Mai l'ho visto in preda all'illusione o turbato emotivamente dall'avidità, dalla collera, o dagli attaccamenti umani.

"L'oscurità di *maya* si avvicina silenziosamente. Affrettiamoci a tornare a casa, dentro di noi". Con queste parole il maestro rammentava costantemente ai suoi discepoli la necessità di praticare il Kriya Yoga. A volte un nuovo studente esprimeva il dubbio di non essere degno di accostarsi alla disciplina yoga.

"Dimentica ciò che è stato", lo consolava Sri Yukteswar. "Le vite passate di tutti gli uomini sono macchiate da molte colpe. Non si può fare affidamento sulla condotta degli esseri umani finché non saranno ancorati nel Divino. Ogni cosa in futuro migliorerà, se compi uno sforzo spirituale adesso".

Nel suo *ashram*, il maestro ospitava sempre dei giovani *cela* (discepoli). La loro educazione intellettuale e spirituale fu il compito a cui dedicò tutta la vita. Perfino poco prima di lasciare il corpo accettò di accogliere nell'eremitaggio due bambini di sei anni e un ragazzo di sedici. Tutti coloro che si affidavano a lui venivano educati con meticoloso impegno; le parole 'discepolo' e 'disciplina' sono correlate sia etimologicamente sia praticamente.

I residenti dell'*ashram* amavano e riverivano il guru; gli bastava un lieve batter di mani a farli accorrere prontamente al suo fianco. Quando dava segno di voler rimanere in silenzio e raccogliersi interiormente, nessuno osava parlare; quando lo si udiva ridere allegramente, i bambini gli si rivolgevano come a un compagno.

Raramente Sri Yukteswar chiedeva agli altri di rendergli un servizio personale, né accettava l'aiuto di un *cela* se non gli veniva offerto con gioia. Se i discepoli trascuravano di svolgere questo compito privilegiato, il maestro lavava da sé i propri abiti.

Indossava abitualmente la tradizionale veste color ocra degli swami; in casa portava scarpe senza lacci che, secondo l'usanza yoga, erano di pelle di tigre o di cervo.

Sri Yukteswar parlava correntemente l'inglese, il francese, il bengali e l'hindi; il suo sanscrito era buono. Con grande pazienza istruiva i giovani discepoli adottando una serie di espedienti da lui ingegnosamente ideati per rendere più rapido e facile lo studio dell'inglese e del sanscrito.

Il maestro non prestava eccessiva attenzione al proprio corpo, ma ne aveva cura. "Il Divino", diceva, "si manifesta perfettamente in un corpo e in una mente sani". Disapprovava tutti gli eccessi. A un discepolo che voleva digiunare per un lungo periodo, il mio guru disse ridendo: "Perché non gettare un osso al cane?".[14]

La salute di Sri Yukteswar era eccellente. Non l'ho mai visto ammalato.[15] Per rispetto verso le consuetudini del mondo, permetteva agli studenti di consultare un medico, se lo desideravano. "I dottori", spiegava, "hanno il compito di curare per mezzo delle leggi divine applicate alla materia". Ma esaltava la superiorità della terapia mentale e ripeteva spesso: "La saggezza è il depurativo più efficace".

---

[14] Il mio guru approvava il digiuno come ideale metodo naturale di purificazione, ma quel particolare discepolo si preoccupava eccessivamente del proprio corpo.

[15] Si ammalò una volta nel Kashmir, mentre io mi trovavo lontano da lui (vedere la pagina 224).

Gli anni trascorsi nell'eremitaggio del mio maestro

"Il corpo è un amico insidioso", diceva ai suoi *cela*. "Dategli quanto gli è dovuto, non di più. Il dolore e il piacere sono transitori; sopportate con calma tutte le dualità, cercando allo stesso tempo di sottrarvi al loro potere. L'immaginazione è la porta dalla quale entrano sia la malattia sia la guarigione. Rifiutatevi di credere alla realtà della malattia, anche quando siete ammalati; un visitatore che non riceve una buona accoglienza se ne andrà via in fretta!".

Il maestro annoverava molti medici fra i suoi discepoli. "Coloro che hanno studiato la fisiologia dovrebbero spingersi oltre e apprendere la scienza dell'anima", li esortava. "Proprio dietro la struttura fisica si nasconde una sottile struttura spirituale".[16]

Sri Yukteswar raccomandava ai suoi allievi di rappresentare con la loro vita una sintesi fra le virtù occidentali e quelle orientali. Egli stesso, un perfetto occidentale, pragmatico ed efficiente nelle abitudini esteriori, era interiormente un ascetico orientale. Apprezzava il progresso, le risorse e le abitudini sanitarie dell'Occidente e gli ideali religiosi che hanno conferito all'Oriente un secolare alone di spiritualità.

La disciplina non mi era sconosciuta; a casa, mio padre era rigoroso e Ananta spesso severo, ma il tirocinio impartito da Sri Yukteswar non poteva essere definito altro che drastico. Essendo un perfezionista, il mio guru criticava spietatamente i suoi discepoli, sia nelle questioni importanti sia nelle sottili sfumature del comportamento abituale.

"Le buone maniere senza sincerità sono come una bella donna senza vita", osservava al momento opportuno. "La sincerità priva di gentilezza è come il bisturi del chirurgo: efficace, ma sgradevole. La franchezza unita alla cortesia è utile e ammirevole".

Il maestro appariva soddisfatto del mio progresso spirituale, poiché ne parlava di rado, ma su altri argomenti le mie orecchie erano avvezze

---

[16] Un medico coraggioso, Charles Robert Richet, premio Nobel per la fisiologia, ha scritto: "La metafisica non è ancora riconosciuta ufficialmente come scienza, ma lo sarà... A Edimburgo ho potuto affermare dinanzi a cento fisiologi che i cinque sensi non sono i nostri unici strumenti di conoscenza e che un frammento della realtà a volte raggiunge la nostra intelligenza in altri modi... Se un fatto è raro, non significa che non esista. Se un fenomeno è difficile da studiare, è forse questa una ragione per non cercare di comprenderlo?... Coloro che hanno posto un veto alla metafisica in quanto scienza occulta si vergogneranno di sé stessi tanto quanto coloro che vituperarono la chimica basandosi sull'illusorietà della ricerca della pietra filosofale. In materia di princìpi non esistono che quelli di Lavoisier, di Claude Bernard e di Pasteur, ossia il metodo *sperimentale* sempre e dovunque. Sia benvenuta allora la nuova scienza che muterà l'orientamento del pensiero umano".

ai rimproveri. Le mie colpe maggiori erano la disattenzione, la tendenza a cedere di quando in quando alla malinconia, l'inosservanza di alcune regole di etichetta e, a volte, la mancanza di metodo.

"Guarda come sono bene organizzate ed equilibrate le attività che svolge tuo padre Bhagabati", mi faceva notare il mio guru. I due discepoli di Lahiri Mahasaya si erano incontrati poco dopo la mia prima visita all'eremitaggio di Serampore. Mio padre e il maestro nutrivano una profonda ammirazione reciproca. Entrambi avevano costruito una bellissima vita interiore su fondamenta di granito spirituale, inattaccabili dal tempo.

Nell'infanzia avevo avuto per un breve periodo un maestro che mi aveva impartito alcuni insegnamenti sbagliati. Mi aveva detto che un *cela* non doveva preoccuparsi troppo dei doveri terreni; così, quando trascuravo i miei compiti o li svolgevo sciattamente, non venivo punito. La natura umana assimila molto facilmente questo genere di insegnamenti. Sotto la sferza inesorabile del maestro, però, guarii presto dalla piacevole illusione indotta da un atteggiamento irresponsabile.

"Chi è troppo buono per questo mondo ne sta già adornando un altro", osservò un giorno Sri Yukteswar. "Finché respiri liberamente l'aria di questa terra, hai l'obbligo di servire con animo grato. Solo chi è capace di padroneggiare completamente lo stato di sospensione del respiro[17] è libero dagli imperativi cosmici". E aggiunse seccamente: "Quando avrai raggiunto la perfezione finale, non mancherò di fartelo sapere".

Niente poteva corrompere il mio guru, neppure l'amore. Non manifestava alcuna indulgenza per chi, al pari di me, si era volontariamente offerto come discepolo. Sia che fossimo in compagnia dei suoi studenti o di estranei, sia che fossimo soli, il maestro parlava sempre apertamente e mi riprendeva severamente. Nemmeno il più lieve gesto di superficialità o di leggerezza sfuggiva ai suoi rimproveri. Questo trattamento, perfetto per demolire l'ego, era duro da sopportare, ma io avevo fermamente deciso di permettere che Sri Yukteswar stirasse a ferro caldo ogni grinza della mia psiche. Mentre era impegnato in questa titanica trasformazione, molte volte ho tremato sotto i colpi inferti dal martello della sua disciplina.

---

[17] *Samadhi*, supercoscienza.

Gli anni trascorsi nell'eremitaggio del mio maestro

"Se non ti piacciono le mie parole, sei libero di andartene in qualsiasi momento", mi assicurava il maestro. "Non voglio nient'altro da te, se non il tuo progresso spirituale. Rimani soltanto se pensi di trarne beneficio".

Gli sono immensamente grato per ogni colpo umiliante che sferrò contro la mia vanità. Talvolta sentivo che, metaforicamente, egli scopriva ed estirpava ogni mio dente cariato. Senza una buona dose di severità, il duro nocciolo dell'egotismo è difficile da rimuovere; ma quando questo accade, il Divino trova finalmente libero accesso, mentre i Suoi tentativi di penetrare nel cuore di pietra dell'egoismo restano vani.

Sri Yukteswar possedeva un'intuizione penetrante; senza soffermarsi sulle parole, spesso rispondeva ai pensieri inespressi del suo interlocutore. Le parole pronunciate da una persona e i reali pensieri che si celano dietro di esse possono essere diametralmente opposti. "Grazie alla calma", diceva il mio guru, "cerca di percepire i pensieri inespressi dietro la confusione della verbosità umana".

Le verità rivelate dall'intuito divino hanno spesso un suono sgradevole alle orecchie umane e quindi il maestro non godeva di molta popolarità fra gli allievi superficiali. I più saggi, sempre poco numerosi, lo rispettavano profondamente.

Oserei dire che Sri Yukteswar sarebbe stato il guru più apprezzato dell'India, se le sue parole non fossero state così schiette e taglienti.

"Sono duro nei confronti di coloro che si rivolgono a me per ricevere i miei insegnamenti", ammetteva. "Questo è il mio modo di agire. Prendere o lasciare; non accetto compromessi. Ma tu sarai molto più benevolo con i tuoi discepoli; questo è il tuo modo di essere. Io cerco di purificare unicamente nel fuoco della severità, che brucia più di quanto si possa comunemente sopportare. Ma anche il delicato tocco dell'amore ha il potere di trasformare. Il metodo inflessibile e quello comprensivo sono egualmente validi, se vengono applicati con saggezza. Tu andrai in paesi lontani, dove non apprezzano i bruschi assalti contro l'ego. Un maestro non potrà mai diffondere in Occidente il messaggio dell'India senza un'ampia riserva di pazienza e di tolleranza". (Inutile dire quante volte in America io abbia ricordato queste parole del maestro!)

Sebbene il linguaggio schietto del mio guru gli impedisse di avere un largo seguito negli anni della sua vita terrena, tuttavia il suo spirito è vivo ancora oggi in tutto il mondo, grazie a un numero sempre crescente di sinceri devoti che seguono i suoi insegnamenti. I grandi conquistatori come Alessandro Magno ricercano il dominio sulla terra;

i maestri come Sri Yukteswar conquistano un territorio ben più vasto: le anime degli uomini.

Il maestro aveva l'abitudine di rilevare le semplici, trascurabili mancanze dei discepoli con un'aria di estrema gravità. Un giorno mio padre giunse a Serampore per porgere i suoi rispettosi saluti a Sri Yukteswar. Molto probabilmente si aspettava di udire parole di elogio nei miei confronti e invece si ritrovò ad ascoltare, con suo grande sgomento, un lungo elenco di difetti. Corse allora a cercarmi.

"Da quanto mi ha detto il tuo guru, mi aspettavo di trovare al tuo posto un vero relitto!". Mio padre non sapeva se ridere o piangere.

Il malcontento di Sri Yukteswar, quella volta, era dovuto unicamente al fatto che io avevo cercato, contro il suo garbato suggerimento, di convincere una certa persona a intraprendere il sentiero spirituale.

Indignato, corsi dal mio guru. Mi accolse a occhi bassi, come se si rendesse conto di aver fatto qualcosa di male. Fu l'unica volta che vidi il divino leone farsi umile dinanzi a me. Quell'unico istante lo assaporai appieno.

"Signore, perché mi avete giudicato in modo così spietato di fronte al mio povero padre, gettandolo nello sgomento? È giusto questo?".

"Non lo farò più", rispose Sri Yukteswar con un tono contrito.

Quella reazione mi disarmò all'istante. Con quale prontezza quel grande uomo aveva ammesso un errore! Ma, pur non avendo più turbato la tranquillità d'animo di mio padre, il maestro continuò inesorabilmente a 'vivisezionarmi' dove e quando voleva.

Spesso i nuovi discepoli emulavano Sri Yukteswar bersagliando gli altri di critiche minuziose e approfondite. Saggi come il guru! Modelli di discernimento perfetto! Ma colui che sferra l'offensiva dovrebbe essere inattaccabile. Gli stessi cavillosi studenti fuggivano a precipizio non appena il maestro scoccava pubblicamente nella loro direzione qualche freccia della sua faretra analitica.

"I punti deboli dell'animo, che si ribellano alla minima critica, sono simili alle parti malate del corpo, che si ritraggono anche al più leggero contatto". Era questo il divertito commento di Sri Yukteswar nei confronti di coloro che prendevano il volo.

Molti discepoli hanno un'idea preconcetta di un guru, in base alla quale giudicano le sue parole e le sue azioni. Spesso accadeva che persone di questo tipo si lamentassero di non capire Sri Yukteswar.

Gli anni trascorsi nell'eremitaggio del mio maestro

"E non capite nemmeno Dio!", replicai loro una volta. "Se foste capaci di comprendere un santo, sareste santi voi stessi!". Di fronte agli infiniti misteri che ogni secondo emanano la propria aura enigmatica, chi mai può pretendere di cogliere all'istante l'insondabile natura di un maestro?

Gli studenti arrivavano, per poi di solito andarsene. Quelli che cercavano un sentiero facile, che cioè permettesse loro di riscuotere un'immediata simpatia e ottenere un confortante riconoscimento dei propri meriti, non lo trovavano certo all'eremitaggio. Il maestro offriva ai suoi discepoli un rifugio e una guida per l'eternità, ma molti studenti reclamavano meschinamente anche un balsamo per il proprio ego. E se ne andavano, preferendo a un poco di umiltà le infinite umiliazioni della vita. La luce splendente di Sri Yukteswar, i penetranti raggi del sole della sua saggezza, erano troppo intensi per la loro malattia spirituale. Cercavano un maestro di scarsa levatura che, riparandoli all'ombra dell'adulazione, li lasciasse dormire il sonno agitato dell'ignoranza.

Nei primi mesi che trascorsi con il maestro, avevo un grande timore dei suoi rimproveri. Presto però mi accorsi che le sue vivisezioni verbali erano riservate esclusivamente alle persone che, come me, gli avevano chiesto di ricevere la sua disciplina. Se qualche studente protestava per il dolore, Sri Yukteswar si chiudeva nel silenzio senza risentirsi. Nelle sue parole non traspariva mai la collera, ma soltanto una distaccata saggezza.

I rimproveri del maestro non erano mai rivolti ai visitatori occasionali; raramente egli sottolineava i loro difetti, anche se molto evidenti. Ma verso gli allievi che chiedevano la sua guida, Sri Yukteswar sentiva una grande responsabilità. È davvero coraggioso il guru che si impegna a trasformare il minerale grezzo dell'umanità permeata di egoismo! Il coraggio di un santo ha le sue radici nella compassione per gli esseri umani disorientati da *maya*, per coloro che, ciechi, procedono a tentoni nel mondo.

Quando riuscii a non provare più alcun risentimento dentro di me, mi accorsi che le punizioni diminuirono sensibilmente. In una forma molto sottile, il maestro si addolcì, mostrando una relativa clemenza. Con il tempo abbattei tutti i muri delle giustificazioni razionalizzatrici e delle riserve subconsce dietro le quali si rifugia in genere la personalità umana.[18] Come ricompensa, vidi nascere una spontanea armonia fra me e il mio guru. Scoprii allora che aveva fiducia in me, mi usava delle premure e mi amava silenziosamente. Non era comunque molto espansivo, e non pronunciava mai una parola affettuosa.

Il mio temperamento è incline soprattutto alla devozione. Dapprima ero rimasto sconcertato nel vedere che il mio guru, saturo di *Jnana* ma in apparenza privo di *Bhakti*,[19] si esprimeva essenzialmente in termini di fredda matematica spirituale. Ma quando entrai in sintonia con la sua natura, scoprii che la devozione con cui mi rivolgevo a Dio non diminuiva, anzi si intensificava. Un maestro che ha realizzato il Sé è pienamente in grado di guidare i discepoli secondo le tendenze naturali del loro carattere.

Il mio rapporto con Sri Yukteswar era alquanto povero di parole, tuttavia possedeva un'eloquenza segreta. Spesso trovavo nei miei pensieri la sua impronta silenziosa, e questo rendeva inutile ogni discorso. Sedendo tranquillamente accanto a lui, sentivo che la sua ricchezza interiore si riversava come un'ondata di pace su tutto il mio essere.

Il maestro diede un'evidente dimostrazione della sua imparziale giustizia durante le vacanze estive, al termine del mio primo anno di università. Non vedevo l'ora di trascorrere senza interruzione alcuni mesi con il mio guru a Serampore.

"Potrai assumerti la responsabilità dell'eremitaggio". Sri Yukteswar era compiaciuto dell'entusiasmo che avevo dimostrato al mio arrivo. "Il tuo compito sarà quello di ricevere gli ospiti e di sorvegliare il lavoro degli altri discepoli".

Kumar, un giovane proveniente da un villaggio del Bengala orientale, fu ammesso nell'*ashram* quindici giorni dopo. Di notevole intelligenza, conquistò ben presto l'affetto del maestro che, per qualche incomprensibile ragione, si mostrava alquanto indulgente con il nuovo venuto.

---

[18] "Oltre alla coscienza e alla subcoscienza, noi siamo dotati di una supercoscienza, che è quanto di più prezioso abbiamo" asserì il rabbino Israel H. Levinthal durante una conferenza tenuta a New York. Molti anni or sono, lo psicologo inglese F. W. H. Myers disse che 'celati nelle profondità del nostro essere si trovano un mucchio di rifiuti e una miniera di tesori'. In contrasto con la psicologia che accentra tutte le sue ricerche sulla natura subconscia dell'uomo, la nuova psicologia della supercoscienza fissa l'attenzione sulla miniera del tesoro, la sola regione che può spiegare le grandi, generose, eroiche gesta degli uomini".

[19] *Jnana*, saggezza, e *Bhakti*, devozione: due dei principali sentieri che conducono a Dio.

Gli anni trascorsi nell'eremitaggio del mio maestro

"Mukunda, lascia svolgere a Kumar i tuoi compiti. Tu puoi occupare il tuo tempo a spazzare e cucinare". Il maestro mi impartì queste istruzioni dopo un mese da quando il ragazzo si trovava con noi.

Elevato a un ruolo di comando, Kumar esercitò una meschina tirannia nel governo della casa. Gli altri discepoli, silenziosamente insofferenti, continuavano a rivolgersi ogni giorno a me per avere istruzioni. Questa situazione andò avanti per tre settimane; poi udii per caso una conversazione tra Kumar e il maestro.

"Mukunda è insopportabile!", diceva il ragazzo. "Avete affidato a me la direzione dell'eremitaggio, eppure gli altri si rivolgono e obbediscono a lui".

"È per questo motivo che ho assegnato a lui la cucina e a te la sala, perché tu potessi comprendere che un buon capo ha il desiderio di servire, non di dominare". Il tono gelido di Sri Yukteswar era nuovo per Kumar. "Volevi la posizione di Mukunda, ma non hai meritato di conservarla. Torna ora al tuo lavoro precedente di aiuto cuoco".

Dopo questo umiliante episodio, il maestro però assunse di nuovo verso Kumar l'atteggiamento di insolita indulgenza che aveva dimostrato all'inizio. Chi mai può svelare il mistero di un'attrazione? In Kumar il nostro guru trovava una sorgente di fascino, che tuttavia non zampillava per gli altri discepoli. Benché il nuovo ragazzo fosse evidentemente il prediletto di Sri Yukteswar, io non ne provavo dispiacere. Le inclinazioni soggettive a cui sono suscettibili perfino i maestri, conferiscono una notevole complessità alla trama della vita. La mia natura si lascia raramente dominare da un dettaglio; io desideravo da Sri Yukteswar un dono assai più grande del semplice plauso esteriore.

Un giorno, senza alcuna ragione, Kumar mi parlò con molto astio. Ne fui profondamente ferito.

"La tua testa si sta gonfiando fin quasi a scoppiare!", esclamai, e aggiunsi un avvertimento che, intuitivamente, sentivo veritiero: "Se non correggi le tue maniere, un giorno sarai pregato di lasciare l'eremitaggio".

Con un riso sarcastico Kumar riferì le mie parole al nostro guru, che era appena entrato nella stanza. Convinto di ricevere un rimprovero, mi ritirai umilmente in un angolo.

"Forse Mukunda ha ragione", gli rispose il maestro con insolita freddezza.

Un anno dopo Kumar partì per andare a trovare la sua famiglia, ignorando la tacita disapprovazione di Sri Yukteswar, che non controllava mai in modo autoritario i movimenti dei discepoli. Quando, dopo alcuni mesi, il ragazzo tornò a Serampore, era evidente che in lui fosse avvenuto uno spiacevole cambiamento; il dignitoso Kumar dal viso sereno e luminoso non esisteva più. Avevamo dinanzi soltanto un comune campagnolo che aveva di recente acquisito una serie di cattive abitudini.

Il maestro mi chiamò e, molto addolorato, mi comunicò che ormai il ragazzo non era più adatto alla vita monastica dell'eremitaggio.

"Mukunda, affido a te il compito di informare Kumar che entro domani deve lasciare l'*ashram*; io non riesco a farlo!". A Sri Yukteswar erano salite le lacrime agli occhi, ma ben presto riprese il controllo. "Il ragazzo non sarebbe caduto così in basso se mi avesse ascoltato e non se ne fosse andato a cercare la compagnia di amici indesiderabili. Ha respinto la mia protezione; il mondo impietoso dovrà ancora essere il suo guru".

La partenza di Kumar non mi procurò alcun piacere; mi domandavo malinconicamente come mai colui che aveva avuto il potere di conquistare l'amore di un maestro potesse essere così sensibile alle seduzioni del mondo. I piaceri del vino e del sesso sono radicati nella natura umana; per apprezzarli non è necessario essere dotati di una sensibilità speciale. Gli inganni dei sensi sono simili all'oleandro sempreverde, che esibisce rosei fiori profumati, ma nasconde ovunque il suo veleno.[20] Il regno del benessere risanatore si trova dentro di noi, e irradia quella felicità che cerchiamo ciecamente fuori di noi, in mille direzioni diverse.

"Una viva intelligenza è come una lama a doppio taglio", osservò una volta il maestro riferendosi alla mente brillante di Kumar. "Può essere usata in maniera costruttiva o distruttiva, come un coltello, che può sia incidere l'ascesso dell'ignoranza sia tagliarci la testa. L'intelligenza può essere guidata nel modo giusto solo una volta che la mente ha riconosciuto l'ineluttabilità della legge spirituale".

Il mio guru frequentava liberamente discepoli di sesso maschile e femminile, considerandoli tutti come figli; poiché era consapevole dell'uguaglianza delle loro anime, non faceva distinzioni e si dimostrava imparziale.

---

[20] "L'uomo che si trova nello stato di veglia compie innumerevoli sforzi per ricercare i piaceri dei sensi; ma quando tutti gli organi dei sensi sono affaticati, egli dimentica perfino il piacere che avrebbe a portata di mano e si rifugia nel sonno per trovare riposo nell'anima, che è la sua vera natura", ha scritto Shankara, il grande studioso dei *Veda*. "La beatitudine ultrasensoriale è perciò assai facile da raggiungersi ed è infinitamente superiore ai piaceri dei sensi, che alla fine provocano sempre disgusto".

Gli anni trascorsi nell'eremitaggio del mio maestro

"Durante il sonno voi non sapete se siete uomini o donne", diceva. "Come un uomo che indossi abiti femminili non diventa per questo una donna, così l'anima, che può prendere la forma sia di un uomo sia di una donna, rimane immutabile. L'anima è l'immagine inalterabile e indifferenziata della divinità".

Sri Yukteswar non evitava mai le donne né le accusava di essere la causa della 'caduta dell'uomo'. Faceva notare piuttosto che anche le donne devono combattere le tentazioni suscitate dal sesso opposto. Una volta domandai al maestro perché un grande santo del passato avesse definito la donna la 'porta dell'inferno'.

"Una ragazza deve aver dato molto filo da torcere alla pace della sua mente, in gioventù", rispose in tono caustico il mio guru. "Altrimenti non avrebbe accusato la donna, ma la propria difficoltà di autocontrollo".

Se nell'eremitaggio un visitatore osava raccontare una storia un po' ardita, il maestro rimaneva impassibile, in silenzio. "Non vi fate sferzare dalla provocante frusta di un bel viso", diceva ai discepoli. "Come possono gli schiavi dei sensi godere del mondo? Non riescono a cogliere i piaceri più delicati perché grufolano nel fango primordiale. Ogni forma di discernimento del bello è preclusa all'uomo che conosce solo le passioni più elementari".

Agli studenti che cercavano di sottrarsi all'illusione del sesso indotta da *maya*, Sri Yukteswar dispensava i suoi consigli con pazienza e comprensione.

"Come la fame, e non l'ingordigia, ha uno scopo legittimo, così la natura si è servita dell'istinto sessuale unicamente per la propagazione della specie e non per suscitare desideri insaziabili", diceva. "Distruggete adesso i desideri cattivi, altrimenti vi seguiranno dopo che il corpo astrale si sarà separato dal suo involucro fisico. Anche quando la carne è debole, la mente deve continuare a resistere. Se la tentazione vi assale con crudele violenza, vincetela con l'analisi obiettiva e una volontà indomabile. Ogni passione naturale può essere dominata.

"Conservate le vostre energie. Siate come il vasto oceano che accoglie in sé quietamente tutti i fiumi dei sensi che vi affluiscono. I desideri dei sensi, se rinnovati ogni giorno, insidiano la vostra pace interiore; sono come dei fori in una cisterna, che lasciano disperdere le acque vitali nel suolo desertico del materialismo. L'impulso prepotente ed esaltante dei desideri sbagliati è il più grande nemico della felicità umana. Andate per il mondo come leoni dell'autocontrollo; non permettete alle rane delle debolezze materialistiche di saltellarvi intorno e di molestarvi!".

Alla fine, il vero devoto viene liberato da ogni costrizione dell'istinto e riesce a trasformare il suo bisogno di affetto umano nell'intenso desiderio per Dio soltanto: un amore solitario, perché onnipresente.

La madre di Sri Yukteswar viveva a Benares nel distretto di Rana Mahal, dove ero andato a trovare il mio guru la prima volta. Amabile e gentile, era però una donna dalle convinzioni molto decise. Un giorno, mentre mi trovavo sul balcone di casa sua, osservavo madre e figlio che parlavano tra di loro. Con il suo modo di fare calmo e ragionevole, il maestro cercava di convincerla di qualcosa, evidentemente senza successo, poiché la madre scuoteva vigorosamente la testa.

"No, no, figlio mio! Ora vattene! Le tue sagge parole non fanno per me! Io non sono una tua discepola!".

Sri Yukteswar si ritirò senza discutere, come un bimbo che ha ricevuto un rimprovero. Fui colpito dal grande rispetto che le dimostrava, anche quando si comportava in modo irragionevole. La madre vedeva in lui soltanto il suo bambino e non un saggio. Trovai un fascino particolare in questo irrilevante episodio, perché gettava una luce nuova sulla natura singolare del mio guru, interiormente umile ed esteriormente inflessibile.

Le regole monastiche non permettono a uno swami di serbare i legami terreni dopo il suo distacco dal mondo, e non può celebrare i riti familiari che spettano al capofamiglia. Tuttavia Shankara, colui che riorganizzò l'antico Ordine degli swami, contravvenne a questa regola. Alla morte della madre, da lui molto amata, ne cremò il corpo con un fuoco celestiale che fece scaturire dalla sua mano sollevata.

Anche Sri Yukteswar ignorò queste restrizioni, sebbene in forma meno spettacolare. Quando sua madre morì, celebrò il rito crematorio sulla sponda del sacro Gange a Benares e offrì da mangiare a molti bramini, come era consuetudine per un capofamiglia.

Le restrizioni degli *shastra* avevano lo scopo di aiutare gli swami a superare i vincoli umani. Shankara e Sri Yukteswar avevano completamente fuso il proprio essere nello Spirito Impersonale, e non avevano quindi bisogno di regole per ottenere la salvezza. A volte, inoltre, un maestro ignora volutamente una regola particolare per sostenere che il suo principio ispiratore è superiore alla forma e indipendente da essa. Fu per questo che Gesù raccolse delle spighe di grano nel giorno del riposo. Agli immancabili critici rispose: "Il sabato è stato fatto per l'uomo e non l'uomo per il sabato!".[21]

Fatta eccezione per le Scritture, Sri Yukteswar leggeva raramente, eppure era sempre informato sulle ultime scoperte scientifiche e sui progressi della conoscenza in altri campi.[22] Brillante conversatore, amava avere scambi di vedute con gli ospiti su argomenti di vario genere. Lo spirito arguto del mio guru e le sue allegre risate animavano ogni conversazione. Il maestro era spesso austero, ma non era mai tetro. "Per cercare il Signore non è necessario 'sfigurarsi il viso'", osservava, citando la Bibbia.[23] "Ricordate che trovare Dio è il funerale di tutti i dolori".

Tra i filosofi, i professori, gli avvocati e gli scienziati che frequentavano l'eremitaggio, parecchi arrivavano la prima volta convinti di incontrare un religioso molto ortodosso. Un sorriso sdegnoso o uno sguardo di divertita condiscendenza rivelavano talvolta che i nuovi venuti non si aspettavano altro che qualche pia banalità. Ma dopo aver parlato con Sri Yukteswar e avere scoperto che possedeva un'acuta capacità di comprensione dei loro specifici campi d'interesse, i visitatori erano restii ad andarsene.

Il mio guru era di solito gentile e affabile con gli ospiti e li accoglieva con squisita cordialità. Ma gli egotisti inveterati talvolta ricevevano da lui una salutare sferzata; trovavano nel maestro una gelida indifferenza o una ferma opposizione: ghiaccio o acciaio!

Una volta un noto chimico venne ai ferri corti con Sri Yukteswar. Il visitatore si rifiutava di ammettere l'esistenza di Dio, dato che la scienza non aveva trovato il modo di fornirne la prova.

"Così, inesplicabilmente, non siete riuscito a isolare il Supremo Potere nei vostri alambicchi!". Lo sguardo del maestro era severo. "Vi consiglio un nuovo esperimento: esaminate ininterrottamente i vostri pensieri per ventiquattr'ore; poi non vi farete più domande sull'assenza di Dio".

Un celebre studioso ricevette una lezione analoga. Accadde durante la sua prima visita all'*ashram*. L'ospite si mise a declamare passi del

---

[21] Marco 2, 27.

[22] Quando lo desiderava, il maestro poteva mettersi istantaneamente in sintonia con la mente di qualsiasi persona (un potere yoga descritto negli *Yoga Sutra* di Patanjali III, 19). La sua capacità di essere una radioricevente umana, e la natura dei pensieri, sono spiegati alle pagine 170 e 171.

[23] Matteo 6, 16.

Mahabharata, delle *Upanishad*,[24] e dei *Bhasya* (commentari) di Shankara, facendo risuonare fin le travi del soffitto.

"Sono in attesa di ascoltarvi!". Sri Yukteswar aveva un tono interrogativo, come se fino allora avesse regnato il silenzio. Il pandit era sconcertato.

"Citazioni ne sono state fatte, anche in sovrabbondanza". Alle parole del maestro fui preso da un convulso di risa, mentre ero accovacciato nel mio angolo, a rispettosa distanza dal visitatore. "Ma quale commento originale potete fare, partendo dall'unicità della vostra particolare esperienza di vita? Quali testi sacri avete assimilato fino a farli vostri? In che modo queste verità eterne hanno trasformato la vostra natura? Vi basta essere un inutile grammofono, che ripete meccanicamente le parole altrui?".

"D'accordo, avete vinto!". Il tono mortificato dello studioso era comico. "Non ho raggiunto nessuna realizzazione spirituale".

Forse per la prima volta comprese che saper collocare una virgola [in inglese: *comma*] al posto giusto non compensa uno stato di coma spirituale.

"Queste creature esangui e pedanti emanano l'odore stantio dei loro studi polverosi", sentenziò il guru dopo la partenza dell'avvilito ospite. "Per loro la filosofia è un raffinato esercizio intellettuale di cui fare mostra. I loro pensieri elevati non hanno alcun rapporto con la rozzezza delle azioni esteriori e tanto meno con una rigorosa disciplina interiore!".

Anche in altre occasioni il maestro sottolineò la futilità di una cultura meramente teorica.

"Non confondete la vera comprensione con un vocabolario più ricco", osservava. "Le sacre Scritture sono utili per stimolare il desiderio di raggiungere la realizzazione interiore, se si assimila lentamente un versetto alla volta. Altrimenti lo studio intellettuale ininterrotto può avere come risultato la vanità, un ingannevole senso di appagamento e una erudizione male assimilata".

---

[24] Le *Upanishad* o *Vedanta* (letteralmente 'fine dei *Veda*') che si trovano in alcune parti dei quattro *Veda*, sono il compendio essenziale che costituisce la base dottrinale della religione induista. Schopenhauer lodò il loro 'pensiero profondo, originale e sublime', e disse: "Poter conoscere i *Veda* [attraverso le traduzioni occidentali delle *Upanishad*] mi sembra il più grande privilegio di cui questo secolo possa vantarsi rispetto a tutti i secoli passati".

Gli anni trascorsi nell'eremitaggio del mio maestro

Sri Yukteswar raccontò una propria esperienza riguardo allo studio delle Scritture, avvenuta in un eremitaggio situato in una foresta del Bengala orientale, dove ebbe modo di apprendere il metodo di insegnamento di un rinomato maestro, Dabru Ballav. Questo metodo, semplice e difficile al tempo stesso, era molto in uso nell'India antica.

Dabru Ballav aveva radunato intorno a sé i discepoli nella solitudine dei boschi. Con la sacra Bhagavad Gita aperta dinanzi a loro, si focalizzarono su un unico versetto per mezz'ora, poi chiusero gli occhi. Trascorse un'altra mezz'ora. Il maestro fece un breve commento. Immobili, meditarono ancora per un'ora. Alla fine il guru domandò:

"Avete capito questo versetto?".

"Sì, signore", osò affermare uno del gruppo.

"No, non completamente. Dovete cercare di cogliere la vitalità spirituale che ha dato a queste parole il potere di rigenerare l'India, di secolo in secolo". Trascorse un'altra ora, in silenzio. Il maestro congedò gli studenti e si rivolse a Sri Yukteswar.

"Conosci la Bhagavad Gita?".

"No, signore, non la conosco veramente, anche se con gli occhi e con la mente ho scorso molte volte le sue pagine".

"Centinaia di persone mi hanno dato una risposta diversa!". Il grande saggio sorrise al maestro, benedicendolo. "Se ci si preoccupa di far sfoggio dei tesori contenuti nelle Scritture, quanto tempo rimane per tuffarsi nel silenzio interiore alla ricerca delle perle più preziose?".

Sri Yukteswar guidava lo studio dei suoi discepoli applicando lo stesso metodo di intensa concentrazione su un unico punto alla volta. "La saggezza non si assimila con gli occhi, ma con gli atomi", diceva. "Quando siete convinti di una verità non solo nella vostra mente, ma in tutto il vostro essere, allora potete cautamente ritenere di averne colto il significato". Se qualche allievo vedeva nella cultura acquisita dai libri un passo necessario per raggiungere la realizzazione spirituale, il maestro scoraggiava una simile inclinazione.

"I *rishi* hanno scritto in una sola frase verità così profonde da tenere impegnati gli studiosi per generazioni", osservava. "Le infinite dispute erudite si addicono alle menti pigre. Che cosa ci permette di raggiungere la liberazione in modo più immediato di questo semplice pensiero: 'Dio è', o meglio: 'Dio'?".

Ma l'uomo non riconquista facilmente la semplicità. Raramente a un intellettuale basta 'Dio'; piuttosto va in cerca di dotte ampollosità. Il suo ego si compiace di riuscire ad acquisire una simile erudizione.

A chi era orgoglioso delle proprie ricchezze o della posizione che occupava nel mondo, poteva facilmente accadere, quando si trovava alla presenza del maestro, di dover aggiungere l'umiltà alle altre doti personali. Una volta, nell'eremitaggio di Puri, in riva al mare, un magistrato del luogo chiese un colloquio con il maestro. Costui, che aveva la reputazione di persona inflessibile, era in grado di confiscare l'*ashram*, in virtù dei poteri di cui era investito. Ne misi al corrente il mio guru. Ma egli aveva un'aria ferma e risoluta quando si accomodò per riceverlo, e non si alzò per accogliere il visitatore.

Leggermente nervoso, mi accoccolai vicino alla porta. Sri Yukteswar non mi chiese di andare a prendere una sedia per il magistrato, che dovette accontentarsi di una cassa di legno. L'evidente aspettativa dell'uomo di veder riconosciuta la sua importanza con le dovute cerimonie non veniva soddisfatta in alcun modo.

Seguì una discussione metafisica; l'ospite incespicava nell'interpretazione delle Scritture, commettendo errori grossolani, e man mano che diminuiva la sua precisione, cresceva la sua rabbia.

"Sapete che sono risultato primo tra tutti i candidati all'esame di laurea?". Non era più in grado di ragionare, ma poteva ancora gridare.

"Signor magistrato, dimenticate che questa non è la vostra aula giudiziaria", replicò il maestro con calma. "Dalle osservazioni infantili che fate, si potrebbe supporre che la vostra carriera universitaria non sia stata degna di nota. Un titolo di studio, in ogni caso, non ha alcun rapporto con la realizzazione vedica. I santi non si sfornano ad ogni semestre come i ragionieri!".

Dopo un silenzio stupefatto, il visitatore scoppiò a ridere di cuore.

"Questo è il mio primo incontro con un magistrato del cielo", esclamò. In seguito inoltrò una richiesta formale, compilata nei termini legali che evidentemente erano parte integrante della sua natura, per venire accolto in qualità di discepolo 'in prova'.

In diverse occasioni Sri Yukteswar, così come Lahiri Mahasaya, scoraggiò gli studenti immaturi che desideravano entrare nell'Ordine degli swami. "Indossare la veste ocra senza possedere la realizzazione divina è un inganno per la società", sostenevano i due maestri. "Dimenticate i simboli esteriori della rinuncia, che possono nuocervi facendo

Gli anni trascorsi nell'eremitaggio del mio maestro

nascere in voi un falso orgoglio. Nient'altro ha importanza eccetto il vostro costante e quotidiano progresso spirituale. Per ottenerlo, praticate il Kriya Yoga".

Un santo, per giudicare il valore di un uomo, usa invariabilmente un unico criterio, molto diverso dai criteri mutevoli usati nel mondo. Per un maestro l'umanità – che si considera così varia! – si divide unicamente in due categorie: gli ignoranti, che non cercano Dio, e i saggi, che Lo cercano.

Il mio guru si occupava personalmente di tutti i dettagli riguardanti l'amministrazione della sua proprietà. Alcune persone poco scrupolose avevano tentato in varie occasioni di appropriarsi dei terreni che il maestro aveva ereditato dalla sua famiglia. Con determinazione, e perfino promuovendo azioni giudiziarie, Sri Yukteswar sbaragliò tutti gli avversari. Affrontò queste spiacevoli esperienze per evitare di diventare un guru mendicante o di rappresentare un peso per i suoi discepoli.

La sua indipendenza finanziaria era una delle ragioni per cui il mio maestro, pericolosamente schietto, poteva ignorare le astuzie della diplomazia. A differenza di quei maestri che sono costretti a incensare i propri benefattori, il mio guru era impermeabile all'influenza, palese o nascosta, delle ricchezze altrui. Non gli ho mai sentito chiedere denaro, e nemmeno fare qualche allusione al riguardo, per nessuna ragione. L'insegnamento, nel suo eremitaggio, era impartito gratuitamente a tutti i discepoli.

Un giorno, un ufficiale giudiziario si presentò all'*ashram* di Serampore per notificare una citazione. Un discepolo di nome Kanai e io lo portammo dal maestro.

L'atteggiamento del funzionario nei confronti di Sri Yukteswar era offensivo. "Vi farà bene lasciare l'oscurità del vostro eremitaggio e respirare l'aria buona dell'aula di un tribunale", dichiarò sprezzante.

Non potei trattenermi: "Un'altra parola insolente e vi troverete steso sul pavimento!", esclamai, avanzando minaccioso.

E Kanai contemporaneamente gridò: "Miserabile! Come osate pronunciare le vostre bestemmie in questo sacro *ashram*?".

Ma il maestro fece scudo con il suo corpo a quell'insolente. "Non agitatevi senza motivo. Quest'uomo sta solo compiendo il suo dovere".

Sorpreso da questa accoglienza contrastante, l'ufficiale giudiziario mormorò rispettosamente qualche parola di scusa e si allontanò rapidamente.

Era sorprendente scoprire che un maestro dotato di una volontà così indomabile poteva essere così calmo interiormente. Egli rispondeva alla definizione vedica di un uomo di Dio: "Più delicato di un fiore nell'esprimere la gentilezza; più forte del tuono nel difendere i princìpi".

Nel mondo si trovano sempre coloro che, direbbe Browning, 'non sopportano la luce perché sono essi stessi tenebrosi'. A volte un estraneo, agitato per un'offesa immaginaria, rimproverava Sri Yukteswar. Impassibile, il mio guru lo ascoltava educatamente, analizzandosi per scoprire se nell'accusa vi fosse un briciolo di verità. Queste scene mi riportavano alla mente una delle impareggiabili osservazioni del maestro: "Certe persone cercano di diventare alte tagliando la testa agli altri!".

La calma imperturbabile di un santo fa più effetto di qualsiasi sermone. "L'uomo paziente val più di un eroe; chi domina sé stesso val più di chi conquista una città".[25]

Spesso mi soffermavo a pensare che il mio regale maestro avrebbe potuto essere sicuramente un imperatore o un guerriero capace di sconvolgere il mondo, se la sua mente si fosse concentrata sulla gloria o sulle conquiste terrene. Aveva scelto invece di dare l'assalto alle cittadelle interiori dell'ira e dell'egoismo, la cui caduta dimostra la grandezza di un uomo.

---

[25] Proverbi 16, 32.

Capitolo 13

Il santo che non dorme mai

"Permettetemi, vi prego, di andare sull'Himalaya. Nella solitudine ininterrotta spero di raggiungere una costante comunione con Dio".

Una volta ho proprio rivolto queste ingrate parole al mio maestro. Vittima di una di quelle imprevedibili illusioni che di quando in quando assalgono il devoto, sentivo crescere in me l'insofferenza verso i doveri dell'eremitaggio e gli studi universitari. Come lieve attenuante, posso addurre il fatto che quando avanzai una simile richiesta conoscevo Sri Yukteswar soltanto da sei mesi. Ancora non avevo avuto modo di rilevare appieno la grandezza della sua statura spirituale.

"Molti montanari vivono sull'Himalaya, eppure non hanno la percezione di Dio". Questa fu la pacata e semplice risposta del mio guru. "Per ottenere la saggezza è meglio rivolgersi a un uomo spiritualmente evoluto piuttosto che a un'inerte montagna".

Ignorando la chiara allusione di Sri Yukteswar al fatto che lui, e non una montagna, fosse il mio maestro, ripetei la mia richiesta ma non ottenni alcuna risposta. Interpretai il suo silenzio come un consenso: un'interpretazione piuttosto dubbia, ma conveniente.

Quella sera, tornato a casa a Calcutta, mi occupai dei preparativi per il viaggio. Mentre avvolgevo poche cose in una coperta, ricordai un involto molto simile, gettato di nascosto dalla finestra della mia soffitta qualche anno prima, e mi chiesi se quella sarebbe stata un'altra fuga sfortunata verso l'Himalaya. La prima volta il mio fervore spirituale era stato molto intenso; ma quella sera, al pensiero di lasciare il mio guru, mi rimordeva la coscienza.

La mattina seguente andai a cercare Behari Pandit, il mio professore di sanscrito allo Scottish Church College.

"Signore, mi avete parlato della vostra amicizia con un grande discepolo di Lahiri Mahasaya. Potete darmi il suo indirizzo?".

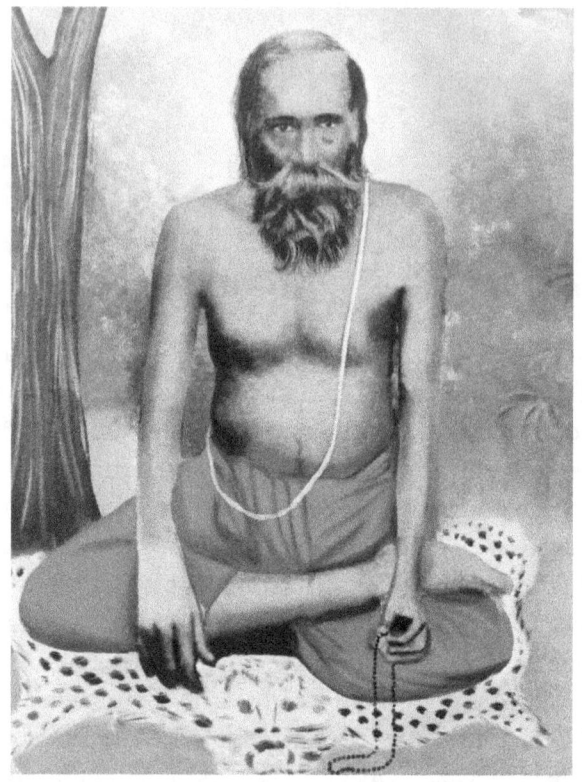

Ram Gopal Muzumdar
Il 'santo che non dorme mai'.

"Intendi dire Ram Gopal Muzumdar. Io lo chiamo 'il santo che non dorme mai'. Rimane sempre sveglio, immerso in uno stato di coscienza estatica. Vive a Ranbajpur, vicino a Tarakeswar".

Ringraziai il pandit e presi immediatamente il treno per Tarakeswar. Speravo di mettere a tacere la coscienza ottenendo l'approvazione del 'santo che non dorme mai' al mio progetto di dedicarmi alla meditazione solitaria sull'Himalaya. Avevo appreso da Behari Pandit che Ram Gopal aveva ricevuto l'illuminazione dopo aver praticato per molti anni il Kriya Yoga nelle solitarie grotte del Bengala.

Giunto a Tarakeswar, andai a visitare un famoso tempio, per il quale gli indù hanno la stessa venerazione che i cattolici nutrono per il santuario di Lourdes in Francia. A Tarakeswar sono avvenute innumerevoli guarigioni miracolose, compresa quella di un componente della mia famiglia.

Il santo che non dorme mai

La più anziana delle mie zie un giorno mi aveva raccontato: "Sono rimasta seduta in quel tempio per una settimana, osservando un completo digiuno e pregando affinché tuo zio Sarada guarisse da una malattia cronica. Il settimo giorno si materializzò nelle mie mani un'erba medicinale! Con le sue foglie preparai un decotto e lo feci bere a tuo zio. Il suo male sparì immediatamente e non è mai più ricomparso".

Entrai nel sacro tempio di Tarakeswar; l'altare non conteneva altro che una pietra rotonda; la sua circonferenza, senza principio e senza fine, esprime adeguatamente il concetto dell'Infinito. In India le astrazioni cosmiche sono comprese anche dai contadini illetterati; gli occidentali, in effetti, li hanno talvolta accusati di vivere di astrazioni!

Il mio stato d'animo in quel momento era così austero che non mi sentivo disposto a inchinarmi dinanzi a un simbolo di pietra, nella convinzione che Dio debba essere cercato solo nella propria anima.

Uscii dal tempio senza inginocchiarmi e mi incamminai di buon passo verso il lontano villaggio di Ranbajpur. Non essendo sicuro della direzione da prendere, chiesi informazioni a un passante, il quale si immerse in una lunga riflessione.

"Quando arriverete a un incrocio, voltate a destra e proseguite sempre diritto", mi disse alla fine, con un tono da oracolo.

Seguendo le indicazioni, mi trovai a costeggiare gli argini di un canale. Cadde l'oscurità; ero ai margini della giungla pullulante di vita, tra sfavillii di lucciole e ululati di sciacalli a breve distanza. I raggi della luna, troppo tenui, non mi erano di grande aiuto. Girovagai alla cieca, incespicando, per due ore.

Poi, con grande sollievo, udii il suono del campanaccio di una mucca. Le mie ripetute grida richiamarono infine al mio fianco un contadino.

"Sapete dirmi dove posso trovare Ram Gopal Babu?".

"Nel nostro villaggio non c'è nessuno con questo nome". L'uomo aveva un tono arcigno. "Probabilmente siete un poliziotto e mi state mentendo".

Nella speranza di fugare i sospetti della sua mente turbata dalla passione politica, gli spiegai con accenti patetici la difficile situazione in cui mi trovavo. Mi condusse allora a casa sua e mi offrì una cordiale ospitalità.

"Ranbajpur è lontana da qui", osservò. "All'incrocio avreste dovuto girare a sinistra e non a destra".

Pensai tristemente che il mio primo informatore costituiva un vero pericolo per i viandanti. Dopo un gustoso pasto a base di riso, *dal* di lenticchie, patate al curry e banane, mi ritirai in una piccola capanna adiacente al cortile. In lontananza i contadini cantavano con il sonoro accompagnamento di *mridanga*[1] e cembali. Quella notte dormire era fuori discussione; pregai con fervore di poter raggiungere Ram Gopal, lo yogi solitario.

Appena vidi filtrare le prime luci dell'alba dalle fessure della capanna, ripresi il mio cammino alla volta di Ranbajpur. Avanzando attraverso le risaie, procedevo a fatica fra le stoppie pungenti delle piante falciate e i mucchi di fango secco. Ogni tanto incontravo un contadino, il quale mi informava, invariabilmente, che mi trovavo 'soltanto a una *krosha*' (tre chilometri circa) dalla mia destinazione. Dopo sei ore, il sole aveva compiuto trionfalmente il suo viaggio dall'orizzonte al suo zenit, ma io cominciavo a pensare che mi sarei sempre trovato a una *krosha* da Ranbajpur.

A metà del pomeriggio, il mio mondo era ancora soltanto una sterminata risaia. Ero lì lì per svenire, a causa del calore che emanava inesorabilmente dal cielo, da cui era impossibile trovare riparo. Vidi un uomo che procedeva verso di me con passi lenti e misurati e a stento osai rivolgergli la mia solita domanda, nel timore di sentirmi ancora rispondere: "Solo una *krosha*".

Lo sconosciuto si fermò a breve distanza da me. Piccolo e magro, aveva un aspetto comune, fatta eccezione per gli occhi neri straordinariamente penetranti.

"Avevo in animo di lasciare Ranbajpur, ma le tue intenzioni erano buone, così ti ho aspettato". Agitò il dito davanti alla mia faccia sorpresa. "Che furbo sei a pensare di potermi piombare addosso così, senza annunciare la tua visita? Quel professor Behari non aveva il diritto di darti il mio indirizzo".

Considerando che presentarsi a un tale maestro sarebbe stato superfluo, rimasi in silenzio, piuttosto mortificato per l'accoglienza. Le sue parole successive furono altrettanto brusche.

"Dimmi, dove credi che sia Dio?".

---

[1] Tamburi percossi a mano, usati comunemente per accompagnare i canti devozionali (*kirtan*) durante le cerimonie e le processioni religiose.

"Mah, è dentro di me e in ogni luogo". Senza dubbio dovevo apparire confuso, e del resto lo ero.

"Pervade ogni cosa, non è vero?". Il santo fece un risolino. "E allora perché, giovanotto, ieri non ti sei inchinato dinanzi all'Infinito, simboleggiato dalla pietra del tempio di Tarakeswar?[2] Il tuo orgoglio ha richiamato su di te la punizione di farti incontrare quel passante che non si preoccupava di fare sottili distinzioni fra destra e sinistra. Anche oggi hai vissuto dei momenti abbastanza difficili per la stessa ragione!".

Lo ammisi senza riserve, constatando con stupore che un occhio onnipresente si nascondeva nella persona normalissima che avevo dinanzi. Dallo yogi emanava una forza risanatrice; in mezzo a quel campo infuocato, sentii un immediato sollievo.

"Il devoto tende a credere che il suo sentiero sia l'unico che conduce a Dio", disse. "Lo yoga, che ci permette di trovare la divinità dentro di noi, è senza dubbio il sentiero più elevato, come ci ha insegnato Lahiri Mahasaya. Ma scoprendo Dio dentro di noi, ben presto Lo percepiamo anche al di fuori di noi. I sacri templi che si trovano a Tarakeswar come altrove sono giustamente venerati in quanto centri e fonti di potere spirituale".

L'atteggiamento di biasimo del santo era scomparso; i suoi occhi divennero compassionevoli e dolci. Mi batté una mano sulla spalla.

"Giovane yogi, vedo che stai fuggendo dal tuo maestro. Egli possiede tutto ciò che ti occorre; devi tornare da lui". E aggiunse: "Le montagne non possono essere il tuo guru": parole molto simili a quelle pronunciate da Sri Yukteswar due giorni prima.

"Nessun vincolo cosmico impone ai maestri di vivere soltanto sulle montagne". Il mio compagno mi lanciò uno sguardo inquisitore. "L'Himalaya, in India e in Tibet, non ha il monopolio dei santi. Quello che non ci diamo la pena di trovare dentro di noi, non potremo mai scoprirlo trasportando il nostro corpo qua e là. Non appena il devoto è *disposto* a recarsi fino ai confini della terra per trovare l'illuminazione spirituale, il suo guru apparirà accanto a lui".

Ne convenni tacitamente, ricordando la mia preghiera alla Madre Divina nell'eremitaggio di Benares, seguita dall'incontro con Sri Yukteswar in una strada affollata.

---

[2] "Un uomo che non s'inchina dinanzi a nulla non potrà mai sopportare il peso di sé stesso" (Dostoyevskij, *I Demoni*).

"Hai a disposizione una stanzetta in cui puoi chiudere la porta e rimanere solo?".

"Sì", risposi, pensando che il santo scendeva dal generale al particolare con una rapidità sconcertante.

"Quella è la tua grotta". Lo yogi mi rivolse uno sguardo illuminante che non ho mai dimenticato. "Quella è la tua montagna sacra. Là troverai il regno di Dio".

Le sue semplici parole fecero scomparire all'istante l'ossessione per l'Himalaya che mi aveva assillato tutta la vita. In mezzo a un'infuocata risaia, mi ridestai dal sogno delle montagne e delle nevi eterne.

"Giovanotto, la tua sete del Divino è lodevole. Provo un grande affetto per te". Ram Gopal mi prese per mano e mi condusse in una radura della giungla dove sorgeva un piccolo villaggio pittoresco. Le case di argilla, con tetti di foglie di cocco, avevano l'ingresso semplicemente adornato con freschi fiori tropicali.

Il santo mi fece accomodare sull'ombreggiata piattaforma di bambù della sua casetta e mi offrì un succo dolce di *lime* e cristalli di zucchero. Poi entrammo nel patio e ci sedemmo nella posizione del loto. Trascorremmo quattro ore immersi nella meditazione; quando aprii gli occhi, vidi che la figura dello yogi, illuminata dalla luna, era ancora immobile. Mentre ricordavo severamente al mio stomaco che l'uomo non vive di solo pane, Ram Gopal si alzò.

"Vedo che sei affamato", disse. "Il cibo sarà pronto fra poco".

Accese il fuoco sotto un forno di argilla nel patio, e ben presto ci mettemmo a mangiare riso e *dal*, serviti su grandi foglie di banano. Ram Gopal aveva cortesemente rifiutato il mio aiuto nella preparazione delle vivande. 'L'ospite è Dio': questo proverbio indù è oggetto di devota osservanza in India fin da tempi immemorabili. In seguito, nei miei viaggi per il mondo, sono stato felice di notare che un simile rispetto per gli ospiti esiste ancora nelle zone rurali di molte nazioni. In città, invece, la lama affilata dell'ospitalità si è spuntata, a causa della sovrabbondanza di visi estranei.

Il frastuono delle vicende umane mi pareva incredibilmente lontano, mentre ero seduto accanto allo yogi nella solitudine di quel minuscolo villaggio nella giungla. Una luce calda rischiarava misteriosamente la stanza. Ram Gopal sistemò sul pavimento alcune vecchie coperte che dovevano servirmi da letto e si sedette su una stuoia di paglia. Totalmente conquistato dal suo magnetismo spirituale, osai fargli una richiesta.

"Signore, perché non mi concedete un *samadhi*?".

"Mio caro, sarei felice di accordarti la comunione divina, ma questo non è compito mio". Il santo mi guardò con gli occhi socchiusi. "Il tuo maestro ti farà avere molto presto questa esperienza. Il tuo corpo non è ancora pronto. Come una piccola lampadina non può sopportare un voltaggio troppo alto, così i tuoi nervi non sono ancora pronti a ricevere la corrente cosmica. Se ti dessi in questo momento l'estasi infinita, arderesti come se avessi ogni cellula del tuo corpo in fiamme.

"Tu chiedi a me l'illuminazione", continuò lo yogi in tono pensoso, "mentre io mi sto domandando, indegno di considerazione come sono e avendo meditato così poco, se sono riuscito a compiacere Dio e quale merito potrò avere ai suoi occhi il giorno della resa dei conti".

"Ma signore, non cercate Dio devotamente da tanto tempo?".

"Non ho fatto molto. Behari ti avrà certo raccontato qualcosa della mia vita. Per vent'anni sono vissuto in una grotta segreta, meditando diciotto ore al giorno. Quindi mi sono recato in una caverna ancora più inaccessibile, dove sono rimasto per venticinque anni, mantenendo la divina unione yoga per venti ore al giorno. Non avevo bisogno di dormire, perché ero sempre con Dio. Il mio corpo trovava più riposo nella calma totale della supercoscienza che nella pace imperfetta del comune stato subconscio.

"Durante il sonno i muscoli si rilassano, ma il cuore, i polmoni e il sistema circolatorio sono sempre al lavoro, non hanno mai riposo. Nella supercoscienza tutti gli organi interni rimangono in uno stato di animazione sospesa, vivificati dall'energia cosmica. In questo modo non ho avuto alcun bisogno di dormire, per anni e anni". E aggiunse: "Verrà il momento in cui anche tu potrai fare a meno del sonno".

"Ma come, avete meditato per tanto tempo e non siete ancora sicuro della benevolenza divina!", osservai stupefatto: "Che cosa ne sarà, allora, di noi poveri mortali?".

"Non ti rendi conto, mio caro ragazzo, che Dio è l'Eternità stessa? Pensare di poterlo conoscere completamente dopo quarantacinque anni di meditazione è una pretesa assurda. Babaji ci assicura, comunque, che se meditiamo anche solo un poco, ci possiamo salvare dalla terribile paura della morte e degli stati dopo la morte. Non ancorare il tuo ideale spirituale a una piccola montagna; mira piuttosto alla stella della suprema realizzazione divina. Se ti impegnerai seriamente, la raggiungerai".

Autobiografia di uno Yogi

Affascinato da tale prospettiva, lo pregai di illuminarmi ancora con le sue parole. Mi raccontò la storia meravigliosa del suo primo incontro con il guru di Lahiri Mahasaya, Babaji[3]. Verso mezzanotte, Ram Gopal si immerse nel silenzio e io mi distesi sulle mie coperte. A occhi chiusi, vidi dei lampi di luce; il vasto spazio dentro di me era inondato da una calda luce diffusa. Aprii gli occhi e vidi lo stesso abbagliante fulgore. La stanza divenne parte di quella volta infinita che contemplavo con la mia vista interiore.

Lo yogi mi chiese: "Perché non dormi?".

"Signore, come posso dormire con questo abbagliante fulgore che divampa attorno a me sia che io tenga gli occhi chiusi o aperti?".

"Con questa esperienza tu hai ricevuto il favore della grazia divina. Le radiazioni spirituali non si scorgono facilmente". E il santo aggiunse alcune parole affettuose.

All'alba, Ram Gopal mi diede dei cristalli di zucchero e mi disse che dovevo partire. Ero così riluttante a lasciarlo che le lacrime cominciarono a rigarmi il viso.

"Non ti lascerò andar via a mani vuote", mi disse teneramente lo yogi. "Farò qualcosa per te".

Sorrise e mi guardò intensamente. Divenni immobile, come se fossi radicato al suolo, e mi sentii inondato dalle vibrazioni di pace che emanavano dal santo. Fui guarito istantaneamente da un dolore alla schiena che da anni, di tanto in tanto, mi tormentava.

Rigenerato, immerso in un mare di gioia luminosa, non piangevo più. Toccai i piedi di Ram Gopal e mi inoltrai nella giungla, facendomi strada fra grovigli di piante tropicali e numerose risaie, finché non raggiunsi Tarakeswar.

Compii un secondo pellegrinaggio al famoso tempio e mi prostrai completamente di fronte all'altare. La pietra rotonda si dilatò dinanzi alla mia vista interiore fino a trasformarsi nelle cosmiche sfere: cerchio dopo cerchio, regione dopo regione, tutte sature di divinità.

Un'ora dopo partii felice per Calcutta. Il mio viaggio si concluse non sulle alte montagne, ma alla presenza del mio maestro, maestosa come l'Himalaya.

---

[3] Vedere da pagina 331 a pagina 335.

Capitolo 14

Un'esperienza della coscienza cosmica

"Guruji, sono qui". La mia aria imbarazzata era più eloquente delle mie parole.

"Andiamo in cucina a cercare qualcosa da mangiare". L'atteggiamento di Sri Yukteswar era così naturale che sembrava fossero trascorse soltanto poche ore, e non giorni, dal nostro ultimo incontro.

"Maestro, devo avervi deluso, abbandonando così bruscamente i miei compiti nell'*ashram*. Credevo che foste in collera con me".

"No, naturalmente no! La collera nasce soltanto dai desideri frustrati. Io non mi aspetto nulla dagli altri, quindi le loro azioni non possono essere in contrasto con i miei desideri. Non potrei servirmi di te per i miei fini personali; sono felice solo se tu sei veramente felice".

"Signore, si sente parlare astrattamente dell'amore divino, ma oggi la vostra natura angelica me ne offre un esempio concreto! Nel mondo, nemmeno un padre perdona facilmente il figlio se questi, senza alcun preavviso, abbandona gli affari di famiglia. Ma voi non mostrate la minima irritazione, nonostante vi siate dovuto trovare in grande difficoltà per le diverse incombenze che ho lasciato incompiute".

Ci guardammo con gli occhi velati di lacrime. Fui sommerso da un'ondata di beatitudine; ero consapevole che il Signore, nella persona del mio guru, espandeva i limitati confini della mia devozione fino a toccare le incommensurabili sfere dell'amore cosmico.

Qualche mattino dopo entrai nel soggiorno del mio maestro, sapendo che non vi era nessuno. Avevo intenzione di meditare, ma questo lodevole proposito non era condiviso dai miei pensieri ribelli, che si disperdevano in mille direzioni, come uno stormo di uccelli davanti a un cacciatore.

"Mukunda!". La voce di Sri Yukteswar proveniva da un balcone lontano.

Mi sentii ribelle come i miei pensieri. "Il maestro mi esorta sempre a meditare", brontolai fra me e me. "Non dovrebbe disturbarmi, quando sa bene perché sono venuto nella sua stanza".

Mi chiamò di nuovo, e io rimasi ostinatamente in silenzio. La terza volta nella sua voce si avvertiva un tono di rimprovero.

"Signore, sto meditando", protestai a gran voce.

"So bene come stai meditando", replicò il mio guru, "con i pensieri che svolazzano di qua e di là, come foglie in una tempesta! Vieni qui".

Avvilito e smascherato, mi recai tristemente da lui.

"Povero ragazzo, le montagne non possono darti quello che cerchi". Parlava con un tono amorevole e confortante e mi guardava con occhi calmi e impenetrabili. "Il desiderio del tuo cuore sarà esaudito".

Sri Yukteswar si esprimeva raramente in modo enigmatico; ero confuso. Con la mano mi diede un lieve colpetto sul cuore.

Il mio corpo divenne immobile, radicato al suolo; come se un gigantesco magnete mi avesse risucchiato l'aria dai polmoni, non respiravo più. L'anima e la mente sciolsero all'istante i loro legami con il corpo e si riversarono all'esterno da ogni suo poro, come sottili e fluidi raggi di luce. Il corpo era come morto, eppure avevo la profonda consapevolezza di non essere mai stato completamente vivo prima di allora. Sentivo che la mia identità non era più circoscritta negli angusti limiti del corpo, ma si estendeva a comprendere tutti gli atomi circostanti. Le persone nelle strade lontane sembravano muoversi dolcemente agli estremi confini del mio essere. Vedevo le radici delle piante e degli alberi apparire dal terreno, divenuto semitrasparente, e potevo scorgere la linfa che fluiva all'interno.

Tutto ciò che avevo intorno mi appariva senza veli. Il mio abituale campo visivo frontale si era mutato in una vasta visuale sferica, che mi permetteva di percepire simultaneamente ogni cosa. Con la parte posteriore del capo, vedevo alcune persone che passeggiavano in Rai Ghat Lane e notai anche una mucca bianca che si avvicinava lentamente. Quando giunse dinanzi al cancello aperto dell'*ashram*, la osservai come avrei potuto fare con i miei occhi fisici; ma anche quando passò dietro il muro di mattoni del cortile, continuai a vederla chiaramente.

Tutti gli oggetti compresi nel raggio della mia visuale panoramica palpitavano e vibravano come fossero rapide immagini su uno schermo cinematografico. Il mio corpo, quello del maestro, il cortile con i suoi pilastri, i mobili e il pavimento, gli alberi e i raggi del sole, di quando in

Un'esperienza della coscienza cosmica

quando si agitavano convulsamente finché tutto si fondeva in un mare luminoso, così come avviene per i cristalli di zucchero che, immersi in un bicchiere d'acqua, si sciolgono quando vengono mescolati. La luce unificatrice si alternava al materializzarsi delle forme, e queste metamorfosi rivelavano la legge di causa ed effetto che agisce nella creazione.

Sulle placide, infinite sponde della mia anima irruppe un oceano di gioia. Compresi che lo Spirito di Dio è Beatitudine inesauribile, che il Suo corpo è intessuto di un'infinità di raggi di luce. Dentro di me un meraviglioso, crescente splendore cominciò ad avviluppare le città, i continenti, la terra, il sistema solare e i sistemi stellari, le evanescenti nebulose e i fluttuanti universi. Il cosmo intero, soffuso di una dolce luminosità, come una città vista in lontananza di notte, riluceva nell'infinità del mio essere. La luce abbagliante, che splendeva oltre i contorni nitidamente delineati di questo sferico panorama, si attenuava leggermente ai margini estremi, dove potevo scorgere una calda luminosità, sempre immutata. Era indescrivibilmente diafana, mentre le immagini dei pianeti erano composte da una luce più densa.[1]

I raggi divini emanavano da una Sorgente Eterna che divampava in galassie, trasfigurate da aure ineffabili. Vedevo i raggi creativi condensarsi senza posa nelle costellazioni e poi mutarsi in diafane lingue di fuoco. Con un ritmo alterno, miriadi di mondi si trasformavano in eterea luminosità, e alla fine il fuoco divenne il firmamento.

Mi resi conto che il centro dell'empireo era un punto di percezione intuitiva del mio cuore. Uno splendore diffuso scaturito dall'intimo del mio essere s'irradiava in ogni parte della struttura dell'universo. La divina *amrita*, nettare d'immortalità, palpitava in me, fluida come l'argento vivo. Udii la voce creativa di Dio risuonare nell'*Om*,[2] la vibrazione del Motore Cosmico.

Improvvisamente il respiro tornò nei miei polmoni. Con una delusione quasi insostenibile, compresi di aver perduto la mia immensità senza fine. Ero di nuovo rinchiuso nell'umiliante gabbia di un corpo, alquanto inadatta ad accogliere lo Spirito. Come un figliol prodigo, ero fuggito lontano dalla mia casa macrocosmica imprigionando me stesso in un angusto microcosmo.

[1] Nel capitolo 30 si fa riferimento alla luce quale essenza della creazione.
[2] "In principio era il Verbo e il Verbo era presso Dio e il Verbo era Dio" (Giovanni 1, 1).

Il mio guru era rimasto immobile dinanzi a me; feci per prostrami ai suoi sacri piedi, colmo di gratitudine per l'esperienza della coscienza cosmica che mi aveva concesso e che da lungo tempo desideravo con tanto ardore. Ma egli mi fermò e disse pacatamente:

"Non devi lasciarti inebriare troppo dall'estasi. Ti resta ancora molto lavoro da svolgere nel mondo. Vieni, spazziamo il balcone, e dopo andremo a passeggiare sulle rive del Gange".

Andai a prendere una scopa. Capivo che il maestro mi stava insegnando il segreto di una vita equilibrata. L'anima deve sporgersi sugli abissi cosmogonici, mentre il corpo continua a compiere i suoi doveri quotidiani.

Quando più tardi Sri Yukteswar e io uscimmo per la nostra passeggiata, ero ancora rapito in un'estasi indicibile. Vedevo i nostri due corpi come figure astrali che avanzavano sulla strada lungo il fiume, la cui essenza era pura luce.

"È lo Spirito di Dio a sostenere attivamente ogni forma e ogni forza dell'universo; tuttavia, Egli è trascendente e distaccato, nell'estatico vuoto increato al di là dei mondi dei fenomeni vibratori",[3] spiegò il maestro. "Coloro che raggiungono la realizzazione del Sé sulla terra vivono una simile duplice esistenza. Pur svolgendo coscienziosamente i propri compiti nel mondo, rimangono tuttavia immersi nella beatitudine interiore.

"Il Signore ha creato tutti gli uomini dalla gioia sconfinata del proprio Essere. Sebbene siano penosamente ostacolati dal corpo, Dio

---

[3] "Il Padre infatti non giudica nessuno, ma ha rimesso ogni giudizio al Figlio" (Giovanni 5, 22). "Dio nessuno l'ha mai visto; proprio il Figlio unigenito che è nel seno del Padre, lui lo ha rivelato" (Giovanni 1, 18). "Dio... ha creato tutte le cose per mezzo di Gesù Cristo" (Efesini 3, 9). "Chi crede in me, compirà anch'egli le opere che io compio; e ne farà di più grandi, perché io vado al Padre" (Giovanni 14, 12). "Ma il Consolatore, lo Spirito Santo che il Padre manderà nel mio nome, egli v'insegnerà ogni cosa e vi ricorderà tutto ciò che io vi ho detto" (Giovanni 14, 26).

Queste parole della Bibbia si riferiscono alla triplice natura di Dio: il Padre, il Figlio e lo Spirito Santo (*Sat, Tat, Om* nelle Scritture induiste). Dio Padre è l'Assoluto, l'Immanifesto, che esiste *al di là* della creazione vibratoria; Dio Figlio è la Coscienza Cristica (Brahma o *Kutastha Chaitanya*) che esiste *nella* creazione vibratoria; questa Coscienza Cristica è *l'unigenito*, ovvero l'unico riflesso dell'Infinito Increato. La manifestazione esteriore della Coscienza Cristica onnipresente, il 'testimone' (Apocalisse 3, 14) è *l'Om*, la Parola o lo Spirito Santo: questo è l'invisibile potere divino, il solo artefice, la sola forza causale e attiva, che sostiene tutto il creato mediante la vibrazione. L'*Om*, il beato Consolatore, si ode nella meditazione e rivela al devoto la Verità ultima, riportando 'tutte le cose ... alla memoria'.

Un'esperienza della coscienza cosmica

si aspetta che gli uomini, fatti a Sua immagine, si elevino infine al di sopra di ogni identificazione con i sensi e si riuniscano a Lui".

La visione cosmica mi lasciò degli insegnamenti eterni. Riducendo ogni giorno al silenzio i miei pensieri, riuscii a liberarmi dalla convinzione ingannevole che il mio corpo fosse una massa di carne e di ossa che si muove sul duro suolo della materia. Mi resi conto che il respiro e l'irrequietezza mentale sono come tempeste che sferzano l'oceano della luce, sollevando le onde delle forme materiali: la terra, il cielo, gli esseri umani, gli animali, gli uccelli, gli alberi. Se prima non si placano queste tempeste, è impossibile avere la percezione dell'Infinito come Unica Luce.

Ogni volta che calmavo questi due tumulti naturali, vedevo fondersi le innumerevoli onde della creazione in un unico mare lucente, proprio come le onde dell'oceano, una volta che si è placata la burrasca, si dissolvono placidamente, divenendo una cosa sola con l'oceano stesso.

Un maestro concede l'esperienza divina della coscienza cosmica quando il discepolo, grazie alla meditazione, ha rafforzato la propria mente a tal punto da non essere sopraffatto dalla grandiosità di quelle visioni. Le sole capacità intellettuali come la volontà o una grande apertura mentale non sono sufficienti. Solo un'adeguata espansione della coscienza ottenuta con la pratica dello yoga e della *bhakti* devozionale può preparare a sostenere la grande potenza emancipatrice dell'onnipresenza.

Il devoto sincero è naturalmente destinato a vivere questa divina esperienza, poiché il suo intenso anelito comincia ad attrarre Dio con una forza irresistibile. Il magnetico ardore attira il Signore, in qualità di Visione Cosmica, nel raggio della coscienza del devoto.

Negli anni che seguirono ho scritto questa poesia, 'Samadhi', nel tentativo di trasmettere un barlume della grandiosità di questa esperienza:

> I veli della luce e dell'ombra sono scomparsi,
> le brume del dolore sono sfumate,
> le aurore delle gioie effimere sono volate via,
> si è dissolto l'oscuro miraggio dei sensi.
> Amore, odio, salute, malattia, vita, morte:
> queste ombre ingannevoli sullo schermo della dualità sono svanite.
> La tempesta di *maya* è stata placata
> dalla bacchetta magica della profonda intuizione.
> Presente, passato, futuro, per me non sono più,
> ma è l'eterno presente, l'io, che fluisce in tutte le cose, l'io dovunque.
> Pianeti, stelle, nebulose, terra,

travolgenti esplosioni di cataclismi apocalittici,
fucina in cui si plasma la creazione,
ghiacciai di silenziosi raggi X, fiumi di elettroni incandescenti,
pensieri di tutti gli uomini, passati, presenti, futuri,
ogni filo d'erba, me stesso, tutta l'umanità,
ogni particella di polvere degli universi,
collera, avidità, bene, male, salvezza, lussuria,
tutto ho inghiottito, tutto ho trasformato
nel vasto oceano di sangue che scorre nel mio unico Essere.
La gioia sopita, ravvivata più e più volte dalla meditazione,
abbagliando i miei occhi colmi di pianto,
divampa nelle fiamme immortali della beatitudine,
e consuma le mie lacrime, il mio corpo, tutto me stesso.
Tu sei me, io sono Te,
la Conoscenza, Colui che conosce, l'Oggetto della conoscenza: una Cosa Sola!
Ebbrezza quieta, ininterrotta, pace eternamente viva, sempre nuova.
Estasi del *samadhi*, beatitudine al di là di ogni immaginazione!
Non uno stato inconscio
o un torpore mentale senza più ritorno,
il *samadhi* estende il regno della mia coscienza
oltre i limiti della mia forma umana
fino ai più remoti confini dell'eternità
là dove io, il Mare Cosmico,
osservo il piccolo ego fluttuare in Me.
Si ode il mormorio degli atomi danzanti,
ed ecco, la terra oscura, i monti, le valli, si sono fusi insieme!
I mari ondeggianti si trasformano nei vapori delle nebulose!
Il sacro *Om* alita sui vapori, schiudendo prodigiosamente i loro veli,
appaiono oceani di scintillanti elettroni,
finché, quando echeggia il suono finale del tamburo cosmico,[4]
le luci più dense scompaiono fondendosi nei raggi eterni
della beatitudine, che pervade ogni cosa.
Io vengo dalla gioia, vivo per la gioia, nella sacra gioia mi dissolvo.
Mente oceanica, io bevo tutte le onde del creato.
I quattro veli, solidi, liquidi, vapori, luce
si sollevano infine.
E io, in tutte le cose, mi immergo nel grande Me Stesso.
Dissolte per sempre le vane, tremule ombre della memoria terrena,
il mio cielo mentale è immacolato: in basso, davanti e in alto su di me;
l'Eternità e io siamo un solo, unico raggio.
Io, minuscola bollicina di un sorriso,

---

[4] *Om*, la vibrazione creativa che dà forma a tutta la creazione.

Un'esperienza della coscienza cosmica

Sono divenuto il Mare Stesso dell'Allegrezza.

Sri Yukteswar mi insegnò a richiamare a volontà questa sacra esperienza e anche a trasmetterla agli altri,[5] quando le loro facoltà intuitive sono sviluppate.

Per mesi e mesi, dopo la prima volta, sono entrato in quello stato di unione estatica comprendendo ogni giorno di più perché le *Upanishad* affermano che Dio è *rasa*, 'il più squisito'. Un mattino, però, posi al maestro questo interrogativo:

"Desidererei sapere, signore, quando troverò Dio".

"Lo hai già trovato".

"Oh, no, signore, non credo!".

Il mio guru sorrise. "Sono certo che non ti aspetti di vedere un venerabile personaggio seduto su un trono in qualche candido e incontaminato angolo del cosmo! Tuttavia, credo che secondo te sia necessario possedere poteri miracolosi per avere prova di aver trovato Dio. No! Si

---

[5] Ho trasmesso la visione cosmica a vari Kriya Yogi sia in Oriente sia in Occidente. Uno di essi, James J. Lynn, è ritratto nella foto riportata a fronte di pagina 270 mentre è immerso nel *samadhi*.

L'*ashram* di Sri Yukteswar sulla riva del mare a Puri, Orissa, sul Golfo del Bengala. (Vedere anche la foto a p. 453.)

potrebbe conquistare il dominio sull'intero universo e non aver ancora trovato il Signore! Il progresso spirituale si misura non dalla dimostrazione di poteri esteriori, ma esclusivamente dalla profondità della beatitudine che si prova nella meditazione.

"*Dio è Gioia sempre nuova*. Egli è inesauribile; se continuerai a meditare nel corso degli anni, saprà sedurti con ingegnosità infinita. I devoti che come te hanno trovato il sentiero che conduce a Lui, non si sognerebbero mai di rinunciarvi in cambio di nessun'altra gioia; Egli è seducente oltre ogni possibilità di confronto.

"Come ci stanchiamo presto dei piaceri terreni! Il desiderio delle cose materiali è senza fine; l'uomo non è mai completamente soddisfatto

Swami Sri Yukteswar seduto nella posizione del loto.

e insegue una meta dopo l'altra. Quel 'qualcos'altro' che cerca è il Signore, perché solo Lui può assicurare una gioia duratura.

"I desideri esteriori ci allontanano dal nostro Eden interiore, offrendoci piaceri ingannevoli che sono soltanto parvenze della felicità spirituale. Il paradiso perduto è presto riconquistato con la divina meditazione. Poiché Dio è l'Essenza Stessa del nuovo, imprevedibile e sempre diverso, non ci stanchiamo mai di Lui. Potremmo mai saziarci di una beatitudine perfetta, deliziosamente diversificata, per tutta l'eternità?".

"Ora comprendo, signore, perché i santi definiscono Dio 'l'Insondabile'. Neanche una vita senza fine basterebbe per conoscerne il valore".

"È vero; ma al tempo stesso Egli è anche vicino e caro. Quando la mente si libera dall'ostacolo dei sensi mediante il Kriya Yoga, la meditazione offre una duplice prova dell'esistenza di Dio. La gioia sempre nuova è un chiaro segno della Sua esistenza, così eloquente da convincere ogni atomo del nostro essere. Nella meditazione, inoltre, troviamo la Sua guida immediata, la Sua risposta appropriata a ogni nostra difficoltà".

"Comprendo, guruji; avete risolto il mio problema". Sorrisi con gratitudine. "Ora so di aver trovato Dio, poiché ogni volta che la gioia della meditazione riaffiora inconsciamente mentre sono impegnato nelle mie attività, mi sento implicitamente guidato a scegliere la linea di condotta giusta in ogni cosa, anche nei dettagli meno importanti".

"La vita umana sarà tormentata dalla sofferenza finché non impareremo a metterci in sintonia con la Volontà Divina, la cui 'retta condotta' è spesso sconcertante per l'intelligenza egoistica", disse il maestro.

"Dio soltanto può dare consigli infallibili; chi, se non Lui, sostiene il gravoso fardello dell'universo?".

Capitolo 15

Il furto del cavolfiore

"Maestro, un regalo per voi! Questi sei enormi cavolfiori li ho piantati con le mie mani; ho vegliato sulla loro crescita con le tenere cure di una madre per il suo bambino". Con fare solenne gli porsi il cesto degli ortaggi.

"Grazie!". Il caldo sorriso di Sri Yukteswar dimostrò che aveva apprezzato il dono. "Per favore, tienili in camera tua; ne avrò bisogno domani per un pranzo speciale".

Ero appena arrivato a Puri[1] per trascorrere le vacanze estive con il mio guru nel suo eremitaggio sul mare. Questo piccolo e ameno ritiro a due piani, che il Maestro aveva costruito insieme ai suoi discepoli, si affacciava sul golfo del Bengala.

Il mattino seguente mi svegliai presto, rigenerato dalla brezza marina e dalla quieta bellezza dell'*ashram*. La voce melodiosa del mio guru mi stava chiamando; lanciai un'occhiata ai miei amati cavolfiori e li sistemai con cura sotto il letto.

"Venite, andiamo sulla spiaggia". Il maestro camminava in testa; io e un gruppo di giovani discepoli lo seguivamo, procedendo in ordine sparso. Il nostro guru ci scrutò con occhi un po' critici.

"Quando i nostri fratelli occidentali camminano insieme, di solito amano farlo in perfetto accordo. Per favore, disponetevi in due file e cercate di tenere tutti lo stesso passo". Sri Yukteswar ci osservava mentre seguivamo le sue istruzioni; poi cominciò a cantare: "I ragazzi van su e giù, ben in fila stai anche tu". Non potevo che ammirare la facilità con cui il maestro si adeguava all'andatura spedita dei suoi giovani allievi.

"Alt!". Gli occhi del mio guru cercarono i miei. "Ti sei ricordato di chiudere a chiave la porta sul retro dell'eremitaggio?".

---

[1] Puri, a circa 500 chilometri a sud di Calcutta, è una famosa meta di pellegrinaggio dei devoti di Krishna. Vi si celebrano due grandiose feste annuali, la *Snanayatra* e la *Rathayatra*.

Il furto del cavolfiore

"Credo di sì, signore".

Sri Yukteswar rimase in silenzio per qualche minuto, con un malcelato sorriso sulle labbra, e infine disse: "No, lo hai dimenticato. La contemplazione divina non deve diventare una scusa per trascurare le incombenze materiali. Hai mancato al tuo compito di custodire l'*ashram*; dovrai essere punito".

Pensai che stesse scherzando in modo un po' sibillino, quando aggiunse: "Ben presto i tuoi sei cavolfiori non saranno che cinque".

Poi il maestro ci ordinò di fare dietro front e ritornammo di buon passo verso l'eremitaggio.

"Fermatevi un attimo. Mukunda, guarda oltre il recinto alla tua sinistra, e osserva la strada. Fra poco arriverà un uomo; sarà lui lo strumento della tua punizione".

Nascosi l'irritazione che mi suscitarono queste parole incomprensibili. Ben presto apparve sulla strada un contadino; saltellava in modo grottesco agitando le braccia con gesti bizzarri. Quasi paralizzato dalla curiosità, incollai lo sguardo su quel buffo spettacolo. Quando l'uomo giunse in un punto della strada in cui non lo si poteva più scorgere, Sri Yukteswar disse: "Adesso tornerà".

All'improvviso il contadino cambiò direzione e si avviò verso il retro dell'*ashram*, attraversò un tratto di terreno sabbioso ed entrò nell'edificio dalla porta posteriore. Non l'avevo chiusa a chiave, proprio come aveva detto il mio guru. Poco dopo l'uomo riapparve tenendo in mano uno dei miei preziosi cavolfiori. Ora camminava con incedere solenne, tutto fiero del tesoro appena conquistato.

La farsa che stava avendo luogo, in cui io mi trovavo a rivestire il ruolo di attonita vittima, non era così sconvolgente da impedirmi di correre, indignato, all'inseguimento del ladro. Mi trovavo già a metà strada, quando il maestro mi richiamò. Era scosso dalle risate, da capo a piedi.

"Quel povero matto desiderava tanto un cavolfiore", spiegò ridendo. "Ho pensato che sarebbe stata una buona idea procurargliene uno dei tuoi, così mal custoditi!".

Mi precipitai nella mia stanza, dove scoprii che il ladro, evidentemente posseduto dalla mania degli ortaggi, non aveva toccato né gli anelli d'oro né l'orologio né il denaro, che erano poggiati in bella vista sulla coperta; si era invece infilato carponi sotto il letto dove il cesto dei cavolfiori, completamente nascosto allo sguardo, gli aveva offerto l'oggetto esclusivo del suo desiderio.

Quella sera chiesi a Sri Yukteswar di spiegarmi l'accaduto, che ai miei occhi presentava alcuni aspetti sconcertanti.

Il mio guru scosse lentamente il capo. "Lo comprenderai un giorno. Ben presto la scienza scoprirà molte di queste leggi segrete".

Quando, qualche anno dopo, il mondo potè ammirare con stupore le meraviglie della radio, ricordai la predizione del maestro. Gli antichi concetti di tempo e di spazio erano stati cancellati; non c'era ormai casa, per quanto piccola, che non potesse accogliere le voci di intere città, grandi come Londra o Calcutta! L'intelletto più limitato aveva l'opportunità di espandersi dinanzi a una prova indiscutibile dell'onnipresenza umana.

L'analogia con la radio permette di comprendere meglio la 'trama' della farsa del cavolfiore.[2] Il mio guru era una perfetta radio umana. I pensieri non sono altro che vibrazioni molto sottili che si propagano nell'etere. Proprio come una radio ben sintonizzata capta un certo brano musicale fra migliaia di altri programmi che giungono da ogni parte, così Sri Yukteswar aveva captato un pensiero particolare (quello del povero matto che desiderava tanto un cavolfiore) fra gli innumerevoli pensieri trasmessi dalle menti di tutti gli uomini del mondo. Mentre ci

---

[2] Un radio-microscopio inventato nel 1939 ha rivelato un nuovo mondo di radiazioni fino ad allora sconosciute. "L'uomo stesso, come pure ogni tipo di materia considerata inerte, emette costantemente le radiazioni che questo strumento è in grado di 'vedere'", ha dichiarato l'*Associated Press*. "Coloro che credono nella telepatia, nella seconda vista e nella chiaroveggenza trovano in questa dichiarazione la prima prova scientifica dell'esistenza di raggi invisibili che sono veramente trasmessi da una persona all'altra. La radio è in realtà uno spettroscopio di radiofrequenze. Compie per la materia fredda e opaca la stessa funzione dello spettroscopio quando quest'ultimo rivela la natura degli atomi che formano le stelle... Già da molti anni gli scienziati ipotizzavano l'esistenza di tali raggi emessi dall'uomo e da ogni cosa vivente. Oggi ne abbiamo la prima prova sperimentale. La scoperta dimostra che ogni atomo e ogni molecola presenti in natura sono una stazione radiotrasmittente in continua attività... Così, anche dopo la morte, la sostanza che un tempo era un essere umano continua a emettere le sue impercettibili radiazioni. La loro frequenza oscilla da una cortissima, inferiore a quella di qualsiasi onda radio usata attualmente nelle radiotrasmissioni, a una frequenza simile a quella delle onde radio più lunghe. Queste onde formano un intrico quasi inconcepibile. Ne esistono a milioni. Una sola grande molecola può emettere contemporaneamente un milione di lunghezze d'onda diverse. Le onde più lunghe viaggiano con la facilità e la rapidità delle onde radio... Fra questi nuovi raggi e i raggi già conosciuti, come quelli della luce, esiste un'unica sorprendente differenza: il prolungato periodo di tempo, che può raggiungere migliaia di anni, durante il quale la materia continua imperturbabilmente a emettere queste onde radio".

Il furto del cavolfiore

dirigevamo verso la spiaggia, il maestro percepì l'ingenuo desiderio del contadino e nello stesso istante decise di esaudirlo. La vista divina di Sri Yukteswar aveva scorto l'uomo che danzava per la strada prima che apparisse agli occhi di noi discepoli. Il fatto che io avessi dimenticato di chiudere a chiave la porta dell'*ashram* aveva offerto al maestro una buona scusa per privarmi di uno dei miei preziosi cavolfiori.

Dopo aver svolto la funzione di una radioricevente, Sri Yukteswar si era trasformato, in virtù della sua forte volontà, in uno strumento trasmittente.[3] In questo modo era riuscito a indurre il contadino a invertire direzione e a volgere i suoi passi verso una certa stanza, per appropriarsi di quell'unico cavolfiore.

L'intuizione è la guida dell'anima e si manifesta naturalmente nell'uomo nei momenti in cui la mente è calma. A quasi tutti è accaduto di avere un giusto presentimento senza capire come o perché, o di trasmettere fedelmente i propri pensieri a un'altra persona.

Appena si libera dagli elementi di disturbo, ovvero dalle 'interferenze' dell'irrequietezza, la mente umana è in grado di svolgere le stesse funzioni dei complessi strumenti radiofonici, inviando e ricevendo pensieri ed escludendo quelli indesiderati. Come la potenza di una stazione radiotrasmittente dipende dalla quantità di energia elettrica che può utilizzare, così l'efficienza di una radio umana dipende da quanta forza di volontà possiede l'individuo.

Tutti i pensieri vibrano nel cosmo in eterno. Concentrandosi profondamente, un maestro è in grado di captare i pensieri di qualsiasi persona, che sia viva o morta. L'origine dei pensieri è universale, non individuale; una verità non si può creare, ma si può solo percepire. Ogni pensiero sbagliato dell'uomo è conseguenza di un'imperfezione, grande o piccola, della sua facoltà di discernimento. La scienza yoga ha lo scopo di calmare la mente, affinché possa udire con chiarezza il consiglio infallibile della Voce Interiore.

La radio e la televisione hanno portato i suoni e le immagini di persone lontane in milioni di case nello stesso istante: questo è il primo, piccolo indizio scientifico che l'uomo è uno spirito onnipresente. Benché l'ego faccia di tutto, senza il minimo scrupolo, per renderlo schiavo, l'uomo non è un corpo confinato in un punto dello spazio, ma è essenzialmente l'anima onnipresente.

---

[3] Vedere la nota a pagina 283.

"Potranno ancora accadere fenomeni molto strani, meravigliosi, in apparenza alquanto inverosimili che, una volta accettati, non ci sorprenderanno più di quanto oggi ci sorprenda tutto quello che la scienza ci ha insegnato nel secolo scorso", ha affermato Charles Robert Richet,[4] premio Nobel per la fisiologia. "Si tende a pensare che i fenomeni che oggi accettiamo senza alcuna sorpresa non suscitino la nostra meraviglia perché li comprendiamo. Ma non è così. Se non ci sorprendono più, non è perché li comprendiamo, ma perché ci sono ormai familiari; infatti, se tutto ciò che non comprendiamo dovesse sorprenderci, staremmo continuamente a stupirci di ogni cosa: la caduta di una pietra lanciata in aria, la ghianda che si trasforma in quercia, il mercurio che si dilata quando è riscaldato, il ferro che è attirato da un magnete.

La scienza di oggi è cosa da poco... Le sorprendenti verità che saranno scoperte dai nostri discendenti sono anche ora intorno a noi; saltano agli occhi, per così dire, eppure non le vediamo. Ma non basta dire che non le vediamo; non le vogliamo vedere perché, appena accade un fatto inatteso e insolito, cerchiamo di farlo rientrare nello schema dei luoghi comuni che costituiscono le nostre conoscenze già acquisite, e ci risentiamo se qualcuno osa compiere ulteriori indagini".

Qualche giorno dopo l'inverosimile furto del cavolfiore, accadde un episodio divertente. Non si riusciva a trovare una certa lampada a petrolio. Essendo appena stato testimone dell'onniscienza del mio guru, mi aspettavo che ci dimostrasse che ritrovare la lampada era un gioco da ragazzi.

Il maestro intuì questa aspettativa. Con esagerata gravità interrogò tutti i residenti dell'*ashram* riguardo alla lampada. Un giovane discepolo confessò di averla usata per recarsi al pozzo, nel cortile sul retro.

Sri Yukteswar suggerì solennemente: "Cercate la lampada vicino al pozzo".

Mi precipitai nel cortile; della lampada nessuna traccia! Avvilito, tornai dal mio guru. Stava ridendo di cuore, senza nessuna pietà per la mia delusione.

"È un vero peccato che io non abbia saputo guidarti fino alla lampada scomparsa; non sono un indovino!". E, con gli occhi che gli brillavano, aggiunse: "Non sono nemmeno un bravo Sherlock Holmes!".

Capii che il maestro non avrebbe mai fatto sfoggio dei suoi poteri per rispondere a una sfida o per un motivo banale.

---

[4] Autore di *Our Sixth Sense* (Londra, Rider & Co.)

Il furto del cavolfiore

Dopo alcune settimane incantevoli che trascorsero in un lampo, Sri Yukteswar pensò di organizzare una processione religiosa e mi chiese di condurre i discepoli per le strade di Puri e lungo la spiaggia. Quel giorno di festa (il solstizio d'estate) si annunciò estremamente torrido fin dalle prime luci dell'alba.

"Guruji, come posso condurre gli studenti a piedi nudi sulla sabbia infuocata?", domandai preoccupato.

"Ti confiderò un segreto", rispose il maestro. "Il Signore invierà un ombrello di nuvole e potrete camminare senza difficoltà".

Felice, organizzai la processione; il nostro gruppo partì dall'*ashram* portando uno stendardo del *Satsanga*.[5] Era stato disegnato da Sri Yukteswar e vi era raffigurato il simbolo dell'occhio spirituale,[6] lo sguardo telescopico dell'intuizione.

Avevamo appena lasciato l'eremitaggio, ed ecco che come per magia il cielo si coprì di nubi. Accompagnata dalle esclamazioni di stupore dei presenti, cadde una pioggerellina che rinfrescò le strade della città e la spiaggia riarsa.

Quelle gradevoli goccioline continuarono a cadere per tutte le due ore della processione. Nel preciso istante in cui il nostro gruppo fece ritorno all'*ashram*, le nuvole e la pioggia scomparvero.

"Vedi come Dio ci protegge", replicò il maestro quando gli espressi la mia gratitudine. "Il Signore risponde a tutti e si adopera per tutti. Proprio come ha mandato la pioggia esaudendo la mia richiesta, così Egli appaga ogni desiderio sincero dei devoti. Raramente gli uomini si rendono conto di quanto spesso Dio esaudisca le loro preghiere. Senza parzialità nei confronti di alcuni, il Signore presta ascolto a tutti coloro che si rivolgono a Lui fiduciosi. I Suoi figli dovrebbero nutrire sempre una fede profonda nell'amorevole benevolenza del loro Padre Onnipresente".[7]

---

[5] *Sat* significa letteralmente 'essere', ovvero 'essenza, verità, realtà'; *sanga* significa 'associazione'. Sri Yukteswar aveva denominato l'organizzazione del suo eremitaggio *Satsanga*, ossia 'amicizia con la verità'.

[6] "Se dunque il tuo occhio è singolo, tutto il tuo corpo sarà nella luce" (Matteo 6, 22). Durante la meditazione profonda, l'occhio singolo, ovvero l'occhio spirituale, diventa interiormente visibile al centro della fronte. Le Scritture si riferiscono in vari modi a questo occhio onnisciente: terzo occhio, stella d'Oriente, occhio interiore, colomba che scende dal cielo, occhio di Shiva, occhio dell'intuizione, e così via.

[7] "Chi ha formato l'orecchio, forse non sente? Chi ha plasmato l'occhio, forse non vede?... Chi ha insegnato all'uomo il sapere, forse non sa?" (Salmi 94, 9-10).

Sri Yukteswar celebrava quattro festività annuali, in occasione degli equinozi e dei solstizi; in queste ricorrenze i suoi allievi accorrevano da ogni luogo, vicino o lontano. La celebrazione del solstizio d'inverno si svolgeva a Serampore; la prima volta che vi partecipai fu un'esperienza che mi lasciò una benedizione perenne.

Le celebrazioni cominciarono al mattino con una processione a piedi nudi per le strade della città. Le voci di un centinaio di discepoli echeggiavano nelle note di dolci canti religiosi; alcuni musicisti suonavano il flauto e i *khol kartal* (tamburi e cimbali). La folla entusiasta cospargeva la strada di fiori, felice di allontanarsi dalle prosaiche incombenze quotidiane per ascoltare i nostri canti in lode del nome benedetto del Signore. Il lungo giro terminò nel cortile dell'eremitaggio, dove ci disponemmo in cerchio intorno al nostro guru, mentre alcuni studenti, dai balconi, lanciavano su di noi una pioggia di calendule.

Molti ospiti salirono al piano superiore per ricevere un budino di *channa* e arance. Mi unii a un gruppo di altri discepoli che quel giorno si occupavano della cucina. Per una così grande moltitudine bisognava cucinare all'aperto in enormi calderoni. Dagli improvvisati fornelli di mattoni, alimentati a legna, si sprigionavano nuvole di fumo che facevano lacrimare gli occhi; ma noi, anche se impegnati nel lavoro, ridevamo allegramente. In India le festività religiose non sono mai considerate un fastidio; ciascun devoto fa gioiosamente la sua parte, offrendo denaro o riso e verdure o il proprio aiuto personale.

Il maestro ci raggiunse ben presto, dirigendo ogni dettaglio del banchetto. Instancabile, lavorava con lo stesso ritmo del più energico dei giovani studenti.

Al primo piano si svolgeva un *sankirtan* (canto in gruppo), accompagnato dall'armonium e dai tamburi indiani percossi a mano. Sri Yukteswar ascoltava compiaciuto; aveva un'acutissima sensibilità musicale.

"Sono stonati!". Il maestro lasciò i cuochi e raggiunse i musicisti. La melodia riprese di nuovo, questa volta eseguita correttamente.

Il *Sama Veda* contiene gli scritti di scienza della musica più antichi del mondo. In India la musica è considerata un'arte divina, così come la pittura e il teatro. I primi musicisti furono Brahma, Vishnu e Shiva, la Trinità Eterna. Secondo le Scritture, Shiva nel suo aspetto di Nataraja, il danzatore cosmico, fu l'ideatore di ogni tipo di ritmo durante i processi della creazione, della conservazione e della dissoluzione dell'universo, mentre Brahma e Vishnu crearono l'accompagnamento a percussione, che accentua il ritmo stesso: Brahma facendo risuonare i cimbali e Vishnu percuotendo il *mridanga*, il tamburo sacro.

Sarasvati, dea della saggezza, viene raffigurata mentre suona la *vina*, madre di tutti gli strumenti a corda. Nell'arte indù, Krishna, un'incarnazione di Vishnu, è spesso rappresentato con un flauto, con il quale suona l'ammaliante melodia che richiama alla loro vera dimora le anime smarrite nell'illusione di *maya*.

Le pietre miliari della musica indiana sono i *raga*, scale melodiche fisse. I sei *raga* di base si articolano in 126 *ragini* (mogli) e *putra* (figli). Ciascun *raga* comprende almeno cinque note: una nota dominante (*vadi* o sovrano), una nota secondaria (*samavadi* o primo ministro), alcune note ausiliarie (*anuvadi* o aiutanti), e una nota dissonante (*vivadi*, il nemico).

Ciascuno dei sei *raga* fondamentali ha una rispondenza naturale con una certa ora del giorno, con una stagione dell'anno e con una divinità che presiede a una facoltà particolare e la elargisce al devoto. Così l'*Hindole Raga* (1) si può ascoltare soltanto all'alba in primavera, per risvegliare il sentimento dell'amore universale; il *Deepaka Raga* (2) si suona durante le sere estive, per suscitare la compassione; il *Megha Raga* (3) è una melodia da suonare a mezzogiorno nella stagione delle piogge, per infondere coraggio; il *Bhairava Raga* (4) si esegue nelle mattine di agosto, settembre e ottobre, per raggiungere la tranquillità; lo *Sri Raga* (5) è riservato ai crepuscoli autunnali, per ottenere l'amore puro; il *Malkounsa Raga* (6) si ascolta a mezzanotte in inverno, e rende valorosi.

Gli antichi *rishi* scoprirono le leggi di questo accordo fra la natura e l'uomo attraverso il suono. Poiché la natura è un'oggettivazione di *Om*, il Suono Originario o la Parola Vibratoria, l'uomo può ottenere la supremazia su ogni manifestazione della natura servendosi di determinati *mantra* o canti.[8] Come testimoniano alcuni documenti storici,

---

[8] La tradizione popolare di ogni paese contiene riferimenti a incantesimi operati per esercitare potere sulla natura. Gli indiani d'America hanno composto musiche rituali per la pioggia e il vento. Tan Sen, il grande musicista indù, riusciva a spegnere il fuoco con il potere del suo canto.

Nel 1926 Charles Kellogg, naturalista californiano, diede una dimostrazione dell'effetto della vibrazione sonora sul fuoco dinanzi a un gruppo di vigili del fuoco di New York. "Strofinando velocemente su un diapason d'alluminio un archetto analogo a quello del violino, ma più grande, Kellogg provocò uno stridore simile a quello di un'intensa scarica elettrostatica. Immediatamente la fiamma gialla del gas, alta circa 60 cm. e racchiusa in

Miyan Tan Sen, musicista del sedicesimo secolo presso la corte di Akbar il Grande, possedeva straordinari poteri. All'ordine dell'imperatore di cantare un *raga* notturno mentre il sole era ancora alto, Tan Sen intonò un *mantra* che all'istante fece piombare l'intero palazzo nell'oscurità.

La musica indiana suddivide l'ottava in ventidue *sruti*, o quarti di tono. Questi intervalli microtonali permettono di esprimere le più lievi sfumature musicali, che non è possibile rendere con la scala cromatica occidentale di dodici semitoni. Nella mitologia indù ciascuna delle sette note fondamentali dell'ottava è associata a un colore e al verso di un uccello o di un altro animale: il '*do*' è associato al verde e al pavone; il '*re*' al rosso e all'allodola; il '*mi*' all'oro e alla capra; il '*fa*' all'avorio e all'airone; il '*sol*' al nero e all'usignolo; il '*la*' al giallo e al cavallo; il '*si*' all'insieme di tutti i colori e all'elefante.

La musica indiana possiede settantadue *thata* o scale. Il musicista ha la possibilità di creare un numero infinito di improvvisazioni, a partire dal motivo fisso di base o *raga*; egli si concentra sul sentimento o sullo stato d'animo espresso dal tema conduttore, e lo impreziosisce con tutte le variazioni di cui è capace la sua creatività. Il musicista indù non esegue note prestabilite; ad ogni esecuzione egli crea una nuova veste alla spoglia ossatura del *raga*, limitandosi spesso a ripetere un'unica sequenza melodica e a metterne in risalto tutte le sottili variazioni ritmiche e microtonali.

Fra i compositori occidentali, Bach è stato quello che ha meglio compreso il fascino e il potere del suono ripetuto con leggere variazioni, in centinaia di elaborate combinazioni.

La letteratura sanscrita descrive 120 *tala* o misure di tempo. Secondo la tradizione, Bharata, il fondatore della musica indù, avrebbe individuato trentadue tipi di *tala* nel canto di un'allodola. Il *tala* o ritmo affonda le sue radici nei movimenti dell'uomo: i due tempi della cadenza dei passi, i tre tempi della respirazione durante il sonno, quando l'inspirazione è due volte più lunga dell'espirazione.

L'India ha sempre considerato la voce umana come lo strumento musicale più perfetto. Nella musica indù l'estensione delle note è quindi in gran parte circoscritta alle tre ottave della voce umana. Per la stessa

---

un tubo di vetro cavo, si abbassò a 15 cm., trasformandosi in una tremolante fiammella azzurra. Un secondo intervento con l'archetto e un nuovo stridìo la spensero del tutto".

Il furto del cavolfiore

ragione la melodia (il rapporto fra note successive) ha più rilievo dell'armonia (il rapporto fra note simultanee).

La musica indù è un'arte soggettiva, spirituale e individualistica, che non aspira a brillanti effetti sinfonici, bensì all'armonia dell'individuo con l'Anima Universale. Tutti i più famosi canti indiani sono stati composti da devoti del Divino. In sanscrito 'musicista' si traduce con *bhagavathar*, 'colui che canta le lodi di Dio'.

I *sankirtan*, ovvero riunioni musicali, sono un'efficace forma di yoga o disciplina spirituale, che richiede un intenso raccoglimento e una profonda concentrazione sul pensiero e sul suono originari. Poiché l'uomo stesso è un'espressione della parola creativa, il suono esercita su di lui un effetto potente e immediato. Le grandi composizioni religiose d'Oriente e d'Occidente trasmettono gioia perché causano il temporaneo risveglio vibratorio di uno dei centri spinali occulti dell'uomo.[9] In tali momenti di beatitudine si ridesta in lui un vago ricordo della propria origine divina.

In quel giorno di festa, la musica del *sankirtan* che proveniva dal soggiorno di Sri Yukteswar, al primo piano dell'eremitaggio, era di grande ispirazione per i cuochi affaccendati fra le pentole fumanti. I miei compagni e io cantavamo gioiosamente i ritornelli, battendo il tempo con le mani.

---

[9] Il risveglio dei centri cerebrospinali occulti (*chakra* o fiori di loto astrali) è la sacra meta dello yogi. Gli esegeti occidentali non hanno compreso che un capitolo del Nuovo Testamento, l'Apocalisse, contiene la descrizione simbolica di una scienza yoga, impartita da Gesù a Giovanni e ad altri discepoli tra i più cari. Giovanni accenna al 'mistero delle sette stelle' e alle 'sette chiese' (Apocalisse 1, 20), simboli che si riferiscono ai sette fiori di loto di luce descritti nei trattati di yoga come le 'sette botole' situate nell'asse cerebrospinale. Attraverso queste 'vie d'uscita' concepite dal piano divino, lo yogi, grazie alla meditazione scientifica, riesce a evadere dalla prigione del corpo e a riconquistare la propria vera identità, che è lo Spirito (vedere il capitolo 26).

Il settimo centro, o 'loto dai mille petali' che ha sede nel cervello, è il trono della Coscienza Infinita. Si dice che nello stato di divina illuminazione lo yogi percepisca Brahma, o Dio Creatore, quale Padmaja, 'Colui che è nato dal loto'.

La 'posizione del loto' è così chiamata perché in questa posizione tradizionale lo yogi vede i fiori di loto (*padma*) multicolori dei centri cerebrospinali. Ogni fiore di loto ha un numero diverso di petali o raggi, composti di *prana* (forza vitale). I *padma* sono anche chiamati *chakra* o ruote.

La posizione del loto (*padmasana*) mantiene la colonna vertebrale eretta e consente al corpo di non cadere in avanti o indietro durante lo stato di estasi (*sabikalpa samadhi*); è quindi la postura di meditazione preferita dagli yogi. Tuttavia il *padmasana* può presentare alcune difficoltà per i principianti, i quali non dovrebbero tentare di assumere questa posizione senza la guida di un esperto di *hatha yoga*.

Al tramonto avevamo ormai servito *khichuri* (riso e lenticchie), verdure al curry e budino di riso a centinaia di visitatori. Stendemmo alcune coperte di cotone nel cortile e ben presto ci sedemmo tutti a gambe incrociate sotto la volta stellata, ad ascoltare in rispettoso silenzio le parole di saggezza che sgorgavano dalle labbra di Sri Yukteswar. I suoi discorsi pubblici sottolineavano il valore del Kriya Yoga ed esortavano al rispetto di sé stessi, alla calma, alla determinazione, al cibo semplice e al regolare esercizio fisico.

Un gruppo di giovanissimi discepoli cantò poi alcuni inni sacri; la riunione si concluse infine con un fervente *sankirtan*. Dalle dieci della sera fino a mezzanotte, i discepoli dell'*ashram* lavarono pentole e scodelle e pulirono il cortile. Il mio guru mi chiamò vicino a sé.

"Mi fa piacere che tu abbia compiuto gioiosamente il tuo lavoro, sia oggi sia durante i preparativi della settimana scorsa. Resta pure; questa notte puoi dormire nel mio letto".

Questo era un privilegio che non pensavo mi sarebbe mai stato concesso. Restammo seduti per un poco, in uno stato d'intensa pace divina, poi ci coricammo. Trascorsi circa dieci minuti, però, il maestro si alzò e cominciò a prepararsi.

"Che cosa succede, signore?". La gioia di dormire accanto al mio guru si colorò improvvisamente di una sfumatura di irrealtà.

"Penso che tra poco arriveranno alcuni studenti che hanno perso la coincidenza del treno. Prepariamo qualcosa da mangiare".

"Guruji, non verrà nessuno all'una del mattino!".

"Rimani pure, hai lavorato molto. Vado io a cucinare".

Al tono risoluto di Sri Yukteswar saltai giù dal letto e lo seguii nella piccola cucina che usavamo abitualmente, attigua alla balconata interna del secondo piano. Ben presto riso e *dal* erano sul fuoco.

Il mio guru sorrise affettuosamente. "Questa notte hai vinto la stanchezza e il timore del lavoro faticoso; in futuro non saranno mai più un problema per te".

Mentre pronunciava queste parole di benedizione che mi avrebbero accompagnato per tutta la vita, udii dei passi nel cortile. Corsi giù e feci entrare un gruppo di discepoli.

"Caro fratello", mi disse uno di loro, "ci dispiace davvero disturbare il maestro a quest'ora, e abbiamo esitato a farlo! Abbiamo sbagliato gli orari dei treni, ma non potevamo tornarcene a casa senza rivedere anche per un momento il nostro guru".

Il furto del cavolfiore

"Vi aspettava, e ora vi sta preparando qualcosa da mangiare".

La sonora voce di Sri Yukteswar diede loro il benvenuto. Condussi in cucina gli stupiti visitatori. Il maestro si rivolse a me con un luccichio negli occhi.

"Ora che hai finito di fare le tue verifiche, sarai senza dubbio convinto che i nostri ospiti hanno davvero perso il treno!".

Mezz'ora dopo lo seguii finalmente nella sua camera, assaporando felice l'onore di dormire accanto a un guru divino.

Capitolo 16

Come sconfiggere gli astri

"Mukunda, perché non ti procuri un bracciale astrologico?".
"Pensate che dovrei, maestro? Io non credo nell'astrologia".
"Non si tratta di *credere*; l'atteggiamento scientifico che si dovrebbe assumere nei confronti di ogni questione è quello di appurarne la *verità*. La legge della gravitazione ha agito ugualmente sia prima di Newton sia dopo di lui. Il cosmo sarebbe alquanto caotico se le sue leggi non potessero operare senza il benestare dell'uomo.

"Oggi i ciarlatani hanno messo in cattiva luce l'antica scienza astrologica. L'astrologia è troppo vasta, sia dal punto di vista matematico[1] sia da quello filosofico, perché la si possa interpretare correttamente, fatta eccezione per coloro che sono dotati di una profonda capacità di comprensione. Che gli ignoranti non sappiano interpretare il libro dei

---

[1] I riferimenti astronomici contenuti nell'antica letteratura indù hanno permesso agli studiosi di accertare l'epoca in cui sono vissuti gli autori di questi documenti. La conoscenza scientifica dei *rishi* era vastissima; nel *Kaushitaki Brahamana* troviamo precisi riferimenti astronomici che dimostrano come nel 3100 a. C. gli indù fossero molto progrediti nell'astronomia, le cui nozioni avevano anche finalità pratiche, permettendo di stabilire i giorni fausti per le cerimonie astrologiche. Un articolo di Tara Mata, pubblicato sulla rivista *East-West* nel febbraio del 1934, parla del *Jyotish*, il complesso dei trattati astronomici vedici: "Esso contiene le nozioni scientifiche che valsero all'India il primato fra tutti i paesi dell'antichità, facendone la mecca dei ricercatori della conoscenza. Il *Brahmagupta*, una delle opere *Jyotish*, è un trattato astronomico che comprende argomenti come il movimento eliocentrico dei corpi planetari nel sistema solare, l'obliquità dell'eclittica, la forma sferica della terra, la luce riflessa della luna, la rivoluzione quotidiana della terra sul suo asse, la presenza di stelle fisse nella Via Lattea, la legge della gravitazione e altri dati scientifici che restarono ignoti al mondo occidentale fino all'epoca di Copernico e di Newton".
Nel IX secolo, i cosiddetti 'numeri arabi', di valore inestimabile per lo sviluppo della matematica occidentale, giunsero in Europa tramite gli arabi dall'India, dove questo sistema di numerazione era stato elaborato fin da tempi remoti. Per ulteriori informazioni sulla vasta eredità scientifica dell'India, si vedano: *History of Hindu chemistry* di Sir P. C. Roy, *Positive sciences of the ancient Hindus*, di B. N. Seal, *Hindu achievements in exact science* e *The positive background of Hindu sociology,* due opere di B. K. Sarkar, e *Materia medica of the Hindus* di U. C. Dutt.

cieli e vi scorgano solo scarabocchi anziché parole decifrabili, c'è da aspettarselo in questo mondo imperfetto. Insieme con i cosiddetti 'saggi' non bisogna rifiutare anche la saggezza.

"Tutte le cose che fanno parte del creato sono collegate fra loro e si influenzano a vicenda. Il ritmo equilibrato dell'universo si basa sulla reciprocità", proseguì il mio guru. "L'uomo, nel suo aspetto mortale, deve contrastare due tipi di forze; da una parte, i turbamenti interiori provocati dalla mescolanza dei cinque elementi: terra, acqua, fuoco, aria ed etere; dall'altra, le forze esterne distruttive della natura. Finché si trovano a combattere con la loro natura mortale, gli esseri umani subiscono l'influsso degli innumerevoli mutamenti del cielo e della terra.

"L'astrologia studia le reazioni dell'uomo agli influssi degli astri. Le stelle non sono intenzionalmente ostili o benevole, ma emettono semplicemente radiazioni positive o negative. Queste non costituiscono di per sé un beneficio o un danno per l'umanità, ma un tramite esteriore per l'azione equilibratrice della legge di causa ed effetto, a cui ogni uomo ha dato l'avvio con le azioni compiute nel passato.

"Un bimbo nasce nel giorno e nell'ora in cui i raggi celesti si trovano in perfetta armonia matematica con il suo karma personale. Il suo oroscopo è uno stimolante ritratto, che rivela il passato ormai immutabile di questo individuo e le probabili conseguenze future di tale passato. Ma ciò che è scritto alla nascita può essere interpretato correttamente solo da persone dotate della saggezza dell'intuizione, e ne esistono poche.

"Il messaggio arditamente proclamato nei cieli al momento della nascita non ha lo scopo di esaltare il ruolo del fato, ovvero delle conseguenze delle azioni buone o cattive compiute nel passato; serve piuttosto a risvegliare nell'essere umano la determinazione a evadere dalla prigione cosmica. Ciò che l'uomo ha fatto può essere da egli stesso disfatto. Nessuno all'infuori di lui ha scatenato le cause di quegli effetti che predominano oggi nella sua vita. L'essere umano può superare ogni limitazione, in primo luogo perché l'ha creata lui stesso con le proprie azioni, e poi perché possiede risorse spirituali che non subiscono le influenze degli astri.

"Un superstizioso timore reverenziale nei confronti dell'astrologia rende gli uomini simili ad automi, che, come schiavi, si fanno guidare da meccanismi esterni alla loro volontà. Il saggio sconfigge gli astri – vale a dire il suo passato – offrendo la sua lealtà al Creatore anziché alla creazione. Più si renderà conto di essere una cosa sola con lo Spirito, meno si lascerà dominare dalla materia. L'anima è eternamente libera; è immortale, perché non ha nascita. Non può essere governata dalle stelle.

"L'uomo *è* un'anima e *ha* un corpo. Quando riconosce in che cosa consiste la sua vera identità, si lascia alle spalle ogni forma di coercizione. Finché resterà smarrito nel suo stato abituale di amnesia spirituale, dovrà subire le insidiose catene dei condizionamenti ambientali.

"Dio è Armonia; il devoto che è in sintonia con Lui non compirà mai un'azione sbagliata. Le sue attività saranno svolte nel modo più giusto e si accorderanno naturalmente con le leggi astrologiche. Dopo aver pregato e meditato profondamente, egli potrà entrare in contatto con la propria coscienza divina; non esiste un potere più grande di questa protezione interiore".

"Allora perché, caro maestro, volete che io porti un bracciale astrologico?". Azzardai questa domanda dopo un lungo silenzio, durante il quale avevo cercato di assimilare le elevate parole di Sri Yukteswar, che contenevano concetti del tutto nuovi per me.

"Solo quando ha raggiunto la meta il viaggiatore può fare a meno delle sue mappe. Lungo il cammino, si avvale di qualsiasi scorciatoia possa essergli di aiuto. Gli antichi *rishi* scoprirono molti rimedi per abbreviare la durata dell'esilio umano nel mondo dell'illusione. Nella legge del karma vi sono alcuni meccanismi che possono essere abilmente regolati dalle dita della saggezza.

"Tutti i mali dell'uomo sono dovuti alla violazione delle leggi universali. Le Scritture ci insegnano che l'uomo deve ottemperare alle leggi della natura, pur senza screditare l'onnipotenza divina. Dovrebbe dire: 'Signore, ho fiducia in Te e so che puoi aiutarmi, ma anch'io farò del mio meglio per cancellare qualsiasi errore abbia commesso'. Diversi strumenti – la preghiera, la forza di volontà, la meditazione yoga, la guida dei santi e l'uso di bracciali astrologici – sono in grado di ridurre o eliminare le conseguenze nefaste degli errori passati.

"Proprio come una casa può essere munita di un'asta di rame per attrarre e disperdere le scariche elettriche dei fulmini, così il tempio del nostro corpo può beneficiare di varie misure di protezione.

"Le radiazioni elettriche e magnetiche si propagano incessantemente nell'universo, esercitando influssi positivi o negativi sul corpo umano. In epoche remote, i nostri *rishi* studiarono come combattere gli effetti nocivi delle sottili influenze cosmiche. I saggi scoprirono che i metalli puri emettono una luce astrale che contrasta fortemente l'influsso negativo dei pianeti. Anche alcuni composti vegetali hanno un effetto benefico. Ma sono efficaci soprattutto le pietre preziose perfette, non più piccole di due carati.

"L'uso preventivo dell'astrologia per fini pratici è stato ben di rado oggetto di studi rigorosi fuori dall'India. Pochi sanno che i gioielli, i metalli e i preparati vegetali non sono efficaci se non hanno il peso richiesto e se non vengono messi a diretto contatto con la pelle".

"Signore, seguirò certamente il vostro consiglio e mi procurerò un bracciale. Mi affascina l'idea di poter sconfiggere un pianeta!".

"Per uso generico, suggerisco di indossare un bracciale d'oro, argento e rame. Ma per uno scopo particolare voglio che tu ne abbia uno d'argento e piombo". Sri Yukteswar aggiunse altre istruzioni più dettagliate.

"Guruji, a quale 'scopo particolare' vi riferite?".

"Le stelle stanno per interessarsi a te in modo poco 'amichevole', Mukunda. Non temere, sarai protetto. Fra circa un mese il tuo fegato ti darà molti fastidi. È stabilito che la malattia debba durare sei mesi, ma l'uso di un bracciale astrologico ridurrà questo periodo a ventiquattro giorni".

L'indomani mi recai da un gioielliere, e ben presto potei indossare il mio bracciale. Godevo di ottima salute, e la predizione del maestro mi passò di mente. Egli lasciò Serampore per recarsi a Benares. Trenta giorni dopo la nostra conversazione, sentii all'improvviso un forte dolore nella regione del fegato. Le settimane che seguirono furono un incubo di terribile sofferenza. Non volendo disturbare il mio guru, decisi di sopportare coraggiosamente la mia prova da solo.

Ma ventitré giorni di tortura indebolirono la mia determinazione, e presi il treno per Benares. Sri Yukteswar mi accolse con insolite effusioni, ma non mi diede l'opportunità di raccontargli in privato le mie pene. Quel giorno molti devoti fecero visita al maestro, per ricevere semplicemente un *darshan*.[2] Sofferente e ignorato, rimasi seduto in un angolo. Solo dopo cena, quando tutti gli ospiti se ne furono andati, il mio guru mi invitò a raggiungerlo nella veranda ottagonale della casa.

"Devi essere venuto per i tuoi disturbi al fegato". Senza guardarmi, Sri Yukteswar camminava avanti e indietro, celando di tanto in tanto i raggi della luna. "Vediamo, sei ammalato da ventiquattro giorni, non è vero?".

---

[2] La benedizione che si riceve alla sola vista di un santo.

"Sì, signore".

"Per piacere, esegui l'esercizio per lo stomaco che ti ho insegnato".

"Se sapeste quanto soffro, maestro, non mi chiedereste di eseguire esercizi". Feci tuttavia un debole tentativo di ubbidirgli.

"Tu dici che hai forti dolori, io dico che non ne hai. Com'è possibile una simile contraddizione?". Il mio guru mi lanciò uno sguardo indagatore.

Fui stupefatto e poi travolto da una gioiosa sensazione di sollievo. Non sentivo più quel tormento continuo che mi aveva impedito quasi del tutto di dormire per settimane intere; alle parole di Sri Yukteswar il supplizio si dileguò come se non fosse mai esistito.

Feci per inginocchiarmi ai suoi piedi in segno di gratitudine, ma egli prontamente me lo impedì.

"Non fare il bambino. Alzati e ammira la bellezza della luna che si riflette sul Gange". Ma gli occhi del maestro brillavano di gioia mentre stavo in silenzio al suo fianco. Compresi dal suo atteggiamento che voleva farmi sentire che Dio, e non lui, mi aveva guarito.

Ancora oggi porto il pesante bracciale d'argento e di piombo, in ricordo di quel giorno, ormai tanto lontano ma sempre caro al mio cuore, in cui mi resi conto una volta di più di vivere accanto a un essere veramente soprannaturale. Anche in altre occasioni, quando gli portavo degli amici perché li guarisse, Sri Yukteswar consigliava invariabilmente le pietre preziose o il bracciale,[3] elogiandone l'uso come un atto di saggezza astrologica.

Fin dall'infanzia ho nutrito dei pregiudizi nei confronti dell'astrologia, in parte perché avevo notato che molte persone ne diventano schiave e in parte a causa di una predizione che mi aveva fatto il nostro astrologo di famiglia: "Ti sposerai tre volte, e rimarrai vedovo due volte". Avevo rimuginato tristemente su queste parole, sentendomi come una vittima sacrificale che attendeva di essere immolata sull'altare di questo triplice matrimonio.

"Puoi rassegnarti al tuo destino", aveva osservato mio fratello Ananta. "Nel tuo oroscopo era già scritto, esattamente come poi è avvenuto, che saresti fuggito di casa molto giovane per raggiungere l'Himalaya, ma ti avrebbero costretto a tornare indietro. Quindi dovrà avverarsi anche la predizione sui tuoi matrimoni".

---

[3] Vedere la nota a pagina 258.

Una notte ebbi la chiara intuizione che la profezia fosse completamente falsa. Diedi fuoco al rotolo dell'oroscopo e ne raccolsi le ceneri in una busta, su cui scrissi: "I semi del karma passato non possono germogliare se vengono bruciati nel fuoco divino della saggezza". Misi la busta bene in evidenza; Ananta lesse immediatamente il mio commento provocatorio.

"Non puoi distruggere la verità con la stessa facilità con cui hai bruciato questo rotolo", disse mio fratello con un risolino sarcastico.

Sta di fatto che per tre volte, prima che diventassi adulto, la mia famiglia cercò di combinare il mio fidanzamento. Ogni volta rifiutai di assecondare il progetto,[4] ben sapendo che il mio amore per Dio era molto più forte di qualsiasi influsso astrologico del passato.

"Quanto più un uomo è divinamente realizzato, tanto più è in grado di influire sull'universo intero con le sue sottili vibrazioni spirituali, e tanto meno è influenzato dal flusso del mondo fenomenico". Queste parole illuminanti del maestro mi tornavano spesso alla mente.

Di quando in quando ho chiesto agli astrologi di indicarmi quali fossero, secondo i pianeti, i periodi più infausti della mia vita, continuando nondimeno a compiere ciò che mi ero prefisso. È vero che in quelle circostanze riuscivo a raggiungere i miei obiettivi solo dopo aver affrontato difficoltà straordinarie, ma alla fine ho sempre trovato confermata la mia convinzione: la fede nella protezione divina e l'uso corretto della volontà, che Dio stesso ha donato all'uomo, sono forze infinitamente più efficaci di qualsiasi influenza proveniente dai cieli.

Arrivai a comprendere che al momento della nascita non è scritto nelle stelle che l'uomo debba essere una marionetta in balìa del proprio passato. Il messaggio delle stelle è piuttosto un pungolo per l'orgoglio umano; i cieli stessi cercano di risvegliare nell'uomo il fermo proposito di liberarsi da ogni limitazione. Dio ha creato ogni uomo come anima, dotata di individualità e quindi necessaria al disegno dell'universo, sia che vi svolga temporaneamente il ruolo fondamentale di pilastro o quello marginale di gregario. La sua libertà è assoluta e immediata, se così vuole, e non dipende dalle vittorie esteriori, bensì da quelle interiori.

---

[4] Una delle ragazze che la mia famiglia aveva scelto per me come possibile moglie sposò in seguito mio cugino, Prabhas Chandra Ghosh (vedere la foto a fronte di pagina 237).
(Sri Ghosh è stato vicepresidente della società Yogoda Satsanga dell'India dal 1936 fino alla morte, avvenuta nel 1975. Vedere le pagine 417 e 421). (*Nota dell'editore*)

Grazie a una serie di calcoli matematici, Sri Yukteswar determinò la collocazione della nostra epoca attuale all'interno di un ciclo equinoziale di 24.000 anni.[5] Il ciclo si divide in una fase ascendente e una discendente, ciascuna di 12.000 anni. Ogni fase comprende quattro *Yuga* o epoche, chiamate *Kali*, *Dvapara*, *Treta* e *Satya*, che corrispondono rispettivamente a quelle che i greci chiamavano età del ferro, del bronzo, dell'argento e dell'oro.

Il mio guru stabilì, in base a una serie di calcoli, che l'ultimo *Kali Yuga* o età del ferro della fase ascendente cominciò intorno al 500 d. C. L'età del ferro, che durò 1.200 anni e terminò verso il 1700 d. C., fu un'epoca pervasa dal materialismo. Nel 1700 ebbe inizio il *Dvapara Yuga*, un periodo di 2.400 anni contraddistinto da grandi progressi nel campo dell'energia elettrica e di quella atomica: è l'era del telegrafo, della radio, degli aeroplani e di altre scoperte che annullano la dimensione dello spazio.

L'epoca del *Treta Yuga*, di 3.600 anni, comincerà nell'anno 4100 d. C. e sarà caratterizzata da una diffusa conoscenza dei metodi telepatici di comunicazione e di altri sistemi in grado di annullare il tempo. Durante i 4.800 anni del *Satya Yuga*, l'ultima epoca della fase ascendente, l'intelligenza dell'uomo sarà altamente sviluppata; egli agirà in armonia con il piano divino.

Avrà allora inizio per il mondo (nel 12.500 d. C.) una fase discendente di 12.000 anni, che comincerà con un'età dell'oro discendente di 4.800 anni; l'uomo sprofonderà gradualmente nell'ignoranza. Questi sono gli eterni cicli di *maya*, i contrasti e le relatività dell'universo fenomenico.[6] Gli esseri umani, a uno a uno, evadono dalla prigione

---

[5] Questi cicli sono descritti nella prima parte del libro di Sri Yukteswar, *La scienza sacra*, Astrolabio-Ubaldini, Roma.

[6] Le Scritture induiste pongono la nostra epoca nel *Kali Yuga*, che fa parte di un ciclo universale assai più lungo del semplice ciclo equinoziale di 24.000 anni a cui si riferiva Sri Yukteswar. Il ciclo universale delle Scritture ha una durata di 4.300.560.000 anni e corrisponde a un giorno della creazione. Questo numero smisurato si basa sul rapporto esistente fra la lunghezza dell'anno solare e un multiplo di pi greco (3,1416, il rapporto fra la circonferenza e il diametro del cerchio).

La durata della vita di un intero universo, secondo gli antichi profeti, è di 314.159.000.000.000 anni solari, ossia, 'un'età di Brahma'.

Le Scritture induiste affermano che una terra come la nostra si dissolve per una di queste due ragioni: tutti i suoi abitanti diventano completamente buoni oppure completamente cattivi. La mente del mondo genera così una forza che libera gli atomi prigionieri la cui coesione permette l'esistenza stessa della terra.

delle dualità del creato, non appena diventano consapevoli della propria indivisibile unione divina con il Creatore.

Il maestro rese più profonda la mia comprensione non solo dell'astrologia, ma anche delle Scritture di ogni epoca e paese. Collocando i sacri testi sul tavolo immacolato della sua mente, sapeva sezionarli con il bisturi del ragionamento intuitivo, separando gli errori e le interpolazioni degli studiosi dalle verità espresse originariamente dai profeti.

"Concentrare lo sguardo sulla punta del naso". Questa interpretazione errata di una stanza della Bhagavad Gita,[7] largamente accettata dai pandit orientali e dai traduttori occidentali, suscitava le argute critiche del maestro.

"Il sentiero di uno yogi è già abbastanza singolare così com'è", osservava. "Perché suggerirgli di farsi venire anche gli occhi storti? Il vero significato del termine *nasikagram* è 'radice del naso' e non 'punta del naso'. Il naso comincia nel punto fra le sopracciglia, sede della vista spirituale".[8]

Uno degli aforismi *Sankhya*[9] afferma: *Ishwara asiddhe*[10] ('Il Signore della creazione non può essere dedotto', oppure, 'Dio non è dimostrabile'). Principalmente sulla base di queste parole, molti studiosi giudicano ateistica l'intera filosofia.

"Il versetto non nega l'esistenza di Dio", spiegava Sri Yukteswar. "Afferma semplicemente che per l'uomo non illuminato, il cui giudizio finale dipende dai sensi, la prova dell'esistenza di Dio non può che rimanere sconosciuta, e quindi inesistente. I veri seguaci del *Sankhya*, grazie all'intuizione che nasce dalla meditazione, giungono a sapere con certezza incrollabile che il Signore esiste e può essere conosciuto".

Talvolta si diffondono dichiarazioni terribili riguardo a una imminente 'fine del mondo'. Ma i cicli planetari si svolgono in base a un prestabilito disegno divino. Non è imminente alcuna dissoluzione della terra; il nostro pianeta nella sua forma attuale è ancora destinato ad attraversare molti cicli equinoziali ascendenti e discendenti.

[7] Capitolo VI, 13.

[8] "La lucerna del tuo corpo è l'occhio; se il tuo occhio è singolo, anche il tuo corpo è tutto nella luce; ma se è cattivo, anche il tuo corpo è nelle tenebre. Bada dunque che la luce che è in te non sia tenebra" (Luca 11, 34-35).

[9] Uno dei sei sistemi della filosofia induista. Il *Sankhya* insegna l'emancipazione finale attraverso la conoscenza di venticinque princìpi, a partire da *prakriti*, la natura, per arrivare a *purusha*, l'anima.

[10] *Sankhya Aphorisms* I, 92.

Il maestro interpretava la Bibbia cristiana con stupenda chiarezza. È stato dal mio guru indù, il quale non è certo annoverato tra i componenti della comunità cristiana, che ho imparato a percepire l'essenza immortale della Bibbia e a comprendere la verità racchiusa in questa affermazione di Cristo, sicuramente la più perentoria e vibrante che sia mai stata pronunciata: "Il cielo e la terra passeranno, ma le mie parole non passeranno".[11]

I grandi maestri dell'India modellano la propria vita secondo gli stessi ideali divini che hanno ispirato Gesù; questi uomini sono la vera famiglia che Gesù riconosceva di avere: "Perché chiunque fa la volontà del Padre mio che è nei cieli, questi è per me fratello, sorella e madre".[12] "Se rimarrete fedeli alla mia parola", ha affermato il Cristo, "sarete davvero miei discepoli; conoscerete la verità e la verità vi renderà liberi".[13] Uomini liberi, padroni di sé stessi, gli yogi dell'India simili a Cristo partecipano della fratellanza immortale che unisce tutti coloro che raggiungono la conoscenza liberatrice dell'Unico Padre.

"Non riesco proprio a capire la storia di Adamo ed Eva!", osservai con veemenza un giorno in cui ero faticosamente impegnato a decifrare questa allegoria. "Perché mai Dio non ha punito solo i due colpevoli, ma anche le generazioni innocenti che dovevano ancora nascere?".

Il maestro era divertito, più dalla mia veemenza che dalla mia ignoranza. "La Genesi è ricca di profondi simbolismi e non si può comprendere se la si interpreta alla lettera", spiegò. "Il suo 'albero della vita' è il corpo umano. La spina dorsale è come un albero capovolto; i capelli dell'uomo sono le radici, e i nervi afferenti ed efferenti sono i rami. L'albero del sistema nervoso produce molti frutti gradevoli, ossia le sensazioni della vista, dell'udito, dell'odorato, del gusto e del tatto, che l'uomo può legittimamente concedersi; ma gli fu proibita l'esperienza del sesso, il 'frutto' al centro del corpo ('in mezzo al giardino').[14]

"Il 'serpente' rappresenta l'energia avvolta a spirale alla base della spina dorsale, che stimola i nervi sessuali. 'Adamo' è la ragione, 'Eva'

---

[11] Matteo 24, 35.

[12] Matteo 12, 50.

[13] Giovanni 8, 31-32. San Giovanni ha dichiarato: "A quanti lo hanno accolto, ha dato il potere di diventare figli di Dio: anche a quelli che credono nel suo nome (anche a coloro che hanno raggiunto l'onnipresente Coscienza Cristica)" (Giovanni 1, 12).

[14] "Dei frutti degli alberi del giardino noi possiamo mangiare, ma del frutto dell'albero che sta in mezzo al giardino, Dio ha detto: Non ne dovete mangiare e non lo dovete toccare, altrimenti morirete" (Genesi 3, 2-3).

è il sentimento. Quando nell'essere umano il sentimento, ovvero la coscienza di Eva, è sopraffatto dall'impulso sessuale, la sua ragione, o Adamo, soccombe anch'essa.[15]

"Dio creò il genere umano materializzando il corpo dell'uomo e quello della donna con il potere della sua volontà. Egli dotò la nuova specie della facoltà di creare i propri figli nella stessa maniera 'immacolata' o divina.[16] Poiché fino ad allora si era manifestato in forma individualizzata unicamente nelle anime degli animali, dominati dall'istinto e privi della piena facoltà della ragione, Dio creò i primi corpi umani, chiamati simbolicamente Adamo ed Eva, e per favorirne l'evoluzione verso stadi superiori, trasferì in essi le anime, ossia la divina essenza, di due animali.[17] In Adamo, l'uomo, predominava la ragione; in Eva, la donna, predominava il sentimento. In questo modo veniva espressa la dualità o polarità su cui si fonda il mondo fenomenico. La ragione e il sentimento rimangono in un paradiso di gioiosa cooperazione finché la mente umana non viene tratta in inganno dall'energia serpentina delle inclinazioni animali.

"Il corpo umano non è stato quindi il semplice risultato dell'evoluzione dal regno animale, perché Dio lo ha plasmato con un atto creativo speciale. Le forme animali erano troppo primitive per esprimere pienamente la divinità; soltanto l'uomo è stato dotato del 'loto dai mille petali', potenzialmente onnisciente, posto nel cervello, e dei centri occulti della spina dorsale, capaci di estrema ricettività spirituale.

"Dio, ovvero la Coscienza Divina insita nei primi due esseri creati, consigliò loro di godere di tutto ciò che i sensi procurano all'uomo, con una sola eccezione: le sensazioni del sesso.[18] Queste furono proibite per evitare che l'umanità restasse irretita nel sistema di procreazione inferiore proprio degli animali. Ma l'ammonimento divino a non risvegliare le reminiscenze animalesche, sempre presenti nel subconscio, fu ignorato. Tornando alla procreazione propria degli animali, Adamo

---

[15] "La donna che Tu mi hai posta accanto mi ha dato dell'albero e io ne ho mangiato". Rispose la donna: "Il serpente mi ha ingannata e io ho mangiato" (Genesi 3, 12-13).

[16] "Dio creò l'uomo a sua immagine; a immagine di Dio lo creò; maschio e femmina li creò. Dio li benedisse e disse loro: 'Siate fecondi e moltiplicatevi, e riempite la terra, e soggiogatela'" (Genesi 1, 27-28).

[17] "Allora il Signore Dio plasmò l'uomo con polvere del suolo, e soffiò nelle sue narici un alito di vita; e l'uomo divenne un essere vivente" (Genesi 2, 7).

[18] "Il serpente" (la forza sessuale) "era la più astuta di tutte le bestie selvatiche" (cioè, di qualsiasi altro senso del corpo) (Genesi 3, 1).

ed Eva decaddero dallo stato di gioia celestiale connaturato al perfetto essere umano originario. Quando 'seppero di essere nudi', persero la consapevolezza della propria immortalità, proprio come Dio li aveva ammoniti che sarebbe accaduto; si erano assoggettati alla legge fisica secondo cui la nascita del corpo deve essere seguita dalla morte del corpo.

"La conoscenza del 'bene e del male' promessa a Eva dal 'serpente' si riferisce alle esperienze dualistiche e antagoniste a cui devono sottostare gli esseri umani soggetti a *maya*. Cadendo nell'illusione a causa dell'uso sbagliato del sentimento e della ragione, ossia della coscienza di Eva e di Adamo, l'uomo rinuncia al diritto di entrare nel giardino celeste della divina autonomia.[19] Il compito che ogni essere umano deve assolvere è quello di riportare i suoi 'progenitori', ovvero la sua natura dualistica, all'armonia dell'unità, cioè all'Eden".

Quando Sri Yukteswar terminò il suo discorso, guardai alle pagine della Genesi con un nuovo rispetto.

"Caro maestro", gli dissi, "per la prima volta provo un vero e proprio senso di dovere filiale nei confronti di Adamo ed Eva!".[20]

---

[19] "Poi il Signore Dio piantò un giardino in Eden, a oriente, e vi collocò l'uomo che aveva plasmato" (Genesi 2, 8). "Il Signore Dio lo scacciò dal giardino di Eden, perché lavorasse la terra, da dove era stato tratto" (Genesi 3, 23). La coscienza dell'uomo divino inizialmente creato da Dio era concentrata sull'onnipotente occhio singolo posto nella fronte (verso Oriente). L'uomo perdette i poteri creativi della sua volontà, che convergono in quel punto, quando cominciò a 'coltivare la terra' della propria natura fisica.

[20] In India la storia di 'Adamo ed Eva' è narrata in un antico *purana*, lo *Srimad Bhagavata*. Il primo uomo e la prima donna (esseri dalla forma fisica) sono chiamati rispettivamente Swayambhuva Manu ('uomo nato dal Creatore') e sua moglie Satarupa ('colei che ha cento immagini o forme diverse'). I loro cinque figli si unirono in matrimonio con i *Prajapati*, (esseri perfetti che potevano assumere forme corporee); da queste prime famiglie divine nacque la razza umana.

Mai, né in Oriente né in Occidente, ho udito interpretare le Scritture cristiane con una capacità di intuizione spirituale così profonda come quella di Sri Yukteswar. "In passi come questo: 'Io sono la via, la verità e la vita. Nessuno viene al Padre se non per mezzo mio' (Giovanni 14, 6), osservava il maestro, "i teologi hanno frainteso le parole di Cristo. Gesù non ha mai inteso dire che egli era l'unico figlio di Dio, ma che nessun uomo può raggiungere l'Assoluto privo di attributi, il Padre trascendente che è *al di là* della creazione, se prima non ha manifestato il 'Figlio', ossia la Coscienza Cristica, operante *nella* creazione. Gesù, che aveva raggiunto l'unione perfetta con la Coscienza Cristica, si identificava con quest'ultima, in quanto il suo ego non esisteva più da lungo tempo" (vedere la nota a pagina 162).

Le parole di Paolo: "Dio... creò tutte le cose attraverso Gesù Cristo" (Lettera agli Efesini 3, 9), come pure quelle dello stesso Gesù: "Prima che Abramo fosse, io sono" (Giovanni 8, 58), in realtà esprimono un principio essenzialmente impersonale.

Come sconfiggere gli astri

Una forma di pavidità spirituale induce gran parte delle persone comuni a credere di buon grado che un solo uomo sia stato il figlio di Dio. "Il Cristo era il Figlio unigenito", essi pensano, "perciò come posso io, povero mortale, tentare di emularlo?". Ma tutti gli uomini sono creati divini, e dovranno un giorno obbedire al comandamento di Cristo: "Siate dunque perfetti, come è perfetto il Padre vostro celeste" (Matteo 5, 48). "Quale grande amore ci ha dato il Padre, per essere chiamati figli di Dio" (Prima Lettera di Giovanni 3,1).

In molti passi della Bibbia risulta che i profeti conoscevano la legge del karma e il suo corollario, la reincarnazione (vedere la nota a pagina 285, le pagine 351, 352, 353, e il capitolo 43); ad esempio: "Chi sparge il sangue dell'uomo, dall'uomo il suo sangue sarà sparso" (Genesi 9, 6). Se ogni uccisore deve essere ucciso 'dall'uomo', è ovvio che il processo di azione-reazione richieda in molti casi una durata maggiore di quella di una sola vita. La polizia contemporanea non potrebbe mai farcela a punire i colpevoli nel tempo di una sola vita!

La Chiesa cristiana delle origini accettava la dottrina della reincarnazione, di cui trattano sia gli gnostici sia numerosi Padri della Chiesa, come Clemente d'Alessandria, il famoso Origene (entrambi del III secolo), e San Girolamo (V secolo). La dottrina fu dichiarata eretica nel 553 d. C. dal secondo Concilio di Costantinopoli. A quel tempo molti cristiani ritenevano che la dottrina della reincarnazione concedesse all'uomo un lasso di tempo e di spazio troppo ampio perché fosse motivato a impegnarsi per ottenere immediatamente la salvezza. Ma la soppressione della verità conduce inevitabilmente a una miriade di errori. Milioni di uomini non hanno impiegato la loro 'unica vita' per cercare Dio, ma per godere dei piaceri di questo mondo, concessi per una sola volta e presto perduti per sempre! La verità è che gli esseri umani si reincarnano sulla terra finché non riconquistano consapevolmente la propria condizione di figli di Dio.

Capitolo 17

Sasi e i tre zaffiri

"Dato che tu e mio figlio tenete in così alta considerazione lo Swami Sri Yukteswar, andrò a vederlo". Il tono di voce del dottor Narayan Chunder Roy indicava chiaramente che si disponeva ad assecondare il capriccio di due sciocchi. Nascosi la mia indignazione, nella migliore tradizione di chi vuole fare proseliti.

Il mio interlocutore, un chirurgo veterinario, era un agnostico convinto. Suo figlio Santosh mi aveva supplicato di occuparmi del padre, ma fino ad allora il mio prezioso aiuto era stato del tutto infruttuoso.

L'indomani il dottor Roy venne con me all'eremitaggio di Serampore. Il maestro gli concesse un breve colloquio, la cui nota distintiva fu il freddo silenzio di entrambi, che occupò buona parte del tempo; quindi il visitatore si congedò bruscamente.

"Perché portare all'*ashram* un morto?". Sri Yukteswar mi guardò con aria interrogativa, non appena la porta si richiuse alle spalle dello scettico di Calcutta.

"Signore! Il dottore è vivo e vegeto!".

"Ma ben presto morirà".

La notizia mi sconcertò. "Signore, questo sarà un colpo terribile per il figlio. Santosh spera ancora che il tempo cambi le idee materialistiche del padre. Vi supplico, maestro, aiutate quell'uomo!".

"Va bene, lo farò per te". Il viso del mio guru era impassibile. "L'orgoglioso dottore dei cavalli, anche se lo ignora, è molto malato di diabete. Fra quindici giorni si metterà a letto. I medici lo daranno per spacciato; il tempo che gli è stato concesso dalla natura prima di lasciare questo mondo è di sei settimane a partire da oggi. Grazie alla tua intercessione, tuttavia, per quella data guarirà, ma a una condizione: devi fargli indossare un bracciale astrologico. Senza dubbio opporrà la stessa accanita resistenza che mostrerebbe uno dei suoi cavalli prima di un'operazione chirurgica". Il maestro fece una risatina.

Dopo un breve silenzio durante il quale mi domandavo quale espediente Santosh e io avremmo potuto escogitare per circuire il dottore, Sri Yukteswar mi fece altre rivelazioni.

"Appena quell'uomo si rimetterà, dovrai raccomandargli di non mangiare carne. Però non terrà conto del consiglio e dopo sei mesi, proprio quando si sentirà in perfetta forma, morirà". Il mio guru aggiunse: "Questi ulteriori sei mesi di vita gli sono concessi soltanto grazie alla tua supplica".

Il giorno seguente suggerii a Santosh di ordinare un bracciale al gioielliere. Una settimana dopo il bracciale era pronto, ma il dottor Roy rifiutò di indossarlo.

"Io godo di ottima salute. Non riuscirete mai a impressionarmi con queste superstizioni astrologiche", disse il dottore lanciandomi uno sguardo bellicoso.

Ricordai divertito che il maestro lo aveva giustamente paragonato a un cavallo recalcitrante. Trascorsero altri sette giorni; il dottore all'improvviso si ammalò e acconsentì docilmente a indossare il bracciale. Due settimane dopo, il medico che lo aveva in cura mi confidò che le sue condizioni erano disperate, descrivendomi con angosciosi particolari i danni devastanti provocati dal diabete.

Scossi il capo. "Il mio guru ha detto che dopo una malattia di circa un mese il dottor Roy guarirà".

Il medico mi fissò incredulo. Ma, dopo una quindicina di giorni, venne a trovarmi con l'atteggiamento di chi si vuole scusare.

"Il dottor Roy si è completamente ristabilito!", esclamò. "È il caso più straordinario che mi sia capitato. Non avevo mai visto prima d'ora un uomo in fin di vita riprendere le forze in maniera così inspiegabile. Il tuo guru deve essere davvero un profeta e un guaritore!".

Dopo un colloquio con il dottor Roy, durante il quale gli riferii che Sri Yukteswar gli consigliava di non mangiare carne, non lo vidi più per sei mesi. Una sera passò davanti a casa mia mentre mi trovavo nella veranda e si fermò a scambiare due parole.

"Di al tuo maestro che, grazie alla carne che ho mangiato in quantità, ho ripreso completamente le forze. Le sue idee poco scientifiche sulla dieta non mi hanno condizionato". E davvero il dottor Roy sembrava il ritratto della salute.

Ma il giorno seguente Santosh arrivò correndo da casa sua, a un isolato di distanza. "Stamattina mio padre è morto all'improvviso!".

Questo caso rappresentò una delle esperienze più singolari che io abbia vissuto con il mio maestro. Egli guarì il veterinario ribelle malgrado il suo scetticismo, e prolungò di sei mesi il termine naturale della sua vita, semplicemente per esaudire la mia ardente supplica. Sri Yukteswar rispondeva con sollecitudine infinita alle ferventi preghiere di un devoto.

Ero molto fiero del privilegio di poter condurre dal mio guru i compagni di università, molti dei quali mettevano da parte (almeno nell'*ashram*!) il manto accademico, alquanto in voga, dello scetticismo religioso.

Uno dei miei amici, Sasi, trascorse felicemente a Serampore molti fine settimana. Il maestro si affezionò profondamente al ragazzo, e si rammaricava che la sua vita privata fosse sregolata e turbolenta.

"Sasi, se non cambierai vita, da qui a un anno ti ammalerai gravemente". Sri Yukteswar si era rivolto al mio amico con accorata esasperazione. "Mukunda mi è testimone, non dire poi che non ti avevo avvertito".

Sasi rise. "Maestro, lascio a voi il compito di far sì che qualche benevolo intercessore cosmico si interessi al mio triste caso! Il mio spirito è pronto, ma la mia volontà è debole. Voi siete il mio unico salvatore sulla terra; io non credo che in voi".

"Devi almeno portare uno zaffiro blu di due carati. Ti potrà aiutare".

"Non me lo posso permettere. Comunque, mio caro guruji, se sorgerà qualche problema, sono fermamente convinto che voi saprete proteggermi".

"Fra un anno mi porterai tre zaffiri", replicò Sri Yukteswar. "Ma allora non serviranno più a nulla".

Questa conversazione, con qualche variante, si ripeteva regolarmente. "Non riesco a correggermi", diceva Sasi con scherzosa disperazione. "E la fiducia che ho in voi, maestro, è più preziosa per me di qualsiasi pietra!".

Trascorse un anno. Mi ero recato un giorno a trovare il mio guru a Calcutta, in casa del suo discepolo Naren Babu. Verso le dieci del mattino, mentre Sri Yukteswar e io eravamo tranquillamente seduti nel soggiorno al primo piano, sentii aprirsi la porta d'ingresso. Il maestro s'irrigidì.

"È Sasi", osservò gravemente. "Ormai l'anno è finito e i suoi polmoni sono devastati. Ha ignorato il mio consiglio; digli che non voglio vederlo".

Colpito dalla durezza di Sri Yukteswar, corsi giù per le scale. Sasi stava salendo.

"Oh, Mukunda! Spero che il maestro sia qui; ho intuito che poteva trovarsi qui!".

"Sì, ma non desidera essere disturbato".

Sasi scoppiò in lacrime e mi passò accanto senza fermarsi. Si prostrò dinanzi a Sri Yukteswar e depose ai suoi piedi tre magnifici zaffiri.

"Guru onnisciente, i dottori dicono che sono affetto da tubercolosi polmonare; non mi danno che tre mesi di vita! Imploro umilmente il vostro aiuto; so che potete guarirmi!".

"Non è un po' troppo tardi ora, per cominciare a preoccuparti della tua vita? Vattene, tu e le tue pietre preziose; ormai non servono più". Il maestro, simile a una sfinge, si chiuse quindi in un implacabile silenzio, inframmezzato dai singhiozzi del giovane, che implorava pietà.

La mia intuizione mi diceva che Sri Yukteswar voleva solo mettere alla prova la fede di Sasi nel potere risanante di Dio. Non rimasi sorpreso quando, dopo una lunga ora carica di tensione, il maestro rivolse uno sguardo affettuoso al mio amico affranto.

"Alzati, Sasi; quanto scompiglio hai creato in casa d'altri! Riporta i tuoi zaffiri al gioielliere; ormai sono una spesa inutile. Ma procurati un bracciale astrologico e indossalo. Non temere, fra poche settimane sarai guarito".

Un sorriso illuminò il viso di Sasi bagnato di lacrime, come il sole quando appare all'improvviso su un paesaggio ancora intriso di pioggia. "Amato guru, devo prendere le medicine che mi hanno prescritto i medici?".

"Fai come vuoi, prendile o buttale via, non ha importanza. È impossibile che tu muoia di tubercolosi, tanto quanto è impossibile che la luna e il sole si scambino di posto". Poi aggiunse brusco: "Ora vai, prima che io cambi idea!".

Il mio amico fece uno scomposto inchino e si allontanò in fretta. Nelle settimane che seguirono andai a trovarlo spesso, e ogni volta notavo con costernazione che le sue condizioni continuavano a peggiorare.

"Sasi non riuscirà a passare la notte". Queste parole del medico e lo spettacolo del mio amico, ridotto ormai a poco più di uno scheletro, mi indussero a correre precipitosamente a Serampore. Il guru ascoltò con freddezza il mio lacrimoso resoconto.

"Perché vieni qui a importunarmi? Mi hai sentito quando assicuravo a Sasi che sarebbe guarito".

Mi inchinai dinanzi a lui con profonda reverenza e indietreggiai fino alla porta. Sri Yukteswar non mi rivolse nemmeno una parola di commiato, ma si immerse nel silenzio, con gli occhi semichiusi, fissi nella contemplazione di un altro mondo.

Ritornai subito a casa di Sasi, a Calcutta; con grande stupore trovai il mio amico seduto sul letto, che beveva del latte.

"Mukunda, è un miracolo! Quattro ore fa ho sentito nella stanza la presenza del maestro e all'improvviso i terribili sintomi del male sono scomparsi. Sento che per grazia sua adesso sono in perfetta salute".

Sri Yogananda all'età di sedici anni.

In poche settimane Sasi divenne più sano e robusto di quanto non fosse mai stato prima.[1] Ma la sua reazione alla guarigione ebbe una nota ingrata: tornò assai di rado a trovare Sri Yukteswar! Il mio amico mi confidò un giorno che era talmente mortificato per la vita disordinata condotta in passato che non osava comparire davanti al maestro.

Dovetti concludere che la malattia di Sasi aveva avuto l'effetto contraddittorio di rafforzare la sua volontà e di peggiorare le sue maniere.

I miei primi due anni di studio allo Scottish Church College volgevano al termine. Avevo frequentato le lezioni in maniera molto discontinua; quel poco tempo che dedicavo allo studio serviva solo a mantenere la pace in famiglia. Due insegnanti privati venivano regolarmente a casa mia, e regolarmente io ero assente: nella mia carriera scolastica ero costante almeno in questo!

In India, superati i primi due anni di università, si ottiene un diploma intermedio in scienze umanistiche, che permette di affrontare altri due anni di studio e giungere alla laurea.

Gli esami finali per il diploma intermedio incombevano minacciosi. Corsi a Puri, dove il mio guru si trovava per qualche settimana. Nella vaga speranza che mi autorizzasse a non presentarmi agli esami, lo informai della mia impreparazione.

Sri Yukteswar mi rivolse un sorriso consolante. "Hai compiuto i tuoi doveri spirituali con tutto il cuore e non hai potuto fare a meno di trascurare gli studi universitari. La settimana prossima applicati con diligenza ai tuoi libri, e supererai certamente l'ardua prova".

Tornai a Calcutta soffocando con fermezza i ragionevoli dubbi che mi assalivano di quando in quando. Contemplando la montagna di libri che copriva la mia scrivania, mi sentivo come un viaggiatore sperduto nel deserto.

Dopo una lunga meditazione fui ispirato a seguire un metodo di lavoro che mi avrebbe fatto risparmiare tempo: aprivo ogni libro a caso e studiavo solo le pagine che mi si presentavano sotto gli occhi. Dopo aver seguito questo metodo diciotto ore al giorno per una settimana, mi considerai un esperto nell'arte della 'sgobboneria dell'ultimo minuto'!

Ciò che accadde nei giorni successivi, trascorsi nelle aule d'esame, rese ragione di questa mia procedura apparentemente rischiosa. Superai tutte le prove, anche se per il rotto della cuffia. Le congratulazioni degli

---

[1] Nel 1936 appresi da un amico che Sasi godeva ancora di ottima salute.

amici e dei familiari erano comicamente inframmezzate da esclamazioni che tradivano il loro stupore.

Al suo ritorno da Puri, Sri Yukteswar mi riservò una piacevole sorpresa.

"I tuoi studi a Calcutta si sono conclusi", disse. "Farò in modo che tu frequenti gli ultimi due anni di università proprio qui, a Serampore".

Ero perplesso. "Signore, in questa città non si tengono corsi superiori di laurea in scienze umanistiche". L'università di Serampore, l'unica istituzione di studi superiori, offriva soltanto un corso di due anni che permetteva di conseguire il diploma intermedio.

Il maestro sorrise furbescamente e disse: "Sono troppo vecchio per andare in giro a raccogliere fondi allo scopo di istituire per te un secondo biennio! Penso che dovrò sistemare la faccenda con l'aiuto di qualcun altro".

Due mesi dopo, il professor Howells, rettore dell'Università di Serampore, annunciò pubblicamente di essere riuscito a raccogliere i fondi sufficienti per organizzare un corso quadriennale. L'università di Serampore divenne una sezione distaccata di quella di Calcutta e io fui uno dei primi studenti a iscriversi al nuovo corso di laurea.

"Guruji, quanto siete buono con me! Desideravo tanto lasciare Calcutta per poter stare ogni giorno accanto a voi a Serampore. Il professor Howells non immagina quanto vi deve per il vostro silenzioso aiuto!".

Sri Yukteswar mi guardò con finta severità. "Ora non dovrai più perdere tante ore in treno; quanto tempo libero avrai da dedicare ai tuoi studi! Forse farai un po' meno lo sgobbone dell'ultimo minuto e diventerai più studioso!".

Ma il suo tono, in un certo qual modo, mancava di convinzione.[2]

---

[2] Sri Yukteswar, come molti altri saggi, deplorava l'orientamento materialistico dell'istruzione moderna. Poche scuole infatti si preoccupano di far conoscere le leggi spirituali che procurano la felicità, o insegnano che la saggezza consiste nel condurre la propria vita nel 'timore di Dio', ossia nel religioso rispetto del proprio Creatore.

I giovani di oggi imparano nelle scuole secondarie e nelle università che l'uomo non è che 'un animale superiore', e spesso diventano atei. Non fanno alcun tentativo di esplorare l'anima, né si considerano, nella loro natura essenziale, 'immagini di Dio'. Emerson ha osservato: "Possiamo vedere fuori di noi soltanto ciò che abbiamo interiormente. Se non incontriamo gli dèi, è perché non ne ospitiamo nessuno dentro di noi". A chi pensa che la sua natura animale sia l'unica realtà è preclusa ogni aspirazione divina.

Un sistema educativo che non presenti lo Spirito come fatto centrale dell'esistenza umana procura *avidya*, o falsa conoscenza. "Tu dici, io sono ricco, mi sono arricchito,

non ho bisogno di nulla, ma non sai di essere un infelice, un miserabile, un povero, cieco e nudo (Apocalisse 3,17).
    Nell'India dell'antichità i giovani ricevevano un'istruzione ideale. A nove anni, l'allievo era accolto 'come un figlio' in un *gurukula* (la casa di famiglia di un guru quale centro d'insegnamento). "Un ragazzo moderno trascorre a scuola un ottavo del suo tempo [ogni anno]; l'indiano vi passava la totalità del suo tempo", scrive il professor S. V. Venkateswara nel suo *India Culture Through The Ages* (Vol. I, Longmans, Green & Co). "Vi erano una forte solidarietà e un sano senso di responsabilità, come pure ampia opportunità di esercitare la fiducia in sé stessi ed esprimere la propria individualità. Vi era un alto livello di cultura, di autodisciplina e di rigoroso rispetto del dovere, dell'azione altruistica e del sacrificio, unitamente al rispetto di sé e al riguardo verso gli altri; un alto livello di prestigio accademico e senso della… nobiltà e dell'alto scopo della vita umana".

Capitolo 18

Il maomettano dai poteri miracolosi

"Anni fa, proprio in questa stanza in cui ti trovi, un maomettano dotato di poteri straordinari compì in mia presenza quattro miracoli!".

Sri Yukteswar fece questa dichiarazione quando per la prima volta venne a trovarmi nel mio nuovo alloggio. Appena iscritto all'università di Serampore, avevo preso una stanza in una pensione dei dintorni, chiamata Panthi[1]. Era un vecchio edificio in mattoni che si affacciava sul Gange.

"Maestro, che coincidenza! Davvero queste pareti appena rimesse a nuovo sono antiche di memorie?". Mi guardai intorno osservando con nuovo interesse la mia modesta dimora.

"È una lunga storia". A quel ricordo il mio guru sorrise. "Il fachiro[2] si chiamava Afzal Khan. Aveva acquisito i suoi straordinari poteri grazie all'incontro fortuito con uno yogi indù.

"'Figliolo, ho sete, portami dell'acqua'. Un giorno, in un piccolo villaggio del Bengala orientale, Afzal, ancora fanciullo, si sentì rivolgere questa richiesta da un *sannyasi* ricoperto di polvere.

"'Maestro, io sono maomettano; come potete, voi, un indù, accettare da bere dalle mie mani?'.

"'La tua sincerità mi piace, ragazzo mio. Io non osservo le regole di discriminazione dettate da un ingiusto settarismo. Va', portami subito dell'acqua'.

"La deferente ubbidienza di Afzal fu ricompensata dallo sguardo affettuoso dello yogi.

"'Hai un buon karma, frutto delle tue vite precedenti', dichiarò solennemente. 'Ti insegnerò una particolare tecnica yoga che ti darà il dominio su uno dei regni invisibili. I grandi poteri di cui sarai dotato

---

[1] Residenza per studenti; da *pantha*, pellegrino, ricercatore della conoscenza.

[2] Uno yogi maomettano, dall'arabo *faqir*, 'povero'; nome originariamente attribuito ai dervisci che avevano fatto voto di povertà.

dovranno essere impiegati per fini meritevoli, mai per scopi egoistici! Sento, ahimè, che hai ereditato dal passato i semi di alcune inclinazioni distruttive. Non lasciarli germogliare, innaffiandoli con nuove azioni cattive. La complessità del tuo karma precedente è tale che dovrai dedicare questa vita a conciliare i poteri acquisiti attraverso lo yoga con i più nobili ideali umanitari'.

"Il maestro insegnò all'attonito ragazzo una tecnica complicata; poi scomparve.

"Per vent'anni Afzal eseguì diligentemente i suoi esercizi yoga. Le sue gesta prodigiose cominciarono a richiamare l'attenzione generale. Si diceva che fosse sempre accompagnato da un essere incorporeo che egli chiamava 'Hazrat'. Questo spirito invisibile era in grado di esaudire ogni minimo desiderio del fachiro.

"Ignorando l'avvertimento del maestro, Afzal cominciò ad abusare dei suoi poteri. Ogni oggetto che prendeva in mano e poi rimetteva a posto spariva subito dopo senza lasciare traccia. A causa di questa sconcertante eventualità, il maomettano risultava spesso un ospite indesiderabile!

"Di tanto in tanto si recava nelle grandi gioiellerie di Calcutta, recitando la parte di un possibile acquirente. Qualsiasi gioiello toccasse spariva poco dopo la sua uscita dal negozio.

"Afzal era spesso attorniato da parecchie centinaia di studenti, attratti dalla speranza di apprendere i suoi segreti. A volte il fachiro li invitava a compiere un viaggio in sua compagnia. Alla stazione ferroviaria faceva in modo di toccare un rotolo di biglietti, che rendeva poi regolarmente all'impiegato, dicendo: 'Ho cambiato idea. Non li acquisterò, per ora'. Ma quando saliva sul treno con il suo seguito, Afzal era in possesso dei biglietti necessari.[3]

"Queste prodezze provocarono una veemente ondata di indignazione. I gioiellieri e i bigliettai del Bengala erano a un passo dall'esaurimento nervoso! La polizia, che cercava di arrestare Afzal, si sentiva del tutto impotente perché il fachiro riusciva a far sparire qualsiasi prova a suo carico; gli bastava dire: 'Hazrat, portala via'".

---

[3] Mio padre mi raccontò in seguito che la sua compagnia ferroviaria, la Bengal-Nagpur Railway, era stata una delle vittime di Afzal Khan.

Sri Yukteswar si alzò per recarsi sul balcone della mia stanza, che si affacciava sul Gange. Lo seguii, curioso di saperne di più sullo sconcertante Raffles[4] maomettano.

"In passato la pensione Panthi apparteneva a un mio amico, il quale fece la conoscenza di Afzal e lo invitò qui insieme a una ventina di vicini di casa, me compreso. Allora non ero che un ragazzo e il famigerato fachiro mi incuriosiva molto". Il maestro rise. "Presi la precauzione di non portare con me alcun oggetto di valore! Afzal mi squadrò con uno sguardo indagatore, poi osservò:

"'Tu hai mani robuste. Scendi in giardino, prendi una pietra levigata e scrivici sopra il tuo nome con il gesso, poi lancia la pietra nel Gange, il più lontano possibile'.

"Obbedii. Non appena la pietra scomparve lontano fra le onde, il maomettano mi si rivolse di nuovo:

"'Riempi un vaso con l'acqua del Gange, attingendola di fronte a questa casa'.

"Quando tornai con l'acqua, il fachiro gridò: 'Hazrat, metti la pietra in questo vaso!'.

"La pietra apparve immediatamente; la presi e vi lessi il mio nome, chiaro e nitido come quando l'avevo scritto.

"Tra gli amici presenti ce n'era uno, Babu,[5] che indossava un antico e pesante orologio d'oro con la catena. Il fachiro lo esaminò con un'ammirazione foriera di sventura. Ben presto orologio e catena erano spariti!

"'Afzal, vi prego, restituitemi il mio prezioso ricordo di famiglia!' Babu era quasi in lacrime.

"Il maomettano rimase per alcuni istanti impassibile in silenzio, poi disse: 'Voi avete cinquecento rupie in una cassaforte di ferro. Portatemele qui, e vi dirò dove trovare il vostro orologio'.

"Babu, sconvolto, corse immediatamente a casa, per tornare poco dopo e consegnare ad Afzal la somma richiesta.

"'Ora andate sul piccolo ponte vicino a casa vostra', ordinò il fachiro a Babu, 'e chiedete ad Hazrat di darvi l'orologio e la catena'.

"Babu uscì di corsa. Quando fu di ritorno, portava stampato in faccia un sorriso di sollievo e niente di prezioso indosso.

---

[4] Personaggio a metà tra Arsenio Lupin e Rocambole, creato dal romanziere E. W. Hornung (1866-1921). (*Nota dell'Editore*)

[5] Non ricordando il nome dell'amico di Sri Yukteswar, lo chiamerò semplicemente 'Babu' (signore).

Il maomettano dai poteri miracolosi

"'Appena ho rivolto ad Hazrat la mia richiesta secondo le istruzioni ricevute, l'orologio è piovuto dal cielo per finire nella mia mano destra!', annunciò. 'Siate pur certi che prima di tornare qui da voi ho messo sotto chiave il mio tesoro!'.

"Gli amici di Babu, testimoni della scena tragicomica del riscatto dell'orologio, fissavano Afzal con rancore. Allora egli, per placare gli animi, disse:

"'Chiedetemi le bevande che preferite; Hazrat ve le farà avere!'.

"Alcuni chiesero del latte, altri del succo di frutta. Non mi scandalizzai troppo quando il povero Babu chiese del whisky! A un ordine del maomettano, il servizievole Hazrat fece comparire dei recipienti ermeticamente chiusi, che volteggiarono nell'aria e poi caddero a terra con un tonfo. Ciascuno trovò la bevanda desiderata.

"La promessa della quarta spettacolare prodezza di quella giornata riuscì senza dubbio molto gradita al padrone di casa: Afzal si offrì di servirci un pranzo all'istante!

"'Ordiniamo i piatti più costosi', suggerì Babu con aria malinconica. 'Voglio un pranzo prelibato in cambio delle mie cinquecento rupie. Tutto deve essere servito su piatti d'oro!'.

"Appena ciascuno dei presenti ebbe espresso le proprie preferenze, il fachiro si rivolse all'infaticabile Hazrat. Si sentì un fragoroso acciottolìo, e ai nostri piedi piovvero dal nulla piatti d'oro colmi di elaborati curry, *luchi* caldi e molti frutti fuori stagione. Era tutto squisito. Dopo un banchetto di un'ora, ci accingevamo a lasciare la stanza quando un tremendo rumore, come di piatti ammonticchiati l'uno sull'altro, ci fece voltare indietro; ed ecco che era scomparsa ogni traccia dei piatti scintillanti e dei resti del pranzo!".

"Guruji", interruppi, "se Afzal poteva procurarsi con tanta facilità oggetti di valore come i piatti d'oro, perché mai desiderava tanto le ricchezze altrui?".

"Il fachiro non era molto elevato spiritualmente", spiegò Sri Yukteswar. "La padronanza di una certa tecnica yoga gli permetteva di accedere a un piano astrale in cui si può realizzare immediatamente qualsiasi desiderio. Grazie all'intercessione di un essere astrale, Hazrat, il maomettano riusciva con un forte atto di volontà ad attingere all'energia eterea per aggregare gli atomi di qualsiasi oggetto. Ma la struttura di questi oggetti di provenienza astrale è evanescente e non si può mantenere a lungo.⁶ Afzal desiderava ancora le ricchezze terrene che, sebbene più difficili da conquistare, hanno una durata su cui è possibile fare maggiore affidamento!".

Io risi. "Anch'esse, a volte, svaniscono in modo misterioso!".

"Afzal non era un uomo dalla realizzazione divina", continuò il maestro. "I miracoli duraturi e benefici sono compiuti dai veri santi, perché questi sono in sintonia con il Creatore onnipotente. Afzal era solo un uomo comune, per quanto dotato dello straordinario potere di penetrare in un regno sottile che prima della morte è solitamente inaccessibile agli esseri umani".

"Ora capisco, guruji. Il mondo dell'aldilà sembra avere degli aspetti affascinanti".

Il maestro assentì. "Non ho più visto Afzal da quel giorno; ma qualche anno dopo, Babu venne a casa mia per mostrarmi un giornale che riportava la confessione pubblica del maomettano. Appresi così i fatti che ti ho appena raccontato sulla prima iniziazione di Afzal da parte di un guru indù".

L'ultima parte di quel documento, secondo il racconto di Sri Yukteswar, diceva in sostanza quanto segue: "Io, Afzal Khan, scrivo queste parole come atto di penitenza e come avvertimento per coloro che ambiscono al possesso di poteri miracolosi. Per anni ho abusato delle meravigliose facoltà che mi erano state concesse per grazia di Dio e del mio maestro. Mi ero intossicato di egotismo e mi sentivo al di sopra delle comuni leggi morali. Il giorno della resa dei conti è giunto infine anche per me.

"Poco tempo fa, in una strada fuori Calcutta, ho incontrato un vecchio; arrancava a fatica e aveva con sé un oggetto luccicante che sembrava d'oro. Con l'avidità nel cuore, gli rivolsi la parola:

"'Io sono Afzal Khan, il grande fachiro. Che cosa portate con voi?'.

"'Questa sfera d'oro è la mia unica ricchezza materiale; non può interessare un fachiro. Vi imploro, signore, guarite le mie gambe malferme!'.

"Io toccai l'oggetto e mi allontanai senza rispondere. Il vecchio continuò a procedere zoppicando dietro di me. Ben presto si levò un grido: 'Il mio oro è scomparso!'.

---

⁶ Proprio come il mio amuleto d'argento, un oggetto prodotto astralmente, che alla fine scomparve dalla faccia della terra. (Il mondo astrale è descritto nel capitolo 43).

Il maomettano dai poteri miracolosi

"Poiché continuavo a ignorarlo, egli all'improvviso esclamò, con una voce stentorea che scaturiva inaspettatamente da un corpo così fragile:
"'Non mi riconosci?'.

"Rimasi senza parole, sconvolto dalla tardiva scoperta che quel vecchio storpio così insignificante altri non era se non il grande santo che, tanto, tanto tempo prima, mi aveva iniziato allo yoga. Egli si raddrizzò, e in un istante il suo corpo divenne giovane e vigoroso.

"'È così, dunque?'. Lo sguardo del mio guru era di fuoco. 'Vedo con i miei occhi che usi i tuoi poteri non per soccorrere l'umanità sofferente, ma per derubarla, come un volgare ladro! Ti privo dei tuoi poteri occulti. Ormai Hazrat non è più a tua disposizione. Non sarai più il terrore del Bengala!'.

"Con voce angosciata, invocai Hazrat; per la prima volta egli non apparve alla mia vista interiore. Ma all'improvviso un velo oscuro posto dinanzi ai miei occhi si sollevò e vidi chiaramente l'empietà della mia vita.

"'Mio guru, vi ringrazio di essere venuto a scacciare l'illusione che mi ha soggiogato per tanto tempo', gli dissi, singhiozzando ai suoi piedi. 'Vi prometto di rinunciare alle mie ambizioni terrene. Mi rifugerò fra le montagne, per immergermi in solitudine nella meditazione divina, con la speranza di espiare le colpe passate'.

"Il maestro mi guardava in silenzio con compassione. 'Sento che sei sincero', disse infine. 'Considerando i tuoi primi anni di scrupolosa ubbidienza e il pentimento di oggi, ti concederò un unico dono. Gli altri tuoi poteri sono ormai scomparsi, ma ogni volta che avrai bisogno di cibo e di indumenti, potrai ancora chiamare Hazrat, che provvederà. Dedicati con tutta l'anima alla conoscenza di Dio nella solitudine delle montagne'.

"Poi il mio guru scomparve e io rimasi solo con le mie lacrime e le mie riflessioni. Addio, mondo! Vado a implorare il perdono dell'Amato Cosmico".

Capitolo 19

Mentre è a Calcutta, il mio maestro appare a Serampore

"Spesso mi assale qualche dubbio sull'esistenza di Dio. D'altra parte, a volte mi perseguita un tormentoso interrogativo: l'anima non potrebbe avere ignote potenzialità? E se non cerchiamo di esplorarle, non perdiamo forse di vista il vero destino della condizione umana?".

Dijen Babu, il mio compagno di stanza alla pensione Panthi, mi confidò queste sue riflessioni quando lo invitai a fare la conoscenza del mio guru.

"Sri Yukteswarji ti inizierà al Kriya Yoga", risposi. "Questa tecnica calma il tumulto provocato dal dualismo di *maya*, ridestando una divina certezza interiore".

Quella sera Dijen mi accompagnò all'eremitaggio. Alla presenza del maestro, il mio amico provò una pace spirituale così grande che ben presto divenne un assiduo visitatore.

Le futili questioni della vita quotidiana non possono soddisfare i nostri bisogni più profondi; l'uomo prova infatti un desiderio innato anche verso la saggezza. Le parole di Sri Yukteswar ispirarono in Dijen il desiderio di scoprire nel proprio cuore un sé più autentico del superficiale ego di un'incarnazione passeggera.

Poiché entrambi frequentavamo i corsi all'università di Serampore, Dijen e io prendemmo l'abitudine di recarci insieme all'*ashram* non appena finite le lezioni. Al nostro arrivo, spesso vedevamo Sri Yukteswar affacciato al suo balcone del primo piano, che ci dava il benvenuto con un sorriso.

Un pomeriggio Kanai, un giovane dell'eremitaggio, ci venne incontro sulla porta con una spiacevole notizia.

"Il maestro non è qui; l'hanno chiamato d'urgenza a Calcutta".

Mentre è a Calcutta, il mio maestro appare a Serampore

Il giorno seguente ricevetti una cartolina dal mio guru. "Partirò da Calcutta mercoledì mattina", scriveva. "Tu e Dijen venite a prendermi al treno delle nove, alla stazione di Serampore".

Verso le otto e mezzo di mercoledì mattina, mi balenò in mente con insistenza un messaggio telepatico di Sri Yukteswar: "Sono stato trattenuto; non venite al treno delle nove".

Comunicai queste ultime istruzioni a Dijen, che era già pronto per uscire.

"Tu e la tua intuizione!", esclamò il mio amico con un leggero tono di scherno. "Io preferisco dar credito alle parole scritte del maestro".

Scrollai le spalle e mi sedetti con calma determinazione. Borbottando stizzito, Dijen andò verso la porta e, uscendo, la chiuse rumorosamente dietro di sé.

Poiché la stanza era piuttosto buia, mi avvicinai a una finestra che si affacciava sulla strada. Improvvisamente la pallida luce del sole divenne di una luminosità molto più intensa, tanto da far sparire completamente alla vista la finestra con le sue sbarre di ferro. Contro quello sfondo abbagliante si materializzò nitidamente la figura di Sri Yukteswar!

Quasi sconvolto dallo stupore, mi alzai dalla sedia e mi inginocchiai dinanzi a lui. Con il mio abituale gesto di saluto, mi inchinai rispettosamente ai piedi del mio guru, e toccai le sue scarpe. Erano quelle di tela color arancione, con la suola di corda, che conoscevo bene. La sua veste ocra di swami mi sfiorò; sentii distintamente non solo il tessuto dell'abito, ma anche la superficie ruvida delle scarpe e, all'interno di queste, la pressione delle sue dita. Troppo sbalordito per pronunciare una sola parola, mi alzai e lo guardai con aria interrogativa.

"Mi ha fatto piacere constatare che hai ricevuto il mio messaggio telepatico". La voce del maestro era calma, del tutto normale. "Ho concluso adesso quello che dovevo fare a Calcutta, e arriverò a Serampore con il treno delle dieci".

Poiché continuavo a fissarlo senza dire una parola, Sri Yukteswar aggiunse: "Questa non è un'apparizione, sono io in carne e ossa. Ho ricevuto il comando divino di farti fare questa esperienza, molto rara sulla terra. Venite a prendermi alla stazione; tu e Dijen mi vedrete arrivare con lo stesso abito che indosso ora; prima di me vi verrà incontro un altro viaggiatore, un ragazzino con una brocca d'argento".

Sussurrando parole di benedizione il mio guru posò entrambe le mani sul mio capo. Quando alla fine disse *'Tabe asi'*,[1] udii un suono singolare simile a un sordo brontolìo.[2] Il suo corpo cominciò a dissolversi gradualmente nella luce abbagliante. Dapprima scomparvero i piedi e le gambe, poi il busto e la testa, come un rotolo di pergamena che si riavvolge. Fino all'ultimo sentii la leggera pressione delle sue dita sui miei capelli. Il fulgore si dileguò pian piano; dinanzi a me non restò altro che la finestra con le sbarre e una pallida striscia di sole.

Rimasi mezzo stordito, domandandomi se non fossi stato vittima di un'allucinazione. Poco dopo un Dijen mogio mogio entrò nella stanza.

"Il maestro non era sul treno delle nove e nemmeno su quello delle nove e mezzo", annunciò con un tono di voce in cui si avvertiva una nota di scusa.

"Vieni, so che arriverà alle dieci". Lo presi per mano e lo trascinai a forza con me, incurante delle sue proteste. Circa dieci minuti dopo arrivammo alla stazione, proprio mentre il treno si fermava sbuffando.

"Tutto il treno è pervaso dall'aura luminosa del maestro! È arrivato!", esclamai gioiosamente.

"Stai sognando!" ribatté Dijen ridendo sarcasticamente.

"Aspettiamolo qui". Riferii al mio amico nei minimi dettagli il modo in cui il guru si sarebbe presentato ai nostri occhi. Non appena terminai la mia descrizione, apparve Sri Yukteswar: indossava lo stesso abito che avevo visto poco prima e camminava lentamente, preceduto da un ragazzino che portava una brocca d'argento.

Per un attimo mi attraversò un gelido brivido di paura, per l'incredibile singolarità della mia esperienza. Sentivo che il mondo materialistico del ventesimo secolo si eclissava ai miei occhi; ero forse tornato ai giorni lontani in cui Gesù era apparso a Pietro sulle acque del mare?

Non appena Sri Yukteswar, questo yogi moderno simile a Cristo, giunse dove Dijen e io lo aspettavamo ammutoliti, sorridendo al mio amico, osservò:

"Ho mandato un messaggio anche a te, ma non sei riuscito a recepirlo".

Dijen rimase in silenzio, ma mi lanciò un'occhiata sospettosa. Accompagnato il nostro guru all'eremitaggio, il mio amico e io proseguimmo

---

[1] 'Addio' in bengali; letteralmente è un paradosso pieno di speranza: 'Poi vengo'.
[2] Il suono caratteristico prodotto dalla smaterializzazione degli atomi del corpo.

alla volta del Serampore College. Dijen si fermò lungo la strada e mi apostrofò sprizzando indignazione da tutti i pori.

"Ah, è così? Il maestro mi ha mandato un messaggio e tu me lo hai nascosto! Esigo una spiegazione!".

"È forse colpa mia se lo specchio della tua mente irrequieta è così instabile da impedirti di ricevere le istruzioni del nostro guru?", obiettai.

La collera scomparve dal viso di Dijen. "Capisco che cosa intendi dire", ammise avvilito. "Ma ti prego, spiegami come hai fatto a sapere del ragazzino con la brocca".

Quando conclusi il mio racconto sulla straordinaria apparizione del maestro avvenuta quel mattino nella pensione, il mio amico e io eravamo ormai giunti al Serampore College.

"Quanto ho appena udito sui poteri del nostro guru", concluse Dijen, "mi fa pensare che tutte le università della terra non siano altro che asili d'infanzia".[3]

---

[3] "Dopo le rivelazioni che ho ricevuto, tutto ciò che ho scritto non mi sembra che paglia". Così rispose san Tommaso d'Aquino, il 'principe degli Scolastici', al segretario che lo sollecitava ansiosamente a portare a termine la sua *Summa Theologiae*. Nel 1273, mentre celebrava la messa in una chiesa di Napoli, san Tommaso ebbe una profonda visione mistica interiore. La gloria della conoscenza divina lo sommerse a tal punto che da allora non mostrò più alcun interesse per i conseguimenti intellettuali.

Si vedano anche le parole di Socrate (nel *Fedro* di Platone): "Quanto a me, tutto ciò che so è che non so nulla".

Capitolo 20

Non visitiamo il Kashmir

"Padre, durante le vacanze estive vorrei invitare il maestro e quattro amici a fare un viaggio con me sulle colline ai piedi dell'Himalaya. Potrei avere sei biglietti ferroviari per il Kashmir e denaro sufficiente per le spese del viaggio?".

Come mi aspettavo, mio padre accolse la richiesta con una sonora risata. "Questa è la terza volta che mi racconti la stessa storiella! Non mi hai avanzato una richiesta simile l'estate scorsa e così pure l'anno prima? All'ultimo momento Sri Yukteswarji non vuole partire".

"È vero, padre; non so per quale motivo il mio guru non voglia darmi una risposta precisa riguardo al viaggio nel Kashmir.[1] Ma se gli dico che mi avete già procurato i biglietti, penso che questa volta acconsentirà a partire".

Sul momento mio padre non parve convinto, ma il giorno seguente, non senza qualche scherzosa frecciatina, mi consegnò i sei biglietti e un rotolo di banconote da dieci rupie.

"Non credo che il tuo ipotetico viaggio abbia bisogno di questi sostegni pratici", osservò. "Comunque eccoli qui".

Quel pomeriggio mostrai a Sri Yukteswar il mio bottino. Egli rispose al mio entusiasmo con un sorriso, ma con parole evasive: "Mi piacerebbe andare; vedremo!". Non fece alcun commento quando chiesi a Kanai, un suo giovane discepolo ospite dell'eremitaggio, di accompagnarci. Invitai anche altri tre amici: Rajendra Nath Mitra, Jotin Auddy e un altro ragazzo. Fissammo la data della partenza per il lunedì successivo.

Il sabato e la domenica rimasi a Calcutta, perché a casa nostra si celebrava il matrimonio di un cugino. Il lunedì giunsi di primo mattino

---

[1] Benché il maestro non mi abbia mai fornito alcuna spiegazione, la sua riluttanza a recarsi nel Kashmir nell'estate dei due anni precedenti poteva dipendere dal presentimento che non era ancora giunto il momento in cui si doveva manifestare la sua malattia in quel paese (vedere pagina 224 e seguenti).

Non visitiamo il Kashmir

a Serampore con il mio bagaglio. Rajendra mi venne incontro sulla porta dell'eremitaggio.

"Il maestro è uscito a fare una passeggiata. Si rifiuta di partire".

Ne fui addolorato, ma rimasi fermo nel mio proposito. "Non voglio fornire a mio padre una terza occasione di mettere in ridicolo i miei chimerici progetti sul viaggio nel Kashmir. Noi ci andremo".

Rajendra si disse d'accordo; lasciai l'*ashram* alla ricerca di un domestico, ben sapendo che Kanai non sarebbe mai partito senza il maestro, e quindi ci occorreva qualcuno che si occupasse dei bagagli. Pensai a Behari, che aveva lavorato a casa nostra ed era ora al servizio di un insegnante di Serampore. Mentre procedevo di buon passo, incontrai il mio guru di fronte alla chiesa cristiana, accanto al palazzo di giustizia.

"Dove vai?", mi chiese Sri Yukteswar serio in viso. "Signore, ho saputo che voi e Kanai non ci accompagnerete nel nostro viaggio. Vado a cercare Behari. Ricorderete che l'anno scorso era così desideroso di vedere il Kashmir che addirittura si offrì di venire gratis come domestico".

"Non l'ho dimenticato. Eppure non credo che sarà disposto a partire".

Ero esasperato. "Ma Behari non vede l'ora di avere un'occasione simile!".

Il mio guru riprese il suo cammino senza rispondere. Presto arrivai a casa dell'insegnante e trovai Behari nel cortile: mi accolse con una affettuosa cordialità, che però, appena nominai il Kashmir, d'un tratto si raffreddò. Mormorando qualche parola di scusa, mi lasciò ed entrò in casa. Aspettai mezz'ora, cercando nervosamente di convincermi che Behari tardava perché era occupato nei preparativi per il viaggio. Alla fine, bussai alla porta d'ingresso.

"Behari è uscito mezz'ora fa dalle scale di servizio", mi disse l'uomo che venne ad aprire, con un sorrisetto che gli aleggiava sul viso.

Me ne andai dispiaciuto, chiedendomi se il mio invito non fosse stato troppo perentorio, oppure se quella reazione non fosse opera del maestro, che segretamente aveva esercitato la sua influenza. Passando davanti alla chiesa cristiana, vidi di nuovo il mio guru che mi veniva lentamente incontro. Senza aspettare che gli raccontassi l'accaduto, esclamò:

"Così Behari non vuole partire! E ora che cosa pensi di fare?".

Mi sentii come un bambino ribelle che ha deciso di sfidare l'autorità paterna. "Signore, chiederò a mio zio se posso portare con me il suo domestico Lal Dhari".

"Vai pure da tuo zio, se credi", replicò Sri Yukteswar con un risolino. "Temo però che non sarà un incontro molto piacevole".

In apprensione, ma con spirito ribelle, lasciai il mio guru ed entrai nel palazzo di giustizia di Serampore. Sarada Ghosh, mio zio paterno, che era Procuratore di Stato, mi accolse affettuosamente.

"Parto oggi per il Kashmir con alcuni amici", gli annunciai. "Erano anni che sognavo di fare questo viaggio nell'Himalaya".

"Sono felice per te, Mukunda. Posso fare qualcosa per rendere più piacevole il tuo viaggio?".

Mi sentii incoraggiato da queste parole gentili. "Caro zio", dissi, "potreste forse cedermi il vostro domestico Lal Dhari?".

Questa semplice richiesta ebbe l'effetto di un terremoto. Lo zio fece un balzo così violento che la sua sedia si rovesciò, le carte sulla scrivania volarono in tutte le direzioni e la sua pipa, una lunga pipa dal cannello di cocco, cadde a terra con un gran fracasso.

"Ragazzo, sei un egoista", gridò, tremando di collera, "che idea assurda! Chi si prenderà cura di me, se per i tuoi viaggi di piacere ti porti via il mio domestico?".

Nascosi la mia sorpresa, considerando che l'improvviso voltafaccia del mio amabile zio era soltanto l'ennesimo enigma di una giornata interamente votata all'incomprensibile. La mia uscita dall'ufficio del tribunale fu una ritirata precipitosa, ma non proprio dignitosa.

Tornai all'eremitaggio, dove gli amici mi stavano aspettando. Cominciava a farsi strada in me la convinzione che dietro l'atteggiamento del maestro si nascondesse un motivo valido, per quanto estremamente misterioso. Fui colto dal rimorso all'idea di aver cercato di contrastare la volontà del mio guru.

"Mukunda, non vorresti restare ancora un po' con me?", domandò Sri Yukteswar. "Rajendra e gli altri possono andare avanti e aspettarti a Calcutta. Avrai tutto il tempo di prendere l'ultimo treno della sera che parte da Calcutta per il Kashmir".

"Signore, non desidero partire senza di voi", dissi tristemente.

I miei amici non prestarono la minima attenzione alle mie parole. Chiamarono una carrozza e se ne andarono con tutto il bagaglio. Kanai e io ci sedemmo quieti ai piedi del guru. Dopo mezz'ora di silenzio, il maestro si alzò per andare al primo piano, sul loggiato dove eravamo soliti mangiare.

"Kanai, per favore, porta a Mukunda la sua cena. Il suo treno parte fra poco".

Come feci per alzarmi, improvvisamente vacillai, colto da nausea e da un'orribile sensazione di rivoltamento di stomaco. Il dolore era così lancinante che mi pareva di trovarmi scaraventato all'improvviso in un inferno di atrocità. Annaspai alla cieca verso il mio guru e crollai davanti a lui, mostrando tutti i sintomi del terribile colera asiatico. Sri Yukteswar e Kanai mi portarono nel soggiorno.

Torcendomi dal dolore gridai: "Maestro, affido a voi la mia vita"; infatti ero convinto che il fiume della vita si stesse rapidamente ritirando dalle rive del mio corpo.

Sri Yukteswar mi pose il capo sul suo grembo, accarezzandomi la fronte con soave tenerezza.

"Vedi ora che cosa sarebbe accaduto se ti fossi trovato alla stazione con i tuoi amici?", disse. "Ho dovuto prendermi cura di te in questo strano modo perché hai voluto mettere in dubbio il mio giudizio sull'opportunità di compiere il viaggio in questo particolare momento".

Finalmente compresi. I grandi maestri di rado ritengono opportuno mostrare pubblicamente i loro poteri, e quindi un osservatore casuale avrebbe considerato gli eventi di quel giorno perfettamente naturali. L'intervento del mio guru era stato troppo sottile per essere notato. Egli aveva fatto agire la propria volontà in modo molto discreto attraverso Behari, mio zio, Rajendra e gli altri. Probabilmente tutti, eccetto me, avevano pensato che lo svolgersi degli avvenimenti fosse del tutto logico e normale.

Sri Yukteswar, che non dimenticava mai di rispettare i suoi obblighi sociali, pregò Kanai di andare a chiamare un medico e di informare mio zio.

"Maestro", protestai, "solo voi potete guarirmi. Ormai sono troppo grave per qualsiasi dottore".

"Figlio mio, la Misericordia Divina ti protegge. Non preoccuparti del dottore; non ti troverà in questo stato. Sei già guarito".

Alle parole del mio guru le atroci sofferenze si placarono. Mi misi a sedere, ancora molto debole. Il medico non tardò ad arrivare, e mi esaminò accuratamente.

"Sembra che il peggio sia già passato", disse. "Farò qualche prelievo per le analisi di laboratorio".

La mattina seguente il dottore arrivò in tutta fretta, ma mi trovò seduto e di buon umore.

"Bene, bene! Eccoti qui a sorridere e chiacchierare come se non fossi stato a un passo dalla morte". Mi diede affettuosamente un colpetto sulla mano. "Quando dalle analisi ho scoperto che si trattava del colera asiatico, ho temuto di non trovarti ancora vivo. Sei fortunato, giovanotto, ad avere un guru dotato del divino potere di guarire. Ne sono davvero convinto!".

Ero pienamente d'accordo. Mentre il dottore si accingeva a uscire, Rajendra e Auddy comparvero sulla porta. Appena notarono il medico e il mio aspetto alquanto patito, il risentimento che avevano dipinto in viso si mutò in compassione.

"Eravamo in collera perché non ti sei fatto vivo alla stazione di Calcutta, come d'accordo. Sei stato male?".

"Sì". Quando vidi che i miei amici posavano i bagagli nello stesso angolo in cui si trovavano il giorno prima, non potei fare a meno di ridere. E recitai:

"C'era un battello che in Spagna andò, e prima di giungervi, indietro tornò!".

Il maestro entrò nella stanza. Mi permisi una libertà da convalescente e gli presi affettuosamente la mano.

"Guruji", dissi, "da quando avevo dodici anni ho tentato molte volte di raggiungere l'Himalaya e non ci sono mai riuscito. Ormai sono convinto che la dea Parvati[2] non mi accoglierà se prima non otterrò la vostra benedizione!".

---

[2] Letteralmente 'delle montagne'. Nella mitologia, Parvati è figlia del Re Himalaya (letteralmente 'dimora delle nevi') e vive in una certa vetta al confine con il Tibet. I viaggiatori che si trovano a passare ai piedi di quel picco inaccessibile contemplano attoniti in lontananza una imponente formazione nevosa che somiglia a un palazzo, con cupole e torrette di ghiaccio.

Parvati, Kali, Durga, Uma e altre dee sono particolari aspetti di Jaganmatri, la 'Madre Divina del Mondo', i cui diversi nomi stanno a indicare le sue varie funzioni. Dio o Shiva (vedere la nota a pagina 324) nel Suo aspetto *para*, ovvero trascendente, non è attivo nella creazione; la Sua *shakti* (energia o forza attivante) è delegata alle Sue 'consorti', le forze creative 'femminili' che rendono possibili le infinite manifestazioni del cosmo.

Secondo i racconti mitologici dei *Purana*, l'Himalaya è la dimora di Shiva. La Dea Ganga discese dal cielo per assolvere il ruolo di divinità protettrice del fiume Gange, che nasce dall'Himalaya. Con immagine poetica, si dice perciò che il Gange scorre dal cielo alla terra attraverso i capelli di Shiva, il 'Re degli yogi', l'aspetto Distruttore-Rinnovatore della Trimurti. Kalidasa, lo 'Shakespeare dell'India', descrisse l'Himalaya come "l'imponente risata di Shiva". "Il lettore può riuscire a immaginare quella distesa di enormi denti bianchi", ha scritto F. W. Thomas in *The Legacy of India* (Oxford), "ma il concetto può

Non visitiamo il Kashmir

Il Signore Shiva

Personificazione dello spirito dell'ascetismo, il Signore Shiva rappresenta l'aspetto della distruzione e del rinnovamento proprio della natura trina di Dio (Colui che crea, che conserva e che distrugge). Rappresentando la Sua natura trascendente, questa immagine mostra Shiva immerso nella beatitudine del *samadhi* sulle montagne dell'Himalaya. La Sua collana (*naga kundala*) e i Suoi bracciali formati da serpenti indicano la Sua padronanza sull'illusione e la Sua forza creativa.

---

tuttavia sfuggirgli nella sua pienezza, se non si rappresenta la figura del grande Asceta, eternamente assiso sul trono dell'imponente regno della montagna, dove il Gange, nella sua discesa dal cielo, scorre attraverso i suoi riccioli intrecciati, su cui brilla il diadema della luna" (vedere l'immagine di Shiva qui sopra).

Nell'arte indù, Shiva è spesso raffigurato con indosso una pelle d'antilope di un nero vellutato, che simboleggia l'oscurità e il mistero della notte, unico indumento di Colui che è *digambara*, 'vestito di cielo'. Gli appartenenti ad alcune sette devote a Shiva non portano alcun indumento, per onorare il Signore che non possiede nulla, ma al quale tutto appartiene.

Una delle sante protettrici del Kashmir, Lalla Yogiswari (Suprema Maestra dello Yoga), vissuta nel XIV secolo, era una devota di Shiva 'vestita di cielo'. Un suo contemporaneo, scandalizzato, le domandò un giorno perché seguisse la regola della nudità. "Perché no?", fu la caustica risposta di Lalla. "Non vedo uomini intorno a me". Secondo il suo modo di pensare alquanto radicale, chi non aveva raggiunto la realizzazione divina non meritava l'appellativo di 'uomo'. Lalla praticava una tecnica molto affine al Kriya Yoga e ne celebrò la potenza liberatrice in numerose quartine, come la seguente:

> Non vi è acido di dolore che io non abbia bevuto!
> Innumerevoli i miei cicli di nascite e di morti.
> Ma ecco! Ora nient'altro che nettare riempie la mia coppa,
> sorseggiato con l'arte del respiro.

La santa non morì di alcuna morte naturale, ma smaterializzò il proprio corpo nel fuoco. Più tardi, mentre gli abitanti della sua città piangevano la sua perdita, apparve loro in una forma vivente avvolta in vesti d'oro: finalmente vestita!

Capitolo 21

Visitiamo il Kashmir

"Ora sei abbastanza forte per metterti in viaggio. Verrò con te nel Kashmir", mi annunciò Sri Yukteswar due giorni dopo la mia miracolosa guarigione dal colera asiatico.

Quella sera la nostra comitiva di sei persone salì sul treno diretto verso il nord. La prima tappa del nostro viaggio fu Simla, una maestosa città adagiata nel cuore delle colline himalayane. Passeggiammo per le sue ripide strade, ammirando un panorama magnifico.

"Vendo fragole inglesi!", gridava una donna anziana accovacciata a terra in un pittoresco mercato all'aperto.

Il maestro fu incuriosito da quegli strani frutti, piccoli e rossi. Ne comperò un grande cestino e li offrì a Kanai e a me, che gli stavamo vicino. Assaggiai una fragola, ma la sputai subito a terra.

"Signore, come sono aspre! Le fragole non mi piaceranno mai!".

Il mio guru rise. "Oh, sì che ti piaceranno, in America! Ti troverai a un pranzo e la padrona di casa le servirà con lo zucchero e la panna. Schiaccerà le fragole con una forchetta, poi te le farà assaggiare e tu dirai: 'Che fragole deliziose!'. Allora ricorderai questo giorno a Simla".

(La predizione di Sri Yukteswar svanì dalla mia mente, ma vi si riaffacciò molti anni più tardi, poco dopo il mio arrivo in America. Ero stato invitato a pranzo dalla signora Alice T. Hasey [Sister Yogmata] a West Somerville, nel Massachusetts. Quando furono servite delle fragole come dessert, la mia ospite prese una forchetta e ne schiacciò alcune per me, aggiungendo zucchero e panna. "Sono piuttosto aspre, ma, preparate in questo modo, penso che vi piaceranno", osservò. Le assaggiai ed esclamai: "Che fragole deliziose!". E immediatamente la predizione che il mio guru aveva fatto a Simla emerse dagli insondabili meandri della mia memoria. Mi resi conto con grande stupore che tanto tempo prima la sua mente in sintonia con Dio era riuscita a captare le onde degli eventi karmici che vagavano nell'etere del futuro).

Autobiografia di uno Yogi

La nostra comitiva lasciò ben presto Simla e riprese il treno per Rawalpindi. Là noleggiammo una grande carrozza chiusa tirata da due cavalli, con la quale intendevamo raggiungere, nel giro di sette giorni, la città di Srinagar, capitale del Kashmir. Il secondo giorno di viaggio verso il nord, l'Himalaya si offrì ai nostri occhi in tutta la sua grandiosità. Mentre le ruote di ferro della nostra carrozza cigolavano sulle strade pietrose e infuocate, noi contemplavamo rapiti il mutevole panorama di quelle superbe montagne.

"Signore", disse Auddy al maestro, "sono immensamente felice di godere della vostra santa compagnia e di poter ammirare insieme a voi questi grandiosi scenari".

L'apprezzamento di Auddy mi procurò un fremito di piacere, poiché ero stato io a offrire quel viaggio. Sri Yukteswar mi lesse nel pensiero; si volse verso di me e bisbigliò:

"Non sentirti troppo lusingato; Auddy non è tanto entusiasta del panorama, quanto della prospettiva di allontanarsi da noi il tempo sufficiente per fumarsi una sigaretta".[1]

Turbato da questa osservazione, replicai a bassa voce: "Signore, vi prego, non sciupate la nostra armonia con queste parole spiacevoli. Non posso credere che Auddy abbia una tale smania di fumare". E fissai con apprensione il mio guru, che quando aveva qualcosa da dire, era di solito irrefrenabile.

"Benissimo, non gli dirò nulla", disse il maestro con un risolino. "Ma vedrai che fra poco, quando si fermerà la carrozza, lui sarà pronto a cogliere l'occasione".

La carrozza arrivò in una piccola area di sosta. Mentre i cavalli venivano condotti all'abbeveratoio, Auddy domandò: "Signore, non vi dispiace se per un tratto di strada mi siedo accanto al cocchiere? Vorrei prendere un po' d'aria fresca".

Sri Yukteswar gli diede il permesso, ma mi disse: "Vuole fumo fresco, non aria fresca".

La carrozza riprese a procedere rumorosamente sulle strade polverose. Il maestro, con uno sguardo d'intesa, mi suggerì: "Sporgi la testa dallo sportello, e guarda che cosa sta facendo Auddy con l'aria".

---

[1] In India è considerata una mancanza di rispetto fumare alla presenza di persone più anziane o dei superiori.

Visitiamo il Kashmir

Ubbidii, ed ebbi un sussulto quando vidi Auddy che emetteva anelli di fumo dalla bocca. Rivolsi a Sri Yukteswar uno sguardo contrito.

"Avete ragione, come sempre, signore. Auddy sta gustando una boccata di fumo, insieme al panorama". Sapendo che il mio amico non aveva portato sigarette da Calcutta, immaginai che il cocchiere gliene avesse regalata qualcuna.

Proseguimmo lungo una strada tortuosa, godendo lo spettacolo di fiumi, valli, dirupi scoscesi e innumerevoli catene montuose. La sera facevamo sosta in rustiche locande dove ci preparavamo da mangiare da soli. Sri Yukteswar dedicava una cura speciale alla mia dieta, insistendo che bevessi succo di lime a ogni pasto. Ero ancora debole, ma miglioravo di giorno in giorno, sebbene la carrozza con i suoi sobbalzi sembrasse fatta apposta per arrecare disagio.

Un senso di gioiosa aspettativa colmava i nostri cuori man mano che ci avvicinavamo al Kashmir centrale, un incantevole paradiso di laghi ricoperti di fiori di loto, giardini acquatici, case galleggianti con le loro tende vivaci, pascoli costellati di fiori e il fiume Jhelum con i suoi innumerevoli ponti; il tutto circondato dalla maestosa cornice dell'Himalaya.

Arrivammo a Srinagar percorrendo un accogliente viale ombreggiato da alberi imponenti. Riservammo le stanze in una locanda a due piani che si affacciava su quelle magnifiche alture. Mancava l'acqua corrente; dovevamo perciò attingerla da un pozzo vicino. Il clima estivo era ideale, caldo di giorno e un po' più fresco di notte.

Ci recammo in pellegrinaggio in un antico tempio di Srinagar dedicato allo swami Shankara. Mentre osservavo l'eremitaggio che sulla vetta di un monte si stagliava ardito contro il cielo, entrai in uno stato di estasi. Ebbi la visione di un edificio in cima a una collina, in un paese lontano; il maestoso tempio di Shankara a Srinagar si era trasformato nell'edificio in cui, molti anni dopo, avrei fondato la Casa Madre della Self-Realization Fellowship in America. (Quando mi recai per la prima volta a Los Angeles e vidi la grande costruzione in cima a Mount Washington, la riconobbi immediatamente: era la stessa delle visioni che, in un passato ormai lontano, avevo avuto nel Kashmir e in altri luoghi).

Alcuni giorni a Srinagar, poi a Gulmarg (che significa 'sentieri fioriti sulle montagne'), a circa 2500 metri di altezza. Là, per la prima volta, montai un enorme cavallo; Rajendra si mise in sella a un piccolo

La Casa Madre internazionale della Self-Realization Fellowship/Yogoda Satsanga Society of India, fondata da Sri Yogananda nel 1925 e situata sulla sommità di Mount Washington a Los Angeles, California.

trottatore, uno di quei cavallini dal cuore infiammato dall'ambizione per la velocità. Ci avventurammo sul ripidissimo Khilanmarg; il nostro sentiero si snodava in una fitta foresta piena di funghi d'albero, dove i viottoli, immersi nella nebbia, erano spesso malsicuri. Ma il cavallino di Rajendra non concedeva un minuto di tregua al mio enorme destriero, neppure nelle curve più pericolose. Andava avanti, sempre avanti, infaticabile, dimentico di tutto fuorché del piacere della competizione.

Al termine della nostra faticosa gara ricevemmo però la ricompensa di un panorama mozzafiato. Per la prima volta in questa vita potevo contemplare ovunque intorno a me le cime sublimi dell'Himalaya incappucciate di neve, distese, le une dopo le altre, come sagome di giganteschi orsi polari. I miei occhi si inebriarono di quell'infinito susseguirsi di montagne ricoperte di ghiaccio che si stagliavano contro il cielo azzurro illuminato dal sole.

I miei giovani compagni e io, tutti ben protetti dai nostri cappotti, rotolavamo allegramente sui candidi, luccicanti pendii. Ritornando indietro, durante la discesa, scorgemmo in lontananza un vasto tappeto di fiori gialli che trasfigurava completamente le spoglie colline.

La meta successiva delle nostre escursioni furono i famosi 'giardini del piacere' dell'imperatore Jehangir, a Shalimar e a Nishat Bagh. L'antico palazzo di Nishat Bagh è costruito proprio sopra una cascata naturale. Il torrente che si riversa dalle montagne è stato forzato, con ingegnosi artifici, a scorrere lungo terrazze variopinte e a zampillare da fontane collocate al centro di stupende aiuole fiorite. L'acqua del torrente scorre anche in diverse stanze del palazzo per riversarsi infine con grazia leggiadra nel lago sottostante. Gli immensi giardini sono una vera sinfonia di colori: rose, gelsomini, gigli, bocche di leone, viole del pensiero, fiori di lavanda, papaveri. File simmetriche di *chinar*[2], cipressi e ciliegi formano un recinto color smeraldo, al di là del quale si ergono torreggianti le candide e austere vette dell'Himalaya.

A Calcutta, la cosiddetta 'uva del Kashmir' è considerata una rara delizia. Rajendra, che aveva tanto parlato delle scorpacciate d'uva che ci attendevano nel Kashmir, fu deluso di non trovarvi grandi vigneti. Di tanto in tanto lo prendevo in giro per questa sua aspettativa infondata.

"Oh, mi sono talmente rimpinzato di uva che non riesco più a camminare!", dicevo. "Quest'uva invisibile mi sta fermentando dentro!". In

---

[2] Platano orientale.

Discepoli diretti di Yogananda, suoi successori alla guida spirituale della SRF/YSS
(Da sinistra a destra) Sri Rajarsi Janakananda, guida spirituale e presidente della Self-Realization Fellowship/Yogoda Satsanga Society of India dal 1952 al 1955. Sri Daya Mata, succeduta a Rajarsi Janakananda nel febbraio del 1955, ha rivestito il ruolo di guida spirituale e presidente per oltre 55 anni, fino alla sua scomparsa avvenuta nel 2010. Sri Mrinalini Mata, discepola diretta del grande maestro, anch'essa da lui personalmente scelta e preparata per guidare l'organizzazione dopo la sua scomparsa, ha assunto questa responsabilità dagli inizi del 2011 fino al 2017, anno del suo trapasso. Brother Chidananda, appartenente all'Ordine monastico della SRF/YSS da oltre 40 anni, è l'attuale presidente e guida spirituale della SRF/YSS. Per ulteriori informazioni sulla linea di successione e sulla direzione della SRF/YSS, si invita a visitare il nostro sito web, www.yogananda-srf.org.

seguito, venimmo a sapere che l'uva dolce cresce in abbondanza a Kabul, a ovest del Kashmir. Ci consolammo con del gelato a base di *rabri*, un latte molto condensato, insaporito con pistacchi interi.

Facemmo varie gite in *shikara*, piccole imbarcazioni ombreggiate da baldacchini ricoperti da drappi ricamati di rosso, che scivolavano sull'intricata rete di canali del lago Dal, una vera e propria ragnatela d'acqua. Qui i numerosi giardini galleggianti, costruiti grossolanamente con tronchi d'albero e terra, a un primo sguardo lasciano stupiti, tanto sembra strano trovare ortaggi e meloni che crescono in mezzo a vaste distese d'acqua. A volte si scorge qualche contadino che, disdegnando di rimanere 'radicato al suolo', rimorchia il suo piccolo quadrato di 'terra' per trasportarlo in un altro punto delle tante diramazioni del lago.

In questa valle leggendaria si trova la quintessenza di tutte le bellezze della terra. La 'Signora del Kashmir' sfoggia una corona di montagne, una ghirlanda di laghi e calzature di fiori. In anni più recenti, dopo aver viaggiato in molti paesi, ho capito perché il Kashmir è spesso definito il luogo più suggestivo della terra. Riunisce in sé il fascino delle Alpi Svizzere, di Loch Lomond in Scozia e dei bellissimi laghi inglesi. Visitando il Kashmir, un americano può trovare molti scorci che gli ricorderanno l'aspra grandiosità dell'Alaska e del Pikes Peak, vicino a Denver.

Se dovessi proporre dei candidati per un concorso di bellezza fra i paesaggi del mondo, raccomanderei per il primo premio gli splendidi scenari di Xochimilco in Messico, dove il cielo, le montagne, i pioppi si riflettono negli innumerevoli corsi d'acqua, tra i pesci che guizzano come per gioco; oppure i laghi del Kashmir, protetti come bellissime fanciulle dalle vigili e severe montagne dell'Himalaya. Questi due luoghi sono rimasti impressi nella mia memoria come i più belli della terra.

Ma mi hanno anche colpito profondamente le meraviglie del Parco Nazionale di Yellowstone, del Grand Canyon nel Colorado, e dell'Alaska. Yellowstone è forse l'unica regione della terra in cui si possano vedere gli alti getti di numerosi geyser erompere con regolarità quasi cronometrica. In quest'area vulcanica, la Natura ci ha lasciato un esemplare di un mondo primordiale: calde sorgenti sulfuree, laghetti che hanno il colore dell'opale e dello zaffiro, geyser impetuosi e orsi, lupi, bisonti e altri animali selvatici che si aggirano liberamente per il parco. Viaggiando in automobile per le strade del Wyoming diretto al 'Devil's Paint Pot', con il suo fango bollente, e osservando le sorgenti gorgoglianti, i geyser prorompenti e le fontane di vapore, ero pronto a dichiarare che Yellowstone merita un premio speciale per la sua unicità.

Nel Parco di Yosemite, in California, le antiche e maestose sequoie, queste imponenti colonne che svettano alte nel cielo, sono verdi cattedrali naturali, progettate con divina maestria. Sebbene in Oriente si trovino cascate meravigliose, non ce n'è nessuna che eguagli l'irruente bellezza del Niagara, nello stato di New York ai confini con il Canada. La Mammoth Cave del Kentucky e le Carlsbad Caverns del New Mexico sembrano misteriosi mondi di fate. Quei luoghi in cui le lunghe stalattiti pendono dalle volte delle grotte e si rispecchiano nelle acque sotterranee evocano certi mondi fantastici, frutto dell'immaginazione umana.

Gli abitanti del Kashmir, famosi nel mondo per la loro bellezza, sono in maggioranza bianchi come gli europei, con gli stessi lineamenti e la stessa corporatura; molti hanno gli occhi azzurri e i capelli biondi. Se indossano indumenti occidentali, sembrano americani. Il freddo dell'Himalaya dà refrigerio dal sole ardente e mantiene chiara la carnagione degli abitanti del Kashmir. Spostandosi a sud, alle latitudini tropicali dell'India, si nota che gli abitanti sono via via di carnagione sempre più scura.

Trascorse alcune felici settimane nel Kashmir, dovetti prepararmi a ritornare nel Bengala per frequentare i corsi autunnali all'università di Serampore. Sri Yukteswar, Kanai e Auddy sarebbero rimasti ancora per qualche tempo a Srinagar. Mi accingevo a partire, quando il maestro mi accennò che nel Kashmir il suo corpo era destinato a soffrire.

"Signore, siete il ritratto stesso della salute", obiettai.

"È anche possibile che io debba lasciare questo mondo".

"Guruji!". Caddi implorante ai suoi piedi. "Vi prego, promettetemi che non abbandonerete il vostro corpo adesso. Io non sono assolutamente pronto a vivere senza di voi".

Sri Yukteswar tacque, ma mi rivolse un sorriso così compassionevole che mi sentii rassicurato. Lo lasciai a malincuore.

"Maestro gravemente malato". Poco dopo il mio ritorno a Serampore ricevetti questo telegramma da Auddy.

Telegrafai disperato al mio guru: "Signore, vi avevo chiesto di promettermi che non mi avreste lasciato. Vi prego, non abbandonate il vostro corpo, altrimenti morirò anch'io".

"Sia come vuoi". Questa fu la risposta del maestro che mi giunse dal Kashmir.

Visitiamo il Kashmir

Dopo qualche giorno, ricevetti una lettera di Auddy che mi annunciava la guarigione del maestro. Al suo ritorno a Serampore, due settimane dopo, notai con rammarico che il corpo del mio guru era ridotto alla metà del suo peso abituale.

Fortunatamente per i suoi discepoli, Sri Yukteswar aveva bruciato molti dei loro peccati nel fuoco della violenta febbre che lo aveva assalito nel Kashmir. Questo metodo metafisico di trasferire nel proprio corpo i mali altrui è conosciuto dagli yogi altamente evoluti. Un uomo forte può aiutare un uomo debole a portare un peso gravoso; un uomo dalla grande realizzazione spirituale può alleviare le sofferenze fisiche e mentali dei discepoli assumendo su di sé parte del loro fardello karmico. Proprio come un ricco rinuncia a parte del suo denaro quando paga i debiti del suo figliuol prodigo, salvandolo in tal modo dalle disastrose conseguenze della sua follia, così un maestro sacrifica di buon grado una parte del proprio benessere fisico per alleviare le sofferenze dei discepoli.[3]

Una tecnica yoga segreta permette al santo di collegare la propria mente e il proprio veicolo astrale a quelli della persona sofferente; così la malattia si trasferisce, del tutto o in parte, nella forma fisica dello yogi. Avendo ormai mietuto il raccolto di Dio nel campo materiale, un maestro non si preoccupa più del proprio corpo e, per dare sollievo ad altre persone, può permettere che si ammali; ma la sua mente, che è immune da ogni contaminazione, non ne viene toccata. Egli si considera fortunato di poter offrire un tale aiuto. Raggiungere la salvezza finale nel Signore significa in realtà scoprire che il corpo umano ha completamente soddisfatto il proprio scopo; un maestro può dunque usarlo come ritiene opportuno.

Il compito di un guru nel mondo è quello di alleviare le sofferenze dell'umanità, usando mezzi sia spirituali che intellettuali, come consigli e insegnamenti, oppure con il potere della sua volontà o trasferendo nel proprio corpo i mali altrui. Rifugiandosi nella supercoscienza ogni volta che lo desidera, un maestro diventa ignaro della malattia fisica, ma talvolta, per essere di esempio ai discepoli, decide di sopportare stoicamente il dolore fisico. Assumendo su di sé i mali degli altri, uno yogi può ottemperare in loro vece alla legge karmica di causa ed effetto. Questa legge agisce meccanicamente, ovvero matematicamente; coloro

---

[3] Molti santi cristiani, tra cui Therese Neumann (vedere la pagina 402), ben conoscono il metodo metafisico del trasferimento della malattia.

che hanno conseguito la saggezza divina sono in grado di guidarne l'operato in modo scientifico.

La legge spirituale non richiede che un maestro si ammali ogni volta che guarisce un'altra persona. Di solito il santo opera le sue guarigioni adottando vari metodi di cura istantanea che non recano alcun danno al guaritore spirituale stesso. In rare occasioni, tuttavia, se desidera accelerare molto l'evoluzione dei discepoli, un maestro può scegliere di consumare nel proprio corpo gran parte del loro cattivo karma.

Gesù sacrificò sé stesso per redimere i peccati di molti. Con i poteri divini di cui era dotato,[4] Cristo non avrebbe mai potuto subire la morte sulla croce se non avesse voluto cooperare con la sottile legge cosmica di causa ed effetto. Egli si fece quindi carico delle conseguenze del karma di altri uomini, e in particolare dei suoi discepoli. In questo modo essi furono profondamente purificati, pronti a ricevere la coscienza onnipresente, ovvero lo Spirito Santo, che in seguito discese su di loro.[5]

Solo un maestro che ha realizzato il Sé può trasmettere la propria forza vitale oppure trasferire nel proprio corpo i mali altrui. Un comune mortale non può adottare questo metodo yoga di cura, né è opportuno che lo faccia, perché uno strumento fisico malmesso è di ostacolo alla profonda meditazione. Le Scritture induiste insegnano che mantenere il corpo in buone condizioni è un dovere imprescindibile dell'uomo; altrimenti la sua mente non potrà raccogliersi in devota concentrazione.

Una mente molto forte, tuttavia, può superare ogni ostacolo fisico e giungere alla realizzazione di Dio. Molti santi hanno ignorato la malattia e sono riusciti a portare a compimento la loro ricerca divina. San Francesco d'Assisi, pur essendo affetto da gravi malattie, guariva gli altri e risuscitava anche i morti.

Una volta ho conosciuto un santo indiano che da giovane aveva metà del corpo ricoperto di piaghe. Era ammalato di diabete così gravemente che riusciva con difficoltà a restare seduto per più di quindici minuti consecutivi. Ma aveva un'incrollabile aspirazione spirituale. "Signore", pregava, "vorrai entrare nel mio tempio pur così devastato?".

---

[4] Poco prima di essere condotto alla crocifissione, Cristo disse: "Pensi forse che io non possa pregare il Padre mio, che mi darebbe subito più di dodici legioni di angeli? Ma come allora si adempirebbero le Scritture, secondo le quali così deve avvenire?" (Matteo 26, 53-54).

[5] Atti 1, 8; 2, 1-4.

Visitiamo il Kashmir

Impiegando con perseveranza la sua volontà, pian piano il santo arrivò a rimanere seduto nella posizione del loto per diciotto ore al giorno, immerso nell'estasi. "E dopo tre anni", mi raccontò, "scoprii che la Luce Infinita risplendeva dentro di me. Immerso nella gioia del Suo fulgore, dimenticai il corpo. In seguito mi accorsi che la Misericordia Divina mi aveva guarito".

Un caso storico di guarigione miracolosa riguarda il re Baber (1483-1530), fondatore dell'impero mogol in India. Suo figlio Humayun cadde gravemente ammalato. Il padre, angosciato, chiese in preghiera con ferma determinazione di prendere su di sé la malattia e di ottenere che il figlio fosse risparmiato. Humayun[6] guarì, e immediatamente Babur si ammalò e morì dello stesso male che aveva colpito il figlio.

Molti credono che un grande maestro debba avere la salute e la forza di un Sandow.[7] Questa supposizione è senza fondamento. Se un guru ha un corpo dalla salute malferma, ciò non è affatto segno della sua mancanza di poteri divini; allo stesso modo, godere di buona salute per tutta la vita non è necessariamente prova di illuminazione interiore. I requisiti distintivi di un maestro non sono di natura fisica, ma spirituale.

In Occidente molte persone disorientate nella loro ricerca spirituale pensano erroneamente che un oratore o uno scrittore che tratti con eloquenza argomenti metafisici debba essere un maestro. Ma un maestro si riconosce soltanto dalla capacità di entrare, quando lo desidera, nello stato di sospensione del respiro (*sabikalpa samadhi*), e dalla conquista dell'estasi immutabile (*nirbikalpa samadhi*).[8] I *rishi* sostenevano che solo attraverso queste conquiste un essere umano può dimostrare di aver dominato *maya*, la dualistica illusione cosmica. Egli solo può dichiarare, dalle profondità della propria realizzazione: *"Ekam sat"* (Solo l'Uno esiste).

Shankara, il grande monista, ha scritto:

---

[6] Humayun fu il padre di Akbar il Grande. Con zelo islamico, Akbar in un primo tempo perseguitò gli indù. Più tardi disse: "Crescendo in sapienza, fui sopraffatto dalla vergogna. I miracoli avvengono nei templi di ogni fede". Egli curò una traduzione persiana della Bhagavad Gita e invitò a corte molti padri gesuiti provenienti da Roma. Con grande amore, ma poca esattezza, Akbar attribuì a Cristo le seguenti parole (incise sull'arco di trionfo della sua nuova città di Fathpur Sikri): "Gesù, figlio di Maria (pace a lui) ha detto: *'Il mondo è un ponte, passatevi sopra, ma non costruitevi una casa'*".

[7] Atleta tedesco (morto nel 1925) noto come 'l'uomo più forte del mondo'.

[8] Vedere le note alle pagine 263, 459.

"Dove esiste la dualità a cagione dell'ignoranza, si vedono tutte le cose separate dal Sé. Quando in ogni cosa si percepisce il Sé, allora neppure un atomo si vede come altro dal Sé... Non appena si manifesta la conoscenza della Realtà, non è più possibile subire le conseguenze delle azioni passate dovute all'irrealtà del corpo, proprio come non vi può essere sogno alcuno dopo il risveglio".

Solo i grandi guru sono capaci di assumere su di sé il karma dei discepoli. Sri Yukteswar non avrebbe sofferto a Srinagar[9], se lo Spirito che era in lui non gli avesse concesso di aiutare i discepoli in quello strano modo. Pochi santi furono dotati di tanta saggezza e ricettività da seguire i comandamenti divini come il mio maestro, che era in costante sintonia con Dio.

Quando alla vista della sua figura emaciata, osai pronunciare alcune parole di compatimento, il mio guru disse allegramente:

"La cosa ha il suo lato positivo; ora posso indossare certi *ganji* (canottiere) troppo stretti, che non ho potuto usare per anni!".

Ascoltando il riso gioviale del maestro, ricordai le parole di san Francesco di Sales: "Un santo triste è un triste santo!".

---

[9] Srinagar, capitale del Kashmir, fu fondata nel III secolo a. C. dall'imperatore Asoka. Egli vi costruì 500 monasteri, di cui 100 erano ancora esistenti quando il pellegrino cinese Hiuen Tsiang visitò il Kashmir un millennio dopo. Un altro scrittore cinese, Fa-Hsien (V secolo), che visitò le rovine del vasto palazzo di Asoka a Pataliputra (la moderna Patna), ci racconta che l'architettura e le sculture decorative della costruzione erano di una tale incredibile bellezza che 'avrebbero potuto essere opera di esseri sovrumani'.

Capitolo 22

Il cuore di un'immagine di pietra

"Da leale moglie indù, non desidero lamentarmi di mio marito, ma vorrei tanto che rinunciasse alle sue idee materialistiche. Si diverte a fare ironia sulle immagini dei santi che tengo nella mia stanza di meditazione. Caro fratello, credo fermamente che tu potresti aiutarlo. Lo farai?".

Roma, la mia sorella maggiore, mi guardava con occhi supplichevoli. Ero andato a farle una breve visita a casa sua, a Calcutta, in Girish Vidyaratna Lane. Fui commosso dalla sua preghiera, perché nella mia infanzia Roma aveva esercitato su di me una profonda influenza spirituale e aveva cercato amorevolmente di riempire il grande vuoto lasciato in famiglia dalla morte di nostra madre.

"Mia amata sorella, farò certamente tutto quello che potrò". Sorrisi, desideroso di sollevare il velo di tristezza che vedevo chiaramente dipinto sul suo viso, così in contrasto con la sua abituale espressione serena e allegra.

Roma e io ci raccogliemmo un momento in silenziosa preghiera per implorare la guida divina. Un anno prima, mia sorella mi aveva chiesto di essere iniziata al Kriya Yoga, e stava compiendo notevoli progressi.

Venni colto da un'ispirazione. "Domani", le dissi, "ho intenzione di andare a Dakshineswar al tempio di Kali; vieni con me e persuadi tuo marito ad accompagnarci. Sento che nelle vibrazioni di quel sacro luogo la Madre Divina toccherà il suo cuore; ma non fargli sapere perché vogliamo che venga con noi".

Mia sorella acconsentì, piena di speranza. La mattina seguente di buon'ora, fui lieto di trovare Roma e il marito pronti per partire. Mentre la carrozza sferragliava sulla Upper Circular Road alla volta di Dakshineswar, mio cognato, Satish Chandra Bose, si divertiva a prendere di mira il valore e l'importanza dei guru. Mi accorsi che Roma piangeva in silenzio.

"Stai allegra, sorella!", bisbigliai. "Non dare a tuo marito la soddisfazione di credere che prendiamo sul serio le sue parole di scherno".

"Mukunda, come puoi ammirare quegli impostori buoni a nulla?", diceva intanto Satish. "L'aspetto stesso di un sadhu è ripugnante; ossuto come uno scheletro, oppure indecentemente grasso come un elefante!".

Scoppiai a ridere. La mia reazione infastidì Satish, che si chiuse in un silenzio ostile. Quando la carrozza arrivò al tempio di Dakshineswar, domandò con un gran sorriso sarcastico:

"Questa gita è forse una macchinazione per convertirmi?".

Dato che gli voltai le spalle senza rispondere, mi afferrò per un braccio: "Giovane signor monaco", esclamò, "non dimenticare di prendere opportuni accordi con i responsabili del tempio perché provvedano al nostro pasto di mezzogiorno". Satish desiderava evitare qualsiasi conversazione con i sacerdoti.

"Ora vado a meditare. Non preoccuparti per il tuo pranzo", risposi bruscamente. "Se ne occuperà la Madre Divina".

"Non confido nel benché minimo intervento della Madre Divina in mio favore, ma ritengo te responsabile del mio pranzo". Il tono di Satish era minaccioso.

Mi recai da solo nel portico antistante il grande tempio di Kali (Dio nel suo aspetto di Madre Natura). Scelsi un angolino all'ombra di uno dei pilastri e mi sedetti nella posizione del loto. Anche se erano solo le sette del mattino, ben presto il calore del sole sarebbe stato opprimente.

Mentre mi immergevo in uno stato di fervente devozione, il mondo pian piano si allontanava. La mia mente era concentrata sulla dea Kali. La sua statua, in quello stesso tempio di Dakshineswar, era stata oggetto di particolare adorazione da parte del grande maestro Sri Ramakrishna Paramahansa. In risposta alle sue struggenti suppliche, l'immagine di pietra aveva spesso preso vita e parlato con lui.

"Silenziosa Madre di pietra", pregai, "Ti sei animata alle preghiere del tuo amato devoto Ramakrishna; perché non presti ascolto alle ardenti implorazioni di questo tuo figlio?".

Il mio fervido anelito si fece sempre più profondo e fu accompagnato da una sensazione di pace divina. Tuttavia, quando dopo cinque ore la Madre che continuavo a visualizzare interiormente non mi aveva ancora dato risposta, mi sentii un po' scoraggiato. A volte Dio ci mette alla prova indugiando a esaudire le nostre preghiere, ma alla fine il devoto che persevera Lo vedrà apparire nella forma che più gli è cara.

Il cuore di un'immagine di pietra

Un cristiano vede Gesù, un indù Krishna o la dea Kali, oppure una luce che si espande, se la sua adorazione assume una forma impersonale.

Con riluttanza aprii gli occhi, e notai che un sacerdote stava chiudendo le porte del tempio, come si usava fare a mezzogiorno. Mi alzai dall'angolino appartato sotto il portico e mi diressi nel cortile. Il pavimento di pietra ardeva sotto il sole di mezzogiorno e i miei piedi nudi scottavano doloranti.

"Madre Divina", protestai in cuor mio, "non mi sei apparsa in visione, e ora Ti nascondi nel tempio dietro le porte chiuse. Oggi volevo rivolgerti una preghiera speciale per mio cognato".

La mia intima invocazione fu accolta all'istante. Prima un'onda di benefica freschezza mi discese lungo la schiena e le piante dei piedi, annullando ogni sensazione di dolore; poi, con somma meraviglia, vidi il tempio ingrandirsi prodigiosamente. La sua porta imponente si aprì pian piano, lasciando apparire la statua di pietra della dea Kali, che a poco a poco si tramutò in una forma vivente e sorridendo chinò il capo in cenno di saluto, facendomi palpitare di una gioia indescrivibile. Il respiro, come aspirato da una mistica siringa, mi fu risucchiato dai polmoni; il mio corpo divenne assolutamente immobile, ma non inerte.

Poi seguì un'estatica espansione di coscienza. A sinistra il mio sguardo interiore poteva spaziare con chiarezza sul Gange per svariati chilometri, e al di là del tempio abbracciava l'intero circondario di Dakshineswar. I muri di tutti gli edifici rilucevano in trasparenza; potevo osservare al di là di essi l'andirivieni della gente, a notevole distanza.

Sebbene non respirassi e il mio corpo mantenesse un insolito stato di quiete, potevo muovere liberamente le mani e i piedi. Per parecchi minuti provai ad aprire e chiudere gli occhi: in entrambi i casi, distinguevo chiaramente tutto il panorama di Dakshineswar.

La vista spirituale, come i raggi X, penetra in tutta la materia; l'occhio divino ha il suo centro ovunque, e la sua circonferenza in nessun luogo. Mentre mi trovavo in quell'assolato cortile, mi convinsi ancora una volta che l'uomo riconquista i suoi regni eterni quando non vuole più essere un figliuol prodigo di Dio, immerso in un mondo fisico che in realtà è un sogno inconsistente come una bolla di sapone. Ammesso che la fuga dalla realtà sia un bisogno dell'uomo che si sente oppresso negli angusti confini della sua personalità, quale forma di evasione potrebbe mai eguagliare quella offerta dall'onnipresenza?

Nella mia sacra esperienza di Dakshineswar, risultavano straordinariamente ingranditi soltanto il tempio e la figura della dea. Ogni altra cosa appariva nelle sue dimensioni normali, ma era circondata da un alone di luce soffusa dai riflessi bianchi, azzurri e iridescenti. Il mio corpo sembrava fatto di sostanza eterea, pronto a levitare. Pienamente consapevole del mondo materiale circostante, mi guardavo attorno e muovevo qualche passo, senza turbare la continuità di quella visione di beatitudine.

Tutto a un tratto, oltre le pareti del tempio, vidi mio cognato, seduto sotto i rami spinosi di un sacro albero di *bel*. Potevo seguire senza sforzo il corso dei suoi pensieri. La sua mente, quantunque elevata dalla sacra influenza di Dakshineswar, stava rimuginando apprezzamenti poco amabili nei miei confronti. Mi rivolsi direttamente alla dolce immagine della dea.

"Madre Divina", pregai, "non vorresti operare un cambiamento spirituale nel marito di mia sorella?".

La bellissima figura, che fino ad allora era rimasta silenziosa, infine parlò. "Il tuo desiderio sarà esaudito!".

Felice, guardai Satish. Come se avesse istintivamente avvertito l'intervento di qualche potere spirituale, si alzò di scatto, carico di risentimento. Al di là delle pareti del tempio, lo vidi correre e avvicinarsi a me agitando i pugni.

La visione che avvolgeva ogni cosa scomparve. Ormai non potevo più vedere la splendida dea; il tempio perse la sua trasparenza e tornò alle dimensioni consuete. Il mio corpo si sentì di nuovo soffocare dal caldo sotto gli spietati raggi del sole. In cerca di riparo, balzai sotto il portico, dove Satish mi cercava furibondo. Guardai l'orologio: era l'una; la visione divina era durata un'ora.

"Piccolo stupido!", esplose mio cognato, "sei rimasto con le gambe incrociate e gli occhi storti per ore e ore. Sono andato avanti e indietro senza perderti di vista. Dov'è il nostro pranzo? Ormai il tempio è chiuso e non ti sei preoccupato di informare i responsabili della nostra presenza. Ora è troppo tardi per mangiare!".

Il rapimento che mi aveva pervaso alla presenza della dea vibrava ancora dentro di me. "La Madre Divina penserà a noi!", esclamai.

"Una volta per tutte", tuonò Satish, "mi piacerebbe vedere la tua Madre Divina offrirci il pranzo proprio qui, senza i preparativi necessari!".

Il cuore di un'immagine di pietra

Aveva appena pronunciato queste parole, quando un sacerdote del tempio attraversò il cortile e ci raggiunse.

"Figliolo", mi disse, "ho osservato il tuo viso soffuso di una placida luce, mentre meditavi per ore e ore. Vi ho visto arrivare questa mattina, e ho sentito il desiderio di mettere da parte cibo sufficiente per offrirvi un buon pranzo. È contro le regole del tempio dare da mangiare a coloro che non ne abbiano fatto richiesta anticipatamente, ma per te ho fatto un'eccezione".

Lo ringraziai e guardai Satish dritto negli occhi. Egli arrossì per l'emozione e senza dire una parola abbassò lo sguardo, mortificato. Quando ci fu servito il pasto, che era abbondante e comprendeva anche dei manghi fuori stagione, notai che mio cognato mangiava con scarso appetito. Appariva confuso, profondamente immerso in un mare di pensieri.

Sulla via del ritorno a Calcutta, Satish, con un'espressione raddolcita, mi lanciava di tanto in tanto qualche occhiata supplichevole. Ma rimase in silenzio; non aveva più detto una sola parola dal momento in cui il sacerdote, come in risposta alla sua sfida, era apparso per invitarci a pranzo.

Nel pomeriggio del giorno seguente andai a trovare mia sorella, che mi accolse molto affettuosamente.

"Caro fratello", esclamò, "che miracolo! Ieri sera mio marito ha pianto apertamente davanti a me.

"'Amata Devi',[1] mi ha detto, 'sono immensamente felice che il piano architettato da tuo fratello per convertirmi abbia operato questa trasformazione. Voglio riparare ogni torto che ti ho fatto. Fin da questa sera useremo la nostra grande camera da letto come luogo di preghiera, e dormiremo invece nella tua stanzetta della meditazione. Mi dispiace sinceramente di aver deriso tuo fratello. Per punirmi di questa condotta deplorevole, non rivolgerò la parola a Mukunda finché non avrò fatto progressi sul sentiero spirituale. D'ora in poi cercherò con fervore la Divina Madre, e un giorno certamente La troverò!'".

Anni dopo (nel 1936), andai a trovare Satish a Delhi. Fui molto felice di scoprire che aveva compiuto notevoli progressi sul sentiero della realizzazione del Sé ed era stato benedetto dalla visione della Divina Madre. Durante il mio soggiorno a casa sua mi accorsi che, in segreto,

---

[1] Dea, letteralmente 'la splendente', dalla radice del verbo sanscrito *div*, splendere.

ogni notte Satish trascorreva la maggior parte del tempo meditando profondamente, nonostante soffrisse di un grave disturbo e fosse impegnato tutto il giorno nel suo lavoro d'ufficio.

Mi sfiorò il pensiero che a mio cognato non restasse ancora molto tempo da vivere. Roma parve leggermi nella mente.

"Caro fratello", mi disse, "io sto bene e mio marito è malato. Tuttavia voglio che tu sappia che, quale devota moglie indù, sarò io la prima a lasciare questo mondo.[2] Ormai non manca molto tempo alla mia morte".

Fui sconcertato da queste parole funeste, e tuttavia ne avvertii il doloroso marchio di verità. Quando mia sorella morì, circa diciotto mesi dopo la sua predizione, mi trovavo in America. Mio fratello minore Bishnu mi narrò in seguito tutti i particolari.

"Roma e Satish si trovavano a Calcutta, quando lei morì", raccontò Bishnu. "Quella mattina Roma indossò il suo abito nuziale.

"'Perché quest'abbigliamento speciale?', domandò Satish.

"'Oggi è l'ultimo giorno in cui ti servo sulla terra', gli rispose Roma. Poco dopo ebbe un attacco di cuore. Al figlio che stava correndo fuori di casa in cerca di aiuto, disse:

"'Figliolo, non lasciarmi. È inutile; prima che possa accorrere un dottore me ne sarò andata'. Dieci minuti dopo, stringendo i piedi del marito in segno di riverenza, Roma abbandonò il corpo coscientemente, serenamente e senza soffrire.

"Dopo la morte della moglie, Satish divenne molto solitario", continuò Bishnu. "Un giorno stavamo guardando insieme una fotografia di Roma sorridente.

"'Perché sorridi?', esclamò a un tratto Satish, come se la moglie fosse presente. 'Sei soddisfatta perché hai fatto in modo di andartene prima di me, ma ti dimostrerò che non potrai restarmi lontana a lungo; ti raggiungerò presto'.

"Sebbene allora fosse perfettamente guarito dalla sua malattia e godesse di ottima salute, Satish morì, senza causa apparente, poco dopo aver pronunciato quelle strane parole dinanzi alla fotografia".

Così, profeticamente, si spensero la mia amata sorella Roma e suo marito Satish, colui che a Dakshineswar si era trasformato da comune materialista in un santo silenzioso.

---

[2] Una moglie indù pensa che sia un segno di elevazione spirituale morire prima del marito, come prova del proprio fedele servizio nei suoi confronti; è quello che si potrebbe definire 'morire nel compimento del proprio dovere'.

Capitolo 23

Prendo la laurea

"Tu ignori completamente gli argomenti trattati nel tuo testo di filosofia. Senza dubbio per superare gli esami speri di poter ricorrere a una comoda 'intuizione'. Ma se non studierai con maggiore impegno, vedrò di non farti promuovere alla fine del corso".

Era il professor D. C. Ghoshal dell'Università di Serampore a rivolgermi questo severo avvertimento. Se non avessi superato la sua ultima prova scritta, non sarei stato ammesso a quelle conclusive. Queste ultime sono redatte dalla facoltà dell'Università di Calcutta, di cui l'Università di Serampore è una sezione distaccata. Nelle università indiane, lo studente che viene bocciato anche in una sola materia agli esami di ammissione alla laurea deve tornare ad affrontare le prove in *tutte* le materie l'anno successivo.

Di solito i professori dell'Università di Serampore mi trattavano con una benevolenza non priva di una qualche ironia. "Mukunda è un tantino ebbro di religione". Avendomi inquadrato con questa descrizione sommaria, erano così gentili da risparmiarmi l'imbarazzo di rispondere alle interrogazioni in classe; contavano sulle prove scritte finali per escludermi dalla lista dei candidati alla laurea. Quanto ai miei compagni, l'opinione che avevano di me era evidente dal soprannome che mi avevano affibbiato: il 'monaco matto'.

Per sventare la minaccia del professor Ghoshal di bocciarmi in filosofia, adottai un ingegnoso stratagemma. Poco prima che fossero comunicati ufficialmente i risultati della prova finale, chiesi a un altro studente di accompagnarmi nello studio del professore.

"Vieni con me, ho bisogno di un testimone", gli dissi. "Se il mio espediente per mettere nel sacco il professore non avrà avuto l'esito sperato, ne sarò molto deluso".

Quando domandai al professor Ghoshal quale fosse il voto che aveva assegnato al mio compito, lui scosse la testa.

"Non sei tra i promossi", affermò trionfante. Frugò in una pila di carte sulla sua scrivania. "Il tuo compito manca addirittura; quindi sei respinto in ogni caso, perché non ti sei presentato all'esame".

Sorrisi. "Ma signore, io ero presente. Posso guardare io stesso fra le carte?".

Il professore, perplesso, acconsentì e io ben presto trovai il mio lavoro, su cui avevo accuratamente omesso qualsiasi segno di identificazione fuorché il mio numero di iscrizione all'esame. Il professore, non essendo stato messo in guardia dalla 'bandierina rossa' del mio nome, aveva assegnato un'ottima votazione alle mie risposte, sebbene non fossero arricchite da citazioni tratte dal libro di testo.[1]

Resosi conto del mio stratagemma, sbraitò: "Pura fortuna sfacciata!". E aggiunse speranzoso: "Puoi star certo che non supererai gli esami finali!".

Per prepararmi alle prove nelle altre materie mi feci aiutare soprattutto dal mio caro amico e cugino Prabhas Chandra Ghosh, figlio di mio zio Sarada. Anche se con molta fatica – ogni volta con il punteggio più basso possibile – riuscii a superarle tutte.

A questo punto, dopo quattro anni di università, ero stato finalmente ammesso agli esami di laurea. Tuttavia non pensavo davvero di poter beneficiare di questo privilegio. Gli esami di fine corso che si tenevano all'Università di Serampore erano giochi da ragazzi al confronto delle durissime prove assegnate dall'Università di Calcutta per gli esami di laurea. Le visite quasi quotidiane che facevo a Sri Yukteswar mi lasciavano poco tempo per frequentare le aule universitarie. Era la mia presenza, anziché la mia assenza, a provocare esclamazioni di meraviglia da parte dei compagni.

Quasi ogni giorno partivo in bicicletta verso le nove e mezzo del mattino, portando in una mano un dono per il mio guru, un mazzo di fiori raccolti nel giardino della pensione Panthi. Il maestro mi accoglieva con giovialità e mi invitava a pranzo. Immancabilmente mi affrettavo ad accettare, felice di poter escludere per l'intera giornata il pensiero dell'università. Dopo aver trascorso ore con Sri Yukteswar, ascoltando le sue parole colme di incomparabile saggezza o aiutandolo nelle varie

---

[1] Devo rendere giustizia al professor Ghoshal ammettendo che la tensione dei nostri rapporti non era dovuta a qualche mancanza da parte sua, ma solo alle mie assenze dalle lezioni.
Il professor Ghoshal era un valente oratore dalla vasta erudizione filosofica. Negli anni a seguire i nostri rapporti divennero molto cordiali.

Prendo la laurea

Prabhas Chandra Ghosh e Paramahansa Yogananda a Calcutta, nel dicembre del 1919. Sri Ghosh, cugino di Sri Yogananda, è stato suo fedele amico e discepolo, nonché vicepresidente della Yogoda Satsanga Society of India per circa quarant'anni fino alla morte, avvenuta nel 1975.

incombenze dell'*ashram*, verso mezzanotte tornavo con riluttanza alla pensione. Di quando in quando rimanevo tutta la notte con il mio guru, così felicemente assorto nei suoi discorsi da accorgermi a malapena che l'oscurità della notte stava lasciando il posto al chiarore dell'alba.

Una sera verso le undici, mentre mi infilavo le scarpe[2] per prepararmi alla corsa in bicicletta verso la pensione, il maestro mi domandò con aria grave:

"Quando cominciano i tuoi esami di laurea?".

[2] In un eremitaggio indiano, il discepolo si toglie sempre le scarpe.

"Fra cinque giorni, signore".

"Spero che tu sia preparato".

Paralizzato dall'apprensione, rimasi con una scarpa in aria. "Signore", protestai, "sapete bene che ho trascorso le mie giornate con voi anziché con i professori. Come posso inscenare la farsa di presentarmi a questi esami tanto difficili?".

Sri Yukteswar mi fissò con occhi penetranti. "Ti devi presentare". Il tono della voce era freddo e perentorio. "Non dobbiamo dare a tuo padre e agli altri parenti l'opportunità di biasimarti perché preferisci la vita dell'*ashram*. Promettimi solo che ti presenterai agli esami. Rispondi alle domande che ti verranno poste come meglio puoi".

Non riuscii a controllare le lacrime, che cominciarono a rigarmi il viso. Pensavo che l'ordine del maestro fosse irragionevole e il suo interessamento, a dir poco, tardivo.

"Mi presenterò, se voi volete così", dissi fra i singhiozzi. "Ma non c'è tempo ormai per una preparazione decente". E mormorai fra me e me: "Risponderò alle domande riempiendo i fogli con i vostri insegnamenti!".

Quando il giorno seguente entrai alla solita ora nell'eremitaggio, presentai mestamente il mio mazzo di fiori a Sri Yukteswar. Egli rise della mia aria funerea.

"Mukunda, il Signore ti ha mai abbandonato, in un esame o in qualsiasi altra circostanza?".

"No, signore", risposi con slancio. Grati ricordi affiorarono confortanti alla mia memoria.

"Non è stata la pigrizia, ma un fervente ardore per Dio a impedirti di ricercare gli allori universitari", affermò il mio guru benevolmente; dopo un breve silenzio citò: "Cercate prima il regno di Dio e la sua giustizia, e tutte queste cose vi saranno date in aggiunta".[3]

Per la millesima volta, alla presenza del maestro mi sentii sollevato da ogni affanno. Pranzammo prima del solito e subito dopo mi suggerì di ritornare alla pensione Panthi.

"Il tuo amico Romesh Chandra Dutt abita ancora nella tua pensione?".

"Sì, signore".

"Fai in modo di incontrarlo; il Signore lo ispirerà ad aiutarti per gli esami".

---

[3] Matteo 6, 33.

Prendo la laurea

"Va bene, signore; ma Romesh è più occupato del solito. È il migliore della nostra facoltà e segue corsi più impegnativi degli altri".

Il maestro non diede peso alla mia obiezione. "Romesh troverà il tempo per te. Ora vai".

Tornai in bicicletta alla pensione. La prima persona che incontrai fu proprio il dotto Romesh. Come se non avesse altro con cui riempire le sue giornate, acconsentì gentilmente alla mia timida richiesta.

"Naturalmente! Sono a tua disposizione". Quel pomeriggio e i giorni seguenti egli trascorse con me molte ore per prepararmi nelle varie materie.

"Credo che molte domande di letteratura inglese riguarderanno l'itinerario seguito da Childe Harold", mi disse. "Dobbiamo trovare subito un atlante".

Mi precipitai a casa dello zio Sarada e mi feci prestare un atlante. Romesh segnò sulla cartina dell'Europa i luoghi visitati dal romantico viaggiatore di Byron.

Alcuni compagni si erano radunati intorno a noi per ascoltare i suoi consigli e le sue spiegazioni. "Romesh non ti sta consigliando bene", osservò uno di loro alla fine di un incontro. "Di solito, solo una metà delle domande riguarda le opere; l'altra metà è sulla vita degli autori".

Quando mi presentai all'esame di letteratura inglese e diedi una prima scorsa alle domande, cominciai a piangere lacrime di gratitudine, che a fiotti si riversavano sulle guance, bagnando anche il foglio del compito. L'assistente si avvicinò al banco e premurosamente mi chiese il perché di quelle lacrime.

"Il mio grande guru aveva predetto che Romesh mi avrebbe aiutato", gli spiegai. "Vedete, le stesse domande che Romesh mi ha suggerito sono scritte qui, sul foglio dell'esame!". E aggiunsi: "Per mia fortuna, quest'anno ci sono ben poche domande sugli autori inglesi, la cui vita, per quanto mi riguarda, è avvolta nel mistero più profondo".

Al mio ritorno, trovai la pensione in gran trambusto. I ragazzi che si erano burlati di me per la fiducia che riponevo nelle istruzioni datemi da Romesh ora quasi mi assordarono con le loro congratulazioni. Durante la settimana degli esami continuai a trascorrere il maggior tempo possibile con Romesh, il quale mi formulava le domande dei professori che a suo giudizio erano più probabili. Di giorno in giorno, le domande di Romesh apparivano, quasi con le stesse parole, sui questionari degli esami.

Autobiografia di uno Yogi

All'università si fece strada la voce che stava accadendo qualcosa di simile a un miracolo e che il successo sembrava stesse per arridere al 'monaco matto' con la testa fra le nuvole. Io non tentai di nascondere i fatti. I professori locali non avevano il potere di modificare le domande, che erano state redatte dall'Università di Calcutta.

Una mattina, ripensando all'esame di letteratura inglese, mi accorsi di aver commesso un grave errore. Alcune domande erano state divise in due gruppi: A o B, e C o D. Invece di considerare una sola domanda di ciascun gruppo, avevo risposto a *entrambe* le domande del primo gruppo e avevo sbadatamente trascurato quelle del secondo. Il voto più alto che avrei potuto ottenere era 33, tre punti in meno di 36, la sufficienza.

Mi precipitai dal maestro per confidargli le mie pene.

"Signore, ho commesso un errore imperdonabile. Non merito le benedizioni divine che mi sono state concesse per mezzo di Romesh; ne sono davvero indegno".

"Fatti coraggio, Mukunda", mi disse Sri Yukteswar con un tono rilassato e tranquillo. E indicando la volta azzurra del cielo aggiunse: "È più probabile che il sole e la luna si scambino di posto nello spazio piuttosto che tu sia bocciato agli esami di laurea!".

Lasciai l'eremitaggio in uno stato d'animo più tranquillo, sebbene mi sembrasse matematicamente inconcepibile poter superare gli esami. Guardai più di una volta il cielo con apprensione; il 'Signore del giorno' pareva saldamente ancorato alla sua orbita abituale!

Quando giunsi alla pensione, udii per caso l'osservazione di un compagno: "Ho appena saputo che quest'anno, per la prima volta, è stato abbassato il punteggio minimo per superare l'esame di letteratura inglese".

Irruppi con tale impeto nella stanza del ragazzo che questi mi fissò allarmato. Lo interrogai ansiosamente.

"Monaco dai lunghi capelli", mi disse ridendo, "perché mai questo improvviso interesse per le faccende scolastiche? Perché piangere in extremis? Però è vero che il punteggio richiesto per la promozione è stato abbassato a 33".

Con pochi balzi gioiosi raggiunsi la mia camera, dove caddi in ginocchio per rendere grazie alla perfezione matematica del mio Padre Divino.

Ogni giorno ero pervaso da un fremito di gioia, nella chiara consapevolezza di una presenza spirituale che mi guidava attraverso Romesh.

Quando fu la volta di sostenere l'esame di lingua bengali accadde un altro episodio significativo. Una mattina Romesh, che non mi aveva preparato in quella materia, mi chiamò mentre uscivo dalla pensione per andare a sostenere l'esame.

"Romesh ti sta chiamando a gran voce", mi disse con impazienza un compagno di corso. "Ma non rientrare; faremo tardi".

Ignorando il consiglio, tornai indietro.

"Di solito gli studenti bengalesi superano facilmente l'esame di bengali", mi disse Romesh. "Ma ho appena avuto il presentimento che quest'anno i professori abbiano intenzione di 'massacrare' gli studenti con domande sulle letture in programma". Poi mi raccontò per sommi capi due episodi della vita di Vidyasagar, un celebre filantropo bengalese del diciannovesimo secolo.

Ringraziai Romesh e corsi in bicicletta all'università. L'esame scritto di bengali era distinto in due parti. Il titolo del primo tema era il seguente: "Illustrate due esempi della generosità di Vidyasagar".[4] Mentre riportavo sulla carta i racconti popolari che avevo così recentemente appreso, sussurrai alcune parole di ringraziamento per aver potuto prestare ascolto a Romesh all'ultimo minuto. Senza conoscere le opere filantropiche compiute da Vidyasagar (alle quali adesso ne andava aggiunta un'altra che aveva me come destinatario), non avrei potuto superare l'esame di bengali.

Il titolo del secondo tema recitava: "Scrivete un saggio in bengali sulla vita dell'uomo da cui avete tratto maggiore ispirazione". Gentili lettori, è inutile dirvi chi fu colui che scelsi per svolgere il mio tema. Mentre riempivo pagine su pagine tessendo le lodi del mio guru, sorridevo al pensiero che si stava avverando la predizione contenuta nel mio borbottio di protesta: "Riempirò i fogli con i vostri insegnamenti!".

Non avevo voluto interpellare Romesh sul programma di filosofia. Confidando sul lungo tirocinio ricevuto da Sri Yukteswar, trascurai tranquillamente le spiegazioni del libro di testo. Il voto più alto che ottenni fu proprio quello in filosofia. In tutte le altre materie i miei voti raggiunsero appena la sufficienza o poco più.

---

[4] Ho dimenticato le parole esatte del titolo del tema, ma ricordo che riguardava le storie su Vidyasagar che Romesh mi aveva appena raccontato.

Per la sua erudizione, il pandit Ishwar Chandra divenne generalmente noto nel Bengala con il semplice appellativo di *Vidyasagar* ('Oceano di sapere').

Autobiografia di uno Yogi

È un vero piacere segnalare che il mio generoso amico Romesh ricevette la sua laurea *cum laude*.

Il giorno della laurea mio padre era tutto sorrisi. "Non osavo sperare nella tua promozione, Mukunda", mi confessò. "Passi tutto il tempo con il tuo guru". Il maestro aveva perfettamente intuito la tacita critica di mio padre.

Per anni avevo dubitato di poter vedere un giorno accanto al mio nome il titolo di dottore in lettere. Raramente lo uso senza ricordare che è stato un dono divino, concesso per ragioni piuttosto oscure. Talvolta sento dichiarare da persone laureate che dopo il diploma non molto è rimasto nella loro memoria delle nozioni mal digerite apprese all'università. Questo mi consola un poco delle mie indubbie lacune accademiche.

Quel giorno di giugno del 1915, quando ricevetti il diploma di laurea dall'Università di Calcutta, mi inginocchiai ai piedi del mio guru e lo ringraziai per tutte le benedizioni che dalla sua vita[5] si erano riversate nella mia.

"Alzati, Mukunda", Sri Yukteswar mi disse con indulgenza. "Il Signore ha semplicemente ritenuto più conveniente fare di te un laureato anziché mutare il corso del sole e della luna!".

---

[5] Il potere di influenzare la mente altrui e il corso degli eventi è un potere yogico (*vibhuti*) che Patanjali menziona negli *Yoga Sutra* (III, 24), spiegando che tale potere è una conseguenza della 'empatia universale'. [Due opere erudite sugli *Yoga Sutra* sono: *Yoga System of Patanjali*, Vol. 17, Oriental Series, Harward University, e *Yoga Philosophy* di Dasgupta,Trubner's, London].

Tutte le Scritture proclamano che il Signore ha creato l'uomo nella sua immagine onnipotente. Avere potere sull'universo sembra una facoltà soprannaturale, ma in verità questo potere è insito per natura in tutti coloro che hanno risvegliato il 'veridico ricordo' della propria origine divina. Gli uomini che hanno realizzato Dio, come Sri Yukteswar, sono esenti dal principio dell'ego (*ahamkara*) e dai desideri personali che esso ispira; le azioni dei veri maestri si conformano spontaneamente a *rita*, la rettitudine naturale. Con le parole di Emerson, tutti i grandi divengono "non virtuosi, ma la virtù stessa; allora il fine della creazione è conseguito, e Dio se ne compiace".

Ogni uomo che ha raggiunto la realizzazione divina può compiere miracoli, poiché, come il Cristo, egli comprende le leggi sottili della creazione; ma non tutti i maestri scelgono di usare straordinari poteri (vedere la nota alle pagine 251-252). Ogni santo riflette Dio in un modo personale; l'espressione dell'individualità è essenziale in un mondo in cui nemmeno due granelli di sabbia sono uguali.

Non si possono formulare regole fisse sul comportamento dei santi che hanno ottenuto l'illuminazione divina: alcuni compiono miracoli, altri no; alcuni sono alieni dall'azione mentre altri (come il re Janaka dell'India antica e santa Teresa d'Avila) sono coinvolti in grandi imprese; alcuni insegnano, viaggiano e accolgono discepoli, mentre altri trascorrono la vita in silenzio e senza farsi notare, come ombre. Nessun raffinato esegeta è in grado di interpretare il libro segreto del karma (le azioni passate), che per ogni santo si apre a una pagina diversa.

Capitolo 24

Divento monaco dell'Ordine degli swami

"Maestro, mio padre desidera tanto che io accetti un incarico di dirigente alle Ferrovie Bengala-Nagpur, ma ho rifiutato categoricamente". E aggiunsi, pieno di speranza: "Signore, non volete fare di me un monaco dell'Ordine degli swami?". Guardai supplichevole il mio guru. Negli anni precedenti, per mettere alla prova la forza della mia determinazione, aveva respinto questa stessa richiesta. Quel giorno, invece, sorrise benevolmente.

"Va bene, domani ti consacrerò swami". E aggiunse pacatamente: "Sono felice che tu abbia perseverato nel desiderio di diventare monaco. Lahiri Mahasaya spesso diceva: 'Se non Lo inviti a casa tua nell'estate, Dio non verrà nell'inverno della tua vita'".

"Caro maestro, non avrei mai potuto rinunciare al desiderio di far parte, come voi, dell'Ordine degli swami". Gli sorrisi con un affetto sconfinato.

"Chi non è sposato si preoccupa delle cose del Signore, di come possa piacere al Signore; chi è sposato invece si preoccupa delle cose del mondo, di come possa piacere alla moglie".[1] Avevo analizzato la vita di molti miei amici che, dopo aver abbracciato una disciplina spirituale, avevano deciso di sposarsi. Sballottati dalle onde delle responsabilità terrene, avevano dimenticato il loro proposito di meditare profondamente.

Per me, era inconcepibile assegnare a Dio un posto di secondo piano[2] nella vita. Egli è l'unico Signore del cosmo, che silenziosamente colma l'uomo di doni, vita dopo vita. C'è un solo dono che possiamo offrirgli in cambio: il nostro amore, che abbiamo la facoltà di negargli o di concedergli.

---

[1] Prima lettera ai Corinzi 7, 32-33.
[2] "Colui che offre a Dio il secondo posto non gli offre alcun posto" (John Ruskin).

Il Creatore, che con cura infinita ha velato di mistero la Sua presenza in ogni atomo della creazione, non può aver avuto che un unico fine, un unico amorevole desiderio: che l'uomo Lo cerchi soltanto per libera scelta. Con quale guanto vellutato di sublime umiltà Egli ha rivestito la ferrea mano dell'onnipotenza!

Il giorno che seguì fu uno dei più memorabili della mia vita. Ricordo che era un giovedì pieno di sole del luglio 1915, alcune settimane dopo la laurea. Sul balcone interno del suo eremitaggio di Serampore, il maestro immerse una pezza nuova di seta bianca in una tintura ocra, il colore tradizionale dell'Ordine degli swami. Quando la seta si fu asciugata, il mio guru me la drappeggiò indosso, come si veste un rinunciante.

"Un giorno andrai in Occidente, dove si preferisce la seta", disse. "A simbolo di questo evento, ho scelto per te la seta invece del tradizionale cotone".

In India, dove i monaci abbracciano l'ideale della povertà, è raro vedere uno swami con una veste di seta. Molti yogi però la indossano, perché la seta permette di trattenere nel corpo alcune correnti sottili meglio del cotone.

"Io sono contrario alle cerimonie", osservò Sri Yukteswar. "Ti consacrerò swami seguendo il rito *bidwat* (senza cerimoniale)".

L'elaborata iniziazione all'Ordine degli swami (*bibidisa*) comprende una cerimonia del fuoco durante la quale si compiono simbolici riti funebri. Il corpo fisico del discepolo viene rappresentato come morto, arso nella fiamma della saggezza. Il nuovo swami deve quindi intonare un canto, come ad esempio 'Questo *atma* è Brahma'[3] oppure 'Tu sei Quello' oppure 'Io sono Lui'. Ma Sri Yukteswar, con il suo amore per la semplicità, tralasciò tutti i riti formali e mi chiese soltanto di scegliere un nuovo nome.

"Ti concederò il privilegio di sceglierlo tu stesso", mi disse sorridendo.

"Yogananda",[4] risposi, dopo un momento di riflessione. Questo nome significa 'beatitudine (*ananda*) attraverso l'unione divina (*yoga*)'.

"Così sia. Rinunciando al tuo nome di famiglia, Mukunda Lal Ghosh, d'ora in poi ti chiamerò Yogananda del ramo *Giri* dell'Ordine degli swami".

---

[3] Letteralmente "Quest'anima è Spirito". Lo Spirito Supremo, l'Increato è privo di qualsiasi qualificazione o limitazione (*neti, neti,* non questo, non quello), ma spesso è citato nei *Vedanta* come *Sat-Chit-Ananda*, ossia Essere-Intelligenza-Beatitudine.

[4] Yogananda è un nome abbastanza comune tra gli swami.

Divento monaco dell'Ordine degli swami

Quando mi inginocchiai dinanzi a Sri Yukteswar e per la prima volta lo udii pronunciare il mio nuovo nome, avevo il cuore traboccante di gratitudine. Con quanto amore egli si era adoperato, infaticabile, affinché il giovane Mukunda si trasformasse un giorno nel monaco Yogananda! Cantai gioiosamente alcuni versi del lungo poema sanscrito del divino Shankara:[5]

> Né mente, intelletto, né ego o sentimento io sono;
> Né cielo né terra né metalli io sono.
> Sono Lui, sono Lui, beato Spirito, io sono Lui!
> Né nascita, morte, né casta io ho;
> Padre o madre io non ho.
> Sono Lui, sono Lui, beato Spirito, io sono Lui!
> Al di là di ogni volo della fantasia, senza forma io sono,
> E pervado le membra di ogni vita;
> Non temo legami; io sono libero, per sempre libero,
> Sono Lui, sono Lui, beato Spirito, sono Lui!

Tutti gli swami appartengono allo stesso Ordine monastico, onorato in India da tempi immemorabili. Riorganizzato secoli or sono, nella forma attuale, da Shankaracharya, l'Ordine è stato guidato da allora da una successione ininterrotta di venerabili maestri, ciascuno dei quali viene insignito del titolo di Jagadguru Sri Shankaracharya. All'Ordine degli swami appartengono molti monaci, forse un milione, i quali per entrare a farne parte devono necessariamente ricevere l'iniziazione da un altro swami. Tutti i monaci dell'Ordine degli swami risalgono

---

[5] Shankara è spesso chiamato Shankaracharya; *acharya* significa 'insegnante religioso'. L'epoca in cui visse è oggetto delle consuete dispute erudite. In base ad alcuni documenti, l'incomparabile monista sarebbe vissuto nel sesto secolo a. C.; il saggio Anandagiri suggerisce il periodo compreso tra il 44 e il 12 a. C.; gli storici occidentali fanno risalire la vita di Shankara all'ottavo secolo o ai primi anni del nono secolo d. C. Una sintonia con molte epoche!

Nel 1958 il defunto Jagadguru Sri Shankaracharya dell'antico Gowardhan Math di Puri, H. H. Bharati Krishna Tirtha, soggiornò in America per tre mesi. Fu questa la prima volta in cui uno Shankaracharya visitò l'Occidente. Questo storico viaggio fu patrocinato dalla Self-Realization Fellowship. Il Jagadguru fu invitato a parlare nelle principali università americane e partecipò a un dibattito sulla pace nel mondo con l'eminente storico Arnold J. Toynbee.

Nel 1959 Sri Shankaracharya di Puri accettò l'invito di Sri Daya Mata, guida spirituale della SRF/YSS, a rappresentare i Guru della Self-Realization Fellowship/Yogoda Satsanga Society of India, e iniziò due monaci della Yogoda Satsanga all'Ordine degli swami. Celebrò la cerimonia presso l'*ashram* di Puri della Yogoda Satsanga Society, nel tempio dedicato a Sri Yukteswar. *(Nota dell'editore)*

245

spiritualmente a un guru comune, Adi ('il primo') Shankaracharya; essi fanno voto di povertà (rinuncia interiore a ogni bene terreno), di castità e di obbedienza al loro maestro, l'autorità spirituale. Sotto molti aspetti, gli ordini monastici cattolici somigliano al più antico Ordine degli swami.

Oltre al nuovo nome, lo swami acquisisce un titolo che designa formalmente la sua appartenenza a una delle dieci suddivisioni dell'Ordine degli swami. Questi *dasanami*, ovvero dieci denominazioni, comprendono quella di *Giri* (montagna), a cui Sri Yukteswar Giri e io stesso apparteniamo. Alcuni degli altri rami sono: *Sagara* (mare), *Bharati* (terra), *Puri* (territorio), *Saraswati* (saggezza della natura), *Tirtha* (luogo di pellegrinaggio) e *Aranya* (foresta).

Il significato del nome monastico di uno swami, che in genere termina in *ananda* (beatitudine suprema), indica la sua aspirazione di ottenere l'emancipazione in virtù di un particolare sentiero, stato o qualità divina: l'amore, la saggezza, il discernimento, la devozione, il servizio, lo yoga. La denominazione di appartenenza è simbolo di una forma di armonia con la natura.

L'aspirazione di prodigarsi altruisticamente per tutta l'umanità rinunciando ai legami e alle ambizioni personali induce la maggior parte degli swami a impegnarsi attivamente in opere umanitarie ed educative, in India o talvolta anche in altri paesi. Rigettando ogni pregiudizio di casta, fede, classe, colore, sesso e razza, uno swami segue i precetti della fratellanza umana. Il suo scopo è l'unione assoluta con lo Spirito. Compenetrando la propria coscienza, sia nel sonno sia nella veglia, del pensiero: "Io sono Lui", egli percorre serenamente le vie del mondo, ma non appartiene ad esso. Solo in questo modo è degno del titolo di *swami*: colui che cerca di raggiungere l'unione con il Sé o *Swa*.

Sri Yukteswar era uno swami e allo stesso tempo uno yogi. Uno swami è formalmente un monaco in virtù dell'appartenenza al venerabile Ordine, ma non sempre è uno yogi. Uno yogi è chiunque pratichi una tecnica scientifica per raggiungere la realizzazione divina. Può essere sposato o celibe, può avere responsabilità terrene o sottostare a vincoli religiosi formalmente definiti.

Uno swami può anche limitarsi a seguire il sentiero dell'arido raziocinio e della fredda rinuncia; ma uno yogi si impegna passo dopo passo a seguire una precisa disciplina del corpo e della mente per giungere gradualmente alla liberazione dell'anima. Senza dare nulla per scontato

Sri Shankaracharya alla Casa Madre della SRF/YSS

Sri Jagadguru Shankaracharya Bharati Krishna Tirtha di Puri, India, a Los Angeles, Casa Madre internazionale della Self-Realization Fellowship (fondata da Paramahansa Yogananda nel 1925). Nel 1958 il Jagadguru, massimo esponente dell'Ordine degli swami, soggiornò tre mesi in America come ospite della Self-Realization Fellowship. Era la prima volta nella storia dell'antico Ordine degli swami che uno Shankaracharya compiva un viaggio in Occidente (vedere la nota a pagina 245).

sulla spinta dell'emotività o della fede, lo yogi pratica una serie di esercizi accuratamente sperimentati, che furono originariamente ideati dagli antichi *rishi*. In ogni epoca la disciplina yoga ha dato all'India uomini realmente liberi, veri yogi simili al Cristo.

Come qualunque altra scienza, lo yoga ha una validità che prescinde da ogni vincolo di spazio o di tempo. L'opinione di alcuni pensatori incompetenti per cui lo yoga sarebbe 'pericoloso' e 'inadeguato' per gli occidentali è del tutto infondata e ha causato la deplorevole conseguenza di scoraggiare molti studenti sinceri dal ricercare le molteplici benedizioni che questa scienza permette di ottenere.

Lo yoga è un metodo volto a calmare la turbolenza naturale dei pensieri che impedisce indifferentemente a qualsiasi individuo, di qualsiasi paese, di percepire la propria vera natura di spirito. Come la luce risanatrice del sole, lo yoga è egualmente benefico per gli orientali e per gli occidentali. I pensieri della grande maggioranza delle persone sono irrequieti e mutevoli; esiste dunque un palese bisogno di yoga: la scienza del controllo della mente.

L'antico *rishi* Patanjali[6] definisce lo yoga 'neutralizzazione delle onde alterne della coscienza'.[7] La sua breve e magistrale opera, gli *Yoga Sutra*, costituisce uno dei sei sistemi della filosofia indù. Diversamente dalle filosofie occidentali, i sei sistemi indù[8] contengono insegnamenti

---

[6] L'epoca in cui visse Patanjali è sconosciuta, sebbene molti studiosi lo collochino nel secondo secolo a. C. I *rishi* composero trattati che affrontavano un vasto numero di argomenti con una tale profondità d'intuizione da rimanere sempre al passo con i tempi, nonostante il trascorrere dei secoli; eppure, con grande costernazione degli storici, i saggi non si sono affatto preoccupati di apporre date e segni di riconoscimento alle proprie opere letterarie. Essi sapevano che la loro breve vita aveva un'importanza contingente, in quanto mera scintilla della grande Vita infinita, e che la verità è al di là del tempo, non può avere marchi di fabbrica né essere di loro proprietà.

[7] "*Citta vritti nirodha*" (*Yoga Sutra* I, 2), che si può anche tradurre con 'cessazione delle alterazioni della mente'. *Citta* è il termine generale per indicare l'insieme delle facoltà mentali, che comprende le forze vitali praniche, *manas* (la mente, ovvero la coscienza dei sensi), *ahamkara* (il senso dell'io) e *buddhi* (l'intelligenza intuitiva). *Vritti* (letteralmente 'vortice') si riferisce alle onde dei pensieri e delle emozioni che incessantemente si innalzano e si abbassano nella coscienza umana. *Nirodha* significa neutralizzazione, cessazione, controllo.

[8] I sei sistemi ortodossi (basati sui *Veda*) sono: *Sankhya, Yoga, Vedanta, Mimamsa, Nyaya* e *Vaisesika*. I lettori con inclinazioni intellettuali potranno apprezzare le finezze e la molteplicità dei temi trattati da questi antichi scritti consultando l'opera del professor Surendranath Dasgupta, *A History of Indian Philosophy,* vol. I, Cambridge University Press, che ne offre una sintesi.

non solo teorici, ma anche pratici. Dopo aver compiuto ogni concepibile ricerca ontologica, i sistemi indù formulano sei discipline ben definite intese a eliminare per sempre la sofferenza e a raggiungere la beatitudine eterna.

Le *Upanishad*, di stesura successiva, sostengono che, fra i sei sistemi, gli *Yoga Sutra* offrono i metodi più efficaci per raggiungere la percezione diretta della verità. Le tecniche dello yoga permettono all'uomo di lasciarsi per sempre alle spalle il dominio dell'arida speculazione e di conoscere per esperienza diretta la vera Essenza.

Il sistema dello yoga di Patanjali è conosciuto con il nome di "Sentiero degli otto passi".[9] I primi passi sono: 1) *yama* (regole di condotta morale) e 2) *niyama* (precetti religiosi). *Yama* si consegue astenendosi dall'arrecare danno agli altri, dalla menzogna, dal furto, dall'intemperanza, dall'avidità. Le prescrizioni di *niyama* sono: purezza del corpo e della mente, equanimità in ogni circostanza, autodisciplina, introspezione (contemplazione) e devozione a Dio e al guru.

I passi successivi sono: 3) *asana* (posizione corretta); la colonna vertebrale deve rimanere eretta e il corpo immobile in una posizione comoda per la meditazione; 4) *pranayama* (controllo del *prana*, le sottili correnti vitali); e 5) *pratyahara* (ritiro dei sensi dagli oggetti esteriori).

Gli ultimi passi sono forme di yoga vero e proprio: 6) *dharana* (concentrazione), ovvero fissità della mente su un unico pensiero; 7) *dhyana* (meditazione); e 8) *samadhi* (esperienza supercosciente). Questo è il "Sentiero degli otto passi" dello yoga, che conduce alla meta finale dell'Assoluto (*Kaivalya*), in cui lo yogi realizza la verità al di là di ogni percezione intellettuale.

"Chi è più grande", ci si potrebbe domandare, "uno swami o uno yogi?". Se e quando si raggiunge l'unione con Dio, scompare ogni distinzione fra i vari sentieri. La Bhagavad Gita sottolinea comunque che i metodi dello yoga sono universali. Le sue tecniche non sono destinate soltanto a particolari temperamenti o tipi di individui, cioè a quei pochi dotati di una predisposizione naturale per la vita monastica; lo yoga non richiede un'aderenza formale a qualche ordine religioso. Poiché la

---

[9] Da non confondersi con il 'Nobile ottuplice sentiero' del Buddismo, una guida per la condotta umana, che comprende i seguenti passi: 1) giusti ideali, 2) giusti obiettivi, 3) giusti discorsi, 4) giuste azioni, 5) giusto modo di vivere, 6) giusti sforzi, 7) giusta memoria (del Sé) e 8) giusta realizzazione (*samadhi*).

scienza dello yoga risponde a un bisogno universale, esercita un naturale fascino universale.

Un vero yogi può rimanere nel mondo e adempiervi i propri doveri comportandosi come il burro che galleggia sull'acqua, mentre l'umanità indisciplinata è simile al latte non lavorato, che si mescola facilmente con l'acqua. L'ottemperanza ai doveri terreni non comporta necessariamente la separazione da Dio, purché si resti mentalmente distaccati dai desideri egoistici e si svolga nella vita il ruolo di volonterosi strumenti del Divino.

Esistono oggi grandi uomini che vivono in America, in Europa, o in altri paesi diversi dall'India, i quali, pur non avendo mai udito le parole *yogi* e *swami*, ne impersonano gli ideali. Il servizio disinteressato per il bene dell'umanità, o il dominio sulle passioni e i pensieri, l'amore sincero per Dio, o il grande potere di concentrazione, fanno di loro, in un certo senso, degli yogi, perché si prefiggono la meta dello yoga: l'autocontrollo. Queste persone potrebbero raggiungere vette ancora più elevate se apprendessero la scienza esatta dello yoga, che permette di dare un indirizzo più consapevole alla propria mente e alla propria vita.

Lo yoga è stato oggetto di interpretazioni superficiali ed errate da parte di alcuni autori occidentali, ma i suoi detrattori non lo hanno mai praticato. Fra i tanti ponderati riconoscimenti tributati allo yoga, possiamo citare quello del dottor C. G. Jung, il famoso psicologo svizzero, che ha scritto:

"Quando un metodo religioso si dichiara 'scientifico', riscuote certamente interesse nel mondo occidentale. Lo yoga soddisfa questa aspettativa di scientificità", scrive Jung.[10] "Indipendentemente dal fascino della novità e dall'attrazione verso ciò che non si comprende del tutto, esistono ottime ragioni perché lo yoga abbia molti seguaci. Esso permette di fare esperienze suscettibili di verifica, soddisfacendo così l'esigenza scientifica per i 'fatti'; e inoltre, per la sua vastità e la sua profondità, la sua storia antica e venerabile, la sua dottrina e il suo metodo che non trascurano nessuna fase della vita, lo yoga offre opportunità inimmaginabili.

"Ogni pratica religiosa o filosofica comporta una disciplina psicologica, ossia un metodo di igiene mentale. Anche le svariate tecniche

---

[10] Jung partecipò nel 1937 al Congresso Indiano delle Scienze e ricevette una laurea ad honorem dall'Università di Calcutta.

yoga incentrate esclusivamente sul corpo[11] hanno come obiettivo un'igiene fisica di levatura superiore a quella favorita dai comuni esercizi di ginnastica e di respirazione, perché l'igiene dello yoga non è di natura meramente meccanicistica e scientifica, ma anche filosofica; gli esercizi a cui sottopone le varie parti del corpo servono a riunirle allo spirito, come risulta chiaro, per esempio, negli esercizi del *pranayama*, in cui il *prana* è sia il respiro sia la dinamica universale del cosmo.

"La pratica dello yoga sarebbe inefficace senza i concetti su cui si fonda lo yoga. Esso unisce il corporale allo spirituale in un modo straordinariamente completo.

"In Oriente, dove si sono sviluppati questi concetti e queste tecniche e dove nel corso dei millenni una tradizione ininterrotta ha creato i fondamenti spirituali necessari, lo yoga è, ne sono certo, il metodo perfetto e appropriato per fondere insieme il corpo e la mente, in modo da formare un'unità indiscutibile. Questa unità favorisce una predisposizione psicologica per esperienze intuitive che trascendono la coscienza".

In Occidente è ormai vicino il giorno in cui la scienza interiore dell'autocontrollo sarà considerata necessaria tanto quanto la conquista esteriore della Natura. L'era atomica sarà testimone di una trasformazione della mente umana, che diventerà più morigerata e più aperta, perché consapevole della verità scientifica ormai inconfutabile che la materia è, in realtà, un concentrato di energia. La mente umana può e deve sprigionare dentro di sé energie più potenti di quelle racchiuse nelle pietre e nei metalli, per evitare che il gigante atomico della materia, ormai scatenato, si rivolti contro il mondo con insensata furia distruttiva. Uno dei benefici indiretti della preoccupazione causata nell'umanità dalla bomba atomica sarà probabilmente un maggiore interesse pratico per la scienza dello yoga,[12] che è un vero 'rifugio a prova di bomba'.

---

[11] Jung si riferisce qui all'*Hatha Yoga*, un ramo dello yoga specializzato nelle posizioni del corpo e nelle tecniche per mantenerlo sano e longevo. L'*Hatha Yoga* è utile e dà risultati fisici straordinari, ma questo ramo dello yoga non è molto praticato dagli yogi che ricercano la liberazione spirituale.

[12] Molte persone male informate con 'yoga' intendono l'*Hatha yoga* oppure un'arte 'magica', i cui riti oscuri e misteriosi sarebbero intesi ad acquisire poteri straordinari. Quando invece gli studiosi parlano di yoga, si riferiscono al sistema esposto negli *Yoga Sutra* (noti anche come *Aforismi di Patanjali*): il *Raja Yoga* ('yoga regale'). Questo trattato racchiude concetti filosofici di tale magnificenza da aver ispirato i commenti di alcuni fra i più grandi pensatori dell'India, come ad esempio l'illuminato maestro Sadasivendra (vedere la nota a pagina 433).

Così come gli altri cinque sistemi filosofici ortodossi (basati sui *Veda*), gli *Yoga Sutra* considerano la 'magia' della purezza morale (i 'dieci comandamenti' di *yama* e *niyama*) una condizione indispensabile per intraprendere un'indagine filosofica rigorosa. Questa esigenza personale, su cui l'Occidente non si sofferma, conferisce vitalità duratura alle sei discipline indiane. L'ordine cosmico (*rita*) che governa l'universo non differisce dall'ordine morale che regola il destino dell'uomo. Chi non si pone l'obiettivo di osservare i precetti morali universali non è seriamente determinato a ricercare la verità.

La sezione III degli *Yoga Sutra* menziona vari poteri yogici miracolosi (*vibhuti* e *siddhi*). La vera conoscenza è sempre una forma di potere. Il sentiero dello yoga si suddivide in quattro stadi, ciascuno dei quali presenta una sua espressione *vibhuti*. Quando acquisisce un dato potere, lo yogi sa di essere riuscito a superare le prove di uno dei quattro stadi. La manifestazione di questi poteri distintivi dimostra la struttura scientifica del sistema yoga, da cui è esclusa ogni illusoria pretesa di 'progresso spirituale', frutto dell'immaginazione: occorrono le prove!

Patanjali ammonisce il devoto che la sola e unica meta deve essere l'unione con lo Spirito e non il possesso di poteri (*vibhuti*); questi ultimi sono soltanto i fiori occasionalmente sbocciati lungo il sacro cammino. Si deve ricercare l'Eterno Dispensatore di doni, non i Suoi doni fenomenici! Dio non rivela Sé stesso a chi, nella propria ricerca, si accontenta di conseguimenti a Lui inferiori. Perciò lo yogi che si impegna per progredire si guarda bene dall'esercitare i propri poteri straordinari, per evitare che suscitino in lui un falso orgoglio e lo distolgano dalla conquista dello stato finale del *Kaivalya*.

Una volta raggiunta la Meta infinita, lo yogi può esercitare le *vibhuti* o astenersene, come preferisce. Ogni sua azione, che sia miracolosa o no, è libera allora da ogni coinvolgimento karmico. La limatura di ferro del karma viene attirata solo là dove esiste ancora la calamita dell'ego individuale.

Capitolo 25

Mio fratello Ananta e mia sorella Nalini

"Ananta non vivrà a lungo; il tempo concesso dal suo karma per questa vita è ormai terminato".

Questo inesorabile verdetto si insinuò nella mia coscienza un mattino mentre ero profondamente assorto nella meditazione. Poco dopo essere entrato a far parte dell'Ordine degli swami, ero tornato a Gorakhpur, la mia città natale, ospite di Ananta, il mio fratello maggiore. Un'improvvisa malattia lo aveva confinato a letto e io lo assistevo con amore.

Questa grave premonizione interiore mi addolorò profondamente. Sentii che mi sarebbe stato intollerabile rimanere ancora a Gorakhpur solo per vedere mio fratello spegnersi davanti al mio sguardo impotente. Fra le critiche poco comprensive dei parenti, mi imbarcai sulla prima nave in partenza dall'India, che, dopo aver superato la Birmania e il Mar della Cina, approdò in Giappone. Sbarcai a Kobe, dove trascorsi solo pochi giorni. Avevo sul cuore un peso troppo grande per fare il turista.

Durante il viaggio di ritorno in India, la nave fece scalo a Shanghai. Il dottor Misra, il medico di bordo, mi portò a visitare varie botteghe di curiosità locali, dove scelsi alcuni regali per Sri Yukteswar e per i parenti e gli amici. Per Ananta comprai un souvenir di bambù intagliato. Non appena lo presi dalle mani del negoziante cinese, lo lasciai cadere a terra esclamando ad alta voce: "L'ho comprato per il mio caro fratello morto!".

Avevo chiaramente avvertito che in quel preciso istante la sua anima si era liberata nell'Infinito. Nella caduta il bambù aveva subito una profonda e simbolica incrinatura; fra i singhiozzi, scrissi sulla superficie: "Per il mio amato Ananta, ormai scomparso".

Il dottore aveva seguito la scena con un sorriso ironico.

"Risparmiate le lacrime", osservò. "Perché spargerle prima di avere la certezza che sia morto?".

Quando la nostra nave giunse a Calcutta, mi trovavo di nuovo in compagnia del dottor Misra. Sul molo c'era ad attendermi Bishnu, il mio fratello minore.

"So che Ananta ha lasciato questa vita", dissi a Bishnu prima che avesse il tempo di parlare. "Per favore, puoi dire a me e al dottor Misra quando è morto?".

Bishnu ci riferì la data: era proprio lo stesso giorno in cui avevo acquistato i regali a Shanghai.

"Ma guarda!", esclamò il dottor Misra. "Non dite una parola di tutto questo in giro! I professori potrebbero aggiungere al corso di medicina, che è già abbastanza lungo, un anno di specializzazione in telepatia!".

Quando entrai in casa, mio padre mi abbracciò con calore. "Sei venuto!", disse teneramente, mentre due grosse lacrime gli rigavano il viso. In genere molto riservato, non mi aveva mai manifestato fino ad allora questi segni esteriori di affetto. Si comportava da padre compassato e severo, ma dentro di lui batteva il cuore tenero di una madre. In tutte le occasioni egli svolgeva in famiglia questo doppio ruolo paterno e materno.

Poco dopo la scomparsa di Ananta, Nalini, una delle mie sorelle minori, fu strappata alla morte grazie a una guarigione divina. Prima di raccontare questo episodio, è però opportuno che faccia qualche riferimento ai primi anni della nostra vita.

Durante l'infanzia, i rapporti fra me e Nalini non erano fra i più cordiali. Io ero molto magro e lei lo era ancora di più. Per qualche motivo inconscio che gli psicologi non avrebbero difficoltà a individuare, prendevo spesso in giro mia sorella per il suo aspetto e lei ribatteva con la cruda franchezza tipica della giovanissima età. A volte nostra madre interveniva, ponendo temporaneamente fine ai nostri litigi con una tiratina d'orecchi, e gli orecchi in questione erano i miei, visto che ero il più grande.

Terminati gli studi, Nalini fu promessa in moglie al dottor Panchanon Bose, un giovane e simpatico medico di Calcutta. A tempo debito si celebrarono gli elaborati riti matrimoniali. La sera delle nozze mi unii al nutrito e festante gruppo di parenti nella sala della nostra casa di Calcutta. Lo sposo era appoggiato a un immenso cuscino di broccato d'oro con Nalini al suo fianco. Un magnifico *sari*[1] di seta purpurea non

---

[1] La graziosa veste drappeggiata delle donne indiane.

riusciva, ahimè, a nascondere completamente la sua spigolosa magrezza. Mi rifugiai dietro il cuscino del mio nuovo cognato e gli rivolsi un gran sorriso amichevole. Non aveva mai visto Nalini prima del giorno della cerimonia nuziale e quindi soltanto allora apprendeva che cosa gli era toccato in sorte nella lotteria del matrimonio.

Avvertendo la mia solidarietà, il dottor Bose indicò Nalini senza farsi notare e mi bisbigliò all'orecchio: "Dimmi, che cos'è?".

"Ma dottore", gli risposi, "è uno scheletro per i vostri studi!".

Con il passare degli anni, il dottor Bose conquistò l'affetto della nostra famiglia, che si rivolgeva sempre a lui in caso di malattia. Diventammo grandi amici e scherzavamo spesso insieme, facendo solitamente di Nalini il nostro bersaglio.

"È un caso clinico molto raro", osservò un giorno mio cognato. "Ho sottoposto la tua gracile sorella a ogni possibile trattamento: olio di fegato di merluzzo, burro, malto, miele, pesce, carne, uova, tonici. Eppure non riesce ad aumentare di volume nemmeno di un centesimo di millimetro".

Alcuni giorni dopo mi recai a casa loro. Non mi ci volle più di qualche minuto per sbrigare la mia commissione e stavo già per andarmene, pensando che Nalini non si fosse neanche accorta della mia presenza. Ero già alla porta d'ingresso quando udii la sua voce cordiale ma perentoria.

"Fratello, vieni qui. Questa volta non mi sfuggirai; ti voglio parlare".

Salii le scale, entrai nella sua stanza e con grande sorpresa la trovai in lacrime.

"Caro fratello", disse, "seppelliamo l'ascia di guerra del passato. Mi accorgo che i tuoi piedi sono ormai saldi sul sentiero spirituale. Voglio diventare simile a te in tutto e per tutto". E aggiunse fiduciosa: "Tu ora hai un aspetto robusto; vuoi aiutarmi? Mio marito non si accosta mai a me e io lo amo così tanto! Ma il mio desiderio più grande è quello di progredire nella realizzazione divina, a costo di rimanere magra[2] e poco attraente".

La sua supplica mi commosse profondamente. I nostri rapporti si fecero sempre più amichevoli, e un giorno mi chiese di diventare mia discepola.

---

[2] In India molte persone sono magre e quindi una moderata prosperosità è considerata una caratteristica desiderabile.

"Sono pronta a seguire ogni tuo insegnamento. Io confido in Dio e non nelle medicine". Così dicendo, raccolse le bottiglie dei tonici e ne versò il contenuto nel tubo di scarico che si trovava fuori dalla sua finestra.

Per mettere alla prova la sua fede, le chiesi di escludere completamente dalla dieta pesce, carne e uova.

Tornai a trovarla dopo diversi mesi, durante i quali Nalini continuò a osservare scrupolosamente tutte le regole che le avevo suggerito e a seguire la dieta vegetariana nonostante numerose difficoltà.

"Sorellina, hai osservato coscienziosamente i precetti spirituali; la tua ricompensa è vicina". E, con un sorriso malizioso le domandai: "Come vorresti diventare? Grassa come nostra zia, che non riesce a vedere i suoi piedi da anni?".

"No! Ma vorrei tanto essere robusta come te".

Le risposi con voce solenne: "Per grazia di Dio, poiché ho sempre detto la verità, anche ciò che dico ora è vero.[3] Grazie alle benedizioni divine, il tuo corpo da oggi in poi cambierà; in un mese raggiungerai il mio stesso peso".

Queste parole, che scaturivano dal profondo del mio cuore, si avverarono. In trenta giorni Nalini raggiunse il mio peso. Le nuove rotondità le donarono armonia e grazia, e il marito se ne innamorò profondamente. Il loro matrimonio, che non era nato sotto fausti auspici, divenne di una felicità esemplare.

Al mio ritorno dal Giappone, appresi che durante la mia assenza Nalini era stata colpita da febbre tifoidea. Corsi da lei e con grande costernazione la trovai terribilmente deperita. Era in coma.

Mio cognato mi riferì: "Prima di perdere lucidità a causa della malattia, diceva spesso: 'Se mio fratello Mukunda fosse qui non mi troverei

---

[3] Le Scritture induiste dichiarano che chi dice sempre la verità sviluppa il potere di materializzare le proprie parole, trasformando in realtà qualsiasi comando pronunciato dal profondo del cuore (*Yoga Sutra* II, 36).

Essendo alla base della creazione dei mondi, la verità è esaltata da tutte le Scritture come quella virtù che permette all'uomo di entrare in sintonia con l'Infinito. Il Mahatma Gandhi era solito dire: "La Verità è Dio"; egli dedicò tutta la vita alla strenua ricerca della verità perfetta nel pensiero, nella parola e nell'azione. In ogni epoca, l'ideale di *satya* (verità) ha permeato la società indiana. Marco Polo riferisce che i Bramini "non direbbero una menzogna per nulla al mondo". Un giudice inglese che esercitò in India la sua professione, William Sleeman, ha scritto nel suo *Journey Through Oudh in 1849-50*: "Ho esaminato centinaia di casi in cui il patrimonio, la libertà o la vita di un uomo dipendevano da una sua menzogna, e con tutto ciò il diretto interessato si è rifiutato di mentire".

Mio fratello Ananta e mia sorella Nalini

in questo stato!'". E fra le lacrime aggiunse: "Gli altri dottori e io non vediamo più un solo raggio di speranza! Dopo la lunga lotta contro il tifo, ora è sopraggiunta la dissenteria emorragica".

Cercai di smuovere il cielo e la terra con le mie preghiere. Assunsi un'infermiera anglo-indiana e con la sua valida assistenza feci ricorso a vari metodi yoga di cura. La dissenteria emorragica scomparve.

Ma anche allora il dottor Bose scosse amaramente il capo. "Non ha più una sola goccia di sangue da versare".

"Guarirà", replicai fermamente. "Fra sette giorni la febbre sarà scomparsa".

Una settimana dopo vidi con grande emozione che Nalini finalmente apriva gli occhi e mi fissava con affetto, mostrando di riconoscermi. A partire da quel giorno si riprese rapidamente e riacquistò il peso perduto. Però la malattia quasi mortale che l'aveva colpita lasciò il suo segno doloroso: la paralisi delle gambe. Consultammo specialisti indiani e inglesi, ma tutti dichiararono che sarebbe rimasta paralitica, senza alcuna speranza di guarigione.

La lotta incessante per salvarle la vita che avevo sostenuto con le mie preghiere mi aveva sfinito. Andai a Serampore per chiedere aiuto a Sri Yukteswar. Quando lo misi al corrente delle condizioni di Nalini, lessi nei suoi occhi una profonda compassione.

"Tua sorella riprenderà l'uso delle gambe entro un mese", affermò. E aggiunse: "Fai in modo che porti sulla pelle una fascia con una perla non forata, di due carati, tenuta da un fermaglio".

Con un gioioso senso di sollievo mi prostrai ai suoi piedi.

"Signore, voi siete un maestro: è sufficiente la vostra parola perché mia sorella guarisca. Ma se insistete, le procurerò immediatamente una perla".

Il mio guru annuì, dicendo: "Sì, devi farlo". Poi descrisse con accuratezza le caratteristiche fisiche e mentali di Nalini, che non aveva mai incontrato.

"Signore", domandai, "state facendo un'analisi astrologica? Non conoscete né la data né l'ora della sua nascita".

Sri Yukteswar sorrise. "Esiste un'astrologia più profonda, che non dipende dalle testimonianze dei calendari e degli orologi. Ogni essere umano è parte del Creatore o Uomo Cosmico e possiede un corpo divino oltre a quello terreno. L'occhio umano può vedere la forma fisica, ma l'occhio interiore penetra più in profondità, giungendo all'essenza universale di cui ogni uomo, con la sua individualità, è parte integrante".

Tornai a Calcutta e acquistai una perla[4] per Nalini. Un mese dopo le sue gambe paralizzate erano completamente guarite.

Mia sorella mi pregò di esprimere al mio guru la sua più profonda gratitudine. Egli ascoltò il messaggio in silenzio. Ma mentre stavo per accomiatarmi fece questa straordinaria dichiarazione:

"Molti medici hanno detto a tua sorella che non potrà mai avere bambini. Assicurale che entro pochi anni darà alla luce due figlie".

Alcuni anni dopo, con sua grande gioia, Nalini ebbe una bambina e, dopo qualche anno ancora, una seconda figlia.

---

[4] Le perle e altri gioielli, come pure le piante e i metalli, se messi direttamente a contatto con la pelle, esercitano un'influenza elettromagnetica sulle cellule del corpo. Il corpo umano contiene carbonio e diversi elementi metallici, che sono presenti anche nelle piante, nei metalli e nelle pietre preziose. Senza dubbio i fisiologi confermeranno un giorno le scoperte dei *rishi* in questo campo. Il sensibile corpo dell'uomo, con le sue correnti elettriche vitali, è al centro di molti misteri ancora da svelare.

Benché i gioielli e i bracciali di metallo esercitino un'azione curativa sul corpo, questa non era l'unica ragione per cui Sri Yukteswar li raccomandava. I maestri non desiderano mai mostrare i loro grandi poteri taumaturgici, perché il vero guaritore è soltanto Dio. Perciò i santi dissimulano spesso in vari modi i poteri che hanno umilmente ricevuto dal Signore. In genere, l'uomo crede nelle cose tangibili; alle persone che si rivolgevano a lui per farsi guarire, il mio guru consigliava di portare un bracciale o un gioiello per risvegliare la loro fede e anche per distogliere da sé la loro attenzione. Ma questi bracciali e gioielli, oltre alle potenzialità terapeutiche legate all'emissione di energia elettromagnetica, trasmettevano anche la segreta benedizione spirituale del maestro.

Sri Daya Mata in divina comunione

Sri Daya Mata, terzo presidente della Self-Realization Fellowship/Yogoda Satsanga Society of India, mentre è assorta nella meditazione, durante un viaggio in India nel 1968. "Paramahansa Yogananda ci ha indicato la via," ha scritto, "non solo con le sue parole e il suo divino esempio, ma insegnandoci i metodi scientifici SRF di meditazione. Non è possibile placare la sete dell'anima soltanto leggendo libri sulla verità. Bisogna attingere profondamente alla Fonte della verità, Dio. Realizzazione del Sé significa proprio questo: esperienza diretta di Dio". Una vera 'Madre di compassione', questo è il significato del nome Daya Mata, il tema dominante della sua vita è stato amare Dio e condividere il Suo amore con tutti.

Capitolo 26

La scienza del Kriya Yoga

La scienza del Kriya Yoga, menzionata così spesso in queste pagine, ha avuto larga diffusione nell'India moderna grazie a Lahiri Mahasaya, il guru del mio guru. La radice sanscrita di kriya è *kri,* fare, agire, reagire; la stessa radice si trova nella parola karma, il principio naturale di causa ed effetto. Kriya Yoga significa quindi "unione (yoga) con l'Infinito mediante una certa azione o rito (kriya)". Uno yogi che pratichi con impegno e costanza questa tecnica viene gradualmente liberato dal karma, la legge dell'equilibrio creato dalle concatenazioni di causa ed effetto.

In obbedienza ad alcune antiche ingiunzioni yogiche, non mi è possibile fornire una spiegazione dettagliata del Kriya Yoga in un libro destinato al grande pubblico. La tecnica vera e propria deve essere insegnata da un Kriyaban (Kriya Yogi) autorizzato della Self-Realization Fellowship (Yogoda Satsanga Society of India).[1] Sarà qui sufficiente trattare l'argomento a grandi linee.

Il Kriya Yoga è un semplice metodo psicofisiologico che permette di purificare il sangue dall'anidride carbonica e di arricchirlo di ossigeno. Gli atomi di questo ossigeno supplementare vengono trasformati in corrente vitale, che rigenera il cervello e i centri spinali. Arrestando l'accumularsi di sangue venoso, lo yogi può ridurre o prevenire il deterioramento dei tessuti. Lo yogi evoluto trasforma le cellule del proprio corpo in energia. Elia, Gesù, Kabir e altri profeti furono un tempo maestri

---

[1] Ai suoi successori, in qualità di presidenti e guide spirituali dell'organizzazione da lui fondata (la Self-Realization Fellowship/Yogoda Satsanga Society of India), Paramahansa Yogananda conferì la facoltà di iniziare al Kriya Yoga gli studenti ritenuti idonei e di spiegare loro questa tecnica, oppure di incaricare a tale scopo un ministro della SRF/YSS. Inoltre, affinché la scienza del Kriya Yoga continuasse essere diffusa nel tempo a venire, Yoganandaji redasse le sue *Lezioni della Self-Realization Fellowship (Yogoda),* che si possono richiedere alla Casa Madre della SRF di Los Angeles (vedere la pagina 552). (*Nota dell'editore*)

La scienza del Kriya Yoga

nella pratica del Kriya o di una tecnica simile, grazie alla quale potevano materializzare o smaterializzare il proprio corpo a loro discrezione.

Il Kriya Yoga è una scienza antica. Lahiri Mahasaya l'apprese dal suo grande guru Babaji. La conoscenza della tecnica era andata perduta nelle età oscure; Babaji la riscoprì, la semplificò e la chiamò semplicemente Kriya Yoga.

"Il Kriya Yoga che per tuo tramite io dono al mondo in questo diciannovesimo secolo", disse Babaji a Lahiri Mahasaya, "è la stessa scienza che Krishna insegnò millenni or sono ad Arjuna, e che in seguito appresero anche Patanjali e Cristo, come pure san Giovanni, san Paolo e altri discepoli".

Il Signore Krishna, il più grande profeta dell'India, menziona il Kriya Yoga in due versetti della Bhagavad Gita. Nel primo si legge: "Immettendo il respiro inalante nel respiro esalante e il respiro esalante nel respiro inalante, lo yogi neutralizza entrambi i tipi di respiro; egli libera così il *prana* dal cuore e ottiene il controllo della forza vitale".[2] Questo passo si interpreta nel modo seguente: "Calmando l'attività dei polmoni e del cuore, lo yogi ottiene una riserva aggiuntiva di *prana* (forza vitale), che gli permette di arrestare il deterioramento dei tessuti del corpo; mediante il controllo di *apana* (la corrente dell'eliminazione), egli arresta nel corpo anche le alterazioni causate dai processi di crescita. Annullando in questo modo i processi di deterioramento e di sviluppo, lo yogi impara a controllare la forza vitale".

Un altro versetto della Gita afferma: "Diviene libero per l'eternità quell'esperto nella meditazione (*muni*) che, cercando la Meta Suprema, riesce a isolarsi dai fenomeni esteriori fissando lo sguardo nel punto centrale fra le sopracciglia e neutralizzando le due correnti uniformi di *prana* e di *apana* [che scorrono] nelle narici e nei polmoni; e riesce a dominare le facoltà sensoriali e l'intelletto, e a ripudiare il desiderio, la paura e la collera".[3]

Krishna ci dice[4] inoltre che fu lui, in un'incarnazione precedente, a comunicare questi imperituri insegnamenti yoga all'illuminato Vivasvat, vissuto in tempi remoti, il quale li trasmise a Manu, il grande

---

[2] Bhagavad Gita IV, 29.

[3] Bhagavad Gita V, 27-28. (Per ulteriori spiegazioni sulla scienza del respiro vedere le pagine 539-540, 541-542).

[4] Bhagavad Gita IV, 1-2.

legislatore.⁵ Questi a sua volta istruì Ikshwaku, fondatore della dinastia solare dei guerrieri dell'India. Trasmessa così dall'uno all'altro, la conoscenza dello yoga regale fu preservata dai *rishi* fino al sorgere delle ere del materialismo.⁶ Da quel momento in poi, la sacra scienza fu sempre meno nota, fino a diventare inaccessibile, a causa della prassi della segretezza invalsa in ambito ecclesiastico e dell'indifferenza degli uomini.

Il Kriya Yoga è menzionato due volte dall'antico saggio Patanjali, massimo esponente dello yoga, il quale ha scritto: "Il Kriya Yoga comprende la disciplina del corpo, il controllo della mente e la meditazione sull'*Om*".⁷ In questo passo, Patanjali identifica Dio con il Suono Cosmico di *Om* che si ode nella meditazione.⁸ *Om* è la Parola o il Verbo della creazione, il rombo del Motore Vibratorio, il testimone⁹ della Presenza Divina. Anche lo yogi principiante può percepire ben presto il suono meraviglioso di *Om*. Questo sublime incoraggiamento spirituale gli dà la certezza di essere in comunione con i regni celesti.

Patanjali si riferisce nuovamente alla tecnica Kriya, ovvero al controllo della forza vitale, quando afferma: "Si può raggiungere la liberazione mediante quel *pranayama* che si ottiene separando il fluire dell'inspirazione e dell'espirazione".¹⁰

---

⁵ L'autore dei *Manava Dharma Shastra* (*Le leggi di Manu*). Questi princìpi fondamentali di diritto comune sono in vigore in India ancora oggi.

⁶ Secondo i calcoli riportati nelle Scritture induiste, le ere del materialismo cominciarono nel 3102 a. C., quando ebbe inizio l'ultimo *Dvapara Yuga* discendente del Ciclo Equinoziale, che segnava anche l'inizio del *Kali Yuga* del Ciclo Universale (vedere la pagina 186). Molti antropologi, ritenendo che 10.000 anni fa l'umanità vivesse nella barbarie dell'Età della pietra, respinsero sbrigativamente come semplici 'miti' tutte le conoscenze che ci sono state tramandate riguardo ad antichissime civiltà come quelle della Lemuria, di Atlantide, dell'India, della Cina, del Giappone, dell'Egitto, del Messico e di molti altri paesi.

⁷ *Yoga Sutra* II, 1. Con le parole 'Kriya Yoga', Patanjali intendeva la tecnica insegnata più tardi da Babaji, oppure una molto simile. A riprova del fatto che si riferiva a una tecnica ben precisa di controllo della forza vitale, si veda un suo ulteriore aforisma (*Yoga Sutra* II, 49), citato più avanti.

⁸ *Yoga Sutra* I, 27.

⁹ "Così parla l'Amen, il *testimone* fedele e verace, il principio della creazione di Dio" (Apocalisse 3, 14). "In principio era il Verbo e il Verbo era presso Dio e il Verbo era Dio… tutto è stato fatto per mezzo di lui [il Verbo o *Om*]; e senza di lui niente è stato fatto di tutto ciò che esiste" (Giovanni 1, 1-3). L'*Om* dei *Veda* divenne la sacra parola *Hum* dei tibetani, l'*Amin* dei musulmani e l'*Amen* di egizi, greci, romani, ebrei e cristiani. Il suo significato in ebraico è *sicuro, fedele*.

¹⁰ *Yoga Sutra* II, 49.

La scienza del Kriya Yoga

San Paolo conosceva il Kriya Yoga o una tecnica simile, che gli consentiva di inviare oppure di ritirare le correnti vitali dai sensi. Per questo poteva dire: "*Io muoio ogni giorno*, lo affermo solennemente, e questo è per noi motivo della gioia che provo in Cristo".[11] Grazie a un metodo che permette di concentrare interiormente tutta la forza vitale (che di solito è rivolta solo all'esterno, verso il mondo dei sensi, e così facendo attribuisce alla materia la sua apparente veridicità), san Paolo viveva ogni giorno una vera unione yogica con la 'gioia' (la beatitudine) della Coscienza Cristica. In questo stato di felicità egli era consapevole di essere 'morto' per il mondo di *maya*, ossia liberato dall'illusione dei sensi.

Nello stato iniziale di comunione con Dio (*sabikalpa samadhi*), la coscienza del devoto si fonde con lo Spirito Cosmico; la forza vitale si ritira dal corpo, che appare come 'morto', cioè immobile e rigido. Lo yogi è pienamente consapevole dello stato di animazione sospesa in cui si trova il suo corpo. Progredendo verso gli stati spirituali più elevati (*nirbikalpa samadhi*), egli tuttavia riesce a entrare in comunione con Dio senza alcuna rigidità corporea, nel normale stato di veglia della coscienza, e persino mentre continua a svolgere impegnative mansioni terrene.[12]

"Il Kriya Yoga è uno strumento che permette di accelerare l'evoluzione umana", spiegava Sri Yukteswar ai suoi allievi. "Nell'antichità, gli yogi scoprirono che il segreto della coscienza cosmica è intimamente legato al controllo del respiro. Questo è l'impareggiabile e immortale contributo con cui l'India ha arricchito il patrimonio di conoscenza dell'umanità. La forza vitale, che normalmente è impegnata a sostenere l'azione del cuore, deve essere liberata dalle sue funzioni inferiori per svolgere attività più elevate, grazie a un metodo che rallenta e infine arresta le incessanti sollecitazioni del respiro".

Il Kriya Yogi dirige mentalmente la propria energia vitale, facendola ruotare verso l'alto e verso il basso, attorno ai sei centri spinali (i plessi midollare, cervicale, dorsale, lombare, sacrale e coccigeo) che corrispondono ai dodici segni astrali dello zodiaco, il simbolico Uomo

---

[11] Prima lettera ai Corinzi 15, 31. La traduzione corretta è 'motivo di gioia per noi', anziché "per voi", come si legge di solito. San Paolo si riferiva all'*universalità* della Coscienza Cristica.

[12] La parola sanscrita *bikalpa* significa 'differenza, non identità'. *Sabikalpa* è lo stato del *samadhi* 'con differenza', *nirbikalpa* è lo stato 'senza differenza'. Ciò significa che nel *sabikalpa samadhi* il devoto prova ancora un lieve senso di separazione da Dio, mentre nel *nirbikalpa samadhi* egli realizza pienamente la propria identità con lo Spirito.

Cosmico. Mezzo minuto di rotazione dell'energia intorno al sensibile midollo spinale dell'uomo determina un sottile progresso nella sua evoluzione; mezzo minuto di Kriya equivale a un anno di sviluppo spirituale naturale.

L'organismo astrale dell'essere umano, con sei costellazioni interiori (dodici per polarità) che ruotano intorno al sole dell'onnisciente occhio spirituale, è in correlazione con il sole fisico e con i dodici segni dello zodiaco. Tutti gli esseri umani subiscono così l'influenza di un universo interiore e di uno esteriore. Gli antichi *rishi* scoprirono che sia l'ambiente terreno sia quello celeste fanno progredire l'uomo sul suo sentiero naturale, in cicli di dodici anni. Secondo le Scritture, sono necessari un milione di anni di normale evoluzione esente da malattie perché l'uomo sviluppi pienamente le potenzialità del suo cervello e possa raggiungere la coscienza cosmica.

Mille Kriya eseguiti in otto ore e mezza equivalgono a mille anni di evoluzione naturale, che lo yogi raggiunge in un solo giorno; 365.000 anni di evoluzione in un anno. In tre anni, un Kriya Yogi può così ottenere, in virtù del proprio impegno volontario e consapevole, lo stesso risultato che la Natura permette di conseguire in un milione di anni. Beninteso, solo gli yogi altamente progrediti posso seguire questa scorciatoia del Kriya. Sotto la guida di un guru, essi hanno accuratamente preparato il corpo e la mente a sopportare l'energia generata da una pratica intensiva.

Il principiante esegue la tecnica Kriya solo da quattordici a ventiquattro volte, due volte al giorno. Più di uno yogi giunge alla liberazione in sei, dodici, ventiquattro o quarantotto anni. Lo yogi che muore prima di aver ottenuto la completa realizzazione porta con sé il buon karma creato dall'impegno con cui ha praticato il Kriya. Nella nuova vita sarà naturalmente sospinto verso la sua Meta Infinita.

Il corpo dell'uomo comune è come una lampadina da cinquanta watt, che non può sostenere l'energia di miliardi di watt generati da una pratica estrema del Kriya. Seguendo il semplice e infallibile metodo del Kriya e intensificando la pratica della tecnica in modo graduale e regolare, il corpo umano subisce giorno per giorno una trasformazione astrale, e alla fine sarà in grado di manifestare le potenzialità infinite dell'energia cosmica, che costituisce la prima espressione dell'azione dello Spirito nel mondo materiale.

La scienza del Kriya Yoga

Il Kriya Yoga non ha nulla in comune con gli esercizi di respirazione privi di fondamento scientifico che vengono insegnati da tanti fanatici malinformati. I tentativi di trattenere a forza il respiro nei polmoni sono innaturali e decisamente spiacevoli. La pratica del Kriya, invece, è accompagnata fin dall'inizio da un sentimento di pace e da sensazioni di benessere, suscitate dall'effetto rigenerante del Kriya sulla spina dorsale.

Questa antica tecnica yoga trasforma il respiro in sostanza mentale. L'evoluzione spirituale consente di percepire il respiro come un concetto mentale, un atto della mente: un respiro di sogno.

Esiste un rapporto matematico fra il ritmo con cui l'uomo respira e le variazioni dei suoi stati di coscienza; sono molti gli esempi che si potrebbero portare al riguardo. Quando una persona è completamente concentrata su qualcosa, ad esempio quando cerca di seguire una complicata argomentazione intellettuale o di compiere un'attività fisica che richiede accuratezza o impegno, il suo respiro rallenta automaticamente. Per riuscire a concentrarci dobbiamo respirare lentamente; a una respirazione rapida o irregolare si accompagnano inevitabilmente stati emotivi dannosi, come la paura, la concupiscenza, la collera. La scimmia, solitamente irrequieta, in un minuto respira trentadue volte, a differenza dell'uomo che in media respira diciotto volte. L'elefante, la tartaruga, il serpente e altre creature note per la loro longevità, hanno un ritmo respiratorio più lento di quello umano. Per esempio, la tartaruga gigante, che può vivere fino a 300 anni, respira solo quattro volte al minuto.

Gli effetti rigeneranti del sonno sono dovuti al fatto che l'uomo in quel lasso di tempo non è consapevole del corpo e del respiro. Quando dorme, l'uomo diventa uno yogi; ogni notte compie inconsciamente il rito yogico di liberarsi dall'identificazione con il corpo, e di fondere la forza vitale con le correnti risanatrici della regione cerebrale, che è la dinamo principale, e delle sei dinamo ausiliarie dei centri spinali. Inconsapevolmente, mentre dorme, si ricarica dell'energia cosmica che sostiene ogni forma di vita.

Durante la sua pratica, lo yogi attua consciamente questo processo semplice e naturale, e non inconsciamente come colui che nel sonno rallenta i processi fisiologici. Il Kriya Yogi usa la sua tecnica per saturare e nutrire di luce imperitura tutte le cellule del corpo, mantenendole così in uno stato di magnetizzazione spirituale. Egli rende superfluo il respiro in modo scientifico, senza tuttavia entrare (durante l'esecuzione della tecnica) negli stati negativi del sonno, dell'incoscienza o della morte.

Negli esseri umani soggetti a *maya*, o legge naturale, il flusso dell'energia vitale è diretto verso il mondo esterno; accade così che le correnti si consumino e si sprechino nell'attività sensoriale. La pratica del Kriya inverte la loro direzione; la forza vitale viene mentalmente guidata verso l'universo interiore, dove si riunisce alle sottili energie spinali. Con questo potenziamento della forza vitale, il corpo e le cellule cerebrali dello yogi sono rinnovati da un elisir spirituale.

Grazie al cibo adatto, alla luce del sole e all'armonia della mente, coloro che si lasciano guidare unicamente dalla Natura e dal suo disegno divino potranno raggiungere la realizzazione del Sé in un milione di anni. Occorrono dodici anni di vita normale e sana per realizzare anche un lieve miglioramento nella struttura cerebrale, e sono necessari un milione di cicli solari per purificare la dimora del cervello tanto da renderlo capace di manifestare la coscienza cosmica. Il Kriya Yogi, tuttavia, potendo avvalersi di una scienza spirituale, è in grado di sottrarsi alla necessità di osservare scrupolosamente le leggi naturali per un lungo periodo di tempo.

Liberando l'anima dal legame del respiro che la tiene avvinta al corpo, il Kriya permette di prolungare la vita e di espandere la coscienza nell'infinito. Questa tecnica yoga pone fine all'eterno conflitto fra la mente e i sensi assoggettati alla materia, e fa sì che il devoto sia libero di rientrare in possesso del suo regno eterno. Egli comprende allora che la sua vera natura non dipende né dall'involucro fisico né dal respiro, questo simbolo della schiavitù dell'essere umano all'aria e alle coercizioni degli elementi della Natura.

Ormai padrone del corpo e della mente, il Kriya Yogi riporta infine la vittoria sull'"ultimo nemico',[13] la morte.

> Così ti nutrirai di morte, che degli uomini si nutre:
> E, morta la morte, non vi sarà più il morire.[14]

---

[13] "L'ultimo nemico ad essere annientato sarà la morte" (Prima lettera ai Corinzi 15, 26). L'incorruttibilità del corpo di Paramahansa Yogananda dopo la morte (vedere la pagina 549) dimostrò che egli era un perfetto Kriya Yogi. Tuttavia, l'incorruttibilità del corpo non è una prerogativa necessaria di tutti i grandi maestri (vedere la nota di pagina 335). Le Scritture induiste sostengono che questi miracoli avvengono solo per qualche scopo specifico. Nel caso di Paramahansaji lo 'scopo specifico' era certamente quello di persuadere l'Occidente del valore dello yoga. Babaji e Sri Yukteswar avevano ordinato a Yoganandaji di servire l'Occidente e Paramahansaji assolse il compito che gli era stato affidato sia con la propria vita sia con la propria morte. (*Nota dell'editore*)

[14] Shakespeare, *Sonetto 146*.

L'introspezione, ossia il 'raccoglimento nel silenzio', è un metodo privo di rigore scientifico per tentare di separare la mente dai sensi, legati insieme dalla forza vitale. La mente contemplativa che cerca di riunirsi alla divinità viene continuamente ricondotta verso i sensi dalle correnti vitali. Il Kriya, che controlla la mente *direttamente* attraverso la forza vitale, è la via più facile, più efficace e più scientifica per raggiungere l'Infinito. A differenza del sentiero della teologia, paragonabile a un lento e incerto 'carro a buoi', il Kriya Yoga può essere giustamente chiamato la 'via aerea' verso Dio.

La scienza dello yoga si fonda sulla sperimentazione di ogni tipo di tecnica di concentrazione e di meditazione. Lo yoga permette al devoto di attivare o disattivare a suo piacimento la corrente vitale nei sensi, i cinque 'telefoni' della vista, dell'udito, dell'odorato, del gusto e del tatto. Per lo yogi che ha acquisito questa facoltà di disattivazione sensoriale, è semplice unire la mente, a sua scelta, ai reami divini oppure al mondo della materia. Non è più costretto dalla forza vitale a ritornare suo malgrado nella sfera terrena delle sensazioni turbolente e dei pensieri irrequieti.

La vita di un Kriya Yogi evoluto non subisce l'influenza delle azioni compiute nel passato, ma si fa guidare soltanto dai dettami dell'anima. In questo modo il devoto si sottrae ai consigli e agli ammonimenti impartiti da una lenta evoluzione naturale, che opera attraverso le azioni egoistiche, buone o cattive, dell'esistenza comune: un cammino, questo, troppo tortuoso e lento, degno di una lumaca, per chi invece possiede un cuore d'aquila.

Questo modo spiritualmente elevato di condurre la propria vita rende lo yogi libero; uscendo dalla prigione dell'ego, egli assapora l'aria purissima dell'onnipresenza. La schiavitù della vita naturale impone invece un ritmo umiliante. Conformando la propria vita unicamente all'ordine evolutivo, l'uomo non può pretendere che la Natura gli conceda di accelerare il suo cammino. Pur vivendo senza contravvenire alle leggi che governano il suo corpo e la sua mente, dovrà comunque indossare le molteplici maschere delle incarnazioni per un milione di anni, prima di raggiungere l'emancipazione finale.

Coloro che guardano con orrore alla prospettiva di attendere un milione di anni dovrebbero quindi adottare i lungimiranti metodi dello yogi, che si libera dall'identificazione con il corpo e con la mente per diventare una cosa sola con l'anima. Il numero di anni di attesa cresce ulteriormente per l'uomo comune, che non vive in armonia neanche con la Natura, oltre che con la propria anima, e va invece in cerca di complicazioni innaturali, turbando con la mente e con il corpo i delicati equilibri della Natura. Per lui due milioni di anni saranno appena sufficienti per raggiungere la liberazione.

La persona materialista si rende conto raramente, o forse mai, che il suo corpo è un regno governato dall'Anima Sovrana, che siede sul trono del cervello, coadiuvata dai reggenti ausiliari, i sei centri spinali o sfere di coscienza. Questa teocrazia governa una moltitudine di sudditi ubbidienti: ventisettemila miliardi di cellule (che sono dotate di indubbia, per quanto apparentemente involontaria, intelligenza, mediante la quale assolvono a tutte le funzioni dell'organismo, ossia lo sviluppo, la trasformazione e la dissoluzione) e un substrato di cinquanta milioni di pensieri, emozioni e stati di coscienza variabili, soggetti a fasi alterne durante una vita media di sessant'anni.

Ogni apparente insurrezione del corpo o della mente contro l'Anima Sovrana, che si manifesti sotto forma di malattia o di irrazionalità, non è dovuta alla slealtà degli umili sudditi, ma all'uso improprio che l'uomo ha fatto, nel passato o nel presente, della propria individualità, ovvero del libero arbitrio, dono inalienabile ricevuto nel momento stesso in cui fu dotato di un'anima.

Identificandosi con un ego superficiale, l'uomo dà per scontato di essere lui a pensare, volere, sentire, digerire e mantenersi in vita, senza mai riconoscere (anche se gli basterebbe solo un momento di riflessione) che nella sua vita di ogni giorno non è che un burattino manovrato dalle azioni compiute nel passato (karma), dalla Natura o dall'ambiente. In ogni uomo, i processi cognitivi, i sentimenti, gli stati d'animo e le abitudini sono semplicemente effetti di cause da ricercare nel passato, in questa vita o in una precedente. La sua anima regale rimane tuttavia ben al di sopra di tali influenze. Disdegnando le verità e le libertà effimere, il Kriya Yogi oltrepassa lo stadio della disillusione per raggiungere l'assoluta libertà del proprio Essere. L'uomo, dichiarano le Scritture di tutto il mondo, non è un corpo corruttibile, ma un'anima vivente; nel Kriya Yoga egli trova un metodo che permette di dimostrare quanto affermano le Scritture.

"I riti esteriori non possono sconfiggere l'ignoranza, perché non c'è incompatibilità fra gli uni e l'altra" scrisse Shankara nel suo famoso *Century of Verses*. "Soltanto la vera conoscenza può sconfiggere l'ignoranza... La conoscenza non si può acquisire se non ponendosi degli interrogativi. 'Chi sono io? Come è nato l'universo? Chi lo ha creato? Qual è la sua causa materiale?'. Questo è il genere di domande cui mi riferisco". L'intelletto non trova risposte a tali domande; per questo motivo i *rishi* hanno elaborato la tecnica di ricerca spirituale dello yoga.

Il vero yogi, che richiama a sé i pensieri, la volontà e i sentimenti impedendone la falsa identificazione con i desideri del corpo, e unisce la mente alle forze supercoscienti dei santuari spinali, vive nel mondo in armonia con il disegno divino; egli non subisce né le costrizioni degli impulsi provenienti dal passato né quelle imposte da nuovi bisogni generati dalla stoltezza umana. Avendo esaudito il suo Supremo Desiderio, è ormai salvo nel porto finale dell'inesauribile beatitudine dello Spirito.

Riferendosi all'efficacia sicura e sistematica dello yoga, Krishna elogia lo yogi che pratica le tecniche con queste parole: "Lo yogi è ritenuto più grande degli asceti che disciplinano il corpo, più grande anche dei seguaci del sentiero della saggezza (*Jnana Yoga*) o di quello dell'azione (*Karma Yoga*); sii tu, mio discepolo Arjuna, uno yogi!".[15]

Il Kriya Yoga è il vero 'rito del fuoco' spesso esaltato nella Gita. Lo yogi getta i suoi desideri terreni in un monoteistico rogo consacrato al Dio incomparabile. Questa è la vera cerimonia yogica del fuoco, in cui

---

[15] Bhagavad Gita VI, 46.

La scienza moderna sta iniziando a scoprire gli effetti terapeutici e rigeneranti davvero straordinari che l'assenza del respiro provoca sul corpo e sulla mente. Il dottor Alvan L. Barach dell'Università di Medicina e Chirurgia di New York ha ideato una terapia locale di riposo polmonare che ha apportato considerevoli miglioramenti a molti malati di tubercolosi. Una camera a pressione stabilizzatrice consente al paziente di smettere di respirare. Il *New York Times* del 1° febbraio 1947 riportò la seguente dichiarazione del dottor Barach: "La cessazione del respiro provoca effetti di considerevole interesse sul sistema nervoso centrale. L'impulso a contrarre i muscoli volontari delle estremità si riduce in misura assai evidente. Il paziente può restare disteso nella camera a pressione per ore intere senza muovere le mani o cambiare posizione. Quando cessa la respirazione volontaria, il desiderio di fumare scompare, persino nei pazienti abituati a fumare due pacchetti di sigarette al giorno. In molti casi il rilassamento è tale che il paziente non ha bisogno di alcun diversivo". Nel 1951 Barach confermò pubblicamente il valore della terapia affermando che "non solo dà riposo ai polmoni, ma al corpo intero e, a quanto pare, anche alla mente. Il lavoro del cuore, ad esempio, diminuisce di un terzo. I pazienti dimenticano ogni preoccupazione. Nessuno prova un senso di noia".

Dati empirici di questo tipo permettono di cominciare a capire come mai gli yogi riescano a restare immobili per lunghi periodi senza sentire il bisogno fisico o mentale di attività. Solo un simile stato di quiete consente all'anima di ritrovare la strada che la riporterà a Dio. Ma, mentre gli uomini comuni devono rimanere in una camera a pressione stabilizzatrice per ottenere alcuni dei benefici arrecati dalla cessazione del respiro, lo yogi non ha bisogno di nulla fuorché della tecnica del Kriya Yoga per ottenere i suoi benefici fisici e mentali e la consapevolezza dell'anima.

tutti i desideri presenti e passati sono il combustibile che, consumandosi, fa ardere la fiamma dell'amore divino. L'Ultima Fiamma accoglie in sacrificio tutta l'umana follia, liberando finalmente l'uomo da ogni impurità. Con le ossa ormai metaforicamente spoglie della carne e dei suoi desideri, con lo scheletro karmico esposto al sole della saggezza, che lo rende candido, purgato da ogni contaminazione, non più in grado di offendere né l'uomo né il Creatore, egli è finalmente puro.

Un occidentale in samadhi
Rajarsi Janakananda (James J. Lynn)

In una spiaggia privata a Encinitas, in California, nel gennaio del 1937, dopo cinque anni di pratica quotidiana del Kriya Yoga, Lynn ricevette nel *samadhi* (supercoscienza) la beatifica visione: il Signore Infinito come Gloria interiore.

"La vita equilibrata di Lynn può essere di ispirazione per tutti," ha detto Yogananda. Pur compiendo coscienziosamente i doveri della sua vita terrena, Lynn trovava il tempo per meditare profondamente su Dio ogni giorno. L'uomo d'affari di successo divenne un Kriya Yogi illuminato (vedere le pagine 398, 522-524.). Paramahansaji spesso lo chiamava affettuosamente 'san Lynn', e nel 1951 gli conferì il nome monastico di Rajarsi Janakananda (dal nome di Janaka, re indiano dell'antichità, celebrato per la sua grandezza spirituale). Il titolo *rajarsi*, letteralmente '*rishi* regale', deriva da *raja* ('re') + *rsi* (o *rishi,* 'grande santo').

Capitolo 27

Fondo una scuola di yoga a Ranchi

"Perché sei contrario al lavoro organizzativo?".

Questa domanda del maestro mi colse di sorpresa. In effetti, a quel tempo ero convinto che le organizzazioni non fossero altro che 'vespai'.

"È un compito ingrato, signore", risposi. "Il responsabile è sempre oggetto di critiche, qualunque cosa cerchi di fare o di non fare".

"Vuoi serbare tutto il *channa* (formaggio fresco) divino solo per te?", ribatté il mio guru lanciandomi uno sguardo severo. "Credi che tu, o chiunque altro, potreste raggiungere la comunione con Dio attraverso lo yoga, senza una successione di maestri dal cuore generoso, disposti a trasmettere agli altri il proprio sapere?". E aggiunse: "Dio è il miele, le organizzazioni sono gli alveari; entrambi sono necessari. Naturalmente qualsiasi *forma* è inutile se non è permeata dallo spirito, ma chi dice che tu non debba far sorgere operosi alveari colmi di nettare spirituale?".

Il suo consiglio mi commosse profondamente. Non risposi nulla, ma sentii nascere dentro di me una ferma risoluzione: per quanto era in mio potere, intendevo condividere con i miei simili le verità apprese ai piedi del mio guru. "Signore", pregai, "possa il Tuo amore risplendere per sempre sul santuario della mia devozione, e possa io essere capace di risvegliare il Tuo amore in tutti i cuori".

In una precedente occasione, prima che entrassi nell'Ordine monastico, Sri Yukteswar aveva espresso un'osservazione del tutto inattesa.

"Come ti mancherà la compagnia di una moglie quando sarai anziano!", aveva detto. "Non pensi che il padre di famiglia, impegnato in un lavoro produttivo con cui mantiene moglie e figli, svolga un ruolo meritevole agli occhi di Dio?".

"Signore", avevo protestato con apprensione, "sapete bene che in questa vita non desidero altro che l'Amato Cosmico!".

La risata divertita del maestro mi fece capire che con le sue parole aveva voluto semplicemente mettermi alla prova.

Fondo una scuola di yoga a Ranchi

"Ricorda", aveva poi detto lentamente, "chi si sottrae ai comuni doveri terreni può essere giustificato soltanto se si fa carico di qualche responsabilità nei confronti di una famiglia molto più grande".

L'ideale di offrire ai giovani un'educazione adeguata era sempre stato molto caro al mio cuore. Vedevo chiaramente i miseri risultati dei comuni metodi di insegnamento, orientati soltanto allo sviluppo del corpo e dell'intelletto. I valori morali e spirituali, senza i quali nessun uomo può trovare la felicità, erano ancora assenti dai programmi ufficiali. Decisi di fondare una scuola in cui i ragazzi potessero crescere fino a diventare uomini nel senso più pieno del termine. Iniziai la mia opera con sette bambini, a Dihika, un piccolo villaggio di campagna nel Bengala.

L'anno dopo, nel 1918, grazie alla generosità di Sir Manindra Chandra Nundy, il Maharaja di Kasimbazar, potei trasferire a Ranchi il mio gruppo, che cresceva rapidamente. Questa città del Bihar, situata a circa duecento miglia da Calcutta, è benedetta da un clima tra i più salubri dell'India. Il Palazzo di Kasimbazar a Ranchi divenne l'edificio principale della nuova scuola, che chiamai *Yogoda Satsanga Brahmacharya Vidyalaya*.[1]

Organizzai un programma di studi per la scuola primaria e la scuola secondaria, che oltre alle materie fondamentali comprendeva anche nozioni di agricoltura, scienze industriali e commercio. Seguendo gli ideali educativi dei *rishi* (i cui *ashram* immersi nel verde delle foreste erano stati per la gioventù indiana antichi centri di cultura, sia laica sia religiosa), disposi che la maggior parte delle lezioni fosse tenuta all'aperto.

L'istruzione degli studenti di Ranchi comprende la meditazione yoga e un metodo impareggiabile per mantenersi in buona salute e sviluppare il corpo, lo *Yogoda*, di cui avevo individuato i princìpi ispiratori nel 1916.

Riflettendo sull'analogia esistente tra una batteria elettrica e il corpo umano, giunsi alla conclusione che quest'ultimo si potesse ricaricare di

---

[1] *Vidyalaya*, scuola. *Brahmacharya* si riferisce qui a uno dei quattro stadi in cui i *Veda* articolano la vita dell'uomo: 1) studente celibe (*brahmachari*); 2) capo famiglia, investito di responsabilità terrene (*grihastha*); 3) eremita (*vanaprastha*); 4) abitante della foresta o monaco errante, libero da ogni legame terreno (*sannyasi*). Questo schema ideale di vita, pur non essendo largamente diffuso nell'India moderna, ha ancora molti fedeli seguaci. La costante guida di un guru permette di condurre una vita conforme a princìpi religiosi in ciascuno di questi stadi.

Altre informazioni sulla scuola Yogoda Satsanga di Ranchi si trovano nel capitolo 40.

Ranchi si trova attualmente nello stato del Jharkhand, sorto nel 2000 e comprendente la parte meridionale del Bihar. Ranchi è la capitale del Jharkhand. (*Nota dell'editore*)

energia grazie all'intervento diretto della volontà umana. Dato che è impossibile compiere qualsiasi azione, di qualsiasi tipo, senza *volerlo*, l'uomo può avvalersi di questo motore originario, la volontà, per rinnovare le proprie forze senza ricorrere a pesanti attrezzature o a esercizi meccanici. Le semplici tecniche Yogoda consentono di recuperare consciamente e immediatamente la forza vitale (concentrata nel midollo allungato), attingendo all'illimitata riserva dell'energia cosmica.

A Ranchi i ragazzi rispondevano molto bene agli insegnamenti Yogoda, acquisendo un'eccezionale abilità nell'inviare la forza vitale da una parte all'altra del corpo e imparando ad assumere e a mantenere difficili posizioni (*asana*)[2] in perfetto equilibrio. Essi offrivano dimostrazioni prodigiose di forza e di resistenza che molti adulti vigorosi non erano in grado di uguagliare.

Mio fratello minore, Bishnu Charan Ghosh, si iscrisse alla scuola di Ranchi; in seguito divenne un culturista rinomato. Negli anni 1938-39, si recò con un suo allievo in Occidente, esibendosi in prove di forza e di controllo muscolare. I professori della Columbia University di New York e di molte altre università americane ed europee rimasero sbalorditi da queste dimostrazioni del potere che la mente esercita sul corpo.[3]

Quando a Ranchi si chiuse il primo anno scolastico, le domande di ammissione erano salite a duemila. Ma la scuola, che a quei tempi era riservata agli studenti che vi risiedevano, poteva accoglierne solo un centinaio. Ben presto si aggiunsero nuovi corsi per gli studenti esterni.

Nel Vidyalaya dovevo fare da padre e da madre ai bambini più piccoli e affrontare molte difficoltà organizzative. Mi tornavano spesso alla mente le parole di Cristo: "Non c'è nessuno che abbia lasciato casa o fratelli o sorelle o madre o padre o moglie o figli o campi a causa mia e a causa del Vangelo, che non riceva già al presente cento volte tanto in case e fratelli e sorelle e madri e figli e campi insieme a persecuzioni, e nel futuro la vita eterna".[4]

Sri Yukteswar aveva interpretato queste parole nel modo seguente: "Il devoto che rinuncia alle consuete esperienze del matrimonio e della famiglia per assumere responsabilità più grandi nei confronti dell'intera società ('già al presente cento volte tanto in case e fratelli') svolge

---

[2] Il crescente interesse dell'Occidente per gli *asana* (posizioni yoga) è testimoniato dalla pubblicazione di molti libri al riguardo, corredati di illustrazioni.

[3] Bishnu Charan Ghosh morì a Calcutta il 9 luglio 1970. (*Nota dell'editore*)

[4] Marco 10, 29-30.

un compito che, in un mondo incapace di comprendere i suoi ideali, è spesso accolto da ostilità e vessazioni. Ma la completa dedizione a questi nobili ideali aiuta il devoto a vincere l'egoismo donandogli una divina ricompensa".

Un giorno mio padre venne a Ranchi per concedermi una benedizione a lungo negata, perché lo avevo ferito rifiutando la sua offerta di un impiego nella compagnia ferroviaria Bengala-Nagpur.

"Figliolo", mi disse, "ormai ho pienamente accettato la vita che hai scelto. Mi riempie di gioia vederti circondato da questi giovani felici ed entusiasti; il tuo mondo è questo, non certo quello senza vita dei numeri di un orario ferroviario". Indicando una dozzina di bimbetti che mi si affollavano intorno, osservò con un luccichio nello sguardo: "Ho avuto solo otto figli, ma posso capirti perfettamente!".

Disponendo di venticinque acri di terreno fertile, gli studenti, gli insegnanti e io ci dedicavamo ogni giorno con piacere al giardinaggio e ad altri lavori all'aria aperta. Avevamo molti animali, fra cui un cerbiatto, che era letteralmente idolatrato dai bambini. Anch'io lo amavo molto, al punto da permettergli di dormire nella mia camera. Alle prime luci dell'alba, la piccola creatura trotterellava verso il mio letto per ricevere la carezza mattutina.

Un giorno diedi da mangiare al cerbiatto prima dell'ora solita perché dovevo recarmi a Ranchi per alcuni impegni. Pur avendo raccomandato ai ragazzi di non dargli altro cibo fino al mio ritorno, uno di essi disubbidì e gli fece bere una grande quantità di latte. La sera, quando tornai, fui accolto da una cattiva notizia: il cerbiatto stava morendo di indigestione.

Presi in grembo la bestiola, che pareva ormai senza vita, e fra le lacrime implorai Dio di salvarla. Qualche ora dopo la creaturina aprì gli occhi, si sollevò e cominciò a muovere qualche passo incerto. Tutta la scuola lanciò un grido di gioia.

Ma quella notte ricevetti una profonda lezione, che non potrò mai dimenticare. Rimasi a vegliare il cerbiatto fino alle due del mattino, poi mi addormentai. Il cucciolo mi apparve in sogno e mi disse: "Tu mi stai trattenendo. Per favore, lasciami andare; lasciami andare!".

"Va bene", gli risposi nel sogno.

Mi svegliai immediatamente e gridai: "Ragazzi, il cerbiatto sta morendo!". Si precipitarono tutti nella mia camera.

Corsi verso l'angolo in cui avevo adagiato il cerbiatto. Lui fece un ultimo sforzo per sollevarsi, si diresse barcollando verso di me, poi cadde ai miei piedi, morto.

Secondo il karma collettivo che guida e regola il destino degli animali, la vita del cerbiatto si era ormai conclusa e l'animale era pronto a rinascere in una forma superiore. Ma con il mio profondo attaccamento che, come riconobbi in seguito, era egoistico, e con le mie ferventi preghiere, ero riuscito a trattenerlo ancora nei confini della forma animale, da cui l'anima stava cercando con tutte le forze di liberarsi. L'anima del cerbiatto venne a supplicarmi in sogno perché senza il mio amorevole consenso non voleva o non poteva andarsene. Appena io acconsentii, lasciò il corpo.

Ogni sentimento di sconforto mi abbandonò; compresi una volta di più che Dio vuole che i Suoi figli amino ogni cosa in quanto parte di Lui e non cedano all'illusione che tutto finisca con la morte. L'uomo ignorante vede soltanto la barriera insormontabile della morte che gli nasconde, apparentemente per sempre, la vista delle persone care. Ma l'uomo che non ha attaccamenti e ama gli altri come manifestazioni del Signore, comprende che al momento della morte i suoi cari non fanno che ritornare a Lui per godere di un breve riposo nella Sua gioia.

La scuola di Ranchi, dopo i suoi semplici e modesti inizi, cominciò a svilupparsi fino a diventare oggi un'istituzione rinomata nel Bihar e nel Bengala. Molte sezioni della scuola sono sovvenzionate dalle donazioni di coloro che amano vedere perpetuati gli ideali educativi dei *rishi*. A Midnapore e a Lakhanpur sono sorte fiorenti succursali.

La sede centrale di Ranchi dispone di un reparto sanitario, che assicura l'assistenza medica gratuita ai poveri del luogo. Le persone che beneficiano di tali servizi sono in media più di 18.000 l'anno. La scuola Vidyalaya si è distinta nelle competizioni sportive, come pure in ambito scolastico; molti alunni diplomati a Ranchi hanno avuto in seguito una brillante carriera universitaria.

Negli ultimi trent'anni molti uomini e donne illustri, sia orientali sia occidentali, hanno onorato la scuola della loro visita. Nel 1918 swami Pranabananda, il 'santo dai due corpi' di Benares, si fermò a Ranchi per alcuni giorni. Assistendo alle lezioni tenute all'aperto sotto gli alberi, in un suggestivo scenario naturale, e vedendo la sera i bambini che sedevano immobili per ore immersi nella meditazione yoga, il grande maestro si mostrò profondamente commosso.

Fondo una scuola di yoga a Ranchi

"Il mio cuore è inondato di gioia" disse, "nel vedere che questa istituzione si prefigge gli ideali di Lahiri Mahasaya sulla giusta educazione della gioventù. Le benedizioni del mio guru siano con voi".

Un ragazzo che mi sedeva accanto osò rivolgere una domanda al grande yogi:

"Signore, potete dirmi se diventerò monaco? La mia vita è destinata solo alla ricerca di Dio?".

Benché swami Pranabananda sorridesse dolcemente, al tempo stesso i suoi occhi scrutavano il futuro.

"Figliolo", rispose, "quando diventerai grande troverai ad attenderti una bellissima sposa". (Effettivamente il ragazzo si sposò, dopo aver progettato per anni di entrare nell'Ordine degli swami).

Qualche tempo dopo la visita di swami Pranabananda a Ranchi, andai a trovarlo con mio padre a Calcutta, nella casa in cui lo yogi aveva preso alloggio per qualche tempo. Mi tornò allora alla mente d'un lampo la predizione che Pranabananda mi aveva fatto tanti anni prima: "Ti rivedrò in futuro insieme a tuo padre".

Quando mio padre entrò nella stanza dello swami, il grande yogi si alzò in piedi e lo abbracciò con affettuoso rispetto.

"Bhagabati", disse, "che cosa stai facendo della tua vita? Non vedi che tuo figlio corre verso l'Infinito?". Arrossii, sentendomi elogiare davanti a mio padre. Lo swami continuò: "Ricordi quante volte il nostro santo guru ripeteva: '*Banat, banat, ban jai*'?[5] Persevera dunque sul sentiero del Kriya Yoga e presto giungerai alle porte del regno divino".

Il corpo di Pranabananda, che mi era apparso sano e forte la prima volta che l'avevo visto a Benares, durante quell'incontro così pieno di emozioni, ora mostrava i segni dell'età, pur avendo ancora un portamento mirabilmente eretto.

"Swamiji", gli domandai guardandolo diritto negli occhi, "vi prego, ditemi, non sentite il peso degli anni che passano? Con l'indebolirsi del corpo non si affievolisce anche la percezione di Dio?".

Rivolgendomi un angelico sorriso, rispose: "L'Amato è con me ora più che mai". La sua assoluta sicurezza fece vibrare di emozione la mia mente e la mia anima. E continuò: "Dispongo ancora delle mie due

---

[5] Una delle espressioni preferite di Lahiri Mahasaya, a cui ricorreva per incoraggiare gli allievi a perseverare nella meditazione. Letteralmente sarebbe: "Facendo e facendo, un giorno è fatto". Si potrebbe tradurre liberamente con "Impegnandosi e impegnandosi, ecco un giorno raggiunta la Meta Divina!".

pensioni, una ottenuta grazie a Bhagabati, e l'altra proveniente da lassù". Puntando il dito verso il cielo, il santo entrò per qualche momento nella perfetta immobilità dell'estasi, con il viso illuminato da una luce divina. Era una risposta più che esauriente alla mia domanda!

Notando nella stanza di Pranabananda un gran numero di piante e di pacchi di sementi, gliene domandai la ragione.

"Ho lasciato Benares per sempre", disse, "e sono in procinto di recarmi nell'Himalaya, dove aprirò un *ashram* per i miei discepoli. Da questi semi nasceranno spinaci e altri ortaggi. I miei cari discepoli vivranno semplicemente, trascorrendo il loro tempo nella beata unione divina. Non è necessario nient'altro".

Mio padre domandò al suo amico quando sarebbe ritornato a Calcutta.

"Mai più!", rispose il santo. "Questo è l'anno in cui, secondo quanto mi disse Lahiri Mahasaya, devo lasciare per sempre la mia amata Benares per recarmi nell'Himalaya e, una volta giunto lì, abbandonare la mia forma mortale".

A queste parole mi si riempirono gli occhi di lacrime, ma lo swami sorrideva sereno, evocando in me l'immagine di un angelico bimbo che siede fiducioso in grembo alla Madre Divina. Il peso degli anni non pregiudica minimamente i sommi poteri spirituali di un grande yogi: egli continua a esserne pienamente dotato ed è in grado di rinvigorire il proprio corpo se e quanto vuole; talvolta, però, non si preoccupa di ritardare il processo di invecchiamento, ma lascia che il suo karma si esaurisca sul piano fisico, usando il corpo come un mezzo per accelerare i tempi e non dover smaltire il karma residuo in una nuova incarnazione.

Alcuni mesi dopo incontrai un vecchio amico, Sanandan, che era uno dei discepoli più vicini a Pranabananda.

"Il mio adorabile guru se ne è andato", mi disse fra i singhiozzi. "Aveva fondato un eremitaggio vicino a Rishikesh e ci impartiva amorevolmente i suoi insegnamenti. Un giorno, quando l'eremitaggio era ormai ben avviato e sotto la sua guida facevamo rapidi progressi spirituali, ci propose di dar da mangiare a un'immensa folla proveniente da Rishikesh. Gli domandai il perché di un così grande numero di persone.

"'Questa è la mia ultima cerimonia', rispose. In quel momento io non compresi appieno il vero significato delle sue parole.

"Pranabanandaji ci aiutò a cucinare enormi quantità di cibo. Servimmo circa duemila ospiti. Dopo l'abbondante pasto si sedette su un'alta piattaforma e tenne un ispirato discorso sull'Infinito. Alla fine, davanti agli occhi di migliaia di persone, si volse verso di me, che ero seduto accanto a lui sul palco, e parlò con insolita veemenza.

"'Sanandan, preparati; sto per dare un calcio alla mia forma'.[6]

"Dopo un istante di attonito silenzio, gridai: 'Maestro, non lo fate! Vi prego, per favore, non lo fate!'". La folla taceva, sorpresa dalle mie parole. Pranabanandaji mi sorrise, ma i suoi occhi stavano già contemplando l'Eternità.

"'Non essere egoista', disse, 'e non rattristarti per me. Per molto tempo ho servito voi tutti con gioia; adesso rallegratevi e auguratemi buon viaggio. Vado a incontrare il mio Amato Cosmico'. Poi aggiunse in un sussurro: 'Rinascerò presto. Dopo un breve periodo in cui godrò dell'estasi infinita, tornerò sulla terra per raggiungere Babaji.[7] Ben presto saprai quando e dove la mia anima sarà racchiusa in un nuovo corpo'.

"Gridò di nuovo: 'Sanandan, ecco che do un calcio alla mia forma con il secondo Kriya Yoga'.[8]

"Guardò quel mare di visi dinanzi a noi, e fece un gesto di benedizione. Poi rivolse interiormente lo sguardo verso l'occhio spirituale, e rimase immobile. Mentre la folla sbigottita pensava che fosse assorto nell'estasi della meditazione, egli aveva già lasciato il tempio del suo corpo e aveva immerso l'anima nella vastità cosmica. I discepoli toccarono quel corpo, seduto nella posizione del loto, ma non emanava più alcun calore. Restava solo una rigida forma, il cui ospite era fuggito verso le rive dell'immortalità".

[6] Ossia, abbandonare il corpo.

[7] Il guru di Lahiri Mahasaya, tuttora vivente (vedere il capitolo 33).

[8] In realtà, per gli iniziati ai livelli superiori del Kriya Yoga che seguono il sentiero della Self-Realization Fellowship, la tecnica usata da Pranabananda corrisponde alla iniziazione al Terzo Kriya Yoga. Quando Pranabananda l'apprese da Lahiri Mahasaya, la tecnica in questione era il 'secondo' Kriya che riceveva dallo *Yogavatar*. Il devoto che ha acquisito una perfetta padronanza di questa tecnica Kriya è in grado di abbandonare il corpo e tornarvi coscientemente in qualsiasi momento. Gli yogi progrediti usano questa tecnica Kriya durante l'uscita finale dal corpo al momento della morte, un momento che invariabilmente conoscono in precedenza.

I grandi yogi 'entrano ed escono' dall'occhio spirituale, la stella pranica che è la 'porta' di accesso alla salvezza. Cristo disse: "Io sono la porta: se uno entra attraverso di me, sarà salvo; entrerà e uscirà e troverà pascolo. Il ladro [*maya*, ovvero l'illusione] non viene se non per rubare, uccidere e distruggere; io [la Coscienza Cristica] sono venuto perché abbiano la vita e l'abbiano in abbondanza" (Giovanni 10, 9-10).

Yogoda Satsanga Branch Math

L'*ashram* della Yogoda Satsanga Society of India Branch Math, a Ranchi, fu fondato da Paramahansa Yogananda quando trasferì la sua scuola per ragazzi in questa località, nel 1918. Oggi il Branch Math assiste gli appartenenti alla YSS e diffonde gli insegnamenti del Kriya Yoga di Paramahansaji in tutta l'India. Oltre alle sue attività spirituali, questo centro sostiene numerose istituzioni educative e un dispensario medico per i poveri.

Quando Sanandan concluse il suo racconto, pensai: "La morte del beato 'santo dai due corpi' è stata spettacolare come la sua vita!".

Domandai a Sanandan dove si sarebbe reincarnato Pranabananda.

"Ritengo questa informazione vincolata da una sacra promessa", mi rispose. "Non devo rivelarlo a nessuno. Forse potrai scoprirlo per altre vie".

Molto più tardi seppi da swami Keshabananda[9] che Pranabananda si era reincarnato e dopo alcuni anni si era recato a Badrinarayan nell'Himalaya, unendosi al gruppo di santi che vivono con il grande Babaji.

---

[9] Il mio incontro con Keshabananda è descritto nelle pagine 448-451.

Capitolo 28

Kashi rinato e ritrovato

"Per favore, non entrate in acqua. Per rinfrescarci, possiamo raccoglierne un po' con i nostri secchielli".

Mi rivolgevo ai giovani studenti di Ranchi con i quali mi ero recato a fare un'escursione di circa tredici chilometri su una collina vicina. Eravamo giunti in riva a un laghetto all'apparenza molto invitante, che però mi aveva subito ispirato una certa diffidenza. La maggior parte dei ragazzi cominciò a riempire i secchielli, ma alcuni cedettero alla tentazione di buttarsi in quelle acque rinfrescanti. Si erano appena tuffati, quando affiorarono dei grossi serpenti d'acqua, che cominciarono a dimenarsi intorno a loro. Che urla e che spruzzi! E che scena comica vedere i ragazzi che uscivano di gran carriera dal laghetto!

Arrivati a destinazione, ci ristorammo con un piacevole picnic sull'erba. Io mi sedetti sotto un albero attorniato dai ragazzi che, vedendomi particolarmente ispirato, cominciarono a subissarmi di domande.

"Per favore, signore, ditemi se resterò sempre con voi, sul sentiero della rinuncia", mi domandò un ragazzo.

"Oh, no!", risposi, "sarai costretto a tornare a casa, e in seguito ti sposerai".

Incredulo, il ragazzo protestò con veemenza: "Solo da morto mi potrebbero riportare a casa". (Ma pochi mesi più tardi vennero i genitori a riprenderselo, nonostante la sua resistenza e le sue lacrime, e alcuni anni dopo si sposò.)

Avevo già risposto a numerose domande, quando fu la volta di un ragazzo di nome Kashi. Aveva circa dodici anni, studiava con profitto ed era amato da tutti.

"Signore", mi domandò, "quale sarà il mio destino?".

"Morirai presto". Una forza irresistibile parve strapparmi di bocca quelle parole.

281

Autobiografia di uno Yogi

Questa rivelazione sconvolse e addolorò sia me sia i ragazzi. Rimproverandomi tacitamente un tale comportamento da *enfant terrible*, non volli più rispondere ad altre domande.

Tornati a scuola, Kashi venne nella mia stanza.

"Se morirò, mi cercherete quando rinascerò e mi riporterete sul sentiero spirituale?", mi chiese fra i singhiozzi.

Mi sentii costretto a rifiutare questo gravoso compito di natura esoterica, ma per molte settimane Kashi continuò a insistere con ostinazione. Alla fine, vedendolo sul punto di crollare dalla tensione, decisi di confortarlo.

"Sì", gli promisi. "Se il Padre Celeste mi concederà il Suo aiuto, farò il possibile per ritrovarti".

Durante le vacanze estive dovevo partire per un breve viaggio e mi rincresceva non poter portare Kashi con me. Prima di lasciare la scuola, lo chiamai nella mia stanza e gli raccomandai seriamente di non allontanarsi dalla scuola e dalle sue vibrazioni spirituali, senza lasciarsi dissuadere da nessuno. In qualche modo sentivo che se non fosse tornato a casa avrebbe potuto evitare la sventura che incombeva su di lui.

Ero appena partito quando arrivò a Ranchi il padre di Kashi. Per quindici giorni cercò di piegare la volontà del figlio, spiegandogli che se avesse accettato di andare a Calcutta a trovare la madre e di trattenersi a casa solo per quattro giorni, avrebbe poi potuto tornare a Ranchi. Ma Kashi continuava a opporre resistenza. Allora il padre minacciò di ricorrere alla polizia per riportarlo a casa: a quel punto Kashi, allarmato, non volendo essere causa di cattiva pubblicità per la scuola, si vide costretto a obbedire.

Ritornai a Ranchi pochi giorni dopo. Quando seppi in che modo Kashi era stato portato via, partii subito per Calcutta. Appena giunto presi una carrozza e, per una strana coincidenza, mentre la vettura attraversava il Gange sul ponte Howrah, le prime persone che vidi furono il padre di Kashi con alcuni parenti, vestiti a lutto. Gridai al cocchiere di fermarsi, saltai giù dalla carrozza e, raggiunto lo sventurato padre, lo fulminai con lo sguardo.

"Assassino!", furono le parole piuttosto irragionevoli con cui lo apostrofai a gran voce, "avete ucciso il mio ragazzo!".

Il padre si era già reso conto del male che aveva fatto portando Kashi a Calcutta contro la sua volontà. Durante i pochi giorni trascorsi a casa, il ragazzo aveva mangiato del cibo contaminato, aveva contratto il colera ed era morto.

L'affetto per Kashi e la promessa di ritrovarlo dopo la morte mi tormentavano giorno e notte. Ovunque andassi, il suo viso mi appariva dinanzi agli occhi. Diedi inizio a una memorabile ricerca, con lo stesso fervore con cui tanto tempo prima ero andato in cerca di mia madre dopo la sua morte.

Sentivo che, avendo ricevuto da Dio la facoltà della ragione, dovevo servirmene e impiegare al massimo ogni altra mia capacità per scoprire le leggi sottili che mi avrebbero permesso di trovare la dimora astrale del ragazzo. Kashi era un'anima vibrante di desideri inappagati, pensavo, una massa di luce che fluttuava fra milioni di anime luminose in qualche parte delle regioni astrali. Come potevo entrare in contatto con lui fra le tante luci palpitanti delle altre anime?

Facendo ricorso a una tecnica yoga segreta, inviai il mio amore all'anima di Kashi attraverso il 'microfono' dell'occhio spirituale, il punto interiore situato fra le sopracciglia.[1] Intuivo che Kashi sarebbe ritornato presto sulla terra e che, se continuavo a trasmettergli incessantemente il mio richiamo, la sua anima avrebbe risposto. Sapevo che il più lieve impulso inviato da Kashi sarebbe stato captato dai nervi delle mie dita, delle mie braccia e della mia spina dorsale.

Spesso, sollevando le mani e usandole come antenne, giravo parecchie volte su me stesso nel tentativo di captare qualche segnale da cui capire in quale direzione cercarlo; credevo che si fosse ormai reincarnato e che il suo corpo si trovasse allo stato di embrione. Speravo di ricevere da lui una risposta nella 'radio' del mio cuore, sintonizzata grazie alla concentrazione.

Per circa sei mesi dopo la morte di Kashi continuai a praticare con immutato fervore questa tecnica yoga. Un mattino, a Calcutta, mentre camminavo con alcuni amici nell'affollato quartiere Bowbazar, sollevai le mani nel gesto abituale. Per la prima volta percepii una risposta. Trasalii per l'emozione quando avvertii gli impulsi elettrici che si propagavano lungo le dita e le palme delle mie mani. Queste correnti si tradussero

---

[1] La volontà proiettata dal punto situato fra le sopracciglia è lo strumento *trasmittente* del pensiero. Concentrando quietamente le facoltà del sentimento o dell'emozione nel cuore, quest'ultimo può agire come una radio mentale che *riceve* i messaggi di altre persone, vicine o lontane. Nel caso della telepatia, le sottili vibrazioni trasmesse dai pensieri formulati dalla mente di una persona si propagano nelle impercettibili vibrazioni dell'etere astrale e poi nel più denso etere terreno, creando onde elettriche che, a loro volta, si trasformano in onde di pensiero nella mente di un'altra persona.

Autobiografia di uno Yogi

Kashi
Studente della scuola di Ranchi

in un unico pensiero travolgente, che scaturiva dal profondo della mia coscienza: "Sono Kashi; sono Kashi; venite!".

Mentre mi concentravo sulla radio del mio cuore, il pensiero divenne quasi udibile. Sentii la caratteristica voce, leggermente rauca, di Kashi[2] che sussurrava il suo appello più e più volte. Afferrai per il braccio uno dei miei compagni, Prokash Das, e gli sorrisi felice.

"Credo di aver capito dove si trova Kashi!".

Mi misi a girare ripetutamente su me stesso, con evidente divertimento dei miei amici e dei passanti. Gli impulsi elettrici vibravano nelle mie dita solo quando ero rivolto verso una stradina non lontana, chiamata, appropriatamente, 'Serpentine Lane'. Se mi rivolgevo in un'altra direzione le correnti astrali si interrompevano.

"Ah!", esclamai, "l'anima di Kashi deve trovarsi nel grembo di una madre che abita in questa strada".

[2] Ogni anima allo stato puro è onnisciente. Ricordando tutte le caratteristiche del giovane Kashi, la sua anima imitava la voce rauca del ragazzo per farsi riconoscere da me.

Kashi rinato e ritrovato

I miei compagni e io ci avvicinammo alla Serpentine Lane e allora le mie mani sollevate percepirono vibrazioni sempre più intense e più chiare. Come fossi attirato da una calamita, mi sentii sospinto verso il lato destro della strada. Giunto davanti alla porta di una casa, con mio grande stupore mi ritrovai come paralizzato. Bussai alla porta in uno stato di intensa eccitazione, trattenendo il respiro. Sentivo che la mia lunga e insolita ricerca stava per essere coronata dal successo!

Una domestica venne ad aprire la porta e mi informò che il padrone era in casa. Questi scese le scale e mi venne incontro, sorridendo con aria interrogativa. Io non sapevo come formulare la mia domanda, che era allo stesso tempo pertinente e impertinente.

"Per favore mi potreste dire, signore, se da circa sei mesi voi e vostra moglie siete in attesa di un bambino?".[3]

"Sì, è vero". Vedendo che ero uno swami, un rinunciante che indossava la tradizionale veste arancione, aggiunse educatamente: "Abbiate la cortesia di spiegarmi come siete a conoscenza delle mie faccende personali".

Quando seppe di Kashi e della mia promessa, l'uomo, pur molto sorpreso, credette alle mie parole.

"Avrete un figlio maschio e di carnagione chiara", gli dissi, "con il viso largo e un ciuffo ribelle sulla fronte. Sarà di indole spiccatamente

---

[3] Dopo la morte fisica molti esseri umani dimorano nel mondo astrale per cinquecento o mille anni. Tuttavia non esiste alcuna regola fissa che stabilisca quanto tempo debba intercorrere fra un'incarnazione e l'altra (vedere il capitolo 43). Il periodo di tempo concesso all'uomo nel corpo fisico o nel corpo astrale è predeterminato karmicamente.

La morte, come pure il sonno, 'la piccola morte', sono necessari per i mortali, in quanto permettono di liberare temporaneamente l'essere umano non illuminato dalle pastoie dei sensi. Poiché la natura più autentica dell'uomo è spirito, nel sonno e nella morte egli riacquista un vivificante ricordo della propria incorporeità.

Le Scritture induiste spiegano che la legge equilibratrice del karma è la legge dell'azione e della reazione, della causa e dell'effetto, della semina e del raccolto. La giustizia naturale (*rita*) opera in modo che ogni uomo, con i propri pensieri e le proprie azioni, sia l'artefice del proprio destino. Quali che siano le forze universali messe in azione da lui stesso, saggiamente o stoltamente, queste forze dovranno ritornare al punto di partenza, cioè a lui, come un cerchio che inesorabilmente si chiude. "Il mondo ci appare come un'equazione matematica che, da qualunque lato la si guardi, mostra inevitabilmente il suo equilibrio. Ogni segreto è svelato, ogni delitto punito, ogni virtù ricompensata, ogni torto riparato, silenziosamente e infallibilmente" (Emerson, *Compensation*). Comprendere che il karma è la legge di giustizia posta alla base delle disuguaglianze della vita, serve a liberare la mente umana dal risentimento nei confronti di Dio e degli uomini (vedere la nota alle pagine 190-191).

spirituale". Ero certo che il nascituro avrebbe avuto queste particolari affinità con Kashi.

Qualche tempo dopo andai a trovare il bambino, al quale i genitori avevano ridato il nome di Kashi. Pur essendo ancora piccolo, era evidente una straordinaria somiglianza con il mio caro studente di Ranchi. Il bimbo mostrò un immediato trasporto verso di me; l'attrazione del passato si risvegliava con raddoppiata intensità.

Anni dopo, quando già vivevo in America, il ragazzo, ormai adolescente, mi scrisse manifestandomi il profondo desiderio di seguire il sentiero della rinuncia. Gli suggerii di rivolgersi a un maestro dell'Himalaya, che accettò come discepolo il rinato Kashi.

Capitolo 29

Rabindranath Tagore e io confrontiamo le nostre scuole

"Rabindranath Tagore ci ha insegnato a considerare il canto una forma naturale di espressione e a usarlo con la stessa spontaneità degli uccelli".

Bhola Nath, un brillante studente di quattordici anni che frequentava la scuola di Ranchi, mi diede questa spiegazione quando un mattino gli feci i complimenti per il suo melodioso impeto canoro. Con o senza incoraggiamento, il ragazzo emetteva fiumi di note armoniose. In precedenza aveva frequentato la famosa scuola di Tagore, Santiniketan (Rifugio di pace), a Bolpur.

"Ho avuto sulle labbra i canti di Rabindranath fin dalla prima giovinezza", dissi al mio allievo. "Nel Bengala, tutti, compresi i contadini analfabeti, apprezzano l'incanto dei suoi nobili versi".

Tagore ha messo in musica migliaia di poesie indiane, alcune di sua composizione, altre di origine antica. Bhola e io cantammo insieme alcune delle sue melodie.

"Ho incontrato Rabindranath quando aveva da poco ricevuto il premio Nobel per la letteratura", dissi appena finimmo di cantare. "Andai a fargli visita spinto dall'ammirazione per il coraggio tutt'altro che diplomatico che aveva dimostrato liquidando i suoi critici letterari", aggiunsi con un risolino.

Bhola, incuriosito, mi chiese di raccontargli l'episodio.

"I letterati criticavano aspramente Tagore per aver introdotto un nuovo stile nella poesia bengali", cominciai. "Egli mescolava al linguaggio classico espressioni di uso comune, senza curarsi di tutti i vincoli stabiliti dalla tradizione, che sono tanto cari al cuore dei pandit. I suoi canti esprimono profonde verità filosofiche con parole

Rabindranath Tagore
Poeta del Bengala ricco di ispirazione e premio Nobel per la letteratura.

di grande potere suggestivo, ma senza troppo rispetto per le forme letterarie consentite.

"Un critico influente aveva espresso un giudizio malevolo su Rabindranath, definendolo 'un poeta-piccione che dava alle stampe il suo tubare in cambio di una rupia'. Ma per Tagore l'ora della vendetta stava per scoccare: appena tradusse in inglese il suo *Gitanjali* ('Offerta di canti'), ebbe l'intero mondo letterario occidentale ai suoi piedi. Allora, uno stuolo di pandit, compresi i suoi critici di un tempo, si recò a Santiniketan per congratularsi con lui.

"Rabindranath ricevette gli ospiti solo dopo averli volutamente costretti a una lunga attesa; poi ascoltò i loro complimenti in un silenzio impassibile. Infine, li attaccò servendosi della loro stessa arma abituale: la critica.

"'Signori', esclamò, 'il profumo degli onori che ora mi conferite si unisce ai fetidi miasmi del disprezzo del passato, formando una mistura alquanto inconciliabile. Esiste forse un rapporto fra l'onorificenza del premio Nobel che ho appena ricevuto e le vostre facoltà di giudizio, improvvisamente così acute? Io sono sempre quello stesso poeta che vi riuscì molto sgradito quando per la prima volta depose i suoi umili fiori nel santuario del Bengala'.

"I giornali riportarono un resoconto della coraggiosa lezione inflitta da Tagore. Io ammirai le franche parole di quest'uomo che non si lasciava sedurre dall'adulazione", continuai. "Andai a trovare Rabindranath a Calcutta; me lo presentò il suo segretario, C. F. Andrews,[1] che indossava un semplice *dhoti* bengalese e si rivolgeva affettuosamente a Tagore chiamandolo 'Gurudeva'.

"Rabindranath mi accolse con molta cortesia. Irradiava un'aura di fascino, di cultura ed eleganza. Quando gli chiesi di parlarmi della sua formazione letteraria, mi disse di essere stato influenzato principalmente dai nostri poemi epici religiosi e dalle opere di Vidyapati, un famoso poeta del quattordicesimo secolo".

Ispirato da questi ricordi, intonai un antico canto del Bengala, 'Accendi la lampada del tuo amore', nella versione elaborata da Tagore. Bhola si unì a me in un canto gioioso, mentre passeggiavamo nei giardini del Vidyalaya.

Circa due anni dopo la fondazione della scuola di Ranchi, Rabindranath mi invitò a Santiniketan per discutere insieme dei nostri ideali pedagogici. Lo andai a visitare molto volentieri. Trovai il poeta seduto nel suo studio; appena lo vidi, allora come pure in occasione del nostro primo incontro, pensai che incarnava stupendamente il più superbo modello di virilità che un pittore potesse desiderare. Il viso aristocratico, dai lineamenti perfetti, era incorniciato da lunghi capelli e da una barba fluente; aveva grandi occhi languidi, un sorriso angelico e una voce flautata, letteralmente incantevole. Vigoroso, alto e solenne, univa una sensibilità quasi femminile all'amabile spontaneità di un bambino. Nessuno poteva impersonare l'ideale del poeta più degnamente di questo dolce cantore.

Tagore e io ci immergemmo presto in un confronto analitico delle nostre scuole, entrambe fondate su basi non ortodosse. Scoprimmo molti aspetti comuni: le lezioni all'aria aperta, la semplicità, le ampie possibilità offerte alla creatività dei bambini. Rabindranath, d'altra parte, dava molto rilievo allo studio della letteratura e della poesia e alle

---

[1] Scrittore e giornalista inglese, intimo amico del Mahatma Gandhi, Andrews è molto stimato in India per i numerosi servigi resi alla sua patria d'adozione.

potenzialità espressive della musica e del canto, come avevo già notato nel caso di Bhola. Inoltre i ragazzi di Santiniketan, pur osservando periodi di silenzio, non ricevevano una particolare preparazione nella disciplina yoga.

Il poeta ascoltò con lusinghiera attenzione la mia descrizione degli esercizi di ricarica Yogoda e delle tecniche yoga di concentrazione insegnate a tutti gli allievi di Ranchi.

Tagore mi raccontò le sue prime difficili esperienze scolastiche. "Fuggii dalla scuola dopo il quinto anno", mi disse ridendo. Potevo capire facilmente come l'atmosfera tetra e il rigore di un'aula scolastica urtassero la sua innata sensibilità di poeta.

"Ecco perché ho voluto una scuola come Santiniketan, all'ombra degli alberi e sotto la magnificente bellezza del cielo". E, con un gesto eloquente, indicò un piccolo gruppo di allievi che studiava nel bellissimo giardino. "Un bambino si trova nel suo ambiente naturale tra i fiori e i canti degli uccelli; qui può manifestare più facilmente il tesoro nascosto delle sue doti personali. Una vera educazione non è qualcosa che si possa inculcare a forza dall'esterno, ma aiuta a portare in superficie l'infinito patrimonio della saggezza interiore".[2]

Mi dichiarai d'accordo con lui, e aggiunsi: "Nelle scuole tradizionali le inclinazioni dei giovani verso l'idealismo e il culto degli eroi muoiono d'inedia, costrette a una dieta a base di sole statistiche ed ere cronologiche".

Il poeta ricordò con affetto suo padre, Devendranath, che aveva ispirato la creazione di Santiniketan.

"Mio padre mi donò questa fertile terra, dove aveva già costruito una foresteria e un tempio", mi raccontò Rabindranath. "Nel 1901 cominciai qui il mio esperimento pedagogico, con dieci ragazzi soltanto. Le ottomila sterline ricevute con il premio Nobel sono servite tutte per le spese di manutenzione della scuola".

Il padre di Tagore, Devendranath, noto a tutti come 'Maharishi' (grande saggio), era un uomo eccezionale, come è facile capire dalla sua *Autobiografia*. In età matura trascorse due anni in meditazione sull'Himalaya; suo padre, Dwarkanath Tagore, era a sua volta celebre in

---

[2] "Poiché l'anima si è incarnata molte volte o, come dicono gli indù, 'ha percorso il sentiero dell'esistenza attraverso migliaia di nascite', non vi è nulla che essa non conosca; non ci si meravigli dunque che sia capace di ricordare quello che già sapeva. Sia per la ricerca sia per lo studio, la reminiscenza è tutto" (Emerson, *Uomini rappresentativi*).

Rabindranath Tagore e io confrontiamo le nostre scuole

tutto il Bengala per le munifiche opere di carità. Da questa stirpe illustre è discesa una famiglia di uomini geniali. Non solo Rabindranath, ma anche tutti i suoi parenti si sono distinti per le loro spiccate attitudini creative. I nipoti Gogonendra e Abanindra sono annoverati fra i migliori pittori[3] dell'India; il fratello Dwijendra fu un insigne e profondo filosofo, amato anche dagli uccelli e dalle creature dei boschi.

Rabindranath mi invitò a trattenermi per la notte nella casa degli ospiti. Quella sera rimasi affascinato dal quadretto offerto dal poeta seduto nel patio con un gruppo di allievi. Il tempo sembrava scorrere a ritroso: la scena che si presentava dinanzi ai miei occhi era quella di un antico eremitaggio, con il gioioso cantore circondato dai suoi devoti, tutti avvolti da un alone di amore divino. Tagore intesseva ogni rapporto di amicizia con fili di armonia. Non era mai autoritario: attirava e catturava il cuore altrui con il suo magnetismo irresistibile. Raro fiore di poesia sbocciato nel giardino del Signore, che conquistava gli altri con la sua naturale fragranza!

Con la sua voce melodiosa, Rabindranath ci lesse alcune mirabili poesie che aveva scritto di recente. La maggior parte dei suoi canti e dei suoi poemi drammatici sono nati a Santiniketan, composti per il diletto degli studenti. Per me la bellezza dei suoi versi risiede nell'arte di rivolgersi a Dio quasi in ogni strofa, pur pronunciando di rado il sacro Nome. "Inebriato dalla beatitudine del canto", egli ha scritto, "dimentico me stesso e chiamo amico Te, che sei il mio Signore".

Il giorno seguente, dopo pranzo, mi congedai a malincuore dal poeta. Sono lieto che la sua piccola scuola sia divenuta ora un'università internazionale, Visva-Bharati,[4] in cui gli studiosi di molti paesi trovano un ambiente ideale.

> "Dove la mente non conosce paura e ognuno tiene alta la testa;
> dove la conoscenza è libera;
> dove il mondo non conosce divisioni entro i confini di anguste mura domestiche;

---

[3] Anche Rabindranath, ormai sessantenne, intraprese seriamente lo studio della pittura. Alcuni anni fa le sue opere furono esposte in varie capitali europee e a New York.

[4] Sebbene l'amato poeta sia morto nel 1941, la sua istituzione Visva-Bharati è a tutt'oggi fiorente. Nel gennaio del 1950, sessantacinque insegnanti e studenti di Santiniketan trascorsero dieci giorni nella scuola Yogoda Satsanga di Ranchi. Il gruppo era guidato da Sri S. N. Ghosal, rettore del dipartimento scolastico di Visva-Bharati. Gli ospiti, con grande piacere degli studenti di Ranchi, rappresentarono il bellissimo poema drammatico di Rabindranath, *Pujarini*.

dove le parole sgorgano dai profondi recessi della verità;
dove un impegno instancabile tende le braccia verso la perfezione;
dove il limpido ruscello della ragione non si disperde nell'arido deserto sabbioso delle morte abitudini;
dove la mente è da Te sospinta verso sempre più vasti orizzonti di pensiero e d'azione;
sotto quel cielo di libertà, Padre mio, fa' che il mio Paese si risvegli!".[5]

Rabindranath Tagore

---

[5] Da: *Gitanjali*. Per uno studio accurato e profondo su Tagore si veda *The Philosophy of Rabindranath Tagore*, Macmillan, 1918, ad opera dell'insigne studioso Sir S. Radhakrishnan.

Capitolo 30

La legge dei miracoli

Il grande romanziere Leone Tolstoj[1] ha scritto un delizioso racconto, *I tre eremiti*, che il suo amico Nicholas Roerich ha riassunto come segue:
"Su un'isola vivevano tre vecchi eremiti. Erano tanto semplici che la loro unica preghiera era: 'Noi siamo tre, Tu sei Tre; abbi pietà di noi!'. Quando recitavano questa ingenua preghiera, avvenivano grandi miracoli.

"Il vescovo del luogo[2] venne a conoscenza dei tre eremiti e della loro inaccettabile preghiera e decise di andarli a trovare per insegnare loro le invocazioni canoniche. Giunto sull'isola, spiegò agli eremiti che la loro supplica al cielo non era dignitosa e insegnò loro molte preghiere tradizionali. Il vescovo ripartì quindi con un battello, ma poco dopo aver lasciato l'isola, notò una luce radiosa che seguiva l'imbarcazione. Quando la luce si avvicinò, scorse i tre eremiti che, tenendosi per mano, correvano sulle onde cercando di raggiungerlo.

"'Abbiamo dimenticato le preghiere che ci avete insegnato', gridarono appena raggiunsero il vescovo, 'e vi siamo corsi dietro perché ce le ripetiate'. Il vescovo, profondamente turbato, scosse la testa.

"'Miei cari', rispose umilmente, 'continuate con la vostra vecchia preghiera!'".

Come riuscirono i tre santi a camminare sull'acqua?

Come potè Cristo risuscitare il proprio corpo crocifisso?

Come facevano Lahiri Mahasaya e Sri Yukteswar a compiere i loro miracoli?

---

[1] Tolstoj condivideva molti ideali con il Mahatma Gandhi; i due uomini intrattennero una corrispondenza sul tema della non violenza. Tolstoj riteneva che l'insegnamento fondamentale di Cristo fosse di 'non opporsi al male' (con il male) (Matteo 5, 39); al male bisognerebbe 'opporsi' solo con il suo logico ed efficace contrario: il bene o l'amore.

[2] Sembra che il racconto abbia un fondamento storico; una nota editoriale ci informa che il vescovo incontrò i tre eremiti mentre era in navigazione da Arcangelo verso il monastero di Slovetsky, sulla foce del fiume Dvina.

La scienza moderna non è ancora in grado di rispondere a queste domande, sebbene con l'avvento dell'era atomica gli orizzonti della mente umana siano diventati improvvisamente più vasti. La parola 'impossibile' ricorre sempre meno nel nostro vocabolario.

Le Scritture vediche dichiarano che il mondo fisico è governato dall'unica e fondamentale legge di *maya*, il principio della relatività e della dualità. Dio, l'Unica Vita, è Unità Assoluta; per apparire nel creato sotto forma di manifestazioni distinte, indossa un velo ingannevole o irreale. Questo velo illusorio della dualità è *maya*.[3] Molte grandi scoperte scientifiche dei tempi moderni hanno confermato questo semplice principio enunciato dagli antichi *rishi*.

La legge del moto di Newton è una legge di *maya*: "Ad ogni azione corrisponde sempre una reazione uguale e contraria; le azioni reciproche di due corpi sono sempre uguali e di verso opposto". Azione e reazione sono quindi esattamente uguali. "Trovare una forza isolata è impossibile; deve esistere, ed esiste sempre, una coppia di forze uguali e contrarie".

Tutti i fenomeni naturali fondamentali rivelano la legge di *maya* da cui hanno origine. L'elettricità, per esempio, è un fenomeno di attrazione e repulsione; i suoi elettroni e i suoi protoni sono opposti elettrici. Un altro esempio: l'atomo, o particella ultima della materia, è un magnete, come la terra stessa, con un polo positivo e un polo negativo. L'intero mondo fenomenico è posto sotto l'ineluttabile dominio della polarità; non si è mai trovata alcuna legge della fisica, della chimica o di qualsiasi altra scienza che non sottostesse a princìpi costitutivi di natura opposta o contraria.

La fisica, dunque, non può formulare leggi al di fuori di *maya*, che è il vero fondamento e principio strutturale della creazione. La Natura stessa è *maya*; le scienze naturali devono necessariamente occuparsi della sua ineluttabile essenza. Nel suo regno, *maya* è eterna e inesauribile; gli scienziati del futuro non potranno fare altro che esaminare via via tutti gli aspetti della sua infinita diversità. La scienza si trova quindi in un divenire perpetuo, incapace di raggiungere certezze definitive; è in grado di scoprire le leggi di un cosmo già esistente e funzionante, ma non riesce a individuare l'Unico Artefice e Motore delle sue leggi. I grandiosi fenomeni causati dalla gravitazione e dall'elettricità sono

---

[3] Vedere la nota 10 a pagina 45 e la nota 3 a pagina 49.

ormai noti, ma nessun essere mortale sa che cosa siano la gravitazione e l'elettricità.[4]

Da millenni i profeti hanno assegnato al genere umano il compito di trascendere *maya*. Sollevarsi al di sopra della dualità del creato e percepire l'unità con il Creatore è stato sempre considerato il più alto traguardo dell'uomo. Coloro che restano immersi nell'illusione cosmica devono accettare la sua legge fondamentale della polarità: flusso e riflusso, ascesa e caduta, giorno e notte, piacere e dolore, bene e male, nascita e morte. Questa ciclicità comincia a presentare una certa angosciosa monotonia quando l'uomo ha già sperimentato migliaia di rinascite terrene; egli inizia allora a lanciare uno sguardo pieno di speranza oltre le coercizioni di *maya*.

Sollevare il velo di *maya* significa scoprire il segreto della creazione. Colui che in questo modo mette a nudo l'universo è l'unico vero monoteista. Tutti gli altri adorano immagini pagane. Finché l'uomo resterà succube delle illusioni dualistiche della Natura, *maya* dal volto di Giano sarà la sua dea, ed egli non potrà conoscere l'unico, vero Dio.

Maya, l'illusione del mondo, si manifesta nell'uomo come *avidya*, letteralmente 'non conoscenza', ignoranza, illusione. *Maya*, o *avidya*, non potrà mai essere sconfitta affidandosi a convinzioni o ad analisi intellettuali, ma solo raggiungendo lo stato interiore del *nirbikalpa samadhi*. I profeti dell'Antico Testamento e i veggenti di ogni paese e di ogni epoca hanno fatto le loro rivelazioni mentre si trovavano in questo stato di coscienza.

Ezechiele ha detto:[5] "Mi condusse allora verso la porta che guarda a oriente ed ecco che la gloria del Dio d'Israele giungeva dalla via orientale; e la sua voce era come il rumore di molte acque e la terra risplendeva della sua gloria". Attraverso l'occhio divino posto sulla fronte (oriente), la coscienza dello yogi veleggia verso l'onnipresenza mentre ode la Parola, l'*Om*, il suono divino di 'molte acque': le vibrazioni di luce che costituiscono l'unica realtà della creazione.

---

[4] Marconi, il grande inventore, ammise l'inadeguatezza della scienza dinanzi ai problemi ultimi e decisivi quando dichiarò: "L'incapacità della scienza di spiegare la vita è assoluta. Questo fatto sarebbe davvero spaventoso se non esistesse la fede. Il mistero della vita è certamente il problema più ricorrente e assillante che si sia mai presentato al pensiero dell'uomo".

[5] Ezechiele 43, 1-2.

Autobiografia di uno Yogi

Tra gli infiniti misteri dell'universo, il più straordinario è quello della luce. A differenza delle onde sonore, che per propagarsi richiedono l'aria o altri mezzi materiali di trasmissione, le onde della luce si propagano liberamente nel vuoto dello spazio interstellare. Perfino l'ipotesi che l'etere sia il mezzo interplanetario di trasmissione della luce, come supponeva la teoria ondulatoria, può ormai essere abbandonata in base all'assunto di Einstein per cui le proprietà geometriche dello spazio rendono superfluo il concetto di etere. Secondo ambedue le ipotesi, la luce resta comunque la manifestazione naturale più sottile e quella meno dipendente dalla materia.

Nelle grandiose concezioni di Einstein, la velocità della luce (circa 300.000 chilometri al secondo) svolge un ruolo cruciale nell'intera Teoria della relatività. Egli dimostra matematicamente che la velocità della luce è, restando nel contesto della limitata mente umana, l'unica costante in un universo in continuo fluire. Dall'unico 'assoluto' della velocità della luce dipendono tutti i modelli di riferimento umani riguardanti il tempo e lo spazio. Non astrattamente eterni, come sono stati considerati prima d'ora, il tempo e lo spazio sono fattori relativi e finiti, le cui misurazioni hanno validità solo in rapporto al termine di paragone della velocità della luce.

Unendosi allo spazio come relatività dimensionale, il tempo è ormai ridotto alla sua vera natura: l'essenza stessa dell'ambiguità. Tracciando le sue equazioni con pochi tratti di penna, Einstein ha bandito dall'universo ogni realtà immutabile, eccetto quella della luce.

In una successiva elaborazione più avanzata, la Teoria del campo unificato, il grande fisico racchiuse in un'unica formula matematica le leggi della gravitazione e dell'elettromagnetismo. Riducendo la struttura dell'universo a semplici variazioni di una sola legge, Einstein si è ricongiunto attraverso i secoli al pensiero dei *rishi*, i quali avevano affermato che il creato ha una struttura unica, quella multiforme di *maya*.[6]

Una impareggiabile teoria come quella della relatività ha gettato le basi per l'approccio matematico allo studio della particella ultima, l'atomo. Autorevoli scienziati affermano oggi arditamente che non solo

---

[6] Einstein era convinto che il rapporto fra le leggi dell'elettromagnetismo e quelle della gravità potesse essere espresso in una formula matematica (la Teoria del campo unificato), alla quale stava lavorando nel periodo in cui fu scritto questo libro. Einstein non visse abbastanza a lungo per portare a termine il suo lavoro, ma molti fisici oggi sono convinti come lui che questo rapporto sarà infine scoperto. (*Nota dell'editore*)

l'atomo è energia e non materia, ma che l'energia atomica è essenzialmente di natura mentale.

"L'aperto riconoscimento che la scienza fisica si occupa di un mondo fatto di ombre è uno dei progressi più significativi della scienza stessa", scrive Sir Arthur Stanley Eddington ne *La natura del mondo fisico*.[7] "Nel mondo della fisica assistiamo al dramma della vita quotidiana, proiettato in un gioco d'ombre. L'ombra del mio gomito è poggiata sul tavolo-ombra mentre l'inchiostro-ombra scorre sulla carta-ombra. Tutto è simbolico, e per i fisici rimane tale. Poi interviene la Mente alchimista che trasforma i simboli... In parole povere, la sostanza di cui è fatto il mondo è di natura mentale".

La recente invenzione del microscopio elettronico ci ha fornito la prova definitiva del fatto che gli atomi sono in essenza luce e che la natura non può sottrarsi al principio della dualità. Nel 1937, in occasione di un convegno dell'American Association for the Advancement of Science, è stata presentata una dimostrazione del funzionamento del microscopio elettronico; il *New York Times* ne ha pubblicato il resoconto che segue:

> La struttura cristallina del tungsteno, conosciuta finora solo indirettamente per mezzo dei raggi X, appariva nettamente delineata su uno schermo fluorescente, mostrando nove atomi disposti esattamente nel loro reticolo cristallino, un cubo, che presentava un atomo in ciascun angolo e uno al centro. Gli atomi situati nel reticolo cristallino del tungsteno apparivano sullo schermo fluorescente come punti luminosi, disposti secondo uno schema geometrico. Sullo sfondo di questo cubo luminoso si potevano osservare molecole di aria che emettevano le loro radiazioni e apparivano come punti luminosi danzanti, simili a riflessi del sole che sfavillano su acque in movimento.
>
> Il principio su cui si basa il microscopio elettronico fu scoperto per la prima volta nel 1927 dai dottori Clinton J. Davisson e Lester H. Germer dei Bell Telephone Laboratories di New York; i due fisici dimostrarono che l'elettrone ha una doppia personalità, in quanto presenta allo stesso tempo le caratteristiche di una particella e quelle di un'onda.[8] La sua natura di onda conferisce all'elettrone le proprietà della luce. Iniziarono così degli studi volti all'invenzione di strumenti in grado di 'mettere a fuoco' gli elettroni nella stessa maniera in cui si mette a fuoco la luce per mezzo di una lente.
>
> Per questa scoperta della doppia natura dell'elettrone, simile a una sorta di 'Dottor Jekyll-Mister Hyde', che ha dimostrato come l'intero

---

[7] Laterza, Bari, 1987.
[8] Ossia di materia ed energia insieme.

regno della natura fisica abbia una doppia personalità, Davisson ricevette il premio Nobel per la fisica.

"Il flusso della conoscenza", scrive Sir James Jeans ne *L'universo misterioso*[9] "si dirige verso una realtà non meccanicista; l'universo comincia ad apparire più come un grande pensiero che come una grande macchina".

La scienza del ventesimo secolo sembra dunque simile a una pagina degli antichi *Veda*.

Dalla scienza, allora, se così dev'essere, l'uomo apprenda la verità filosofica che non esiste un universo materiale; il suo ordito e la sua trama sono *maya*, l'illusione. A un'attenta analisi tutti i suoi miraggi di realtà si dissolvono. Quando i rassicuranti pilastri che sostengono l'universo fisico crollano a uno a uno sotto di lui, l'essere umano comincia vagamente a percepire la natura idolatrica di ciò su cui fonda le proprie certezze e si rende conto di trasgredire il divino comandamento: "Non avrai altro Dio al di fuori di Me".[10]

Nella famosa equazione che stabilisce l'equivalenza tra massa ed energia, Einstein dimostrò che l'energia di ogni particella di materia è uguale al prodotto della sua massa per il quadrato della velocità della luce. L'energia atomica si sprigiona annientando le particelle di materia. La 'morte' della materia ha segnato la nascita dell'era atomica.

La velocità della luce è una costante matematica, non perché circa 300.000 chilometri al secondo costituiscano un valore assoluto, ma perché nessun corpo materiale, la cui massa aumenta con la velocità, potrà mai raggiungere la velocità della luce. In altre parole, solo un corpo materiale la cui massa sia infinita potrebbe uguagliare la velocità della luce.

Questo concetto ci porta alla legge dei miracoli.

I maestri che hanno la facoltà di materializzare e smaterializzare il proprio corpo e altri oggetti, di muoversi alla velocità della luce e servirsi dei raggi creativi della luce per rendere istantaneamente visibile qualsiasi manifestazione fisica, hanno soddisfatto la condizione posta da questa legge della fisica: la loro massa è infinita.

La coscienza di uno yogi che ha raggiunto la perfezione si identifica spontaneamente non con un corpo limitato ma con l'intero universo.

---

[9] Treves, Milano, 1934.
[10] Esodo 20, 3.

La legge dei miracoli

La gravitazione, si tratti della 'forza' di Newton o della 'manifestazione dell'inerzia' di Einstein, non ha il potere di *costringere* un maestro a esibire la proprietà del peso, che è la condizione distintiva gravitazionale di tutti gli oggetti materiali. Colui che sa di essere lo Spirito onnipresente non è più soggetto alle rigide leggi che limitano il corpo nel tempo e nello spazio. I 'recinti invalicabili' che lo imprigionavano hanno ceduto dinanzi alla risolutiva affermazione: "Io sono Lui".

"Sia la luce! E la luce fu".[11] Nella creazione dell'universo, il primo comando divino diede origine all'essenza di ogni entità: la luce. Ogni manifestazione di Dio si realizza attraverso i raggi di questo mezzo immateriale. I devoti di tutti i tempi hanno testimoniato che Dio appare come fuoco e luce. "Aveva gli occhi fiammeggianti come fuoco", dice san Giovanni, "… e il suo volto somigliava al sole quando splende in tutta la sua forza".[12]

Lo yogi che, meditando in modo esemplare, ha unito la propria coscienza al Creatore percepisce l'essenza dell'universo come luce (vibrazioni di energia vitale); per lui non esiste differenza tra i raggi di luce che compongono l'acqua e quelli che compongono la terra. Libero dalla coscienza della materia, libero dalle tre dimensioni dello spazio e dalla quarta dimensione del tempo, un maestro trasferisce con uguale facilità il proprio corpo di luce oltre o attraverso i raggi di luce della terra, dell'acqua, del fuoco e dell'aria.

"Se dunque il tuo occhio è singolo, tutto il tuo corpo sarà *pieno di luce*".[13] Concentrandosi a lungo sull'occhio spirituale, che conduce alla liberazione, lo yogi diviene capace di distruggere ogni illusione relativa alla materia e al suo peso gravitazionale e di vedere l'universo così come il Signore lo ha creato: una massa di luce dall'essenza indifferenziata.

"Le immagini ottiche", afferma il dottor L. T. Troland di Harvard, "si basano sullo stesso principio delle comuni incisioni a 'mezzatinta', cioè sono costituite di minutissimi tratti o puntini, troppo piccoli per essere scorti a occhio nudo. La sensibilità della retina è così elevata che per produrre una sensazione visiva sono necessari pochi quanti del giusto tipo di luce".

---

[11] Genesi 1, 3.
[12] Apocalisse 1, 14-16.
[13] Matteo 6, 22.

Chiunque abbia compreso che l'essenza della creazione è luce può far agire la legge dei miracoli. Un maestro è in grado di utilizzare la propria divina conoscenza dei fenomeni della luce per proiettare istantaneamente in una manifestazione percettibile gli onnipresenti atomi della luce. La forma effettiva che questa proiezione assumerà (qualunque essa sia: un albero, un medicinale, un corpo umano) è determinata da ciò che lo yogi desidera realizzare e dalla sua forza di volontà e capacità di visualizzazione.

Di notte l'essere umano entra nello stato di coscienza del sogno e sfugge alle ingannevoli limitazioni dell'ego che di giorno lo tengono prigioniero. Nel sonno egli ha ripetutamente la dimostrazione dell'onnipotenza della sua mente. In sogno, ecco apparirgli amici scomparsi da tempo, continenti lontanissimi, episodi dell'infanzia ormai sepolti nella memoria.

Quello stato di coscienza libero e incondizionato che tutti sperimentano in alcuni sogni, sia pure per breve tempo, è lo stato mentale perenne in cui si trova un maestro in sintonia con Dio. Non essendo spinto da motivi personali e impiegando la volontà creativa donatagli dal Creatore, lo yogi riorganizza gli atomi di luce dell'universo per esaudire qualunque preghiera sincera di un devoto.

"E Dio disse: 'Facciamo l'uomo a nostra immagine, a nostra somiglianza, e domini sui pesci del mare e sugli uccelli del cielo, sul bestiame, su tutte le bestie selvatiche e su tutti i rettili che strisciano sulla terra".[14]

A questo fine furono creati l'uomo e l'universo: affinché l'uomo si elevasse fino a dominare *maya*, consapevole della propria sovranità sul cosmo.

Nel 1915, poco tempo dopo essere entrato nell'Ordine degli swami, ebbi una strana visione, che mi permise di comprendere la relatività della coscienza umana e di percepire chiaramente l'unità della Luce Eterna che si cela dietro le dolorose dualità di *maya*. La visione mi apparve una mattina mentre ero seduto nel mio piccolo attico a casa di mio padre, in Garpar Road. Da mesi infuriava in Europa la Prima guerra mondiale, e io riflettevo tristemente su quell'immenso tributo richiesto dalla morte.

Quando chiusi gli occhi per meditare, la mia coscienza trasmigrò all'improvviso nel corpo di un capitano al comando di una nave da guerra. Il fragore dei colpi fendeva l'aria nello scontro fra le batterie

---

[14] Genesi 1, 26.

La legge dei miracoli

della costa e i cannoni di bordo. Un'enorme granata colpì il deposito di munizioni e sventrò la mia nave. Mi gettai in acqua insieme ai pochi marinai sopravvissuti all'esplosione.

Con il cuore in tumulto raggiunsi la riva sano e salvo. Ma ahimè, un proiettile vagante terminò il suo rapido volo nel mio petto. Caddi a terra gemendo. Avevo tutto il corpo paralizzato, eppure ero cosciente di possederlo, come si è coscienti di possedere una gamba 'addormentata'.

"Alla fine i misteriosi passi della morte mi hanno raggiunto", pensai. Con un ultimo sospiro stavo per sprofondare nell'incoscienza, quand'ecco mi ritrovai seduto nella posizione del loto nella mia camera di Garpar Road.

Proruppi in un pianto nervoso, mentre pieno di gioia tastavo e pizzicavo il mio ritrovato bene: un corpo senza il foro di un proiettile in mezzo al petto. Mi dondolai avanti e indietro, inspirando ed espirando per assicurarmi di essere vivo. Ma mentre mi felicitavo con me stesso, mi accorsi che la mia coscienza era ritornata nuovamente nel corpo del capitano morto sulla spiaggia insanguinata. Un'assoluta confusione mentale si impadronì di me.

"Signore", supplicai, "sono vivo o morto?".

Un abbagliante gioco di luci si diffuse per tutto l'orizzonte. Una vibrazione sonora simile a un sommesso rombare modulò queste parole:

"Che cosa hanno a che fare la vita e la morte con la luce? A immagine della Mia luce Io ti ho creato. Le relatività della vita e della morte appartengono al sogno cosmico. Contempla il tuo vero essere, che è senza sogni! Destati, figlio Mio, destati!".

Per favorire il graduale risveglio dell'uomo, il Signore ispira gli scienziati a scoprire, nei tempi e nei luoghi opportuni, i segreti della Sua creazione. Molte scoperte moderne aiutano l'umanità a comprendere che l'universo è la multiforme manifestazione di un'unica energia, la luce, guidata dall'intelligenza divina. Il cinema, la radio, la televisione, il radar, la cellula fotoelettrica (il sorprendente 'occhio elettrico'), l'energia atomica, queste meraviglie si fondano tutte sul fenomeno elettromagnetico della luce.

L'arte cinematografica può rappresentare qualsiasi miracolo. Dal punto di vista della spettacolarità visiva, nessun prodigio è precluso ai trucchi fotografici. Un uomo può apparire come un trasparente corpo astrale che si distacca dalla sua densa forma fisica, può camminare sull'acqua, risuscitare i morti, invertire il corso naturale degli eventi e sconvolgere le dimensioni del tempo e dello spazio. L'esperto può montare come desidera le immagini fotografiche, compiendo prodigi ottici simili a quelli che un vero maestro crea con i veri raggi di luce.

I film, con le loro realistiche immagini, illustrano molte verità riguardo alla creazione. Il Regista Cosmico ha scritto la sceneggiatura e ha convocato un immenso numero di attori per lo spettacolo dei secoli. Dall'oscura cabina di proiezione dell'eternità, Egli invia i Suoi raggi di luce sulle pellicole delle varie epoche, e le immagini vengono proiettate sullo schermo dello spazio.

Proprio come le immagini cinematografiche appaiono reali pur essendo soltanto combinazioni di luce e di ombra, così le varie manifestazioni dell'universo sono mere apparenze illusorie. Le sfere planetarie con le loro innumerevoli forme di vita altro non sono che immagini di un film cosmico. Temporaneamente reali per la percezione dei cinque sensi dell'uomo, queste scene fugaci sono proiettate dall'infinito raggio creativo sullo schermo della coscienza umana.

Al cinema, alzando lo sguardo, gli spettatori possono constatare che tutte le scene vengono proiettate sullo schermo per mezzo di un unico raggio di luce che non contiene in sé alcuna immagine. Allo stesso modo, il variopinto dramma universale scaturisce dall'unica candida luce della Sorgente Cosmica. Con un'abilità creativa inimmaginabile, Dio rappresenta un 'super-colossal' per i Suoi figli, rendendoli al tempo stesso attori e spettatori del Suo teatro planetario.

Un giorno andai al cinema per vedere un documentario sulla guerra in Europa. In Occidente si combatteva ancora la Prima guerra mondiale; il filmato mostrava la carneficina dei campi di battaglia con un tale realismo che uscii dalla sala con il cuore in tumulto.

"Signore", pregai, "perché permetti simili sofferenze?".

Con mia viva sorpresa mi giunse una risposta immediata, sotto forma di una visione dei veri campi di battaglia europei. La scena, con tutti quei morti e quei moribondi, superava di gran lunga in ferocia qualsiasi immagine del cinegiornale.

"Guarda attentamente!", disse interiormente una Voce soave alla mia coscienza. "Vedrai che queste scene che ora si svolgono in Francia non sono altro che un gioco di chiaroscuri. Fanno parte del film cosmico, tanto reale e tanto irreale quanto il notiziario cha hai appena visto: un dramma all'interno di un dramma".

La legge dei miracoli

Ma il mio cuore non trovava ancora conforto. La Voce Divina continuò: "La creazione è allo stesso tempo luce e ombra, altrimenti non sarebbe possibile percepire alcuna immagine. Il bene e il male di *maya* devono sempre avvicendarsi, prevalendo alternativamente l'uno sull'altro. Se in questo mondo si provasse una gioia perenne, l'uomo potrebbe mai desiderare un altro mondo? Probabilmente, se non esistesse la sofferenza, l'uomo si preoccuperebbe ben poco di ricordare che ha abbandonato la sua dimora eterna. Il dolore è uno sprone per ricordare. L'unica via di scampo è la saggezza. La tragedia della morte non è reale; coloro che tremano al suo cospetto sono come l'attore ignorante che muore di paura sul palcoscenico, quando gli sparano semplicemente con una pistola caricata a salve. I Miei figli sono creature di luce; non rimarranno per sempre immersi nel sonno dell'illusione".

Pur avendo letto nelle Scritture molte descrizioni di *maya*, non avevo tuttavia ricavato da questi passi quella profonda comprensione intuitiva che invece ho tratto dalle mie visioni e dalle confortanti parole che le accompagnavano. I valori di una persona cambiano profondamente quando infine si rende conto che il creato è solo una grandiosa proiezione cinematografica, e che la propria realtà si trova non in esso, ma al di là di esso.

Quando terminai di scrivere le pagine precedenti di questo capitolo, mi sedetti sul letto nella posizione del loto. La mia stanza[15] era appena illuminata dal tenue chiarore di due lampade velate. Sollevando lo sguardo, mi accorsi che il soffitto era punteggiato da piccole luci color senape, che scintillavano e palpitavano con una lucentezza simile a quella del radio; miriadi di raggi sottili, simili a una fitta pioggia, si unirono in un solo fascio trasparente e si riversarono silenziosamente su di me.

In quell'istante il mio corpo perdette la sua densità e si trasformò in sostanza astrale. Ebbi la sensazione di fluttuare quando, sfiorando appena il letto, il mio corpo senza peso si mise a oscillare leggermente ora a destra ora a sinistra. Volsi lo sguardo in giro per la stanza: i mobili e le pareti erano come sempre, ma la piccola massa di luce era cresciuta tanto che il soffitto non si vedeva più. Ero ammaliato da questa esperienza.

"Questo è il meccanismo del film cosmico", disse una Voce che sembrava provenire dalla luce stessa. "Diffondendo i suoi raggi sul

---

[15] Nell'eremitaggio della Self-Relization Fellowship a Encinitas, California. (*Nota dell'editore*)

bianco schermo delle lenzuola del tuo letto, produce l'immagine del tuo corpo. Guarda, la tua forma non è altro che luce!".

Osservai le mie braccia e le mossi avanti e indietro, eppure non ne sentivo il peso. Una gioia estatica mi travolse. Il cosmico stelo di luce che sbocciava formando il mio corpo sembrava una riproduzione divina dei raggi di luce che si diffondono dalla cabina di proiezione di una sala cinematografica e rendono visibili le immagini sullo schermo.

Per molto tempo osservai la proiezione del mio corpo nel teatro fiocamente illuminato della mia camera. Pur avendo avuto molte visioni, non ne ricordo nessuna più singolare di questa. Quando l'illusione di avere un corpo solido si fu completamente dissolta e giunsi a realizzare ancora più profondamente la verità che ogni oggetto è in essenza luce, alzai lo sguardo verso il palpitante flusso di vitatroni e implorai:

"Luce Divina, ti prego, dissolvi in Te questa umile immagine del mio corpo, così come Elia fu rapito in cielo in un carro di fuoco".[16]

---

[16] II Re 2, 11.

Di solito si ritiene che un 'miracolo' sia un effetto o un evento che non è soggetto ad alcuna legge, ovvero che trascende ogni legge. Ma nel nostro universo così meticolosamente ordinato, tutti gli eventi si compiono e si possono spiegare in base alle sue leggi. I cosiddetti poteri miracolosi di un grande maestro sono la conseguenza naturale della sua perfetta comprensione delle leggi sottili che operano nell'universo interiore della coscienza.

Nulla può veramente dirsi un 'miracolo' se non nel senso profondo per cui tutto è un miracolo. Ciascuno di noi è racchiuso in un corpo dalla struttura complessa ed è inviato su un pianeta che volteggia nello spazio fra le stelle: c'è qualcosa di più normale e al tempo stesso di più miracoloso?

I grandi profeti come Cristo e Lahiri Mahasaya di solito compiono molti miracoli. Tali maestri hanno una grande e difficile missione spirituale da compiere per l'umanità, e aiutare con i miracoli coloro che sono in difficoltà fa parte di questa missione (vedere la nota a pagina 242). Di fronte alle malattie incurabili e ai problemi insolubili dell'uomo sono necessari specifici comandi divini. Quando a Cafarnao un funzionario del re chiese al Cristo di guarirgli il figlio che stava morendo, Gesù rispose con amarezza: "Se non vedete segni e prodigi, voi non credete". Però aggiunse: "Va', tuo figlio vive" (Giovanni 4, 46-54).

In questo capitolo ho esposto l'interpretazione che i *Veda* danno di *maya*, il magico potere dell'illusione che sta alla base dei mondi fenomenici. La scienza occidentale ha già scoperto che una 'magia' d'irrealtà pervade la 'materia' atomica. Tuttavia non soltanto la Natura, ma anche l'uomo (nel suo aspetto mortale) è soggetto a *maya*, il principio della relatività, del contrasto, della dualità, dell'inversione, degli stati opposti.

Non si deve supporre che la verità su *Maya* sia stata compresa soltanto dai *rishi*. I profeti dell'Antico Testamento davano a *Maya* il nome di Satana (letteralmente, in ebraico, 'l'avversario'). Il Testamento greco usa, come equivalente di Satana, la parola *diabolos*, ossia diavolo. Satana o *Maya* è il Mago Cosmico che produce la molteplicità delle forme per nascondere l'Unica Verità senza forma. Nel piano e nel gioco (*lila*) di Dio, la sola funzione di Satana o *Maya* è quella di cercare di allontanare l'uomo dallo Spirito e di volgerlo verso la materia, di distoglierlo dalla Realtà per spingerlo verso l'irrealtà.

La legge dei miracoli

Questa preghiera era senza dubbio troppo ardita. Il raggio scomparve. Il mio corpo riprese il suo peso normale e ricadde sul letto; le mille luci abbaglianti del soffitto tremolarono e quindi svanirono. Evidentemente non era ancora giunto per me il momento di lasciare questa terra.

"Inoltre", pensai con filosofia, "il profeta Elia potrebbe non gradire la mia presunzione!".

Cristo descrive *maya* immaginandola come un diavolo, un assassino e un mentitore. "Il diavolo... è stato omicida fin da principio e non ha perseverato nella verità, perché non vi è verità in lui. Quando dice il falso, parla del suo, perché è menzognero e padre della menzogna" (Giovanni 8, 44).

"Il diavolo è peccatore fin dal principio. Ora il Figlio di Dio è apparso per distruggere le opere del diavolo" (I Lettera di Giovanni 3, 8). In altre parole, la Coscienza Cristica che si manifesta nell'essere umano distrugge senza sforzo le illusioni, ossia le 'opere del diavolo'.

Maya esiste 'dal principio', a causa della sua immanenza nei mondi fenomenici. Questi sono in un continuo divenire, in antitesi con l'Immutabilità Divina.

Capitolo 31

Un incontro con la madre santa

"Reverenda madre, da bambino sono stato battezzato da vostro marito, il grande profeta, il guru dei miei genitori e del mio stesso guru, Sri Yukteswarji. Mi concederete, quindi, il privilegio di conoscere alcuni episodi della vostra santa vita?".

Con queste parole mi rivolgevo a Srimati Kashi Moni, colei che era vissuta al fianco di Lahiri Mahasaya. Trovandomi a Benares per un breve soggiorno, ero andato a visitare la venerabile signora, appagando così un desiderio che avevo da tempo.

Kashi Moni mi accolse molto amabilmente nella casa di famiglia dei Lahiri, situata nel quartiere Garudeswar Mohulla di Benares. Sebbene anziana, mostrava la freschezza e la grazia di un fiore di loto ed emanava un profumo tutto spirituale. Aveva corporatura media, carnagione chiara, un collo esile e grandi occhi luminosi.

"Figliolo, sei il benvenuto. Vieni pure di sopra".

Kashi Moni mi condusse in una stanza molto piccola, che per qualche tempo era stata la camera dei due coniugi. Mi sentii onorato di trovarmi nel santuario in cui l'impareggiabile maestro aveva accondisceso a svolgere il suo ruolo nel dramma umano del matrimonio. L'amabile signora mi fece segno di sedermi su un cuscino, accanto a lei.

"Trascorsero diversi anni prima che mi rendessi conto della levatura spirituale di mio marito", cominciò a raccontare. "Una notte, proprio in questa stanza, feci un sogno molto vivido. Angeli gloriosi si libravano con grazia indescrivibile sopra di me. Quelle immagini erano talmente verosimili che tutt'a un tratto mi svegliai e mi accorsi che stranamente la camera era inondata da una luce abbagliante.

"Mio marito, seduto nella posizione del loto, levitava al centro della stanza, circondato dagli angeli che, con nobile dignità, lo veneravano a mani giunte.

"Sorpresa oltre ogni dire, ero convinta di stare ancora sognando.

"'Donna', disse Lahiri Mahasaya, 'non stai sognando. Rinuncia per sempre al tuo sonno'. Mentre discendeva lentamente al suolo, mi prostrai ai suoi piedi.

"'Maestro', esclamai, 'io mi inchino ripetutamente dinanzi a te! Vorrai perdonarmi per averti considerato mio marito? Muoio di vergogna perché mi rendo conto che sono rimasta assopita nell'ignoranza accanto a un essere divinamente desto. Da questa notte in poi tu non sarai più mio marito, ma il mio guru. Vuoi accettare questa insignificante creatura come tua discepola?'.[1]

"Il maestro mi toccò lievemente. 'Anima benedetta, alzati. Sei accettata'. Indicandomi gli angeli disse: 'Ti prego di inchinarti dinanzi a ciascuno di questi santi celestiali'.

"Quando ebbi compiuto le mie umili genuflessioni, le voci angeliche risuonarono insieme, come il coro di un antico testo sacro.

"'Sposa di questo Essere Divino, tu sei benedetta. Noi ti rendiamo omaggio', dissero inchinandosi ai miei piedi; poi, all'improvviso, quelle fulgide forme svanirono e la stanza piombò nell'oscurità.

"Il mio guru mi chiese di ricevere l'iniziazione al Kriya Yoga.

"'Certamente', risposi. 'Mi dispiace di non aver ricevuto questa benedizione prima nella mia vita'.

"'I tempi non erano maturi'. Lahiri Mahasaya mi rivolse un sorriso consolante. 'Ti ho segretamente aiutato a consumare gran parte del tuo karma. Ora sei pronta e ricettiva'.

"Mi toccò la fronte e apparvero turbinanti masse di luce il cui fulgore a poco a poco prese la forma di un occhio spirituale di color azzurro opalino, circondato da un alone d'oro, con al centro una stella bianca a cinque punte.

"'Fai penetrare la tua coscienza nella stella, oltrepassala ed entra nel regno dell'Infinito'. Nella voce del mio guru vibrava una nota nuova, dolce come una musica lontana.

"Allora ebbi una visione dopo l'altra: come onde sulle rive dell'oceano, queste immagini si frangevano sui lidi della mia anima, e gli sferici scenari si fusero infine in un mare di gioia infinita. Mi abbandonai completamente a ondate sempre più travolgenti di beatitudine. Quando, molte ore dopo, tornai ad essere cosciente del mondo circostante, il maestro mi impartì la tecnica del Kriya Yoga.

---

[1] "Lui per Dio soltanto, lei per Dio in lui". John Milton.

"Da quella notte in poi Lahiri Mahasaya non dormì più nella mia camera. Né da allora dormì più. Rimase con i suoi discepoli nel soggiorno al pianterreno, giorno e notte".

La venerabile signora tacque. Consapevole dell'unicità del rapporto che la legava al sublime yogi, osai infine chiederle di narrarmi qualche altro suo ricordo.

"Figliolo, sei insaziabile. Ma ti racconterò un altro episodio". Sorrise timidamente. "Ti confesserò un peccato che ho commesso nei confronti del mio guru e marito. Alcuni mesi dopo l'iniziazione, cominciai a sentirmi trascurata e abbandonata. Una mattina Lahiri Mahasaya entrò in questa cameretta per prendere qualcosa e io lo seguii senza indugio. In preda all'illusione, lo apostrofai duramente.

"'Passi tutto il tuo tempo con i discepoli. Che ne è delle responsabilità verso tua moglie e i tuoi figli? Devo constatare con rammarico che non ti adoperi in alcun modo per procurare alla famiglia un po' più di denaro'.

"Il maestro mi fissò per un istante e poi d'un tratto scomparve. Meravigliata e impaurita, udii una voce risuonare da ogni parte della camera:

"'Non vedi che tutto è nulla? Come potrebbe una nullità come me procurarti delle ricchezze?'.

"'Guruji', implorai, 'ti chiedo mille volte perdono! I miei occhi di peccatrice non possono più vederti; ti supplico, appari di nuovo nella tua sacra forma'.

"'Sono qui, udii rispondere dall'alto. Alzai lo sguardo e vidi il maestro materializzarsi nell'aria, con la testa che toccava il soffitto. Gli occhi erano simili a fiamme abbaglianti. Fuori di me dalla paura, appena ridiscese tranquillamente al suolo caddi singhiozzando ai suoi piedi'.

"'Donna', disse, 'cerca la ricchezza divina e non i miseri orpelli terreni. Una volta acquisito il tesoro interiore, ti accorgerai che quanto occorre per la vita materiale è sempre a portata di mano'. E aggiunse: 'Uno dei miei figli spirituali provvederà a te'.

"Naturalmente le parole del mio guru si avverarono; un discepolo infatti lasciò una somma considerevole alla nostra famiglia".

Ringraziai Kashi Moni per aver condiviso con me i suoi straordinari ricordi.[2] Il giorno seguente tornai a casa sua e trascorsi piacevolmente

---

[2] La venerabile madre si spense a Benares il 25 marzo del 1930.

diverse ore discutendo di filosofia con Tincouri e Ducouri Lahiri. Questi due santi figli del grande yogi indiano seguivano fedelmente il cammino ideale da lui tracciato. Entrambi erano di carnagione chiara, alti, robusti, con la barba folta, una voce gentile e le amabili maniere dei tempi andati.

La moglie di Lahiri Mahasaya non era l'unica donna tra i suoi discepoli; se ne contavano anzi centinaia, fra cui anche mia madre. Accadde che una di loro chiedesse al guru una sua fotografia. Egli l'accontentò e porgendogliela aggiunse: "Se la consideri una protezione, allora sarà tale; altrimenti sarà solo un ritratto".

Qualche giorno dopo, questa donna e la nuora di Lahiri Mahasaya stavano studiando la Bhagavad Gita sedute a un tavolo dietro al quale, appesa al muro, si trovava la fotografia del guru. All'improvviso scoppiò una violenta tempesta di fulmini.

"Lahiri Mahasaya, proteggici!", esclamarono le due donne inchinandosi dinanzi al ritratto. Un fulmine colpì il libro sul tavolo, ma le due discepole rimasero illese.

"Mi sono sentita come avvolta da un sottile strato di ghiaccio che mi proteggeva da quel calore bruciante", raccontò la *cela*.

Lahiri Mahasaya compì due miracoli per un'altra sua discepola, Abhoya. Un giorno Abhoya e il marito, un avvocato di Calcutta, si accingevano ad andare a trovare il guru a Benares ma, a causa del traffico intenso, la loro carrozza giunse in ritardo a Howrah, la stazione ferroviaria principale di Calcutta, proprio mentre fischiava il treno per Benares, ormai in partenza.

Abhoya, che si trovava nei pressi della biglietteria, rimase tranquilla.

"Lahiri Mahasaya, vi supplico di fermare il treno!", pregò in cuor suo. "Non posso sopportare il tormento di dover attendere un altro giorno prima di vedervi".

Il treno sbuffava e le ruote continuavano a girare, ma non riuscivano ad avanzare di un millimetro. Il macchinista e i passeggeri scesero sulla banchina per osservare il fenomeno. Una guardia ferroviaria inglese si avvicinò ad Abhoya e a suo marito e, cosa assolutamente senza precedenti, offrì loro i suoi servigi. "Babu", disse, "datemi il denaro, vi comprerò i biglietti mentre salite sul treno".

Appena la coppia si sedette ed ebbe in mano i biglietti, il treno cominciò lentamente a muoversi. Presi dal panico, il macchinista e i passeggeri risalirono a prendere posto, senza sapere né perché il treno si fosse rimesso in moto né perché prima si fosse fermato.

Quando la coppia giunse a casa di Lahiri Mahasaya a Benares, Abhoya si prostrò in silenzio dinanzi al maestro e cercò di toccargli i piedi.

"Cerca di controllarti, Abhoya", le disse lui. "Quanto ti piace importunarmi! Come se tu non avessi potuto aspettare il treno successivo per arrivare qui!".

Abhoya si recò da Lahiri Mahasaya in un'altra memorabile occasione. Questa volta desiderava la sua intercessione non per un treno, ma per una... cicogna!

"Vi prego di benedirmi, affinché il mio nono figlio resti in vita", disse. "Ho dato alla luce otto bambini, ma sono morti tutti appena nati".

Il maestro sorrise compassionevole. "Il figlio che sta per nascere vivrà. Segui scrupolosamente le mie istruzioni. Sarà una bambina e nascerà di notte. Fai in modo che la lampada a olio rimanga accesa fino all'alba. Non addormentarti, lasciando che il lume si spenga".

Abhoya diede alla luce una bambina, di notte, proprio come aveva predetto il guru onnisciente. La madre raccomandò alla balia di controllare che la lampada fosse sempre piena d'olio. Le due donne vegliarono con grande zelo fino alle prime ore del mattino, ma alla fine si addormentarono. La lampada stava quasi per spegnersi e la luce tremolava fiocamente, quando la porta della camera da letto si spalancò con fragore. Le due donne trasalirono e si svegliarono. Ai loro occhi stupefatti apparve la figura di Lahiri Mahasaya.

"Abhoya, guarda, la luce è quasi spenta!", disse il guru indicando la lampada, e la balia si affrettò ad alimentarla di nuovo. Appena la fiamma riprese ad ardere luminosa, il maestro scomparve. La porta si chiuse e il paletto fu tirato da mani invisibili.

La nona creatura messa al mondo da Abhoya rimase in vita; nel 1935, quando domandai sue notizie, appresi che era ancora viva.

Uno dei discepoli di Lahiri Mahasaya, il venerabile Kali Kumar Roy, che trascorse parte della sua vita al fianco del maestro, mi narrò molti episodi affascinanti su di lui.

"Spesso ero suo ospite a Benares per intere settimane", mi raccontò Roy. "Notai che molti venerabili personaggi, gli swami *dandi*,[3] giungevano nella quiete della notte per sedersi ai piedi del guru. A volte si

---

[3] Appartenenti a un particolare Ordine di monaci che portano un bastone di bambù (*danda*), simbolo del *Brahma-Danda* ('Bastone di Brahma'), la colonna vertebrale dell'uomo. Il risveglio dei sette centri cerebrospinali costituisce il vero sentiero verso l'Infinito.

impegnavano in dissertazioni su argomenti filosofici o sulla meditazione. All'alba gli illustri ospiti se ne andavano. Durante le mie visite mi accorsi che Lahiri Mahasaya non andò a dormire neppure una volta".

"Nei primi tempi in cui frequentavo il maestro", continuò Roy, "dovetti lottare contro l'opposizione del mio principale, che era un inguaribile materialista.

"'Non voglio fanatici religiosi tra i miei impiegati', affermava con aria beffarda. 'Se mai incontrerò quel ciarlatano del tuo guru, gli dirò qualcosa che non dimenticherà'.

"Questa minaccia non mi impedì di continuare a comportarmi come sempre; trascorrevo, infatti, quasi ogni sera con il mio guru. Una volta il principale mi seguì a casa del maestro e fece irruzione nel soggiorno. Senza dubbio era ben deciso a lanciare le invettive che aveva preannunciato. Non appena si sedette, Lahiri Mahasaya si rivolse a tutti i discepoli presenti, che erano circa una dozzina.

"'Vi piacerebbe vedere una scena?'.

"Noi annuimmo, ed egli ci chiese di oscurare la stanza. 'Sedetevi in circolo l'uno dietro l'altro', disse, 'e con le mani coprite gli occhi della persona che vi sta davanti'.

"Non fui sorpreso di constatare che anche il mio principale, se pur malvolentieri, seguiva le istruzioni del maestro. Dopo pochi istanti Lahiri Mahasaya ci chiese di riferire che cosa vedevamo.

"'Signore', risposi, 'vedo una donna bellissima. Indossa un *sari* bordato di rosso e si trova accanto a una pianta d'orecchio di elefante'. Tutti gli altri discepoli fecero la stessa descrizione. Il maestro si rivolse infine al mio superiore. 'Riconoscete quella donna?'.

"'Sì'. L'uomo lottava in modo evidente con emozioni nuove per la sua natura. 'Sono stato un folle a spendere il mio denaro per lei, pur avendo una brava moglie. E mi vergogno dei motivi che mi hanno condotto qui. Volete perdonarmi e accogliermi come vostro discepolo?'.

"'Se per sei mesi condurrai una vita moralmente irreprensibile, ti accetterò'. E il maestro aggiunse: 'Altrimenti non avrò motivo di iniziarti'.

"Per tre mesi il mio principale resistette alla tentazione, ma poi riprese la sua relazione con la donna. Due mesi dopo, morì. Compresi allora la velata profezia del mio guru sull'improbabile iniziazione di quell'uomo".

Lahiri Mahasaya aveva un amico molto famoso, swami Trailanga, che si riteneva avesse più di trecento anni. I due yogi meditavano spesso insieme. La fama di Trailanga era tale che pochi indù metterebbero in dubbio l'autenticità di qualsiasi racconto riguardo ai suoi stupefacenti miracoli. Se Cristo tornasse sulla terra e camminasse per le strade di New York manifestando i suoi poteri divini, susciterebbe lo stesso timore reverenziale che incuteva Trailanga decine di anni fa, quando percorreva le affollate vie di Benares. Egli era uno di quei *siddha* (esseri perfetti) che hanno reso l'India granitica, preservandola dall'erosione del tempo.

In molte occasioni lo swami fu visto bere i veleni più letali senza subirne alcun danno. Migliaia di persone, alcune delle quali tuttora viventi, hanno visto Trailanga fluttuare sul Gange. Restava seduto per giorni interi sulla superficie dell'acqua, oppure immerso per lunghi periodi sotto le onde. Uno spettacolo abituale al Manikarnika *ghat* era quello dello swami seduto immobile sulle lastre di pietra roventi, con il corpo completamente esposto all'inclemente sole indiano.

Con questi prodigi Trailanga cercava di insegnare agli uomini che la loro vita non dipende dall'ossigeno o da particolari condizioni e precauzioni. Sia che fosse sull'acqua o sotto l'acqua, sia che sfidasse con il proprio corpo gli spietati raggi del sole, il grande maestro dimostrava che la sua vita dipendeva direttamente dalla coscienza divina: la morte non poteva toccarlo.

Lo yogi era grande non solo spiritualmente, ma anche fisicamente. Il suo peso era di circa 140 chili: quasi mezzo chilo per ogni anno della sua vita! Poiché mangiava assai raramente, il mistero era anche più grande. Ma un maestro può facilmente ignorare tutte le comuni regole di una vita sana, quando desidera ignorarle per qualche motivo particolare, che spesso lui solo conosce.

I grandi santi che si sono destati dal sogno cosmico di *maya* e hanno compreso che questo mondo è un'idea della Mente Divina, possono disporre come vogliono del proprio corpo, consapevoli che è solo una forma di energia condensata o congelata, suscettibile di ogni trasformazione. Sebbene i fisici comprendano ormai che la materia non è altro che energia condensata, i maestri illuminati sono già passati vittoriosamente dalla teoria alla pratica nel campo del controllo della materia.

Trailanga era sempre completamente nudo. La polizia di Benares, esasperata, giunse a considerarlo uno sconcertante 'enfant terrible'. Lo swami, innocente come Adamo nel giardino dell'Eden, non provava alcun disagio per la propria nudità. La polizia, invece, ne era piuttosto turbata e, senza tante cerimonie, lo mise in carcere. La conseguenza fu però alquanto imbarazzante, perché ben presto tutti videro l'enorme corpo di Trailanga, nudo come sempre, sul tetto della prigione. La sua cella, ancora ben chiusa a chiave, non offriva alcun indizio su come fosse riuscito ad evadere.

I rappresentanti della legge, benché scoraggiati, compirono ancora una volta il loro dovere. Questa volta però misero una guardia davanti alla porta della sua cella. Ma di nuovo la forza dovette arrendersi dinanzi alla virtù, perché ben presto il grande maestro tornò a passeggiare sul tetto, con la sua aria disinvolta.

La dea della Giustizia è bendata; nel caso di Trailanga la polizia, sconfitta, decise di emulare la dea.

Il grande yogi osservava abitualmente il silenzio.[4] Nonostante il viso pieno e il grosso ventre prominente, Trailanga mangiava solo ogni tanto. Dopo settimane intere trascorse senza assumere cibo, interrompeva il digiuno bevendo qualche ciotola di latte coagulato offerta dai suoi devoti. Un giorno uno scettico decise di dimostrare che Trailanga era un ciarlatano. Presentò allo swami una brocca colma di calce viva, quella usata per imbiancare i muri.

"Maestro", disse quel materialista fingendo un atteggiamento ossequioso, "vi ho portato del latte coagulato. Bevetelo, vi prego".

Trailanga bevve senza esitare la calce caustica fino all'ultima goccia. Pochi minuti dopo, il malfattore cadde a terra torcendosi dal dolore.

"Aiuto, swami, aiuto!" gridava. "Ho le viscere in fiamme! Vi chiedo perdono per avervi sottoposto a questa orribile prova!".

Il grande yogi infranse il suo abituale silenzio. "Volevi prenderti gioco di me", gli disse, "ma quando mi hai offerto il veleno non ti rendevi conto che la mia vita è una cosa sola con la tua. Se io non sapessi che Dio è presente nel mio stomaco così come in ogni atomo del creato, la calce mi avrebbe ucciso. Ora che conosci il significato spirituale del boomerang, non fare più brutti scherzi a nessuno".

Il peccatore, guarito dalle parole di Trailanga, si allontanò furtivamente con passi malfermi.

Questo caso di ritorsione del dolore su colui che voleva infliggerlo non era esito della volontà del maestro, ma dell'azione della legge della

---

[4] Era un *muni*, ossia un monaco che osserva il *mauna*, il silenzio spirituale. Il termine sanscrito *muni* equivale alla parola greca *monos*, 'solo, unico', da cui derivano le parole *monaco* e *monismo*.

Una *yogini* (yogi donna), Shankari Mai Jiew, l'unica discepola vivente di swami Trailanga, (insieme a tre rappresentanti della scuola YSS di Ranchi) alla *kumbha mela* di Hardwar, nel 1938; all'epoca la yogini aveva 112 anni.

giustizia,[5] che mantiene in orbita i più remoti corpi celesti del creato. La legge divina agisce immediatamente a vantaggio di coloro che, come Trailanga, hanno realizzato Dio, poiché questi uomini hanno eliminato per sempre ogni impedimento creato dagli influssi contrari dell'ego.

La fede in una giustizia che compensa naturalmente i torti patiti (pagando spesso con una moneta imprevedibile, come nel caso di Trailanga e del suo aspirante assassino) acquieta l'indignazione che impulsivamente proviamo di fronte all'ingiustizia umana. "A me la vendetta, sono Io che contraccambierò, dice il Signore".[6] Che bisogno c'è allora delle povere risorse dell'uomo? Ogni forza dell'universo concorre immancabilmente ad assegnare a ciascuno ciò che gli è dovuto.

---

[5] II Re 2, 19-24. Dopo che Eliseo compì il miracolo di 'risanare le acque' di Gerico, alcuni ragazzetti si burlarono di lui. "Allora uscirono dalla foresta due orse che sbranarono quarantadue di quei fanciulli".

[6] Romani 12, 19.

Le menti ottuse mostrano grande scetticismo di fronte alla possibilità della giustizia e dell'amore divini, dell'onniscienza, dell'immortalità. "Fantasiose congetture delle Scritture!". Chi assume dinanzi allo spettacolo cosmico questa posizione così refrattaria e irriverente dà l'avvio nella propria vita a una serie di eventi disarmonici che alla fine lo costringono a ricercare la saggezza.

È all'onnipotenza della legge spirituale che Gesù si riferiva quando entrò trionfalmente a Gerusalemme. Mentre i discepoli e la folla esultavano di gioia e gridavano: "Pace in cielo e gloria nel più alto dei cieli", alcuni farisei disapprovarono quello spettacolo poco dignitoso. "Maestro", protestarono, "rimprovera i tuoi discepoli".

Ma Gesù rispose che se i suoi discepoli avessero taciuto, allora le pietre si sarebbero messe a gridare.[7]

Ammonendo in questo modo i farisei, Cristo volle sottolineare che la giustizia divina non è un'astrazione metaforica, e che un uomo di pace, anche se gli strappano la lingua, riuscirà sempre a far sentire la sua voce e a trovare protezione nella roccaforte del creato: l'ordine universale stesso.

"Credete voi", diceva Gesù, "di riuscire a mettere a tacere gli uomini di pace? Se così fosse, potreste anche sperare di soffocare la voce di Dio, del quale le pietre stesse proclamano la gloria e l'onnipresenza. Pretendete forse che gli uomini non si riuniscano insieme per onorare la pace dei cieli? Raccomandereste alle folle di radunarsi solo per celebrare la guerra sulla terra? Allora preparatevi, farisei, a dover ribaltare le fondamenta del mondo; poiché gli uomini mansueti, come pure le pietre o la terra e l'acqua e il fuoco e l'aria insorgeranno contro di voi per rendere testimonianza della divina armonia del creato".

Trailanga, lo yogi simile a Cristo, concesse un giorno una grazia al mio *sejo mama* (zio materno). Una mattina, a un *ghat* di Benares, lo zio vide il maestro circondato da una folla di devoti. Riuscì a fatica a farsi strada verso di lui e gli toccò umilmente i piedi. Con suo grande stupore, lo zio si trovò guarito all'istante da una dolorosa malattia cronica.[8]

---

[7] Luca 19, 37-40.

[8] La vita di Trailanga e di altri grandi maestri richiama alla mente le parole di Gesù: "E questi saranno i segni che accompagneranno quelli che credono; nel mio nome [la Coscienza Cristica] scacceranno i demoni, parleranno lingue nuove, prenderanno in mano i serpenti e, se berranno qualche veleno, non recherà loro danno; imporranno le mani ai malati e questi guariranno" (Marco 16, 17-18).

A quanto si sa, l'unico discepolo ancora vivente del grande yogi è una donna, Shankari Mai Jiew.[9] Figlia di un discepolo di Trailanga, ricevette gli insegnamenti dello swami fin dalla prima infanzia. Visse per quarant'anni in diverse caverne solitarie sull'Himalaya, nei pressi di Badrinath, Kedarnath, Amarnath e Pasupatinath. La *brahmacharini* (donna asceta), nata nel 1826, ha ormai ampiamente superato i cento anni di età. Tuttavia, non mostra l'aspetto di una persona anziana: ha ancora i capelli neri, i denti smaglianti e una sorprendente energia. Ogni tanto, dopo anni di reclusione, esce dal suo isolamento per partecipare alle ricorrenti feste religiose (*mela*).

Questa santa, che si recava spesso a trovare Lahiri Mahasaya, ha raccontato che un giorno, mentre era seduta accanto al suo maestro in una casa della frazione di Barrackpore, vicino a Calcutta, il grande guru di Lahiri Mahasaya, Babaji, entrò tranquillamente nella stanza e si mise a conversare con loro. "Il Maestro immortale indossava una veste bagnata", ella ricordò, "come se fosse appena uscito dalle acque del fiume. Mi concesse il dono di alcuni preziosi consigli spirituali".

In una particolare circostanza Trailanga, a Benares, ruppe il suo abituale silenzio per rendere pubblicamente onore a Lahiri Mahasaya. Uno dei discepoli protestò.

"Signore" disse, "perché mai voi, uno swami e un asceta che ha rinunciato a tutto, mostrate tanto rispetto per un capofamiglia?".

"Figliolo", rispose Trailanga, "Lahiri Mahasaya è come un divino gattino che docilmente rimane dovunque lo metta la Madre Cosmica. Mentre svolge coscienziosamente la parte di un uomo che vive nel mondo, egli ha raggiunto quella perfetta realizzazione spirituale che io ho cercato rinunciando a tutto, perfino al mio *dhoti*!".

---

[9] Versione bengali del suffisso *ji*, un segno di rispetto.

Capitolo 32

La resurrezione di Rama

"Era allora malato un certo Lazzaro… All'udire questo, Gesù disse: 'Questa malattia non è per la morte, ma per la gloria di Dio, perché per essa il Figlio di Dio venga glorificato'".[1]

Un mattino pieno di sole, a Serampore, Sri Yukteswar commentava le sacre Scritture cristiane sul balcone del suo eremitaggio. Fra i discepoli presenti c'ero anch'io, insieme a un gruppetto di studenti della mia scuola di Ranchi.

"In questo passo Gesù parla di sé stesso come del 'Figlio di Dio'. Sebbene fosse davvero una cosa sola con Dio, in questo contesto, l'appellativo ha un significato più profondo, che trascende la sua persona", spiegò il mio guru. "Il Figlio di Dio è il Cristo, ossia la Coscienza Divina immanente nell'uomo. Nessuna *creatura mortale* può di per sé glorificare Dio. L'unico modo in cui l'uomo può onorare il suo Creatore è quello di cercarlo; non può glorificare un'Entità astratta che non conosce. L'aureola, o 'gloria', raffigurata intorno al capo dei santi sta a testimoniare simbolicamente la loro *capacità* di rendere gloria a Dio".

Sri Yukteswar continuò a leggere la meravigliosa storia della resurrezione di Lazzaro. Concluso il racconto, si chiuse in un profondo silenzio, con il libro sacro aperto sulle ginocchia.

"Anch'io ho avuto il privilegio di assistere a un miracolo simile", disse infine il mio guru in tono solenne. "Lahiri Mahasaya ha resuscitato uno dei miei amici".

I ragazzi che mi stavano accanto sorrisero, mostrando un grande interesse. Quanto a me, uno spirito fanciullesco ancora tutt'altro che sopito mi induceva ad ascoltare con grande piacere Sri Yukteswar non solo quando esponeva concetti filosofici, ma in particolare quando avevo modo di fargli raccontare qualcuna delle straordinarie esperienze vissute con il suo guru.

---

[1] Giovanni 11, 1 - 4.

"Il mio amico Rama e io eravamo inseparabili", esordì il maestro. "Rama era un giovane timido e schivo; andava a trovare il nostro guru Lahiri Mahasaya soltanto tra la mezzanotte e l'alba, per evitare la folla dei discepoli che lo visitavano durante il giorno. Poiché ero il suo più intimo amico, Rama mi confidava molte delle sue profonde esperienze spirituali. Io traevo grande ispirazione dal suo comportamento esemplare e dalla nostra amicizia". Il viso del mio guru si addolcì al ricordo.

"Improvvisamente Rama dovette affrontare una dura prova", proseguì Sri Yukteswar. "Fu colpito dal colera asiatico. In caso di gravi malattie, il nostro maestro non si opponeva mai all'intervento dei medici; furono quindi consultati due specialisti. Mentre intorno al malato si prestavano affannosamente le prime cure, io cercavo con le mie ardenti preghiere di ottenere l'aiuto di Lahiri Mahasaya. Mi precipitai a casa sua e fra i singhiozzi gli raccontai l'accaduto.

"'I dottori si stanno prendendo cura di Rama. Si rimetterà', disse il mio guru sorridendo giovialmente.

"Tornai al capezzale del mio amico con il cuore leggero, ma lo trovai in fin di vita.

"'Non può durare più di un'ora o due', mi disse uno dei medici con un gesto di sconforto. Corsi di nuovo da Lahiri Mahasaya.

"'Questi dottori sono uomini coscienziosi. Sono certo che Rama guarirà'. E il maestro mi congedò allegramente.

"A casa di Rama constatai che i due medici se n'erano andati. Uno di loro mi aveva lasciato un biglietto: 'Abbiamo fatto del nostro meglio, ma il caso è disperato'.

"Il mio amico era davvero il ritratto di un moribondo. Non riuscivo a capire come le parole di Lahiri Mahasaya potessero essere smentite dai fatti, eppure la vista di Rama, la cui vita sembrava avvicinarsi rapidamente all'epilogo, continuava a suscitare in me questo pensiero: 'Ormai è finita'. Sballottato così tra le onde alterne della fede e del dubbio angoscioso, assistetti il mio amico come meglio potevo. A un tratto egli si riscosse ed esclamò a gran voce:

"'Yukteswar, corri dal maestro e digli che me ne sono andato. Chiedigli di benedire il mio corpo prima dei riti funebri'. Pronunciate queste parole, Rama trasse un profondo sospiro e rese l'anima a Dio.[2]

---

[2] Le vittime del colera sono spesso perfettamente lucide e coscienti fino al momento della morte.

La resurrezione di Rama

"Piansi per un'ora al suo capezzale. Aveva sempre amato il silenzio; adesso aveva raggiunto la quiete assoluta della morte. Entrò un altro discepolo, e gli chiesi di rimanere a casa di Rama fino al mio ritorno. Alquanto stordito, mi trascinai dal mio Guru.

"'Come sta Rama adesso?' Il viso di Lahiri Mahasaya era tutto un sorriso.

"'Maestro, ben presto vedrete come sta', sbottai in preda all'emozione. 'Tra qualche ora vedrete il suo corpo, prima che lo portino al crematorio'. Poi non ressi più e scoppiai in lacrime.

"'Yukteswar, controllati. Siedi tranquillo e medita'". Il mio guru si ritirò nel *samadhi*. Il pomeriggio e la notte trascorsero in un silenzio assoluto, mentre inutilmente cercavo con tutte le forze di ritrovare la mia tranquillità interiore.

"All'alba, Lahiri Mahasaya mi guardò con un'espressione consolante. 'Vedo che sei ancora turbato. Perché ieri non mi hai spiegato che ti aspettavi da me un aiuto tangibile, ovvero una medicina per guarire Rama?'. Il maestro indicò una lampada a forma di coppa, che conteneva olio di ricino grezzo: 'Riempi una bottiglietta con l'olio della lampada e versane sette gocce nella bocca di Rama'.

"'Maestro', protestai, 'è morto da ieri a mezzogiorno. A che cosa può servire quest'olio adesso?'

"'Non ha importanza. Fai quello che ti dico'. Trovavo incomprensibile il buonumore del mio guru, mentre io stavo ancora vivendo l'agonia del distacco. Travasai un po' d'olio nel flaconcino e mi recai a casa di Rama.

"Trovai il corpo del mio amico irrigidito nella morsa della morte. Senza badare al suo aspetto spettrale, gli aprii le labbra con l'indice destro e, con la mano sinistra e l'aiuto del tappo, riuscii a versare l'olio goccia a goccia tra i denti serrati. Quando la settima goccia toccò quelle gelide labbra, Rama fu scosso da un brivido violento; i suoi muscoli vibrarono dalla testa ai piedi, mentre, con un'espressione di grande stupore, si alzava a sedere sul letto.

"'Ho visto Lahiri Mahasaya in una luce abbagliante', mi disse. 'Splendeva come il sole'. 'Alzati, lascia il tuo sonno', mi ha ordinato. 'Vieni a trovarmi con Yukteswar'.

"Non riuscivo quasi a credere ai miei occhi quando Rama si vestì e, appena reduce da quella malattia mortale, trovò la forza di camminare fino alla casa del nostro guru. Qui si gettò ai piedi di Lahiri Mahasaya, piangendo lacrime di gratitudine.

"Il Maestro era divertito oltre ogni dire e mi guardava con un luccichio malizioso negli occhi.

"'Yukteswar', disse, 'certamente d'ora in poi non mancherai di portare sempre con te una bottiglietta d'olio di ricino. Ogni volta che vedrai un cadavere, ti sarà sufficiente dargli l'olio. Ma sì! Sette gocce di olio di lampada dovranno pur bastare a contrastare il potere di Yama!'.[3]

"'Guruji, vi prendete gioco di me! Non capisco! Vi prego, spiegatemi in che cosa ho sbagliato'.

"'Per due volte ti ho detto che Rama si sarebbe ristabilito, eppure tu non mi hai creduto fino in fondo', spiegò Lahiri Mahasaya. 'Ma non intendevo dire che sarebbero stati i dottori a guarirlo. Ho detto solo che si stavano prendendo cura di lui. Non volevo interferire con i medici; devono pur vivere anche loro!'. E con voce vibrante di gioia il mio guru aggiunse: 'Ricorda sempre che l'onnipotente *Paramatman*[4] può guarire chiunque, con o senza medici'.

"'Riconosco il mio errore', ammisi pieno di rimorso. 'Ora so che la vostra semplice parola è legge per il cosmo intero'".

Quando Sri Yukteswar concluse il suo stupefacente racconto, uno dei ragazzini di Ranchi osò fare una domanda che, posta da un fanciullo, era doppiamente comprensibile:

"Maestro, perché mai il vostro guru vi ha fatto usare l'olio di ricino?".

"Figliolo, l'olio non aveva nessun significato particolare. Visto che mi aspettavo qualcosa di materiale, Lahiri Mahasaya scelse l'olio, che aveva a portata di mano, un oggetto simbolico che risvegliasse in me una fede più grande. Il maestro permise che Rama morisse perché io avevo in parte dubitato. Ma il divino guru sapeva che, avendo affermato che il suo discepolo si sarebbe ristabilito, la guarigione doveva avvenire, anche a costo di guarire Rama dalla morte; un male, questo, che di solito è definitivo!".

Sri Yukteswar congedò il piccolo gruppo e mi fece cenno di sedermi su una coperta ai suoi piedi.

"Yogananda", disse con insolita gravità, "fin dalla nascita sei stato circondato da discepoli diretti di Lahiri Mahasaya. Il grande maestro ha condotto la sua vita sublime in parziale isolamento e ha sempre negato con fermezza ai suoi seguaci il permesso di fondare una qualsiasi

---

[3] Il dio della morte.
[4] Letteralmente, 'Anima Suprema'.

organizzazione ispirata ai suoi insegnamenti. Tuttavia, ha fatto una predizione importante.

"'Circa cinquant'anni dopo che me ne sarò andato', ha detto, 'qualcuno scriverà la mia biografia, perché in Occidente nascerà un profondo interesse per lo yoga. Il messaggio dello yoga si diffonderà in tutto il mondo e contribuirà a stabilire la fratellanza tra gli uomini: un'unione che si fonda sulla percezione diretta dell'Unico Padre'.

"Figlio mio, Yogananda", continuò Sri Yukteswar, "tu devi fare la tua parte, diffondendo quel messaggio e scrivendo la storia di quella vita santa".

Nel 1945 erano trascorsi cinquant'anni dalla morte di Lahiri Mahasaya, avvenuta nel 1895, e appunto in quell'anno ho terminato questo libro. Non posso non essere colpito da una coincidenza: proprio nel 1945 è iniziata anche una nuova era, l'era rivoluzionaria dell'energia atomica. Ora come non mai, ogni persona sensibile e riflessiva volge la propria attenzione ai pressanti problemi della pace e della fratellanza, per evitare che, persistendo nell'uso della violenza, si arrivi alla cancellazione del genere umano, oltre che dei suoi problemi.

Anche se le opere dell'uomo possono scomparire senza lasciare traccia, distrutte dal tempo o dalle bombe, il sole continua a percorrere la sua orbita senza vacillare, e anche le stelle continuano a vegliare come sempre, immutabili. La legge cosmica non può subire arresti né modifiche, e l'uomo farebbe bene a porsi in sintonia con essa. Se il cosmo è contro l'uso della forza, se il sole non fa la guerra nei cieli, ma si ritira a tempo debito per lasciare alle stelle il loro momento di supremazia, a che serve il nostro pugno di ferro? Potrà mai arrecarci una qualche forma di pace? Non la crudeltà, ma la buona volontà sostiene l'universo; un'umanità in pace conoscerà gli innumerevoli frutti della vittoria, ben più dolci di quelli cresciuti su un terreno intriso di sangue.

Una 'Lega delle Nazioni' davvero risolutiva sarà una lega di cuori umani, anonima e spontanea. La solidarietà globale, il discernimento e la perspicacia che sono necessari per sanare i mali della terra non possono scaturire da una semplice riflessione intellettuale sulle differenze fra gli uomini, ma dalla conoscenza di ciò che più di ogni altra cosa unisce gli esseri umani, la comune condizione di figli di Dio. Per realizzare l'ideale più alto dell'umanità, la pace fondata sulla fratellanza, possa lo yoga, la scienza della comunione personale con il Divino, diffondersi nel tempo fra tutti gli uomini di ogni paese.

Benché la civiltà indiana sia la più antica tra quelle di ogni altra nazione, pochi storici hanno notato che la sua straordinaria longevità non è un fatto casuale, ma la logica conseguenza della costante fedeltà alle verità eterne che l'India ha dimostrato, di generazione in generazione, attraverso i suoi uomini migliori. Per il semplice fatto di restare in vita, impermeabile all'azione dei secoli (e possono gli studiosi di polverose scartoffie davvero dirci quanti sono?), l'India ha dato fra tutti i popoli la più degna risposta alla sfida del tempo.

Il racconto biblico[5] in cui Abramo supplica il Signore di risparmiare la città di Sodoma se vi si troveranno dieci uomini giusti, e la risposta divina: "Non la distruggerò per riguardo a quei dieci", acquista un nuovo significato se pensiamo a come l'India si sia salvata dall'oblio e a come, invece, siano ormai scomparsi i potenti imperi di nazioni a lei contemporanee che furono maestre nell'arte della guerra: l'Egitto, la Babilonia, la Grecia, Roma.

La risposta del Signore dimostra chiaramente che la sopravvivenza di una nazione dipende non dalle sue conquiste materiali, ma dai suoi capolavori di umana grandezza.

Prestiamo nuovamente ascolto alle parole divine, in questo ventesimo secolo macchiato due volte di sangue prima ancora che ne sia trascorsa una metà: nessuna nazione capace di produrre dieci uomini che siano grandi agli occhi del Giudice Incorruttibile conoscerà l'estinzione.

Convinta di tale verità, l'India ha dimostrato di non mancare di arguzia di fronte alle mille insidie del tempo. In ogni secolo, il suo suolo è stato santificato da maestri dalla divina realizzazione. Saggi moderni simili a Cristo, come Lahiri Mahasaya e Sri Yukteswar, vengono a proclamare che la conoscenza dello yoga, la scienza che porta alla realizzazione di Dio, è indispensabile per la felicità dell'uomo e la longevità di una nazione.

Esistono finora ben poche pubblicazioni sulla vita e sulla dottrina universale di Lahiri Mahasaya[6]. In questi ultimi tre decenni ho trovato in India, in America e in Europa un profondo e sincero interesse per il suo messaggio sul potere emancipatore yoga. Proprio come Lahiri Mahasaya

---

[5] Genesi 18, 23-32.

[6] Nel 1941 è stata pubblicata una breve biografia in bengali, *Sri Sri Shyama Charan Lahiri Mahasaya*, scritta da swami Satyananda. Ho tradotto qualche passo del suo lavoro, inserendolo qui, in questa parte del libro dedicata a Lahiri Mahasaya.

La resurrezione di Rama

Lahiri Mahasaya
"Io sono Spirito. Può la tua macchina fotografica riprendere l'Onnipresente invisibile?". Dopo numerosi scatti non riusciti, in cui sulla pellicola non veniva impressa l'immagine di Lahiri Mahasaya, lo *Yogavatar* alla fine permise che il suo 'tempio corporeo' fosse fotografato. "Il maestro non posò mai più, che io sappia, per nessun'altra fotografia", scrisse Paramahansaji (vedere pagine 11-12).

aveva predetto, è ormai necessario diffondere una sua biografia scritta in Occidente, dove la vita dei grandi yogi moderni è poco conosciuta.

Lahiri Mahasaya nacque il 30 settembre 1828 in una devota famiglia di bramini di antica discendenza. Il suo luogo di nascita fu il villaggio di Ghurni, nel distretto Nadia, vicino a Krishnanagar, nel Bengala. Era l'unico figlio di Muktakashi, seconda moglie dello stimatissimo Gaur Mohan Lahiri. (La prima moglie, che gli diede tre figli, era venuta a mancare durante un pellegrinaggio). La madre di Lahiri morì quando lui era ancora bambino. Poco si sa di lei, eccetto un particolare significativo: era un'ardente devota del Signore Shiva[7], che nelle Scritture assume l'appellativo di 'Re degli yogi'.

Il bambino, il cui nome completo era Shyama Charan Lahiri, trascorse i primi anni nella casa avita, a Ghurni. A tre o quattro anni lo si vedeva spesso seduto in una particolare posizione yoga, dentro una buca ricoperta di sabbia, da cui emergeva solo la testa.

La tenuta dei Lahiri fu distrutta nell'inverno 1833, quando il fiume Jalangi, che scorreva nelle vicinanze, deviò il suo corso e scomparve inabissandosi nel Gange. Uno dei templi di Shiva fondato dai Lahiri sprofondò nel fiume insieme alla casa di famiglia. Un devoto recuperò dalle acque vorticose l'immagine di pietra del Signore Shiva e la pose in un nuovo tempio, ora noto col nome di Ghurni Shiva Site.

Gaur Mohan Lahiri lasciò Ghurni e si stabilì con la famiglia a Benares, dove immediatamente eresse un tempio a Shiva. Dirigeva la sua casa secondo i dettami della disciplina vedica, praticando regolarmente le cerimonie di rito, gli atti di carità e lo studio delle Scritture. Tuttavia, da uomo giusto e di mente aperta, non ignorava gli influssi benefici delle idee moderne.

A Benares il giovane Lahiri prese lezioni di hindi e di urdu partecipando a vari gruppi di studio. Frequentò una scuola diretta da Joy Narayan Ghosal, dove si insegnavano il sanscrito, il bengali, il francese

---

[7] Uno dei tre aspetti dell'Immanenza Divina nel creato (Brahma, Vishnu, Shiva), la cui attività nell'universo è, rispettivamente, quella della creazione, della conservazione, e della dissoluzione-restaurazione. Shiva (a volte scritto Siva) è rappresentato nella mitologia come il Signore dei rinuncianti. Nelle visioni dei Suoi devoti appare sotto vari aspetti, come quello di Mahadeva, l'asceta dai capelli scarmigliati, o di Nataraja, il danzatore cosmico.

Per molti è difficile concepire il Signore sotto l'aspetto di Shiva o Distruttore. Nel *Mahimnastava*, un inno composto da Puspadanta, un devoto di Shiva, questi chiede angosciato: "Perché hai creato i mondi, solo per distruggerli?". Una strofa del *Mahimnastava* (da una traduzione di Arthur Avalon) dice:

"Battendo i piedi hai messo d'improvviso a repentaglio la salvezza della terra,
agitando le braccia, forti come spranghe di ferro,
hai disperso nell'etere le stelle.
I Tuoi capelli sciolti hanno sferzato i cieli e li han sconvolti.
Bene hai danzato davvero!
Ma sconvolgere il mondo per salvarlo...
Che mistero è mai questo?"
E l'antico poeta conclude:
"Grande è la differenza tra la mente mia,
capace solo di poco intelletto e soggetta al dolore,
e la Tua eterna gloria, che trascende ogni attributo!".

La resurrezione di Rama

e l'inglese. Dedicandosi allo studio approfondito dei *Veda*, il giovane yogi ascoltava avidamente le discussioni sulle Scritture tenute da colti bramini, fra cui un pandit di Mahratta, chiamato Nag-Bhatta.

Shyama Charan era un ragazzo gentile, mite e coraggioso, amato da tutti i suoi compagni. Dotato di un corpo ben proporzionato, sano e vigoroso, eccelleva nel nuoto e in molte abilità manuali.

Nel 1846 Shyama Charan Lahiri sposò Srimati Kashi Moni, figlia di Sri Debnarayan Sanyal. Vero modello di sposa indiana, Kashi Moni assolveva con gioia tutti i compiti domestici e i doveri tradizionali di servire gli ospiti e i poveri. Questa unione fu benedetta da due santi figli, Tincouri e Ducouri, e da due figlie. Nel 1851, a 23 anni, Lahiri Mahasaya fu assunto come contabile dal dipartimento del Genio militare del governo britannico. Durante il suo servizio ottenne molte promozioni. Così, non solo fu un maestro agli occhi di Dio, ma anche un uomo di successo nel piccolo dramma umano, nel quale recitava l'umile ruolo di impiegato.

Lahiri Mahasaya fu trasferito più volte dal Genio militare nei piccoli distaccamenti di Gazipur, Mirjapur, Naini Tal, Danapur e Benares. Dopo la morte del padre, il giovane Lahiri dovette assumersi la responsabilità dell'intera famiglia. Acquistò per loro una casa nella zona di Garudeswar Mohulla a Benares.

Fu nel suo trentatreesimo anno che Lahiri Mahasaya[8] vide compiersi lo scopo per cui si era reincarnato sulla terra: incontrò in quell'anno Babaji, il suo grande guru, vicino a Ranikhet, nell'Himalaya, e fu da lui iniziato al Kriya Yoga.

Questo fausto evento non riguardava Lahiri Mahasaya soltanto, ma segnava un momento felice per tutto il genere umano: l'arte suprema dello yoga, già perduta o da lungo tempo dimenticata, veniva riportata alla luce.

Come narrano i Purana, il Gange[9] discese dal cielo sulla terra per offrire all'assetato devoto Bhagirath un divino sorso ristoratore. Allo

---

[8] Il titolo religioso sanscrito di *Mahasaya* significa 'dalla mente aperta'.

[9] Le acque della Madre Ganga, il fiume sacro degli indù, hanno origine in una grotta di ghiaccio dell'Himalaya, tra le nevi eterne e gli eterni silenzi. Da secoli, migliaia di santi sono felici di sostare presso il Gange, e hanno lasciato lungo le sue sponde un'aura di benedizioni (Vedere la nota a pagina 214).

Una particolarità straordinaria e forse unica del Gange è il fatto che nulla può contaminarlo. Nessun batterio sopravvive nelle sue acque sempre asettiche. Milioni di indù vi si immergono e le bevono senza riportarne alcun danno. Questo fatto desta perplessità

stesso modo, nel 1861, come un fiume celeste, il Kriya Yoga iniziò a fluire dalle inespugnabili fortezze dell'Himalaya per giungere alle polverose dimore degli uomini.

---

negli scienziati moderni. Uno di essi, il dottor John Howard Northrop, co-titolare del premio Nobel per la chimica nel 1946, ha detto di recente: "Sappiamo che il Gange è altamente infetto. Eppure gli indù ne bevono l'acqua, vi nuotano e, a quanto pare, non si ammalano". E ha aggiunto speranzoso: "Forse un batteriofago [un virus che si nutre di batteri] disinfetta il fiume".

I *Veda* inculcano un sacro rispetto per tutti i fenomeni naturali. Il devoto indù comprende bene il cantico di San Francesco d'Assisi: "Laudato si', mi Signore, per sor'Acqua, la quale è multo utile et humile et pretiosa et casta".

Capitolo 33

Babaji, uno yogi dell'India moderna simile al Cristo

Le vette dell'Himalaya settentrionale, nei pressi di Badrinarayan, sono ancora oggi benedette dalla presenza di Babaji, il guru di Lahiri Mahasaya. Questo solitario maestro conserva la sua forma fisica da secoli, forse da millenni. L'immortale Babaji è un avatar. Il termine sanscrito significa 'discesa', dalle radici *ava*, 'verso il basso' e *tri*, 'passare'. Nelle Scritture indù, avatar sta infatti a indicare la discesa della Divinità in un corpo fisico.

"La statura spirituale di Babaji trascende la comprensione umana", mi spiegò Sri Yukteswar. "L'inadeguata facoltà umana di percezione non permette di penetrare fino alla sua stella trascendente. È vano anche solo tentare di immaginare lo stato di realizzazione spirituale raggiunto da un avatar: È inconcepibile".

Le *Upanishad* hanno classificato con grande precisione ogni stadio dell'evoluzione spirituale. Un *siddha* ('essere perfetto') è colui che si è evoluto dallo stato di *jivanmukta* ('essere che ha raggiunto la liberazione mentre è ancora in vita') a quello di *paramukta* ('essere supremamente libero, che ha ottenuto il completo potere sulla morte'). Il *paramukta* è riuscito a sottrarsi completamente alla schiavitù di *maya* e al suo ciclo di reincarnazioni, e quindi ritorna raramente in un corpo fisico; se lo fa, è un avatar, ossia un divino intermediario, incaricato di portare al mondo celesti benedizioni. Un avatar non è soggetto alle leggi universali; il suo corpo puro, visibile come immagine di luce, è libero da ogni obbligo verso la Natura.

Uno sguardo superficiale può non scorgere nulla di straordinario nelle sembianze di un avatar, ma in alcune circostanze egli non getta ombra e non lascia impronte sul terreno. Queste sono prove simboliche esteriori della sua libertà interiore da ogni negatività e da ogni vincolo materiale. Solo un tale essere divino conosce la verità che si cela dietro la relatività della vita e della morte. Omar Khayyam, un profeta che fu grossolanamente frainteso, cantò di quest'uomo liberato nella sua opera immortale, *Le Rubaiyàt*:

> Luna della mia gioia che non conosci declino,
> La luna del cielo che di nuovo si leva:
> Quante volte in avvenire sorgendo ancora mi cercherà
> In questo stesso giardino, ma invano!

La "Luna della mia gioia che non conosce declino" è Dio, l'eterna Stella polare, al di là del tempo. La "La luna del cielo che di nuovo si leva" è il cosmo esteriore, soggetto alla legge dei ricorsi periodici. Per mezzo della realizzazione del Sé, il profeta persiano si era per sempre liberato dall'obbligo di ritornare sulla terra, il 'giardino' della Natura o *maya*. "Quante volte in avvenire sorgendo ancora mi cercherà, ma invano!".[1] Quale frustrazione prova l'universo stupito andando alla ricerca di qualcosa che non è mai esistito!

Cristo ha espresso la propria libertà con altre parole: "Allora uno scriba si avvicinò e gli disse: 'Maestro, io ti seguirò dovunque andrai'. Gli rispose Gesù: 'Le volpi hanno le loro tane e gli uccelli del cielo i loro nidi, ma il Figlio dell'uomo non ha dove posare il capo'".[2]

Com'era possibile seguire Cristo, immenso nella sua onnipresenza, se non nello Spirito infinito?

Krishna, Rama, Buddha e Patanjali sono antichi avatar indiani. Nel Tamil, una regione dell'India meridionale, è fiorita una ricca letteratura poetica intorno alla figura di Agastya. Questo avatar compì molti miracoli, sia nei secoli anteriori all'era cristiana sia in quelli successivi, e si crede che conservi tuttora la sua forma fisica.

Babaji ha assolto e assolve in India la missione di assistere i profeti nell'adempimento dei loro divini mandati. Per questo motivo merita il titolo di *mahavatar* (grande avatar) che le Scritture gli hanno attribuito. Babaji ha affermato di aver iniziato allo yoga Shankara,[3] colui che riorganizzò l'Ordine degli swami, e Kabir, il famoso maestro vissuto

---

[1] Dalla traduzione in inglese di Edward FitzGerald.

[2] Matteo 8, 19-20.

[3] Shankara, il cui guru storicamente noto fu Govinda Jati, fu iniziato al Kriya Yoga da Babaji a Benares. Narrando l'episodio a Lahiri Mahasaya e a swami Kebalananda, Babaji descrisse con ricchezza di particolari il suo straordinario incontro con il grande monista.

nel Medioevo. Nel diciannovesimo secolo il suo maggiore discepolo è stato, come sappiamo, Lahiri Mahasaya, che ha riportato alla luce la perduta arte del Kriya.

Babaji è in costante comunione con Cristo; insieme trasmettono al mondo le loro vibrazioni redentrici e hanno ideato la tecnica spirituale destinata a portare la salvezza nella nostra era. La missione di questi due grandi maestri illuminati, l'uno ancora nel corpo, l'altro non più, è quella di infondere nei popoli la volontà di rinunciare alle guerre, all'odio razziale, al settarismo religioso e ai mali del materialismo, che si ritorcono contro di loro come un boomerang. Babaji conosce bene gli orientamenti e le tendenze dell'epoca moderna, specialmente l'influenza della complessa civiltà occidentale, e comprende la necessità di divulgare tanto in Occidente quanto in Oriente il messaggio emancipatore dello yoga.

Che non esistano riferimenti storici sulla figura di Babaji non deve destare particolare sorpresa. Il grande guru non si è mai rivelato pubblicamente in nessun momento storico; nei suoi piani millenari non c'è posto per le abbaglianti e ingannevoli luci della ribalta. Come il Creatore, l'unico ma silenzioso Potere, Babaji opera umilmente nell'oscurità.

Grandi profeti come Cristo e Krishna vengono sulla terra con una missione specifica e straordinaria e se ne vanno non appena l'hanno compiuta. Altri avatar, come Babaji, compiono un'opera che non li rende protagonisti di grandi eventi storici, ma consiste nel favorire il lento progresso evolutivo dell'umanità nel corso dei secoli. Tali maestri si celano sempre allo sguardo superficiale delle masse e hanno la facoltà di rendersi invisibili quando lo desiderano. Per queste ragioni e anche perché di solito chiedono ai discepoli di mantenere il silenzio sulla loro esistenza, molte figure di grande statura spirituale restano sconosciute al mondo. In queste pagine accenno appena alla vita di Babaji, riferendo solo alcune notizie che egli crede utile e opportuno diffondere.

Non è mai stato possibile scoprire dati limitanti, così cari al cuore dei biografi, sulla famiglia o sul luogo di nascita di Babaji. Egli di solito si esprime in hindi, ma può conversare con facilità in qualsiasi altra lingua. Ha assunto il semplice nome di Babaji (reverendo padre); altri appellativi di rispetto che gli sono stati conferiti dai discepoli di Lahiri Mahasaya sono Mahamuni Babaji Maharaj (supremo maestro estatico), Maha yogi (grande yogi) e Trambak Baba o Shiva Baba (appellativi degli avatar di Shiva). Cosa importa se non conosciamo il nome di famiglia di un maestro completamente liberato?

"Ogni volta che un devoto pronuncia con reverenza il nome di Babaji", ha detto Lahiri Mahasaya, "attira istantaneamente su di sé una benedizione spirituale".

Il corpo del guru immortale non mostra alcuna traccia del passare del tempo; ha l'aspetto di un giovane di non più di venticinque anni. Di carnagione chiara e di corporatura e altezza media, il bellissimo e vigoroso corpo di Babaji irradia una luminescenza percepibile. I suoi occhi sono neri, calmi e amorevoli, i capelli lunghi e lucenti hanno il colore del rame. A volte il viso di Babaji somiglia in modo straordinario a quello di Lahiri Mahasaya. In alcune occasioni la somiglianza è apparsa così spiccata che, negli ultimi anni della sua vita, Lahiri Mahasaya poteva benissimo sembrare il padre dell'eternamente giovane Babaji.

Swami Kebalananda, il mio santo maestro di sanscrito, trascorse un periodo di tempo con Babaji[4] sull'Himalaya.

"L'incomparabile maestro si sposta con i suoi discepoli da un luogo all'altro delle montagne," mi raccontò Kebalananada. "Nel suo piccolo gruppo si trovano due discepoli americani molto progrediti. Dopo essere rimasto per qualche tempo in una località, Babaji dice: *"Dera danda uthao"*, ("Trasferiamo altrove il nostro campo e il nostro bastone"); porta infatti con sé un *danda*, ovvero un bastone di bambù. Queste parole sono il segnale per un immediato trasferimento del gruppo in un altro luogo. Non sempre però Babaji adotta questo mezzo di trasporto astrale; a volte si sposta a piedi di vetta in vetta.

"Babaji si rende visibile o riconoscibile solo quando lo desidera. Sappiamo che è apparso a vari devoti in molte forme leggermente diverse, a volte con barba e baffi, a volte senza. Il suo corpo, che non conosce declino, non ha bisogno di nutrirsi, e quindi il maestro mangia di rado. A volte, in gesto di cortesia verso i discepoli che si recano a trovarlo, accetta frutta o riso cotto nel latte e nel burro chiarificato.

"Sono a conoscenza di due straordinari avvenimenti della vita di Babaji", proseguì Kebalananda. "Una notte i suoi discepoli sedevano attorno a un immenso falò, acceso per celebrare una sacra cerimonia

---

[4] Il titolo di Babaji (reverendo padre) è alquanto comune; in India molti rinomati maestri sono chiamati con questo appellativo. Ma nessuno di loro è Babaji, il guru di Lahiri Mahasaya. L'esistenza del *mahavatar* fu resa nota per la prima volta nel 1946, nell'edizione inglese di *Autobiografia di uno Yogi*.

vedica. A un tratto il guru afferrò un tizzone ardente e lo poggiò sulla spalla nuda di un *cela* che si trovava vicino al fuoco.

"'Signore, che crudeltà!', protestò Lahiri Mahasaya, lì presente.

"'Avresti preferito vederlo bruciare e ridursi in cenere davanti ai tuoi occhi, com'era stabilito in base al suo karma passato?'.

"Pronunciate queste parole, Babaji pose la sua mano risanatrice sulla spalla deturpata del *cela*. 'Questa notte ti ho liberato da una morte atroce. La lieve sofferenza procurata dall'ustione è bastata a ottemperare alla legge karmica'.

"In un'altra occasione il sacro gruppo di Babaji fu disturbato dall'arrivo di uno sconosciuto, che aveva scalato la montagna con sorprendente abilità fino a raggiungere la sporgenza della roccia quasi inaccessibile dove si trovava il campo del guru.

'Signore, voi dovete essere il grande Babaji'. Il volto dell'uomo riluceva di un'ineffabile reverenza. 'Sono mesi che vi cerco senza sosta fra questi impervi dirupi. Vi supplico di accettarmi come vostro discepolo'.

"Il grande guru non rispose; l'uomo allora indicò il precipizio che si stendeva sotto di lui. 'Se mi rifiutate, mi butterò da questa montagna. Per me la vita non ha più alcun valore se non posso ottenere che voi mi guidiate verso il Divino'.

'Salta, allora', rispose Babaji impassibile. 'Non posso accettarti al livello attuale di evoluzione in cui ti trovi'.

"Immediatamente l'uomo si gettò dal dirupo, dinanzi ai discepoli sconvolti. Babaji ordinò loro di andare a raccogliere il corpo dello straniero. Quando tornarono con la spoglia sfigurata, il maestro pose la mano sul cadavere; ed ecco che l'uomo aprì gli occhi e si prostrò umilmente davanti al guru onnipotente.

'Ora sei pronto per diventare mio discepolo', disse Babaji raggiante d'amore per il suo *cela* risorto. 'Hai superato con coraggio una difficile prova.[5] La morte non ti toccherà più; ora fai parte del nostro gruppo immortale'. Quindi pronunciò le consuete parole che annunciavano la partenza, *'Dera danda uthao'*, e tutto il gruppo scomparve dalla montagna".

---

[5] Questa era una prova di obbedienza. Quando il maestro illuminato gli disse di saltare, l'uomo obbedì. Se avesse esitato, avrebbe smentito la dichiarazione appena fatta che la vita per lui era priva di valore senza la guida di Babaji. Se avesse esitato, avrebbe dimostrato la mancanza di fede incondizionata nel guru. Perciò la prova, per quanto drastica e insolita, era perfettamente adeguata alle circostanze.

Autobiografia di uno Yogi

Un avatar vive nello Spirito onnipresente; per lui non vale alcuna legge dell'inverso del quadrato della distanza. Un'unica ragione, quindi, spinge Babaji a conservare la sua forma fisica nei secoli: il desiderio di offrire agli esseri umani un esempio concreto delle potenzialità insite in loro. Se all'uomo non fosse mai concesso di scorgere un barlume della Divinità incarnata in qualche forma umana, egli rimarrebbe oppresso dalla potente illusione di *maya*, che gli fa credere di non poter trascendere la propria natura mortale.

Gesù conosceva fin dal principio tutti gli eventi della propria vita, e visse ciascuno di essi non per sé stesso né a causa di qualche imposizione karmica, ma unicamente per favorire l'elevazione di tutti quegli esseri umani che erano in grado di recepire il suo messaggio. I quattro evangelisti, Matteo, Marco, Luca e Giovanni, misero per iscritto l'ineffabile dramma della sua vita per il bene delle generazioni future.

Anche per Babaji non esiste alcuna relatività di passato, presente e futuro; egli ha sempre conosciuto fin dal principio tutte le fasi della sua vita. Adattandosi alla comprensione limitata degli uomini, ha recitato molti atti di questa vita divina dinanzi a uno o più testimoni. Così accadde che un discepolo di Lahiri Mahasaya fosse presente quando Babaji ritenne giunto il momento per proclamare che l'immortalità del corpo è possibile. Egli pronunciò questa solenne assicurazione dinanzi a Ram Gopal Muzumdar, perché finalmente altri cuori alla ricerca della verità potessero conoscerla ed esserne ispirati. I grandi pronunciano le loro parole e prendono parte al corso apparentemente naturale degli eventi soltanto per il bene degli uomini, proprio come ha detto Cristo: "Padre... io sapevo che sempre mi dai ascolto; ma *l'ho detto per la gente che mi sta attorno*, perché credano che tu mi hai mandato".[6]

Durante la mia visita a Ranbajpur, Ram Gopal, 'il santo che non dorme mai',[7] mi riferì la storia meravigliosa del suo primo incontro con Babaji.

"Talvolta lasciavo la mia grotta solitaria per andare a Benares e sedere ai piedi di Lahiri Mahasaya", mi raccontò Ram Gopal. "Una sera,

---

[6] Giovanni 11, 41-42.

[7] Ram Gopal è l'onnipresente yogi che rimarcò il fatto che non mi ero inchinato dinanzi al santuario di Tarakeswar (vedere il Capitolo 13).

verso mezzanotte, meditavo in silenzio insieme con alcuni dei suoi discepoli quando il maestro mi fece una strana richiesta.

'Ram Gopal', disse, "recati subito al *ghat* di Dasaswamedh'.

"Presto raggiunsi quel luogo solitario. Era una notte luminosa, rischiarata dalla luna e da stelle lucenti. Dopo essere rimasto seduto per qualche tempo in paziente silenzio, la mia attenzione fu attratta da un'enorme lastra di pietra vicino ai miei piedi. La lastra si sollevò a poco a poco, rivelando una grotta sotterranea. Quando la pietra si fermò, tenuta sospesa da un misterioso potere, emerse dalla grotta una giovane donna di incantevole bellezza che, avvolta in vesti drappeggiate, si innalzò nell'aria. Circondata da un tenue alone di luce, lentamente discese dinanzi a me e rimase immobile, immersa nell'estasi. Infine si mosse e parlò con dolcezza.

"'Sono Mataji,[8] la sorella di Babaji. Ho chiesto a lui e a Lahiri Mahasaya di venire stanotte alla mia grotta per parlare di una questione di grande importanza'.

"Una nube luminosa si approssimava rapidamente fluttuando sul Gange; la strana luminescenza si rifletteva sulle acque scure. Si avvicinò sempre più finché, con un lampo accecante, apparve accanto a Mataji e si condensò all'istante nella forma umana di Lahiri Mahasaya, che si inchinò umilmente ai piedi della santa.

"Prima che riuscissi a riprendermi dallo stupore, scorsi di nuovo con grande meraviglia una massa rotante di luce soprannaturale che attraversava il cielo. Discendendo rapidamente, il vortice fiammeggiante si accostò al nostro gruppo e si materializzò nel corpo di un bellissimo giovane. Compresi immediatamente che si trattava di Babaji. Somigliava a Lahiri Mahasaya, sebbene apparisse assai più giovane del suo discepolo e avesse capelli lunghi e lucenti.

"Lahiri Mahasaya, Mataji e io ci inginocchiammo ai piedi del grande guru. Appena toccai il suo corpo divino, una sensazione celestiale di gloriosa beatitudine fece vibrare ogni fibra del mio essere.

"'Sorella benedetta', disse Babaji, 'ho intenzione di lasciare la mia forma per immergermi nella Corrente Infinita'.

---

[8] 'Madre Santa". Anche Mataji vive da molti secoli ed è spiritualmente avanzata quasi quanto il fratello. Rimane in estasi in una segreta grotta sotterranea vicino al *ghat* di Dasaswamedh.

"'Ho già intuito il tuo proposito, amato maestro. Volevo parlarne con te questa notte. Perché vuoi abbandonare il corpo?'. La meravigliosa donna lo guardava supplichevole.

"'Che differenza può esserci se mi manifesto in un'onda visibile o invisibile nell'oceano del mio Spirito?'.

"Mataji replicò con un sottile tratto di arguzia: 'Guru immortale, se non vi è alcuna differenza, allora ti prego di non abbandonare mai la tua forma'.[9]

"'Sia come tu vuoi', disse Babaji solennemente. 'Non abbandonerò mai il mio corpo fisico, che rimarrà sempre visibile almeno a un piccolo gruppo di persone su questa terra. Il Signore ha espresso la Sua volontà per mezzo delle tue labbra'.

"Mentre ascoltavo con reverenza il dialogo tra questi esseri eccelsi, il grande guru si volse verso di me con un gesto benevolo.

"'Non temere, Ram Gopal', disse, 'tu sei benedetto per essere stato testimone di questo incontro e della promessa immortale'.

"Mentre la dolce melodia della voce di Babaji si affievoliva, la sua forma e quella di Lahiri Mahasaya levitarono lentamente, tornando a dirigersi verso il Gange. Un'aureola di fulgida luce circondava i loro corpi mentre svanivano nel cielo notturno. La forma di Mataji fluttuò verso la grotta e ridiscese; la lastra di pietra si abbassò e si richiuse, come mossa da mani invisibili.

"Infinitamente ispirato, ritornai verso la casa di Lahiri Mahasaya, dove giunsi alle prime luci dell'alba; quando mi inginocchiai dinanzi a lui, il mio guru mi sorrise con aria d'intesa.

"'Sono felice per te, Ram Gopal', mi disse, 'il desiderio di incontrare Babaji e Mataji, che mi hai espresso tante volte, è stato infine esaudito in un modo meraviglioso'.

"Gli altri discepoli mi dissero che Lahiri Mahasaya non si era mai mosso dal suo posto da quando lo avevo lasciato a mezzanotte.

"'Quando sei uscito per andare al *ghat* di Dasaswamedh, il guru ha tenuto uno stupendo discorso sull'immortalità', mi riferì un *cela*. Per la prima volta compresi appieno la verità espressa nei versetti delle

---

[9] Questo episodio richiama alla mente un aneddoto su Talete. Il grande filosofo greco insegnava che non c'è differenza tra la vita e la morte.
"Allora", gli chiese un calunniatore, "perché non muori?".
E Talete rispose: "Perché non fa alcuna differenza!".

Scritture dove si afferma che chi ha raggiunto la realizzazione del Sé può apparire in luoghi diversi, in due o più corpi contemporaneamente".

"In seguito Lahiri Mahasaya mi illustrò molti aspetti metafisici riguardo al disegno segreto di Dio per questa terra", concluse Ram Gopal. "Babaji è stato prescelto da Dio per rimanere nel corpo per tutta la durata di questo particolare ciclo del mondo. Le ere verranno e passeranno, ma il maestro immortale[10] sarà sempre presente sul palcoscenico di questa terra a osservare il dramma dei secoli."

---

[10] "Se uno osserva la mia parola (rimanendo ininterrottamente nella Coscienza Cristica) non vedrà mai la morte" (Giovanni 8, 51).

Con queste parole Gesù non si riferiva all'immortalità nel corpo fisico, che sarebbe una forma di prigionia alquanto tediosa, a cui non si vorrebbe condannare neppure un peccatore, tanto meno un santo! L'uomo illuminato al quale si riferiva Cristo è colui che si è ridestato alla Vita Eterna uscendo dal torpore mortale dell'ignoranza (vedere il Capitolo 43).

La vera essenza dell'uomo è Spirito, onnipresente e privo di forma. L'imposizione karmica della reincarnazione è provocata da *avidya*, cioè dall'ignoranza. Le Scritture indù insegnano che la vita e la morte sono manifestazioni di *maya*, l'illusione cosmica. Nascita e morte hanno significato solo nel mondo della relatività.

Babaji non è soggetto alle limitazioni del corpo fisico o del pianeta in cui dimora, ma, secondo il volere di Dio, sta compiendo una missione speciale per il bene di questa terra.

I grandi maestri come swami Pranabananda (vedere pagina 279) che ritornano sulla terra in un nuovo corpo fisico, lo fanno per ragioni che essi soli conoscono. Le loro incarnazioni su questo pianeta non sono soggette alle rigide restrizioni del karma. Tali ritorni volontari sono chiamati *vyutthana*, cioè ritorni alla vita sulla terra una volta vinta la cecità causata da *maya*.

Qualunque sia il modo, naturale o prodigioso, in cui muore un maestro che ha pienamente realizzato Dio, egli è in grado di resuscitare il proprio corpo e di apparire rivestito di tale forma dinanzi agli occhi degli abitanti della terra. Materializzare gli atomi di un corpo fisico non può certo essere una fatica eccessiva per le capacità di chi è unito al Signore, il Creatore di innumerevoli sistemi solari!

"Io offro la mia vita, per poi riprenderla di nuovo", ha proclamato Gesù. "Nessuno me la toglie, ma la offro da me stesso, poiché ho il potere di offrirla e il potere di riprenderla di nuovo" (Giovanni 10, 17-18).

Babaji
Un *mahavatar*, 'Incarnazione divina'
Guru di Lahiri Mahasaya

Yoganandaji aiutò un artista a realizzare questo fedele ritratto del grande Yogi-Cristo dell'India moderna. Il Mahavatar Babaji non ha voluto rivelare ai suoi discepoli dettagli riguardanti il luogo e la data della sua nascita. Da molti secoli vive fra le nevi dell'Himalaya.

"Ogni volta che un devoto pronuncia con reverenza il nome di Babaji", ha detto Lahiri Mahasaya, "attira istantaneamente su di sé una benedizione spirituale".

Capitolo 34

Un palazzo si materializza sull'Himalaya

"Il primo incontro di Babaji con Lahiri Mahasaya è una storia avvincente, una delle poche che ci offra una vivida immagine del guru immortale".

Questo fu il preambolo di swami Kebalananda a un racconto straordinario: la prima volta che l'ascoltai rimasi letteralmente senza parole. Me lo feci poi ripetere dal mio gentile professore di sanscrito in molte altre occasioni, e in seguito lo ascoltai anche da Sri Yukteswar, quasi con le stesse parole. Questi discepoli di Lahiri Mahasaya avevano entrambi udito lo straordinario racconto direttamente dalle labbra del loro guru.

"Il mio primo incontro con Babaji avvenne quando avevo 33 anni", aveva affermato Lahiri Mahasaya. "Nell'autunno del 1861 lavoravo a Danapur come contabile di Stato nel Dipartimento del Genio Militare. Una mattina il direttore dell'ufficio mi mandò a chiamare.

"'Lahiri', disse, 'è appena arrivato un telegramma dalla direzione centrale. Dovete essere trasferito a Ranikhet, dove si sta realizzando un presidio dell'esercito.[1]

"Partii con un domestico per il mio viaggio di circa 800 chilometri. Viaggiando a cavallo e in carrozza, giungemmo in trenta giorni nella località di Ranikhet[2] nell'Himalaya.

"I miei compiti d'ufficio non erano gravosi. Potevo trascorrere molte ore vagabondando per quelle magnifiche alture. Essendomi giunta voce che la regione era benedetta dalla presenza di grandi santi, provavo un intenso desiderio di incontrarli. Mentre girovagavo un giorno di

---

[1] In seguito un sanatorio militare. Nel 1861 il governo britannico aveva già messo in funzione in India un sistema di comunicazioni telegrafiche.

[2] Ranikhet, nel distretto di Almora, è situata ai piedi di una delle cime più alte dell'Himalaya, Nanda Devi (circa 8000 metri).

Autobiografia di uno Yogi

primo pomeriggio, udii con stupore una voce lontana che mi chiamava per nome. Continuai a inerpicarmi con passi energici su per il monte Drongiri. Una lieve inquietudine mi colse al pensiero di non riuscire a tornare indietro prima che l'oscurità scendesse sulla foresta.

"Finalmente giunsi a una piccola spianata, costeggiata ai lati da alcune grotte. Ritto su una delle sporgenze rocciose, vidi un giovane, che sorridendo tendeva la mano in segno di benvenuto. Notai con stupore che, eccetto per i capelli color rame, mi somigliava in modo straordinario.

"'Lahiri[3], sei venuto!'. Il santo mi si rivolse affettuosamente, parlando in hindi. 'Riposati in questa grotta. Sono io che ti ho chiamato'.

"Entrai nella grotta. Era piccola, pulita e ordinata; vi si trovavano varie coperte di lana e alcuni *kamandalu* (brocche per l'acqua).

"'Lahiri, ricordi quel posto?', mi chiese lo yogi indicando una coperta piegata in un angolo.

"'No, signore'. Piuttosto sbalordito per la strana avventura che mi stava accadendo, aggiunsi: 'Devo andarmene adesso, prima che scenda la notte. Domattina ho da fare in ufficio'.

"Il misterioso santo rispose in inglese: 'L'ufficio è stato fatto per te, non tu per l'ufficio'.

"Ero strabiliato che questo asceta della foresta non solo parlasse in inglese, ma parafrasasse le parole di Cristo.[4]

"'Vedo che il mio telegramma ha raggiunto il suo scopo'. L'osservazione dello yogi mi era incomprensibile; gli chiesi cosa intendesse dire.

"'Parlo del telegramma che ti ha chiamato in questi luoghi solitari. Sono stato io a suggerire silenziosamente alla mente del tuo superiore di farti trasferire a Ranikhet. Quando si percepisce la propria unione con l'umanità intera, tutte le menti divengono stazioni trasmittenti attraverso le quali si può agire a proprio piacimento'. E aggiunse: 'Lahiri, sicuramente questa grotta ti è familiare'.

---

[3] In realtà Babaji disse 'Gangadhar', il nome con cui Lahiri Mahasaya era conosciuto nella sua precedente incarnazione. Gangadhar (che letteralmente significa "colui che trattiene il Ganga, il fiume Gange") è uno dei nomi di Shiva. Secondo la leggenda narrata nei Purana, il sacro fiume Ganga discese dal paradiso. Per timore che la terra non fosse in grado di sopportare la sua discesa dirompente, Shiva ne catturò le acque nel folto della sua riccia chioma, da dove poi le lasciò fluire dolcemente. Il significato metafisico di "Gangadhar" è "colui che ha il controllo sul 'fiume' della corrente vitale che scorre nella spina dorsale".

[4] "Il sabato è fatto per l'uomo e non l'uomo per il sabato" (Marco 2, 27).

Un palazzo si materializza sull'Himalaya

"Poiché, sconcertato, restavo in silenzio, il santo si avvicinò e mi colpì lievemente la fronte. Al suo tocco magnetico una corrente miracolosa mi attraversò il cervello, lasciando germogliare il seme dei dolci ricordi della mia vita precedente.

"'Ora ricordo!', esclamai con voce rotta da singhiozzi di gioia. 'Voi siete il mio guru, Babaji, che mi appartiene da sempre! Nella mia mente affiorano vivide scene del passato; questa è la grotta in cui ho trascorso tanti anni della mia ultima incarnazione!'. Travolto da ineffabili ricordi, abbracciai piangendo i piedi del mio maestro.

"'Per più di trent'anni ho atteso che ritornassi da me'. La voce di Babaji risuonava di un amore celestiale.

"'Sei scivolato via, scomparendo tra le onde tumultuose della vita oltre la morte. La bacchetta magica del tuo karma ti ha toccato e te ne sei andato! Sebbene tu mi abbia perso di vista, io non ho mai perso di vista te! Ti ho inseguito sul luminescente mare astrale dove veleggiano gli angeli gloriosi. Nell'oscurità, nella tempesta, nel tumulto e nella luce, ti ho sempre seguito, come fanno gli uccelli per proteggere i loro piccoli. Mentre vivevi la tua vita nel grembo materno e quando, tenera creatura, sei venuto alla luce, il mio sguardo vegliava sempre su di te. Quando da piccolo, nella posizione del loto, ricoprivi il tuo corpicino con le sabbie di Ghurni, io ero presente, anche se invisibile. Pazientemente, mese dopo mese, anno dopo anno, ho vegliato su di te, attendendo questo giorno perfetto. Ora sei con me! Ecco la tua amata grotta di un tempo. L'ho sempre tenuta pulita e pronta per te. Questa è la tua sacra coperta per la meditazione (*asana*), dove sedevi ogni giorno per colmare di Dio il tuo cuore in continua espansione. Ecco la ciotola da cui spesso bevevi il nettare che io ti preparavo. Guarda come ti ho serbato lucida la coppa di ottone, affinché un giorno vi potessi bere ancora. Mio caro, comprendi adesso?'.

"'Mio guru, che posso dire?', mormorai con voce rotta. 'Dove mai si è udito di un tale amore immortale?'. Guardai a lungo, estasiato, il mio eterno tesoro, il mio guru nella vita e nella morte.

"'Lahiri, hai bisogno di purificarti. Bevi l'olio di questa ciotola e sdraiati in riva al fiume'. Il senso pratico è sempre stato un tratto saliente di Babaji, pensai con un sorriso, abbandonandomi ai ricordi.

"Seguii le sue istruzioni. Scendeva la gelida notte dell'Himalaya, eppure cominciò a vibrare in me un'ondata di confortante calore. Pieno di meraviglia, mi domandai se quell'olio sconosciuto non fosse capace di sprigionare un calore cosmico.

"Nell'oscurità un vento pungente mi soffiava intorno, urlandomi la sua furiosa sfida. Le gelide onde del fiume Gogash di quando in quando lambivano il mio corpo, disteso sulla riva rocciosa. Le tigri ruggivano poco lontano, ma il cuore era libero da ogni paura; la forza che si era appena irradiata in me mi dava la certezza di una protezione assoluta. Trascorsero velocemente diverse ore; sbiaditi ricordi di un'altra vita si intrecciavano al lucente tessuto del momento presente, nel quale mi ero ricongiunto al mio guru divino.

"Le mie solitarie riflessioni furono interrotte da un rumore di passi che si avvicinavano. Nell'oscurità, la mano di un uomo mi aiutò gentilmente a rialzarmi e mi diede delle vesti asciutte.

"'Vieni, fratello, il maestro ti aspetta', disse il mio compagno, e cominciò a guidarmi nella foresta. Giunti a una svolta del sentiero, la notte oscura fu rischiarata all'improvviso da una luce persistente che splendeva in lontananza.

"'È forse l'alba?', domandai, 'Non può essere già trascorsa tutta la notte'.

"'È mezzanotte', rispose la mia guida ridendo sommessamente. 'Quella luce è il fulgore di un palazzo d'oro, materializzato qui, questa notte, dall'incomparabile Babaji. Nell'oscuro passato, una volta tu esprimesti il desiderio di godere delle bellezze di un palazzo. Il maestro ora esaudisce questo desiderio, liberandoti così dal tuo ultimo vincolo karmico'.[5] E aggiunse: 'Il magnifico palazzo sarà il luogo in cui riceverai stanotte la tua iniziazione al Kriya Yoga. Tutti i tuoi fratelli sono riuniti qui per accoglierti in un canto corale di benvenuto, esultanti per la fine del tuo esilio. Guarda!'.

"Dinanzi a noi si ergeva un immenso palazzo d'oro splendente. Tempestato di innumerevoli pietre preziose, circondato da magnifici giardini e rispecchiato dalle acque di tranquilli laghetti, offriva uno spettacolo di grandiosità impareggiabile! Le imponenti arcate erano ornate da intricati intarsi, in cui rilucevano grandi diamanti, zaffiri e smeraldi. Presso i cancelli risplendenti della rossa luce dei rubini, sostavano uomini dall'aspetto angelico.

---

[5] La legge karmica esige che ogni desiderio umano trovi il suo appagamento finale. I desideri non spirituali sono perciò la catena che lega l'uomo alla ruota delle rinascite.

Un palazzo si materializza sull'Himalaya

La grotta di Babaji nell'Himalaya

È una grotta nei pressi di Ranikhet, occupata occasionalmente dal Mahavatar Babaji. Un nipote di Lahiri Mahasaya, Ananda Mohan Lahiri (*con l'abito bianco*), insieme a tre devoti, durante una visita a questo luogo sacro.

"Seguii il mio compagno in una grande sala da ricevimento. Nell'aria aleggiava un profumo di incenso e di rose; fioche lampade irradiavano una soffusa luce multicolore. Piccoli gruppi di devoti, alcuni di pelle chiara, altri scura, cantavano dolcemente o sedevano in meditazione, immersi nella pace interiore. Una gioia vibrante permeava l'atmosfera.

"'Appaga gli occhi, godi dello splendore artistico di questo palazzo, poiché è stato realizzato solo in tuo onore', osservò la mia guida, sorridendo comprensiva mentre prorompevo in esclamazioni di meraviglia.

"'Fratello', dissi, 'la bellezza di questo edificio supera ogni limite dell'immaginazione umana. Ti prego, spiegami il mistero della sua origine'.

"'Lo farò ben volentieri'. Gli occhi neri del mio compagno rilucevano di saggezza. 'Non vi è nulla di inspiegabile in questa materializzazione.

L'intero universo non è che la proiezione del pensiero del Creatore. La pesante massa di terra che fluttua nello spazio è un sogno di Dio. La Sua mente ha creato ogni cosa, proprio come fa l'uomo che, nello stato di coscienza del sogno, riproduce e dà vita a una creazione e alle creature che la popolano.

"'Il Signore creò la terra dapprima come idea, poi le diede vita. Allora si manifestarono l'energia atomica e infine la materia. Dio organizzò gli atomi in una sfera solida, e tutte le molecole che la compongono restano aggregate in virtù della Sua volontà. Quando Dio revocherà la Sua volontà, tutti gli atomi della terra si trasformeranno in energia. L'energia atomica ritornerà alla propria fonte, la pura coscienza, e l'idea della terra non avrà più manifestazione oggettiva.

"'La sostanza di cui è composto un sogno è tenuta in vita dal pensiero subconscio del sognatore. Quando, nello stato di veglia, quel pensiero coesivo non è più presente, il sogno e i suoi elementi si dissolvono. Un uomo può chiudere gli occhi ed edificare una creazione di sogno che, al risveglio, dissolve senza fatica alcuna. Così facendo, egli segue il divino modello originario. Analogamente, quando si ridesta nella coscienza cosmica, l'uomo dissolve senza fatica l'illusione di un universo cosmico di sogno.

"'Babaji, essendo in sintonia con la Volontà infinita che realizza ogni cosa, è in grado di imporre agli atomi elementari di aggregarsi e di manifestarsi in qualsiasi forma. Questo palazzo d'oro, creato in un istante, è reale nello stesso senso in cui è reale la terra. Babaji ha creato nella sua mente questo stupendo palazzo, e ne tiene coesi gli atomi con la forza della sua volontà, proprio come il pensiero di Dio ha creato la terra e la Sua volontà la sostiene'. E aggiunse: 'Quando questo edificio sarà servito al suo scopo, Babaji lo smaterializzerà'.

"Poiché restavo in un silenzio colmo di reverente stupore, la mia guida riprese con un ampio gesto: 'Questo palazzo risplendente, ornato di magnifiche gemme, non è opera del lavoro umano; l'oro e le pietre preziose non sono stati faticosamente estratti da una miniera. Eppure sta saldamente in piedi, lanciando all'uomo una monumentale sfida.[6] Chiunque realizzi di essere un figlio di Dio, proprio come ha fatto Babaji, può raggiungere qualsiasi obiettivo si prefigga, grazie agli infiniti

---

[6] "Che cos'è un miracolo? È un rimprovero, un'implicita satira sull'umanità" (Edward Young, in *Night Thoughts*).

poteri che si celano in lui. Una comune pietra nasconde in sé formidabili energie atomiche;[7] allo stesso modo, persino il più infimo dei mortali è un ricettacolo della divinità'.

"Il saggio prese da un tavolo lì accanto un elegante vaso dal manico scintillante di diamanti. 'Il nostro grande guru ha creato questo palazzo solidificando miriadi di raggi cosmici che si propagavano liberamente nell'aria', proseguì. 'Tocca questo vaso e i suoi diamanti; essi supereranno ogni possibile esame dei sensi'.

"Osservai attentamente il vaso; le sue gemme erano degne del tesoro di un re. Passai una mano sulle pareti della stanza, fatte di oro scintillante. Nella mia mente si diffuse un senso di profonda soddisfazione. In quel momento avvertii che un desiderio, sepolto nel subconscio da vite ormai trascorse, sembrava essere stato al tempo stesso appagato ed eliminato per sempre.

"Il mio nobile compagno mi fece attraversare arcate e corridoi riccamente decorati, e poi una serie di stanze arredate in uno stile sontuoso, simile a quello di un palazzo imperiale. Entrammo in una sala immensa, con al centro un trono d'oro incastonato di gioielli che risplendevano di un arcobaleno di colori. Là, seduto nella posizione del loto, si trovava il supremo Babaji. Mi inginocchiai ai suoi piedi sul pavimento lucente.

"'Lahiri, continui ancora a deliziarti dei tuoi desideri che ti facevano anelare a un palazzo d'oro?'. Gli occhi del mio guru brillavano come gli zaffiri del suo palazzo. 'Svegliati! Tutta la tua sete di cose terrene è in procinto di estinguersi per sempre'. Sussurrò alcune mistiche parole di benedizione. 'Figlio mio, alzati. Ricevi la tua iniziazione al regno di Dio per mezzo del Kriya Yoga'.

"Babaji stese una mano; apparve allora un fuoco sacrificale (*homa*), circondato da frutti e fiori. Dinanzi a questo altare fiammeggiante ricevetti la tecnica yoga che porta alla liberazione.

"I riti terminarono alle prime luci dell'alba. In quello stato d'estasi non sentivo alcun bisogno di dormire. Vagai per le stanze del palazzo, colme di tesori e di squisiti oggetti d'arte, e visitai i giardini. Notai, lì vicino, le grotte e le nude rocce che avevo visto il giorno precedente; ma allora non si trovavano nei pressi di un grandioso palazzo e di terrazze fiorite.

---

[7] Antichi trattati indiani, il *Vaisesika* e il *Nyaya*, teorizzano la struttura atomica della materia: "Vi sono vasti mondi racchiusi negli spazi vuoti di ogni atomo, molteplici come le particelle di pulviscolo contenute in un raggio di sole" (*Yoga Vasishtha*).

"Rientrando nel palazzo, che scintillava in modo fiabesco sotto il freddo sole dell'Himalaya, cercai il mio maestro. Era ancora seduto sul suo trono, circondato da molti silenziosi discepoli.

"'Lahiri', disse, 'tu hai fame. Chiudi gli occhi'.

"Quando li riaprii, l'incantevole palazzo e i suoi giardini erano scomparsi. Ora il mio corpo e le forme di Babaji e dei suoi discepoli erano tutti seduti sulla nuda terra, nel punto esatto del palazzo scomparso, non lontano dagli ingressi delle grotte rocciose illuminate dal sole. Ricordai che la mia guida aveva detto che il palazzo si sarebbe smaterializzato e gli atomi imprigionati nella sua forma sarebbero stati liberati per tornare alle essenze mentali da cui avevano avuto origine. Benché sbalordito, guardai fiducioso il mio guru. Non sapevo che cos'altro aspettarmi da questo giorno di miracoli.

"'Lo scopo per il quale il palazzo fu creato è stato ormai raggiunto', spiegò Babaji. Prese da terra un recipiente di terracotta. 'Metti qui la mano e ricevi il cibo che desideri'.

"Toccai la larga ciotola vuota, e subito si riempì di caldi *luchi* imburrati, curry e dolci. Mentre mangiavo, vedevo che il recipiente continuava a rimanere sempre pieno. Alla fine del pasto mi guardai intorno cercando dell'acqua. Il mio guru indicò nuovamente la ciotola che avevo dinanzi: il cibo era sparito e al suo posto c'era l'acqua.

"'Pochi mortali sanno che il regno di Dio include anche il regno degli appagamenti terreni', osservò Babaji. 'Il reame divino si estende fino a quello terreno; ma quest'ultimo, essendo di natura illusoria, non contiene l'essenza della Realtà'.

"'Amato guru, la notte scorsa mi avete dimostrato l'esistenza del legame fra la bellezza celeste e quella terrena!'. Sorrisi al ricordo del palazzo scomparso; certamente nessun semplice yogi aveva mai ricevuto l'iniziazione ai nobili misteri dello Spirito in uno scenario di uno sfarzo più spettacolare! Osservai serenamente lo stridente contrasto con la scena attuale. Il nudo suolo, la volta celeste, le caverne che offrivano un rifugio primitivo, tutto formava una graziosa cornice naturale per i serafici santi che avevo intorno.

"Quel pomeriggio rimasi seduto sulla mia coperta, resa sacra dai ricordi delle realizzazioni conseguite in vite passate. Il mio divino guru si avvicinò e mi passò la mano sul capo. Entrai nello stato del *nirbikalpa samadhi*, e rimasi in quel rapimento ininterrottamente per sette giorni. Attraversando uno dopo l'altro gli stadi della conoscenza del Sé, penetrai nei regni immortali della Realtà. Ogni illusoria limitazione scomparve; la mia anima prese stabile dimora sull'altare dello Spirito Cosmico.

"L'ottavo giorno caddi ai piedi del mio guru e lo implorai di tenermi sempre accanto a sé, in quella sacra solitudine.

"'Figlio mio', rispose Babaji abbracciandomi, 'il tuo ruolo in questa incarnazione deve svolgersi dinanzi agli occhi delle moltitudini. Prima di nascere sei stato benedetto da molte vite di solitaria meditazione; ora devi mescolarti agli uomini nel mondo.

"'Un profondo motivo giustifica il fatto che questa volta tu non mi abbia incontrato prima di essere già un uomo sposato, investito di modeste responsabilità verso la famiglia e il lavoro. Devi abbandonare il pensiero di unirti al nostro gruppo segreto nell'Himalaya. La tua vita dovrà svolgersi in mezzo alle folle della città, per dare l'esempio di uno yogi capofamiglia perfetto'.

"'Il pianto di dolore di molti uomini e donne smarriti in questo mondo non è giunto invano all'orecchio dei santi', Babaji continuò. 'Tu sei stato scelto per portare conforto spirituale a molti sinceri ricercatori della verità mediante il Kriya Yoga. Milioni di persone che si sentono ostacolate dai legami familiari e da gravose responsabilità terrene attingeranno nuovo coraggio da te, un capofamiglia come loro. Guidandole, dovrai aiutarle a capire che i più alti conseguimenti yoga non sono preclusi a un padre di famiglia. Anche rimanendo nel mondo, lo yogi che assolve fedelmente le proprie responsabilità, senza subire l'influenza di motivazioni o di attaccamenti personali, percorre il sicuro sentiero dell'illuminazione.

"'Niente ti costringe a lasciare il mondo, poiché interiormente hai già spezzato ogni legame karmico. Pur non appartenendo a questo mondo, devi vivere in esso. Molti anni ti restano ancora, durante i quali dovrai svolgere coscienziosamente i tuoi compiti familiari, lavorativi, sociali e spirituali. Un nuovo, dolce soffio di divina speranza penetrerà negli aridi cuori dei materialisti; dall'esempio della tua vita equilibrata comprenderanno che la liberazione dipende dalle rinunce interiori anziché da quelle esteriori'.

"Come mi sembravano lontani la mia famiglia, l'ufficio, il mondo, mentre ascoltavo il mio guru sulle alte solitudini dell'Himalaya! Eppure una verità adamantina risuonava nelle sue parole; docilmente acconsentii ad abbandonare quel sacro rifugio di pace. Babaji mi impartì le antiche e rigide norme che regolano la trasmissione dell'arte yogica dal guru al discepolo.

"'Concedi la chiave del Kriya solo ai *cela* idonei', disse Babaji. 'Chi fa voto di sacrificare ogni cosa alla ricerca del Divino è degno di sciogliere, con la scienza della meditazione, gli ultimi misteri della vita'.

"'Angelico guru, poiché avete già aiutato l'umanità facendo risorgere la perduta arte del Kriya, non volete accrescere il beneficio che le avete accordato attenuando la severità delle regole per divenire discepoli?', chiesi a Babaji con sguardo implorante. 'Vi prego, permettetemi di impartire il Kriya a tutti coloro che si impegnano sinceramente nella ricerca spirituale, anche se in principio possono non essere in grado di votarsi alla completa rinuncia interiore. Il tormentato genere umano, perseguitato dalla triplice sofferenza,[8] ha bisogno di un incoraggiamento speciale; potrebbe non tentare mai la via della liberazione, se gli fosse negata l'iniziazione Kriya".

"'Così sia. La volontà divina si è espressa per mezzo tuo. Concedi il Kriya a tutti coloro che umilmente chiedono il tuo aiuto', rispose il compassionevole guru.[9]

---

[8] Le sofferenze fisiche, mentali e spirituali che si manifestano, rispettivamente, come malattie, inadeguatezze o 'complessi' psicologici e ignoranza dell'anima.

[9] Inizialmente Babaji autorizzò soltanto Lahiri Mahasaya a impartire il Kriya Yoga. In seguito, lo *yogavatar* gli chiese di estendere l'autorizzazione ad alcuni dei suoi discepoli. Babaji acconsentì, stabilendo che in futuro tale facoltà fosse limitata ai devoti prograditi sul sentiero del Kriya e autorizzati da Lahiri Mahasaya o da coloro ai quali i discepoli incaricati dallo *yogavatar* avessero a loro volta conferito questa autorizzazione. Babaji ha misericordiosamente promesso di assumersi, vita dopo vita, la responsabilità del benessere spirituale di tutti i fedeli e leali Kriya Yogi che abbiano ricevuto l'iniziazione da insegnanti autorizzati.

Gli iniziati al Kriya Yoga appartenenti alla Self-Realization Fellowship e alla Yogoda Satsanga Society of India devono sottoscrivere la promessa di non rivelare ad altri la tecnica Kriya. In questo modo, si difende la semplice ma precisa tecnica del Kriya da ogni modifica e distorsione che potrebbe subire da parte di insegnanti non autorizzati, preservandone la forma originaria, senza contaminazioni.

Babaji, pur avendo rimosso le antiche restrizioni della rinuncia e della vita ascetica per consentire anche alle masse di beneficiare del Kriya Yoga, richiese a Lahiri Mahasaya e a tutti i discendenti della sua linea spirituale (la linea dei guru della SRF e della YSS) di sottoporre gli inizianti a un periodo di preparazione spirituale per poter ricevere il Kriya Yoga. La pratica di una tecnica altamente avanzata come il Kriya non è compatibile con una vita spirituale disordinata. Il Kriya Yoga non è soltanto una tecnica di meditazione: è anche uno stile di vita, e richiede che l'iniziato accetti determinate regole e ingiunzioni spirituali. La Self-Realization Fellowship e la Yogoda Satsanga Society of India hanno seguito fedelmente le disposizioni trasmesse da Babaji, Lahiri Mahasaya, Sri Yukteswar e Paramahansa Yogananda. Le tecniche preliminari al Kriya Yoga, la tecnica Hong-So

Un palazzo si materializza sull'Himalaya

"Dopo una pausa Babaji aggiunse: 'A ognuno dei tuoi discepoli ripeti questa sublime promessa della Bhagavad Gita:[10] *Swalpamapyasya dharmasya trayate mahato bhayat*'. [Anche solo una breve pratica di questo *dharma* (rito religioso o giusta azione) ti salverà da grandi paure (*mahato bhayat*): le enormi sofferenze inerenti ai cicli ricorrenti di vita e morte].

"Quando il mattino seguente mi inginocchiai ai piedi del mio guru per chiedergli la benedizione di commiato, egli sentì la mia profonda riluttanza ad abbandonarlo.

"'Non vi è separazione per noi, amato figlio'. Mi toccò la spalla con affetto. 'Dovunque tu sia, ogni volta che mi chiamerai, sarò con te all'istante'.

"Confortato da questa meravigliosa promessa e ricco del tesoro di divina saggezza appena ritrovato, mi incamminai sulla via del ritorno, giù per la montagna. In ufficio fui accolto con calore dai colleghi, che per dieci giorni mi avevano creduto disperso nelle foreste dell'Himalaya. Poco tempo dopo giunse una lettera dalla sede centrale:

"'Lahiri deve tornare alla sede di Danapur', diceva, 'Il suo trasferimento a Ranikhet è dovuto a un errore. Un'altra persona era stata destinata a quell'ufficio'.

"Sorrisi, pensando alle vie segrete che mi avevano condotto in quel luogo remoto dell'India.

"Prima di ritornare a Danapur[11], trascorsi qualche giorno presso una famiglia bengalese a Moradabad. Un gruppo di sei amici si riunì per salutarmi. Quando portai la conversazione su argomenti spirituali, il mio ospite osservò tristemente:

"'Oh, purtroppo ai nostri giorni non ci sono più santi in India!'.

"'Babu', protestai con calore, 'certo che ci sono ancora dei grandi maestri in questo paese!'.

"Nello stato di grande fervore in cui mi trovavo, non resistetti all'impulso di raccontare le straordinarie esperienze appena vissute

---

e la tecnica Om, spiegate nelle Lezioni SRF-YSS e insegnate dai discepoli autorizzati della SRF-YSS, sono parte integrante del sentiero del Kriya Yoga. Queste tecniche sono altamente efficaci per elevare la coscienza alla realizzazione del Sé e liberare l'anima da ogni vincolo materiale. (*Nota dell'editore*)

[10] Capitolo 2, 40.

[11] Una città vicino a Benares.

sull'Himalaya. I miei amici mi ascoltarono educatamente, ma rimasero del tutto increduli.

"'Lahiri', disse uno di loro in tono di conforto, 'nell'aria rarefatta delle montagne la tua mente è stata sottoposta a una certa tensione nervosa. Quello che ci hai raccontato è un sogno ad occhi aperti'.

"Forte della verità delle mie parole e trasportato dall'entusiasmo, risposi senza riflettere: 'Se lo chiamo, il mio guru apparirà proprio qui, in questa casa!'.

"Negli occhi di tutti passò un lampo di interesse; non c'era da meravigliarsi che gli amici fossero ansiosi di assistere a un tale fenomeno. Un po' esitante, chiesi loro di lasciarmi in una camera tranquilla e di darmi due coperte nuove di lana.

"'Il maestro si materializzerà dall'etere', dissi, 'Restate in silenzio fuori della porta. Vi chiamerò presto'.

"Mi raccolsi in meditazione invocando umilmente il mio guru. La camera, prima immersa nell'oscurità, fu pervasa da una tenue e soave luminescenza e apparve la radiosa figura di Babaji.

"'Lahiri, mi chiami per una sciocchezza?'. Il maestro mi fissava severo. 'La verità è per coloro che la cercano seriamente, non per chi prova soltanto una vana curiosità. È facile credere quando si vede; nessuna ricerca dell'anima è allora necessaria. Merita di scoprire la verità spirituale solo chi ha superato il proprio innato scetticismo materialistico'. E aggiunse gravemente: 'Lasciami andare!'.

"Caddi implorante ai suoi piedi: 'Santo guru, mi rendo conto del mio grave errore. Chiedo umilmente perdono. Ho osato chiamarvi solo per suscitare la fede in queste menti spiritualmente cieche. Poiché nella vostra clemenza avete esaudito la mia preghiera, accondiscendendo ad apparire, vi prego di non andar via senza concedere una benedizione ai miei amici. Per quanto scettici, sono almeno disposti a verificare l'esattezza delle mie insolite affermazioni'.

"'Va bene. Rimarrò un poco. Non voglio che le tue parole siano messe in dubbio dai tuoi amici'. Il volto di Babaji si era addolcito, ma aggiunse benevolmente: 'D'ora innanzi, figlio mio, verrò ogni volta che avrai bisogno di me, non ogni volta che mi chiamerai'.[12]

[12] Sul sentiero che porta all'Infinito, anche maestri illuminati come Lahiri Mahasaya possono peccare di un eccesso di zelo e ricevere per questo una punizione. Nella Bhagavad Gita troviamo molti passi in cui il divino guru, Krishna, redarguisce il principe dei devoti, Arjuna.

Un palazzo si materializza sull'Himalaya

"Quando aprii la porta, nel piccolo gruppo di amici regnava un silenzio carico di tensione. Fissarono la luminosa figura seduta sulla coperta come se diffidassero dei propri sensi.

"'Questo è ipnotismo collettivo!', esclamò uno di loro con una sonora risata. 'Nessuno poteva entrare in questa stanza senza che ce ne accorgessimo'.

"Babaji avanzò sorridendo e invitò ciascuno dei presenti a toccarlo, perché sentissero la consistenza e il calore del suo corpo. Dissipato ogni dubbio, i miei amici si prostrarono al suolo, pentiti e reverenti.

"'Si prepari l'*halua*'.[13] Sapevo che Babaji aveva fatto questa richiesta per convincere ulteriormente il gruppo della sua realtà fisica. Mentre l'*halua* cuoceva, il guru divino si mise a conversare affabilmente. Grande fu la metamorfosi di quegli increduli Tommasi, ciascuno dei quali si mutò in un devoto san Paolo. Dopo aver mangiato, Babaji ci benedisse uno per uno. Poi un lampo improvviso illuminò la stanza, e assistemmo all'istantanea dissoluzione degli elettroni del corpo di Babaji in una luminosa nube di vapore. Il potere della volontà del maestro, in sintonia con la volontà di Dio, aveva allentato la stretta sugli atomi eterei aggregati per formare il suo corpo; immediatamente le innumerevoli, minuscole scintille vitatroniche si dissolsero per tornare nell'infinito giacimento cosmico.

"'Ho visto con i miei occhi colui che vince la morte', disse con reverenza Maitra,[14] uno del gruppo, col viso trasfigurato dalla gioia del recente risveglio. 'Il guru supremo ha giocato con il tempo e con lo spazio, come un bimbo gioca con le bolle di sapone. Ho veduto qualcuno che possiede le chiavi del cielo e della terra'.

"Presto ritornai a Danapur", conclude Lahiri Mahasaya. "Stabilmente ancorato nello Spirito, ripresi a svolgere i vari compiti familiari e lavorativi di un capofamiglia".

Lahiri Mahasaya raccontò a swami Kebalananda e a Sri Yukteswar anche la storia di un altro incontro con Babaji, una delle tante circostanze

---

[13] Un denso budino di farina di frumento fritto nel burro e bollito nel latte zuccherato.

[14] L'uomo, noto più tardi col nome di Maitra Mahasaya, divenne un devoto molto progredito sul sentiero della realizzazione del Sé. Lo conobbi quando, appena conseguito il diploma di scuola superiore, mi trovavo nell'eremitaggio di Mahamandal, a Benares. Maitra Mahasaya era in visita all'eremitaggio e in quell'occasione mi raccontò l'episodio della materializzazione di Babaji dinanzi al gruppo di amici a Moradabad. "Quel miracolo", mi spiegò Maitra, "fece di me un discepolo di Lahiri Mahasaya per tutta la vita".

in cui il supremo guru aveva mantenuto fede alla sua promessa: "Verrò ogni volta che avrai bisogno di me".

"Il fatto avvenne in occasione di una *Kumbha Mela*, ad Allahabad, dove mi ero recato durante una breve vacanza dal mio lavoro", raccontò Lahiri Mahasaya ai suoi discepoli. "Mentre mi aggiravo tra una folla di monaci e di *sadhu* giunti da molto lontano per partecipare alle sante festività, notai un asceta coperto di cenere che reggeva una ciotola per le elemosine. Mi attraversò la mente il pensiero che l'uomo fosse un ipocrita, che esibiva i segni esteriori della rinuncia senza possedere altrettanta bellezza interiore.

"Appena oltrepassai l'asceta, i miei occhi stupefatti caddero su Babaji. Era inginocchiato dinanzi a un anacoreta con i capelli arruffati.

"'Guruji', esclamai correndo al suo fianco, 'Signore, che fate qui?'.

"'Lavo i piedi a questo rinunciante e poi laverò i suoi utensili da cucina'. Babaji mi sorrise come un bambino; compresi che intendeva esortarmi a non criticare nessuno, ma a vedere la presenza del Signore nei templi corporei di tutti gli uomini, anche di quelli meno evoluti.

"Il grande guru aggiunse: 'Servendo i *sadhu*, saggi o ignoranti che siano, sto imparando la più grande delle virtù, quella che più di tutte piace a Dio: l'umiltà'".[15]

---

[15] "(Egli) umiliò sé stesso per contemplare le cose che sono in cielo e sulla terra" (Salmi 113, 6). "Chi invece si innalzerà sarà abbassato e chi si abbasserà sarà innalzato" (Matteo 23, 12). Umiliare l'ego, o falso sé, significa scoprire la propria eterna identità.

Capitolo 35

La vita di Lahiri Mahasaya, un maestro simile al Cristo

"Conviene che così adempiamo ogni giustizia".[1] Rivolgendo queste parole a Giovanni Battista e facendosi battezzare da lui, Gesù gli riconosceva i diritti divini che un discepolo attribuisce al proprio guru.

Studiando con reverenza la Bibbia dalla mia prospettiva di orientale[2] e alla luce della percezione intuitiva, sono giunto alla conclusione che Giovanni Battista sia stato il guru di Cristo nelle vite precedenti. Molti passi della Bibbia inducono a pensare che Giovanni e Gesù, nelle loro precedenti incarnazioni, siano stati rispettivamente Elijah e il suo discepolo Elisha. (Così erano scritti questi nomi nell'Antico Testamento; in seguito i traduttori greci li trasformarono in Elia ed Eliseo, e questo è il modo in cui li ritroviamo nel Nuovo Testamento.)

Le parole con cui si chiude l'Antico Testamento predicono la reincarnazione di Elia e di Eliseo: "Ecco, io invierò il profeta Elia prima che giunga il giorno grande e terribile del Signore".[3] Perciò Giovanni (Elia), mandato "prima dell'arrivo... del Signore", nacque qualche tempo prima di Cristo per svolgere la funzione di suo messaggero. Un angelo apparve a Zaccaria per annunciare che Giovanni, il figlio che stava per nascergli, altri non era che Elia.

---

[1] Matteo 3, 15

[2] Da molti passi della Bibbia risulta che la tradizione ebraica comprendeva e accettava la legge della reincarnazione. L'esistenza dei cicli di reincarnazioni offre una spiegazione plausibile circa i diversi stadi di evoluzione in cui si trova l'umanità, ben più ragionevole della comune teoria occidentale secondo la quale qualcosa (la coscienza dell'ego) nascerebbe dal nulla, esisterebbe con maggiore o minore vitalità per trenta o novant'anni e poi ritornerebbe al vuoto originario. L'inconcepibilità di un simile vuoto è un problema che renderebbe felice uno scolastico medioevale.

[3] Malachia 4, 5.

"Ma l'angelo gli disse: 'Non temere, Zaccaria, la tua preghiera è stata esaudita e tua moglie Elisabetta ti darà un figlio, che chiamerai Giovanni... e ricondurrà molti figli d'Israele al Signore loro Dio. Gli camminerà innanzi[4] *con lo spirito e la forza di Elia*, per ricondurre i cuori dei padri verso i figli e i ribelli alla saggezza dei giusti e preparare al Signore un popolo ben disposto".[5]

Per due volte, inequivocabilmente, Gesù identificò Elia con Giovanni: "Elia è già venuto e non l'hanno riconosciuto... allora i discepoli compresero che egli parlava di Giovanni il Battista".[6] E ancora, Cristo dice: "La legge e tutti i profeti infatti hanno profetato fino a Giovanni. E se lo volete accettare, egli è quell'Elia che deve venire".[7]

Quando negò di essere Elia,[8] Giovanni intendeva dire che non si manifestava più nella gloria del grande guru Elia, ma nell'umile veste di Giovanni. Nell'incarnazione precedente aveva ceduto il 'mantello' della propria gloria e ricchezza spirituale al discepolo Eliseo. "Eliseo rispose: 'Due terzi del tuo spirito diventino miei'. Quegli soggiunse: 'Sei stato esigente nel domandare. Tuttavia, se mi vedrai quando sarò rapito lontano da te, ciò ti sarà concesso...'. Quindi raccolse il mantello, che era caduto a Elia".[9]

I ruoli si invertirono in quanto non era più necessario che Elia-Giovanni si manifestasse apertamente come guru di Eliseo-Gesù, perché questi aveva ormai raggiunto la perfezione divina.

Durante la trasfigurazione sulla montagna,[10] fu proprio il suo guru Elia che Cristo vide, insieme con Mosè. E ancora, nell'ultima ora dell'agonia sulla croce, Gesù gridò a gran voce "'Elì, Elì, lemà sabactàni?', che significa: 'Dio mio, Dio mio, perché mi hai abbandonato?'. Udendo questo, alcuni dei presenti dicevano: 'Costui chiama Elia... vediamo se viene Elia a salvarlo!'".[11]

L'eterno vincolo tra guru e discepolo che legava Giovanni e Gesù univa anche Babaji e Lahiri Mahasaya. Con tenera sollecitudine, il guru

---

[4] "Lo precederà", ossia, "precederà il Signore".
[5] Luca 1, 13-17.
[6] Matteo 17, 12-13.
[7] Matteo 11, 13-14.
[8] Giovanni 1, 21.
[9] II Re 2, 9-14.
[10] Matteo 17, 3.
[11] Matteo 27, 46-49.

La vita di Lahiri Mahasaya, un maestro simile al Cristo

immortale attraversò le profonde e vorticose acque che separavano l'una dall'altra le vite del suo *cela*, per guidare via via i passi prima del bimbo e poi dell'uomo Lahiri Mahasaya. Solo quando il discepolo compì il trentatreesimo anno di età, Babaji giudicò giunto il momento di ristabilire apertamente il legame che non si era mai spezzato.

Dopo il breve incontro nei pressi di Ranikhet, il guru che non conosce egoismo non trattenne con sé l'amato discepolo, ma mandò Lahiri Mahasaya nel mondo a compiere la sua missione. "Figlio mio, ogni volta che avrai bisogno di me, io verrò". Quale amante mortale può mantenere una promessa simile, con le innumerevoli responsabilità che comporta?

Una grande rinascita spirituale, ignota alla gran parte dell'umanità, ebbe inizio nel 1861 in un angolo remoto di Benares. Come non si può impedire ai fiori di diffondere la loro fragranza, così Lahiri Mahasaya, pur conducendo la vita tranquilla di un capofamiglia ideale, non poteva nascondere la propria radiosa bellezza interiore. I devoti cominciarono ad affluire da ogni parte dell'India come api in cerca del divino nettare elargito dal maestro liberato.

Il capufficio, un funzionario inglese, fu tra i primi a notare uno strano cambiamento mistico nel suo impiegato, che affettuosamente chiamava l'"estatico Babu'.

Un mattino, Lahiri Mahasaya si rivolse al suo capo con tono partecipe: "Signore, sembrate triste. C'è qualcosa che non va?".

"Mia moglie, in Inghilterra, è gravemente ammalata e io sono in preda all'ansia".

"Vi farò avere sue notizie". Lahiri Mahasaya uscì dalla stanza e andò a sedersi per breve tempo in un luogo appartato. Quando rientrò, sorrideva rassicurante.

"Vostra moglie sta meglio e in questo momento vi sta scrivendo". Così dicendo, lo yogi onnisciente citò alcune frasi della lettera.

"Estatico Babu, so già che siete una persona fuori del comune, ma non riesco a credere che siate capace di cancellare il tempo e lo spazio secondo il vostro volere!".

Finalmente la lettera della moglie arrivò. Il capufficio, sbalordito, vi lesse non solo la buona notizia della guarigione della moglie, ma anche le stesse parole che Lahiri Mahasaya gli aveva riferito settimane prima.

Alcuni mesi più tardi la moglie del capufficio giunse in India. Quando incontrò Lahiri Mahasaya, lo guardò con reverente rispetto:

Lahiri Mahasaya (1828 – 1895)
Uno *Yogavatar*, 'Incarnazione dello yoga'. Discepolo di Babaji; guru di Sri Yukteswar. Colui che ha riportato nell'India moderna l'antica scienza del Kriya Yoga.

"Signore", disse, "mesi fa, a Londra, quando ero ammalata, è proprio voi che ho visto accanto al mio letto, circondato da un'aureola di luce gloriosa! In quello stesso istante sono completamente guarita, e poco dopo sono stata in grado di intraprendere questo lungo viaggio attraverso l'oceano".

Giorno dopo giorno, il guru sublime concedeva l'iniziazione al Kriya Yoga a uno o due devoti. Oltre a prendersi cura di questi doveri spirituali e delle sue responsabilità lavorative e famigliari, il grande maestro si dedicava con entusiastico interesse all'educazione dei giovani. Organizzò molte associazioni culturali ed ebbe parte attiva nello sviluppo di un'importante scuola superiore nel quartiere bengalese di Benares. Teneva riunioni settimanali, che presero il nome di "Assemblea della Gita", durante le quali spiegava le Scritture a molti sinceri ricercatori della verità.

Con queste molteplici attività, Lahiri Mahasaya intendeva rispondere alla tipica obiezione: "Dopo aver svolto i propri compiti lavorativi e sociali, come si può trovare il tempo per meditare con devozione?". La vita armoniosamente equilibrata del grande guru-capofamiglia è stata di ispirazione per migliaia di uomini e donne. Soddisfatto del suo modesto stipendio, frugale, privo di ostentazioni, disponibile verso tutti, il maestro percorreva con naturalezza e con gioia il sentiero della sua disciplinata vita terrena.

Pur avendo conquistato il trono dell'Uno Supremo, Lahiri Mahasaya dimostrava rispetto per tutti, a prescindere dai loro meriti. Quando i suoi devoti lo salutavano, ricambiava il saluto con un inchino. Umile come un bambino, il maestro toccava spesso i piedi degli altri, ma raramente consentiva loro di rendergli un simile onore, sebbene questo gesto di rispetto verso il guru sia un'antica tradizione orientale.

Una caratteristica significativa della vita di Lahiri Mahasaya fu la sua disponibilità a concedere l'iniziazione al Kriya Yoga a persone di qualsiasi fede. Tra i suoi discepoli più progrediti vi furono non solo induisti, ma anche musulmani e cristiani. Il guru universale accoglieva e istruiva, senza alcuna parzialità, monisti e dualisti, uomini di fedi diverse o di nessuna confessione religiosa. Uno dei suoi *cela* più progrediti fu Abdul Gufoor Khan, un musulmano. Lahiri Mahasaya, pur provenendo dalla casta più alta, quella dei bramini, si impegnò con coraggio per rimuovere i rigidi pregiudizi di casta del suo tempo. Sotto le sue ali onnipresenti trovarono rifugio persone di ogni estrazione sociale. Come tutti i profeti ispirati da Dio, Lahiri Mahasaya diede nuova speranza agli emarginati e agli oppressi.

"Ricorda sempre che non appartieni a nessuno e nessuno ti appartiene. Soffermati a pensare che un giorno dovrai improvvisamente lasciare ogni cosa in questo mondo; perciò cerca di conoscere Dio adesso", diceva il grande guru ai suoi discepoli. "Preparati al viaggio astrale della morte innalzandoti ogni giorno sulle ali della percezione divina. A causa dell'illusione, tu percepisci te stesso come un mucchio di carne e ossa che, al più, può essere un nido di guai.[12] Medita incessantemente, per poter presto percepire te stesso come Essenza Infinita, libera da ogni tipo di sofferenza. Non restare più prigioniero del corpo: usando la chiave segreta del Kriya impara a rifugiarti nello Spirito".

Il maestro incoraggiava i discepoli a seguire le buone regole di vita della confessione religiosa a cui appartenevano. Una volta sottolineata la natura universale del Kriya Yoga come tecnica pratica per raggiungere la liberazione, lasciava poi liberi i *cela* di vivere secondo i princìpi del loro ambiente e della loro educazione.

"Un musulmano dovrebbe compiere il suo rito *namaj*[13] cinque volte al giorno", sosteneva il maestro, "un induista dovrebbe sedere in meditazione più volte al giorno, e un cristiano inginocchiarsi più volte in preghiera e poi leggere la Bibbia".

Con saggio discernimento, il guru guidava i suoi discepoli lungo i diversi sentieri dello yoga – *bhakti* (devozione), *karma* (azione), *jnana* (saggezza) e *raja* (regale, completo) – in base alle inclinazioni naturali di ciascuno. Se alcuni devoti desideravano farsi monaci, egli indugiava a dare il suo consenso e li esortava prima a riflettere bene sull'austerità della vita monastica.

Il grande guru insegnava ai discepoli a evitare le discussioni filosofiche sulle sacre Scritture. "Il vero, unico saggio è colui che non si limita a leggere le antiche rivelazioni, ma si impegna a farle proprie", diceva. "Risolvete tutti i vostri problemi con la meditazione.[14] Sostituite alle sterili speculazioni la vera comunione con Dio.

---

[12] Quanti tipi di morte contiene il nostro corpo! In esso non c'è nient'altro che morte" (Martin Lutero, *Conversazioni*).

[13] La preghiera principale dei musulmani, che viene ripetuta cinque volte al giorno.

[14] "Cerca la verità nella meditazione e non nei libri ammuffiti. Per trovare la luna guarda nel cielo, non nello stagno" (*proverbio persiano*).

"Sgomberate la mente dai detriti del dogma e della teologia; lasciate entrare le fresche acque risanatrici della percezione diretta. Entrate in sintonia con la guida interiore, sempre presente in voi: la Voce Divina può risolvere ogni dilemma della vita. Benché l'uomo sembri dotato di un'inesauribile capacità di cacciarsi nei guai, l'Infinito Soccorso non è meno ricco di risorse".

L'onnipresenza del maestro fu dimostrata un giorno dinanzi a un gruppo di discepoli che lo ascoltavano mentre commentava la Bhagavad Gita. All'improvviso, mentre spiegava il significato di *Kutastha Chaitanya*, ovvero della Coscienza Cristica, la vibrazione che permea tutto il creato, Lahiri Mahasaya cominciò a respirare affannosamente e gridò:

"Sto annegando nel corpo di molte anime sulle coste del Giappone!".

Il mattino seguente i *cela* lessero sul giornale che una nave era affondata proprio il giorno prima nei pressi del Giappone, e il disastro aveva mietuto numerose vittime.

Molti discepoli, pur vivendo lontano da Lahiri Mahasaya, percepivano la sua avvolgente presenza. Ai devoti che non potevano restargli accanto, dava questa confortante rassicurazione: "Io sono sempre vicino a coloro che praticano il Kriya; grazie alle vostre percezioni spirituali in continua espansione, vi guiderò alla Dimora Cosmica".

Sri Bhupendra Nath Sanyal,[15] un discepolo di grande levatura spirituale, raccontò che da giovane, nel 1892, non potendo recarsi a Benares, si raccolse in preghiera chiedendo la guida spirituale del maestro. Lahiri Mahasaya gli apparve in sogno e gli conferì la *diksha* (iniziazione). In seguito, il giovane si recò a Benares e chiese al guru la *diksha*. "Ti ho già iniziato in sogno", replicò Lahiri Mahasaya.

Se un discepolo trascurava qualche dovere materiale, il maestro lo ammoniva e lo correggeva con dolcezza.

"Anche quando era costretto a parlare apertamente delle mancanze di un *cela*, le sue parole erano miti e risanatrici", mi disse una volta Sri Yukteswar. Poi aggiunse mestamente: "Nessun discepolo è mai fuggito a causa delle frecciate inferte dal nostro maestro". Non riuscii a trattenere una risata, ma assicurai sinceramente Sri Yukteswar che, tagliente o no, ogni sua parola era musica per le mie orecchie.

---

[15] Sri Sanyal morì nel 1962. (*Nota dell'editore*)

Lahiri Mahasaya aveva suddiviso accuratamente il Kriya in quattro iniziazioni progressive[16] e concedeva le tre tecniche superiori soltanto quando il devoto aveva dato prova di un sicuro progresso spirituale. Un giorno un *cela*, convinto che le sue qualità non ricevessero la considerazione dovuta, manifestò il suo malcontento.

"Maestro", disse, "senza dubbio ormai sono pronto per la seconda iniziazione". In quel momento la porta si aprì ed entrò un umile discepolo, Brinda Bhagat, un postino di Benares.

"Brinda, siedi qui accanto a me", disse il grande guru sorridendogli con affetto. "Dimmi, sei pronto per il secondo Kriya?".

Il piccolo postino giunse le mani implorante: "Gurudeva, vi prego, non più iniziazioni! Come potrei assimilare degli insegnamenti superiori? Sono venuto qui oggi a chiedere le vostre benedizioni perché il primo Kriya mi ha colmato di una tale ebbrezza divina che non riesco più a consegnare le mie lettere!".

"Brinda nuota già nel mare dello Spirito". A queste parole di Lahiri Mahasaya, l'altro discepolo chinò il capo e disse: "Maestro, mi rendo conto di essere stato un cattivo operaio che dava la colpa agli strumenti di lavoro".

Grazie al Kriya, l'umile postino privo di istruzione sviluppò col tempo una tale profondità di pensiero che a volte gli studiosi lo consultavano per interpretare alcuni passi difficili delle Scritture. Così il piccolo Brinda, immune tanto dai peccati quanto dalla sintassi, divenne celebre nel colto ambiente dei pandit.

Oltre ai numerosi discepoli di Benares, ne giungevano a centinaia dalle regioni più lontane dell'India. Lahiri Mahasaya stesso in varie occasioni si recò nel Bengala a trovare i suoceri dei suoi due figli. Così benedetto dalla sua presenza, il Bengala divenne un alveare di piccoli gruppi Kriya. Molti silenziosi devoti, specialmente nei distretti di Krishnanagar e di Bishnupur, alimentano tuttora l'invisibile corrente della meditazione spirituale.

Fra i tanti santi che hanno ricevuto l'iniziazione al Kriya da Lahiri Mahasaya, ricordiamo l'illustre swami Bhaskarananda Saraswati di Benares e il grande asceta Balananda Brahmachari del Deoghar. Per un certo periodo, il maestro fu anche il precettore privato del figlio del

---

[16] Il Kriya Yoga ha molte ramificazioni. Lahiri Mahasaya distingueva quattro stadi fondamentali, quelli che possiedono il massimo valore pratico.

La vita di Lahiri Mahasaya, un maestro simile al Cristo

maharaja Iswari Narayan Sinha Bahadur di Benares. Il maharaja e suo figlio, riconoscendo la statura spirituale di Lahiri Mahasaya, chiesero l'iniziazione al Kriya Yoga, e lo stesso fece anche il maharaja Jotindra Mohan Thakur.

Un gruppo di discepoli di influente posizione sociale desiderava fare propaganda per ampliare la cerchia dei Kriya Yogi. Il guru negò il suo consenso. E di nuovo oppose il suo divieto quando un *cela*, medico di corte del regnante di Benares, iniziò a pubblicizzare in modo sistematico il nome del maestro come "Kashi Baba"[17] (il Sublime di Benares).

"Lasciate che il fiore del Kriya diffonda spontaneamente la sua fragranza", gli disse. "I suoi semi metteranno radici robuste nel terreno dei cuori spiritualmente fertili".

Pur non avvalendosi di strumenti moderni di divulgazione come la stampa o la costituzione di un'organizzazione, il maestro sapeva bene che il suo messaggio aveva in sé una potenza tale da espandersi e dilagare come un fiume in piena, inondando le rive delle menti umane. La vita stessa dei devoti, trasformata e purificata dal Kriya, era la dimostrazione diretta della sua inestinguibile vitalità.

Nel 1886, venticinque anni dopo la sua iniziazione a Ranikhet, Lahiri Mahasaya andò in pensione.[18] Ora che potevano incontrarlo anche durante il giorno, i devoti affluivano in numero sempre crescente. Per la maggior parte del tempo, il grande guru sedeva immobile e silenzioso nella quieta posizione del loto. Lasciava di rado il suo piccolo soggiorno, sia pure per una passeggiata o per recarsi in altre stanze della casa. Quasi ininterrottamente, un silenzioso fluire di *cela* si riversava nella sua dimora per ricevere un *darshan* (contemplazione) del guru.

Meravigliati, i visitatori osservavano le caratteristiche sovrumane dello stato fisiologico di Lahiri Mahasaya: la sospensione del respiro, l'assenza del sonno, l'interruzione dei battiti del polso e del cuore, gli occhi calmi e fermi per ore, senza il battito delle palpebre, e una profonda aura di pace. Nessun visitatore se ne andava senza sentirsi spiritualmente elevato; erano tutti consapevoli di aver ricevuto la silenziosa benedizione di un vero uomo di Dio.

---

[17] Altri titoli conferiti a Lahiri Mahasaya dai suoi discepoli erano *Yogibar* (il più grande degli yogi), *Yogiraj* (re degli yogi) e *Munibar* (il più grande dei santi). Io ho aggiunto *Yogavatar* (incarnazione dello yoga).

[18] Complessivamente, aveva prestato servizio per trentacinque anni nello stesso dipartimento governativo.

In quel periodo il maestro concesse a un discepolo, Panchanon Bhattacharya, il permesso di aprire un centro yoga a Calcutta: Arya Mission Institution. Il centro distribuiva medicinali a base di erbe[19] e pubblicò anche le prime edizioni economiche della Bhagavad Gita in bengali. L'*Arya Mission Gita*, in hindi e in bengali, entrò così in migliaia di case.

Seguendo un'antica usanza, il maestro somministrava l'olio di *neem*[20] per curare molte malattie. Quando il guru chiedeva a un discepolo di distillare l'olio, il compito risultava facile. Ma se chiunque altro prendeva l'iniziativa, incontrava strane difficoltà e, dopo aver sottoposto l'olio agli appropriati processi di distillazione, scopriva che il liquido era quasi completamente evaporato. Evidentemente la benedizione del maestro era un ingrediente necessario!

Nella pagina successiva è riprodotta una frase autografa con la firma di Lahiri Mahasaya in caratteri bengalesi. In queste righe tratte da una lettera indirizzata a un *cela*, il grande maestro interpreta in questo modo un verso sanscrito: "Colui che ha conseguito uno stato di calma in cui le palpebre non si muovono ha raggiunto *Sambhabi Mudra*".[21] (*Firmato in basso a sinistra*) "Sri Shyama Charan Deva Sharman". Come molti altri grandi profeti, Lahiri Mahasaya non scrisse libri di suo pugno, ma insegnò ai discepoli le sue interpretazioni delle Scritture. Un nipote del maestro, il mio caro amico Sri Ananda Mohan Lahiri, ormai scomparso, ha scritto quanto segue:

"Nella Bhagavad Gita e in altre parti del poema epico *Mahabharata*, troviamo diversi passi di difficile interpretazione (*vyas-kutas*). Leggerli

---

[19] I trattati medici induisti si chiamano *Ayurveda*. I medici vedici usavano delicati strumenti chirurgici, praticavano la chirurgia plastica, sapevano combattere gli effetti dei gas tossici, eseguivano tagli cesarei e operazioni al cervello, erano abili nel potenziare l'efficacia delle medicine. Ippocrate (IV secolo a. C.) attinse molta della sua *materia medica* da fonti indù.

[20] Albero indiano del *neem* (*azadirachta indica*). Le sue virtù medicinali sono ormai riconosciute in Occidente, dove la corteccia amara di *neem* si usa come tonico e l'olio ricavato dai semi e dai frutti si impiega nella cura della lebbra e di altre malattie.

[21] *Sambhabi Mudra* significa fissare lo sguardo nel punto tra le sopracciglia. Quando lo yogi ha raggiunto un certo stadio di pace mentale, le sue palpebre non si muovono: egli è assorto nel mondo interiore.

Il termine *mudra* ("simbolo") di solito si riferisce a un gesto rituale delle dita e delle mani che possiede un effetto calmante grazie all'azione esercitata su alcuni nervi. Gli antichi trattati induisti classificano minuziosamente le *nadi* (le 72000 terminazioni nervose del corpo) e il loro rapporto con la mente. Questi gesti rituali (*mudra*), che si eseguono nelle pratiche religiose e nello yoga, hanno quindi una base scientifica. Anche nell'iconografia e nelle danze rituali indiane troviamo un complesso linguaggio di *mudra*.

La vita di Lahiri Mahasaya, un maestro simile al Cristo

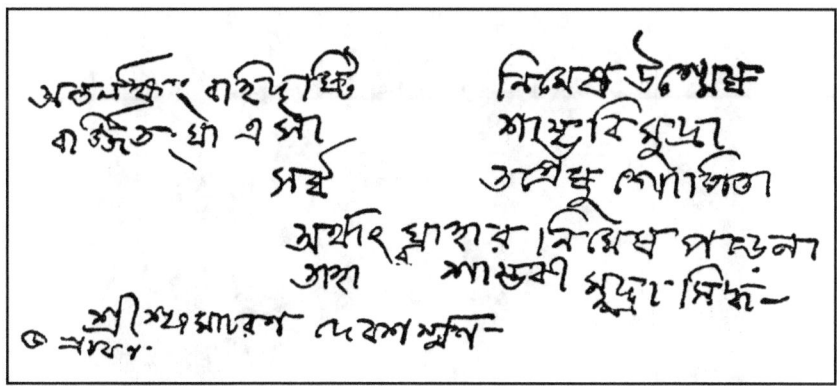

senza interrogarsi sul loro significato vuol dire apprendere soltanto dei racconti mitologici, di natura alquanto insolita e suscettibile di fraintendimenti. Lasciare questi punti senza spiegazione significa perdere una scienza che l'India ha preservato con straordinaria pazienza dopo migliaia di anni di ricerca e di sperimentazione.[22]

"Lahiri Mahasaya ha riportato alla luce, libera da ogni allegoria, la scienza della religione che era stata abilmente nascosta nelle Scritture dietro enigmatiche metafore. Le formule del culto vedico non sono più un incomprensibile gioco di parole, perché il maestro ha dimostrato che racchiudono un profondo significato scientifico.

"Sappiamo che l'uomo è di solito incapace di opporsi alle emozioni negative e ai cattivi desideri, ma questi sono ridotti all'impotenza ed egli non trova più motivi per indulgere ad essi quando, grazie al Kriya Yoga, comincia a nascere in lui la consapevolezza che esiste una gioia superiore e durevole. Allora la rinuncia, la negazione della natura inferiore, va di pari passo con l'acquisizione dell'esperienza della beatitudine. Se non avviene questo, le massime morali che si limitano a esprimere divieti non hanno per noi alcuna utilità.

---

[22] "Gli scavi archeologici effettuati nella valle dell'Indo hanno recentemente riportato alla luce alcuni sigilli risalenti al terzo millennio a. C., in cui sono raffigurate persone sedute nella classica posizione di meditazione dello yoga; siamo quindi autorizzati a dedurre che all'epoca fossero già noti alcuni rudimenti dello yoga. Non è irragionevole trarre la conclusione che l'introspezione sistematica, coadiuvata da metodi appositi, sia praticata in India da cinquemila anni" (da un articolo del professor W. Norman Brown, apparso sul *Bulletin of the American Council of Learned Society, Washington, D.C.*).

Ad ogni modo, in base a quanto affermano le sacre Scritture indù, la scienza dello yoga è conosciuta in India da innumerevoli millenni.

Panchanon Bhattacharya
Discepolo di Lahiri Mahasaya

"Dietro tutte le manifestazioni fenomeniche c'è l'Infinito, l'Oceano di Potere. L'ansioso e impaziente desiderio di agire nel mondo uccide in noi la venerazione per ciò che è spirituale. Poiché la scienza moderna ci dice come sfruttare le forze della Natura, trascuriamo di percepire la Grande Vita, che si nasconde dietro i nomi e le forme di tutte le manifestazioni fenomeniche. La familiarità con la Natura ci ha portato a disprezzare i suoi segreti più profondi. Il nostro rapporto con lei è di tipo pratico e utilitaristico. Noi la stuzzichiamo, per così dire, per trovare il modo di costringerla a servire i nostri scopi; sfruttiamo le sue energie, la cui Sorgente ci è ancora ignota. In ambito scientifico, il nostro rapporto con la Natura è simile a quello esistente tra un padrone arrogante e il suo servo; oppure da una prospettiva filosofica, la Natura è come una prigioniera dietro il banco degli imputati: noi la interroghiamo, la sfidiamo e valutiamo minuziosamente i suoi dati empirici con metri umani, che non sono in grado di misurare i suoi valori nascosti.

"Quando invece il sé è in comunione con un potere superiore, la Natura ubbidisce spontaneamente alla volontà dell'uomo, senza tensioni e senza forzature. I materialisti, che non sono in grado di comprendere come sia possibile questo facile dominio sulla Natura, lo chiamano 'miracoloso'.

"Lahiri Mahasaya, con l'esempio della sua vita, ha demolito il preconcetto che lo yoga sia una pratica misteriosa. Nonostante il positivismo e il materialismo dominante nella scienza fisica, chiunque può arrivare a comprendere, grazie al Kriya Yoga, il proprio giusto rapporto con la Natura e risvegliare in sé un grande rispetto per ogni fenomeno,[23] sia esso mistico o quotidiano. Dovremmo ricordare che molti di quei fenomeni che mille anni fa parevano inspiegabili, ora non lo sono più; e molti altri fenomeni a tutt'oggi misteriosi saranno facilmente comprensibili fra qualche anno.

"La scienza del Kriya Yoga è eterna, è esatta come la matematica. Proprio come non si possono cancellare le semplici regole di addizione e sottrazione, le sue leggi non possono mai essere cancellate. Riducete pure in cenere tutti i libri di matematica: le menti logiche riscopriranno sempre le sue verità. Eliminate tutti i libri sullo yoga: i suoi princìpi fondamentali saranno nuovamente rivelati ogni volta che apparirà un saggio dalla devozione pura e quindi dalla pura conoscenza".

Proprio come Babaji è uno dei più grandi avatar, un *mahavatar*, e come Sri Yukteswar può giustamente essere definito uno *jnanavatar*, incarnazione della saggezza, così Lahiri Mahasaya era uno *yogavatar*, incarnazione dello yoga.[24]

---

[23] "Un uomo incapace di meravigliarsi e di stupirsi ogni giorno (e quindi di porsi in adorazione), anche se fosse il presidente di innumerevoli società scientifiche e fosse in grado di contenere nella propria testa... il compendio dei risultati di tutti i laboratori e di tutti gli osservatori, sarebbe soltanto un paio di occhiali senza occhi" (Carlyle, *Sartor Resartus*).

[24] Sri Yukteswar si riferiva al suo *cela* Paramahansa Yogananda definendolo un'incarnazione dell'amore divino. Dopo che Paramahansaji ebbe lasciato il corpo, Rajarsi Janakananda (James J. Lynn), il suo eminente discepolo e successore spirituale, gli conferì ufficialmente il titolo perfettamente appropriato di *premavatar* o incarnazione dell'amore. (*Nota dell'editore*)

Il grande maestro ha portato la società a un livello spirituale superiore, in senso sia qualitativo sia quantitativo. La capacità di elevare i più intimi discepoli a una statura spirituale simile a quella di Cristo e di promuovere la diffusione della verità fra la gente comune fanno di Lahiri Mahasaya uno dei salvatori dell'umanità.

La sua unicità come profeta consiste nell'aver posto l'accento su un metodo ben definito, il Kriya, e nell'avere schiuso per primo le porte emancipatrici dello yoga a tutti gli uomini. Oltre ai miracoli compiuti nella sua vita, lo *yogavatar* ha certamente raggiunto il culmine di ogni prodigio riducendo le antiche complessità dello yoga a un metodo semplice ed efficace, alla portata di tutti.

Riguardo ai miracoli, Lahiri Mahasaya diceva spesso: "Il modo in cui operano le leggi sottili, che sono ignote alla gran parte della gente, non dovrebbe essere indiscriminatamente oggetto di aperta discussione o di pubblicazione". Se sembra che in queste pagine io non abbia tenuto conto del suo prudente avvertimento, è solo perché lui me ne ha dato intimamente il permesso. Comunque, narrando la vita di Babaji, Lahiri Mahasaya e Sri Yukteswar, ho ritenuto opportuno tralasciare alcuni episodi miracolosi, perché difficilmente avrei potuto includerli senza aggiungere anche un intero volume di oscure spiegazioni filosofiche.

Lahiri Mahasaya, nel ruolo di capofamiglia, ha portato un messaggio improntato al pragmatismo, adatto ai bisogni del mondo odierno. L'India non gode più delle eccellenti condizioni economiche e religiose del passato. Il grande maestro perciò non incoraggiava il vecchio ideale di yogi, quello dell'asceta errante con la ciotola per le elemosine. Al contrario, sottolineava i vantaggi di guadagnarsi da vivere, di non dover dipendere per il proprio sostentamento da una società che versa già in condizioni difficili e di praticare lo yoga nell'intimità della propria casa. A questi consigli, Lahiri Mahasaya aggiungeva il grande incoraggiamento del suo stesso esempio. Egli offriva un modello di yogi moderno e 'funzionale'. Il suo stile di vita, come Babaji aveva stabilito, doveva essere di guida agli aspiranti yogi di tutto il mondo.

Nuova speranza per uomini nuovi! "L'unione con il Divino", sosteneva lo *yogavatar*, "si può raggiungere con il proprio impegno e non dipende né da credenze teologiche né dall'arbitrio di un Dittatore Cosmico".

Usando la chiave del Kriya, coloro che sono incapaci di credere nella natura divina di qualsiasi uomo percepiranno infine l'assoluta divinità di sé stessi.

Capitolo 36

L'interesse di Babaji per l'Occidente

"Maestro, avete mai incontrato Babaji?".

Era una tranquilla sera d'estate a Serampore; ero seduto accanto a Sri Yukteswar sul balcone, al primo piano dell'eremitaggio, mentre le grandi stelle dei tropici luccicavano sopra di noi.

"Sì", rispose il maestro, sorridendo a questa mia domanda senza preamboli, e con occhi accesi di reverenza aggiunse: "Sono stato benedetto tre volte dalla vista del guru immortale. Il nostro primo incontro avvenne ad Allahabad, in occasione di una *Kumbha Mela*".

Le grandi festività religiose che da tempo immemorabile si svolgono in India sono chiamate *Kumbha Mela*, e hanno mantenuto sempre viva l'attenzione popolare per le mete e i valori spirituali. Ogni dodici anni, milioni di devoti indù partecipano a questi raduni, dove incontrano migliaia di *sadhu*, yogi, swami e asceti di ogni genere. Molti sono eremiti che non abbandonano mai i loro solitari rifugi se non per partecipare alle *mela*[1] e impartire le loro benedizioni agli uomini e alle donne che vivono nel mondo.

"All'epoca del mio incontro con Babaji non ero ancora uno swami", continuò Sri Yukteswar, "ma avevo già ricevuto l'iniziazione al Kriya Yoga da Lahiri Mahasaya. Fu lui a incoraggiarmi a partecipare alla *mela* che doveva svolgersi ad Allahabad nel gennaio 1894. Quella era la mia prima esperienza di una *kumbha* e mi sentivo un po' frastornato dal clamore e dall'incalzare della folla. Mi guardavo intorno, ma non scorgevo nessun maestro dal volto luminoso. Attraversando un ponte sul Gange, notai un conoscente che se ne stava lì accanto tendendo la ciotola dell'elemosina.

"'Oh, questa non è altro che una bolgia di frastuono e mendicanti', pensai deluso. 'Mi chiedo se gli scienziati occidentali, che pazientemente ampliano i campi del sapere per favorire il benessere materiale del genere

---

[1] Vedere la nota a pagina 443.

umano, non siano più graditi a Dio di questi fannulloni che professano religiosità, ma si concentrano solo sulle elemosine'.

"Le mie caustiche riflessioni sulla necessità di rinnovamento sociale furono interrotte dalla voce di un *sannyasi* di alta statura, che si fermò davanti a me.

"'Signore', disse, 'c'è un santo che chiede di voi'.

"'Chi è?'.

"Venite a vedere voi stesso!"

"Seguii con qualche esitazione il suo laconico consiglio e ben presto mi trovai dinanzi a un guru e a un gruppo di discepoli dall'aspetto accattivante, che stavano seduti al riparo delle fronde di un albero. Al mio arrivo il maestro, una luminosa, insolita figura dagli scintillanti occhi scuri, si alzò e mi abbracciò.

"'Benvenuto, Swamiji', disse affettuosamente.

"'Signore', risposi con enfasi, '*non sono* uno swami'.

"'Coloro ai quali, guidato dal Divino, conferisco il titolo di *swami*, non lo rifiutano mai'. Il santo si rivolse a me con semplicità, ma nelle sue parole vibrava la profonda convinzione di chi possiede la verità; mi sentii travolto all'istante da un'ondata di benedizioni spirituali. Sorridendo alla mia improvvisa promozione all'antico Ordine monastico,[2] mi inchinai ai piedi di quel grande essere in sembianze umane, ma indubbiamente angelico, che mi aveva elargito un tale onore.

"Babaji, poiché era proprio Babaji, mi fece cenno di sedere accanto a lui sotto l'albero. Era giovane e vigoroso e somigliava a Lahiri Mahasaya, ma non me ne accorsi, anche se avevo spesso sentito parlare della straordinaria affinità di sembianze tra i due maestri. Babaji ha il potere di impedire che un dato pensiero affiori nella mente di una persona. Evidentemente il grande guru desiderava che in sua presenza mi sentissi a mio agio, senza provare alcuna soggezione e senza essere intimidito venendo a sapere chi fosse.

"'Che cosa ne pensi della *Kumbha Mela*?'.

"'Mi ha molto deluso, signore', risposi, ma mi affrettai ad aggiungere: 'finché non ho incontrato voi. Mi sembra che, in un modo o nell'altro, i santi non abbiano molto da condividere con questa grande confusione'.

---

[2] In seguito, Sri Yukteswar ricevette l'iniziazione formale all'Ordine degli swami dal *Mahant* (superiore del monastero) di Buddh Gaya, nel Bihar.

L'interesse di Babaji per l'Occidente

"'Figliolo', disse il maestro, sebbene io dimostrassi quasi il doppio della sua età, 'per le colpe di molti, non condannare tutti. Ogni cosa su questa terra ha una doppia natura, come un miscuglio di sabbia e zucchero. Sii saggio come la formica, che prende solo lo zucchero e lascia da parte la sabbia senza neanche toccarla. Benché molti dei *sadhu* che si trovano qui vaghino ancora nell'illusione, pure la *mela* è benedetta dalla presenza di alcuni uomini dalla realizzazione divina'.

"Avendo appena incontrato quel sublime maestro, fui subito d'accordo con lui.

"'Signore', osservai, 'stavo pensando agli illustri scienziati occidentali, che vivono lontano, in Europa e in America, professano fedi diverse, e sono di gran lunga più intelligenti della maggior parte delle persone radunate qui, ma ignorano il vero valore di festività religiose come questa *mela*. Sono uomini che potrebbero trarre grande beneficio da un incontro con i maestri dell'India; ma, pur avendo raggiunto alti conseguimenti in campo intellettuale, molti occidentali restano legati a un gretto materialismo. Vi sono poi altri eminenti scienziati o filosofi che non riconoscono la fondamentale unità di tutte le religioni. Le loro fedi si risolvono in barriere insormontabili che minacciano di separarli per sempre da noi'.

"'Ho notato che ti interessi tanto all'Occidente quanto all'Oriente'. Sul volto di Babaji brillava una luce di approvazione. 'Ho sentito l'angoscia del tuo cuore, tanto grande da abbracciare tutti gli esseri umani. Ecco perché ti ho chiamato qui.

"'Oriente e Occidente', proseguì, 'devono trovare un'aurea via di mezzo, un felice connubio tra operosità e spiritualità. L'India ha molto da imparare dall'Occidente nel campo del progresso materiale; in cambio, può insegnare i metodi universali grazie ai quali l'Occidente sarà in grado di basare le proprie credenze religiose sulle incrollabili fondamenta della scienza yoga.

"'Tu, Swamiji, hai un ruolo da svolgere nell'armonioso scambio che presto si realizzerà tra Oriente e Occidente. Fra qualche anno ti manderò un discepolo che potrai preparare al compito di diffondere lo yoga in Occidente. Da laggiù mi giungono, come ondate possenti, le vibrazioni di molte anime volte alla ricerca spirituale. Avverto la presenza in America e in Europa di molti devoti che potrebbero raggiungere la santità e attendono di essere risvegliati'".

A questo punto del suo racconto, Sri Yukteswar mi guardò dritto negli occhi.

"Figlio mio", disse sorridendomi al chiarore della luna, "tu sei il discepolo che anni fa Babaji ha promesso di mandarmi".

Fui felice di sapere che Babaji aveva guidato i miei passi verso Sri Yukteswar; tuttavia mi era difficile immaginarmi nel remoto Occidente, lontano dal mio amato guru e dalla vita semplice e tranquilla dell'eremitaggio.

"Babaji parlò poi della Bhagavad Gita", riprese Sri Yukteswar. Con mia grande meraviglia, mostrò di sapere che avevo messo per iscritto l'interpretazione di parecchi capitoli della *Gita*, perché mi rivolse qualche parola di lode al riguardo.

"'Per favore, Swamiji, vorrei chiederti di fare un'altra cosa', disse il grande maestro. 'Ti spiacerebbe scrivere un volumetto sull'armonia di base che accomuna le Scritture cristiane e quelle induiste? Ora questa unità è oscurata dalle differenze settarie create dagli uomini. Con riferimenti paralleli, dimostra che i figli di Dio ispirati da Lui hanno espresso le stesse verità'.

"'Maharaj',[3] risposi esitante, 'che richiesta! Sarò in grado di portarla a termine?'.

"Babaji rise sommessamente. 'Figlio mio, perché ne dubiti?', disse rassicurante. 'Di chi è opera tutto quanto ci circonda, e chi è il vero artefice di ogni azione? Tutto quello che ho detto per ispirazione del Signore non può che diventare realtà'.

"Sentii che la benedizione del santo mi investiva di un nuovo potere e acconsentii a scrivere il libro. Poi, comprendendo che era giunto il momento del commiato, mi alzai con riluttanza dal mio sedile di foglie.

"'Conosci Lahiri?', chiese il maestro. 'È una grande anima, vero? Digli del nostro incontro'. E mi diede un messaggio per Lahiri Mahasaya.

"Mi inchinai umilmente per congedarmi, e il santo mi sorrise con benevolenza. 'Quando avrai terminato il tuo libro, verrò a trovarti', promise. 'Per ora ci lasciamo; arrivederci'.

"Il giorno seguente partii da Allahabad alla volta di Benares. Sceso dal treno, mi recai dal mio guru e gli raccontai d'un fiato tutta la storia dell'incontro con il santo straordinario alla *Kumbha Mela*.

"'Oh, non l'hai riconosciuto?', Lahiri Mahasaya mi guardava con occhi ridenti. 'Capisco, non potevi riconoscerlo, perché lui te lo ha impedito. Era il mio impareggiabile guru, il celeste Babaji!'.

---

[3] 'Grande re', titolo di rispetto.

"'Babaji!' ripetei, pieno di stupore e reverenza. 'Babaji, lo yogi simile a Cristo! Babaji, il salvatore, invisibile e visibile al tempo stesso! Oh, se solo potessi tornare al passato e trovarmi di nuovo alla sua presenza, prostrarmi ai suoi piedi di loto ed esprimergli tutta la mia devozione!'.

"'Non importa', mi consolò Lahiri Mahasaya, 'ha promesso di rivederti!'

"'Gurudeva, il divino maestro mi ha incaricato di portarvi un messaggio: "Di' a Lahiri che la sua riserva di energia per questa vita sta diminuendo; si è quasi esaurita!"'.

"Appena pronunciai queste enigmatiche parole, la figura di Lahiri Mahasaya tremò come se fosse stata attraversata da una scarica elettrica. In un istante tutto in lui piombò nel silenzio più profondo: il suo volto sorridente si fece incredibilmente austero; il suo corpo, di un pallore mortale, sedeva grave e immobile come una scultura lignea. Ne fui intimorito e sconcertato, mai in vita mia avevo visto quell'anima gioiosa manifestare una così profonda gravità. Gli altri discepoli presenti lo fissavano con apprensione.

"Trascorsero tre ore in assoluto silenzio; poi Lahiri Mahasaya tornò al suo abituale atteggiamento, lieto e sereno, rivolgendosi con affetto a ognuno dei suoi *cela*. Tutti tirammo un sospiro di sollievo.

"Dalla reazione del mio maestro mi resi conto che il messaggio di Babaji era stato un segnale inequivocabile grazie al quale Lahiri Mahasaya aveva capito che ben presto si sarebbe separato dal corpo. Il suo formidabile silenzio era la prova che il mio guru aveva istantaneamente dominato sé stesso e reciso l'ultimo legame che lo univa al mondo materiale, rifugiandosi nella sua eterna identità con lo Spirito. Con quel messaggio, Babaji aveva voluto dirgli: 'Sarò sempre con te!'.

"Anche se Babaji e Lahiri Mahasaya erano onniscienti e non avevano bisogno di me o di altri intermediari per comunicare fra loro, i grandi spesso acconsentono a recitare una parte nel dramma umano. Di quando in quando comunicano le loro profezie nel modo ordinario, servendosi cioè di un messaggero, affinché, una volta avveratesi le loro parole, tutti coloro che ne vengono a conoscenza siano pervasi da una fede più grande in Dio.

"Presto lasciai Benares per tornare a Serampore e dedicarmi al lavoro sulle sacre Scritture che Babaji mi aveva affidato", continuò Sri Yukteswar. "Avevo appena iniziato a svolgere il mio compito, quando sentii l'ispirazione di comporre una poesia dedicata al guru immortale.

Quei versi melodiosi fluirono dalla mia penna senza alcuna fatica, sebbene mai prima di allora avessi tentato di scrivere poesie in sanscrito.

"Nella quiete della notte, con tutto me stesso mi impegnavo a mettere a confronto la Bibbia e le Scritture del *Sanatan Dharma*.[4] Citando le parole del beato Signore Gesù, mostrai che i suoi insegnamenti sono essenzialmente tutt'uno con le rivelazioni dei *Veda*. Per grazia del mio paramguru,[5] il mio libro, *La Scienza Sacra*,[6] fu ultimato in breve tempo.

Il maestro proseguì: "Concluso il mio impegno letterario, la mattina successiva mi recai al Rai Ghat per bagnarmi nel Gange. Il *ghat* era deserto. Rimasi lì tranquillo per qualche tempo, a godere del sole e della pace del luogo e, dopo un tuffo nelle acque scintillanti, ripresi la via di casa. L'unico suono che rompeva il silenzio era quello della mia veste grondante acqua del Gange, che frusciava a ogni passo. Appena oltrepassato il grande *banyan* sulla riva del fiume, un impulso irresistibile mi spinse a voltarmi indietro. Là, all'ombra dell'albero, circondato da alcuni discepoli, sedeva il grande Babaji!

"'Salve, Swamiji!'. La bellissima voce del maestro risuonò argentina per assicurarmi che non stavo sognando. 'Vedo che sei riuscito a completare il tuo libro. Come promesso, eccomi qui per ringraziarti'.

"Con il cuore che mi batteva forte, mi prostrai ai suoi piedi. 'Paramguruji', implorai, 'non volete insieme ai vostri *cela*, onorare della vostra presenza la mia casa? È qui vicino'.

---

[4] Letteralmente, 'religione eterna', nome dato al corpo degli insegnamenti vedici. Il *Sanatan Dharma* fu poi chiamato *induismo*, perché i greci che invasero l'India nord-occidentale sotto Alessandro Magno chiamarono *indòi* il popolo che viveva sulle rive del fiume Indo. La parola *indù*, in senso stretto, si riferisce solo ai seguaci del *Sanatan Dharma* o induismo. Il termine *indiano* si riferisce sia agli indù sia ai musulmani sia ad altri *abitanti* dell'India (e anche, a causa del noto errore geografico di Colombo, agli indigeni americani, di etnia mongola).

L'antico nome dell'India è *Aryavarta*, letteralmente, 'dimora degli ariani'. La radice sanscrita *arya* significa 'degno, santo, nobile'. L'uso successivo, etimologicamente errato, della parola *ariano*, che si riferisce a caratteristiche non spirituali, ma fisiche, ha indotto il grande orientalista Max Müller a una pittoresca affermazione: "Secondo me, un etnologo che parla di razza ariana, di sangue ariano, di occhi e capelli ariani, si macchia di un peccato grave quanto quello che commetterebbe un linguista se parlasse di un dizionario dolicocefalo o di una grammatica brachicefala".

[5] Il termine *paramguru* indica il guru del proprio guru. Quindi Babaji, *guru* di Lahiri Mahasaya, è il *paramguru* di Sri Yukteswar.

Il Mahavatar Babaji è il guru supremo della linea indiana dei maestri che si sono assunti la responsabilità di guidare sul sentiero spirituale tutti i membri della Self-Realization Fellowship/Yogoda Satsanga Society che praticano fedelmente il Kriya Yoga.

[6] Pubblicato in italiano dalla Casa Editrice Astrolabio, Roma.

L'interesse di Babaji per l'Occidente

"Sorridendo, il grande guru declinò l'invito. 'No, figliolo', rispose, 'siamo gente che ama l'ombra degli alberi, e questo luogo è molto accogliente'.

"'Vi prego, fermatevi ancora un poco, maestro', dissi con sguardo supplichevole. 'Sarò subito di ritorno con dei dolci speciali'.[7]

"Quando pochi minuti dopo tornai con un vassoio di pasticcini, il maestoso *banyan* non ospitava più la celestiale compagnia. Cercai per tutto il *ghat*, ma in cuor mio sapevo che il gruppetto era già volato via su ali eteree.

"Ne fui profondamente ferito. 'Anche se dovessimo incontrarci ancora, non gli rivolgerò la parola', mi dissi. 'È stato scortese a lasciarmi così all'improvviso'. Ovviamente, la mia era una collera dettata solo dall'amore, e niente di più. Alcuni mesi dopo, andai a trovare Lahiri Mahasaya a Benares. Quando entrai a casa sua, il mio guru mi accolse con un sorriso:

"'Benvenuto, Yukteswar', disse. 'Hai incontrato Babaji, proprio qui, sulla soglia?'.

"'Veramente no', risposi sorpreso.

"'Vieni qui'. Lahiri Mahasaya mi toccò lievemente la fronte, e subito vidi, vicino alla porta, la figura di Babaji, splendida come un loto perfetto.

"Ricordando la mia antica ferita, non m'inchinai. Lahiri Mahasaya mi guardò stupefatto.

"Il divino guru mi fissava con i suoi occhi impenetrabili. 'Tu sei risentito con me'.

"'Signore, perché non dovrei? Dall'aria siete venuto con il vostro magico gruppo, e nell'aria vi siete dileguato'.

"'Ti avevo detto che sarei venuto a trovarti, ma non quanto tempo sarei rimasto'. Babaji rise sommessamente. 'Eri tanto eccitato! Ti assicuro che le raffiche della tua agitazione mi hanno quasi dissolto nell'etere!'.

"Questa spiegazione, che offriva di me un'immagine ben poco lusinghiera, bastò a calmarmi. Mi inginocchiai ai suoi piedi, e il grande guru mi diede un colpetto sulla spalla.

"'Figliolo', disse, 'devi meditare di più. La tua vista non è ancora perfetta: non sei riuscito a vedermi, nascosto dietro la luce del sole'.

---

[7] In India è considerata una mancanza di rispetto non offrire qualche cibo o bevanda al proprio guru.

Con queste parole, pronunciate con voce simile a quella di un flauto celestiale, Babaji scomparve in un misterioso fulgore.

"Questa fu una delle ultime volte in cui mi recai a Benares a trovare il mio guru", concluse Sri Yukteswar. "Proprio come aveva predetto Babaji alla *Kumbha Mela*, l'incarnazione di Lahiri Mahasaya nel ruolo di capofamiglia volgeva al termine. Nell'estate del 1895 il suo corpo vigoroso sviluppò un piccolo ascesso sulla schiena. Egli non volle farlo incidere; nella sua carne stava consumando il cattivo *karma* di alcuni discepoli. Infine, quando le insistenze di alcuni *cela* si fecero molto pressanti, il maestro rispose enigmaticamente:

"'Il corpo deve trovare una ragione per andarsene. Sono disposto a fare tutto ciò che vorrete'.

"Poco tempo dopo, a Benares, l'incomparabile guru abbandonò la sua spoglia terrena. Ora non ho più bisogno di cercarlo nel suo salottino; ogni giorno della mia vita è benedetto dalla sua guida onnipresente".

Anni dopo, dalle labbra di swami Keshabananda,[8] un discepolo assai progredito di Lahiri Mahasaya, appresi molti particolari stupefacenti su come avesse lasciato il corpo.

"Qualche giorno prima di abbandonare il corpo", mi disse Keshabananda, "il mio guru si materializzò davanti a me, mentre sedevo in meditazione, nel mio eremitaggio di Hardwar.

"'Vieni subito a Benares', e con queste parole scomparve.

"Presi immediatamente il treno per Benares. A casa del mio guru trovai riuniti molti discepoli. Per ore, quel giorno,[9] il maestro spiegò la *Gita*; poi si rivolse a noi con queste semplici parole:

"'Sto per tornare a casa'.

"Angosciati, scoppiammo in singhiozzi irrefrenabili come un torrente in piena.

"'Consolatevi! Risorgerò'. Detto questo, Lahiri Mahasaya si alzò e girò tre volte su sé stesso;[10] quindi, rivolto a nord, assunse la posizione del loto ed entrò gloriosamente nel *mahasamadhi*.

---

[8] La mia visita all'*ashram* di Keshabananda è descritta alle pagine 448-451.

[9] Lahiri Mahasaya lasciò il corpo il 26 settembre 1895. Pochi giorni dopo avrebbe compiuto 67 anni.

[10] Girare tre volte su sé stessi e poi rivolgersi a nord fa parte di un rito vedico compiuto dai maestri che sanno in anticipo quando sta per scoccare l'ultima ora di vita per il proprio corpo fisico. L'ultima meditazione, durante la quale un maestro si immerge nel cosmico *Om*, si chiama *mahasamadhi*, cioè grande *samadhi*.

L'interesse di Babaji per l'Occidente

"Il bellissimo corpo di Lahiri Mahasaya, tanto caro ai suoi devoti, fu cremato al Manikarnika *ghat*, sul sacro Gange, con i riti solenni riservati a un capofamiglia. Il giorno seguente, alle dieci del mattino", continuò Keshabananda, "mentre mi trovavo ancora a Benares, una grande luce inondò la mia stanza, ed ecco davanti a me, in carne e ossa, la figura di Lahiri Mahasaya! Le sue sembianze erano quelle di sempre, ma appariva più giovane e radioso. Il divino guru mi parlò:

"'Keshabananda, sono io. Dagli atomi disintegrati del mio corpo cremato ho fatto risorgere una nuova forma. Il mio compito di capofamiglia nel mondo è terminato, ma non lascio completamente la terra. D'ora in avanti trascorrerò un periodo di tempo con Babaji sull'Himalaya e con Babaji nel cosmo'.

"Poi, rivolgendomi qualche parola di benedizione, il trascendente maestro scomparve. Un sentimento meraviglioso di esaltazione mi riempì il cuore. Mi sentii innalzato nello Spirito, proprio come i discepoli di Cristo e di Kabir[11], quando videro il loro guru vivo dopo la morte fisica.

E Keshabananda continuò: "Quando tornai al mio solitario eremitaggio di Hardwar, portai con me parte delle sacre ceneri di Lahiri Mahasaya. Sapevo che era fuggito dalla gabbia dello spazio e del tempo; l'uccello dell'onnipresenza era ormai libero. Tuttavia, mi era di conforto custodire le sue sacre ceneri".

Un altro discepolo che fu benedetto dalla vista del guru risorto fu il santo Panchanon Bhattacharya, che aveva trascorso molti anni

---

[11] Kabir fu un grande santo del XVI secolo che ebbe un vasto numero di seguaci, indù e musulmani. Alla sua morte, sorse una disputa tra i discepoli sul tipo di rito funebre da celebrare. Il maestro, esasperato, si ridestò dal suo ultimo sonno e impartì queste istruzioni: "Metà dei miei resti siano sepolti con il rito musulmano", disse, "e l'altra metà sia cremata con il rito indù". Poi scomparve. Quando i discepoli sollevarono il sudario in cui era stato avvolto il suo corpo, non vi trovarono altro che una splendida composizione floreale. In obbedienza al volere del maestro, metà di quei fiori furono sepolti a Maghar dai musulmani, che ancora oggi venerano il suo sacrario, e l'altra metà fu cremata a Benares, con la cerimonia indù. In quel luogo fu edificato un tempio, Kabir Cheura, che attrae un numero immenso di pellegrini.

In gioventù Kabir fu avvicinato da due discepoli che gli posero domande minuziose di natura intellettuale su come seguire il sentiero del misticismo. Il maestro rispose semplicemente:

> "'Sentiero' fa pensare a una distanza;
> se Egli è vicino non ti occorre alcun sentiero.
> In verità mi fa sorridere
> sentire di un pesce che nell'acqua ha sete!".

con il maestro.[12] Quando andai a trovarlo a Calcutta, ascoltai deliziato il suo racconto dei molti anni trascorsi con il guru, che culminò con l'avvenimento più straordinario della sua vita.

"Qui a Calcutta", disse Panchanon, "alle dieci del mattino del giorno successivo alla sua cremazione, Lahiri Mahasaya mi apparve in tutta la gloria della sua viva presenza".

Anche swami Pranabananda, il 'santo dai due corpi', mi confidò i particolari della sua sublime esperienza quando visitò la mia scuola di Ranchi. Questo fu il suo racconto:

"Qualche giorno prima che Lahiri Mahasaya lasciasse il corpo, ricevetti una sua lettera che mi invitava a recarmi subito a Benares. Fui trattenuto mio malgrado, e non potei partire immediatamente. Proprio quando stavo preparandomi per il viaggio, verso le dieci del mattino, all'improvviso vidi con immensa gioia la luminosa figura del guru nella mia stanza.

"'Perché precipitarti a Benares?' disse Lahiri Mahasaya sorridendo. 'Non mi troverai più lì'.

"Quando mi resi conto del significato delle sue parole, mi sfuggì un grido disperato, convinto di avere dinanzi agli occhi solo una visione.

"Il maestro mi si avvicinò per confortarmi. 'Ecco, tocca la mia carne', disse. 'Sono vivo, come sempre. Non piangere. Non sono forse con te per l'eternità?'.

Dalle labbra di questi tre grandi discepoli è giunta la testimonianza di una stupenda verità: alle dieci del giorno successivo a quello in cui il corpo di Lahiri Mahasaya era stato affidato alle fiamme della cremazione, il maestro, risorto in un corpo reale, ma trasfigurato, apparve contemporaneamente a tre discepoli, ciascuno in una città diversa.

"Quando poi questo corpo corruttibile si sarà rivestito d'incorruttibilità e questo corpo mortale d'immortalità, si compirà la parola della Scrittura: la morte è stata ingoiata nella vittoria. Dov'è, o morte, la tua vittoria? Dov'è, o morte, il tuo pungiglione?".[13]

---

[12] Vedere pagina 360. Panchanon eresse un tempio a Shiva in un giardino di 17 acri a Deoghar, nel Bihar. Il tempio ospita un ritratto a olio di Lahiri Mahasaya. (*Nota dell'editore*)

[13] I Corinzi 15, 53-55. "Perché è considerato inconcepibile fra di voi che Dio risusciti i morti?" (Atti 26, 8).

Capitolo 37

Vado in America

"L'America! Sicuramente questi sono degli americani!", pensai, mentre la mia vista interiore percepiva in successione un panorama di volti occidentali.[1]

Ero immerso in meditazione,[2] seduto nel ripostiglio della scuola di Ranchi, dietro alcune scatole polverose. In quegli anni di intensa attività con i giovani, era difficile trovare un angolino appartato!

La visione continuava: una folla immensa di persone che fissandomi con attenzione, come tanti attori, attraversavano il palcoscenico della mia coscienza.

La porta dello stanzino si aprì; come al solito, uno dei ragazzi aveva scoperto il mio nascondiglio.

"Vieni qui, Bimal", gridai allegramente. "Ho una notizia da darti: il Signore mi chiama in America!".

"In America?". Il ragazzo ripetè le mie parole con un tono sbigottito, come se avessi detto 'sulla luna'.

"Sì! Vado alla scoperta dell'America, come Colombo, che credeva di essere sbarcato in India! Di sicuro esiste un legame karmico tra questi due paesi!".

Bimal corse via, e ben presto tutta la scuola apprese la notizia da quel gazzettino a due gambe!

Convocai lo sconcertato corpo insegnante e affidai loro la direzione della scuola.

"Sono certo che terrete sempre vivi gli ideali educativi dello yoga di Lahiri Mahasaya", dissi. "Vi scriverò spesso e, se Dio vorrà, un giorno sarò di ritorno".

---

[1] In seguito, in Occidente ho visto molti di quei volti, e li ho subito riconosciuti.
[2] Nel 1995 in occasione del 75° anniversario dell'arrivo di Paramahansa Yogananda in America, fu inaugurato a Ranchi un bellissimo *Smriti Mandir* (tempio commemorativo), edificato nel luogo in cui Paramahansaji ebbe questa visione. (*Nota dell'editore*)

Mentre rivolgevo un ultimo sguardo ai ragazzi e alle assolate distese di Ranchi, avevo le lacrime agli occhi. Sapevo che si era chiusa ormai una stagione ben precisa della mia vita; da quel momento in poi sarei vissuto in terre lontane. Qualche ora dopo la visione, partii per Calcutta. Il giorno seguente ricevetti un invito a partecipare, come delegato indiano, all'*International Congress of Religious Liberals of America*, che quell'anno si sarebbe tenuto a Boston con il patrocinio dell'American Unitarian Association.

Con un turbine di pensieri che mi affollavano la mente, corsi a cercare Sri Yukteswar a Serampore.

"Guruji, mi hanno appena invitato a partecipare a un congresso religioso in America; devo andare?".

"Hai tutte le porte aperte davanti a te", rispose semplicemente il maestro, "ora, o mai più".

"Ma signore", dissi con sgomento, "io non so proprio come si tiene una conferenza. Ho fatto discorsi in pubblico solo di rado, e mai in inglese".

"Con o senza inglese, le tue parole sullo yoga verranno ascoltate in Occidente".

"Beh, caro Guruji", dissi ridendo, "mi sembra difficile che gli americani siano disposti a imparare il bengali! Vi prego, con la vostra benedizione datemi una spinta che mi aiuti a saltare gli ostacoli della lingua inglese".[3]

Mio padre, quando lo informai delle mie intenzioni, rimase profondamente turbato. L'America gli sembrava incredibilmente lontana e temeva di non rivedermi mai più.

"Come farai ad andarci?", chiese con aria severa. "Chi ti finanzierà?". Essendo stato lui, fino ad allora, a sostenere amorevolmente le spese della mia istruzione e delle mie necessità quotidiane, con quella domanda senza dubbio sperava di mettermi in imbarazzo al punto di porre fine al mio progetto.

"Sicuramente mi finanzierà il Signore, replicai, e subito ripensai a una risposta simile che molti anni prima, ad Agra, avevo dato a mio fratello Ananta. Senza troppa diplomazia aggiunsi: "Padre, forse Dio vi ispirerà ad aiutarmi".

"No, mai!", ribatté, lanciandomi uno sguardo pieno di tristezza.

---

[3] Con Sri Yukteswar di solito parlavo in bengali.

Perciò rimasi esterrefatto quando, il giorno seguente, mi presentò un assegno di cospicuo importo.

"Ti do questo denaro", mi disse, "in veste non di padre, ma di fedele discepolo di Lahiri Mahasaya. Vai dunque in quella lontana terra d'Occidente e divulga gli insegnamenti universali del Kriya Yoga".

L'altruismo con cui mio padre era riuscito a mettere subito da parte i suoi desideri personali mi commosse immensamente. Era bastata una notte a fargli capire che i miei progetti non erano motivati da un superficiale desiderio di visitare terre lontane.

"Forse in questa vita non ci rivedremo più", disse tristemente mio padre, che aveva allora sessantasette anni.

Una convinzione intuitiva mi indusse a rispondere: "Certamente il Signore ci riunirà ancora una volta".

Mentre mi preparavo a lasciare il mio maestro e la mia terra per le ignote sponde dell'America, provavo non poca apprensione. Avevo udito tante storie sul materialismo dell'Occidente, un mondo così diverso dall'India, permeata da sempre dall'aura mistica dei santi.

"Per avere l'ardire di affrontare l'atmosfera del mondo occidentale", pensavo, "un maestro orientale ha bisogno di una forza ben più grande di quella necessaria per superare le prove dei freddi inverni himalayani!".

Un mattino, all'alba, cominciai a pregare con la ferma determinazione di non smettere, anche a costo di morire, finché non avessi udito la voce di Dio. Volevo la Sua benedizione e l'assicurazione che non mi sarei smarrito nelle nebbie dell'utilitarismo moderno. In cuor mio ero deciso ad andare in America, ma ancor più fermamente ero deciso a ricevere il conforto del consenso divino.

Pregai e pregai, soffocando i singhiozzi. Non giunse alcuna risposta. A mezzogiorno, la mia implorazione aveva raggiunto il culmine dell'intensità; mi girava la testa per l'oppressione causata dall'acuta sofferenza. Sentivo che se avessi supplicato una volta ancora, accrescendo così il mio fervore, mi sarebbe scoppiato il cervello.

In quell'istante udii bussare alla porta di casa, in Garpar Road. Andai ad aprire e mi trovai dinanzi un giovane che indossava la succinta veste di un rinunciante. Entrò in casa.

Notai sbalordito che aveva i lineamenti di Lahiri Mahasaya da giovane, e subito pensai: "Deve essere Babaji!". Rispondendo al mio pensiero disse: "Sì, sono Babaji". Parlava melodiosamente in hindi. "Il nostro Padre Celeste ha ascoltato la tua preghiera e mi ha ordinato di dirti di accogliere la richiesta del tuo guru e di andare in America. Non temere, sarai protetto".

Dopo un breve silenzio saturo di vibrazioni divine, Babaji continuò: "Tu sei colui che ho scelto per diffondere il messaggio del Kriya Yoga in Occidente. Molto tempo fa, durante una *khumba mela*, incontrai il tuo guru Yukteswar e gli dissi che ti avrei mandato da lui perché ti impartisse i suoi insegnamenti".

Ero senza parole, in preda allo stupore e alla devozione che mi ispirava la sua presenza, e profondamente commosso nell'udire dalle sue labbra che proprio lui aveva guidato i miei passi verso Sri Yukteswar. Mi prostrai dinanzi al guru immortale. Egli benevolmente mi risollevò; poi mi rivelò molte cose sulla mia vita, mi impartì alcune istruzioni personali e pronunciò delle segrete profezie.

Infine, disse solennemente: "Verrà il tempo in cui il Kriya Yoga, la tecnica scientifica della realizzazione di Dio, si diffonderà in tutti i paesi, contribuendo a unire in armoniosa fratellanza tutte le nazioni, grazie alla percezione trascendente che ogni uomo avrà del Padre Infinito".

Poi, lanciandomi uno sguardo di una potenza formidabile, il maestro mi infuse un'inebriante, fugace percezione della sua coscienza cosmica.

> "Se d'improvviso migliaia di soli
> si levassero insieme nel cielo, esplodendo
> e inondando la terra di raggi di luce inimmaginabili,
> il loro sfolgorio potrebbe forse somigliare al fulgore del Sovrano Supremo!".[4]

Poco dopo, Babaji si avviò verso la porta dicendo: "Non cercare di seguirmi, non ci riusciresti".

"Vi prego, Babaji, non andate via!", implorai più volte, "Portatemi con voi!". Volgendosi, rispose: "Non ora, un'altra volta!".

In preda all'emozione, ignorai il suo avvertimento e cercai di seguirlo, ma mi accorsi di avere i piedi saldamente radicati al suolo. Sulla porta, Babaji mi lanciò un ultimo sguardo amorevole. I miei occhi lo fissavano pieni di intenso trasporto mentre si allontanava sollevando la mano in segno di benedizione e infine varcava la soglia.

Trascorso qualche minuto, i miei piedi erano di nuovo in grado di muoversi liberamente. Mi sedetti e mi immersi in una profonda meditazione, ringraziando incessantemente Dio non solo di aver esaudito

---

[4] Bhagavad Gita XI,12 (dalla traduzione in inglese di Sir E. Arnold).

Paramahansa Yogananda
Fotografia del passaporto scattata a Calcutta, India, nel 1920

Alcuni delegati presenti all'*International Congress of Religious Liberals*, indetto nell'ottobre del 1920 a Boston, Massachusetts, durante il quale Paramahansaji pronunciò il suo primo discorso in America. (*Da sinistra a destra*) Il reverendo T. R. Williams, il professor S. Ushigasaki, il reverendo Jabez T. Sunderland, Sri Yogananda e il reverendo C. W. Wendte.

la mia preghiera, ma anche di avermi concesso la benedizione di un incontro con Babaji. Tutto il mio corpo sembrava santificato dal tocco dell'antico maestro eternamente giovane. Da quanto tempo nutrivo l'ardente desiderio di vederlo!

Prima d'ora non avevo mai raccontato a nessuno la storia di questo incontro con Babaji. Ritenendola la più sacra delle mie esperienze umane, l'avevo tenuta celata nel mio cuore. Ma ho pensato che i lettori di questa autobiografia sarebbero stati più propensi a credere all'esistenza del solitario Babaji e al suo interesse per il nostro mondo sapendo che l'ho visto con i miei occhi. Ho aiutato un artista a disegnare per questo libro un fedele ritratto del grande Yogi-Cristo dell'India moderna.

Trascorsi la vigilia della partenza per gli Stati Uniti alla sacra presenza di Sri Yukteswar. "Dimentica di essere nato fra gli indù e non adottare tutte le usanze degli americani: prendi il meglio dei due popoli", mi disse il maestro con la sua pacata saggezza. "Manifesta la tua vera

Vado in America

Yoganandaji nella sua cabina sul piroscafo in rotta verso l'Alaska, durante un ciclo di conferenze in vari Stati americani nel 1924.

identità, quella di figlio di Dio. Scegli e fa' tue le qualità migliori di tutti i fratelli delle più svariate razze che popolano la terra".

Poi mi benedisse con queste parole: "Tutti coloro che, cercando Dio, si rivolgeranno a te con fede, saranno aiutati. Quando li guarderai, la corrente spirituale che emana dai tuoi occhi penetrerà nelle loro menti e trasformerà le loro abitudini materialistiche, rendendoli più consapevoli di Dio". Sorridendo continuò: "Tu hai il grande dono di attirare anime sincere. Dovunque andrai, anche nel mezzo del deserto, troverai degli amici".

Entrambe le sue predizioni si sono ampiamente avverate. Sono arrivato da solo in America, dove non avevo neanche un amico, ma ne ho trovati a migliaia, pronti ad accogliere gli eterni insegnamenti spirituali.

Durante i 32 anni trascorsi in occidente il grande guru ha iniziato allo yoga più di 100.000 Studenti. Yoganandaji sul palco, mentre tiene una conferenza a Denver, Colorado, nel 1924. In centinaia di città i suoi corsi di yoga furono i più frequentati del mondo. Con i suoi libri, le sue lezioni da studiare a casa, e la fondazione di centri monastici per la formazione degli insegnanti, Paramahansa Yogananda ha assicurato la continuità della missione da svolgere in tutto il mondo, che gli fu affidata dal Mahavatar Babaji.

Paramahansa Yogananda, nell'Auditorium Filarmonico di Los Angeles

Il giornale *The Los Angeles Times* del 28 gennaio 1925 pubblicò: "L'Auditorium Filarmonico ha presentato lo straordinario spettacolo di migliaia di persone rimandate indietro un'ora prima dell'inizio della conferenza annunciata, poiché i tremila posti erano già stati tutti occupati. L'attrazione è swami Yogananda, un indù che sta invadendo gli Stati Uniti per portare Dio nella comunità cristiana, predicando l'essenza della dottrina cristiana".

Con il sostegno di studenti dal cuore generoso, Sri Yogananda acquistò la proprietà di Mount Washington nel 1925. Ancor prima di completare l'operazione di compravendita, organizzò il suo primo incontro, un servizio all'alba per il giorno di Pasqua, nei giardini della futura Casa Madre Internazionale della sua organizzazione.

Lasciai l'India nell'agosto del 1920 sulla *City of Sparta*, la prima nave passeggeri che salpava per l'America dopo la fine della Prima guerra mondiale. Ero riuscito a prenotare un posto, dopo aver superato, in modo alquanto miracoloso, infinite difficoltà burocratiche per ottenere il passaporto.

Durante la traversata di due mesi, un passeggero venne a sapere che ero il delegato indiano al congresso di Boston.

"Swami Yogananda", mi disse, nel primo dei tanti modi pittoreschi in cui avrei udito in seguito pronunciare il mio nome dagli americani, "vi prego, concedete ai passeggeri il piacere di una vostra conferenza giovedì sera. Penso che farebbe bene a tutti ascoltare un discorso su 'La battaglia della vita e come combatterla'".

Ahimè! Il mercoledì mi resi conto che ero io a dover combattere la battaglia della mia vita! Cercai disperatamente di riordinare le idee per tenere una conferenza in inglese, ma alla fine decisi di rinunciare a ogni preparativo. I miei pensieri, come puledri indomiti che si impennano alla vista di una sella, si rifiutavano di cooperare con le regole

Paramahansa Yogananda depone un mazzo di fiori nella cripta di George Washington, Mt. Vernon, Virginia, 22 febbraio 1927.

della grammatica inglese. Tuttavia, il giovedì, con assoluta fiducia nelle assicurazioni ricevute a suo tempo dal maestro, mi presentai di fronte al pubblico riunito nel salone della nave. E lì non riuscii ad articolare neanche una parola e restai ammutolito dinanzi alla platea. Dopo una gara di resistenza che durò dieci minuti, il pubblico si rese conto del guaio in cui mi trovavo e cominciò a ridere.

Per me in quel momento la situazione non era affatto divertente; indignato, rivolsi una silenziosa preghiera al maestro.

"*Puoi farcela*! Parla!" Nella mia coscienza risuonò immediatamente la sua voce.

Come d'incanto, i miei pensieri entrarono in armoniosa sintonia con la lingua inglese. Tre quarti d'ora dopo il pubblico mi ascoltava ancora

Autobiografia di uno Yogi

Paramahansa Yogananda alla Casa Bianca
Paramahansa Yogananda e John Balfour lasciano la Casa Bianca dopo una breve visita al Presidente Calvin Coolidge, che sta guardando dietro i vetri della finestra. Il quotidiano *The Washington Herald* del 25 gennaio 1927 riportò: "Swami Yogananda è stato accolto con evidente piacere da Coolidge che ha dichiarato di aver letto molto sul suo conto. Questa è la prima volta nella storia dell'India che uno swami viene ricevuto ufficialmente dal Presidente".

con grande attenzione. Quel discorso mi procurò molti inviti a tenere conferenze in America per diversi gruppi di persone.

Non riuscii mai a ricordare in seguito una sola parola del mio discorso. Cercai con discrezione di raccogliere informazioni da vari passeggeri, i quali mi dissero: "Avete tenuto una conferenza piena di ispirazione, in una prosa corretta e trascinante". A questa piacevole notizia, ringraziai umilmente il mio guru per il suo tempestivo aiuto e mi resi conto ancora una volta che mi era sempre vicino, annullando completamente tutte le barriere del tempo e dello spazio.

Durante il resto della traversata transoceanica, avvertivo di quando in quando una fitta di apprensione al pensiero dell'imminente e dura prova della conferenza in inglese al congresso di Boston.

"Signore", pregavo intensamente, "Ti supplico, sii Tu la mia sola fonte d'ispirazione".

Vado in America

La *City of Sparta* attraccò presso Boston alla fine di settembre. Il 6 ottobre del 1920 tenni al congresso la mia prima conferenza americana. Fu ben accolta e tirai un sospiro di sollievo. Il gentilissimo segretario dell'American Unitarian Association pubblicò il seguente commento nella sua relazione sui lavori del congresso:[5]

"Swami Yogananda, delegato del Brahmacharya Ashram di Ranchi, ha portato al congresso il saluto della sua Associazione. In un inglese fluente e in uno stile di grande potenza espressiva, ha tenuto un discorso di carattere filosofico su 'La scienza della religione', che è stato stampato sotto forma di opuscolo per permetterne una più vasta diffusione. Yogananda sostiene l'universalità e l'unicità della religione. Non sempre è possibile rendere universali particolari usanze e convenzioni religiose, ma si può rendere universale ciò che accomuna tutte le religioni e si può chiedere a ciascuno di seguire e rispettare in egual misura questi princìpi fondamentali".

Grazie al generoso assegno di mio padre, mi fu possibile rimanere in America anche dopo la fine del congresso. Trascorsi a Boston tre anni felici, vivendo in umili condizioni. Tenni corsi e conferenze pubbliche, scrissi un libro di poesie, *Songs of the Soul*, con una prefazione del dottor Frederick B. Robinson, presidente del College of the City of New York.[6]

Nel 1924, intrapresi un viaggio transcontinentale che mi portò in molte delle città principali degli Stati Uniti, dove parlai dinanzi a migliaia di persone. A Seattle mi imbarcai alla volta della bellissima Alaska per trascorrere un periodo di vacanza.

Con l'aiuto di generosi allievi, verso la fine del 1925 riuscii a fondare a Los Angeles la Casa Madre americana nella proprietà di Mount Washington. L'edificio è proprio quello che avevo intravisto nella visione avuta tanti anni prima in Kashmir. Mi affrettai a inviare a Sri Yukteswar alcune fotografie a testimonianza delle mie attività nella lontana America. Mi rispose con una cartolina in bengali che traduco qui di seguito:

---

[5] *New Pilgrimages of the Spirit*. Boston, Beacon Press, 1921.
[6] L'opera è stata pubblicata dalla Self-Realization Fellowship e in italiano da Astrolabio-Ubaldini, Roma con il titolo "Canti dell'anima". Nel 1939 il dottor Robinson e la sua signora si recarono in India; a Ranchi furono ospiti d'onore a una riunione della Yogoda Satsanga.

11 agosto 1926

Yogananda, figlio del mio cuore,
vedere le fotografie della tua scuola e dei tuoi allievi riempie la mia vita di una tale gioia che non trovo le parole per esprimerla. Sono inondato di felicità alla vista dei tuoi studenti di yoga di tante città diverse.

Apprendendo quali metodi hai adottato – le affermazioni, le vibrazioni risananti e le preghiere di guarigione – non posso fare a meno di ringraziarti dal profondo del cuore.

Nel vedere il cancello, la strada che sale serpeggiando in cima alla collina e il bellissimo paesaggio su cui si affaccia la proprietà di Mount Washington, nasce in me l'intenso desiderio di vedere tutto questo con i miei occhi!

Qui tutto procede bene. Per grazia di Dio, sii sempre in uno stato di beatitudine!

Sri Yukteswar Giri

Gli anni sono trascorsi veloci. Ho tenuto conferenze in ogni angolo del mio nuovo paese, ho parlato in centinaia di circoli, università, chiese e associazioni di ogni genere. Negli anni tra il 1920 e il 1930 decine di migliaia di americani hanno frequentato le mie lezioni di yoga. A tutti loro ho dedicato un nuovo libro di preghiere e pensieri spirituali, *Whispers from Eternity*,[7] con una prefazione della signora Amelita Galli-Curci.

A volte (di solito il primo del mese, quando arrivavano una dopo l'altra le fatture da pagare per il mantenimento del Centro di Mount Washington, la Casa Madre della Self-Realization Fellowship), pensavo con nostalgia alla vita semplice e tranquilla dell'India. Ma ogni giorno era una grande gioia per la mia anima vedere che si faceva strada una comprensione sempre più profonda tra Occidente e Oriente.

George Washington, il "padre della nazione", che in varie occasioni sentì di essere guidato da Dio, pronunciò (nel suo 'Discorso d'addio') le seguenti parole di grande ispirazione spirituale per l'America:

"Sarà degno di una nazione libera, illuminata e, in tempi non lontani, grande, dare all'umanità l'esempio generoso, benché ancora troppo raro, di un popolo che si fa sempre guidare da sommi ideali di giustizia e di benevolenza. Chi può dubitare che, nel corso dei tempi e degli eventi,

---

[7] Pubblicato dalla Self-Realization Fellowship, e in italiano da Astrolabio-Ubaldini, Roma con il titolo "Sussurri dall'Eternità".

Sua eccellenza Emilio Portes Gil, presidente del Messico, ospitò Sri Yogananda in occasione della sua visita a Città del Messico nel 1929.

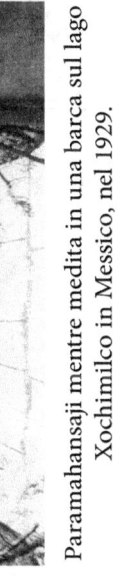

Paramahansaji mentre medita in una barca sul lago Xochimilco in Messico, nel 1929.

i benefici arrecati da un tale progetto non ripagheranno ampiamente le eventuali perdite temporanee causate dall'assoluta fedeltà a questi ideali? Può mai essere che la Provvidenza, non abbia legato la felicità perenne di un popolo alla sua virtù?".

INNO ALL'AMERICA di Walt Whitman
(da *Thou Mother With Thy Equal Brood*)

Tu nel tuo avvenire,
tu nella tua più vasta, più sana progenie, femminile
    e maschile,
tu nei tuoi campioni morali e spirituali; a sud, a nord, a est,
    a ovest;
tu nella tua ricchezza e civiltà morale (non raggiungendo
    le quali,
la tua più fiera civiltà materiale resterebbe priva d'ogni
    valore);
tu nella tua religiosità, che soddisfa ognuno e tutti
    accoglie in sé,
tu, che non ti riconosci in una sola bibbia, in un solo
    salvatore;
innumerevoli i tuoi salvatori latenti in te, pari a ogni altro,
    divini come ogni altro...
Questi! Questi in te (è certo che verranno) oggi profeticamente
    annuncio!

Capitolo 38

Luther Burbank, un santo fra le rose

"Il segreto per migliorare la coltivazione delle piante, oltre alla conoscenza scientifica, è l'amore". Luther Burbank pronunciò queste sagge parole mentre passeggiavo con lui nel suo giardino di Santa Rosa in California. Ci fermammo presso un'aiuola di cactus commestibili.

"Mentre conducevo i miei esperimenti per creare un cactus 'senza spine'", proseguì, "parlavo spesso alle piante per creare una vibrazione d'amore. 'Non avete nulla da temere', dicevo loro. 'Non avete bisogno di spine per difendervi. Vi proteggerò io'. E a poco a poco l'utile pianta del deserto si trasformò in una varietà senza spine".

Ero affascinato da questo miracolo. "Per favore, caro Luther, datemi qualche foglia di cactus da piantare nel mio giardino di Mount Washington".

Un giardiniere che si trovava lì vicino si accinse a staccare alcune foglie; Burbank lo fermò.

"Le prenderò io stesso per lo Swami". E mi porse tre foglie, che in seguito piantai e con grande gioia vidi crescere rigogliose.

L'illustre orticoltore mi raccontò che il suo primo successo di rilievo fu la grossa patata che oggi porta il suo nome. Con l'infaticabilità che contraddistingue ogni persona di genio, egli ha continuato a donare al mondo centinaia di incroci che costituiscono altrettanti avanzamenti nell'evoluzione naturale delle piante: le nuove varietà Burbank di pomodori, mais, zucche, ciliegie, prugne, pesche nettarine, bacche, papaveri, gigli, rose.

Misi a fuoco l'obiettivo della mia macchina fotografica quando Luther mi condusse dinanzi al famoso albero di noce grazie al quale dimostrò che l'evoluzione naturale può essere enormemente accelerata.

"In soli sedici anni", mi spiegò, "quest'albero ha prodotto una grande abbondanza di noci. In base al solo processo naturale, ottenere quella quantità di frutti avrebbe richiesto il doppio del tempo".

La piccola figlia adottiva di Burbank irruppe correndo nel giardino con il suo cane.

"È la mia piantina umana". Luther le fece un affettuoso cenno con la mano. "Io vedo ormai l'umanità come un'immensa pianta, che per raggiungere il suo massimo rigoglio ha bisogno soltanto di amore, dei benefìci naturali della vita all'aria aperta e di accurate selezioni e abili innesti. Nel corso della mia vita ho potuto constatare progressi così meravigliosi nell'evoluzione delle piante che guardo al futuro con ottimismo, fiducioso che il mondo potrà essere sano e felice non appena ai suoi figli verranno insegnati i princìpi di una vita semplice e razionale. Dobbiamo tornare alla natura e al Dio della natura".

"Luther, penso proprio che vi piacerebbe la mia scuola di Ranchi con le sue lezioni all'aperto e la sua atmosfera semplice e gioiosa".

Le mie parole toccarono le corde più profonde del cuore di Burbank: l'educazione dei bambini. Mi subissò di domande, mentre nei suoi occhi profondi e sereni vedevo brillare un grande interesse.

"Swamiji", disse alla fine, "le scuole come la vostra sono l'unica speranza per il futuro millennio. Io sono profondamente contrario ai sistemi educativi dei nostri tempi, che hanno reciso ogni rapporto con la natura e soffocano ogni individualità, mentre condivido con tutto il cuore e con tutta l'anima i vostri pratici ideali educativi".

Mentre mi accomiatavo da lui, l'amabile saggio mi offrì un volumetto con la sua dedica.[1]

"Ecco il mio libro, *The training of the human plant*,[2] [L'educazione della pianta umana] disse. "Occorrono nuovi metodi di insegnamento, esperimenti arditi. A volte i tentativi più audaci hanno permesso di sviluppare le migliori potenzialità di un fiore o di un frutto. Allo stesso modo, anche le innovazioni nel campo dell'educazione dei bambini dovrebbero essere più numerose e più coraggiose".

---

[1] Burbank mi diede anche una sua fotografia con l'autografo, che è per me un prezioso ricordo, proprio come quel mercante indù che serbava come un tesoro un ritratto di Lincoln. Il mercante si trovava in America durante gli anni della guerra civile e nutriva una tale ammirazione per Lincoln che non voleva tornare in India se prima non fosse riuscito a procurarsi un ritratto del grande propugnatore dell'emancipazione dalla schiavitù. Appostatosi risolutamente dinanzi alla porta di casa Lincoln, rifiutò di andarsene finché il presidente, sconcertato, non gli permise di commissionare un ritratto a Daniel Huntington, famoso pittore di New York. Terminato il ritratto, l'indù se lo portò in trionfo a Calcutta.

[2] New York, Century Co., 1922.

Quella stessa notte lessi il libricino con estremo interesse. Con lo sguardo rivolto a un futuro glorioso per il genere umano, egli scriveva: "In questo mondo gli esseri viventi più ostinati, i più difficili da correggere, sono le piante, una volta acquisite certe abitudini... Bisogna ricordare che una pianta mantiene intatta la propria individualità da tempi immemorabili; forse la si può rintracciare, riandando indietro di milioni di anni, nelle rocce stesse, senza che abbia subìto grandi variazioni in questi lunghissimi periodi di tempo. Credete che, dopo tanti secoli di repliche, la pianta non abbia sviluppato una volontà, se così vogliamo chiamarla, di una forza ineguagliabile? In effetti esistono piante, come alcune varietà di palme, talmente tenaci che il potere dell'uomo non è ancora riuscito a modificarle. La volontà umana è una debole cosa al confronto di quella di una pianta. Ma guardate come, per piegare la sua ostinazione di tutta una vita, basti unirla a un'altra creatura vegetale, provocando, mediante l'incrocio, una trasformazione completa e profonda della sua stessa vita. Quando avviene questo mutamento, occorre stabilizzarlo per generazioni con pazienti controlli e accurate selezioni; in questo modo la varietà di pianta appena creata si avvierà per la sua nuova strada, senza tornare mai più alla precedente; la sua tenace volontà, alla fine, sarà vinta e trasformata.

"Quando si ha a che fare con un elemento sensibile e malleabile come la natura di un bambino, il problema diviene assai più facile".

Attratto magneticamente da questo grande americano, tornai a trovarlo molte volte. Una mattina arrivai a casa sua contemporaneamente al postino, il quale depositò nello studio di Burbank circa un migliaio di lettere. Gli orticoltori gli scrivevano da tutte le parti del mondo.

"Swamiji, la vostra presenza è proprio il pretesto che mi occorre per uscire in giardino", esclamò Luther allegramente. Aprì un grande cassetto che conteneva centinaia di depliant turistici.

"Ecco come viaggio per il mondo", disse. "Legato alle mie piante e alla corrispondenza, appago il desiderio di conoscere paesi lontani guardando ogni tanto queste fotografie".

La mia automobile era parcheggiata dinanzi al suo cancello; Luther e io facemmo un giro per le strade della cittadina, i cui giardini sfoggiavano le sue stupende varietà di rose: Santa Rosa, Peachblow e Burbank.

In occasione di una delle mie prime visite, avevo impartito al grande scienziato l'iniziazione al Kriya Yoga. "Swamiji, io pratico la tecnica con

Autobiografia di uno Yogi

Luther Burbank e Paramahansa Yogananda
Santa Rosa, California, 1924

devozione", mi disse Luther; poi mi pose molte profonde domande su vari aspetti dello yoga e infine osservò pensoso:

"L'Oriente ha davvero accumulato un immenso tesoro di conoscenze che l'Occidente ha appena cominciato a esplorare".[3]

L'intima comunione con la Natura, che gli aveva svelato molti dei suoi segreti finora gelosamente custoditi, aveva conferito a Burbank una grande sensibilità spirituale.

"A volte mi sento molto vicino al Potere Infinito", mi confidò timidamente, mentre il bel volto espressivo era soffuso della luce dei ricordi.

---

[3] Il dottor Julian Huxley, famoso biologo inglese e direttore dell'UNESCO, ha affermato recentemente che gli scienziati occidentali dovrebbero "imparare le tecniche orientali" che permettono di entrare nello stato di trance e di controllare il respiro. "*Che cosa avviene? Come* è possibile?", si domandava. In un comunicato della *Associated Press,* inviato da Londra il 21 agosto 1948, leggiamo: "In un discorso rivolto alla nuova Federazione Mondiale per la Salute Mentale, il dottor Huxley ha sostenuto l'importanza di studiare le tradizioni mistiche dell'Oriente.

'Se queste tradizioni fossero oggetto di esame scientifico', ha suggerito agli esperti di salute mentale, 'credo che si potrebbe fare un enorme passo avanti nel vostro campo'".

"Allora riesco a guarire i malati che mi sono vicini, come pure molte piante sofferenti".

Mi parlò della madre, una sincera cristiana. "Spesso, dopo la sua morte", mi disse, "ho ricevuto la benedizione di poterla vedere e di parlare con lei, perché mi è apparsa in molte visioni".

Tornammo con riluttanza a casa sua e al migliaio di lettere che lo aspettava.

"Luther", osservai, "il mese prossimo comincerò a pubblicare una rivista con l'obiettivo di presentare le verità che l'Oriente e l'Occidente hanno da offrire. Aiutatemi, vi prego, a scegliere un buon titolo".

Esaminammo vari titoli possibili e alla fine fummo d'accordo di chiamarla *East-West*.[4] Quando rientrammo nel suo studio, Burbank mi diede un suo articolo su 'Scienza e civiltà'.

"Lo pubblicherò nel primo numero di *East-West*", gli dissi grato.

Quando la nostra amicizia si fece più profonda, presi a chiamare Burbank il mio 'santo americano'. "Ecco un uomo in cui non vi è malizia!"[5], dicevo, parafrasando la famosa frase del Vangelo. Aveva un cuore di una profondità insondabile, da lungo tempo avvezzo all'umiltà, alla pazienza, al sacrificio. La sua casetta fra le rose era semplice e austera; egli conosceva la fatuità del lusso e la gioia di possedere poche cose. La modestia con cui accoglieva i riconoscimenti scientifici che gli venivano tributati mi ricordava spesso quegli alberi curvi sotto il peso dei loro frutti maturi; è solo l'albero sterile che, nel suo vano orgoglio, tiene alta la cima.

Mi trovavo a New York quando, nel 1926, il mio caro amico morì. Fra le lacrime pensai: "Oh, farei volentieri a piedi tutta la strada da qui a Santa Rosa pur di vederlo ancora una volta!". Sottraendomi alla vista di segretari e visitatori, trascorsi ventiquattr'ore in completa solitudine.

Il giorno seguente celebrai un rito vedico in memoria di Luther dinanzi a un suo grande ritratto. Un gruppo di miei allievi americani, vestiti con abiti da cerimonia indù, cantarono gli antichi inni mentre si svolgeva il rito delle offerte di fiori, acqua e fuoco, simboli degli elementi del corpo e del loro ritorno alla Sorgente Infinita.

Le spoglie mortali di Burbank riposano a Santa Rosa sotto un cedro del Libano che anni prima egli stesso aveva piantato nel suo giardino;

---

[4] Nel 1948 il nome della rivista cambiò in *Self-Realization*.
[5] Giovanni 1, 47.

ma per me la sua anima è racchiusa in ciascuno degli umili fiori che occhieggiano sbocciando ai margini della strada. Tornato per qualche tempo nell'immenso spirito della natura, non è forse Luther che sentiamo bisbigliare nel vento e annunciarsi con l'aurora?

Il suo nome è entrato a far parte del linguaggio comune. Riportando il termine 'burbank' come verbo transitivo, il *Webster's New International Dictionary* ne dà la seguente definizione: "Incrociare o innestare (una pianta). Quindi, figurativamente, migliorare (qualsiasi cosa, come ad esempio un processo, un metodo o una istituzione) selezionandone le caratteristiche positive ed eliminando quelle negative, oppure aggiungendo caratteristiche positive".

"Amato Burbank", esclamai commosso quando lessi questa definizione, "il tuo stesso nome è ormai sinonimo di bontà!".

LUTHER BURBANK
SANTA ROSA, CALIFORNIA
U.S.A.

                                    22 dicembre 1924

    Ho esaminato il metodo Yogoda di Swami Yogananda e a mio parere è un metodo ideale per l'educazione e l'armonizzazione delle componenti fisiche, mentali e spirituali della natura umana. Lo scopo dello Swami è quello di creare in tutto il mondo scuole su "L'arte di vivere", dove l'istruzione non sia limitata esclusivamente allo sviluppo intellettuale, ma si estenda anche a quello fisico e all'educazione della volontà e dei sentimenti.

    Grazie al sistema Yogoda, che cura lo sviluppo fisico, mentale e spirituale con metodi semplici e scientifici di concentrazione e meditazione, vengono risolti gran parte dei complessi problemi della vita e ristabilite la pace e la buona volontà sulla terra. I princìpi educativi dello Swami si basano sul semplice buon senso, scevro da astrattezze misticheggianti; se così non fosse, non avrebbero la mia approvazione.

    Sono lieto di avere l'opportunità di unirmi di tutto cuore allo Swami nel suo appello a favore di scuole internazionali che insegnino l'arte di vivere e che, una volta create, diano l'avvio, più di ogni altra cosa di cui io sia a conoscenza, a una nuova era per l'umanità.

                                      Luther Burbank

Capitolo 39

Therese Neumann: la mistica cattolica con le stigmate

"Ritorna in India! Ti aspetto pazientemente da quindici anni. Presto abbandonerò il corpo per raggiungere la Fulgida Dimora. Yogananda, vieni!".

Mentre ero assorto in meditazione nel mio centro di Mount Washington, sussultai all'udire risuonare interiormente la voce di Sri Yukteswar. Superando quindicimila chilometri in un batter d'occhio, il suo messaggio era penetrato dentro di me come una folgore.

Quindici anni! Sì, riflettei, siamo nel 1935. Ho trascorso quindici anni in America diffondendo gli insegnamenti del mio guru. Ora egli mi richiama a sé.

Poco dopo raccontai la mia esperienza a un caro amico, James J. Lynn, che spesso chiamo 'san Lynn' perché, grazie alla pratica quotidiana del Kriya Yoga, ha raggiunto uno stadio di sviluppo spirituale davvero notevole. In lui e in diversi altri occidentali vedo felicemente avverarsi la profezia di Babaji, che anche l'Occidente darà al mondo dei santi dall'autentica realizzazione del Sé, raggiunta percorrendo l'antico sentiero dello yoga.

Lynn insistette generosamente per offrirmi le spese del viaggio. Risolto così il problema economico, intrapresi i preparativi per salpare, via Europa, alla volta dell'India. Nel marzo 1935 lo Stato della California riconobbe ufficialmente la Self-Realization Fellowship come organizzazione permanente, non settaria e senza fini di lucro. Alla Self-Realization Fellowship ho donato ogni mio avere, inclusi i diritti d'autore su tutti i miei scritti. Come la maggior parte delle istituzioni educative e religiose, la Self-Realization Fellowship si mantiene con i contributi e le offerte dei componenti dell'organizzazione e dei suoi simpatizzanti.

"Tornerò!", dissi ai miei allievi. "Non dimenticherò mai l'America".

Therese Neumann: la mistica cattolica con le stigmate

Al banchetto di commiato organizzato in mio onore dagli affezionati amici di Los Angeles, osservai a lungo i loro volti e pensai con gratitudine: "Signore, a chi ricorda che solo Tu sei Colui che dona, non mancherà mai la dolcezza dell'amicizia umana".

Salpai da New York il 9 giugno 1935 a bordo dell'*Europa*, insieme a due discepoli, il mio segretario, C. Richard Wright e un'anziana signora di Cincinnati, Ettie Bletsch. Ci godemmo molto quei giorni di pace sull'oceano, che erano in gradito contrasto con le ultime settimane di attività febbrile. Ma il nostro periodo di svago fu breve; la velocità delle navi moderne ha anche qualche risvolto negativo!

Come ogni altra comitiva di turisti curiosi, visitammo la grande e antica città di Londra. Il giorno dopo il mio arrivo fui invitato a tenere un discorso nella Caxton Hall, dove Sir Francis Younghusband mi presentò al vasto pubblico londinese.

Trascorremmo poi una piacevole giornata in Scozia, ospiti nella tenuta di Sir Harry Lauder. Qualche giorno più tardi, il nostro piccolo gruppo attraversò la Manica per raggiungere il continente, poiché intendevo compiere un pellegrinaggio in Baviera. Sentivo che questa sarebbe stata la mia unica occasione di incontrare la grande mistica cattolica, Therese Neumann di Konnersreuth.

Anni prima avevo letto un articolo che riportava una serie di notizie straordinarie su di lei. Ecco in sintesi quanto diceva:

(1) Therese, nata il Venerdì Santo del 1898, fu vittima all'età di vent'anni di un grave incidente, in seguito al quale rimase cieca e paralitica.

(2) Riacquistò miracolosamente la vista nel 1923, grazie alle preghiere rivolte a santa Thérèse di Lisieux, il 'Piccolo fiore'. In seguito, anche le gambe di Therese Neumann guarirono improvvisamente.

(3) Dal 1923 in poi, Therese non ha più ingerito alcun cibo o bevanda, fatta eccezione per una piccola ostia consacrata che prende ogni giorno.

(4) Nel 1926, sul suo capo, sul petto, sulle mani e sui piedi, apparvero le stigmate, le sacre ferite di Cristo. Da allora, Therese rivive ogni venerdì[1] la passione di Cristo, soffrendo nel proprio corpo la sua memorabile agonia.

---

[1] Dagli anni della guerra in poi, Therese non visse più la passione di Cristo ogni venerdì, ma solo in certe sacre ricorrenze dell'anno. Tra i libri sulla sua vita ricordiamo: *Therese*

(5) Pur non conoscendo altre lingue fuorché il semplice dialetto tedesco del suo villaggio, nelle sue estasi del venerdì Therese pronuncia parole che gli studiosi hanno riconosciuto come aramaico antico. In particolari circostanze durante le sue visioni parla anche in ebraico o in greco.

(6) Con il consenso delle autorità ecclesiastiche, Therese è stata sottoposta più di una volta ad accurati controlli scientifici. Il dottor Fritz Gerlich, direttore di un giornale protestante tedesco, si recò a Konnersreuth per 'smascherare la mistificatrice cattolica', ma poi finì per scrivere con grande venerazione la sua biografia.

Conoscere dei santi, in Oriente come in Occidente, è sempre stato un mio grande desiderio; il 16 luglio, quando giunsi con i miei compagni nel pittoresco villaggio di Konnersreuth, ero quindi pieno di gioia. I contadini bavaresi dimostrarono un vivo interesse per l'automobile (una Ford che avevamo portato con noi dall'America) e per l'insolito gruppetto che la occupava: un giovanotto americano, un'anziana signora e un orientale dalla carnagione olivastra e i lunghi capelli infilati sotto il bavero della giacca.

Purtroppo, però, la casetta di Therese, linda e ordinata, con i gerani in fiore accanto a un rustico pozzo, era chiusa e silenziosa. I vicini e lo stesso postino del villaggio che passava di lì non seppero darci alcuna informazione. Cominciò a piovere e i miei compagni proposero di andarcene.

"No", risposi con ostinazione. "Resterò qui finché non troverò un modo per vedere Therese".

Due ore dopo eravamo ancora seduti nell'automobile, sotto una pioggia deprimente. "Signore", mi lamentai in un sospiro, "perché mi hai portato fin qui se lei è sparita?".

Un uomo che parlava l'inglese ci si accostò e gentilmente ci offrì il suo aiuto.

"Non so con certezza dove sia Therese", disse, "ma spesso si reca in visita a casa del professor Franz Wutz, che insegna lingue straniere all'Università di Eichstätt, a circa centotrenta chilometri da qui".

Neumann: A Stigmatist of Our Day e *Further Chronicles of Therese Neumann*, entrambi scritti da Friedrich Ritter von Lama; e *The Story of Therese Neumann* di A. P. Schimberg (1974), tutti pubblicati da Bruce Pub. Co. Milwaukee, Wisconsin; e *Therese Neumann* di Johannes Steiner, pubblicato da Alba House, Staten Island, New York.

Therese Neumann: la mistica cattolica con le stigmate

La mattina dopo partimmo per la tranquilla cittadina di Eichstätt. Il professor Wutz ci accolse cordialmente nella sua casa: "Sì, Therese è qui". Mandò qualcuno ad avvertirla della nostra presenza e presto ricevemmo la sua risposta:

"Anche se il vescovo mi ha chiesto di non incontrare nessuno senza il suo permesso, riceverò l'uomo di Dio che viene dall'India".

Profondamente commosso da queste parole, seguii il dottor Wutz in un salottino al piano superiore. Therese entrò subito, irradiando un'aura di pace e di gioia. Indossava un lungo vestito nero e portava in testa un fazzoletto immacolato. A quell'epoca aveva trentasette anni, ma sembrava molto più giovane, dotata com'era di una freschezza e un fascino fanciulleschi. Florida, ben formata, con le guance rosee, allegra, questa è la santa che non mangia mai!

Therese mi salutò con una stretta di mano estremamente delicata. Sorridevamo raggianti, uniti in silenziosa comunione, consapevoli di essere entrambi innamorati di Dio.

Il dottor Wutz si offrì gentilmente di farci da interprete. Mentre ci mettevamo a sedere, notai che Therese mi lanciava delle occhiate piene di ingenua curiosità; evidentemente in Baviera non si erano visti molti indù fino ad allora!

"Non mangiate mai nulla?" Volevo udire la risposta dalle sue stesse labbra.

No. Solo un'ostia [2] consacrata ogni mattina alle sei".

"Quanto è grande l'ostia?".

"Sottile come la carta e grande come una monetina". E aggiunse: "La prendo come sacramento; se non è consacrata, non riesco a inghiottirla".

"Ma come è possibile che abbiate vissuto di un'ostia soltanto per dodici anni?"

"Vivo della luce di Dio!".

Che risposta semplice e… einsteiniana!

"Vedo che vi rendete conto che l'energia fluisce nel vostro corpo dall'etere, dal sole e dall'aria".

Immediatamente un sorriso le illuminò il volto. "Sono proprio felice che comprendiate come vivo!".

---

[2] Cialda usata nell'eucarestia.

"La vostra santa vita è una quotidiana dimostrazione della verità affermata da Cristo: "Non di solo pane vivrà l'uomo, ma di ogni parola che esce dalla bocca di Dio"".[3]

Di nuovo si rallegrò della mia spiegazione. "È proprio così. Una delle ragioni per cui sono oggi sulla terra è proprio quella di dimostrare che l'uomo può vivere dell'invisibile luce di Dio, e non di cibo soltanto".

"Potete insegnare ad altri a vivere senza mangiare?".

Parve lievemente turbata dalla mia domanda. "Non posso farlo; Dio non vuole!".

Quando mi cadde lo sguardo sulle sue mani, forti e aggraziate, Therese mi mostrò una ferita quadrata, appena rimarginata, sul dorso di entrambe. Mi indicò sul palmo di ciascuna mano una ferita più piccola, a forma di mezzaluna, anch'essa guarita da poco. Ogni ferita attraversava la mano da parte a parte. Tutto questo mi richiamò distintamente alla memoria i grossi chiodi di ferro a sezione quadrata, con la punta a forma di mezzaluna, che sono in uso ancora oggi in Oriente, ma che non ricordo di aver mai visto in Occidente.

La santa mi descrisse qualche aspetto delle sue estasi settimanali. "Come uno spettatore impotente, assisto a tutta la passione di Cristo". Ogni settimana, dalla mezzanotte del giovedì fino alle tredici del venerdì, le sue ferite si aprono e sanguinano. Perde quattro chili e mezzo del suo peso, che è di circa cinquantacinque chili. L'amorevole condivisione dei patimenti di Gesù le procura grandi sofferenze, eppure attende ogni settimana con gioiosa trepidazione queste visioni del suo Signore.

Compresi immediatamente che, per volere divino, la sua vita singolare ha lo scopo di confermare a tutti i cristiani l'autenticità storica della vita e della crocifissione di Gesù come sono narrate nel Nuovo

---

[3] Matteo 4, 4. La batteria del corpo umano non è alimentata soltanto dal cibo solido (pane), ma dall'energia cosmica vibratoria (la Parola, ovvero l'*Om*). Questa invisibile energia entra nel corpo umano dalla porta del midollo allungato, il sesto centro energetico del corpo situato nella nuca, in cima ai cinque *chakra* della spina dorsale (*chakra* è una parola sanscrita che significa 'ruota', o centro di energia vitale radiante).

Il midollo allungato è la via d'accesso principale dell'energia vitale universale (*Om*) nel corpo ed è direttamente collegato, per polarità, con il centro della Coscienza Cristica (*Kutastha*) posto nell'occhio singolo tra le sopracciglia, sede della forza di volontà. L'energia cosmica viene quindi accumulata nel settimo centro, situato nel cervello, che è un ricettacolo di infinite potenzialità (chiamato nei *Veda* 'loto di luce dai mille petali'). La Bibbia chiama 'Spirito Santo' l'*Om*, l'invisibile forza vitale che divinamente sostiene tutto il creato. "Oh non sapete che il vostro corpo è tempio dello Spirito Santo che è in voi e che avete da Dio, e che non appartenete a voi stessi?" (I Corinzi 6, 19).

Testamento, e di mostrare con potenza drammatica l'eterno vincolo che unisce il Maestro della Galilea ai suoi devoti.

Il professor Wutz mi raccontò alcuni episodi della vita della santa di cui era stato testimone.

"Con una comitiva di cui fa parte Therese, vado a visitare varie località della Germania e questi viaggi turistici spesso durano più di un giorno", mi disse. "Colpisce davvero il contrasto tra Therese, che non mangia nulla, e il resto della comitiva con i suoi tre pasti al giorno. Lei è sempre fresca come una rosa, non dà mai segni di stanchezza. Ogni volta che noi, affamati, cerchiamo una trattoria lungo la strada, Therese ride allegramente.

Il professore aggiunse qualche altro particolare interessante sul funzionamento del suo organismo: "Non prendendo cibo, lo stomaco di Therese si è atrofizzato. Il suo corpo non ha escrezioni, ma le ghiandole sudorifere funzionano, e la pelle è sempre morbida ed elastica".

Quando fu il momento di accomiatarmi, espressi a Therese il desiderio di assistere alla sua estasi.

"Sì, venite pure a Konnersreuth venerdì prossimo", disse gentilmente. "Il vescovo vi darà un permesso. Sono felice che siate riuscito a trovarmi qui ad Eichstätt".

Therese ci strinse la mano delicatamente molte volte, e ci accompagnò fino al cancello. Wright accese l'autoradio, suscitando l'interesse della santa, che la esaminò con risatine entusiastiche. Nel frattempo, una gran folla di ragazzi si era radunata intorno a noi, e allora Therese si ritirò in casa. La vedemmo fare capolino da una finestra, come una bambina, e agitare la mano in segno di saluto.

Il giorno seguente, da una conversazione con due dei suoi fratelli, molto gentili e disponibili, apprendemmo che la santa dorme solo una o due ore per notte. Nonostante le molte ferite disseminate sul suo corpo, è attiva e piena di energia. Ama gli uccelli, si prende cura di un acquario e spesso lavora in giardino. Riceve molte lettere, da parte di devoti cattolici che chiedono preghiere e benedizioni per ottenere una guarigione. Molti ricercatori spirituali sono guariti da gravi malattie grazie al suo aiuto.

Il fratello Ferdinand, un giovane di circa ventitré anni, mi ha spiegato che con le sue preghiere Therese ha il potere di 'consumare' nel proprio corpo i mali altrui. La sua astinenza dal cibo risale a una circostanza in cui pregò il Signore di mandare a lei la malattia alla gola che aveva colpito un giovane della sua parrocchia, il quale si preparava a prendere gli ordini religiosi.

Il giovedì pomeriggio ci recammo dal vescovo, che guardò con una certa sorpresa le mie chiome fluenti, ma firmò prontamente il permesso necessario. Non ci fu nulla da pagare; questa regola imposta dalla Chiesa ha il solo scopo di proteggere Therese dall'assedio dei semplici curiosi, che in passato giungevano a migliaia a Konnersreuth ogni venerdì.

Alle nove e mezzo del venerdì arrivammo al villaggio. Notai che parte del tetto della casetta era di vetro per permettere a Therese di avere luce in abbondanza. Constatammo con piacere che le porte non erano più chiuse, ma spalancate come ad accoglierci cordialmente. Ci unimmo a una ventina di visitatori che aspettavano in fila, ciascuno con un permesso scritto. Parecchi erano venuti da molto lontano per assistere alla mistica estasi.

Therese aveva già superato con me la prima prova, a casa del professore, quando aveva intuito che desideravo vederla per ragioni spirituali e non semplicemente per soddisfare una curiosità passeggera.

La sottoposi a una seconda prova quando, prima di salire le scale che conducevano alla sua cameretta, mi disposi in uno stato di estasi yogica per entrare in comunione telepatica e visiva con lei. Raggiunsi la camera affollata di visitatori; lei era sdraiata sul letto e indossava una lunga veste bianca. Con Richard Wright che mi seguiva dappresso, varcai la soglia e subito mi arrestai sgomento, alla vista di uno spettacolo davvero singolare e terrificante.

Dalle palpebre inferiori di Therese scorrevano due rivoli di sangue fluido e continuo larghi più di due centimetri. Aveva lo sguardo fisso verso l'alto, sull'occhio spirituale al centro della fronte. Il panno che le avvolgeva il capo era inzuppato del sangue che usciva dalle stigmate corrispondenti alle ferite prodotte dalla corona di spine. La veste bianca era macchiata di rosso all'altezza del cuore, per la ferita al costato, nel punto in cui il corpo di Cristo, tanti secoli or sono, aveva subìto quell'ultimo oltraggio dalla lancia del soldato.

Le mani di Therese erano protese in un gesto insieme materno e supplichevole. Il viso aveva un'espressione tormentata e divina al tempo stesso. Sembrava più magra e indefinibilmente diversa, sotto molti aspetti, interiori ed esteriori. Mormorando parole in una lingua sconosciuta, con le labbra lievemente tremanti, si rivolgeva a persone che solo la sua vista supercosciente era in grado di percepire.

Therese Neumann: la mistica cattolica con le stigmate

Therese Neumann, C. Richard Wright, Sri Yogananda
Eichstätt, Bavaria, 17 luglio 1935.

Essendo in perfetta sintonia con lei, cominciai a condividere la sua visione. Therese assisteva alla scena di Gesù che portava i legni della croce, circondato da una folla che lo scherniva.[4] A un tratto sollevò il capo costernata: il Signore era caduto sotto il tremendo peso. Poi la visione scomparve. Prostrata da un'infinita pietà, Therese si abbandonò pesantemente sul guanciale.

In quell'istante udii un forte tonfo alle mie spalle. Mi girai per un secondo e vidi due uomini portar via un corpo esanime ma, poiché uscivo proprio allora dal profondo stato di supercoscienza, non riconobbi subito la persona caduta. Fissai di nuovo lo sguardo sul viso di Therese, che era mortalmente pallido e solcato da rivoli di sangue, ma ora era calmo e irradiava purezza e santità. Poi lanciai un'occhiata dietro di me e vidi Wright in piedi, che si premeva la mano su una guancia sanguinante.

"Dick", chiesi ansiosamente, "sei tu che sei caduto?".

---

[4] Nelle ore precedenti al mio arrivo, Therese aveva già avuto molte visioni relative agli ultimi giorni della vita di Cristo. La sua estasi, in genere, inizia rivivendo gli avvenimenti successivi all'ultima cena e termina con la morte di Gesù sulla croce o, a volte, con la sua sepoltura.

"Sì, sono svenuto davanti a quello spettacolo terrificante".

"Beh", gli dissi per consolarlo, "sei stato proprio coraggioso a tornare per guardarlo ancora".

Ricordando la fila dei pellegrini in paziente attesa, Wright e io ci congedammo in silenzio da Therese e lasciammo la sua santa presenza.[5]

Il giorno successivo, partimmo verso sud, lieti di non dover dipendere dai treni e di poter fermare la Ford dove più ci piacesse per ammirare il paesaggio. Ci godemmo ogni minuto del nostro viaggio, che toccò la Germania, l'Olanda, la Francia e le Alpi svizzere. In Italia effettuammo una visita speciale ad Assisi, per onorare l'apostolo dell'umiltà, san Francesco. Il nostro giro dell'Europa terminò in Grecia, dove visitammo i templi di Atene e la prigione in cui il mite Socrate[6] bevve la sua pozione mortale. Si resta ammirati di fronte al genio artistico con cui gli antichi greci hanno creato in alabastro le immagini della loro fantasia.

Ci imbarcammo per attraversare l'assolato Mediterraneo e approdammo in Palestina. Giorno per giorno, mentre mi aggiravo per la Terra Santa, mi convincevo sempre di più del valore dei pellegrinaggi. Un cuore sensibile percepisce lo spirito di Cristo in tutta la Palestina. Camminai con reverenza al suo fianco a Betlemme, nel Getsemani, sul Calvario, sul sacro Monte degli Ulivi, sulle rive del fiume Giordano e del mare di Galilea.

---

[5] Un comunicato dell'agenzia INS proveniente dalla Germania, in data 26 marzo 1948, riferiva: "Questo Venerdì Santo una contadina tedesca giaceva sul suo lettino con il capo, le mani e le spalle sanguinanti nei punti in cui il corpo di Cristo fu ferito dai chiodi della croce e dalla corona di spine. Migliaia di tedeschi e americani reverenti hanno sfilato in silenzio davanti al lettino di Therese Neumann".

La grande santa si spense a Konnersreuth il 18 settembre 1962. (*Nota dell'editore*)

[6] Un passo di Eusebio parla di un interessante incontro fra Socrate e un saggio indù. Il passo è questo: "Il musico Aristossene narrò il seguente aneddoto sugli indiani: uno di essi incontrò Socrate ad Atene e gli chiese di che cosa si occupasse la sua filosofia: 'Indago i fenomeni umani', rispose Socrate. A queste parole l'indiano scoppiò a ridere: 'Come può un uomo indagare i fenomeni umani', disse, 'quando ignora quelli divini?'".

L'ideale dei greci, ripreso nelle filosofie occidentali, è questo: "Uomo, conosci te stesso". Un indù direbbe: "Uomo, conosci il tuo Sé". La massima di Cartesio, "Penso, dunque sono", è priva di validità filosofica: le facoltà della ragione non sono in grado di far luce sulla natura suprema dell'uomo. La mente umana, come il mondo fenomenico che essa conosce, è in perpetuo mutare e non può dar luogo a nulla di assoluto. La soddisfazione dell'intelletto non è la mèta più alta. Colui che cerca Dio è il vero amante di *vidya*, la verità immutabile; tutto il resto è *avidya*, o conoscenza relativa.

Il nostro gruppetto visitò la stalla in cui nacque Gesù, la bottega da falegname di Giuseppe, la tomba di Lazzaro, la casa di Marta e Maria, la sala dell'ultima cena. Eventi lontani nel tempo si rivelavano ai nostri occhi. Scena dopo scena assistetti al dramma divino che un tempo Cristo recitò per tutti i secoli a venire.

Proseguimmo per l'Egitto, con la sua moderna città del Cairo e le antiche piramidi. Poi una nave ci portò, attraverso il Mar Rosso, nel vasto Mare Arabico; e infine, ecco l'India!`

Capitolo 40

Ritorno in India

Colmo di gratitudine, respiravo ancora una volta la sacra aria dell'India. Il nostro piroscafo, il *Rajputana*, attraccò nell'immenso porto di Bombay il 22 agosto 1935. Già dal primo giorno, appena sceso dalla nave, ebbi un'anticipazione dei dodici mesi di incessante attività che mi aspettavano. Gli amici si erano radunati sulla banchina per darci il benvenuto con ghirlande di fiori; poco più tardi, nella nostra suite al Taj Mahal Hotel ricevemmo diversi gruppi di giornalisti e fotografi.

Bombay era una città nuova per me; la trovai moderna, dinamica, e piena di innovazioni occidentali. Lunghi filari di palme costeggiano gli ampi viali, splendidi edifici statali si contendono con gli antichi templi l'attenzione dei passanti. Tuttavia dedicammo pochissimo tempo alla visita della città, perché io ardevo dall'impazienza di rivedere il mio amato guru e altre persone care. Caricata la Ford su un vagone per trasporto bagagli, ben presto sfrecciavamo in treno verso est, alla volta di Calcutta.[1]

Alla stazione di Howrah, trovammo ad accoglierci una folla così numerosa che inizialmente non riuscivamo a scendere dal treno. Il giovane maharaja di Kasimbazar e mio fratello Bishnu dirigevano il gruppo di accoglienza. Non ero davvero preparato a un benvenuto così caloroso e magnifico.

Preceduti da un corteo di automobili e motociclette, accompagnati dal suono gioioso di tamburi e buccine, la signora Bletsch, Wright e io, coperti di ghirlande di fiori dalla testa ai piedi, ci muovemmo lentamente in automobile verso la casa di mio padre.

Il mio vecchio genitore mi abbracciò con la stessa commozione con cui si accoglie un figlio che ritorna dall'aldilà; ci guardammo a lungo,

---

[1] Effettuammo una sosta nelle Province Centrali, a metà del continente, per fare visita al Mahatma Gandhi a Wardha. Quelle giornate sono descritte nel capitolo 44.

Sri Yukteswar e Yoganandaji, Calcutta, 1935

"A causa dell'aspetto poco appariscente del mio guru, solo alcuni fra i suoi contemporanei riconobbero in lui un uomo superiore", ha detto Yogananda. "Pur essendo una creatura mortale come tutti gli altri, Sri Yukteswar aveva raggiunto la perfetta identità con il Signore del tempo e dello spazio. Non aveva incontrato nessun ostacolo insuperabile all'unione dell'umano con il Divino. Mi permise di comprendere che tali barriere non esistono; è solo la mancanza di audacia spirituale dell'uomo a crearle".

ammutoliti dalla gioia. Fratelli e sorelle, zii e zie, cugini, allievi e amici di anni lontani mi si affollavano intorno, e nessuno di noi aveva gli occhi asciutti. Questa scena di amorevole ricongiungimento, entrata ormai negli archivi della memoria, mi è rimasta impressa nel cuore, sempre viva e indimenticabile. Quanto all'incontro con Sri Yukteswar, non trovo le parole per raccontarlo; dovrà bastare la descrizione che segue, fatta dal mio segretario:

"Oggi, colmo delle più grandi aspettative, ho accompagnato in macchina Yoganandaji da Calcutta a Serampore", scrive Wright nel suo diario di viaggio.

"Siamo passati davanti a botteghe pittoresche, tra cui la trattoria preferita da Yoganandaji al tempo dell'università, e infine abbiamo imboccato una stradina costeggiata da due muri. Una brusca svolta a sinistra, ed ecco davanti a noi l'*ashram* del maestro, una costruzione in mattoni a due piani, con una lunga balconata sporgente dal piano superiore. Il luogo diffondeva una sensazione di pace e di solitudine.

"Con un senso di rispettosa umiltà, ho seguito Yoganandaji nel cortile interno dell'eremitaggio. Avevamo il cuore in tumulto nel salire i vecchi gradini di cemento, da cui erano indubbiamente passati innumerevoli ricercatori della verità. Più avanzavamo, più cresceva l'emozione. Davanti a noi, in cima alle scale, è apparsa, silenziosa, la nobile, ieratica figura del grande guru, Swami Sri Yukteswar.

"Il cuore mi batteva all'impazzata, gonfio per la felicità di trovarmi alla sua sublime presenza. Avevo gli occhi appannati di lacrime alla vista dell'incontro tanto atteso: Yoganandaji è caduto in ginocchio e, con la testa china, ha offerto al maestro la gratitudine e il saluto rispettoso della sua anima, toccando con la mano i piedi del guru e poi la propria fronte, in segno di deferenza. Quando si è alzato, Sri Yukteswar lo ha abbracciato, stringendoselo più volte al petto.

"Dapprima non si sono detti una sola parola, ma esprimevano un sentimento intenso nel muto linguaggio dell'anima. Come brillavano i loro occhi, in cui si leggevano l'amore e la gioia di essere di nuovo insieme! Una vibrazione di tenerezza si è diffusa nella quiete del patio, e poi il sole è sfuggito improvvisamente alle nubi per aggiungervi un fulgore di gloria.

"In ginocchio davanti al maestro, anch'io gli ho offerto in silenzio il mio amore e la mia gratitudine, toccando i suoi piedi, ispessiti dal tempo e dal servizio agli altri, e ho ricevuto la sua benedizione. Poi mi sono alzato e l'ho guardato negli occhi, bellissimi e profondi, rivelatori della sua grande capacità di introspezione, e al tempo stesso raggianti di gioia.

Siamo quindi entrati nel suo soggiorno, dove un'intera parete si apre sulla balconata che avevo già notato dalla strada. Il maestro si è seduto su un materasso foderato, posto sul pavimento di cemento, e si è appoggiato a un logoro divano. Yoganandaji e io ci siamo seduti ai piedi del guru, su una stuoia di paglia, con dei cuscini color arancione su cui appoggiarci per stare più comodi.

"Con scarso successo ho cercato di afferrare il succo della conversazione in bengali che si svolgeva tra i due swamiji (quando sono insieme, ho scoperto, non parlano inglese, anche se swamiji Maharaj, come alcuni chiamano il grande guru, conosce questa lingua e la parla spesso). Eppure da quei due occhi scintillanti e da quel sorriso che scalda il cuore ho potuto facilmente percepire la santità della sua grande anima. Un tratto che risalta nella sua conversazione, scherzosa o seria che sia, è la sicurezza delle affermazioni: è il marchio del saggio, che sa di sapere, perché conosce Dio. La grande saggezza del maestro, la forza dei suoi propositi e la sua determinazione traspaiono da qualunque cosa faccia o dica.

"Era vestito con semplicità: *dhoti* e camicia, che in origine dovevano essere color ocra, sono ora di un arancione molto sbiadito. Scrutandolo di quando in quando con reverente rispetto, ho notato che è di corporatura imponente e atletica; il suo fisico è temprato dalle prove e dai sacrifici di una vita di rinuncia. Ha un portamento maestoso. Incede con passo dignitoso, la figura eretta. Un riso gioviale di esuberante gaiezza gli sale dal profondo del petto e gli fa fremere e sobbalzare tutto il corpo.

"Il volto austero trasmette una sorprendente forza divina. I capelli, divisi nel mezzo, sono bianchi intorno alla fronte, striati altrove di oro pallido e di nero argenteo, e terminano in riccioli sulle spalle. Barba e baffi sono poco folti, o si sono diradati, e sembrano dare maggior risalto ai lineamenti. La fronte è sfuggente, come se volesse cercare il cielo. Gli occhi scuri sono circondati da un etereo alone azzurro. Il naso è piuttosto grosso, non proprio bello; nei momenti di ozio il maestro si diverte a giocherellarci, dandogli colpetti con le dita, come un bambino. A riposo, la bocca ha un'espressione severa, pur lasciando trasparire una lieve impronta di tenerezza.

Autobiografia di uno Yogi

La veranda al secondo piano dell'eremitaggio di Sri Yukteswar a Serampore, 1935. Sri Yogananda (*al centro*) è seduto vicino al suo guru (*in piedi, a destra*).

"Guardandomi intorno, ho notato che la stanza, non in buone condizioni, testimonia il distacco del proprietario da ogni comodità materiale. Le bianche pareti della lunga stanza, chiazzate di umidità, mostrano striature di un intonaco azzurro ormai sbiadito. A un'estremità è appeso l'unico ritratto esistente di Lahiri Mahasaya, ornato con devozione da una semplice ghirlanda. C'è anche una vecchia fotografia che ritrae Yoganandaji all'epoca del suo arrivo a Boston, con gli altri delegati al congresso delle religioni.

"Mi ha colpito un curioso accostamento di antico e moderno: dal soffitto pende un enorme candelabro di cristallo coperto di ragnatele per il lungo disuso, mentre sulla parete è appeso un moderno calendario a colori vivaci. In tutta la stanza aleggia un'aura di pace e di felicità.

Paramahansa Yogananda
Fotografia scattata il 18 dicembre 1935 a Damodar, India, durante una visita sul luogo in cui sorgeva la sua prima scuola per ragazzi nei pressi di Dihika, nel 1917. Paramahansaji sta meditando all'ingresso di una torre ora in rovina, che una volta era il suo angolino preferito quando voleva rimanere solo.

Oltre il balcone, svettano palme da cocco che sovrastano l'eremitaggio, quasi a offrirgli la loro silenziosa protezione.

"Il maestro non ha che da battere le mani, e prima ancora di avere finito, accorre qualche piccolo discepolo. Uno di essi, un ragazzino magro di nome Prafulla,[2] ha lunghi capelli neri, occhi neri scintillanti e un sorriso angelico; quando gli angoli della bocca si sollevano per sorridere, i suoi occhi brillano come fossero stelle, che insieme a una falce di luna appaiono improvvisamente al crepuscolo.

"È evidente che Swami Sri Yukteswarji provi un'immensa gioia per il ritorno della sua 'creatura' (e si dimostra piuttosto curioso nei miei confronti, la 'creatura della sua creatura'). Tuttavia, nell'indole di questa

---

[2] Prafulla è lo stesso ragazzo che era presente quando un cobra si avvicinò al maestro (vedere pagina 128).

Processione degli insegnanti e degli studenti della scuola di Ranchi nel marzo del 1938, per la commemorazione annuale della fondazione della scuola.

Studenti della scuola per ragazzi della Yogoda Satsanga Society di Ranchi, nel 1970. Per mantenere vivi gli ideali che ispirarono Yogananda nel fondare la scuola, molte lezioni sono tenute all'aperto e i ragazzi ricevono l'insegnamento dello yoga come pure l'istruzione accademica e professionale.

Sri Yogananda (*al centro*) e il suo segretario C. Richard Wright (*a destra, seduto*) a Ranchi, il 17 luglio 1936. Intorno a loro, gli insegnanti e le alunne della scuola di Sri Yogananda per ragazze del posto.

Sri Yogananda con gli insegnanti e gli alunni della scuola per ragazzi della Yogoda Satsanga Society di Ranchi, nel 1936. La scuola, fondata da Yoganandaji, fu trasferita qui da Dihika, Bengala, nel 1918, con il patrocinio del maharaja di Kasimbazar.

grande anima predomina la saggezza, che frena l'espressione esteriore dei sentimenti.

"Yoganandaji ha offerto dei doni al maestro, come è usanza quando un discepolo torna dal suo guru. Più tardi ci siamo seduti per consumare un pasto, semplice ma ben cucinato, a base di verdure e riso. Sri Yukteswar ha notato compiaciuto che osservavo alcune consuetudini indiane, come per esempio quella di mangiare con le mani.

"Dopo varie ore di rapidi scambi verbali in bengali e vicendevoli sorrisi affettuosi e sguardi di gioia, ci siamo prostrati ai suoi piedi, abbiamo preso congedo con un *pranam*[3], e siamo partiti per Calcutta con il ricordo indelebile di un sacro incontro. Benché ora io riporti prevalentemente le mie impressioni esteriori sul maestro, per tutto il tempo ho avuto la consapevolezza della sua grandezza spirituale. Ho sentito il suo potere, e porterò sempre con me questo sentimento come una benedizione divina che ho avuto il privilegio di ricevere".

Dall'America, dall'Europa e dalla Palestina avevo portato molti regali per Sri Yukteswar. Li accettò con un sorriso, ma senza commenti. In Germania avevo acquistato un bastone-ombrello per me, ma, giunto in India, decisi di donare anche quello al Maestro.

"Questo regalo lo apprezzo davvero!". Nell'esprimere questo insolito commento, il mio guru mi fissò con un'affettuosa aria d'intesa. Di tutti i doni ricevuti, l'unico che mostrò ai visitatori fu proprio il bastone-ombrello.

"Maestro, permettetemi di procurarvi un tappeto nuovo per il soggiorno". Avevo notato che il tappeto su cui era stesa la pelle di tigre di Sri Yukteswar era molto logoro.

"D'accordo, se ti fa piacere". La voce del mio guru non esprimeva alcun entusiasmo. "Guarda, la mia pelle di tigre è ancora bella e pulita; nel mio piccolo regno io sono un re. Al di là c'è il vasto mondo che si interessa solo alle cose esteriori".

Mentre pronunciava queste parole, mi sentii tornare indietro negli anni: ero di nuovo un giovane discepolo, purificato ogni giorno nelle fiamme della disciplina!

---

[3] Letteralmente, 'saluto completo', dalla radice sanscrita *nam*, 'salutare' o 'inchinarsi', e dal prefisso *pra*, 'completamente'. Un *pranam* è il saluto tributato prevalentemente ai monaci e ad altre persone di riguardo.

Ritorno in India

Appena riuscii a staccarmi da Serampore e da Calcutta, partii con Wright alla volta di Ranchi. Che accoglienza ci fu tributata! Una vera e propria commovente ovazione! Avevo gli occhi pieni di lacrime mentre abbracciavo quegli insegnanti che, senza alcun fine egoistico, avevano tenuto alta la bandiera della scuola durante i miei quindici anni di assenza. I volti luminosi e gli allegri sorrisi degli allievi, sia di quelli a convitto sia degli esterni, testimoniavano ampiamente il valore dell'accurata istruzione scolastica e formazione yoga che ricevevano.

Tuttavia, la scuola di Ranchi si trovava purtroppo in gravi difficoltà finanziarie. Sir Manindra Chandra Nundy, il vecchio maharaja che aveva donato il suo palazzo di Kasimbazar, poi trasformato nell'edificio centrale della scuola, e che aveva fatto tante altre generose donazioni, era morto. Molte attività gratuite e benefiche della scuola erano seriamente compromesse dalla mancanza di adeguate sovvenzioni pubbliche.

Non avevo trascorso tanti anni in America senza imparare qualcosa del suo pragmatismo e del suo spirito indomito di fronte agli ostacoli. Rimasi a Ranchi una settimana, alle prese con problemi assai critici. Poi, a Calcutta, si tennero colloqui con eminenti politici ed educatori, un lungo incontro con il giovane maharaja di Kasimbazar, un appello di natura economica rivolto a mio padre, e così le traballanti fondamenta della scuola di Ranchi cominciarono a consolidarsi. Molte donazioni arrivarono in un baleno anche da parte dei miei studenti americani.

Entro pochi mesi dal mio arrivo in India, ebbi la gioia di vedere la costituzione legale della scuola di Ranchi. Si era realizzato il sogno di una vita, quello di avere un centro educativo yoga regolarmente sovvenzionato. Questa era l'aspirazione che aveva guidato i miei modesti inizi, nel 1917, con il primo gruppetto di sette ragazzi.

La Yogoda Satsanga Brahmacharya Vidyalaya impartisce insegnamenti di scuola primaria e di scuola superiore; le lezioni si svolgono all'aperto. Gli studenti, sia quelli a convitto sia gli esterni, ricevono anche una formazione professionale di qualche tipo.

Gran parte delle attività sono gestite da comitati autonomi composti dagli allievi. Nella mia carriera di educatore mi sono accorto ben presto che i ragazzi, anche quando si divertono a farla in barba agli insegnanti, accettano di buon grado le regole disciplinari imposte dai loro stessi compagni. Non essendo mai stato personalmente un allievo modello, ero pronto a simpatizzare con tutte le marachelle e i problemi dei ragazzi.

Yogoda Math, Dakshineswar, India

La Casa Madre della Yogoda Satsanga Society of India, sul fiume Gange vicino a Calcutta, fondata da Paramahansa Yogananda nel 1939.

Ritorno in India

La scuola incoraggia l'attività sportiva; i campi risuonano delle voci dei giocatori di calcio e di hockey, e sono spesso gli studenti di Ranchi a vincere il trofeo. I ragazzi apprendono il metodo *Yogoda* per ricaricare i muscoli con la forza di volontà, inviando mentalmente l'energia vitale in ogni parte del corpo. Apprendono anche gli *asana* (posizioni), e imparano l'uso della spada e del *lathi* (bastone). In occasione di tragiche alluvioni e carestie, gli studenti di Ranchi, addestrati al pronto soccorso, hanno prestato il loro aiuto prezioso alla comunità

Sri Yogananda durante una gita in barca sul fiume Yamuna nel 1935 a Mathura, una città santa legata alla nascita e all'infanzia di Bhagavan Krishna. (*Seduti, dal centro a destra*): la figlia di Ananta Lal Ghosh (fratello maggiore di Sri Yogananda), Sananda Lal Ghosh (fratello minore di Yoganandaji) e C. Richard Wright.

della provincia. Si dedicano anche a lavori di giardinaggio e coltivano ortaggi per il proprio consumo.

La scuola tiene corsi di istruzione primaria in hindi per le tribù indigene della provincia, *Kol, Santal* e *Munda*. Alcuni corsi riservati alle bambine si tengono nei villaggi vicini.

La caratteristica distintiva di Ranchi è l'iniziazione al Kriya Yoga. I ragazzi compiono giornalmente esercizi spirituali, si impegnano nel canto dei versetti della Gita e imparano, tramite le parole e l'esempio, le virtù della semplicità, dell'abnegazione, dell'onore e della verità. Si insegna loro che il male è causa di ogni infelicità e il bene consiste nelle azioni che arrecano la felicità vera. Il male può essere paragonato al miele avvelenato, che ci tenta, ma è gravido di morte.

Vincendo l'irrequietezza del corpo e della mente con le tecniche di concentrazione, si sono ottenuti risultati sorprendenti: a Ranchi non è insolito vedere una graziosa figurina di nove o dieci anni seduta immobile per un'ora o più, senza battere le palpebre, con lo sguardo rivolto all'occhio spirituale.

Nel frutteto si erge un tempietto dedicato a Shiva, con una statua del santo maestro Lahiri Mahasaya. Ogni giorno in giardino, all'ombra degli alberi di mango, si recitano preghiere e si tengono lezioni sulle sacre Scritture.

L'ospedale Yogoda Satsanga Sevashram ('Casa del servizio'), situato nella tenuta di Ranchi, offre gratuitamente assistenza medica e chirurgica a molte migliaia di indiani bisognosi.

Ranchi si trova a circa seicento metri sul livello del mare e gode di un clima mite tutto l'anno. La proprietà, di circa venticinque acri, è situata nei pressi di un laghetto piuttosto grande in cui si possono fare i bagni, e comprende uno dei più bei frutteti privati dell'India, che conta cinquecento alberi da frutto: manghi, datteri, guava, litchi, e *jackfruit*.

La biblioteca di Ranchi dispone di numerose riviste, di un migliaio di volumi in inglese e in bengali, giunti in dono da Oriente e da Occidente, e ospita anche una collezione di testi sacri provenienti da diverse parti del mondo. Un museo bene organizzato custodisce pietre preziose e reperti archeologici, geologici e antropologici, trofei raccolti in larga misura nei miei viaggi in giro per il variegato mondo del Signore.[4°]

---

[4] In Occidente esiste un altro piccolo museo che contiene pezzi simili raccolti da Paramahansa Yogananda; si trova in California, a Pacific Palisades, al Lake Shrine della Self-Realization Fellowship. (*Nota dell'editore*)

Sono sorte e si stanno sviluppando anche alcune succursali con le stesse caratteristiche della scuola di Ranchi (convitto e yoga): la Yogoda Satsanga Vidyapith, una scuola per ragazzi, situata a Lakhanpur, nel Bengala occidentale; un secondo istituto, che è sia una scuola superiore sia un eremitaggio, si trova a Ejmalichak, nel Midnapore, un altro distretto del Bengala.[5]

Un imponente Yogoda Math (*ashram*) è stato inaugurato nel 1939 a Dakshineswar, in riva al Gange. Situato solo pochi chilometri a nord di Calcutta, il nuovo eremitaggio offre un porto di pace agli abitanti della città.

Il Math di Dakshineswar è la Casa Madre della Yogoda Satsanga Society, delle sue scuole e dei suoi centri ed eremitaggi sparsi in tutta l'India. La Yogoda Satsanga Society è legalmente affiliata alla Casa Madre internazionale, la Self-Realization Fellowship di Los Angeles, in California, Stati Uniti. In aggiunta alle altre attività, la Yogoda Satsanga[6] pubblica la rivista trimestrale *Yogoda Magazine* e spedisce ogni quindici giorni, agli studenti residenti in India, lezioni che contengono istruzioni dettagliate sulle tecniche della Self-Realization Fellowship per ricaricare il corpo di energia, per la concentrazione e la meditazione. La loro pratica regolare e coscienziosa costituisce la base essenziale per poi apprendere la tecnica più avanzata del Kriya Yoga, che viene impartita in lezioni successive agli studenti idonei.

---

[5] Dal nucleo originario stanno fiorendo adesso in diverse località dell'India molti istituti educativi della YSS sia per i ragazzi sia per le ragazze. Offrono corsi di studio che vanno dalla scuola primaria fino alle scuole superiori.

[6] 'Yogoda' deriva da *yoga*, che significa unione, armonia, equilibrio, e *da*, che significa 'ciò che impartisce'. 'Satsanga' è composto da *sat*, verità, e *sanga*, fratellanza.

'Yogoda' è una parola coniata da Paramahansa Yogananda nel 1916, quando scoprì i princìpi per ricaricare il corpo umano con l'energia proveniente dalla sorgente cosmica (vedere pagina 273).

'Satsanga' (Fratellanza nella Verità) è il nome che Sri Yukteswar diede al suo eremitaggio. Paramahansaji, in quanto suo discepolo, volle naturalmente mantenere questo nome.

La Yogoda Satsanga Society of India è un'istituzione educativa permanente senza scopo di lucro. Yoganandaji registrò con questo nome la sua opera e i suoi istituti indiani, che sono ora abilmente amministrati da un consiglio direttivo residente presso lo Yogoda Math di Dakshineswar, nel Bengala occidentale. Molti centri di meditazione YSS sono attualmente in fiorente attività in varie parti dell'India.

In Occidente, Paramahansa Yogananda tradusse in inglese il nome della sua organizzazione registrando la sua opera come Self-Realization Fellowship. Brother Chidananda è l'attuale presidente sia della Yogoda Satsanga Society of India sia della Self-Realization Fellowship. *(Nota dell'editore)*

Autobiografia di uno Yogi

  Le attività educative, religiose e umanitarie della Yogoda richiedono l'abnegazione e la dedizione di molti insegnanti e operatori. Non riporto qui i loro nomi perché sono troppo numerosi, ma ciascuno di essi occupa un posto speciale nel mio cuore.
  Richard Wright si fece molti amici fra i ragazzi di Ranchi. Vestito di un semplice *dhoti*, è vissuto per qualche tempo in mezzo a loro. A Bombay, Ranchi, Calcutta, Serampore, ovunque andasse, il mio segretario, che ha il dono delle vivide descrizioni, annotava le avventure del giorno nel suo diario di viaggio. Una sera gli posi una domanda:
  "Dick, che impressione ti ha fatto l'India?".
  "Pace", rispose pensieroso. "L'aura caratteristica del popolo indiano è la pace".

Capitolo 41

Un'esperienza idilliaca nell'India del sud

"Tu sei il primo occidentale, Dick, che sia mai entrato in quel santuario. Molti altri hanno tentato invano".

Nell'udire le mie parole, Wright parve dapprima stupito, poi compiaciuto. Avevamo appena lasciato il bellissimo tempio di Chamundi, sulle colline che sovrastano Mysore, nell'India meridionale. In quel luogo ci eravamo inchinati dinanzi agli altari d'oro e d'argento della dea Chamundi, divinità tutelare della famiglia regnante del Mysore.

"In ricordo di questo particolare onore", disse Wright, riponendo con cura alcuni petali di rosa, "conserverò per sempre questi petali, benedetti dal sacerdote con acqua di rose".

Nel novembre 1935 il mio segretario e io[1] eravamo ospiti ufficiali delle autorità del Mysore, dove trascorremmo l'intero mese. L'erede del maharaja,[2] Sua Altezza lo *yuvaraja* Sri Kantheerava Narasimharaja Wadiyar, ci aveva invitato a visitare il suo regno, contraddistinto da iniziative illuminate e progressiste.

Nel corso degli ultimi quindici giorni avevo tenuto vari discorsi dinanzi a migliaia di cittadini e studenti della città di Mysore presso l'auditorium municipale, il Maharaja College e la Facoltà di Medicina dell'Università; e poi a Bangalore, durante tre incontri rivolti al largo pubblico, presso la National High School, l'Intermediate College e l'auditorium municipale di Chetty, dove si erano radunate tremila persone.

Non so se gli attenti ascoltatori fossero riusciti a credere alla mia entusiastica descrizione dell'America; ma senza dubbio, ogni volta che avevo toccato l'argomento dei benefìci che potevano derivare dallo scambio reciproco delle migliori qualità dell'Oriente e dell'Occidente, gli applausi erano risuonati più fragorosi.

---

[1] La signora Bletsch era rimasta con i miei parenti a Calcutta.
[2] Il maharaja Sri Krishna Rajendra Wadiyar IV.

Wright e io trascorrevamo ora un periodo di vacanza nella pace dei tropici. Il suo diario di viaggio descrive con queste parole le sue impressioni sul Mysore:

"Abbiamo vissuto tanti momenti di rapimento, immersi nella pura contemplazione del quadro sempre mutevole che Dio dipinge in tutta la volta celeste, poiché solo il Suo tocco può creare colori vibranti di nuova vita. Questa freschezza di colori si perde quando l'uomo cerca di imitarla con i semplici pigmenti, perché il Signore ricorre a un mezzo più semplice ed efficace: puri raggi di luce, anziché colori a olio o altre sostanze coloranti. Egli getta uno sprazzo di luce, ed ecco qui un riflesso di rosso; agita di nuovo il suo pennello e il rosso gradatamente sfuma nell'arancione e nell'oro; poi con una profonda stoccata lacera le nuvole con un raggio purpureo, e questo fa spandere dalla ferita un alone o un contorno di vermiglio; e così, per l'eternità, Egli continua a dilettarsi, mattina e sera, con i Suoi quadri sempre mutevoli, sempre vivi, sempre nuovi; senza mai un duplicato, senza un disegno o un colore uguale all'altro. Lo spettacolo del passaggio dal giorno alla notte e dalla notte al giorno è in India di una bellezza che non ha eguali in nessun'altra parte del mondo. Spesso sembra che Dio abbia radunato tutti i colori nella Sua tavolozza per proiettarli nei cieli in un radioso caleidoscopio.

"Devo proprio raccontare di una splendida visita all'immensa diga di Krishnaraja Sagar,[3] situata a circa venti chilometri dalla città di Mysore, che abbiamo compiuto al calar del sole. Yoganandaji e io abbiamo preso un piccolo autobus, messo in moto da una sorta di batteria umana, ovvero un ragazzino incaricato di azionare una manovella, e ci siamo inoltrati per una strada in terra battuta proprio mentre il sole tramontava, schiacciandosi all'orizzonte come un pomodoro troppo maturo.

"Lungo il tragitto, abbiamo costeggiato innumerevoli campi di riso, abbiamo attraversato un fresco boschetto di *banyan* e siamo poi passati in mezzo a imponenti palme di cocco; quasi ovunque la vegetazione era folta come nella giungla. Infine, arrivati nei pressi della cima di una collina, abbiamo visto un immenso lago artificiale che rifletteva le stelle, i filari di palme e altri alberi, ed era circondato da incantevoli giardini pensili e da una lunga serie di luci elettriche.

---

[3] Una diga destinata all'irrigazione, costruita nel 1930 per approvvigionare la zona circostante la città di Mysore, che è rinomata per le sue sete, i saponi e l'olio di sandalo.

Un'esperienza idilliaca nell'India del sud

"Alla base della diga, abbiamo ammirato uno spettacolo suggestivo di raggi multicolori che creavano giochi di luce su fontane simili a geyser, i cui zampilli somigliavano a getti di inchiostro luminoso: splendide cascate blu, rosse, verdi, gialle; e maestosi elefanti di pietra da cui sgorgavano fiotti d'acqua. La diga (le cui fontane luminose mi hanno ricordato quelle dell'Esposizione mondiale di Chicago del 1933), è un'opera che si distingue per la sua modernità in questa antica terra di campi di riso e di gente semplice. Gli abitanti ci hanno riservato un'accoglienza talmente calorosa da farmi temere che non riuscirò con le mie sole forze a riportare Yoganandaji in America.

"Un altro raro privilegio è stato la mia prima passeggiata sul dorso di un elefante. Ieri lo *yuvaraja* ci ha invitato nel suo palazzo estivo per farci fare un giro su uno dei suoi elefanti, una creatura enorme. Sono salito con un'apposita scaletta sulla *howdah*, una sella a forma di scatola imbottita di cuscini di seta; ed eccomi poi rotolare, sobbalzare, oscillare in alto e in basso come se stessi per precipitare in un burrone, troppo emozionato per preoccuparmi o gridare, ma aggrappato con tutte le forze per salvarmi la pelle!".

L'India meridionale, ricca di vestigia storiche e archeologiche, è una terra dal fascino ben definito e allo stesso tempo indefinibile. A nord di Mysore si trova Hyderabad, un pittoresco altopiano attraversato dal maestoso fiume Godavari: estese e fertili pianure, le incantevoli Nilgiri o 'Montagne Azzurre', ma anche zone di aride colline di granito o di roccia calcarea. La storia di Hyderabad è molto antica e ricca di appassionanti vicende; ebbe inizio tremila anni fa sotto la dinastia Andhra e continuò sotto le dinastie indù fino al 1294 d. C., quando la regione passò sotto il dominio musulmano.

Le più incantevoli opere di architettura, scultura e pittura di tutta l'India si trovano a Hyderabad, nelle antiche grotte di Ellora e di Ajanta, scolpite nella roccia. Ad Ellora, nel grandioso tempio monolitico di Kailasa vi sono figure di divinità, uomini e animali scolpite con uno stupendo senso delle proporzioni degno di Michelangelo. Nel sito di Ajanta si ergono cinque cattedrali e venticinque monasteri, tutti scavati nella roccia e sostenuti da possenti pilastri affrescati, su cui pittori e scultori hanno immortalato il loro genio.

Nella città di Hyderabad fanno bella mostra di sé l'Università di Osmania e l'imponente Moschea Mecca Masjid, in cui possono raccogliersi in preghiera diecimila musulmani.

Lo Stato del Mysore, situato a circa novecento metri sul livello del mare, è ricco di lussureggianti foreste tropicali che ospitano elefanti selvatici, bisonti, orsi, pantere e tigri. Le due città principali, Bangalore e Mysore, sono linde e accoglienti, ricche di bellissimi parchi e giardini pubblici.

Nel Mysore l'architettura e la scultura indiana hanno raggiunto la loro più alta espressione dall'XI al XV secolo grazie al mecenatismo dei sovrani indù. Il tempio di Belur, un capolavoro dell'XI secolo completato durante il governo del re Vishnuvardhana, non ha eguali nel mondo intero per la raffinatezza dei dettagli e la ricchezza delle opere di arte figurativa.

Gli editti scolpiti nella roccia, rinvenuti nel Mysore settentrionale, risalgono al III secolo a. C., e perpetuano la memoria del re Asoka[4], il cui vasto impero comprendeva l'India, l'Afghanistan e il Beluchistan. I 'sermoni di pietra' di Asoka, incisi in vari dialetti, sono una testimonianza della diffusa istruzione esistente in quel periodo. L'editto XIII condanna le guerre: "Nulla va considerato una vera conquista se non la conquista della religione". L'editto X dichiara che la vera gloria di un re dipende dal progresso morale che il suo popolo raggiunge grazie al suo aiuto. L'editto XI afferma che il 'vero dono' non consiste nei beni, ma nel Bene, ossia nella diffusione della verità. Nell'editto VI l'amato imperatore invita i sudditi a conferire con lui sulle questioni di pubblico interesse 'a qualsiasi ora del giorno o della notte', e aggiunge che, compiendo fedelmente i doveri di regnante, egli avrebbe 'riscattato i propri debiti nei confronti del prossimo'.

Asoka era nipote del formidabile Chandragupta Maurya, che annientò le guarnigioni lasciate in India da Alessandro Magno e nel 305 a. C. sconfisse l'esercito invasore macedone guidato da Seleuco. Chandragupta ricevette in seguito alla sua corte di Pataliputra[5] l'ambasciatore greco

---

[4] L'imperatore Asoka fece erigere in varie parti dell'India 84.000 *stupa* religiosi (santuari). Tra i monumenti costruiti sotto il suo regno, restano tuttora quattordici editti scolpiti nella roccia e dieci colonne in pietra. Ogni colonna è un trionfo ingegneristico, architettonico e scultoreo. Asoka fece costruire anche molte cisterne, dighe e chiuse per l'irrigazione, strade maestre e viali alberati, lungo i quali non mancavano rifugi per i viaggiatori, giardini botanici per scopi medicinali e ospedali per uomini e animali.

[5] La città di Pataliputra (l'odierna Patna) ha una storia affascinante. Il Signore Buddha visitò quel sito nel VI secolo a. C., quando era solo un forte di scarsa importanza, e fece questa profezia: "Fino agli estremi confini dei territori abitati dai popoli ariani e raggiunti dai mercanti nei loro viaggi, Pataliputra diverrà per loro la città principale, un centro per lo

Un'esperienza idilliaca nell'India del sud

Megastene, che ci ha lasciato varie descrizioni della felice e operosa India di quel tempo.

Nel 298 a. C. il vittorioso Chandragupta cedette al figlio il governo del Paese e si recò nel sud dell'India, a Sravanabelagola, divenuta oggi un santuario del Mysore; lì trascorse gli ultimi dodici anni di vita in assoluta povertà, cercando la realizzazione del Sé nella solitudine di una grotta scavata nella roccia. Sravanabelagola vanta anche la statua più grande del mondo, scolpita in una roccia gigantesca dai giainisti nel 983 d. C. in onore del saggio Gomateswara.

Gli storici greci, coloro che accompagnarono Alessandro nella sua spedizione e quanti giunsero in India dopo di lui, ci hanno lasciato narrazioni dettagliate di molte vicende interessanti. I racconti di Arriano, Diodoro, Plutarco e Strabone il geografo, tradotti in inglese da J. W. McCrindle,[6] gettano un raggio di luce sull'India antica. L'aspetto più considerevole della sfortunata spedizione di Alessandro fu il profondo interesse che egli manifestò per la filosofia indù, per gli yogi e i santi che di quando in quando incontrava e dei quali ricercava avidamente la compagnia. Poco dopo il suo arrivo a Taxila, nell'India del nord, il guerriero occidentale inviò un messaggero, Onesikritos, discepolo della scuola greca di Diogene, a cercare Dandamis, un grande *sannyasi* di Taxila.

"Salute a te, maestro dei bramini", disse Onesikritos, quando trovò Dandamis nel suo rifugio nella foresta. "Il figlio del possente Zeus, Alessandro, sommo Signore di tutti gli uomini, ti chiede di recarti da lui. Se accetti, ti ricompenserà generosamente; se rifiuti, ti taglierà la testa".

Lo yogi, imperturbabile, accolse questo invito alquanto imperioso, 'senza neanche sollevare il capo dal suo giaciglio di foglie'.

"Anch'io sono figlio di Zeus, se lo è Alessandro", osservò. "Non voglio nulla di ciò che appartiene ad Alessandro, perché sono soddisfatto di quello che ho, mentre vedo che egli percorre con i suoi uomini le terre e i mari senza alcun profitto, e non pone mai fine al suo peregrinare.

"Torna da Alessandro e digli che Dio, il Re Supremo, non è mai autore di arroganti ingiustizie, ma è il Creatore della luce, della pace,

---

scambio di ogni sorta di merci" (*Mahaparinirbana Sutra*). Due secoli dopo, Pataliputra divenne la capitale dell'immenso impero di Chandragupta Maurya. Suo nipote Asoka fece raggiungere alla metropoli una prosperità e uno splendore ancora più grandi.

[6] Sei volumi sull'India antica (*Ancient India*, Calcutta: Chuckervertty, Chatterjee & Co., 15 College Square; 1879, ristampati nel 1927).

della vita, dell'acqua, del corpo umano e di ogni anima. Egli accoglie tutti gli uomini quando la morte li rende liberi, poiché allora non sono più soggetti ad alcun male. Il solo Dio a cui rendo omaggio è Colui che disprezza i massacri e non istiga alla guerra.

"Alessandro non è un dio, poiché dovrà conoscere la morte", continuò il saggio con pacata ironia. "Come può uno come lui essere il padrone del mondo, se non è ancora salito sul trono del controllo dell'universo interiore? Non è mai entrato vivo nell'Ade e non conosce nemmeno il corso che compie il sole lungo le vaste regioni di questa terra. La maggior parte dei popoli non ha mai udito neanche il suo nome!".

Dopo quest'aspra critica, certamente la più pungente che qualcuno avesse mai voluto far giungere all'orecchio del 'Signore del mondo', il saggio aggiunse con ironia: "Se i domini di Alessandro non sono abbastanza vasti per contenere i suoi desideri, che attraversi il fiume Gange: troverà una terra in grado di sostenere tutti i suoi uomini.[7]

"I doni che Alessandro mi promette sono inutili per me", continuò Dandamis. "Le cose che apprezzo e che per me hanno valore sono gli alberi, che mi offrono riparo, le piante rigogliose, che mi procurano il nutrimento quotidiano, e l'acqua, che spegne la mia sete. I beni accumulati con bramosia si rivelano di solito nefasti per i loro proprietari, poiché procurano solo i dispiaceri e le contrarietà che affliggono tutti gli uomini non illuminati.

"Quanto a me, io riposo sulle foglie della foresta e, non avendo nulla da sorvegliare, chiudo gli occhi in un sonno tranquillo; se invece possedessi qualcosa che il mondo ritiene di valore, quel fardello di responsabilità mi toglierebbe il sonno. La terra mi fornisce tutto ciò di cui ho bisogno, proprio come una madre che nutre con il latte il suo bambino. Io vado dovunque mi piaccia, libero da qualsiasi preoccupazione materiale.

"Anche se Alessandro mi tagliasse la testa, non potrebbe tuttavia distruggere la mia anima. La mia testa, ormai incapace di emettere suoni, e il mio corpo, come un abito logoro, rimarrebbero sulla terra, da cui provengono i loro elementi. Ma io, divenuto Spirito, m'innalzerei alla presenza di Dio. Egli ci ha confinati nel corpo e ci ha posto sulla terra per vedere se quaggiù vivremo in obbedienza ai Suoi comandamenti.

---

[7] Né Alessandro né alcuno dei suoi generali attraversò mai il Gange. Trovando una decisa resistenza nel nord-ovest, l'esercito macedone si ammutinò, rifiutandosi di avanzare; Alessandro fu costretto a lasciare l'India e a cercare nuove conquiste in Persia.

Un'esperienza idilliaca nell'India del sud

Quando giungeremo alla Sua presenza, ci chiederà conto della vita che abbiamo condotto. È infatti Lui il giudice di ogni iniquità, e sono i lamenti degli oppressi a decretare la punizione dell'oppressore.

"Che Alessandro continui pure ad atterrire con le sue minacce coloro che desiderano le ricchezze e temono la morte. Ma contro i bramini le sue armi sono del tutto inefficaci; noi non amiamo l'oro né temiamo la morte. Va' dunque e riferisci questo ad Alessandro: 'Dandamis non ha bisogno di nulla di ciò che ti appartiene; quindi non verrà da te, ma se tu vuoi qualcosa da Dandamis, vai tu stesso da lui'".

Onesikritos riferì fedelmente il messaggio; Alessandro ascoltò con grande attenzione e "provò un desiderio ancora più intenso di incontrare Dandamis, il quale, pur essendo vecchio e nudo, era l'unico antagonista al quale questo conquistatore di tanti popoli non sapesse tenere testa".

Alessandro invitò a Taxila molti asceti bramini, rinomati per la laconica saggezza con cui erano capaci di rispondere a quesiti di natura filosofica. Plutarco riporta una di queste schermaglie verbali. Alessandro stesso aveva formulato tutte le domande.

"Sono più numerosi i vivi o i morti?".

"I vivi, perché i morti non sono più".

"Chi genera gli animali più grandi, il mare o la terra?".

"La terra, poiché il mare è solo una parte della terra".

"Qual è il più intelligente fra tutti gli animali?".

"Quello che l'uomo non conosce ancora". (L'uomo teme l'ignoto).

"È esistito prima il giorno o la notte?".

"Il giorno fu primo per un giorno". A questa risposta Alessandro si mostrò sorpreso, e il bramino aggiunse: "Domande assurde richiedono risposte assurde".

"Qual è per un uomo il modo migliore di farsi amare?".

"Un uomo sarà amato se, pur possedendo un grande potere, non si farà temere da nessuno".

"Come può un uomo diventare un dio?".[8]

"Facendo ciò che per un uomo è impossibile fare".

"Che cosa è più forte, la vita o la morte?".

"La vita, perché sopporta così tanti mali".

---

[8] Da questa domanda possiamo dedurre che il 'figlio di Zeus' talvolta dubitava di avere già raggiunto la perfezione.

Alessandro riuscì a condurre con sé dall'India un vero yogi, che divenne suo maestro. Si trattava di Kalyana (o swami Sphines), chiamato 'Kalanos' dai greci. Il saggio accompagnò Alessandro in Persia. Lì, a Susa, in un giorno prestabilito, Kalanos abbandonò il suo vecchio corpo salendo su una pira funeraria dinanzi a tutto l'esercito macedone. Gli storici descrivono lo stupore dei soldati quando videro che lo yogi non temeva né il dolore né la morte e restò assolutamente immobile mentre le fiamme consumavano il suo corpo. Prima di farsi cremare, Kalanos aveva abbracciato i compagni più cari, ma non aveva salutato Alessandro; a lui il saggio indiano si era limitato a dire:

"Ti rivedrò poi a Babilonia".

Alessandro lasciò la Persia e un anno dopo morì a Babilonia. Con quella profezia, il suo guru indiano aveva voluto comunicare ad Alessandro che gli sarebbe rimasto vicino nella vita e nella morte.

Gli storici greci ci hanno lasciato molte descrizioni vivide e suggestive della società indiana di quel tempo. La legge indù, ci informa Arriano, protegge il popolo e "prescrive che nessuno, in nessun caso, sia fatto schiavo, ma che tutti, godendo loro stessi della libertà, rispettino questo diritto, che ogni uomo possiede in egual misura".[9]

"Gli indiani", afferma un altro testo, "non danno denaro a usura né lo prendono a prestito. È contrario alle loro consuetudini fare un torto a qualcuno o subirlo, ed è per questa ragione che non stipulano contratti e non esigono garanzie". A quanto si narra, le cure mediche erano praticate con mezzi semplici e naturali. "Le terapie consistono prevalentemente nella regolazione della dieta anziché nella somministrazione di medicine. I rimedi più apprezzati sono gli unguenti e gli impiastri; tutti gli altri sono considerati in gran parte nocivi". Alla guerra venivano arruolati soltanto gli *kshatriya*, ovvero gli appartenenti alla casta dei guerrieri. "Un nemico che si imbattesse in un agricoltore al lavoro nel proprio terreno non gli farebbe mai del male, poiché gli uomini di quella casta sono considerati benefattori della comunità e sono

---

[9] Tutti gli osservatori greci commentano sull'assenza della schiavitù in India, in assoluto contrasto con la struttura della società ellenica.

Creative India, opera del professor Benoy Kumar Sarkar, offre un'esauriente descrizione dei conseguimenti dell'India antica e moderna e in particolare degli alti livelli raggiunti in economia, scienze politiche, letteratura, arte e filosofia sociale. (Lahore: Motilal Banarsi Dass. Publishers, 1937, pag. 714 e seguenti).

Un altro volume da segnalare è *Indian Culture Through the Ages*, di S.V. Venkatesvara (Longmans, Green & Co., New York).

protetti da ogni danno. In tal modo il paese non viene saccheggiato e produce messi abbondanti, fornendo agli abitanti quanto occorre per rendere piacevole la vita".

I santuari religiosi, presenti ovunque nel Mysore, perpetuano il ricordo dei grandi santi, che numerosi hanno popolato l'India meridionale. Uno di questi maestri, Thayumanavar, ci ha lasciato i versi seguenti, che lanciano all'uomo una grande sfida:

> Puoi domare un elefante infuriato;
> puoi chiudere le fauci all'orso e alla tigre;
> puoi cavalcare il leone e giocare con il cobra;
> puoi guadagnarti da vivere con l'alchimia;
> puoi esplorare l'universo in segreto;
> puoi rendere tuoi vassalli gli dèi; puoi rimanere giovane per sempre;
> puoi camminare sull'acqua e vivere nel fuoco:
> ma dominare la mente è meglio ed è più difficile.

Nel bellissimo e fertile stato del Travancore, all'estremo sud dell'India, dove il traffico si svolge lungo i fiumi e i canali, il maharaja è tenuto ad assolvere ogni anno l'obbligo ereditario di espiare le colpe di cui la dinastia si è macchiata nel lontano passato con le guerre e l'annessione di diversi piccoli stati a quello di Travancore. Per cinquantasei giorni all'anno il maharaja si reca nel tempio tre volte al giorno per ascoltare gli inni e le preghiere dei *Veda*; la cerimonia di espiazione termina con il *lakshadipam*, l'illuminazione del tempio con centomila luci.

La provincia di Madras, sulla costa sud-orientale dell'India, comprende la pianeggiante ed estesa città marittima di Madras e quella di Conjeeveram, la Città d'oro, che era la capitale all'epoca della dinastia Pallava, i cui sovrani regnarono nei primi secoli dell'era cristiana. Nella moderna Madras hanno avuto grande seguito gli ideali della nonviolenza propugnati dal Mahatma Gandhi; ovunque si scorgono i caratteristici berretti bianchi, o 'berretti di Gandhi'. Nel sud in genere, il Mahatma ha attuato molte riforme importanti riguardanti i templi, come pure riforme relative al sistema delle caste a favore degli 'intoccabili'.

In origine il sistema delle caste, formulato dal grande legislatore Manu, era ammirevole. Egli comprese chiaramente che gli uomini si distinguono per evoluzione naturale in quattro grandi classi: coloro che sono capaci di prestare i loro servigi alla società con il lavoro fisico (*sudra*); coloro che la servono con l'intelletto, con l'artigianato, l'agricoltura, l'industria, il commercio e in generale con gli affari (*vaisya*);

coloro che possiedono capacità amministrative, direttive e difensive: i governanti e i guerrieri (*kshatriya*); coloro che sono dotati di una natura contemplativa, spiritualmente ispirati e capaci di ispirare gli altri (bramini). "Né la nascita né i sacramenti né l'erudizione né gli antenati possono stabilire se una persona è nata due volte (cioè, se è un bramino)", dichiara il *Mahabharata*; "possono stabilirlo soltanto il suo carattere e la sua condotta".[10] Manu insegnò alla società a onorare i suoi membri nella misura in cui si distinguevano per saggezza, virtù, anzianità, natali, e ricchezza come ultima cosa. Nell'India vedica le ricchezze erano sempre disprezzate se venivano accumulate inutilmente o se comunque non potevano essere usate a scopi benefici. Ai ricchi egoisti veniva assegnato un basso rango sociale.

Nel corso dei secoli il sistema delle caste si irrigidì, trasformandosi in un vincolo ereditario, e dando luogo a conseguenze molto negative.

---

[10] "In origine l'appartenenza a una di queste quattro caste non dipendeva dalla nascita, ma dalle capacità naturali, indicate dalla mèta che l'individuo si prefiggeva nella vita", scrive Tara Mata in un articolo, sulla rivista *East-West* del gennaio 1935. "Questa mèta poteva essere: (1) *kama*, ovvero il desiderio, l'attività della vita dei sensi (stadio dei *sudra*); (2) *artha*, il guadagno, che comporta l'appagamento dei desideri ma al tempo stesso il loro controllo (stadio dei *vaisya*); (3) *dharma*, l'autodisciplina, la vita di responsabilità e retta azione (stadio degli *kshatriya*); (4) *moksha*, la liberazione, la vita dedicata alla spiritualità e all'insegnamento religioso (stadio dei *brahmini*). Queste quattro caste si rendono utili all'umanità ciascuna mediante un mezzo: (1) il corpo; (2) la mente; (3) la volontà; (4) lo Spirito.

"Questi quattro stadi corrispondono agli eterni *guna*, o qualità della natura: *tamas, rajas, sattva*, cioè ostruzione, attività ed espansione; o anche massa, energia e intelligenza. Le quattro caste naturali si caratterizzano come segue in rapporto ai *guna*: (1) *tamas* (ignoranza), (2) *tamas-rajas* (insieme di ignoranza e di attività), (3) *rajas-sattva* (insieme di giusta azione e di illuminazione), (4) *sattva* (illuminazione). In questo modo la natura ha assegnato a ogni uomo la sua casta in base al predominio di un *guna* o alla combinazione di due *guna*. Naturalmente ogni essere umano possiede tutti e tre i *guna* in proporzioni diverse. Il guru è in grado di stabilire correttamente quale sia la casta di un discepolo, ossia il suo grado di evoluzione.

"In qualche misura, tutte le razze e tutte le nazioni seguono in pratica, se non in teoria, il principio delle caste. Dove c'è grande licenza o cosiddetta libertà, specialmente nei matrimoni fra coloro che per natura appartengono a caste diametralmente opposte, la razza si debilita e si estingue. Il *Purana Samhita* paragona i figli nati da tali unioni agli ibridi sterili, come il mulo, che non può propagare la propria specie. Le specie create artificialmente si estinguono con il tempo; la storia ci ha lasciato numerosi esempi di grandi razze che non hanno più rappresentanti viventi. Il valore del sistema delle caste è riconosciuto in India dai suoi più grandi pensatori, i quali lo considerano un freno o una misura preventiva contro l'eccessiva libertà, che ha consentito alla razza di preservare la sua purezza e di attraversare millenni di vicissitudini senza subire alterazioni, mentre altri popoli dell'antichità sono completamente scomparsi".

Un'esperienza idilliaca nell'India del sud

L'India, che dal 1947 ha ottenuto l'indipendenza, sta muovendo i primi passi, lenti ma sicuri, per ristabilire gli antichi valori delle caste, fondati unicamente sulle qualità naturali e non sul diritto di nascita. Ogni nazione della terra ha il suo particolare karma, fonte di infelicità, che deve affrontare e superare con dignità. L'India, con il suo spirito versatile e indomito, si sta dimostrando all'altezza del compito di riformare le caste.

L'India meridionale è così affascinante che Wright e io avremmo tanto desiderato prolungare il nostro incantevole soggiorno; ma il tempo, con la sua millenaria scortesia, non volle concederci una gentile dilazione. Ben presto avrei dovuto tenere una conferenza, già fissata per la sessione conclusiva del Congresso Indiano di Filosofia, presso l'Università di Calcutta. Al termine della nostra visita nel Mysore, ebbi un incontro molto piacevole con Sir C. V. Raman, presidente dell'Accademia Indiana delle Scienze. Questo brillante fisico indiano fu insignito nel 1930 del Premio Nobel per l'"Effetto Raman", un'importante scoperta relativa al fenomeno della diffusione della luce.

Dopo aver rivolto un riluttante saluto di addio a una folla di studenti e amici di Madras, Wright e io riprendemmo il nostro viaggio. Lungo la strada ci fermammo a visitare un piccolo santuario dedicato alla memoria di Sadasiva Brahman,[11] un santo del XVIII secolo al quale sono attribuiti numerosi miracoli. Un altro santuario più grande, anch'esso dedicato a Sadasiva, fu eretto a Nerur dal *raja* di Pudukkottai; meta di frequenti pellegrinaggi, questo santuario è stato teatro di molte guarigioni miracolose. I successivi sovrani del Pudukkottai hanno custodito con profondo rispetto gli insegnamenti religiosi scritti da Sadasiva nel 1750 per i principi regnanti.

Gli abitanti dei villaggi dell'India meridionale ricordano ancora oggi molte storie singolari e affascinanti su questo amabile e illuminato maestro. Un giorno, mentre era immerso nel *samadhi* in riva al fiume Kaveri, Sadasiva fu trascinato via da un'improvvisa inondazione. Dopo varie settimane, lo ritrovarono sepolto in profondità sotto un cumulo di terra vicino a Kodumundi, nel distretto di Coimbatore. Quando le

---

[11] 11 Il suo titolo formale era swami Sri Sadasivendra Saraswati, con il quale firmava i suoi libri (commenti ai *Brahma Sutra* e agli *Yoga Sutra* di Patanjali). Sadasiva è profondamente venerato dai filosofi indiani contemporanei.
Sua Santità Sri Chandrasekhara Swaminah Bharati, Shankaracharya di Sringeri Math, ha scritto una bellissima *Ode* dedicata a Sadasiva.

vanghe dei contadini urtarono il suo corpo, il santo si alzò e se ne andò via in fretta.

Sadasiva divenne un *muni* (santo che mantiene il silenzio) in seguito a un rimprovero del suo guru, che lo redarguì perché in una discussione filosofica aveva avuto la meglio su un anziano studioso dei *Vedanta*. "Quando imparerai, tu, un giovane, a tenere la bocca chiusa?", aveva osservato il guru.

"Con la vostra benedizione, anche da questo stesso momento".

Il guru di Sadasiva era swami Sri Paramasivendra Saraswati, autore di *Daharavidya Prakasika* e di un illuminato commento all'*Uttara Gita*. Alcune persone superficiali, scandalizzate perché Sadasiva, ebbro di Dio, era solito danzare 'indecorosamente' per le strade, si recarono a esprimere le loro rimostranze al suo dotto guru. "Signore", dichiararono, "Sadasiva non è altro che un pazzo".

Ma Paramasivendra, sorridendo con gioia, esclamò: "Oh, ce ne fossero altri con la stessa follia!".

La vita di Sadasiva fu contraddistinta da molte manifestazioni singolari e bellissime dell'intervento divino. Nel mondo esiste tanta apparente ingiustizia, ma i devoti di Dio possono rendere testimonianza di innumerevoli circostanze in cui Egli interviene immediatamente a ristabilire la giustizia. Una notte, immerso nel *samadhi*, Sadasiva si fermò nei pressi del granaio di un ricco possidente. Tre servitori, che erano lì di guardia contro i ladri, stavano per colpire il santo con i loro bastoni, quand'ecco che si trovarono le braccia immobilizzate: rigidi come statue, con le braccia sollevate, i tre rimasero così a formare questo originale gruppo scultoreo fino all'alba, quando Sadasiva se ne andò.

In un'altra occasione, il grande maestro fu rudemente costretto al lavoro da un caposquadra che dirigeva alcuni operai incaricati di trasportare del combustibile. Il santo silenzioso portò umilmente il proprio carico là dove gli era stato richiesto e lo collocò in cima alla pila già accatastata. Immediatamente tutto il cumulo di combustibile divampò in una grande fiammata.

Sadasiva, come swami Trailanga, non indossava abiti. Una mattina lo yogi, nudo, entrò distrattamente nella tenda di un capotribù musulmano. Due donne si misero a gridare scandalizzate, e il guerriero sferrò a Sadasiva un violento colpo di spada, troncandogli un braccio. Il maestro si allontanò senza mostrare alcun turbamento. Allora il musulmano, invaso da timore reverenziale e pieno di rimorso per il gesto compiuto,

Un'esperienza idilliaca nell'India del sud

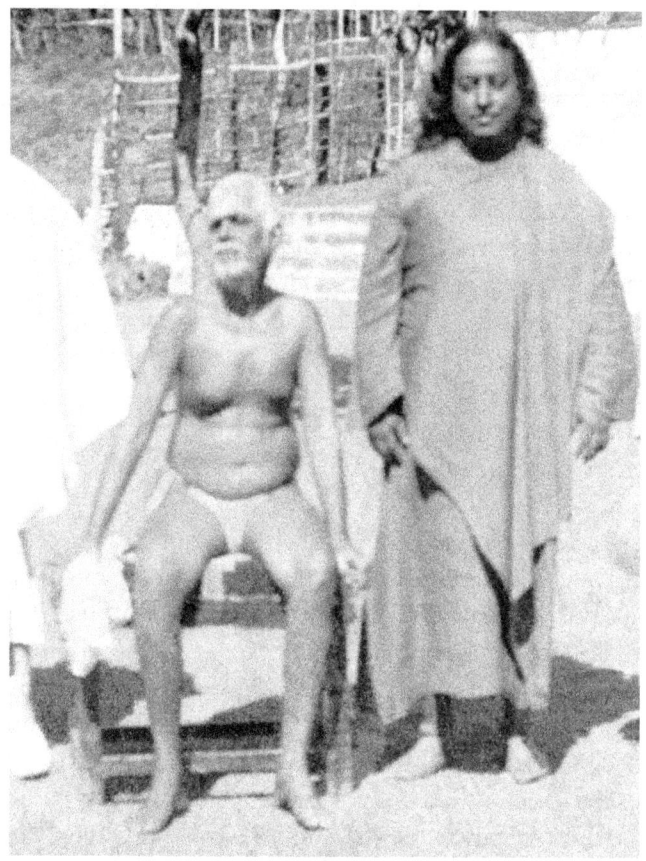

Ramana Maharshi e Paramahansa Yogananda nell'*ashram* Arunachala di Sri Ramana (vedere pagina 436).

raccolse il braccio da terra e raggiunse Sadasiva. Lo yogi riattaccò tranquillamente il braccio al moncone sanguinante. Quando il capotribù gli chiese umilmente qualche insegnamento spirituale, Sadasiva scrisse con un dito sulla sabbia:

"Non fare ciò che desideri, allora potrai fare ciò che vuoi".

Il musulmano si elevò a uno stato tale di purezza mentale da comprendere che quel consiglio paradossale aveva lo scopo di guidare l'anima alla liberazione mediante il dominio sull'ego. Quelle poche parole ebbero un effetto spirituale così grande che il guerriero divenne un degno discepolo del suo maestro e non lo si vide più nei locali che usava frequentare.

Un giorno i bambini di un villaggio espressero in presenza di Sadasiva il desiderio di assistere alla festa religiosa di Madura, una città situata a circa 240 chilometri di distanza. Lo yogi disse ai piccoli di sfiorare il suo corpo ed ecco che, all'istante, l'intero gruppo fu trasportato a Madura! I bambini si mescolarono gioiosamente alle migliaia di pellegrini. Dopo qualche ora, lo yogi ricondusse a casa la piccola comitiva con il suo semplice mezzo di trasporto. I genitori ascoltarono attoniti i loro bambini che descrivevano con vividi particolari le immagini sacre della processione di Madura e constatarono anche che i piccoli avevano in mano dei pacchetti con i dolci di Madura.

Un ragazzo scettico, che derideva il santo, come pure l'attendibilità di questo episodio, si rivolse a Sadasiva in occasione della successiva festività religiosa, che si svolgeva a Srirangam.

"Maestro", gli chiese con aria sprezzante, "perché non mi conducete alla festa di Srirangam, proprio come avete portato gli altri ragazzi a Madura?".

Sadasiva accondiscese; il giovane si trovò immediatamente in mezzo alla folla di quella lontana città. Ma ahimé, dov'era il santo quando volle tornare a casa? Il ragazzo vi tornò, stremato, con il misero mezzo di trasporto dei propri piedi.

Prima di lasciare l'India del sud, Wright e io ci recammo in pellegrinaggio alla sacra collina di Arunachala, nei pressi di Tiruvannamalai, per incontrare Sri Ramana Maharshi. Il saggio ci accolse affettuosamente nel suo *ashram* e ci indicò una pila di fascicoli della rivista *East-West*. Durante le ore che trascorremmo con lui e i suoi discepoli, rimase per buona parte del tempo silenzioso, con il dolce viso che irradiava amore e saggezza divini.

Per aiutare l'umanità sofferente a riconquistare il proprio stato di perfezione ormai dimenticato, Sri Ramana insegna a porsi costantemente la domanda: "Chi sono io?". È questa in effetti la domanda suprema! Respingendo con fermezza e tenacia ogni altro pensiero, il devoto si trova ben presto immerso sempre più profondamente nel suo vero Sé; allora gli altri pensieri cessano di affiorare, e scompare quindi ogni confusione e smarrimento dovuto alla loro interferenza. L'illuminato *rishi* dell'India del sud ha scritto:

> Dualità e trinità si appoggiano a qualcosa,
> senza supporto non si manifestano mai;
> cercate quel supporto, ed esse si sgretoleranno e cadranno.
> Questa è dunque la verità. Chi la comprende non vacilla mai.

Swami Sri Yukteswar e Paramahansa Yogananda durante una processione religiosa a Calcutta nel 1935. Sullo stendardo sono tracciati due versi in sanscrito: *(sopra)* "Segui il sentiero dei grandi"; *(sotto, con le parole di swami Shankara)* "La compagnia di un personaggio divino, anche per un solo momento, può salvarci e redimerci".

Capitolo 42

Gli ultimi giorni trascorsi con il mio guru

"Guruji, sono contento di trovarvi solo, questa mattina", dissi appena arrivato all'eremitaggio di Serampore, con un fragrante fardello di frutta e di rose. Sri Yukteswar mi rivolse uno sguardo dolce e arrendevole.

"Che cosa devi chiedermi?", ribatté il maestro guardandosi intorno nella stanza come se cercasse una via di scampo.

"Guruji, sono venuto da voi quando ero un giovane studente; ormai sono adulto e ho anche qualche capello bianco. Pur avendomi silenziosamente inondato di affetto fin dal primo istante, vi rendete conto che solo una volta, il giorno del nostro incontro, mi avete detto: 'Ti voglio bene'?". Lo guardai con aria supplichevole.

Il maestro abbassò gli occhi. "Yogananda, devo proprio portare nel freddo regno delle parole i caldi sentimenti che sono meglio custoditi nel silenzio del cuore?".

"Guruji, lo so che mi amate, ma i miei orecchi umani desiderano tanto sentirvelo dire".

"Sia come vuoi. Nella mia vita coniugale ho spesso desiderato un figlio, per istruirlo sul sentiero dello yoga. Ma quando sei entrato tu nella mia vita, il mio desiderio è stato esaudito; in te ho trovato mio figlio". Due limpide lacrime brillavano negli occhi di Sri Yukteswar. "Yogananda, ti ho sempre amato e ti amerò sempre".

"La vostra risposta è il mio passaporto per il paradiso". Al suono delle sue parole, sentii un peso sollevarsi dal cuore e dissolversi per sempre. Pur sapendo che aveva un carattere compassato e riservato, spesso mi ero stupito del suo silenzio. A volte temevo di non essere riuscito ad accontentarlo del tutto. La sua era una natura singolare, che non si poteva mai conoscere appieno; un'indole calma e profonda, indecifrabile per il mondo esteriore, i cui valori egli aveva trasceso da lungo tempo.

L'ultima festa del solstizio celebrata da Swami Sri Yukteswar nel dicembre del 1935. Yogananda è seduto al tavolo accanto al suo grande guru (*al centro*) nel cortile dell'*ashram* di Serampore. In questo eremitaggio Paramahansa Yogananda ricevette gran parte della disciplina spirituale che gli imparti Sri Yukteswar nell'arco di dieci anni.

Sri Yogananda (*al centro, con la veste scura*) con alcuni degli studenti del Kriya Yoga presenti a una sua conferenza sugli insegnamenti Yogoda (Self-Realization Fellowship) nella casa paterna a Calcutta nel 1935. A causa della grande affluenza, il gruppo si riunì nell'adiacente palestra all'aperto del fratello minore di Yoganandaji, Bishnu Ghosh, un rinomato culturista.

Gli ultimi giorni trascorsi con il mio guru

Alcuni giorni dopo tenni un discorso all'Albert Hall di Calcutta, dinanzi a un vastissimo pubblico. Sri Yukteswar acconsentì a sedersi sul palco, insieme al maharaja di Santosh e al sindaco di Calcutta. Il maestro non mi rivolse alcun apprezzamento, ma, lanciandogli di tanto in tanto un'occhiata durante la conferenza, mi sembrava che fosse compiaciuto.

Poi tenni un altro discorso, rivolto agli ex allievi dell'Università di Serampore. Mentre guardavo i miei vecchi compagni di studi ed essi guardavano il loro 'monaco matto', non ci vergognavamo di piangere lacrime di gioia. Il mio eloquente professore di filosofia, il dottor Ghoshal, si fece avanti per salutarmi; l'alchimia del tempo aveva dissolto ogni passata incomprensione.

Alla fine di dicembre si celebrò nell'eremitaggio di Serampore la festa del solstizio d'inverno. Come sempre, i discepoli di Sri Yukteswar accorsero numerosi, giungendo da ogni dove. I *sankirtan* devozionali, gli assolo di Kristo-da, un cantante dalla voce dolcissima, il banchetto servito dai giovani discepoli, il commovente discorso pronunciato dal maestro sotto le stelle, nell'affollato cortile dell'*ashram*: quanti ricordi! Feste gioiose di anni lontani! Quella sera, però, doveva accadere qualcosa di nuovo.

"Yogananda, per favore, di' qualcosa ai nostri ospiti, in inglese". Gli occhi del maestro brillavano di una luce maliziosa mentre mi poneva questa richiesta doppiamente insolita; pensava forse al momento di grande imbarazzo che avevo vissuto a bordo della nave, mentre mi accingevo a tenere la mia prima conferenza in inglese? Raccontai proprio quell'episodio agli altri discepoli, terminando con un fervido tributo al nostro guru.

"La sua guida costante non mi è mai mancata, non solo sulla nave", conclusi, "ma ogni giorno dei quindici anni che ho trascorso nella vasta e accogliente terra d'America".

Partiti gli ospiti, Sri Yukteswar mi chiamò nella stessa camera in cui (una sola volta, dopo una festa simile) mi aveva concesso di dormire al suo fianco. Quella sera il mio guru stava tranquillamente seduto sul letto, con i discepoli disposti in semicerchio ai suoi piedi.

"Yogananda, stai partendo per Calcutta? Per favore, ritorna qui domani. Ho alcune cose da dirti".

Il pomeriggio seguente, con poche e semplici parole di benedizione, Sri Yukteswar mi conferì il nuovo titolo monastico di *Paramahansa*.[1]

"Questo titolo sostituisce ora formalmente quello precedente di *swami*", disse mentre mi inginocchiavo dinanzi a lui. Ridendo in cuor mio, pensai agli sforzi che avrebbero compiuto i miei allievi occidentali per pronunciare *Paramahansaji*.[2]

"Il mio compito sulla terra si è ormai concluso; tocca a te continuare a svolgerlo". Il maestro parlava con calma, i suoi occhi erano dolci e tranquilli, mentre io sentivo il cuore palpitare, invaso dalla paura.

"Per favore, manda qualcuno a dirigere il nostro *ashram* di Puri", continuò Sri Yukteswar. "Lascio tutto nelle tue mani. Tu saprai condurre con successo la nave della tua vita e quella dell'organizzazione verso le sponde divine".

In lacrime, abbracciai i suoi piedi; egli si alzò e mi benedisse amorevolmente.

Il giorno seguente feci venire da Ranchi un devoto, swami Sebananda, e lo mandai a Puri a dirigere l'eremitaggio. Più tardi il mio guru discusse con me le formalità legali relative alla destinazione della sua proprietà; si preoccupava di evitare che dopo la sua morte i parenti reclamassero il possesso dei due eremitaggi e di altri beni, che desiderava devolvere unicamente a scopi benefici.

"Poco tempo fa abbiamo fatto dei preparativi per un viaggio del maestro a Kidderpore, ma poi non ci è più andato", mi riferì un pomeriggio un altro discepolo, Amulaya Babu. Avvertii una sensazione di gelo premonitore. Alle mie domande incalzanti, Sri Yukteswar rispose semplicemente: "Non andrò più a Kidderpore". Ma per un istante il maestro tremò come un bimbo impaurito.

("L'attaccamento alla dimora del corpo, che scaturisce dalla sua stessa natura,[3] è presente in lieve misura anche nei grandi santi", ha

---

[1] Letteralmente: *parama*, supremo; *hansa*, cigno. Nella mitologia il cigno bianco rappresenta il veicolo di Brahma, il Creatore. Il sacro *hansa*, essendo ritenuto capace di separare il latte da una miscela di latte e acqua, è simbolo di discernimento spirituale.

Ahan-Sa o *'han-sa* (che si pronuncia *hong-so*) significa letteralmente 'Io sono Lui'. Queste potenti sillabe sanscrite hanno un rapporto vibratorio con la fase di inspirazione e con quella di espirazione del respiro. Così, inconsciamente, ogni volta che respira l'uomo afferma la verità della propria natura: *Io sono Lui*!

[2] Hanno in genere evitato la difficoltà chiamandomi 'signore'.

[3] Che nasce cioè da radici remote, da passate esperienze di morte. Questo passo si trova negli *Yoga Sutra* di Patanjali, II, 9.

Gli ultimi giorni trascorsi con il mio guru

detto Patanjali. In alcuni suoi discorsi sulla morte, il mio guru era solito aggiungere: "Proprio come accade a un uccello che, dopo essere stato rinchiuso a lungo in gabbia, esita ad abbandonare la sua abituale dimora quando trova la porta aperta".)

"Guruji", lo implorai fra i singhiozzi, "non parlate così! Non ditemi mai più parole simili!".

Il viso di Sri Yukteswar si distese in un pacato sorriso. Benché si avvicinasse il suo ottantunesimo compleanno, appariva robusto e in buona salute.

Scaldandomi giorno per giorno al sole del suo amore, che seppure inespresso sentivo profondamente, scacciai dalla mente le varie allusioni che aveva fatto sulla sua prossima morte.

"Signore, questo mese la *kumbha mela* si tiene ad Allahabad". Indicai al maestro la data della *mela* su un calendario bengali.[4]

"Desideri davvero andarci?".

Non avvertendo la riluttanza di Sri Yukteswar a lasciarmi andar via, continuai: "Una volta voi avete avuto la benedizione di incontrare Babaji a una *kumbha* di Allahabad. Forse questa volta avrò anch'io la fortuna di vederlo".

"Non credo che lo incontrerai là", rispose il mio guru; poi tacque, non volendo ostacolare i miei progetti.

Quando il giorno seguente mi misi in viaggio per Allahabad con un piccolo gruppo di persone, il maestro mi benedisse silenziosamente, come suo solito. Evidentemente io continuavo a non rendermi conto delle allusioni fatte da Sri Yukteswar, perché il Signore voleva risparmiarmi la triste esperienza di dover assistere impotente al trapasso del mio guru.

---

[4] Nell'antico *Mahabharata* si fa già menzione delle *mela* religiose. Il viaggiatore cinese Hieuen Tsiang ci ha lasciato la descrizione di una grande *kumbha mela* svoltasi ad Allahabad nel 644 d. C. La *kumbha mela* viene celebrata ogni tre anni, successivamente a Hardwar, Allahabad, Nasik e Ujjain, ritornando poi ad Hardwar per completare un ciclo di dodici anni. Ogni città tiene una *ardha* (metà) *kumbha* il sesto anno dopo il proprio *kumbha*; in questo modo la *kumbha* e l'*ardha kumbha* si svolgono, in città diverse, ogni tre anni.

Hieuen Tsiang racconta che durante la *kumbha mela*, Harsha, re dell'India settentrionale, distribuiva ai monaci e ai pellegrini tutte le ricchezze che costituivano il tesoro del regno (vale a dire, i beni accumulati nei cinque anni precedenti). Quando Hieuen Tsiang partì per la Cina, rifiutò i doni di addio di Harsha, che consistevano in gioielli e monete d'oro, ma portò via, come dono di maggior valore, 657 manoscritti religiosi.

Autobiografia di uno Yogi

Swami Krishnananda, alla *kumbha mela* di Allahabad nel 1936, con la sua leonessa vegetariana, da lui addomesticata, che pronuncia l'*Om* emettendo un gradevole e profondo brontolio (vedere pagina 446).

Nella mia vita è sempre accaduto che, alla morte delle persone più care, Dio provvedesse misericordiosamente a tenermi lontano dalla scena.[5]

La nostra comitiva giunse alla *kumbha mela* il 23 gennaio 1936. La folla straripante di quasi due milioni di persone era uno spettacolo grandioso, o meglio, sconvolgente. Il carattere distintivo del popolo indiano è il profondo rispetto, innato anche nel più umile contadino, per i valori dello Spirito e per i monaci e i *sadhu* che hanno rinunciato ai legami del mondo per cercare un porto sicuro nel Divino. Gli impostori e gli ipocriti certamente non mancano, ma l'India rispetta tutti, per amore di quei pochi che illuminano il Paese di celesti benedizioni.

---

[5] Non sono stato presente alla morte di mia madre, a quella di mio fratello maggiore Ananta, di mia sorella maggiore Roma, del mio maestro, di mio padre e di molte altre persone care. (Mio padre morì a Calcutta nel 1942 all'età di ottantanove anni).

Gli ultimi giorni trascorsi con il mio guru

Agli occidentali che assistevano a quell'imponente spettacolo era offerta la straordinaria opportunità di sentire il palpito di quel popolo, l'ardore spirituale a cui l'India deve la sua inesauribile vitalità, che la preserva dall'azione corrosiva del tempo.

Il nostro gruppo trascorse il primo giorno guardandosi intorno in ammirata contemplazione. Migliaia di pellegrini si bagnavano nel sacro Gange per ottenere la remissione dei peccati; i sacerdoti bramini celebravano solenni riti religiosi; ai piedi dei silenziosi *sannyasi*, i pellegrini deponevano le loro devote offerte; si vedevano sfilare elefanti, cavalli riccamente bardati e cammelli Rajputana dalla lenta andatura, seguiti da una singolare processione religiosa di *sadhu* nudi che agitavano scettri d'oro e d'argento o insegne di velluto di seta.

Piccoli gruppi di anacoreti, con indosso solo una fascia intorno ai fianchi, sedevano silenziosi, con il corpo cosparso di cenere a protezione dal caldo e dal freddo. Sulla loro fronte spiccava vividamente il simbolo dell'occhio spirituale, rappresentato da un unico punto di pasta di legno di sandalo. A migliaia arrivavano gli swami dalla testa rasata, con le vesti color ocra, il bastone di bambù e la ciotola per le elemosine. Mentre passeggiavano o discutevano di argomenti filosofici con i discepoli, i loro volti risplendevano della pace di chi ha rinunciato al mondo.

Qua e là, all'ombra degli alberi, intorno a grandi cataste di ceppi ardenti, si vedevano pittoreschi *sadhu*[6] con i capelli intrecciati e arrotolati sulla sommità del capo. Alcuni portavano una barba lunghissima avvolta a spirale e legata in un nodo. Meditavano in silenzio o sollevavano le mani in un gesto di benedizione rivolto alla marea dei passanti: mendicanti, maharajah seduti sul dorso degli elefanti, donne nei loro sari multicolori, con i braccialetti tintinnanti ai polsi e alle caviglie, fachiri dalle braccia sottili sollevate in pose grottesche, *brahmachari* con i loro sostegni per poggiare i gomiti durante la meditazione, umili saggi la cui solennità celava un intimo rapimento. A sovrastare tutto quel frastuono, si udiva l'incessante richiamo delle campane dei templi.

Il secondo giorno della *mela* i miei compagni e io visitammo vari *ashram* e diverse capanne costruite per l'occasione, offrendo i nostri *pranam* ai santi personaggi. Ricevemmo la benedizione del responsabile

---

[6] Le centinaia di migliaia di *sadhu* indiani fanno capo a un comitato esecutivo di sette membri, che rappresentano sette vaste regioni dell'India. L'attuale *mahamandaleswar*, o presidente, è Joyendra Puri. Questo sant'uomo è estremamente riservato e spesso limita il suo discorso a tre parole: verità, amore e lavoro. Una conversazione più che esauriente!

Autobiografia di uno Yogi

del ramo *Giri* dell'Ordine degli swami, un esile monaco ascetico dai ridenti occhi di fuoco. Ci recammo quindi in un eremitaggio il cui guru osservava da nove anni il voto del silenzio e seguiva una rigida dieta a base di sola frutta. Nell'*ashram*, seduto su una piattaforma nell'atrio, trovammo un *sadhu* cieco, di nome Prajna Chakshu,[7] un profondo conoscitore degli *shastra* che era tenuto in grande venerazione da tutte le sette religiose.

Pronunciato un breve discorso in hindi sui *Vedanta*, lasciai con i miei compagni il pacifico eremitaggio per andare a salutare swami Krishnananda, che si trovava nelle vicinanze. Era un bel monaco dalle guance rosee e dalle spalle possenti. Ai suoi piedi stava distesa una leonessa addomesticata. Soggiogata dal fascino spirituale del monaco – ben più che, ne sono convinto, dalla sua grande prestanza fisica – la belva della giungla rifiutava ogni tipo di carne e gradiva invece il riso e il latte. Lo swami aveva insegnato al fulvo animale a pronunciare 'Om' con un profondo e gradevole brontolio: un devoto felino!

Il nostro incontro successivo, un colloquio con un giovane e dotto *sadhu*, è ben narrato da Wright nel suo diario di viaggio, così ricco di vivaci descrizioni.

"Abbiamo attraversato con la Ford il Gange, dov'era poco profondo, su uno scricchiolante ponte di zattere; muovendoci a zig-zag tra la folla e le strette, tortuose stradine, siamo passati per il punto della riva che Yoganandaji mi ha indicato come il luogo del primo incontro fra Babaji e Sri Yukteswarji. Poco dopo, scesi dall'automobile, abbiamo camminato per un tratto su sabbie sdrucciolevoli, immersi nel denso fumo dei fuochi accesi dai *sadhu*, per raggiungere un gruppo di piccole e umili capanne di fango e paglia. Ci siamo fermati dinanzi a una di queste modeste abitazioni provvisorie, che aveva una minuscola entrata senza porta: era il rifugio di Kara Patri, un giovane *sadhu* errante, famoso per la sua eccezionale intelligenza. Lo abbiamo trovato seduto a gambe incrociate su un mucchio di paglia, coperto soltanto da un panno color ocra poggiato sulle spalle, panno che, per inciso, era anche l'unico oggetto di sua proprietà.

"Abbiamo visto un volto davvero divino, che si è aperto in un sorriso quando, entrati tutti e quattro carponi nella capanna, abbiamo offerto il

---

[7] Titolo che letteralmente significa 'colui che vede con la propria intelligenza' (non avendo la vista fisica).

Gli ultimi giorni trascorsi con il mio guru

nostro *pranam* inchinandoci ai piedi di quell'anima illuminata, mentre la lanterna a petrolio posta all'entrata proiettava fantastiche ombre che danzavano sui muri ricoperti di paglia. Il viso del *sadhu*, e in particolare i suoi occhi e i suoi denti perfetti, brillavano e rilucevano. Pur non essendo in grado di comprendere l'hindi, mi rendevo perfettamente conto di ciò che comunicava con le eloquenti espressioni del suo viso: era pieno di entusiasmo, di amore e di gloria spirituale. Non era possibile ingannarsi sulla sua grandezza.

"Immaginate la vita felice di una persona che non ha attaccamenti verso il mondo materiale, non ha problemi di vestiario, è libera dal desiderio del cibo, non chiede mai la carità, si nutre di cibi cotti solo a giorni alterni, non porta mai con sé la ciotola per l'elemosina; una persona che è libera da ogni preoccupazione economica in quanto non tocca denaro, non mette da parte mai nulla e confida sempre in Dio; è libera da ogni fastidio legato ai mezzi di trasporto perché non sale mai su un veicolo, ma cammina sempre a piedi lungo le rive dei fiumi sacri; e infine evita qualsiasi possibilità di attaccamento non restando mai nello stesso luogo per più di una settimana.

"Che anima umile, questo *sadhu* dotato di una conoscenza non comune dei *Veda*, con una laurea in lettere e il titolo di *shastri* (maestro delle Scritture) conferito dall'Università di Benares. Mentre sedevo ai suoi piedi ero pervaso da un sentimento sublime; tutto sembrava rispondere al mio desiderio di vedere la vera, antica India, poiché il *sadhu* era un autentico rappresentante di questa terra di giganti spirituali".

Posi a Kara Patri qualche domanda sulla sua vita errante: "Non avete altre vesti per l'inverno?".

"No, questa è sufficiente".

"Non portate libri con voi?".

"No. Insegno a memoria a coloro che desiderano ascoltarmi".

"Di che altro vi occupate?".

"Vado errando lungo le rive del Gange".

Ascoltando queste parole piene di serenità, mi sentii invadere dal desiderio ardente di una vita semplice come la sua. Ricordai l'America e tutte le responsabilità che pesavano sulle mie spalle.

"No, Yogananda", pensai malinconicamente per un momento, "in questa vita non ti è concesso di passeggiare sulle rive del Gange".

Dopo che il *sadhu* mi ebbe raccontato alcune sue esperienze spirituali, gli posi bruscamente una domanda.

"Queste descrizioni le avete tratte dalle sacre Scritture, o dalle vostre esperienze interiori?".

"Metà le ho apprese dai libri", mi rispose con uno schietto sorriso, "e metà dalla mia esperienza".

Restammo un poco in silenzio, assorti nella gioia della meditazione. Lasciata la sua santa presenza, dissi a Wright: "È un re che siede su un trono di paglia dorata".

Quella sera cenammo all'aperto, sotto le stelle, negli spazi riservati alla *mela*, usando piatti di foglie tenute insieme da bastoncini. In India, lavare i piatti è un'attività ridotta al minimo!

Ancora due giorni dell'affascinante *kumbha*, poi ci spostammo a nord-ovest lungo le rive del fiume Yamuna, alla volta di Agra. Vidi nuovamente il Taj Mahal; nel mio ricordo Jitendra era accanto a me, e ammirava stupito quell'incantevole meraviglia di marmo. Ci avviammo quindi verso Brindaban, per visitare l'*ashram* di swami Keshabananda.

Lo scopo della mia visita a Keshabananda era collegato a questo libro. Non avevo mai dimenticato la richiesta di Sri Yukteswar di scrivere la storia della vita di Lahiri Mahasaya. Durante il mio soggiorno in India coglievo ogni occasione per incontrare i discepoli diretti e i parenti dello *Yogavatar*. Riportando le loro testimonianze in voluminosi appunti, verificavo fatti e date e raccoglievo fotografie, vecchie lettere e documenti. L'incartamento riguardante Lahiri Mahasaya diventava sempre più voluminoso, e mi accorsi con costernazione che mi attendeva un arduo lavoro di redazione. Pregavo di essere all'altezza del mio ruolo di biografo di questo grandissimo guru. Diversi dei suoi discepoli temevano che una biografia potesse offrire un'immagine sminuita o travisata del loro maestro.

Una volta Panchanon Bhattacharya mi aveva rivolto questa osservazione: "È difficile rendere giustizia con le fredde parole alla vita di un'incarnazione divina".

Allo stesso modo, anche altri fedeli discepoli ritenevano più opportuno serbare il ricordo dello *Yogavatar*, il loro immortale precettore, racchiuso nel proprio cuore. Io, tuttavia, consapevole della predizione di Lahiri Mahasaya circa la sua biografia, mi impegnai strenuamente per raccogliere e documentare ogni evento della sua vita terrena.

A Brindaban, swami Keshabananda accolse con cordialità la nostra piccola comitiva nel suo Katyayani Peeth Ashram, un imponente edificio in mattoni con massicci pilastri neri, circondato da un bellissimo

Swami Keshabananda (*in piedi a sinistra*), discepolo novantenne di Lahiri Mahasaya, Yoganandaji e C. Richard Wright, segretario di Sri Yogananda, nell'*ashram* di Keshabananda a Brindaban nel 1936.

giardino. Ci condusse subito in un soggiorno in cui era esposto un ingrandimento fotografico del ritratto di Lahiri Mahasaya. Lo swami era ormai prossimo ai novant'anni, ma il suo corpo muscoloso irradiava forza e salute. Con i lunghi capelli, la barba bianca come la neve, gli occhi lucenti di gioia, era un'autentica incarnazione della figura del patriarca. Gli dissi che desideravo menzionarlo nel mio libro sui maestri dell'India.

"Vi prego, raccontatemi qualcosa della vostra vita", gli chiesi con un sorriso supplichevole; spesso i grandi yogi sono poco comunicativi.

Con un gesto di umiltà, Keshabananda rispose: "Quanto ad avvenimenti esteriori, non c'è molto da dire. Praticamente ho trascorso tutta la vita nelle solitudini dell'Himalaya, spostandomi a piedi da una silenziosa grotta all'altra. Per un certo periodo, nei pressi di Hardwar, mi sono preso cura di un piccolo *ashram*, circondato da un boschetto di alberi maestosi. Era un luogo di pace poco frequentato dai viaggiatori, grazie ai cobra che pullulavano nella zona". Keshabananda rise. "Poi un'inondazione del Gange spazzò via l'eremitaggio, insieme ai cobra. Allora i miei discepoli mi aiutarono a costruire questo *ashram* a Brindaban".

Una persona del nostro gruppo domandò allo swami come si fosse difeso dalle tigri dell'Himalaya.

Keshabananda scosse il capo: "Su quelle alte vette spirituali", disse, "è raro che le fiere molestino gli yogi. Una volta, nella giungla, mi sono trovato faccia a faccia con una tigre. Alla mia improvvisa esclamazione, l'animale è rimasto come impietrito". E di nuovo lo swami fece un risolino, ricordando l'accaduto.[8]

"Ogni tanto lasciavo il mio solitario rifugio per recarmi a Benares dal mio guru, il quale scherzava spesso con me su questo incessante peregrinare per le solitudini selvagge dell'Himalaya".

"'I tuoi piedi portano il marchio dello spirito vagabondo', mi disse un giorno. 'Sono contento che le sacre vette dell'Himalaya siano abbastanza estese da tenerti occupato'.

"Molte volte", continuò Keshabananda, "sia prima sia dopo che lasciasse il corpo, Lahiri Mahasaya mi è apparso in carne e ossa. Per lui non c'è vetta himalayana che sia inaccessibile!".

Due ore più tardi ci condusse nel patio per il pranzo. Sospirai, segretamente costernato: un altro pranzo di quindici portate! In meno di un anno di ospitalità indiana il mio peso era aumentato di venticinque chili! Tuttavia sarebbe stato considerato il colmo della scortesia rifiutare anche uno solo dei piatti preparati con tanta cura per gli interminabili banchetti in mio onore. In India (ma purtroppo in nessun altro Paese!) uno swami ben pasciuto è considerato un gradevolissimo spettacolo.

Dopo pranzo, Keshabananda mi prese da parte.

"Il tuo arrivo non era inatteso", disse. "Ho un messaggio per te".

---

[8] Pare che esistano diversi metodi per difendersi dalle tigri. Un esploratore australiano, Francis Birtles, ha raccontato di aver trovato le giungle indiane "varie, bellissime e sicure". Il suo magico espediente di sicurezza era la carta moschicida. "Ogni notte", ha spiegato, "ne distendevo una gran quantità di fogli intorno all'accampamento e non sono mai stato disturbato. La ragione è psicologica. La tigre è un animale di grande e consapevole dignità. Gira in cerca di prede e lancia all'uomo la sua sfida finché non si trova di fronte alla carta moschicida; allora, furtivamente, si ritira in buon ordine. Nessuna dignitosa tigre oserebbe presentarsi a un essere umano con la carta moschicida incollata addosso!".

La cosa mi sorprese; nessuno era al corrente della mia intenzione di andare a trovare Keshabananda.

"L'anno scorso, mentre vagavo per le montagne dell'Himalaya settentrionale nei pressi di Badrinarayan", lo swami continuò, "mi sono perso e ho cercato rifugio in un'ampia grotta; all'interno non c'era nessuno, benché ancora ardessero le braci di un fuoco acceso in una buca del suolo roccioso. Chiedendomi chi potesse occupare quel rifugio solitario, mi sono seduto vicino al fuoco, con lo sguardo fisso sull'entrata della caverna inondata dal sole.

"'Keshabananda, sono lieto che tu sia qui'. Sentii risuonare queste parole alle mie spalle. Mi voltai, sorpreso, e fui abbagliato dalla vista di Babaji! Il grande guru si era materializzato in un angolo della grotta. Immensamente felice di rivederlo dopo tanti anni, mi prostrai ai suoi sacri piedi.

"'Sono stato io a chiamarti qui', continuò Babaji. 'Per questo motivo hai smarrito la strada e sei stato condotto in questa grotta, che è il mio temporaneo rifugio. È trascorso molto tempo dal nostro ultimo incontro; sono lieto di poterti salutare ancora una volta'.

"L'immortale maestro mi benedisse rivolgendomi alcune parole di incoraggiamento spirituale; poi aggiunse: 'Ti lascio un messaggio per Yogananda. Quando tornerà in India verrà a trovarti. Molte questioni collegate al suo guru e ai discepoli ancora viventi di Lahiri Mahasaya lo terranno intensamente occupato. Devi dirgli, quindi, che non lo vedrò questa volta, come invece spera ardentemente, ma in qualche altra occasione'".

Ricevere dalle labbra di Keshabananda questa consolante promessa di Babaji mi commosse profondamente e fece scomparire un certo dispiacere che mi pesava sul cuore; smisi di rattristarmi per il fatto che, proprio come Sri Yukteswar mi aveva detto, Babaji non fosse apparso alla *kumbha mela*.

Trascorsa la notte nell'*ashram*, il nostro gruppo ripartì il pomeriggio seguente per Calcutta. Attraversando un ponte sul fiume Yamuna, potemmo ammirare il magnifico spettacolo offerto da Brindaban proprio mentre il sole infiammava il cielo, una vera fornace di Vulcano che si rifletteva nelle calme acque del fiume.

Le rive del fiume Yamuna sono rese sacre dal ricordo di Sri Krishna bambino. È qui che egli si dedicava con dolce innocenza ai suoi *lila* (giochi) con le *gopi* (pastorelle), offrendo un esempio dell'amore supremo che esiste sempre fra un'incarnazione divina e i suoi devoti. La vita di Sri Krishna è stata mal interpretata da molti commentatori occidentali. Le allegorie delle Scritture sconcertano le menti che si limitano alle interpretazioni letterali. A titolo di esempio, si consideri un divertente e grossolano errore commesso da un traduttore alle prese con le poesie di un ispirato santo medievale, il ciabattino Ravidas, che con il semplice linguaggio del suo mestiere cantava la gloria spirituale celata in ogni essere umano:

> Sotto la vasta volta azzurra
> Vive la divinità vestita di pelle.

Si può a malapena celare un sorriso di fronte alla pedestre interpretazione che uno scrittore occidentale ha offerto della poesia di Ravidas:

> "Poi costruì una capanna, vi pose un idolo che aveva ricavato da un pezzo di cuoio, e si accinse ad adorarlo".

Ravidas era stato fratello spirituale del grande Kabir. Una sua importante *cela* fu la *Rani* di Chitor. Ella invitò un gran numero di bramini a un banchetto in onore del suo maestro, ma questi rifiutarono di mangiare alla stessa tavola di un umile ciabattino. Quando si sedettero a dignitosa distanza per consumare ciascuno il proprio pasto incontaminato, ecco che ogni bramino trovò accanto a sé la figura materializzata di Ravidas. Questa visione collettiva diede impulso a una vasta rinascita spirituale a Chitor.

In pochi giorni il nostro piccolo gruppo raggiunse Calcutta. Ansioso di vedere Sri Yukteswar, rimasi deluso quando appresi che aveva lasciato Serampore e si trovava ora a Puri, circa cinquecento chilometri più a sud.

"Vieni subito all'*ashram* di Puri". Questo telegramma fu inviato l'8 marzo ad Atul Chandra Roy Chowdhry, uno dei *cela* del maestro che viveva a Calcutta. Venni a conoscenza del messaggio e, pieno di angoscia per ciò che significava, caddi in ginocchio e implorai Dio di risparmiare la vita del mio guru. Mentre stavo per uscire dalla casa di mio padre per andare a prendere il treno, sentii dentro di me una voce divina.

"Non andare a Puri stasera. La tua preghiera non può essere esaudita".

"Signore", esclamai affranto dal dolore, "Tu non vuoi affrontare un 'braccio di ferro' con me a Puri, dove dovresti respingere le mie

Gli ultimi giorni trascorsi con il mio guru

Tempio commemorativo dedicato a Sri Yukteswar
Nel giardino del suo *ashram* a Puri (vedere pagina 454).

incessanti suppliche per la vita del mio maestro. Deve dunque lasciarci, per compiere incarichi più elevati che Tu gli hai affidato?".

Obbedendo al comando interiore, quella sera non partii per Puri. La sera seguente mi incamminai verso la stazione; lungo la strada, alle sette, una nera nuvola astrale oscurò improvvisamente il cielo.[9] Più tardi, mentre il treno rombava correndo verso Puri, mi apparve Sri Yukteswar. Era seduto, con un'espressione molto grave sul volto e una luce che brillava a entrambi i lati del corpo.

"È tutto finito?". Sollevai le braccia in un gesto di supplica.

---

[9] Sri Yukteswar lasciò il corpo a quell'ora, ossia alle sette di sera del 9 marzo 1936.

Egli annuì, poi lentamente scomparve.

Il mattino seguente, nonostante tutte le prove contrarie, nutrivo ancora qualche speranza; ma, appena sceso sulla banchina della stazione di Puri, mi si avvicinò uno sconosciuto.

"Avete sentito che il vostro maestro non c'è più?". E mi lasciò senza aggiungere altro; non sono mai riuscito a scoprire chi fosse né come avesse saputo dove trovarmi.

Stordito, mi appoggiai barcollante al muro della banchina, e compresi che il mio guru cercava in ogni modo di comunicarmi la terribile notizia. Fremente di ribellione, la mia anima era profondamente scossa, come un vulcano in eruzione. Quando giunsi all'eremitaggio ero prossimo al collasso. La voce interiore mi ripeteva teneramente: "Riprenditi, stai calmo".

Entrai nella stanza dell'*ashram* dove, seduto nella posizione del loto, si trovava il corpo del maestro, che pareva incredibilmente vivo, l'immagine stessa della salute e della bellezza. Qualche tempo prima di morire, il mio guru era stato colto da una leggera febbre, ma il giorno precedente la sua ascesa all'Infinito il suo corpo si era completamente ristabilito. Per quanto continuassi a guardare quella cara forma, non riuscivo a convincermi che non avesse più vita. La pelle era liscia e morbida, il viso aveva un'espressione di serenità indicibile. Nell'ora del mistico richiamo, egli aveva abbandonato coscientemente il proprio corpo.

"Il Leone del Bengala se ne è andato!", gridai attonito.

Condussi i riti solenni il 10 marzo. Con l'antica cerimonia riservata agli swami, Sri Yukteswar fu sepolto[10] nel giardino del suo eremitaggio di Puri. Più tardi, all'equinozio di primavera, i suoi discepoli giunsero da ogni parte del paese per onorare il loro guru con una cerimonia commemorativa. L'*Amrita Bazar Patrika*, il giornale più importante di Calcutta, pubblicò il suo ritratto e il seguente articolo:

> "Il 21 marzo a Puri si è svolta la cerimonia funebre *Bhandara* in memoria di Srimat Swami Sri Yukteswar Giri Maharaj, di 81 anni. Molti discepoli sono giunti a Puri per parteciparvi.
>
> "Swami Maharaj, uno dei più eminenti commentatori della Bhagavad Gita, è stato un grande discepolo dello Yogiraj Sri Shyama Charan Lahiri

---

[10] In India le tradizioni funerarie richiedono la cremazione per i capifamiglia. Gli swami e i monaci di altri ordini non vengono cremati, ma sepolti. (A volte vi sono delle eccezioni). Si ritiene che il corpo dei monaci abbia già simbolicamente subìto la cremazione nel fuoco della saggezza al momento di prendere i voti monastici.

Gli ultimi giorni trascorsi con il mio guru

Mahasaya di Benares. swami Maharaj ha fondato in India numerosi centri Yogoda Satsanga [Self-Realization Fellowship] ed è stato il grande ispiratore del movimento yoga che swami Yogananda, il suo principale discepolo, ha portato in Occidente. Furono le facoltà profetiche e la profonda conoscenza spirituale di Sri Yukteswar a ispirare swami Yogananda ad attraversare gli oceani per diffondere in America il messaggio dei maestri dell'India.

"Le sue interpretazioni della Bhagavad Gita e di altre sacre Scritture testimoniano la profonda conoscenza che Sri Yukteswar possedeva della filosofia orientale come di quella occidentale, e rivelano in modo esplicito l'essenziale unità fra Oriente e Occidente. Convinto assertore dell'unità fondamentale di tutte le fedi religiose, Sri Yukteswar Maharaj, con la cooperazione delle guide spirituali di varie sette e confessioni religiose, fondò la Sadhu Sabha (Società dei Santi) allo scopo di infondere uno spirito scientifico nella religione. Poco prima di lasciare il corpo, egli nominò swami Yogananda suo successore alla presidenza della Sadhu Sabha.

"La scomparsa di questo grande uomo è stata veramente una grave perdita per l'India. Possano tutti coloro che ebbero la fortuna di conoscerlo assimilare il vero spirito della cultura indiana e della *sadhana* di cui egli era la personificazione vivente".

Tornai a Calcutta. Non sentendomi ancora in grado di recarmi all'eremitaggio di Serampore, con tutti i suoi sacri ricordi, feci venire Prafulla, il giovane discepolo che Sri Yukteswar ospitava a Serampore, e diedi disposizioni per farlo entrare nella scuola di Ranchi.

"Il mattino in cui siete partito per la *mela* di Allahabad", mi raccontò Prafulla, "il maestro si accasciò pesantemente sul divano.

"'Yogananda se n'è andato!', gridò, 'Yogananda se n'è andato!'. E aggiunse in modo enigmatico: 'Dovrò dirglielo in qualche altro modo'. Poi rimase seduto per ore in silenzio".

I giorni seguenti furono occupati da conferenze, lezioni, interviste e incontri con i vecchi amici. Dietro il mio sorriso forzato e un'attività incessante, una corrente di cupi pensieri contaminava il fiume interiore di beatitudine che da tanti anni scorreva sinuoso sotto le sabbie di ogni mia percezione.

"Dove è andato il saggio divino?", gridavo silenziosamente dal profondo del mio spirito tormentato.

Ma non ricevevo nessuna risposta.

"È meglio che il maestro abbia raggiunto l'unione perfetta con l'Amato Cosmico", mi assicurava la mia mente. "Egli risplende in eterno nel regno dell'immortalità".

"Non lo rivedrai mai più nella vecchia casa di Serampore", gemeva il mio cuore. "Non porterai più gli amici a conoscerlo, né dirai con orgoglio: 'Guardate, ecco lo *Jnanavatar* dell'India!'".

Wright organizzò il nostro viaggio di ritorno in Occidente, fissando per i primi di giugno la data per l'imbarco a Bombay. Dopo aver trascorso a Calcutta gli ultimi quindici giorni di maggio tra banchetti e discorsi di addio, la signora Bletsch, Wright e io partimmo con la Ford per Bombay. Al nostro arrivo le autorità navali ci chiesero di rinunciare all'imbarco perché non c'era posto per la Ford, di cui avremmo avuto ancora bisogno in Europa.

"Non importa", dissi tristemente a Wright. "Voglio tornare ancora una volta a Puri". E aggiunsi fra me e me: "Così potrò versare le mie lacrime ancora una volta sulla tomba del mio guru".

Capitolo 43

La resurrezione di Sri Yukteswar

"Il Signore Krishna!". La forma gloriosa dell'avatar mi apparve in una luce sfavillante mentre ero seduto nella mia camera, al secondo piano del Regent Hotel di Bombay. Stavo guardando fuori dalla finestra aperta quando, sul tetto di un grande edificio al di là della strada, mi apparve improvvisamente quell'ineffabile visione.

La divina immagine mi fece un cenno con la mano, sorridendo e chinando il capo in segno di saluto. Visto che non riuscivo a comprendere completamente il significato del suo messaggio, Sri Krishna scomparve con un gesto di benedizione. Mi sentii meravigliosamente elevato e percepii che mi era stato preannunciato un evento spirituale.

Il mio viaggio di ritorno in Occidente era stato temporaneamente sospeso. Avevo in programma numerose conferenze pubbliche a Bombay, per poi tornare un'ultima volta nel Bengala.

A Bombay, il 19 giugno 1936 alle tre del pomeriggio, una settimana dopo la visione di Sri Krishna, stavo meditando seduto sul letto della mia camera d'albergo quando fui interrotto dall'apparizione di una luce sublime. Dinanzi ai miei occhi spalancati e attoniti, tutta la stanza si trasformò in un mondo inverosimile, mentre la luce del sole assumeva uno splendore soprannaturale.

Fui sommerso da ondate di rapimento quando vidi davanti a me la figura di Sri Yukteswar in carne e ossa!

"Figlio mio!". Il maestro parlava con tenerezza mentre sul suo volto risplendeva un sorriso da incantare gli angeli.

Per la prima volta nella mia vita non mi inginocchiai ai suoi piedi in segno di saluto, ma mi feci avanti per stringerlo avidamente tra le braccia. Che momento sublime! L'angoscia dei mesi passati era ora ai miei occhi un tributo di insignificante valore al confronto del torrente di beatitudine che si stava riversando su di me.

"Maestro mio, amato del mio cuore, perché mi avete abbandonato?". La gioia traboccante che provavo mi rendeva incoerente. "Perché mi avete lasciato andare alla *kumbha mela*? Mi sono rimproverato così amaramente di essere andato via!".

"Non volevo essere di ostacolo alla tua gioiosa aspettativa di vedere il luogo di pellegrinaggio dove ho incontrato per la prima volta Babaji. Ma ti ho lasciato solo per breve tempo: non sono forse di nuovo con te?".

"Ma siete proprio *voi*, maestro, lo stesso Leone di Dio? Avete ancora un corpo come quello che ho seppellito sotto le crudeli sabbie di Puri?".

"Sì, figlio mio, sono lo stesso. Questo è un corpo di carne e ossa. Anche se io lo vedo etereo, ai tuoi occhi è un corpo materiale. Dagli atomi cosmici ho creato una forma completamente nuova, perfettamente identica a quel corpo fisico del cosmico sogno che tu hai sepolto sotto le sabbie di sogno di Puri, nel tuo mondo di sogno. In verità io sono risorto, non sulla terra, ma bensì su un pianeta astrale abitato da esseri che, più degli uomini, sono capaci di conformarsi ai miei elevati princìpi spirituali. Là tu e i tuoi cari dalla grande realizzazione spirituale mi raggiungerete un giorno per rimanere con me".

"Guru immortale, ditemi di più!".

Il maestro proruppe in un risolino divertito. "Per favore, mio caro, puoi allentare un po' la tua stretta?".

"Solo un poco!". Lo tenevo abbracciato con una morsa tentacolare. Potevo percepire la stessa lieve fragranza naturale caratteristica del suo corpo terreno. Ogni volta che richiamo alla memoria quelle ore sublimi, sento ancora nella parte interna delle braccia e nelle palme delle mani il contatto elettrizzante del suo corpo divino.

"Come Dio manda i profeti sulla terra per aiutare gli uomini a eliminare il loro karma fisico, così ha mandato me su un pianeta astrale per svolgere la missione di salvatore", spiegò Sri Yukteswar. Si chiama Hiranyaloka, o 'Pianeta astrale illuminato', ed è abitato da esseri evoluti; io li aiuto a superare il loro karma astrale e a liberarsi in questo modo dalle rinascite astrali. Coloro che risiedono sull'Hiranyaloka hanno raggiunto un alto livello di evoluzione spirituale. Nella loro ultima incarnazione terrena hanno tutti acquisito, grazie alla meditazione, il potere di lasciare coscientemente il corpo fisico al momento della morte. Nessuno può entrare nell'Hiranyaloka senza aver prima superato sulla

La resurrezione di Sri Yukteswar

terra lo stadio del *sabikalpa samadhi* e aver raggiunto lo stato più elevato del *nirbikalpa samadhi*.¹

"Gli abitanti dell'Hiranyaloka hanno già dimorato nei mondi astrali comuni, dove quasi tutti gli esseri della terra devono andare al momento della morte; là hanno già bruciato molti semi del karma passato, relativo alle azioni compiute nei mondi astrali. Soltanto gli spiriti progrediti possono compiere questo tipo di purificazione nelle sfere astrali.² Affinché queste anime si potessero liberare completamente da ogni traccia di karma astrale, la legge cosmica ha fatto sì che si sentissero attirate a rinascere in nuovi corpi astrali sull'Hiranyaloka, questo sole o paradiso astrale, dove io mi trovo per aiutarli. Su questo pianeta si trovano anche esseri quasi perfetti che provengono da un mondo superiore, il mondo causale".

La mia mente aveva raggiunto una sintonia così perfetta con quella del mio guru che egli mi comunicava le sue parole-immagini in parte con la voce e in parte telepaticamente. In questo modo ricevevo subito una versione condensata dei suoi pensieri e delle sue percezioni.

Il maestro proseguì: "Come hai letto nelle sacre Scritture, Dio ha racchiuso l'anima dell'uomo successivamente in tre corpi: prima nel corpo ideazionale o causale; poi nel sottile corpo astrale, sede delle facoltà cognitive ed emotive dell'uomo; e infine nel denso corpo fisico. Sulla terra l'uomo è provvisto dei sensi fisici. L'essere astrale agisce con la coscienza, con i sentimenti e con un corpo composto di vitatroni.³ Un essere dotato del solo corpo causale rimane nel felice regno delle idee.

---

¹ Vedere pagine 263-264. Nel *sabikalpa samadhi*, il devoto ha raggiunto la realizzazione della propria unità con lo Spirito, ma può restare immerso nella coscienza cosmica solo nello stato di immobilità dell'estasi. Con la meditazione costante egli raggiunge lo stadio superiore del *nirbikalpa samadhi*, in cui può agire liberamente nel mondo senza perdere la percezione di Dio.

Nel *nirbikalpa samadhi* lo yogi dissolve gli ultimi residui del suo karma materiale o terreno. Tuttavia può ancora avere del karma astrale o causale da eliminare, e allora torna a rivestirsi di corpi astrali e poi causali su sfere vibratorie molto elevate.

² Ciò è dovuto al fatto che la maggior parte delle persone, appagate dalla bellezza dei mondi astrali, non vede la necessità di compiere un intenso sforzo spirituale.

³ Sri Yukteswar usò la parola *prana*, che ho tradotto con *vitatroni*. Le sacre Scritture induiste parlano non solo di *anu*, "atomo", e di *paramanu*, "oltre l'atomo", a indicare le energie elettroniche più sottili, ma anche di *prana*, la "forza vitatronica creativa". Atomi ed elettroni sono forze cieche mentre il *prana* è intrinsecamente intelligente. Ad esempio, i vitatroni pranici dello spermatozoo e dell'ovulo guidano lo sviluppo dell'embrione secondo un disegno karmico.

La mia missione è rivolta a quegli esseri astrali che si stanno preparando a entrare nel mondo causale".

"Adorabile maestro, vi prego, parlatemi ancora dell'universo astrale". Nel frattempo, alla richiesta di Sri Yukteswar, avevo leggermente allentato la mia stretta, ma continuavo a tenerlo tra le braccia. Tesoro di tutti i tesori, il mio guru che per raggiungermi si era preso gioco della morte!

"Ci sono molti pianeti astrali, popolati da esseri astrali", cominciò il maestro. "Gli abitanti usano velivoli astrali, ovvero masse di luce, per viaggiare da un pianeta all'altro, più velocemente dell'elettricità e delle energie radioattive.

"L'universo astrale, composto da varie vibrazioni sottili di luce e di colore, è centinaia di volte più grande di quello materiale. L'intera creazione fisica, simile al piccolo cesto solido di una mongolfiera, è appesa all'immenso pallone luminoso della sfera astrale. Proprio come esistono molte stelle e soli fisici che vagano nello spazio, così vi sono anche innumerevoli sistemi stellari e solari astrali. I loro pianeti hanno soli e lune astrali, molto più belli di quelli fisici. Le luci astrali sono simili all'aurora boreale, ma l'aurora solare astrale è molto più splendente di quella terrestre, che al confronto ha una tenue luminosità lunare. I giorni e le notti astrali sono più lunghi di quelli terrestri.

"Il mondo astrale è infinitamente bello, nitido, puro e ordinato. Non vi sono pianeti senza vita o terre sterili. Le imperfezioni della terra quali erbacce, batteri, insetti e serpenti, non esistono. Diversamente dalla terra, in cui sono presenti variazioni climatiche e stagionali, nei pianeti astrali c'è la temperatura costante di un'eterna primavera, con sporadiche nevicate di un bianco luminescente e piogge di luci multicolori. I pianeti astrali abbondano di laghi opalini, mari luminosi e fiumi iridescenti.

"L'universo astrale ordinario, non il più sottile paradiso astrale di Hiranyaloka, è popolato da milioni di esseri astrali provenienti dalla terra in tempi più o meno recenti, e anche da miriadi di fate, sirene, pesci, animali, folletti e gnomi, semidei e spiriti, che risiedono tutti in pianeti astrali diversi, a seconda del loro karma. Per ospitare gli spiriti buoni e quelli cattivi sono predisposte varie dimore o regioni vibratorie. I buoni possono spostarsi liberamente, mentre i cattivi sono relegati in zone circoscritte. Come gli esseri umani vivono sulla superficie della terra, i vermi nel suolo, i pesci nell'acqua e gli uccelli nell'aria, così le anime astrali di livelli evolutivi diversi vengono destinate a specifiche regioni vibratorie adatte al proprio livello.

La resurrezione di Sri Yukteswar

"Tra gli oscuri angeli caduti, espulsi da altri mondi, si scatenano contrasti e guerre, combattute con bombe vitatroniche o con raggi vibratori di *mantra*[4] mentali. Questi esseri dimorano nelle tetre regioni del cosmo astrale inferiore, dove cercano di bruciare il loro cattivo karma.

"Nei vasti reami, al di là dell'oscura prigione astrale, tutto risplende di bellezza. Rispetto alla terra, il cosmo astrale si trova, per sua natura, in maggiore sintonia con la volontà di Dio e con il Suo disegno di perfezione. Ogni oggetto astrale prende vita principalmente dalla volontà divina e in parte anche da quella degli esseri astrali, i quali sono dotati del potere di modificare o di migliorare la forma e accrescere la bellezza di ogni cosa creata da Dio. Egli ha donato ai Suoi figli astrali la libertà e il privilegio di cambiare e abbellire l'universo astrale a propria discrezione. Sulla terra un oggetto solido, per assumere lo stato liquido o un altro stato, deve subire qualche processo naturale o intervento chimico; ma i solidi astrali si trasformano all'istante in liquidi o in gas o in energia astrale, unicamente in virtù di un atto di volontà degli esseri astrali.

"La terra è funestata da guerre e uccisioni, perpetrate sul mare, sul suolo e nell'aria", continuò il mio guru, "mentre nei regni astrali si vive in una felice armonia e nell'uguaglianza. Gli esseri astrali materializzano e smaterializzano le proprie forme come e quando desiderano. Fiori, pesci o altri animali possono trasformarsi temporaneamente in uomini astrali. Tutti gli esseri astrali sono liberi di assumere qualsiasi forma e riescono facilmente a entrare in sintonia tra di loro. Non c'è alcuna legge naturale prestabilita che limiti la loro libertà; per esempio, si può chiedere a qualsiasi albero astrale di produrre un mango astrale o qualsiasi altro frutto o fiore e perfino qualsiasi altro oggetto si desideri. Nel mondo astrale permangono alcune restrizioni karmiche, ma tutte le forme, indistintamente, sono gradevoli. Ogni cosa vibra della luce creativa di Dio.

"Nessuno nasce da donna. Gli esseri astrali danno forma ai figli con il potere della propria volontà cosmica, condensando i loro corpi e modellandoli nelle specifiche forme astrali desiderate. L'essere che

---

[4] I *mantra* sono suoni primordiali che, recitati, agiscono come proiettili scagliati dal cannone mentale della concentrazione. I *Purana* (antichi *shastra* o trattati) descrivono queste guerre mantriche tra i *deva* (dèi) e gli *asura* (demoni). Una volta un *asura* cercò di uccidere un *deva* con un potente canto, ma lo pronunciò male; allora la bomba mentale agì come un boomerang e, ritornando su di lui, lo uccise.

ha appena lasciato il corpo terreno è invitato in una famiglia astrale, attratto da inclinazioni mentali e spirituali affini alle sue.

"Il corpo astrale non sente il caldo o il freddo né è soggetto ad altre condizioni naturali. La sua anatomia comprende un cervello astrale, ovvero il loto di luce dai mille petali, e sei centri risvegliati posti lungo la *sushumna* o asse cerebrospinale astrale. Il cuore trae energia e luce cosmica dal cervello astrale per trasmetterle ai nervi e alle cellule del corpo astrale, o vitatroni. Gli esseri astrali sono in grado di operare cambiamenti nel proprio corpo per mezzo della forza vitatronica e delle vibrazioni prodotte da *mantra* sacri.

"Nella maggior parte dei casi, il corpo astrale corrisponde perfettamente all'ultimo corpo fisico: il viso e la figura di una persona astrale assomigliano a quelli del periodo giovanile del suo ultimo soggiorno terreno. A volte qualcuno, come ho fatto io, sceglie di mantenere l'aspetto che aveva in tarda età". Così dicendo, il maestro, che emanava l'essenza stessa della gioventù, rise allegramente.

"Diversamente dal mondo fisico, che si estende nello spazio tridimensionale ed è conoscibile soltanto tramite i cinque sensi, le sfere astrali si possono vedere con il sesto senso che è in grado di percepire ogni cosa: l'intuizione", continuò Sri Yukteswar. "Con la pura sensibilità intuitiva, tutti gli esseri astrali sono in grado di vedere, udire, odorare, gustare e toccare. Possiedono tre occhi, due dei quali sono parzialmente chiusi; il terzo occhio, quello astrale, il più importante, è posto verticalmente al centro della fronte, ed è aperto. Pur essendo dotati di tutti gli organi esteriori di senso, cioè di orecchi, occhi, naso, lingua e pelle, gli esseri astrali usano il senso dell'intuizione per fare esperienze percettive con qualsiasi parte del corpo; possono vedere con gli orecchi, il naso, la pelle. Sono in grado di udire con gli occhi o con la lingua, di gustare con gli orecchi o con la pelle e così via.[5]

"Il corpo fisico dell'uomo è esposto a innumerevoli pericoli e può facilmente subire ferite o mutilazioni; l'etereo corpo astrale può a volte essere ferito o contuso, ma guarisce immediatamente con la sola volontà".

"Gurudeva, sono tutti belli gli esseri astrali?".

"Nel mondo astrale tutti sanno che la bellezza è una qualità spirituale e non dipende dalla corrispondenza a canoni esteriori", rispose Sri

---

[5] Anche sulla terra non mancano esempi di simili capacità, come nel caso di Helen Keller e di pochissime altre persone.

La resurrezione di Sri Yukteswar

Yukteswar. "Gli esseri astrali attribuiscono quindi poca importanza ai lineamenti del viso, ma hanno il privilegio di poter creare e indossare a loro piacimento nuovi corpi dai vividi colori, materializzati astralmente. Proprio come sulla terra gli uomini indossano vestiti nuovi in occasione di grandi eventi, così gli esseri astrali si adornano di forme create appositamente per le ricorrenze speciali.

"Sui pianeti astrali superiori come l'Hiranyaloka, si celebrano gioiosi festeggiamenti ogni volta che, in virtù della propria evoluzione spirituale, un essere raggiunge la liberazione dal mondo astrale ed è quindi pronto a entrare nel paradiso del mondo causale. In tali occasioni, l'invisibile Padre Celeste e i santi che sono una cosa sola con Lui prendono forma, scegliendo il corpo in cui manifestarsi, e si uniscono alla celebrazione astrale. Per compiacere il Suo amato devoto, il Signore assume la forma che questi desidera. Così, se nell'adorazione predomina la componente della devozione, Dio si manifesta come Madre Divina. Gesù, ad esempio, era attratto soprattutto dall'aspetto paterno dell'Uno Infinito. Il Creatore ha dotato ogni Sua creatura di una particolare individualità, dando prova di una versatilità capace di soddisfare le richieste più disparate, dalle più concepibili alle più inconcepibili". Così dicendo, il mio guru proruppe con me in un'allegra risata.

"Coloro che furono amici in altre vite si riconoscono facilmente nel mondo astrale", continuò Sri Yukteswar con la sua bella voce melodiosa. "Felici dell'immortalità dell'amicizia, essi comprendono che l'amore è indistruttibile, vincendo finalmente i dubbi che spesso sulla terra li avevano assaliti nei tristi momenti delle presunte separazioni.

"L'intuizione degli esseri astrali lacera ogni velo divisorio e osserva le attività umane sulla terra, ma l'uomo non può vedere il mondo astrale a meno che il suo sesto senso non sia adeguatamente sviluppato. Migliaia di abitanti della terra hanno avuto brevi visioni di esseri o di mondi astrali.[6]

"Nei lunghi giorni e nelle lunghe notti astrali gli esseri evoluti dell'Hiranyaloka rimangono per lo più desti nell'estasi, e contribuiscono alla soluzione dei complessi problemi relativi alla cura degli equilibri universali e alla redenzione dei figlioli prodighi, le anime legate alla

---

[6] Sulla terra i bambini dalla mente pura riescono a volte a vedere i graziosi corpi astrali delle fate. Con le droghe o le bevande inebrianti, il cui uso è strettamente vietato da tutte le sacre Scritture, un uomo può alterare a tal punto la propria coscienza da percepire le orribili forme che dimorano negli inferni astrali.

terra. Quando dormono, gli esseri dell'Hiranyaloka hanno a volte visioni astrali simili ai sogni. Ma di solito la loro mente è assorta nella più alta beatitudine cosciente del *nirbikalpa*.

"Gli abitanti di ogni tipo di mondo astrale sono ancora soggetti a dure sofferenze mentali. La mente sensibile degli esseri più evoluti che dimorano su pianeti come l'Hiranyaloka prova un acuto dolore se qualcuno compie un errore, sia nella condotta sia nella percezione della verità. Questi esseri evoluti si impegnano costantemente ad agire e a pensare in sintonia con la perfezione della legge spirituale.

"Gli abitanti dei mondi astrali comunicano solo con la telepatia e la visione telepatica astrale; non c'è quindi alcun rischio di confusione o di equivoco causato dal linguaggio, scritto o parlato, a cui sono invece esposti gli abitanti della terra. Su uno schermo cinematografico ci appaiono persone che sembrano muoversi e agire, ma si tratta di immagini prodotte dalla luce, che in realtà non respirano; allo stesso modo, gli esseri astrali sono immagini di luce guidate e coordinate in modo intelligente, che possono camminare e agire, senza alcun bisogno di trarre energia dall'ossigeno. L'uomo, per restare in vita, dipende dai solidi, dai liquidi, dai gas e dall'energia; il sostentamento essenziale degli esseri astrali è la luce cosmica".

"Maestro mio, gli esseri astrali mangiano qualcosa?". Stavo assorbendo le sue meravigliose spiegazioni con tutte le mie facoltà ricettive: mente, cuore e anima. Le percezioni supercoscienti della verità sono reali e immutabili per l'eternità, mentre le fuggevoli esperienze e impressioni sensoriali hanno solo una validità temporanea o relativa, e presto perdono nella memoria tutta la loro nitidezza. Le parole del mio guru si imprimevano così vividamente sulla pergamena del mio essere che in qualsiasi momento, trasferendo la mia mente allo stato supercosciente, posso rivivere con chiarezza quell'esperienza divina.

"Sul terreno astrale abbondano ortaggi luminescenti", rispose. "Gli esseri astrali si nutrono di queste verdure e bevono un nettare che scorre da meravigliose fontane di luce e da ruscelli e fiumi astrali. Come sulla terra è possibile captare dall'etere immagini invisibili, renderle visibili tramite un apparecchio televisivo, e poi farle svanire nuovamente nello spazio, così gli esseri astrali riescono, con un atto di volontà, a far precipitare e a condensare nei propri pianeti gli invisibili modelli astrali di piante e di ortaggi creati da Dio e fluttuanti nell'etere. Allo stesso modo, la fervida immaginazione di questi esseri è in grado di dar forma a interi giardini di fiori fragranti, e poi riportarli alla loro eterica invisibilità. Gli abitanti dei pianeti celesti come l'Hiranyaloka sono pressoché liberi dal bisogno di mangiare; ma le anime quasi completamente evolute del mondo causale godono di un'esistenza ancor più libera da condizionamenti, e si nutrono esclusivamente della manna della beatitudine.

"L'essere astrale che si è liberato dai vincoli terreni incontra una moltitudine di parenti, padri, madri, mogli, mariti e amici acquisiti nel corso delle sue varie incarnazioni sulla terra,[7] via via che appaiono in varie parti dei regni astrali. Egli perciò non sa chi amare in modo speciale e così impara a donare lo stesso amore divino a tutti, quali figli di Dio e Sue manifestazioni individualizzate. Anche se l'aspetto esteriore di un proprio caro può essere più o meno cambiato, a seconda delle nuove qualità che quell'anima ha sviluppato nell'ultima vita, l'essere astrale con la sua infallibile intuizione riconosce coloro che un tempo gli furono cari su altri piani di esistenza e li accoglie nella loro nuova dimora astrale. Poiché ogni atomo della creazione è dotato di insopprimibile individualità,[8] un amico astrale sarà riconosciuto a prescindere dalla veste che indossa, proprio come sulla terra si può riconoscere l'identità di un attore, comunque sia travestito, se lo si osserva attentamente.

"La vita astrale è più lunga di quella terrena: per un essere astrale normalmente evoluto, la vita media varia da cinquecento a mille anni, in base alle misure di tempo della terra. Ma, come certe sequoie superano di millenni la durata della vita di altri alberi, o come alcuni yogi vivono parecchie centinaia di anni benché la maggior parte degli uomini muoia prima dei sessanta, così alcuni esseri astrali hanno una vita molto più lunga della media. Coloro che visitano il mondo astrale possono restarvi per un periodo più o meno lungo, a seconda del peso del loro karma fisico, che li attira nuovamente sulla terra entro un determinato lasso di tempo.

"Al momento di disfarsi del loro corpo luminoso, gli esseri astrali non devono ingaggiare una dolorosa lotta con la morte. Molti di loro si sentono tuttavia un po' inquieti al pensiero di deporre la forma astrale

---

[7] Una volta chiesero a Buddha perché dobbiamo amare tutti allo stesso modo. Il grande maestro rispose: "Perché nelle diverse e numerosissime vite di ciascuno di noi, ogni essere umano ci è stato caro in un momento o nell'altro".

[8] Le otto qualità elementari insite in tutta la creazione, dall'atomo all'uomo, sono terra, acqua, fuoco, aria, etere, mente sensoriale (*manas*), intelletto (*buddhi*) e individualità o ego (*ahamkara*) (Bhagavad Gita VII, 4).

per assumere quella causale più sottile. Il mondo astrale è esente da eventi che accadono contro la volontà della persona, come la morte indesiderata, la malattia e la vecchiaia. Queste tre paure sono la maledizione della terra, dove l'uomo ha permesso alla propria coscienza di identificarsi quasi del tutto con il fragile corpo fisico che, per poter esistere, dipende dall'apporto costante di aria, cibo e riposo.

"Alla morte fisica si accompagnano la cessazione del respiro e la disintegrazione delle cellule del corpo. La morte astrale consiste nella dispersione dei vitatroni, le unità di energia in cui si manifesta il corpo degli esseri astrali. Alla morte, l'essere umano perde la coscienza del corpo fisico e diventa consapevole del suo corpo sottile nel mondo astrale. Sperimentando a tempo debito la morte astrale, l'essere passa così dalla coscienza della nascita e della morte astrale a quella della nascita e della morte fisica. Questi cicli ricorrenti di rivestimento astrale e fisico sono il destino ineluttabile di tutte le creature non illuminate. Le definizioni di paradiso e inferno che troviamo nelle sacre Scritture evocano a volte ricordi ben più profondi di quelli del subconscio, richiamandoci la lunga serie di esperienze vissute nei gioiosi mondi astrali e nei deludenti mondi terreni".

"Amato maestro", chiesi, "potreste per favore descrivere in maggior dettaglio la differenza tra la rinascita sulla terra e quella sulle sfere astrali e causali?".

"L'uomo, in quanto anima individualizzata, è essenzialmente un corpo causale", spiegò il mio guru. "Quel corpo è la matrice delle trentacinque *idee* che Dio ha posto come forze-pensiero fondamentali, o causali, da cui Egli in seguito ha formato il sottile corpo astrale, composto da diciannove elementi, e il denso corpo fisico, composto da sedici elementi.

"I diciannove elementi del corpo astrale sono di tipo mentale, emotivo e vitatronico. Sono: l'intelletto; l'ego; il sentimento; la mente (coscienza dei sensi); i cinque strumenti di *conoscenza*, ovvero i corrispettivi sottili dei sensi della vista, dell'udito, dell'odorato, del gusto e del tatto; i cinque strumenti di *azione*, ovvero i corrispettivi mentali delle capacità attuative di procreazione, escrezione, comunicazione verbale, locomozione e abilità manuale; e i cinque strumenti di *forza vitale*, atti a compiere le funzioni fisiologiche di cristallizzazione, assimilazione, eliminazione, metabolizzazione e circolazione. Questo sottile rivestimento astrale di diciannove elementi sopravvive alla morte del corpo fisico, che è composto da sedici densi elementi chimici.

"Dio trasse dal proprio Essere una varietà di idee e le proiettò in sogni. Ebbe così origine il sogno cosmico, la Madre Natura Cosmica, adorna di tutti i prodigiosi e infiniti ornamenti della relatività.

"Nelle trentacinque idee cardinali del corpo causale, Dio elaborò tutte le complessità dei diciannove elementi astrali e dei sedici elementi fisici dell'uomo. Aggregando le forze vibratorie e condensandole prima in forme sottili e poi in forme più dense, Egli creò il corpo astrale e infine quello fisico dell'uomo. In base alla legge della relatività, secondo la quale la semplicità originaria è divenuta la sorprendente molteplicità, il cosmo causale e il corpo causale sono diversi dal cosmo astrale e dal corpo astrale; in modo analogo il cosmo fisico e il corpo fisico hanno caratteristiche diverse dagli altri tipi di creazione.

"Il corpo fisico è il risultato dei sogni invariabili e oggettivati del Creatore. Sulla terra la dualità è sempre presente: malattia e salute, dolore e piacere, perdita e guadagno. Nella materia tridimensionale gli esseri umani trovano limiti e impedimenti. Quando la malattia o altre cause indeboliscono gravemente il desiderio di vivere dell'uomo, sopraggiunge la morte; il pesante mantello di carne viene temporaneamente lasciato cadere. L'anima però rimane rinchiusa nei corpi astrale e causale.[9] La forza coesiva che mantiene uniti i tre corpi è il desiderio. Il potere dei desideri inappagati è la radice di ogni schiavitù dell'essere umano.

"I desideri fisici sono radicati nell'egotismo e nei piaceri dei sensi. La spinta compulsiva, o tentazione, verso l'esperienza dei sensi è più potente della forza dei desideri connessi agli attaccamenti astrali o alle percezioni causali.

"I desideri astrali si accentrano sul godimento di esperienze vibratorie. Gli esseri astrali gioiscono della musica eterica delle sfere e sono affascinati dalla vista di tutta la creazione, nelle sue inesauribili manifestazioni di luce sempre mutevole. Possono odorare, gustare e toccare la luce. I desideri sono perciò collegati al potere degli esseri astrali di oggettivare ogni cosa e ogni esperienza in forme di luce, pensieri o sogni condensati.

---

[9] 'Corpo' sta a significare qualsiasi involucro dell'anima, sia denso che sottile. I tre corpi sono gabbie per l'"Uccello del Paradiso".

"I desideri causali sono appagati dalla sola percezione. Gli esseri quasi liberi che dimorano nel solo corpo causale vedono l'intero universo come concretizzazione delle idee di sogno di Dio, e sono capaci di oggettivare qualsiasi cosa con il solo puro pensiero. Per questo motivo essi ritengono che il godimento delle sensazioni fisiche o delle gioie astrali sia grossolano e opprimente per la fine sensibilità dell'anima. Gli esseri causali appagano i loro desideri realizzandoli all'istante.[10] Coloro che sono ricoperti soltanto dal tenue velo del corpo causale possono portare in esistenza interi universi, proprio come il Creatore. Poiché il sogno cosmico è la sostanza costitutiva di tutta la creazione, l'anima rivestita del lievissimo corpo causale possiede grandi poteri creativi.

"L'anima, per sua natura invisibile, può essere individuata soltanto in virtù della presenza di uno o più dei suoi corpi. La semplice presenza di un corpo indica la presenza di desideri inappagati che ne hanno reso possibile l'esistenza.[11]

"Finché l'anima resta rinchiusa in uno, due, o tre involucri corporei, tenuti ermeticamente chiusi dai sigilli dell'ignoranza e del desiderio, l'uomo non può fondersi con il mare dello Spirito. Quando il martello della morte distrugge il grossolano contenitore fisico, rimangono ancora gli altri due involucri, l'astrale e il causale, a impedire all'anima di congiungersi coscientemente alla Vita Onnipresente. Quando la saggezza permette di raggiungere la totale mancanza di desideri, il suo potere distrugge i due involucri rimasti. Allora emerge la minuscola anima dell'uomo, finalmente libera, e diviene una cosa sola con l'Incommensurabile Vastità".

Chiesi al mio guru divino di darmi ulteriori chiarimenti sull'elevato e misterioso mondo causale.

"Il mondo causale è indescrivibilmente sottile", mi rispose. "Per comprenderlo si dovrebbe possedere un potere di concentrazione così straordinario da essere capaci a occhi chiusi di visualizzare in tutta la loro vastità l'universo astrale e quello fisico (simili a un pallone luminoso con il cesto solido) come pure idee. Una persona che, grazie a questa

[10] Proprio come Babaji aiutò Lahiri Mahasaya a liberarsi dal desiderio inconscio, proveniente da una vita passata, di possedere un palazzo, come descritto nel capitolo 34.

[11] "Egli disse loro: 'Dove sarà il corpo, là si raduneranno anche gli avvoltoi" (Luca 17, 37). Ogni volta che l'anima è rinchiusa nel corpo fisico o in quello astrale o in quello causale, là si raduneranno anche gli avvoltoi dei desideri che si nutrono delle debolezze dei sensi o degli attaccamenti astrali e causali dell'uomo per tenere l'anima prigioniera.

concentrazione sovrumana, riuscisse a convertire o a ridurre in pure idee i due universi, con tutte le loro complessità, raggiungerebbe il mondo causale e si troverebbe sulla linea di confine tra mente e materia, il punto in cui l'una si fonde nell'altra. Là si percepiscono tutte le cose create – i solidi, i liquidi, i gas, l'elettricità, l'energia, tutti gli esseri, le divinità, gli uomini, gli animali, le piante e i batteri – come forme di coscienza; una cosa simile accade quando, pur a occhi chiusi, abbiamo coscienza di esistere, anche se il corpo è invisibile ai nostri occhi fisici ed è presente solo come idea.

"Tutto ciò che un essere umano può fare con la fantasia, un essere causale può compierlo nella realtà. La più straordinaria capacità immaginativa dell'uomo è in grado, solo mentalmente, di spaziare da un pensiero estremo all'altro, di ruzzolare di pianeta in pianeta, di precipitare senza fine in un abisso di eternità, di innalzarsi come un razzo nella volta stellata, o di emettere fasci di luce come un faro puntato sulle galassie e gli spazi siderali. Ma gli esseri causali hanno una libertà d'azione ben più grande e possono senza alcuna fatica oggettivare i propri pensieri all'istante, senza impedimenti materiali o astrali né limitazioni karmiche.

"Gli esseri causali comprendono che l'universo fisico non è costituito principalmente di elettroni, né quello astrale soltanto di vitatroni; entrambi in realtà sono creati da minutissime particelle di pensiero di Dio, scisse e divise da *maya*, la legge della relatività, che interviene, in apparenza, a separare la creazione dal suo Creatore.

"Le anime del mondo causale si riconoscono l'un l'altra come particelle individualizzate dello Spirito gioioso; i pensieri sono gli unici oggetti di cui è popolato il loro mondo. Gli esseri causali si rendono conto che le differenze tra il proprio corpo e i pensieri non sono che idee. Come un uomo, chiudendo gli occhi, può visualizzare un'abbagliante luce bianca oppure un tenue e velato chiarore azzurro, così gli esseri causali, con il solo pensiero, sono capaci di vedere, udire, odorare, gustare e toccare; possono creare qualsiasi cosa o dissolverla con il potere della mente cosmica.

"Nel mondo causale sia la morte sia la rinascita sono eventi mentali. Gli esseri dotati del solo corpo causale si nutrono esclusivamente dell'ambrosia della conoscenza eternamente nuova. Si dissetano a sorgenti di pace, vagano per le terre incontaminate delle percezioni, nuotano nell'oceanica infinità della beatitudine. Ecco, guarda i loro corpi luminosi fatti di pensiero sfrecciare oltre le migliaia di miliardi di pianeti creati dallo Spirito, le nuove bollicine di universi, le stelle di saggezza, i diafani sogni di nebulose dorate che riposano nel grembo celeste dell'Infinito!

Molti esseri rimangono nell'universo causale per migliaia di anni. Entrando in stati estatici via via più profondi, l'anima, sempre più libera, si ritrae dal piccolo corpo causale per rivestirsi dell'immensità dell'universo causale. I singoli vortici di idee, le onde individualizzate di potere, amore, volontà, gioia, pace, intuizione, calma, autocontrollo e concentrazione, si fondono tutte nel Mare sempre gioioso della Beatitudine. Non più costretta a percepire la propria gioia come un'onda individualizzata di coscienza, l'anima si immerge nell'Unico Oceano Cosmico, con tutte le sue onde, divenendo una sola cosa con il suo eterno riso, i suoi fremiti e battiti.

"Una volta uscita dal bozzolo dei tre corpi, l'anima si sottrae per sempre alla legge della relatività e diventa l'ineffabile Eterno.[12] Ammira la farfalla dell'Onnipresenza, dalle ali intarsiate di stelle, di lune e soli! L'anima che si espande nello Spirito rimane sola nella regione della luce senza luce, del buio senza buio, del pensiero senza pensiero, ebbra della sua estasi di gioia, nel sogno divino della creazione cosmica".

"Un'anima libera!", esclamai colmo di reverenza.

"Quando alla fine si libera dai tre involucri di illusioni corporee", continuò il maestro, "l'anima diviene una cosa sola con l'Infinito senza perdere nulla della propria individualità. Cristo aveva conquistato questa liberazione finale ancor prima di nascere come Gesù. In tre stadi del suo passato, simboleggiati nella vita terrena dai tre giorni intercorsi tra la morte e la resurrezione, egli aveva conseguito il potere di innalzarsi completamente nello Spirito.

"Per emergere dai suoi tre corpi l'uomo non evoluto deve sperimentare innumerevoli incarnazioni terrene, astrali e causali. Un maestro che abbia raggiunto la liberazione finale può invece scegliere se tornare sulla terra come profeta per ricondurre a Dio altri esseri umani, oppure risiedere nel cosmo astrale, come ho fatto io. Lì un salvatore assume su di sé parte del fardello karmico[13] degli altri esseri per aiutarli a termi-

---

[12] "Il vincitore lo porrò come una colonna nel tempio del mio Dio e non ne uscirà mai più (cioè non si reincarnerà più). Il vincitore lo farò sedere presso di me, sul mio trono, come io ho vinto e mi sono assiso presso il Padre mio sul suo trono" (Apocalisse 3, 12-21).

[13] Sri Yukteswar intendeva dire che, proprio come nella sua incarnazione terrena si era a volte fatto carico del peso di qualche malattia per alleggerire il karma dei suoi discepoli, così nel mondo astrale la sua missione di salvatore gli consentiva di prendere su di sé

nare i cicli di reincarnazione nel cosmo astrale e poi stabilirsi in modo permanente nelle sfere causali. Un'anima liberata può anche entrare nel mondo causale per aiutare i suoi abitanti ad abbreviare il loro soggiorno nel corpo causale e raggiungere così la Libertà Assoluta".

"Oh, voi che siete risorto, ditemi di più sul karma che costringe le anime a ritornare nei tre mondi". Pensavo che avrei potuto ascoltare per sempre il mio onnisciente maestro. Durante la sua vita terrena non avevo mai avuto modo di assimilare in un'unica occasione tutta quella saggezza. Ora per la prima volta potevo avere un'idea chiara e precisa dei misteriosi spazi interposti tra la vita e la morte sulla scacchiera dell'esistenza.

"Prima che l'anima possa risiedere stabilmente nei mondi astrali, il karma fisico, ossia ogni desiderio materiale dell'uomo, deve essere completamente eliminato", spiegò il mio guru con la sua voce vibrante. "Nei mondi astrali vivono due categorie di esseri. Quelli che hanno ancora karma terreno di cui liberarsi, e che quindi devono tornare a dimorare in un denso corpo fisico per pagare i propri debiti karmici, appartengono, dopo la morte fisica, alla categoria di visitatori temporanei del mondo astrale, piuttosto che di residenti stabili.

"Dopo la morte astrale, gli esseri che non hanno ancora riscattato tutto il karma terreno non possono ascendere alle alte sfere causali delle idee universali, ma dovranno andare e venire soltanto tra il mondo fisico e quello astrale, consapevoli prima del proprio corpo fisico di sedici densi elementi, e poi di quello astrale di diciannove elementi sottili. Dopo ogni morte fisica, un essere terreno non evoluto resta però per lo più nello stato di profondo torpore del sonno della morte, per cui si rende conto a malapena della bellezza del mondo astrale. Dopo il riposo astrale, questi ritorna sul piano materiale per apprendervi ulteriori lezioni; così, grazie a ripetuti viaggi, si abitua gradualmente ai mondi dalla sottile struttura astrale.

"Coloro che invece si sono liberati definitivamente da ogni desiderio materiale e non hanno più bisogno di ritornare alle grossolane vibrazioni della terra appartengono alla categoria di residenti dell'universo astrale, e vi si trovano per periodi più o meno prolungati. Questi esseri devono liberarsi soltanto dal karma astrale e causale. Al momento della morte

---

parte del karma astrale degli abitanti di Hiranyaloka, accelerando così la loro evoluzione verso il più alto mondo causale.

astrale essi si trasferiscono nel mondo causale, infinitamente più puro e delicato. Trascorso un dato periodo, la cui durata è stabilita dalla legge cosmica, questi esseri progrediti rinascono in un nuovo corpo astrale per eliminare il karma astrale residuo, e tornano sull'Hiranyaloka o su un altro pianeta astrale di elevato livello spirituale.

"Figlio mio", continuò Sri Yukteswar, "ora puoi capire più pienamente quale sia la mia missione: per volontà divina io sono risorto per svolgere il ruolo di salvatore in particolare nei confronti di quegli esseri astrali che provengono dalla sfera causale, anziché di quelli che giungono dalla terra. Questi ultimi, finché continuano a presentare tracce di karma materiale, non possono ascendere ai pianeti astrali molto elevati come l'Hiranyaloka.

"La maggior parte degli uomini, non possedendo il discernimento che si acquisisce con la meditazione, non ha imparato ad apprezzare le gioie e i benefici superiori della vita astrale, e perciò dopo la morte desidera ritornare ai piaceri limitati e imperfetti della terra. Allo stesso modo, molti esseri astrali, quando è il momento della naturale dissoluzione dei loro corpi, non riescono a prefigurarsi lo stato elevato di gioia spirituale proprio del mondo causale e, indugiando nel ricordo della più densa e vistosa felicità astrale, desiderano ritornare nel paradiso astrale. Questi esseri devono liberarsi da un pesante karma astrale prima di poter risiedere stabilmente, dopo la morte astrale, nel mondo causale di puro pensiero, che solo un velo sottilissimo separa dal Creatore.

"Un essere rimarrà nel mondo causale solo quando non nutrirà più alcun desiderio verso le forme di piacere estetico che sono proprie delle esperienze dell'universo astrale, e quindi non potrà più avere la tentazione di tornarvi. Completando nel mondo causale il processo di liberazione dal karma causale, cioè dai semi dei desideri del passato, l'anima prigioniera infrangerà l'ultimo dei tre sigilli dell'ignoranza e uscirà dal suo ultimo involucro, il corpo causale, per fondersi con l'Eterno".

"Comprendi ora?", il maestro sorrise in modo incantevole.

"Sì, grazie a voi. Non ho parole per esprimere la mia gioia e la mia gratitudine".

Mai prima di allora, né in un canto né in un racconto, avevo udito parole capaci di trasmettermi un sapere così ricco di ispirazione. Le sacre Scritture induiste trattano dei mondi astrale e causale e dei tre corpi dell'uomo, eppure quelle pagine mi sembravano così lontane e prive di significato al confronto della palpitante autenticità delle parole pronunciate dal mio maestro risorto! Per lui davvero non esisteva più alcun "paese sconosciuto da cui nessun viaggiatore ritorna!".[14]

"Gli stretti rapporti esistenti fra i tre corpi si esprimono in molteplici modi, manifestando così la triplice natura dell'uomo", proseguì il mio grande guru. "Quando sulla terra si trova nello stato di veglia, l'uomo è in qualche misura consapevole di tutti e tre i propri veicoli. Quando si concentra sull'attività sensoriale per gustare, odorare, ascoltare o vedere, egli agisce principalmente con il corpo fisico. Quando usa l'immaginazione o la volontà, agisce principalmente con il corpo astrale. Il suo essere causale trova espressione nell'attività di pensiero o di profonda introspezione o meditazione. L'uomo che si trova abitualmente in contatto con il proprio corpo causale percepisce pensieri cosmici di grande creatività. In questo senso ogni individuo può essere ricondotto in senso lato a una delle seguenti tre categorie generali di persone: 'materiale', 'dinamica' o 'intellettuale'.

"Per circa sedici ore al giorno l'uomo si identifica con il proprio veicolo fisico. Poi dorme; se sogna, rimane nel corpo astrale e può creare qualsiasi oggetto senza alcuna fatica, proprio come fanno gli esseri astrali. Quando il sonno è profondo e senza sogni, l'uomo può trasferire per alcune ore la propria coscienza, o senso dell'io, al corpo causale; questo tipo di sonno è rigenerante. Chi sogna è in contatto con il proprio corpo astrale, non con quello causale; questo tipo di sonno non ristora completamente".

Mentre Sri Yukteswar mi offriva queste meravigliose spiegazioni, non distoglievo da lui il mio sguardo pieno di amore.

"Angelico Guru", dissi, "il vostro corpo sembra esattamente quello sul quale ho pianto nell'eremitaggio di Puri!".

"Oh sì, la mia nuova forma è la copia perfetta della vecchia. La materializzo o smaterializzo come e quando voglio, più spesso di quanto non facessi sulla terra. Smaterializzandomi velocemente, ora mi sposto all'istante con la velocità della luce da un pianeta all'altro, o per meglio dire dal cosmo astrale a quello causale o a quello fisico". Il mio divino guru aggiunse con un sorriso: "Malgrado i tuoi rapidi spostamenti di questi giorni, non ho avuto difficoltà a trovarti qui a Bombay!".

"Oh maestro, quanto ho sofferto per la vostra morte!".

---

[14] *Amleto* (Atto III, Scena 1)

"Ah, sono dunque morto? Non c'è una qualche contraddizione in tutto questo?". Gli occhi di Sri Yukteswar brillavano di una luce amorevole e divertita al tempo stesso.

"Tu eri solo immerso in un sogno terreno; e su questa terra hai visto il mio corpo di sogno", continuò. "Più tardi hai sepolto quell'immagine di sogno. Ora questo corpo più sottile che vedi – e che stai ancora stringendo un po' troppo! – è risorto in un altro pianeta di sogno di Dio, più sottile del precedente. Un giorno questo corpo di sogno più sottile e questo pianeta di sogno più sottile scompariranno: anch'essi non sono eterni. Tutte le bolle di sapone dei sogni dovranno alla fine infrangersi al tocco del risveglio finale. Yogananda, figlio mio, impara a distinguere i sogni dalla Realtà".

Fui profondamente colpito e affascinato da questa concezione vedantica[15] di resurrezione. Mi vergognai di aver compianto il maestro a Puri, alla vista del suo corpo senza vita. Compresi finalmente che il mio guru era sempre stato completamente desto in Dio e percepiva la propria vita e la propria morte sulla terra, nonché la sua attuale resurrezione, come nient'altro che manifestazioni relative delle idee di Dio all'interno del Suo sogno cosmico.

"Yogananda, adesso ti ho detto la verità sulla mia vita, la mia morte e la mia resurrezione. Non soffrire per me; piuttosto diffondi ovunque la notizia della mia resurrezione dal mondo degli uomini, questo sogno di Dio, a un altro pianeta, anch'esso frutto del sogno divino, abitato da anime rivestite di corpi astrali! Questo racconto infonderà nuova speranza nel cuore di quei sognatori del mondo che sono folli di infelicità e terrorizzati dalla morte".

"Sì, maestro!". Con quanto entusiasmo avrei condiviso con altri la mia gioia per la sua resurrezione!

"Sulla terra i miei canoni di condotta erano così elevati da risultare sgraditi e inadatti alla natura della maggioranza degli uomini. Spesso ti ho rimproverato più duramente di quanto avrei dovuto. Ma tu hai superato la prova: il tuo amore ha continuato a risplendere tra le nubi di tutti i miei rimbrotti". E aggiunse con tenerezza: "Sono venuto oggi

---

[15] La vita e la morte soltanto come relatività del pensiero. Il *Vedanta* sostiene che Dio è l'unica Realtà, mentre tutta la creazione, cioè ogni esistenza separata, è *maya* o illusione. Questa filosofia monista ha trovato la sua somma espressione nei commenti di Shankara alle *Upanishad*.

anche per dirti questo: non avrò mai più il cipiglio severo del censore; non ti sgriderò più".

Quanto mi erano mancati i rimproveri del mio grande guru! Ciascuno di essi aveva svolto per me la funzione protettiva di un angelo custode.

"Carissimo maestro! Sgridatemi un milione di volte, rimproveratemi anche adesso!".

"Non lo farò più". La sua voce divina aveva un tono grave, e tuttavia era percorsa da una vena nascosta di letizia. "Tu e io sorrideremo insieme finché le nostre forme appariranno diverse nel sogno di *maya* creato da Dio. Infine diventeremo una cosa sola, quando ci immergeremo nell'Amato Cosmico. I nostri sorrisi saranno il Suo sorriso; il nostro canto di gioia vibrerà all'unisono in eterno, per essere trasmesso alle anime che sono in sintonia con Dio".

Sri Yukteswar mi illuminò poi su alcuni argomenti che non posso rivelare in questa sede. Nelle due ore di tempo che trascorse con me nella stanza d'albergo di Bombay, rispose a tutte le mie domande. Diverse profezie sul destino del mondo, da lui pronunciate quel giorno di giugno del 1936, si sono già avverate.

"Ora ti lascio, amato figliolo!". A queste parole sentii il maestro dissolversi tra le mie braccia che ancora lo cingevano.

"Figlio mio", risuonò la sua voce, vibrando nel firmamento interiore della mia anima, "ogni volta che varcherai la soglia del *nirbikalpa samadhi* e mi chiamerai, verrò da te in carne e ossa, proprio come oggi".

Con questa celestiale promessa Sri Yukteswar svanì dalla mia vista, mentre una voce eterea risuonava come in una musica: "Dillo a tutti! Chiunque giunga a comprendere, con il *nirbikalpa*, che la terra è un sogno di Dio, può ascendere al più sottile pianeta dell'Hiranyaloka, anch'esso nato da un sogno di Dio, e lì mi troverà risorto in un corpo perfettamente identico a quello che avevo sulla terra. Yogananda, dillo a tutti!".

Il dolore della separazione era svanito. La pena e l'angoscia per la sua morte, che da tempo mi avevano tolto la pace, ora si erano dissolte, lasciandomi un acuto senso di vergogna. La beatitudine, come una fontana, zampillava dagli infiniti pori della mia anima che, rimasti a lungo ostruiti dal disuso, ora erano tornati all'originaria purezza e si riaprivano al flusso prorompente dell'estasi. Alla mia vista interiore apparvero le mie precedenti incarnazioni, che si succedevano in sequenze simili a immagini cinematografiche. Il karma buono e cattivo del passato si era dissolto nella luce cosmica riversata su di me dalla divina visita del maestro.

In questo capitolo della mia autobiografia ho obbedito al comando del mio guru di divulgare la sua buona novella, anche se, ancora una volta, potrà sconcertare una generazione indifferente. L'uomo sa bene cosa voglia dire strisciare sulla terra; anche la disperazione gli è raramente estranea; eppure queste sono perversioni che non fanno parte della sua vera natura. Il giorno in cui lo vorrà davvero, si troverà già avviato sul sentiero della liberazione. Per troppo tempo ha prestato ascolto al cupo pessimismo dei cattivi consiglieri pronti a ripetergli "Tu sei polvere", senza curarsi dell'anima invincibile.

Non fui il solo ad avere il privilegio di vedere il Guru Risorto.

Una donna anziana, una *cela* di Sri Yukteswar nota con il nome affettuoso di Ma (madre), abitava vicino all'eremitaggio di Puri. Il maestro si fermava spesso a parlare con lei durante la sua passeggiata mattutina. La sera del 16 marzo 1936, Ma arrivò all'eremitaggio e chiese di vedere il suo guru.

Swami Sebananda, che attualmente dirige l'eremitaggio di Puri, la guardò tristemente e le disse: "Ma il maestro è morto una settimana fa!".

"È impossibile!", protestò lei con un sorriso.

"No!". Sebananda le raccontò i particolari della sepoltura. "Venite, vi porto a vedere la sua tomba qui nel giardino".

Scuotendo il capo, Ma ribatté: "Non esiste tomba per lui! Questa mattina alle dieci, durante la sua solita passeggiata, è passato davanti alla porta di casa mia. Ho parlato con lui per diversi minuti lì all'aperto, sotto il sole splendente.

"'Vieni stasera all'*ashram*', mi ha detto.

"Ed eccomi qui! Il mio vecchio capo grigio è inondato di benedizioni! Il guru immortale ha voluto farmi comprendere in quale corpo trascendente sia venuto a trovarmi stamattina!".

Sbalordito, Sebananda si inginocchiò davanti a lei.

"Ma", le disse, "che peso doloroso mi avete tolto dal cuore! Il maestro è risorto!".

Capitolo 44

Con il Mahatma Gandhi a Wardha

"Benvenuti a Wardha!". Mahadev Desai, segretario del Mahatma Gandhi, accolse la signora Bletsch, Wright e me con queste cordiali parole, donandoci delle ghirlande di *khaddar* (cotone filato a mano). Eravamo appena giunti alla stazione di Wardha, nelle prime ore di un mattino di agosto, ben lieti di lasciare la polvere e il caldo del treno. Caricati i bagagli su un carretto trainato da buoi, salimmo su un'automobile scoperta con Desai e i suoi compagni, Babasaheb Deshmukh e il dottor Pingale. Un breve tragitto lungo fangose strade di campagna ci portò al 'Maganvadi', l'*ashram* del santo e politico indiano.

Desai ci condusse subito nello studio, dove trovammo il Mahatma Gandhi seduto a gambe incrociate, con una penna in una mano, un foglio di carta nell'altra e sul viso un largo, accattivante, caloroso sorriso!

"Benvenuti!", scarabocchiò in hindi: eravamo arrivati di lunedì, giorno del suo silenzio settimanale.

Pur essendo questo il nostro primo incontro, ci sorridemmo con affetto. Nel 1925 il Mahatma Gandhi aveva onorato di una sua visita la scuola di Ranchi e aveva scritto gentili parole di apprezzamento sul libro degli ospiti.

Il santo dalla corporatura minuta, dal peso di circa 45 chili, irradiava salute fisica, mentale e spirituale; i suoi dolci occhi scuri brillavano di intelligenza, sincerità e discernimento. Quest'uomo di stato ha saputo tener testa a personalità d'ingegno ed è uscito vittorioso da mille battaglie legali, sociali e politiche. Nessun altro leader al mondo è riuscito a conquistarsi un posto sicuro nel cuore del proprio popolo come ha saputo fare Gandhi con milioni di indiani analfabeti. Il loro spontaneo tributo è racchiuso nel celebre titolo di *Mahatma*, 'grande anima', che gli viene riservato.[1] Solo per amor loro Gandhi limita il suo abbigliamento al *dhoti*, oggetto di tante caricature, simbolo della sua solidarietà con le masse derelitte, che non possono permettersi nulla di più.

"I residenti dell'*ashram* sono a vostra completa disposizione; vi prego di rivolgervi a loro per ogni vostra necessità". Con la sua abituale cortesia il Mahatma mi porse questo biglietto scritto in fretta, mentre Desai ci conduceva dallo studio all'alloggio per gli ospiti.

Con la nostra guida, attraversammo frutteti e campi fioriti per arrivare a una costruzione dal tetto in tegole e finestre munite di grate. Nel cortile di fronte, a circa sette metri dall'edificio, c'era un pozzo che, ci disse Desai, serviva per abbeverare il bestiame, e lì vicino girava una ruota di cemento per la trebbiatura del riso. Le nostre camerette non contenevano che il minimo indispensabile: un letto di corda fatto a mano. La cucina, imbiancata a calce, faceva sfoggio di un rubinetto in un angolo e di una buca per il fuoco su cui cucinare, in un altro. Al nostro orecchio giungevano i semplici, arcadici suoni della campagna: i versi delle cornacchie e dei passeri, il muggito degli armenti e il colpo secco degli scalpelli che spaccavano le pietre.

Notando il diario di viaggio di Wright, Desai l'aprì e vi scrisse su una pagina l'elenco dei voti *satyagraha*,[2] pronunciati da tutti i fedeli seguaci del Mahatma (i *satyagrahi*):

> "Nonviolenza; verità; non rubare; castità; rinuncia ai beni materiali; lavoro manuale; moderazione nel mangiare e nel bere; impavidità; rispetto per tutte le religioni; *swadeshi* (uso dei prodotti fatti a mano); sradicamento dell'intoccabilità. Questi undici princìpi vanno osservati come voti in spirito di umiltà".

(Gandhi stesso firmò questa pagina il giorno seguente, apponendovi anche la data: 27 agosto 1935).

Due ore dopo il nostro arrivo, fummo convocati all'*ashram* per il pranzo. Il Mahatma era già seduto sotto le arcate del portico, sull'altro lato del cortile rispetto allo studio. Circa venticinque *satyagrahi* scalzi stavano accovacciati davanti a ciotole e piatti in ottone. Recitata in coro la preghiera, iniziò il pasto, servito in grandi recipienti di ottone contenenti

---

[1] Il suo cognome è Mohandas Karamchand Gandhi. Gandhi non parla mai di sé usando l'appellativo di 'Mahatma'.

[2] La traduzione letterale dal sanscrito è 'ligi alla verità'. Il *Satyagraha* è il famoso movimento per la nonviolenza guidato da Gandhi.

chapati (pane integrale non lievitato) cosparso di *ghee* (burro chiarificato), *talsari* (ortaggi bolliti e tagliati a cubetti) e marmellata di limone.

Il Mahatma mangiò *chapati*, bietole lesse, verdure crude e arance. A lato del suo piatto c'era un grosso impasto di foglie di *neem* amarissime, un efficace depurativo del sangue. Ne prese una cucchiaiata e me la mise nel piatto. La mandai giù con un po' d'acqua, ricordando i giorni della fanciullezza, quando mia madre mi obbligava a ingurgitarne una certa dose, ben poco gradevole per il mio palato. Gandhi invece, pezzetto per pezzetto, assaporava l'impasto di *neem* senza mostrare alcun disgusto.

Questo banale episodio mi fece notare con quale abilità il Mahatma riuscisse a separare la mente dai sensi a propria discrezione. Mi tornò alla mente la famosa operazione di appendicite che aveva subìto in passato. Rifiutando gli anestetici, il santo aveva conversato allegramente con i discepoli nel corso di tutto l'intervento, con un calmo sorriso che rivelava la sua indifferenza al dolore.

Nel pomeriggio ebbi l'occasione di fare una chiacchierata con una rinomata discepola di Gandhi, Madeleine Slade, figlia di un ammiraglio inglese, ora nota con il nome di Mira Behn.[3] Il suo volto calmo e forte brillava di entusiasmo mentre, in un hindi perfetto, mi illustrava le sue attività quotidiane.

"Il lavoro di riorganizzazione della vita rurale dà grandi soddisfazioni! Ogni mattina alle cinque, alcuni di noi vanno ad aiutare i contadini delle vicinanze e a insegnare loro le più elementari norme igieniche. Sentiamo la responsabilità di pulire le loro latrine e le loro capanne fatte di fango e paglia. I contadini, essendo analfabeti, possono imparare soltanto con l'esempio!". E rise allegramente.

Guardavo ammirato questa donna inglese di famiglia altolocata, la cui autentica umiltà cristiana la rende capace di compiere un lavoro da netturbino, di solito assegnato esclusivamente agli 'intoccabili'.

---

[3] Madeleine Slade ha pubblicato svariate lettere del Mahatma, che documentano il tirocinio di autodisciplina impartitole dal suo maestro (*Gandhi's Letters to a Disciple*; Harper & Bros., New York, 1950).

In un libro successivo (*The Spirit's Pilgrimage*, Coward-McCann, New York, 1960), Madeleine Slade, a proposito del gran numero di persone che visitarono Gandhi a Wardha, scrive: "Dopo tutto questo tempo non posso ricordarne molte, ma due mi sono rimaste impresse con chiarezza nella mente: Halide Edib Hanum, la famosa scrittrice turca, e Swami Yogananda, fondatore della Self-Realization Fellowship d'America". (*Nota dell'editore*)

"Sono venuta in India nel 1925", mi disse. "In questa terra sento di essere 'tornata a casa'. Ormai non sarei più disposta a riprendere la vita e gli interessi di una volta".

Parlammo un po' dell'America. "Noto sempre con piacere e meraviglia", disse, "il profondo interesse per gli argomenti spirituali mostrato da molti americani che visitano l'India".[4]

Le mani di Mira Behn furono presto occupate al *charka* (arcolaio a ruota). Grazie all'impegno del Mahatma, i *charka* sono ora diffusi in tutte le aree rurali dell'India.

Gandhi ha valide ragioni, economiche e culturali, per incoraggiare la ripresa delle piccole aziende a conduzione familiare, ma non raccomanda un ripudio fanatico del progresso moderno. Macchinari, treni, automobili, telegrafo hanno giocato un ruolo importantissimo nella sua esistenza straordinaria! Cinquant'anni di vita al servizio del bene comune, in prigione e fuori, di lotta con i problemi di tutti i giorni e con la cruda realtà del mondo della politica, non hanno fatto che accrescere il suo equilibrio, la sua apertura mentale, il buon senso e l'arguzia con cui considera il bizzarro spettacolo messo in scena dall'umanità.

Alle sei del pomeriggio, fummo invitati a cena da Babasaheb Deshmukh. La preghiera delle sette ci riunì di nuovo tutti sul tetto dell'*ashram* Maganvadi, dove trenta *satyagrahi* si erano radunati in semicerchio intorno a Gandhi, accovacciato su una stuoia di paglia, con un vecchio orologio da taschino posato davanti a sé. Il sole al tramonto proiettava un ultimo pallido raggio sulle palme e sui *banyan*; si cominciavano a udire i rumori sommessi della sera e il frinire dei grilli. L'atmosfera, di una serenità perfetta, mi lasciava estasiato.

Seguì un canto solenne guidato da Desai, cui rispondeva in coro tutto il gruppo, quindi la lettura della *Gita*. Con un gesto il Mahatma mi chiese di recitare la preghiera di chiusura. Che divina comunione di pensieri e di aspirazioni! Un ricordo indimenticabile, quella meditazione sul tetto, a Wardha, sotto le prime stelle.

[4] Madeleine Slade mi ricordava un'altra distinta signora occidentale, Margaret Woodrow Wilson, figlia maggiore del grande presidente americano. La conobbi a New York e notai il suo vivo interesse per l'India. Si recò in seguito a Pondicherry, dove trascorse gli ultimi cinque anni della sua vita seguendo felicemente un sentiero di disciplina ai piedi di un illuminato maestro, Sri Aurobindo Ghosh.

Con il Mahatma Gandhi a Wardha

Alle otto in punto Gandhi pose fine al suo silenzio. Le fatiche sovrumane della sua vita esigono che ripartisca il proprio tempo con scrupolosa esattezza.

"Benvenuto, Swamiji!". Questa volta il saluto del Mahatma non mi giunse su un foglio di carta. Eravamo appena scesi dal tetto per recarci nel suo studio, arredato semplicemente con alcune stuoie quadrate (non c'erano sedie), una scrivania bassa coperta di libri, carte e alcune penne comuni (non stilografiche). Un anonimo orologio ticchettava in un angolo. Un'aura di pace e di devozione pervadeva la stanza. Gandhi mi rivolse uno dei suoi accattivanti sorrisi, resi cavernosi dalla quasi completa mancanza di denti.

"Anni fa", mi spiegò, "ho iniziato a osservare un giorno di silenzio alla settimana: era un modo per risparmiare un po' di tempo, che volevo dedicare alla corrispondenza. Ma ora quelle ventiquattr'ore sono diventate una vitale necessità spirituale. Seguire periodicamente la regola del silenzio non è una tortura, ma una benedizione".

Pranzo nell'*ashram* del Mahatma Gandhi a Wardha
Yogananda sta leggendo un biglietto che Gandhi (*a destra*) gli ha appena scritto (era un lunedì, il giorno in cui il Mahatma osservava il silenzio). Il giorno seguente, 27 agosto 1935, su sua richiesta, Sri Yogananda iniziò Gandhiji al Kriya Yoga.

Fui pienamente d'accordo con lui.[5] Il Mahatma mi pose varie domande sull'America e sull'Europa. Discutemmo dell'India e della situazione mondiale.

"Mahadev", disse Gandhi a Desai, che era entrato nella stanza, "per cortesia, prendi accordi con il municipio per organizzare domani sera una conferenza di Swamiji sullo yoga".

Mentre gli auguravo la buona notte, il Mahatma ebbe il gentile pensiero di consegnarmi una bottiglietta di olio di citronella.

"Le zanzare di Wardha ignorano del tutto l'*ahimsa*,[6] Swamiji!", disse ridendo.

Il giorno seguente, di buon mattino, il nostro gruppetto fece colazione a base di fiocchi di grano integrale, latte e melassa. Alle dieci e mezzo ci chiamarono nella veranda dell'*ashram* per pranzare con Gandhi e i *satyagrahi*. Questa volta il menù comprendeva riso integrale, una nuova varietà di verdure e semi di cardamomo.

Verso mezzogiorno mi ritrovai a passeggiare nella proprietà dell'*ashram*, raggiungendo un terreno su cui pascolavano alcune imperturbabili mucche. La protezione delle mucche è una passione di Gandhi.

"Per me la mucca è simbolo di tutto il mondo sub-umano, e permette all'uomo di estendere i suoi sentimenti di partecipazione empatica al di là della propria specie", ha spiegato il Mahatma. "Tramite la mucca, l'uomo è indotto a riconoscere la propria affinità con tutto ciò che vive. La ragione per cui, tra tutti gli animali, gli antichi *rishi* glorificarono proprio la mucca è ovvia, almeno per me. In India, la mucca era il termine di paragone migliore, perché molti erano i suoi doni: non solo dava il latte, ma rendeva possibile anche il lavoro agricolo. La mucca è un inno alla bontà; negli occhi di questo mite animale, che è una seconda madre per milioni di esseri umani, si legge la compassione. Proteggere la mucca significa proteggere tutte le creature di Dio che non hanno il

---

[5] In America, ho osservato per anni periodi di silenzio, fra la costernazione di visitatori e segretari.

[6] Innocuità, nonviolenza: questo è il solido fondamento del credo di Gandhi. Egli è stato profondamente influenzato dai giainisti, che onorano l'*ahimsa* come virtù fondamentale, posta alla base di tutte le altre. Il giainismo è una corrente dell'induismo che ebbe larga diffusione nel VI secolo a. C. ad opera di Mahavira, contemporaneo di Buddha. Possa Mahavira ("grande eroe") vegliare attraverso i secoli sul suo eroico figlio Gandhi!

dono della parola. Il fascino esercitato dalle forme inferiori di vita è più intenso proprio perché non possono esprimersi con la parola".[7]

Per un indù ortodosso, alcuni riti quotidiani sono irrinunciabili. Uno di questi è il *Bhuta Yajna*, l'offerta di cibo al regno animale. Simbolicamente, questa cerimonia sta a indicare che l'uomo si rende conto dei propri obblighi verso le forme meno evolute del creato, legate per istinto all'identificazione con il corpo (illusione, questa, che affligge anche l'uomo), ma prive della facoltà emancipatrice della ragione, che è propria soltanto dell'essere umano.

Il *Bhuta Yajna* rafforza quindi la naturale inclinazione dell'essere umano a soccorrere le creature più deboli, così come l'uomo a sua volta riceve il conforto delle innumerevoli premure prodigate da invisibili esseri superiori. L'uomo è inoltre in debito con la Natura per i doni rigeneranti che riceve in abbondanza dalla terra, dal mare e dal cielo. Gli *yajna* (rituali) quotidiani, queste silenziose manifestazioni di amore, permettono così di oltrepassare la barriera di incomunicabilità che, a causa dei diversi gradi di evoluzione, tiene separati la natura, gli animali, l'uomo e gli angeli astrali.

Altri due *yajna* quotidiani sono il *Pitri* e il *Nri*. Il *Pitri Yajna* è un'oblazione rivolta agli antenati, simbolo del debito dell'uomo verso le generazioni passate, il cui patrimonio di saggezza illumina l'odierna umanità. Il *Nri Yajna* è un'offerta di cibo agli estranei o ai poveri; un simbolo delle attuali responsabilità dell'uomo, ovvero dei suoi doveri verso i contemporanei.

Nel primo pomeriggio compii un *Nri Yajna* di buon vicinato, visitando, insieme con Wright, l'*ashram* di Gandhi riservato alle bambine, situato a circa dieci minuti di automobile. Oh, quei visetti infantili, simili a fiorellini sbocciati in cima a lunghi steli di *sari* multicolori! Alla fine di un breve discorso in hindi[8] che pronunciai all'aperto, i cieli rovesciarono su di noi un acquazzone improvviso. Ridendo, Wright e io

---

[7] Nei suoi scritti Gandhi ha trattato stupendamente migliaia di argomenti. Della preghiera ha detto: "Serve a ricordarci che, senza l'aiuto di Dio, siamo indifesi e impotenti. Nessun impegno è completo senza la preghiera, senza un deciso riconoscimento che anche i migliori sforzi dell'uomo non hanno alcun effetto se mancano del sostegno delle benedizioni divine. La preghiera è un richiamo all'umiltà; è un richiamo alla purificazione di sé stessi, alla ricerca interiore".

[8] L'hindi è una lingua indoeuropea, le cui radici sono prevalentemente sanscrite; è l'idioma più diffuso nell'India settentrionale.

risalimmo in auto e, tra argentee cortine di pioggia, tornammo in gran fretta al Maganvadi. Che diluvio tropicale e che schizzi!

Ritornando all'alloggio per gli ospiti, fui di nuovo colpito dalla severa semplicità e dalle manifestazioni di abnegazione evidenti ovunque. Gandhi pronunciò il suo voto di povertà poco dopo il matrimonio, quando, lasciata una fiorente attività legale che gli fruttava un reddito di oltre ventimila dollari l'anno, il Mahatma distribuì ai poveri tutto quanto possedeva.

Sri Yukteswar era solito prendersi bonariamente gioco del modo sbagliato in cui, comunemente, si intende la rinuncia.

"Un mendicante non può rinunciare alla ricchezza", diceva il maestro. "Se un uomo dichiara tristemente: 'Mi sono andati male gli affari, mia moglie mi ha lasciato, rinuncio a tutto e mi faccio monaco', di quali sacrifici terreni sta parlando? Non è stato lui a rinunciare alla ricchezza e all'amore, sono stati loro che hanno rinunciato a lui!".

I santi come Gandhi, invece, hanno compiuto non solo tangibili sacrifici materiali, ma qualcosa di ancora più difficile: hanno rinunciato a qualsiasi motivazione egoistica e fine personale per fondere la propria natura più vera e profonda con il flusso dell'intera umanità.

La straordinaria moglie del Mahatma, Kasturbai, non oppose obiezioni quando il marito non mise da parte nemmeno una minima quota della propria ricchezza per lei e per i figli. Sposatisi giovanissimi, Gandhi e la moglie fecero voto di castità dopo la nascita dei quattro figli.[9] Silenziosa eroina dell'emozionante dramma che è stata la loro vita in comune, Kasturbai ha seguito il marito in carcere, ha condiviso i suoi

---

Il dialetto principale dell'hindi occidentale è l'indostano, scritto in caratteri sia devanagari (sanscriti) sia arabici. Una sua variante, l'urdu, è parlato nell'India settentrionale dai musulmani e dagli indù.

[9] Gandhi ha descritto la propria vita con un candore disarmante in *The Story of My Experiments with Truth*, Navajivan Press, in 2 volumi, Ahmedabad, India, 1927-28. (Traduzione italiana: *Autobiografia: la storia dei miei esperimenti con la verità*). Questa autobiografia si trova, in versione condensata, anche in *Mahatma Gandhi, his own story*, a cura di C. F. Andrews, con un'introduzione di John Haynes Holmes (Macmillan Co., New York, 1930).

Molte autobiografie piene di nomi famosi e di avvenimenti avvincenti non fanno quasi completamente menzione delle fasi di autoanalisi o di crescita interiore dell'autore. Sono libri che lasciano una certa insoddisfazione, come se si pensasse: "Ecco un uomo che conosceva molte persone importanti, ma che non ha mai conosciuto sé stesso". Di fronte all'autobiografia di Gandhi questa reazione è impossibile: egli mette in luce ogni propria mancanza e ogni stratagemma dell'autoinganno, mostrando verso la verità una devozione imparziale, veramente rara negli annali di tutti i tempi.

digiuni di tre settimane e si è fatta pienamente carico della propria parte di responsabilità, tra le innumerevoli a cui Gandhi era chiamato. A lui ha reso il seguente omaggio:

> "Ti ringrazio per avermi concesso il privilegio di essere la tua collaboratrice e compagna di vita. Ti ringrazio per il matrimonio più perfetto del mondo, basato sul *brahmacharya* (autocontrollo) e non sul sesso. Ti ringrazio per avermi considerata tua pari nel lavoro di un'intera vita dedicata all'India. Ti ringrazio per non essere uno di quei mariti che trascorrono il tempo dandosi al gioco, alle corse, alle donne, al vino e al cantare da ubriaco, e si stancano presto della moglie e dei figli come il bambino si stanca dei suoi balocchi. Come ti sono grata per non essere uno di quei mariti che dedicano il loro tempo ad arricchirsi sfruttando il lavoro altrui!
>
> "Come ti sono grata per aver messo Dio e il Paese al primo posto, senza lasciarti comprare da doni interessati, di avere avuto il coraggio delle tue convinzioni e una completa, incondizionata fede in Dio! Come sono grata di avere un marito che ha preferito Dio e il suo Paese a me! Come ti sono grata per la comprensione che hai mostrato per me e per le mie mancanze giovanili, quando protestavo e mi ribellavo ai cambiamenti che portavi nel nostro modo di vivere, dall'abbondanza alle ristrettezze!
>
> "Da bambina sono vissuta nella casa dei tuoi genitori. Tua madre era una donna brava e buona. Dai suoi insegnamenti ho imparato cosa vuol dire essere una moglie forte e coraggiosa e come conservare l'amore e il rispetto di suo figlio, mio futuro marito. Con il passare degli anni, quando sei diventato il leader più amato dell'India, non mi ha mai assalito nessuno dei classici timori della moglie preoccupata di essere messa in disparte quando il marito è giunto all'apice del successo, come spesso accade in altri paesi. Sapevo che la morte ci avrebbe trovati ancora marito e moglie".

Kasturbai ha svolto per anni l'incarico di tesoriera dei fondi pubblici che il Mahatma, idolatrato dalle folle, è capace di raccogliere a milioni. Nelle famiglie indiane si raccontano molti umoristici aneddoti sui timori che nutrono gli uomini quando le loro mogli vanno a una riunione presieduta da Gandhi con indosso dei gioielli. La magica parola del Mahatma che perora la causa degli oppressi ha l'arcano potere di far scomparire i bracciali d'oro e le collane di brillanti dalle braccia e dal collo delle ricche signore, per farli riapparire immediatamente nel cestino delle offerte!

Un giorno Kasturbai, tesoriera della comunità, non riusciva a giustificare un ammanco di quattro rupie. Gandhi, come di dovere, sottopose il bilancio a una verifica contabile e denunciò inesorabilmente la differenza di quattro rupie di cui sua moglie era responsabile.

Ho spesso raccontato questo episodio ai miei allievi americani, ma una sera una donna presente in sala non seppe frenare la propria indignazione.

"Mahatma o non Mahatma", sbottò, "se fosse stato mio marito gli avrei fatto un occhio nero per quell'inutile insulto in pubblico!".

Dopo una divertente schermaglia generale circa le mogli americane e le mogli indiane, mi spiegai in modo più esauriente:

"La signora Gandhi considera il Mahatma non come un marito, ma come il proprio guru, che ha il diritto di rimproverarla per qualsiasi errore, anche il più insignificante", precisai. "Poco tempo dopo quel rimprovero rivolto in pubblico a Kasturbai, Gandhi fu condannato al carcere per motivi politici. Mentre prendeva serenamente congedo dalla moglie, lei cadde ai suoi piedi e disse umilmente: 'Maestro, se ti ho mai offeso, ti prego di perdonarmi'".

Alle tre di quel pomeriggio a Wardha, mi recai, previo appuntamento, nello studio di quel santo che era stato capace di fare della moglie, raro miracolo, una fedelissima discepola! Gandhi sollevò il capo e mi guardò con il suo indimenticabile sorriso.

"Mahatmaji", gli dissi mentre mi accovacciavo accanto a lui sulla stuoia senza cuscini, "per favore, datemi la vostra definizione di *ahimsa*".

"Non fare del male a nessuna creatura vivente, sia nel pensiero sia nell'azione".

"Stupendo ideale! Ma il mondo si chiederà sempre: 'Come non uccidere un cobra per proteggere un bambino, oppure sé stessi?'".

"Non potrei uccidere un cobra senza infrangere due dei miei voti: l'impavidità e la nonviolenza. Preferirei cercare dentro di me il modo per calmare il serpente con vibrazioni d'amore. Non posso contravvenire ai miei princìpi morali per adattarli alle circostanze". E con il suo affascinante candore aggiunse: "Devo confessare che non potrei continuare serenamente questa conversazione se mi trovassi faccia a faccia con un cobra!".

Osservai che sulla sua scrivania c'erano diversi libri occidentali di recentissima pubblicazione, riguardanti la scienza della nutrizione.

"Sì, l'alimentazione è importante nel movimento *Satyagraha*, come in generale", disse con una risatina. "Poiché dai *satyagrahi* esigo continenza assoluta, sono sempre alla ricerca della dieta più adatta per chi fa voto di castità. Prima di poter controllare l'istinto di procreazione, si dovrebbero saper dominare le tentazioni della gola. E la soluzione non è una dieta da fame o comunque non equilibrata. Dopo aver superato l'*avidità* mentale per il cibo, il *satyagrahi* deve continuare a seguire un'equilibrata dieta vegetariana che comprenda tutte le sostanze necessarie: vitamine, minerali, calorie, e così via. Con la giusta disposizione interiore ed esteriore nei confronti del cibo, il fluido sessuale del *satyagrahi* si trasforma facilmente in energia vitale benefica per tutto il corpo".

Il Mahatma e io parlammo dei buoni sostituti della carne di cui eravamo a conoscenza. "L'avocado è eccellente", gli dissi. "Ci sono molti frutteti di avocado vicino al mio Centro in California".

Il viso di Gandhi si illuminò di interesse: "Chissà se crescerebbe a Wardha? I *satyagrahi* apprezzerebbero un cibo nuovo!".

"Prometto che vi manderò da Los Angeles delle piantine di avocado". E aggiunsi: "Le uova sono un alimento altamente proteico. Sono permesse ai *satyagrahi*?".

"Quelle non fecondate". Il Mahatma rise, ricordando qualche episodio del passato, poi spiegò: "Per anni non ho voluto permettere le uova e ancora oggi personalmente non ne mangio. Una volta una delle mie nuore stava per morire di denutrizione e il suo medico insisteva perché mangiasse delle uova; io non ero d'accordo e consigliai di darle in sostituzione qualche sostanza equivalente.

"'Gandhiji', mi disse il dottore, 'le uova non fecondate non contengono gli spermatozoi della vita; quindi mangiandole non si compie nessuna uccisione'.

"Allora diedi volentieri a mia nuora il permesso di mangiare le uova e ben presto si riprese".

La sera prima Gandhi aveva espresso il desiderio di ricevere il Kriya Yoga di Lahiri Mahasaya. La larghezza di vedute e lo spirito di ricerca del Mahatma mi avevano profondamente colpito. Nella ricerca spirituale egli è come un bambino, rivelando quella pura ricettività che Gesù apprezzava nei fanciulli, perché 'di questi è il regno dei cieli'.

Era giunto il momento per me di dare l'istruzione promessa. Diversi *satyagrahi* entrarono nella stanza: Desai, Pingale e qualcun altro che desiderava apprendere la tecnica Kriya.

Al mio piccolo gruppo di studenti insegnai per prima cosa gli esercizi fisici della *Yogoda*. Immaginando il corpo diviso in venti parti, si dirige mentalmente l'energia in un'area alla volta. Ben presto, davanti a me ognuno vibrava come un motore umano. Era facile osservare quell'effetto elettrizzante sulle venti parti del corpo di Gandhi, che quasi sempre sono completamente esposte alla vista. Benché magrissimo, Gandhi non è sgradevole a guardarsi; ha una pelle liscia e senza rughe.[10]

In seguito impartii al gruppo la tecnica liberatrice del Kriya Yoga.

Il Mahatma ha studiato con riverente rispetto tutte le religioni del mondo. Le tre fonti principali da cui hanno tratto ispirazione i princìpi della nonviolenza di Gandhi sono le scritture giainiste, il Nuovo Testamento della Bibbia e gli scritti sociologici di Tolstoj.[11] Ecco il suo credo:

> "Credo che la Bibbia, il Corano e lo *Zend-Avesta*[12] siano ispirati da Dio quanto lo sono i *Veda*. Credo nell'istituzione dei guru, anche se di questi tempi milioni di esseri umani devono farne a meno, perché è cosa rara trovare una sintesi di purezza perfetta e sapere perfetto. Tuttavia non bisogna disperare di poter conoscere la verità della propria religione, perché i fondamenti dell'induismo, come quelli di ogni altra grande fede, sono immutabili e di facile comprensione.
>
> "Come ogni indù, credo in un unico Dio, nella rinascita e nella salvezza... Non riesco a descrivere i miei sentimenti verso l'induismo più di quanto non sia capace di descrivere ciò che provo per mia moglie. Lei mi tocca il cuore più di qualsiasi altra donna al mondo. Non che non abbia difetti; oserei dire che ne ha assai più di quanti io stesso non veda. Ma sento che a lei mi unisce un legame indissolubile, ed è proprio questo il sentimento che provo verso l'induismo, pur con tutti i suoi limiti e le sue manchevolezze. Nulla mi delizia quanto la musicalità della *Gita* o quella del *Ramayana* di Tulsidas. Quando ho pensato di essere sul punto di esalare l'ultimo respiro, la *Gita* è stata la mia consolazione.
>
> "L'induismo non è una religione esclusiva: c'è posto per la venerazione di tutti i profeti del mondo.[13] Non è una religione missionaria, nel senso comune del termine. Senza dubbio ha assorbito in sé molti gruppi di provenienza diversa, ma questo processo si è svolto in modo graduale e impercettibile, con le caratteristiche di un'evoluzione naturale. L'induismo

---

[10] Gandhi si è sottoposto a molti digiuni, di breve o lunga durata, e gode di una salute eccezionale. I suoi libri, *Diet and Diet Reform: Nature Cure; and Key to Health* si possono richiedere alla Navajivan Publishing House, Ahmedabad, India.

[11] Thoreau, Ruskin e Mazzini sono altri tre scrittori occidentali dei quali Gandhi ha studiato a fondo le concezioni sociologiche.

[12] La sacra Scrittura che Zoroastro donò alla Persia, intorno al 1000 a. C.

[13] La caratteristica distintiva dell'induismo è il fatto che, unico fra tutte le religioni del mondo, non risalga a un solo grande fondatore, ma a Scritture anonime come i *Veda*. Ciò conferisce all'induismo un'apertura che gli consente di accogliere con devozione nel proprio grembo profeti di ogni tempo e di ogni paese. Le scritture vediche non regolano soltanto le pratiche religiose, ma anche tutte le usanze sociali più importanti, con l'obiettivo di portare ogni azione dell'uomo ad armonizzarsi con la legge divina.

insegna a ogni essere umano ad adorare Dio secondo la propria fede, o *dharma*,[14] e perciò vive in pace con tutte le religioni".

Di Cristo, Gandhi ha scritto: "Sono certo che se vivesse ora tra gli uomini, benedirebbe la vita di molti che forse non hanno neanche udito mai il suo nome... proprio come è scritto: 'Non chiunque mi dice: Signore, Signore... ma colui che fa la volontà del Padre mio'.[15] Con l'esempio della sua vita Gesù indicò all'umanità la mèta meravigliosa e l'obiettivo unico al quale tutti dovremmo aspirare. Credo che appartenga non al solo mondo cristiano, ma a tutto il mondo, a ogni popolo e a ogni paese".

L'ultima sera che trascorsi a Wardha, tenni la conferenza che Desai mi aveva organizzato al municipio. La sala era gremita, fin sui davanzali delle finestre, da circa quattrocento persone desiderose di ascoltare la conferenza sullo yoga. Parlai prima in hindi, poi in inglese. Il nostro gruppetto tornò all'*ashram* in tempo per rivolgere un fugace saluto di buona notte al Mahatma, che vedemmo profondamente immerso nella pace e nella corrispondenza.

Era ancora buio quando il giorno dopo mi alzai alle cinque del mattino. La vita del villaggio stava già riprendendo. Vidi passare dal cancello dell'*ashram* prima un carro tirato da buoi, poi un contadino con un enorme fagotto in precario equilibrio sulla testa. Dopo la prima colazione, il nostro terzetto cercò Gandhi per i *pranam* d'addio. Il santo si alza alle quattro per la sua preghiera mattutina.

"Mahatmaji, arrivederci!". Mi inginocchiai per toccargli i piedi. "L'India è al sicuro nelle vostre mani".

Sono ormai trascorsi diversi anni dai giorni idilliaci di Wardha. La terra, gli oceani, i cieli sono stati oscurati dalla guerra mondiale. Unico fra i grandi leader, Gandhi ha offerto una concreta alternativa non violenta al potere delle armi. Per correggere i torti e rimuovere le ingiustizie, il Mahatma ha usato metodi non violenti che hanno dimostrato più volte la loro efficacia. Egli espone la sua dottrina con queste parole:

---

[14] Parola sanscrita che comprende una vasta gamma di concetti, atti a definire la legge: la conformità alla legge o alla giustizia naturale; gli obblighi morali inerenti alle circostanze in cui l'uomo si può trovare in un dato momento. Le Scritture danno del *dharma* questa definizione: "L'insieme delle leggi naturali universali la cui osservanza permette all'uomo di salvarsi dalla degradazione e dalla sofferenza".

[15] Matteo 7, 21.

"Ho avuto modo di constatare che la vita persiste in mezzo alla distruzione; deve perciò esistere una legge superiore a quella della distruzione. Soltanto tale legge può consentire l'esistenza di una società ben regolata e di una vita degna di essere vissuta.

"Se questa è la legge della vita, dobbiamo metterla in pratica nella nostra esistenza di ogni giorno. Dovunque vi sia ostilità, dovunque incontriamo l'opposizione di un avversario, dobbiamo conquistarlo con la forza dell'amore. Nella mia vita ho potuto constatare che la sicura legge dell'amore funziona sempre molto meglio della legge della distruzione.

"In India abbiamo avuto tangibile dimostrazione dell'efficacia di questa legge, sulla più vasta scala possibile. Non intendo affermare che la nonviolenza sia divenuta parte della natura di trecentosessanta milioni di indiani, ma sostengo che, in un tempo incredibilmente breve, è stata assimilata in profondità più di qualsiasi altra dottrina.

"Per raggiungere uno stato mentale di nonviolenza occorre un duro tirocinio: una vita disciplinata, come quella di un soldato. Lo stato perfetto si raggiunge solo quando la mente, il corpo e la parola sono nel giusto e armonico rapporto. Ogni problema troverebbe una soluzione se decidessimo di adottare la legge della verità e della nonviolenza come legge di vita".

La piega tragica presa dagli eventi politici mondiali è segno ineluttabile del fatto che, se mancano di una visione spirituale, i popoli periscono. La scienza, se non la religione, ha ridestato nell'umanità un sia pur vago senso della precarietà e persino dell'inconsistenza di tutte le cose materiali. E allora a chi o a che cosa può rivolgersi l'uomo se non alla propria Sorgente e Origine, lo Spirito insito in lui?

Esaminando la storia, si può ragionevolmente sostenere che la forza bruta non ha mai risolto i problemi dell'umanità. La Prima guerra mondiale ha prodotto una gelida valanga di terribile karma che ha travolto il mondo intero e si è ingrossata fino a portare alla Seconda guerra mondiale. Solo il calore della fratellanza può sciogliere questa colossale valanga di karma distruttivo, che altrimenti potrebbe crescere, fino a sfociare in una terza guerra mondiale. Sciagurata trinità del ventesimo secolo! L'uso della legge del più forte, anziché della ragione umana, per risolvere le controversie trasformerà di nuovo la terra in una giungla. Allora, se non fratelli nella vita, saremo fratelli nella morte violenta. Non è per consentire tale ignominia che Dio ha amorevolmente concesso all'uomo di scoprire come sprigionare l'energia atomica!

La guerra, come il crimine, non paga mai. I miliardi che sono andati in fumo, scomparsi nell'annientamento delle esplosioni, sarebbero bastati a creare un mondo nuovo, un mondo quasi immune dalle malattie e completamente libero dalla povertà. Non una terra di paura, caos, carestie, pestilenze, una vera *danse macabre*, bensì un mondo di pace, di prosperità e di conoscenza sempre più vasta.

Il richiamo di Gandhi alla nonviolenza è un appello rivolto alla coscienza più elevata dell'uomo. Facciamo sì che le nazioni non stringano più alleanze con la morte, ma con la vita, non più con la distruzione ma con la costruzione, non più con l'odio ma con i miracoli creativi dell'amore.

Il *Mahabharata* dice: "Qualunque sia l'offesa, si dovrebbe perdonare. È stato detto che la continuazione della specie è dovuta alla capacità dell'uomo di perdonare. Il perdono è santità; il perdono è la forza che tiene unito l'universo. Il perdono è la virtù dei forti; il perdono è sacrificio; il perdono è pace della mente. Perdono e gentilezza sono le qualità di chi è padrone di sé stesso. Esse rappresentano la virtù eterna".

La nonviolenza è il corollario naturale della legge del perdono e dell'amore. "Se per una giusta causa si rende necessario perdere la vita", proclama Gandhi, "si dovrebbe essere pronti, come Gesù, a sacrificare la propria, non quella degli altri. Alla fine, nel mondo ci sarebbe minore spargimento di sangue".

Un giorno si scriveranno poemi epici sui *satyagrahi* indiani che hanno combattuto l'odio con l'amore, la violenza con la nonviolenza, e hanno accettato di farsi trucidare senza pietà, piuttosto che imbracciare le armi. In alcune circostanze storicamente documentate, questo comportamento ha indotto i nemici armati, scossi fin nel profondo, a gettare le armi e a fuggire pieni di vergogna, alla vista di uomini che davano valore alla vita altrui più che alla propria.

"Aspetterei per secoli, se necessario", dice Gandhi, "piuttosto che cercare di ottenere la libertà del mio Paese con mezzi cruenti". Come ammonisce la Bibbia, "Chi di spada ferisce di spada perisce".[16] Il Mahatma ha scritto:

> "Mi considero un nazionalista, ma il mio nazionalismo è vasto quanto l'universo, abbraccia tutte le nazioni della terra.[17] Il mio nazionalismo

---

[16] Matteo 26, 52. Questo è uno dei numerosi passi della Bibbia che chiamano necessariamente in causa la reincarnazione dell'uomo. (Vedere nota alle pagine 190-191). Molti aspetti problematici della vita si possono spiegare soltanto alla luce della legge karmica della giustizia.

[17] "L'uomo non si glori di amare il proprio Paese, si glori piuttosto di amare la propria specie" (*Proverbio persiano*).

include il benessere del mondo intero. Non voglio che la mia India sorga sulle ceneri di altre nazioni. Non voglio che l'India sfrutti un solo essere umano. Voglio che l'India sia tanto forte da saper infondere la sua stessa forza anche nelle altre nazioni. Questo, oggi, non accade in nessun paese europeo: nessuno di essi dà forza agli altri.

"Il presidente Wilson ha elencato i suoi bellissimi quattordici punti, ma ha aggiunto: "Se questo nostro impegno per raggiungere la pace fallirà, abbiamo sempre i nostri armamenti a cui ricorrere". Io voglio rovesciare questa posizione e dico: "I nostri armamenti hanno già fallito. Mettiamoci ora alla ricerca di qualcosa di nuovo, proviamo a usare la forza dell'amore e di Dio, che è la verità". Quando avremo ottenuto questo, non desidereremo nient'altro".

Il Mahatma ha formato migliaia di fedeli *satyagrahi* (coloro che hanno pronunciato gli undici severi voti citati nella prima parte di questo capitolo), i quali a loro volta hanno divulgato il suo messaggio; ha fatto pazientemente comprendere al popolo indiano i benefici spirituali e, in ultima analisi, anche materiali della nonviolenza; ha munito la sua gente di armi non violente come il rifiuto di collaborare con l'ingiustizia e la determinazione di sopportare gli oltraggi, il carcere e perfino la morte, pur di non ricorrere alle armi; ha conquistato le simpatie del mondo intero con innumerevoli esempi di eroico martirio fra i *satyagrahi*. In tutti questi modi, Gandhi ha dimostrato con grande efficacia drammatica il valore pragmatico della nonviolenza e il suo straordinario potere di dirimere le controversie senza ricorrere alla guerra.

Con mezzi non violenti, Gandhi ha già ottenuto per il suo Paese concessioni politiche assai maggiori di quelle conquistate da qualsiasi altro capo di Stato con l'uso delle armi. In India si sono adottati con straordinario successo metodi non violenti per estirpare torti e ingiustizie, non solo nell'arena politica, ma anche nel campo delicato e complesso delle riforme sociali. Gandhi e i suoi seguaci hanno posto fine a molte antiche controversie tra indù e musulmani; centinaia di migliaia di islamici considerano il Mahatma il loro capo. Gli 'intoccabili' hanno trovato in lui il loro intrepido e trionfante paladino. "Se mi è destinata una reincarnazione", ha scritto, "mi auguro di rinascere paria in mezzo ai paria, perché in questo modo potrei servirli con più efficacia".

Il Mahatma è davvero una 'grande anima', e sono stati milioni di analfabeti ad avere la perspicacia di conferirgli un tale titolo. Questo dolce profeta è venerato nella sua stessa patria. L'umile contadino ha saputo

Testo autografo di Gandhi in lingua hindi

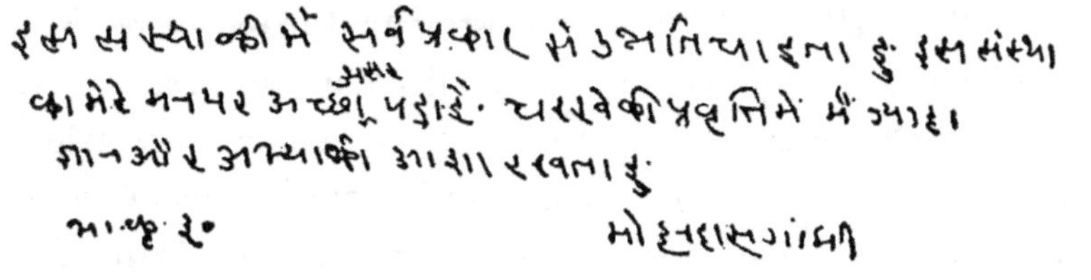

Il Mahatma Gandhi ha visitato a Ranchi la Yogoda Satsanga Brahmacharya Vidyalaya, una scuola superiore che impartisce anche insegnamenti di yoga, e ha scritto alcune parole gentili di apprezzamento nel libro degli ospiti. Eccone la traduzione:

"Questa istituzione mi ha profondamente colpito. Nutro grandi speranze che questa scuola incoraggi ulteriormente l'impiego dell'arcolaio a ruota".

17 settembre 1925 [firmato] Mohandas Gandhi

elevarsi al livello della grande sfida lanciata da Gandhi. Il Mahatma crede senza riserve nell'innata nobiltà dell'uomo. Gli inevitabili insuccessi non lo hanno mai disilluso. "Anche se l'avversario lo inganna venti volte", egli scrive, "il *satyagrahi* è pronto a fidarsi di lui per la ventunesima volta, poiché un'incondizionata fiducia nella natura umana è l'essenza stessa del nostro credo".[18]

"Mahatmaji, voi siete un uomo eccezionale, non dovete aspettarvi che il mondo si comporti come voi", gli fece osservare un critico.

Gandhi rispose: "È davvero curioso come ci inganniamo, supponendo che sia possibile apportare miglioramenti al corpo e che sia invece impossibile far emergere le qualità nascoste dell'anima. Il mio impegno è cercare di dimostrare che, anche se possiedo qualcuna di queste qualità, sono pur sempre un fragile essere umano come chiunque altro, e in me non c'è mai stato, né c'è ora, niente di straordinario. Sono un semplice individuo soggetto all'errore come ogni altro essere

[18] "Allora Pietro gli si avvicinò e gli disse: 'Signore, quante volte dovrò perdonare mio fratello, se pecca contro di me? Fino a sette volte?'. E Gesù gli rispose: 'Non ti dico fino a sette, ma fino a settanta volte sette'" (Matteo 18, 21-22). Ho pregato profondamente per poter capire questo inflessibile consiglio. "Signore", protestai, "come è possibile?". Quando finalmente la voce divina mi rispose, fui inondato da una Luce che mi pervase di umiltà: "Oh uomini, quante volte, ogni giorno, perdono ciascuno di voi?".

umano mortale. Riconosco però di avere sufficiente umiltà per confessare i miei errori e correggermi. Riconosco di avere un'incrollabile fede in Dio e nella sua bontà e un'inestinguibile passione per la verità e l'amore. Ma tutto questo non è forse latente in ogni essere umano?".
E aggiunse: "Se possiamo fare nuove scoperte e nuove invenzioni nel mondo fenomenico, perché dobbiamo dichiarare fallimento nel campo dello spirito? È forse impossibile moltiplicare le eccezioni tanto da farle diventare regola? È forse inevitabile per l'uomo essere sempre prima un animale e, solo in seguito, diventare uomo, ammesso che lo diventi?".[19]

Gli americani possono ricordare con orgoglio il successo dell'esperimento di nonviolenza compiuto da William Penn, quando nel XVII secolo fondò la sua colonia in Pennsylvania. Non c'erano "né fortificazioni né soldati né guardia nazionale, e non c'erano neppure armi". Mentre tra i nuovi coloni e i pellerossa infuriavano selvagge guerre di frontiera e si perpetravano massacri, solo i quaccheri della Pennsylvania rimanevano indisturbati. "Altri furono trucidati o massacrati, ma loro erano al sicuro. Non una donna quacchera subì violenza, non un bambino fu ucciso, non un uomo torturato". Quando, alla fine, i quaccheri furono costretti a cedere il governo della Pennsylvania, "scoppiò la guerra e qualche colono di quello stato venne ucciso; ma tra loro c'erano solo tre quaccheri, che erano venuti meno alla loro fede e avevano usato armi per difendersi".

"Il ricorso alla forza che si è fatto nella Grande guerra non è riuscito a portare la tranquillità", ha fatto notare Franklin D. Roosevelt. "Vittoria e sconfitta furono entrambe inutili: questa è la lezione che il mondo dovrebbe avere imparato".

---

[19] Il grande ingegnere elettrotecnico Charles P. Steinmetz una volta si sentì rivolgere questa domanda da Roger W. Babson: "In quale campo la ricerca avrà maggiore sviluppo nei prossimi cinquant'anni?". "Credo che la più grande scoperta si farà nel campo dello spirito", rispose Steinmetz. "È qui che risiede una forza che, come ci insegna chiaramente la storia, è stata il motore più potente per lo sviluppo dell'umanità. Eppure, finora abbiamo solo giocherellato con questa forza, senza mai studiarla seriamente, come invece abbiamo fatto con le forze fisiche. Un giorno la gente imparerà che le cose materiali non danno la felicità e servono ben poco a rendere l'uomo creativo e potente. Allora gli scienziati di tutto il mondo trasformeranno i loro laboratori per destinarli allo studio di Dio, della preghiera e delle forze spirituali, di cui le ricerche finora hanno appena scalfito la superficie. Quando arriverà quel giorno, il mondo assisterà in una sola generazione a un'evoluzione maggiore di quella che ha visto nelle ultime quattro precedenti".

Lao-Tzu insegnava: "Più sono le armi della violenza, più grande sarà la sofferenza per l'umanità. Il trionfo della violenza ha il suo epilogo nella commemorazione dei defunti".

"Non mi batto per niente di meno che per la pace nel mondo", ha dichiarato Gandhi. "Se il movimento indiano raggiungerà il successo sulle basi della nonviolenza *satyagraha*, darà un nuovo significato al patriottismo e, se posso dire così, in assoluta umiltà, anche alla vita stessa".

Prima che l'Occidente accantoni il programma di Gandhi come fosse quello di un sognatore privo di senso pratico, sarà opportuno riflettere su una definizione del *satyagraha* data dal maestro di Galilea:

"Avete inteso che fu detto: 'Occhio per occhio e dente per dente'. Ma io vi dico di non opporvi al malvagio [con il male]; anzi se uno ti percuote la guancia destra, tu porgigli anche l'altra".[20]

Con la meravigliosa precisione del tempismo cosmico, l'epoca di Gandhi ha avuto come proprio momento di espressione un secolo già desolato e devastato da due guerre mondiali. Sul muro granitico della sua vita una mano divina ha scolpito un monito contro ogni ulteriore spargimento di sangue fraterno.

---

[20] Matteo 5, 38-39.

Il Mahatma Gandhi – In memoriam

"Gandhi è stato il padre della nazione nel vero senso della parola e un folle lo ha ucciso. Milioni e milioni lo piangono perché la luce si è spenta… Quella luce che splendeva in questo Paese non era una luce comune. Per mille anni ancora essa sarà visibile in questo Paese e nel mondo intero". Queste sono le parole del Primo Ministro indiano, Jawaharlal Nehru, subito dopo l'assassinio del Mahatma Gandhi, avvenuto a Nuova Delhi il 30 gennaio 1948.

Cinque mesi prima, l'India aveva ottenuto la propria indipendenza con mezzi pacifici. Compiuta l'opera, il settantottenne Gandhi si rendeva conto che la sua ora era vicina. "Abha, portami tutti i documenti importanti", disse alla sua pronipote la mattina della tragedia. "Devo rispondere oggi, potrebbe non esserci un domani". Anche in numerosi passi dei suoi scritti Gandhi preannunciò la sua fine incombente.

Mentre si accasciava lentamente al suolo con tre pallottole conficcate in quel corpo fragile e provato dai digiuni, il Mahatma morente giunse le mani nel tradizionale gesto indiano di saluto, esprimendo così, in silenzio, il suo perdono. Artista inconsapevole in tutte le circostanze della propria vita, Gandhi divenne un artista supremo al momento della morte. Tutti i sacrifici di una vita dedicata agli altri avevano reso possibile quel gesto finale d'amore.

"Forse le generazioni che verranno", ha scritto Albert Einstein nel suo tributo a Gandhi, "stenteranno a credere che un uomo simile sia veramente vissuto in carne e ossa sulla terra". Un telegramma del Vaticano affermava: "L'assassinio ha provocato in noi grande dolore. Piangiamo Gandhi come un apostolo dalle virtù cristiane".

La vita di tutti i grandi uomini che vengono sulla terra per compiervi un particolare atto di giustizia è sempre carica di significato simbolico. La drammatica morte di Gandhi per la causa dell'unità dell'India ha messo in evidenza il suo messaggio, diretto a un mondo dilaniato in ogni continente dalla discordia. Egli ha formulato con parole profetiche questo messaggio:

"Il principio della nonviolenza si è manifestato tra gli uomini e sopravviverà. È l'araldo della pace nel mondo".

Capitolo 45
La Madre permeata di gioia del Bengala

"Signore, vi prego, non lasciate l'India senza aver visto Nirmala Devi. È di una profonda santità; è nota ovunque con il nome di Ananda Moyi Ma ('Madre permeata di gioia')". Rivolgendomi queste parole, mia nipote, Amiyo Bose, mi fissava con aria seria.

"Ma certo! Ho un grande desidero di conoscere la santa". E aggiunsi: "Ho letto del suo stato avanzato di realizzazione divina. Anni fa, la rivista *East-West* ha pubblicato un breve articolo su di lei".

"Io l'ho incontrata", proseguì Amiyo. "È venuta di recente nella mia cittadina di Jamshedpur. In seguito alle suppliche di un discepolo, Ananda Moyi Ma si è recata a casa di un moribondo e si è fermata al suo capezzale; non appena ha toccato con la mano la fronte del malato, i rantoli dell'agonia sono cessati. La malattia è scomparsa all'istante: l'uomo, con sua grande gioia e meraviglia, era guarito".

Qualche giorno dopo, venni a sapere che la Madre permeata di beatitudine si trovava a Calcutta, nel quartiere Bhowanipur, ospite di un suo discepolo. Wright e io, che ci trovavamo in quel momento a Calcutta a casa di mio padre, ci recammo immediatamente con la Ford nel quartiere di Bhowanipur. Mentre l'automobile si avvicinava alla nostra destinazione, notammo un insolito spettacolo nella via.

Ananda Moyi Ma, in piedi su un'auto decappottabile, benediva una folla di circa un centinaio di discepoli. Era chiaro che stava per partire. Wright parcheggiò la Ford a una certa distanza e ci incamminammo a piedi verso quel silenzioso raduno. La santa volse lo sguardo verso di noi, scese dall'auto e ci venne incontro.

"Padre, siete venuto!". Pronunciando con trasporto queste parole in bengali, mi mise un braccio intorno al collo e posò il capo sulla mia spalla. Wright, al quale avevo appena ribadito di non conoscere la santa, si stava godendo enormemente questa straordinaria accoglienza. Anche i *cela,* radunati a centinaia, guardavano con una certa sorpresa quella scena così affettuosa.

Mi ero immediatamente accorto che la santa era assorta in uno stato elevato di *samadhi*. Dimentica del proprio aspetto esteriore di donna, riconosceva sé stessa solo come anima immutabile, e da quel piano di coscienza salutava gioiosa un altro devoto di Dio. Mi prese per mano e mi condusse nella sua automobile.

"Ananda Moyi Ma, sto ritardando la vostra partenza!", protestai.

"Padre, vi incontro per la prima volta in questa vita,[1] dopo tanti secoli!", ribatté lei. "Per favore, non andate via così presto".

Sedemmo sui sedili posteriori dell'auto l'uno accanto all'altro. Ben presto la Madre beata entrò nello stato immobile dell'estasi. I suoi bellissimi occhi, semichiusi e senza un battito di ciglia, si rivolsero al cielo fissando il paradiso interiore, quell'Elisio così vicino e al tempo stesso così lontano. I discepoli cantavano sommessamente: "Vittoria alla Madre Divina!".

In India avevo incontrato molti uomini dalla divina realizzazione, ma mai prima d'allora avevo conosciuto una donna di una santità così eccelsa. Il suo volto delicato risplendeva di una gioia ineffabile, per la quale le era stato dato il nome di 'Madre permeata di beatitudine'. Lunghe ciocche di capelli neri ricadevano sciolte dal suo capo scoperto. Sulla fronte, un segno rosso di pasta di legno di sandalo simboleggiava l'occhio spirituale, sempre aperto in lei. Un viso minuto, mani minute, piedi piccoli: quale contrasto con la sua grandezza spirituale!

Mentre Ananda Moyi Ma rimaneva in estasi, posi qualche domanda a una *cela* che mi stava vicino.

"La Madre permeata di beatitudine viaggia per tutta l'India; ha centinaia di discepoli in molte parti del Paese", mi disse la *cela*. "Il suo coraggioso impegno ha permesso di ottenere molte riforme sociali auspicate da tempo. Pur essendo una bramina, la santa non ammette distinzioni di casta. Alcuni di noi viaggiano sempre con lei, prendendosi cura del suo benessere. Dobbiamo farle da madre, perché non presta alcuna attenzione al proprio corpo. Se nessuno le dà da mangiare, non mangia né chiede del cibo. Anche quando le si mette una pietanza davanti, non la tocca. Per evitare che scompaia da questo mondo, noi

---

[1] Ananda Moyi Ma era nata nel 1896 nel villaggio di Kheora, nella regione di Tripura (Bengala orientale).

L'incontro, a Calcutta, di Paramahansa Yogananda con Ananda Moyi Ma e suo marito Bholanath

discepoli la nutriamo con le nostre mani. Spesso resta immersa nell'estasi divina per diversi giorni di seguito, respirando appena, con gli occhi immobili. Uno dei suoi più grandi discepoli è il marito, Bholanath. Molti anni fa, subito dopo il matrimonio, Bholanath ha fatto voto di silenzio".

La *cela* mi indicò un uomo di bell'aspetto, dalle spalle ampie, con i capelli lunghi e la barba grigia, che se ne stava ritto in silenzio in mezzo alla folla, con le mani giunte nell'atteggiamento riverente del discepolo.

Ristorata dal suo tuffo nell'Infinito, Ananda Moyi Ma ora rivolgeva nuovamente la propria coscienza al mondo materiale.

"Padre, vi prego ditemi dove abitate". La sua voce era chiara e melodiosa.

"Al momento abito a Calcutta o a Ranchi; ma presto tornerò in America".

"In America?".

"Sì. Una santa indiana sarebbe sinceramente apprezzata laggiù dai devoti impegnati nella ricerca spirituale. Vi piacerebbe venire in America?".

"Se il padre mi ci può portare, verrò".

Questa risposta mise in allarme i discepoli che le stavano accanto.

Uno di loro mi disse risoluto: "Venti o più di noi accompagnano sempre la Madre beata nei suoi viaggi. Non possiamo vivere senza di lei. Ovunque vada, andremo anche noi".

Abbandonai con riluttanza il progetto che, a causa delle proporzioni poco pratiche appena assunte, si rivelava di difficile attuazione.

"Venite almeno a Ranchi con i vostri devoti, per favore", dissi alla santa congedandomi da lei. "Essendo voi stessa una fanciulla divina, vi troverete molto bene insieme ai piccoli della mia scuola".

"Verrò con gioia dovunque mi porterà il padre".

Poco tempo dopo, il Vidyalaya di Ranchi era addobbato a festa per la visita promessa dalla santa. I ragazzi attendevano con gioia trepidante ogni giorno di vacanza: niente lezioni, ore di musica e per finire un magnifico banchetto!

"Vittoria! Ananda Moyi Ma, ki jai!". Questa esclamazione ripetuta, che prorompeva da un gran numero di piccole gole entusiastiche, diede il benvenuto alla santa e al suo seguito, mentre oltrepassavano i cancelli della scuola. Piogge di calendule, tintinnii di cembali, un potente suono di conchiglie, percussioni di tamburi *mridanga*! La Madre permeata di beatitudine si aggirava sorridendo per i terreni assolati del Vidyalaya, recando sempre con sé nel cuore il suo paradiso portatile.

"È bellissimo qui", osservò gentilmente Ananda Moyi Ma, mentre la conducevo nell'edificio principale. Sedette al mio fianco con il sorriso di una bimba. Chi le stava accanto si sentiva trattato come il più caro degli amici, eppure la santa restava sempre avvolta da un'aura di distacco: il paradossale isolamento dell'Onnipresenza.

"Vi prego, ditemi qualcosa della vostra vita".

"Padre, di me voi sapete già tutto: perché raccontarlo ancora?". Evidentemente riteneva che la storia dei fatti accaduti in una breve incarnazione non avesse molta importanza.

Ridendo, ripetei gentilmente la mia domanda.

"Padre, c'è poco da raccontare". Allargò le graziose mani in un gesto che sottolineava con eloquenza le sue parole. "La mia coscienza non si è mai identificata con questo corpo transitorio. Prima di venire su questa terra, padre, io[2] 'ero la stessa'. Da fanciulla, 'ero la stessa'. Diventai donna, e ancora 'ero la stessa'. Quando la famiglia nella quale sono nata dispose che questo corpo si sposasse, 'ero la stessa'. E ora, dinanzi a voi, padre, 'sono la stessa'. Sempre, in futuro, sebbene la danza della creazione si trasformi intorno a me nella sala dell'eternità, 'sarò la stessa'".

Ananda Moyi Ma si immerse in un profondo stato meditativo. La sua forma era immobile come una statua; era fuggita nel suo regno, che esercitava su di lei un costante richiamo. I suoi occhi scuri apparivano spenti e vitrei, come due specchi d'acqua ferma e profonda. I santi hanno spesso questa espressione quando ritirano la coscienza dal corpo fisico, che diventa allora poco più di un pezzo di argilla inanimato. Restammo insieme per un'ora assorti nell'estasi. Poi la Madre fece ritorno in questo mondo con un breve riso di gioia.

"Vi prego, Ananda Moyi Ma", dissi, "venite con me in giardino. Il signor Wright scatterà alcune fotografie".

"Certamente, padre, la vostra volontà è la mia volontà". Mentre si lasciava riprendere, posando per molte fotografie, i suoi magnifici occhi conservavano un immutabile, divino splendore.

---

[2] Ananda Moyi Ma non dice mai "io" per parlare di sé; usa umilmente perifrasi come "questo corpo" o "questa bambina" o "tua figlia". Né chiama mai nessuno suo "discepolo". Con imparziale saggezza concede in ugual misura a tutti gli esseri umani il divino amore della Madre Universale.

Paramahansa Yogananda con il suo gruppo visita il Taj Mahal ad Agra, il 'sogno di marmo', nel 1936.

Era giunta l'ora del banchetto! Ananda Moyi Ma si accovacciò su una coperta, con un discepolo accanto per darle da mangiare. Come una bambina, la santa inghiottiva docilmente il cibo che il *cela* le portava alle labbra. Era chiaro che la Madre beata non si accorgeva di alcuna differenza tra il curry e i dolci!

Verso il crepuscolo, la santa partì con i suoi discepoli in mezzo a una pioggia di petali di rose, le mani sollevate a benedire i fanciulli. I volti dei piccoli risplendevano dell'amore che lei senza fatica aveva risvegliato nei loro cuori.

"Amerai dunque il Signore Dio tuo con tutto il tuo cuore, con tutta la tua anima, con tutta la tua mente e con tutta la tua forza", ha proclamato Cristo, ribadendo che "questo è il primo comandamento".[3]

Libera da ogni attaccamento di natura inferiore, Ananda Moyi Ma offre al Signore la sua fedeltà assoluta. Senza alcun bisogno di ricorrere ai sottili e cavillosi distinguo degli studiosi, e seguendo invece la logica

---

[3] Marco 12, 30.

La Madre permeata di gioia del Bengala

infallibile della fede, questa santa dal fanciullesco candore ha risolto l'unico vero problema della vita umana: raggiungere l'unità con Dio.

L'uomo ha ormai dimenticato questa assoluta semplicità, lasciando che fosse offuscata da interminabili questioni e controversie. Rifiutandosi di tributare al Creatore un amore esclusivo e autenticamente monoteistico, le nazioni cercano di camuffare la propria infedeltà dietro una facciata di rispetto, formale e pedante, verso gli aspetti materiali ed esteriori della carità. Questi gesti umanitari sono comunque virtuosi, perché fanno sì che per un attimo l'uomo distolga la propria attenzione da sé stesso; ma non lo dispensano dalla responsabilità che dovrebbe avere il primo posto nella sua vita, quella che Gesù chiama il "primo comandamento". Amare Dio diventa il sacro e nobilitante dovere dell'uomo sin dal momento in cui, con il primo respiro, egli gode dell'aria generosamente concessagli dal suo Benefattore.[4]

Ebbi l'opportunità di rivedere Ananda Moyi Ma in un'altra circostanza, alcuni mesi dopo la sua visita alla scuola di Ranchi. Si trovava in mezzo a un gruppo di devoti sul marciapiede della stazione di Serampore, in attesa del treno.

"Padre, vado nell'Himalaya", mi disse. "Alcune persone generose hanno costruito per noi un eremitaggio a Dehra Dun".

Mentre saliva sul treno, notai con ammirato stupore che non distoglieva mai i suoi occhi da Dio, sia che fosse in mezzo a una folla, o su un treno, o a un banchetto, o seduta in silenzio.

Dentro di me sento ancora echeggiare la sua voce, pervasa da una dolcezza infinita:

"Vedi, ora e sempre una cosa sola con l'Eterno, 'Io sono sempre la stessa'".

---

[4] "Molti sentono l'impulso di creare un mondo nuovo e migliore. Anziché su queste cose, dovreste concentrarvi su Quello contemplando il quale si può sperare di raggiungere una pace perfetta. È dovere dell'uomo diventare un ricercatore di Dio, ovvero della Verità". Ananda Moyi Ma

Capitolo 46

La yogini che non mangia mai

"Signore, dove siamo diretti questa mattina?". Wright, alla guida della Ford, distolse per un attimo gli occhi dalla strada per lanciarmi uno sguardo interrogativo. Raramente sapeva quale parte del Bengala gli avrei fatto scoprire quel giorno.

"A Dio piacendo", risposi con devozione, "andiamo a vedere l'ottava meraviglia del mondo: una santa la cui dieta consiste di sola aria!".

"Un'altra meraviglia, come Therese Neumann", osservò Wright, ma rise ugualmente con entusiasmo, accelerando persino l'andatura dell'auto. Uno straordinario spunto in più per il suo diario di viaggio, che certo non era quello di un comune viaggiatore!

Ci eravamo alzati prima dell'alba e avevamo da poco lasciato la scuola di Ranchi. Oltre al mio segretario e a me, la comitiva comprendeva tre amici bengalesi. Aspiravamo profondamente l'aria frizzante del mattino, quel vino genuino delle prime ore del giorno. Il nostro autista guidava con prudenza, conducendo l'automobile tra contadini mattinieri e carretti a due ruote tirati lentamente da coppie aggiogate di buoi gibbosi, che erano alquanto inclini a contendere la strada a quell'intrusa strombazzante.

"Signore, vorremmo sapere qualcosa di più sulla santa che digiuna".

"Si chiama Giri Bala", risposi. "La prima volta che ne sentii parlare fu anni fa da uno studioso, Sthiti Lal Nundy, che veniva spesso a casa nostra, in Garpar Road, per dare lezioni private a mio fratello Bishnu.

"Conosco bene Giri Bala", mi disse Sthiti Babu. "Pratica una particolare tecnica yoga che le permette di vivere senza mangiare. Ero suo vicino di casa a Nawabganj, nei pressi di Ichapur.[1] Mi misi d'impegno a sorvegliarla scrupolosamente, ma non trovai mai alcun indizio da cui poter supporre che prendesse cibo o bevande. Il mio interesse per lei

---

[1] Nel nord del Bengala.

La yogini che non mangia mai

crebbe a tal punto che mi rivolsi al Maharaja di Burdwan[2] e gli chiesi di svolgere un'indagine. Stupefatto dal mio resoconto, il Maharaja invitò al suo palazzo la donna, che accettò di essere messa alla prova e visse per due mesi chiusa a chiave in una piccola ala di quella dimora. In seguito, tornò al palazzo e vi restò altri venti giorni, e infine si sottopose a una terza prova di quindici giorni. Lo stesso Maharaja mi riferì che questi tre rigorosi controlli lo avevano convinto al di là di ogni dubbio che Giri Bala non mangiava mai".

"Il racconto di Babu Sthiti è rimasto vivo nella mia memoria per oltre venticinque anni", concluse. "Di quando in quando in America mi chiedevo se il fiume del tempo non avesse travolto la yogini[3] prima che potessi incontrarla. Ormai deve essere piuttosto anziana. Non so neppure se sia ancora viva e dove si trovi. Ma fra qualche ora raggiungeremo Purulia, dove abita suo fratello".

Alle dieci e trenta il nostro piccolo gruppo era a Purulia e conversava con l'avvocato Lambodar Dey, fratello della santa.

"Sì, mia sorella è viva. Talvolta abita qui con me, ma attualmente si trova nella nostra casa di famiglia a Biur". Babu Lambodar lanciò un'occhiata perplessa alla Ford. "Swamiji, temo che nessuna automobile si sia mai spinta nell'entroterra fino a Biur. Sarebbe meglio se voi tutti vi rassegnaste agli scossoni di un carro a buoi".

All'unanimità ci dichiarammo fedeli alla Ford, 'orgoglio di Detroit'.

"La Ford viene dall'America", dissi all'avvocato. "Sarebbe una vergogna privarla dell'opportunità di conoscere il cuore del Bengala!".

"Che Ganesh[4] vi accompagni", disse ridendo Babu Lambodar. E aggiunse gentilmente: "Se mai arriverete a destinazione, sono certo che Giri Bala sarà felice di vedervi. Si avvicina ai settant'anni, ma è sempre in ottima salute".

"Ditemi, vi prego, è proprio vero che non mangia nulla?". E lo guardai dritto negli occhi, specchi rivelatori della mente.

"È vero". Il suo sguardo era sincero e onesto. "In più di cinquant'anni non l'ho mai vista mangiare un solo pezzetto di cibo. Se improvvisamente venisse la fine del mondo, la mia meraviglia non sarebbe più grande di quella che proverei se vedessi mia sorella prendere del cibo!".

---

[2] Sua altezza Sir Bijay Chand Mahtab, ora non più in vita. Con tutta probabilità la sua famiglia è in possesso delle testimonianze raccolte in occasione delle tre indagini svolte su Giri Bala.

[3] Una donna yogi.

[4] "Colui che rimuove gli ostacoli", il dio della buona fortuna.

Ridemmo insieme dinanzi all'improbabilità di questi due eventi cosmici.

"Giri Bala non ha mai ricercato un isolamento inaccessibile per praticare le sue tecniche yoga", proseguì Babu Lambodar. "Ha trascorso tutta la vita circondata dalla famiglia e dagli amici. Ormai sono tutti abituati alla sua insolita condizione, e non ce n'è uno che non rimarrebbe esterrefatto se Giri Bala decidesse improvvisamente di mangiare qualcosa! Naturalmente mia sorella vive molto appartata, come si addice a una vedova indù, ma nella nostra cerchia ristretta di Purulia e di Biur tutti sanno che è letteralmente una donna 'eccezionale'".

La sincerità del fratello era indubitabile. Lo ringraziammo caldamente e partimmo per Biur. Ci fermammo in una bottega lungo la strada per acquistare curry e *luchi*, attirando una frotta di monelli che circondarono Wright per vederlo mangiare con le mani, alla semplice maniera indù.[5] Spinti da un robusto appetito, facemmo una buona provvista di energie, utili per affrontare un pomeriggio che, ancora non lo sapevamo, si sarebbe rivelato piuttosto faticoso.

Il nostro viaggio ci conduceva ora verso est, nella regione Burdwan del Bengala, attraverso campi di riso arsi dal sole, lungo strade fiancheggiate da una fitta vegetazione; il canto degli storni tropicali e dei *bulbul* dalla gola variegata erompeva da alberi con enormi rami a ombrello. Di tanto in tanto il tipico cigolio, *rini, rini, mangiu, mangiu,* di un carro da buoi, con il suo asse e le sue ruote di legno ferrato, creava nella memoria un netto contrasto con il fruscio di pneumatici di automobile che siamo soliti udire sull'aristocratico asfalto delle città.

"Fermati, Dick!" La mia improvvisa richiesta causò un brusco sobbalzo di protesta della Ford. "Quell'albero di mango stracarico di frutti ci sta proprio invitando a gran voce!".

Tutti e cinque ci slanciammo come bambini sui manghi, che l'albero aveva generosamente sparso al suolo man mano che erano maturati.

"Molti manghi nascono per poi giacere non visti", parafrasai, "sprecando la loro dolcezza sul terreno sassoso".

"Non vi è nulla di simile in America, eh, Swamiji?", rise Sailesh Mazumdar, uno dei miei studenti bengalesi.

---

[5] Sri Yukteswar era solito dire: "Il Signore ci ha donato i frutti della buona terra. A noi piace vedere, odorare, assaporare il nostro cibo, gli indù amano anche toccarlo!". Non dispiacerebbe neanche *udire* i suoni del cibo, se nessun altro fosse presente al pasto!

"No", ammisi, satollo di manghi e di soddisfazione. "Quanto mi è mancato questo frutto in Occidente! Un paradiso indù senza manghi è inconcepibile!".

Lanciai un sasso, e feci cadere dal ramo più alto un frutto magnifico.

"Dick", gli chiesi tra un boccone e l'altro di quel nettare divino, caldo di sole tropicale, "le macchine fotografiche sono tutte nell'auto?".

"Sì, signore, sono nel bagagliaio".

"Se Giri Bala dimostra di essere una vera santa, scriverò di lei in Occidente. Una yogini indù con simili poteri, in grado di ispirare tante anime, non deve vivere e morire sconosciuta, come la maggior parte di questi manghi".

Mezz'ora più tardi passeggiavo ancora nella pace dei boschi.

Wright allora mi fece notare: "Signore, dovremmo raggiungere Giri Bala prima del tramonto, se vogliamo avere abbastanza luce per scattare delle fotografie". E aggiunse abbozzando un sorriso: "Gli occidentali sono tipi scettici; non possiamo pretendere che credano alla santa senza vedere nessuna fotografia!".

Le sue parole contenevano un indiscutibile briciolo di saggezza. Volsi le spalle alla tentazione e risalii in auto.

"Hai ragione, Dick", sospirai mentre ci affrettavamo a raggiungere la nostra destinazione. "Sacrifico il paradiso dei manghi sull'altare del realismo occidentale. Dobbiamo avere delle foto!".

L'aspetto della strada si faceva sempre più malmesso: solchi rugosi, foruncoli di argilla indurita, le tristi infermità della vecchiaia. Di tanto in tanto, per permettere a Wright di manovrare più facilmente la Ford, scendevamo a terra e la spingevamo.

"Lambodar Babu aveva ragione", ammise Sailesh. "Non è l'auto che trasporta noi, siamo noi a trasportare lei!".

Ogni tanto la noia di salire e scendere dall'auto era interrotta dalla vista di qualche villaggio, ognuno dei quali era uno spettacolo di pittoresca semplicità.

"La nostra strada serpeggiava, attraversando boschetti di palme, tra antichi e incontaminati villaggi annidati nell'oscurità della foresta", annotava Wright nel suo diario di viaggio, in data 5 maggio 1936. "Sono davvero incantevoli questi agglomerati di capanne con il tetto di paglia e fango, che hanno dipinto sulla porta uno dei nomi di Dio. Molti bimbi nudi giocano innocentemente qua e là, fermandosi a fissarci, oppure scappando via a gambe levate alla vista di questo enorme carro nero senza buoi, che attraversa all'impazzata il loro villaggio. Le donne fanno appena capolino, nascoste nell'ombra, mentre gli uomini ciondolano pigramente sotto gli alberi al margine della strada, curiosi, malgrado un'ostentata noncuranza. In uno di questi villaggi, tutti gli abitanti facevano allegramente il bagno in una grande vasca (con indosso i vestiti, che poi lasciavano cadere, mentre si avvolgevano in vesti asciutte). Le donne portavano in casa enormi giare d'ottone colme d'acqua.

"Percorrere la strada diventava un'impresa disperata, su per monti e rilievi: procedevamo fra sobbalzi e scossoni, tuffandoci in piccoli corsi d'acqua, facendo una spericolata deviazione dopo aver imboccato una strada rialzata che trovammo interrotta, incespicando giù per letti di fiume secchi e sabbiosi; e finalmente, verso le cinque del pomeriggio, eravamo vicini alla nostra destinazione, Biur. Ci dissero che questo piccolo villaggio, situato nell'entroterra del distretto di Bankura, nascosto al riparo di una fitta vegetazione, diventa irraggiungibile nella stagione delle piogge; allora i corsi d'acqua si trasformano in furiosi torrenti e le strade, tortuose come serpenti, sputano il veleno del loro fango.

"Incontrammo un gruppo di devoti che tornavano a casa dopo essere stati al tempio per la preghiera (all'aperto nella campagna solitaria) e, appena chiedemmo se qualcuno potesse farci da guida, ci vedemmo circondare da una dozzina di ragazzi seminudi che si arrampicarono su entrambi i lati dell'auto, ansiosi di portarci da Giri Bala.

"La strada si dirigeva verso un boschetto di palme da datteri, che dava riparo a un gruppo di capanne di fango; ma, prima che riuscissimo a raggiungerlo, la Ford si inclinò pericolosamente per un attimo, poi si impennò e quindi ricadde giù. Lo stretto sentiero girava intorno ad alberi e specchi d'acqua, passava su crinali, buche e solchi profondi. L'auto si bloccò contro una macchia di cespugli, poi si arenò su una montagnola, per cui fu necessario liberarla dalle zolle di terra; continuammo ad avanzare, con estrema lentezza e prudenza; improvvisamente trovammo la strada ostruita da un ammasso di sterpaglie nel bel mezzo della carreggiata, che ci costrinse a una deviazione giù per uno scosceso pendio, fin dentro a una cisterna asciutta, per uscire dalla quale fu necessario scrostare, lavorare d'ascia e spalare. La strada sembrava diventare sempre più impraticabile, ma il nostro pellegrinaggio doveva continuare; alcuni ragazzi servizievoli si procurarono delle vanghe e rimossero gli ostacoli (benedizioni di Ganesh!), mentre centinaia di bambini e i loro genitori osservavano la scena a occhi spalancati.

La yogini che non mangia mai

"Presto tornammo a farci strada lungo i due antichissimi solchi della carreggiata, mentre le donne ci fissavano a occhi sgranati dalla soglia delle loro capanne, gli uomini accompagnavano e seguivano l'auto, e i bambini sgambettavano dietro, a ingrossare la processione. Forse la nostra era la prima automobile che attraversava quelle strade; da queste parti, i carretti a buoi devono avere il monopolio assoluto! Abbiamo fatto davvero scalpore: un gruppo di persone in una sbuffante automobile guidata da un americano, che si fa strada per la prima volta nel bel mezzo del loro piccolo villaggio inespugnabile, violandone l'antico isolamento e la santità!

"Fermandoci nei pressi di una stretta viuzza, ci ritrovammo a un centinaio di passi dalla casa di famiglia di Giri Bala. Dopo la lunga serie di peripezie del viaggio, coronate da un finale spericolato, provammo l'ebbrezza dell'appagamento. Ci avvicinammo a un grande edificio a due piani in calce e mattoni, che dominava le circostanti capanne di argilla. La casa era in restauro; infatti aveva tutt'intorno le impalcature di bambù tipiche dei paesi tropicali.

"Pieni di febbrile attesa e di gioia trattenuta, sostammo dinanzi alle porte aperte della casa di colei che il Signore aveva benedetto con un dono speciale: la libertà dal bisogno di mangiare. Gli abitanti del villaggio continuavano a stare a bocca aperta: giovani e anziani, nudi e vestiti, donne dall'aria indifferente eppure curiose, uomini e ragazzi, erano tutti alle nostre costole senza alcuna soggezione, fissando questo spettacolo senza precedenti.

"Di lì a poco apparve sulla soglia una figura minuscola: Giri Bala! Era avvolta in una stoffa di seta color oro spento; nel caratteristico modo indiano avanzò con modestia ed esitazione, sbirciandoci dal di sotto del lembo superiore del suo *swadeshi*. Dall'ombra del copricapo, i suoi occhi brillavano come braci ardenti. Ci innamorammo di quel volto, che esprimeva benevolenza e realizzazione del Sé, libero da ogni impurità causata dagli attaccamenti terreni.

"Giri Bala si avvicinò docilmente e acconsentì con un gesto a farsi riprendere dalla macchina fotografica e dalla cinepresa.[6] Pazientemente e timidamente si sottomise alle nostre esigenze tecniche di posa e di luce. Finalmente avevamo per i posteri molte fotografie di quella che,

---

[6] Wright fece anche una ripresa filmata di Sri Yukteswar durante l'ultima festa del solstizio di inverno a Serampore.

a memoria d'uomo, è l'unica donna al mondo vissuta per oltre cinquant'anni senza mangiare e senza bere (Therese Neumann digiuna solo dal 1923). Giri Bala aveva un'espressione di grande tenerezza materna mentre stava lì dinanzi a noi, completamente avvolta nell'ampia veste. Nulla era visibile del suo corpo se non il volto, sempre a occhi bassi, le mani e i minuscoli piedi. Un volto soffuso di rara pace e innocente serenità: labbra grandi e infantili, un po' tremolanti, un naso grazioso, occhi piccoli e luminosi e un sorriso pensoso".

Condividevo del tutto l'impressione che Wright ebbe di Giri Bala: era avvolta di spiritualità, come il suo corpo era avvolto da quel velo dai delicati riflessi lucenti. Mi offrì un *pranam*, nel consueto gesto di benvenuto che il padrone di casa rivolge a un monaco. Con il fascino della sua semplicità e il suo calmo sorriso ci diede un benvenuto ben più eloquente di ogni parola forbita; il nostro difficile e polveroso viaggio era già dimenticato.

La piccola santa si sedette a gambe incrociate nella veranda. Sebbene si scorgessero in lei i segni degli anni, non era smunta e patita; la sua pelle olivastra era ancora luminosa e tonica.

"Madre", dissi in bengali, "per oltre venticinque anni ho avuto l'ardente desiderio di compiere questo pellegrinaggio! Ho saputo della vostra santa vita da Sthiti Lal Nundy Babu".

Giri Bala annuì. "Sì, il mio buon vicino di Nawabganj".

"In questi anni sono andato in terre lontane, attraversando gli oceani, ma non ho mai dimenticato il mio proposito di incontrarvi un giorno. Il dramma sublime della vita che state rappresentando qui, con tanta modestia, deve essere reso noto al mondo intero, che da troppo tempo ha dimenticato di nutrirsi del divino cibo interiore".

La santa sollevò gli occhi per un istante, sorridendo con pacato interesse.

"Baba (onorato padre) sa ciò che è meglio", rispose docilmente.

Ero felice che non si fosse offesa; non si sa mai come gli yogi e le yogini possano reagire al pensiero della notorietà. Di solito la evitano, desiderando perseguire in silenzio la loro profonda ricerca spirituale. Ma possono avvertire un consenso interiore quando giunge il momento opportuno di far conoscere apertamente la propria vita per il bene di tante anime alla ricerca di Dio.

"Madre", proseguii, "perdonatemi allora, se vi disturberò con tante domande. Vi prego di rispondere solo a quelle che gradite; comprenderò anche il vostro silenzio".

Allargò le mani in un gesto benevolo. "Sono lieta di rispondere, per quanto una persona insignificante come me possa dare risposte soddisfacenti".

"Oh no, non siete insignificante!", protestai con sincerità. "Voi siete una grande anima!".

"Sono l'umile serva di tutti". E aggiunse un particolare curioso: "Mi piace molto cucinare e dare da mangiare agli altri".

Uno strano passatempo, pensai, per una santa che non mangia!

"Madre, vorrei sentirlo dalle vostre labbra: davvero vivete senza prendere cibo?".

"Sì, è vero". Rimase in silenzio per qualche istante; dall'osservazione successiva che fece capii che nel frattempo si era faticosamente impegnata in qualche calcolo mentale: "Non mangio né bevo da quando avevo 12 anni e 4 mesi, fino all'attuale età di 68 anni: un periodo di oltre 56 anni".

"Non avete mai la tentazione di mangiare?".

"Se sentissi bisogno di cibo, dovrei mangiare". Con semplicità, ed estrema dignità allo stesso tempo, affermò questa verità inconfutabile, fin troppo risaputa da un mondo che gira intorno ai tre pasti giornalieri!

"Ma vi alimenterete pure di qualcosa!". Il mio tono aveva una nota di protesta.

"Certo!". Sorrise, comprendendo prontamente.

"Il vostro nutrimento proviene dalle energie più sottili dell'aria e della luce solare,[7] e dal potere cosmico che ricarica il vostro corpo attraverso il midollo allungato".

---

[7] "Ciò che mangiamo sono radiazioni: il nostro cibo consiste di quanti di energia", ha affermato il dottor George W. Crile di Cleveland in un congresso medico tenuto a Memphis il 17 maggio 1933. Qui di seguito, riportiamo parti del suo discorso, nella versione presentata dai giornali:

"Il cibo riceve dai raggi solari queste importantissime radiazioni, che sprigionano correnti elettriche nel circuito elettrico del corpo, il sistema nervoso. Gli atomi, afferma il dottor Crile, sono sistemi solari. Gli atomi sono i mezzi di trasmissione di queste radiazioni solari, sono saturi di radiazioni come tante molle a spirale. Questi innumerevoli atomi carichi di energia vengono assorbiti come cibo. Una volta giunti nel corpo umano, questi veicoli di energia, gli atomi, si riversano nel protoplasma del corpo, e le radiazioni forniscono nuova energia chimica e nuove correnti elettriche. 'Il vostro corpo è fatto di questi atomi', ha detto Crile. 'Essi sono i vostri muscoli, il vostro cervello, i vostri organi di senso, come gli occhi e le orecchie'".

"Baba lo sa". La santa assentì nuovamente, nel suo modo dolce e pacato.

"Vi prego, Madre, parlatemi un po' della vostra gioventù. È di grande interesse per noi tutti in India, e anche per i nostri fratelli e sorelle d'oltreoceano".

Giri Bala mise da parte il suo abituale riserbo, lasciandosi andare a una disposizione d'animo più aperta e comunicativa.

"Così sia", disse a bassa voce, con un tono deciso. "Sono nata in queste regioni boscose. La mia infanzia non ha avuto episodi degni di nota, salvo il fatto che ero vittima di un appetito insaziabile.

"Ero stata promessa in sposa quando avevo circa nove anni".

"'Figlia mia', mi ammoniva spesso mia madre, 'cerca di controllare la tua ingordigia. Quando verrà il momento di vivere tra estranei nella famiglia di tuo marito, cosa penseranno di te, se trascorrerai le tue giornate non facendo altro che mangiare?'.

"Le sciagurate conseguenze che aveva previsto si verificarono puntualmente. Avevo soltanto dodici anni quando andai a vivere a Nawabganj con la famiglia di mio marito. Mia suocera mi umiliava mattino, mezzogiorno e sera per la mia ingordigia. Ma i suoi rimproveri si rivelarono una benedizione, poiché risvegliarono le mie latenti inclinazioni spirituali. Una mattina il suo sarcasmo raggiunse le vette della crudeltà.

"Allora, punta sul vivo, le dissi: 'Ben presto vi farò vedere che non toccherò più cibo finché avrò vita'.

"Mia suocera rise sarcasticamente, ribattendo: 'Ah, davvero! E come farai a vivere senza mangiare, se non riesci a vivere senza rimpinzarti?'.

"Di fronte a una simile osservazione, non c'era alcuna risposta accettabile. Eppure, nel mio cuore si era fatta strada una ferrea risoluzione. Mi rifugiai in un angolo appartato e invocai il mio Padre Celeste.

Un giorno gli scienziati scopriranno come sia possibile vivere direttamente di energia solare. "La clorofilla è l'unica sostanza conosciuta in natura che in qualche modo è in grado di agire come una 'trappola per la luce solare'", scrive William L. Laurence sul *New York Times*. "Essa cattura l'energia dei raggi solari e la immagazzina nella pianta. Senza quest'operazione, non sarebbe possibile nessuna forma di vita. Noi otteniamo l'energia che ci è necessaria per vivere dall'energia solare immagazzinata negli alimenti vegetali che mangiamo, o nella carne degli animali che si nutrono di piante. L'energia che ricaviamo dal carbone o dal petrolio è energia solare che la clorofilla ha catturato e depositato in piante di milioni di anni fa. Noi viviamo di sole grazie alla mediazione della clorofilla".

La yogini che non mangia mai

Giri Bala, la santa che non mangia mai
La santa praticava una particolare tecnica yoga per ricaricare il corpo con l'energia cosmica che riceveva dall'etere, dal sole, dall'aria. "Non sono mai stata ammalata", disse la santa. "Dormo pochissimo, poiché il sonno e la veglia sono per me la medesima cosa".

"'Signore', pregai incessantemente, 'Ti prego, mandami un guru, uno che sappia insegnarmi a vivere della Tua luce, e non del cibo'.

"Entrai in uno stato d'estasi, e immersa in questo incantesimo di beatitudine mi diressi verso il *ghat* di Nawabganj, sulle rive del Gange. Lungo la via incontrai il prete della famiglia di mio marito.

"'Venerabile signore', gli chiesi fiduciosa, 'ditemi, per favore, come si fa a vivere senza mangiare'.

"Mi fissò senza rispondere. Finalmente mi disse in tono consolante: 'Figliola, vieni al tempio questa sera; condurrò una speciale cerimonia vedica per te'.

"Questa vaga risposta non era quella che cercavo; proseguii verso il *ghat*. Il sole del mattino filtrava tra le acque; mi purificai nel Gange, come se stessi ricevendo una sacra iniziazione. Mentre mi allontanavo dalle rive del fiume, con indosso le vesti bagnate, nella luce abbagliante del giorno il mio maestro si materializzò dinanzi a me!

"'Mia piccola cara', disse con voce piena di amorevole compassione, 'io sono il guru che Dio ti ha mandato per esaudire la tua pressante preghiera. Il Signore è stato profondamente toccato da una richiesta così insolita! Da oggi tu vivrai di luce astrale: gli atomi del tuo corpo saranno ricaricati dalla corrente infinita'".

Giri Bala tacque. Presi la matita e il blocchetto di Wright, e tradussi in inglese una sintesi del racconto per sua informazione.

La santa riprese a narrare, con la sua dolce voce appena percettibile: "Il *ghat* era deserto, ma il mio guru proiettò intorno a noi un alone di luce protettrice, affinché nessun bagnante di passaggio potesse disturbarci. Egli mi iniziò a una tecnica *kria* che libera il corpo dalla dipendenza dal cibo grossolano dei mortali. La tecnica comprende la recitazione di un certo *mantra*[8] e un esercizio di respirazione, più difficile di quelli che potrebbe eseguire una persona comune. La tecnica non prevede né l'uso di farmaci né quello di arti magiche: niente altro che il *kria*".

Seguendo l'esempio dei giornalisti americani, che senza saperlo mi avevano insegnato il loro metodo, interrogai Giri Bala su molti argomenti che ritenevo potessero interessare il mondo. Poco alla volta la santa mi diede le seguenti informazioni.

"Non ho avuto figli; sono vedova da molti anni. Dormo pochissimo, poiché il sonno e la veglia sono per me la medesima cosa. Medito di notte, e durante il giorno svolgo i miei lavori domestici. Avverto poco i cambiamenti del clima di stagione in stagione. Non sono mai stata ammalata né ho mai avuto alcun malessere. Se per caso mi faccio male, sento solo un lieve dolore. Non ho evacuazioni. Posso controllare il

---

[8] Potente canto vibratorio. La traduzione letterale del termine sanscrito *mantra* è: "strumento del pensiero". Indica "i suoni ideali, non udibili, che rappresentano un aspetto della creazione; quando è tradotto in sillabe e pronunciato, un *mantra* costituisce una formula sacra universale" *(Webster's New International Dictionary - 2a edizione)*. I poteri infiniti del suono derivano dall'*Om*, la "Parola", ovvero la vibrazione creativa del Motore Cosmico.

battito cardiaco e il respiro. Ho spesso visioni del mio guru e di altre grandi anime".

"Madre", le chiesi, "perché non insegnate ad altri il metodo per vivere senza mangiare?".

Le mie ambiziose speranze per i milioni di esseri umani che muoiono di fame nel mondo andarono presto in frantumi.

"No", rispose scuotendo il capo. "Il mio guru mi ha ordinato severamente di non divulgare il segreto. Non è suo desiderio interferire con il dramma divino della creazione. I contadini non mi ringrazierebbero se insegnassi a molte persone a vivere senza mangiare! I dolci frutti sarebbero inutili e rimarrebbero abbandonati sul terreno. Sembra che la sofferenza, la fame e la malattia siano le sferze del nostro karma, che alla fine ci inducono a cercare il vero significato della vita".

"Madre", dissi lentamente, "a che serve che voi sola siate stata prescelta per vivere senza mangiare?".

"A provare che l'uomo è Spirito". Il suo volto si illuminò di saggezza. "A dimostrare che, con il progresso spirituale, egli può gradualmente imparare a vivere della Luce Eterna e non di cibo".[9]

La santa si immerse in un profondo stato meditativo. Il suo sguardo era rivolto interiormente; la dolce profondità dei suoi occhi perse ogni espressione. Emise un sospiro particolare, che prelude alla trance estatica senza respiro. Era temporaneamente fuggita nel regno che non conosce dubbi o interrogativi, il paradiso della gioia interiore.

Era ormai scesa la notte tropicale. La luce di una piccola lampada a kerosene tremolava incerta sul capo di molti abitanti del villaggio, che

---

[9] Lo stato di emancipazione dal bisogno di mangiare raggiunto da Giri Bala è un potere yogico menzionato da Patanjali (*Yoga Sutra* 3, 31). La santa esegue un particolare esercizio di respirazione che agisce sul *vishuddha chakra*, il quinto centro di energie sottili situato nella spina dorsale. Il *vishuddha chakra*, che si trova di fronte alla gola, controlla il quinto elemento, l'*akash* o etere, che pervade gli spazi infra-atomici delle cellule fisiche. La concentrazione su questo *chakra* ("ruota") consente al devoto di vivere di energia eterica.

Therese Neumann non vive di cibo materiale né pratica una tecnica scientifica yoga per non mangiare. Le ragioni di queste differenze sono racchiuse nelle complessità del karma individuale. L'incarnazione di Therese Neumann e di Giri Bala sono state precedute da molte vite interamente dedicate a Dio, ma le loro manifestazioni esteriori sono state diverse l'una dall'altra. Tra i santi cristiani che vissero senza mangiare ricordiamo santa Lidwina di Schiedam, la beata Elisabetta di Rent, santa Caterina da Siena, Domenica Lazzeri, la beata Angela di Foligno e, nel XIX secolo, Louise Lateau. (Questi santi avevano anche le stigmate). San Nicholas di Flüe (Bruder Klaus, l'eremita del XV secolo che, con il suo commovente appello per l'unione, salvò la Confederazione svizzera) non toccò cibo per vent'anni.

in silenzio sedevano accovacciati nell'ombra. I guizzi delle lucciole e i raggi delle lontane lanterne a olio delle capanne tessevano misteriosi disegni di luce nella notte vellutata. Era la dolorosa ora del distacco; ci attendeva un lento e tedioso viaggio.

"Giri Bala, vi prego", dissi mentre la santa apriva gli occhi, "datemi un vostro ricordo, un pezzetto di stoffa di un vostro *sari*".

Presto ritornò con un pezzetto di seta di Benares e me lo porse, mentre improvvisamente si prostrava a terra.

"Madre", le dissi con reverenza, "lasciate piuttosto che io tocchi i vostri piedi benedetti!".

Capitolo 47

Ritorno in Occidente

"In India e in America ho tenuto molte lezioni sullo yoga, ma devo confessare che, come indiano, sono straordinariamente felice di tenerne una a studenti inglesi".

Gli studenti londinesi che partecipavano alla mia lezione risero, apprezzando la battuta; la pace nata dalla nostra pratica dello yoga non fu mai turbata da alcun segno di tensione di natura politica.

Ormai l'India era solo un sacro ricordo. Siamo nel settembre del 1936 e mi trovo in Inghilterra per mantenere la promessa, fatta sedici mesi prima, di tenere altre conferenze a Londra.

Anche l'Inghilterra è sensibile al messaggio senza tempo dello yoga. Il mio alloggio nella Grosvenor House brulicava di giornalisti e cronisti muniti di cinepresa. Il British National Council of the World Fellowship of Faiths organizzò un incontro per il 29 settembre nella chiesa Whitefield Congregational, dove trattai un argomento impegnativo: "Come la fede nella fratellanza può salvare la civiltà". Le conferenze tenute nella Caxton Hall alle otto di sera richiamarono una gran folla, tanto che per due volte le persone in sovrannumero attesero nell'Auditorium della Windsor House una mia seconda conferenza alle nove e mezzo. I seminari sullo yoga delle settimane successive furono seguiti da un numero così grande di persone che Wright dovette farci assegnare una sala più grande.

La tenacia inglese si esprime in modo ammirevole nei rapporti spirituali. A Londra, dopo la mia partenza, gli studenti di yoga s'impegnarono con dedizione formando un Centro della Self-Realization Fellowship, dove tennero ogni settimana i loro incontri, meditando insieme durante tutto l'amaro periodo della guerra.

Indimenticabili, quelle settimane in Inghilterra! Trascorremmo intere giornate visitando Londra e, in seguito, la splendida campagna inglese. Wright e io, a bordo della nostra fedele Ford, visitammo i luoghi di nascita e le tombe dei grandi poeti e degli eroi della storia britannica.

Alla fine di ottobre, a Southampton, il nostro piccolo gruppo si imbarcò sul *Bremen* alla volta dell'America. La vista dell'imponente Statua della Libertà nel porto di New York ci fece venire un nodo alla gola per l'emozione e la gioia.

La Ford, benché un po' malconcia dopo le lotte sostenute su terre antiche, era ancora gagliarda, e intraprese con slancio il viaggio transcontinentale per raggiungere la California. Verso la fine del 1936, eccoci al nostro Centro di Mount Washington!

Al Centro di Los Angeles, le festività di fine anno si celebrano ogni 24 dicembre con una meditazione di gruppo che dura otto ore (il Natale spirituale),[1] seguita il giorno dopo da un banchetto (il Natale sociale). Quell'anno i festeggiamenti furono ancora più grandi, perché allietati dalla presenza di cari amici e studenti venuti da città lontane per salutare il ritorno dei tre giramondo.

Il banchetto del giorno di Natale comprendeva cibi prelibati, che erano giunti da circa 24.000 chilometri di distanza proprio per essere consumati in quella lieta occasione. Funghi *gucchi* del Kashmir, *rasagulla* e polpa di mango in scatola, gallette al *papar* e un'essenza estratta dal fiore indiano di *keora* per aromatizzare il gelato. La sera ci riunimmo intorno a un immenso, scintillante albero di Natale, mentre nel camino crepitavano ceppi di cipresso dall'aroma profumato.

Tempo di regali! Doni da ogni angolo remoto della terra: Palestina, Egitto, India, Inghilterra, Francia, Italia! Con quale impegno Wright aveva contato i bauli a ogni passaggio di frontiera, perché nessuno potesse appropriarsi dei tesori destinati ai nostri cari in America! Piccoli manufatti realizzati con il sacro legno di ulivo della Terra Santa; delicati merletti e ricami del Belgio e dell'Olanda; tappeti persiani; scialli

---

[1] Dal 1950 questa meditazione di tutto il giorno si tiene il 23 dicembre. Anche i devoti della Self-Realization Fellowship che sono sparsi in tutto il mondo celebrano il Natale in questo modo, a casa propria come nei templi e nei centri SRF, dedicando un'intera giornata del periodo natalizio alla profonda meditazione e alla preghiera. Molti di loro hanno dichiarato di avere ricevuto grandi benedizioni e aiuti spirituali durante questa celebrazione annuale, inaugurata da Paramahansa Yogananda.

Paramahansaji istituì presso il Centro di Mount Washington anche un Concilio di preghiera (il nucleo del Circolo mondiale di preghiera della Self-Realization Fellowship), che prega ogni giorno per tutti coloro che chiedono aiuto per risolvere un particolare problema. *(Nota dell'editore)*

del Kashmir di fine fattura; vassoi in legno di sandalo del Mysore che emanavano una persistente fragranza; pietre di Shiva, chiamate 'occhio di bue', provenienti dalle Province Centrali; antiche monete indiane di dinastie scomparse da tempo; coppe e vasi incastonati di gemme; miniature; arazzi; incensi e profumi usati nei templi; stampe su cotone *swadeshi*; lavori in lacca; incisioni in avorio del Mysore; pantofole persiane dalla curiosa punta allungata e ricurva a mo' di punto interrogativo; antichi codici miniati; velluti, broccati, berretti alla Gandhi, vasellame, mattonelle, oggetti in ottone lavorato, tappetini da preghiera: un bottino accumulato in tre continenti!

Uno per uno distribuii i numerosi pacchetti, avvolti in carte dai vivaci colori, prendendoli dall'immensa pila ammucchiata sotto l'albero.

"Sister Gyanamata!". Porsi una lunga scatola alla santa americana dal dolce viso e dalla profonda realizzazione, che durante la mia assenza era stata responsabile del Centro di Mount Washington. Aperta la scatola, sollevò dalla carta velina un *sari* della dorata seta di Benares.

"Grazie, signore! Con questo *sari* ho dinanzi agli occhi tutto lo splendore dell'India!".

"Signor Dickinson!" Il secondo pacchetto conteneva un regalo che avevo comperato in un bazar di Calcutta. 'Questo piacerà a Dickinson', avevo pensato allora. Il signor E. E. Dickinson era un carissimo discepolo, che aveva sempre partecipato alle nostre feste natalizie fin dal 1925, anno di fondazione del Centro di Mount Washington.

Ora, a questa undicesima celebrazione, eccolo ritto davanti a me, mentre scioglieva i nastri di un pacchetto rettangolare.

"La coppa d'argento!". Cercando faticosamente di controllare l'emozione, fissò il regalo, un alto calice, poi andò a sedersi un po' in disparte, visibilmente sbalordito. Gli sorrisi affettuosamente prima di rientrare nel mio ruolo di Babbo Natale.

La festosa serata si concluse con una preghiera al Donatore di tutti i doni; poi intonammo in coro i tradizionali canti di Natale.

Qualche tempo dopo, mentre conversavamo insieme, Dickinson mi disse:

"Permettete, signore, che vi ringrazi adesso per la coppa d'argento. La notte di Natale sono rimasto senza parole".

"È un regalo che ho scelto proprio per te!".

"Erano quarantatré anni che aspettavo quella coppa d'argento! È una lunga storia, una storia che ho sempre tenuto per me". Dickinson mi guardò timidamente. "La vicenda ha un inizio drammatico: stavo per annegare. Mi trovavo in una cittadina del Nebraska e avevo solo cinque anni. Mio fratello maggiore mi aveva spinto per gioco in uno stagno profondo più di quattro metri. Mentre annaspavo e stavo per finire sott'acqua per la seconda volta, mi apparve un'abbagliante luce multicolore che pervase ogni cosa intorno a me; al centro scorsi la figura di un uomo con gli occhi tranquilli e un sorriso rassicurante. Il mio corpo stava affondando per la terza volta quando un compagno di mio fratello piegò un salice alto e sottile, che si curvò tanto in basso da permettermi di afferrarlo con la forza della disperazione. I ragazzi mi trasportarono a riva e mi prestarono le prime cure.

"Dodici anni dopo, nel settembre del 1893, ora ragazzo di diciassette anni, visitai con mia madre Chicago, dove in quel periodo si teneva il grande convegno del World Parliament of Religions. Mia madre e io percorrevamo una via del centro, quando vidi di nuovo quel potente lampo di luce. A pochi passi di distanza passeggiava senza fretta lo stesso uomo della visione avuta anni prima, il quale, raggiunto l'ingresso di un grande auditorium, scomparve dietro la porta.

"'Mamma', gridai, 'quello era l'uomo che mi è apparso la volta in cui stavo per annegare'.

"Ci affrettammo a entrare nell'edificio; l'uomo era seduto sul podio delle conferenze. "Presto apprendemmo che era swami Vivekananda[2] e veniva dall'India. Dopo il suo bellissimo discorso, capace di toccare l'anima fin nel profondo, mi feci avanti per conoscerlo. Mi sorrise gentilmente, come se fossimo vecchi amici. Ero così giovane da non sapere come esprimere i miei sentimenti, ma in fondo al cuore speravo che si offrisse di diventare il mio maestro. Lo swami mi lesse nel pensiero.

"'No, figlio mio, io non sono il tuo guru', disse Vivekananda fissando i suoi bellissimi occhi penetranti nei miei. 'Il tuo maestro verrà più tardi, e ti darà una coppa d'argento'. Dopo una breve pausa aggiunse sorridendo: 'Egli riverserà su di te più benedizioni di quante ne potresti accogliere adesso'.

"Lasciai Chicago qualche giorno dopo", continuò Dickinson, "e non rividi mai più il grande Vivekananda. Ma ogni parola che aveva pronunciato rimase indelebilmente impressa nel profondo della mia coscienza. Nel frattempo, gli anni passavano e non appariva nessun

[2] Il principale discepolo di Sri Ramakrishna Paramahansa, un maestro simile al Cristo.

maestro. Una notte, nel 1925, pregai intensamente il Signore di inviarmi il mio guru; qualche ora più tardi fui destato dal dolce suono di una melodia, e dinanzi agli occhi mi apparve una schiera di creature celesti che suonavano flauti e altri strumenti. Gli angeli riempirono l'aria di musica sublime, poi lentamente svanirono.

"La sera dopo venni a sentire per la prima volta una delle vostre conferenze qui a Los Angeles, e seppi allora che la mia preghiera era stata esaudita".

Ci sorridemmo in silenzio.

"Da undici anni sono ormai vostro discepolo sul sentiero del Kriya Yoga", continuò Dickinson. "Qualche volta ho pensato alla coppa d'argento, chiedendomi il significato della predizione di Vivekananda, e ormai mi ero quasi convinto che le sue parole fossero solo metaforiche.

"Ma la notte di Natale, quando vicino all'albero mi avete consegnato quella piccola scatola, ho visto, per la terza volta in vita mia, lo stesso lampo di luce abbagliante. Un attimo dopo avevo davanti agli occhi il dono del mio guru, che Vivekananda aveva previsto quarantatré anni prima:[3] una coppa d'argento!".

---

[3] Dickinson incontrò lo swami Vivekananda nel settembre del 1893, lo stesso anno in cui, il 5 gennaio, era nato Paramahansa Yogananda. Vivekananda era evidentemente consapevole che Yogananda si era di nuovo incarnato, e che sarebbe andato in America a insegnare la filosofia indiana.

Nel 1965 Dickinson, ancora sano e attivo a 89 anni, ricevette il titolo di Yogacharya (maestro di yoga), in una cerimonia svoltasi presso la Casa Madre della Self-Realization Fellowship a Los Angeles.

Egli meditava spesso e a lungo insieme a Paramahansaji, e non mancò mai di praticare il Kriya Yoga, tre volte al giorno.

Due anni prima della morte, avvenuta il 30 giugno 1967, lo Yogacharya Dickinson, durante un discorso rivolto ai monaci SRF, aggiunse al suo racconto un particolare interessante che aveva dimenticato di menzionare a Paramahansaji. Yogacharya Dickinson disse: "Quando a Chicago salii sul podio per parlare allo swami Vivekananda, prima ancora che avessi il tempo di salutarlo, lui mi lanciò un ammonimento: "Giovanotto, voglio che tu stia lontano dall'acqua!". *(Nota dell'editore)*

Capitolo 48

A Encinitas, in California

"Una sorpresa, signore! Durante la vostra assenza abbiamo fatto costruire questo eremitaggio, qui a Encinitas. È un regalo di bentornato a casa!". Lynn, sister Gyanamata, Durga Ma e qualche altro devoto mi fecero strada sorridendo; oltrepassammo un cancello e imboccammo una piccola salita, un vialetto ombreggiato da alberi.

A un certo punto vidi un edificio che si protendeva come una grande nave bianca verso il blu dell'oceano. Dapprima senza parole, poi con una serie di "Oh!" e di "Ah!", infine con l'inadeguato vocabolario di cui l'uomo dispone per esprimere la gioia e la gratitudine, visitai l'*ashram*: sedici stanze molto spaziose, ognuna deliziosamente arredata.

Il grande salone centrale, dalle enormi finestre alte fino al soffitto, si affaccia su una vista che è una sinfonia di smeraldo, opale e zaffiro: un altare fatto di erba, di oceano e di cielo. Sulla cappa del grande camino della sala vi sono i ritratti di Cristo, Babaji, Lahiri Mahasaya e Sri Yukteswar, che elargiscono, lo sento, le loro benedizioni su questo tranquillo *ashram* occidentale.

Proprio sotto il salone, scavate nella scogliera, due grotte per la meditazione si affacciano sull'infinità del cielo e del mare. Vi sono anche luoghi appartati per prendere il sole, sentieri lastricati che conducono ad angolini tranquilli, roseti, un boschetto di eucalipti e un frutteto.

"Possano le buone ed eroiche anime dei santi venire in questo luogo" (così dice la 'Preghiera per la casa', dallo Zend-Avesta, affissa su una delle porte dell'eremitaggio), "e possano camminare con noi, mano nella mano, dispensando le virtù risanatrici dei loro doni benedetti, vasti come la terra, immensi come i cieli".

La vasta tenuta di Encinitas, in California, è stata donata alla Self-Realization Fellowship da James J. Lynn, un fedele Kriya Yogi dal giorno della sua iniziazione, avvenuta nel gennaio del 1932. Uomo d'affari americano con innumerevoli responsabilità (dirige una grande società operante nel settore petrolifero e presiede la più grande compagnia di

A Encinitas, in California

Paramahansa Yogananda e James J. Lynn, che in seguito prenderà il nome di Sri Rajarsi Janakananda. Guru e discepolo stanno meditando alla Casa Madre internazionale della SRF/YSS a Los Angeles, nel 1933. "Alcuni dicono che gli occidentali non sono capaci di meditare. Questo non è vero", ha detto Yogar.andaji. "Da quando James J. Lynn ha ricevuto il Kriya Yoga, l'ho sempre visto in intima comunione con Dio".

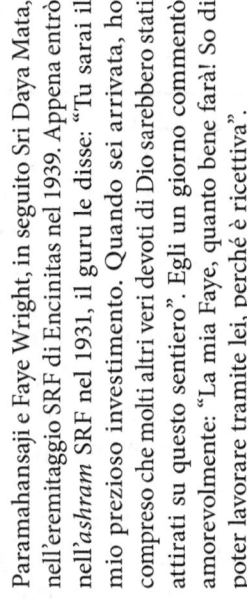

Paramahansaji e Faye Wright, in seguito Sri Daya Mata, nell'eremitaggio SRF di Encinitas nel 1939. Appena entrò nell'*ashram* SRF nel 1931, il guru le disse: "Tu sarai il mio prezioso investimento. Quando sei arrivata, ho compreso che molti altri veri devoti di Dio sarebbero stati attirati su questo sentiero". Egli un giorno commentò amorevolmente: "La mia Faye, quanto bene farà! So di poter lavorare tramite lei, perché è ricettiva".

523

assicurazioni contro gli incendi che esista al mondo), Lynn trova tuttavia ogni giorno il tempo per lunghe e profonde meditazioni Kriya. Conducendo una vita perfettamente equilibrata, ha ottenuto nel *samadhi* la grazia di una imperitura pace interiore.

Durante il mio soggiorno in India e in Europa (dal giugno 1935 all'ottobre 1936), Lynn[1] aveva amorevolmente cospirato con i devoti californiani con cui ero in contatto epistolare, per evitare che mi giungesse il benché minimo accenno sulla costruzione dell'*ashram* di Encinitas. Che splendida sorpresa e che gioia!

Durante i primi anni trascorsi in America avevo perlustrato le coste della California, in cerca di una piccola località sul mare dove costruire un *ashram*. Ogni volta che trovavo un luogo adatto, sorgeva invariabilmente qualche ostacolo a frustrare i miei progetti. Facendo ora spaziare lo sguardo sulla soleggiata proprietà di Encinitas, mi resi conto con umile gratitudine che si era realizzata l'antica profezia di Sri Yukteswar: "un eremitaggio in riva all'oceano".[2]

Qualche mese dopo, nella Pasqua del 1937, condussi sui prati del nuovo *ashram* il primo di molti servizi pasquali al levar del sole. Come i magi dell'antichità, parecchie centinaia di studenti contemplarono con devota reverenza il miracolo che si ripete ogni giorno: il rito del sorgere del sole nel cielo d'Oriente. A Occidente si stendeva l'Oceano Pacifico, che innalzava rombante il suo canto solenne di lode; in lontananza, una piccola barca bianca e il volo solitario di un gabbiano. "Cristo, sei risorto!". Non solo con il sole di primavera, ma nell'eterna aurora dello Spirito.

Trascorsero molti mesi felici. Nella bellezza perfetta dello scenario di Encinitas, portai a termine un'opera progettata da molto tempo: i *Canti Cosmici*.[3] Tradussi in inglese molti canti indiani e diedi loro una notazione musicale occidentale. Tra questi vi erano il canto di Shankara 'Né nascita né morte', il canto sanscrito 'Inno a Brahma', 'Chi è nel mio tempio?' di Tagore, e diverse mie composizioni, quali 'Per sempre sarò

---

[1] Dopo la morte di Paramahansaji, J. J. Lynn (Rajarsi Janakananda) ricoprì il ruolo di presidente della Self-Realization Fellowship e della Yogoda Satsanga Society of India. Del suo guru egli ha detto: "Com'è celestiale la compagnia di un santo! Di tutte le cose che mi sono state date nella vita, le benedizioni che Paramahansaji ha riversato su di me sono il tesoro più grande".

J. J. Lynn entrò nel *mahasamadhi* nel 1955. *(Nota dell'editore)*

[2] Vedere le pagine 131-132.

[3] Pubblicato dalla Self-Realization Fellowship. Esistono inoltre delle registrazioni della voce di Paramahansa Yogananda che canta alcuni *Canti Cosmici*; anch'esse si possono richiedere alla Self-Realization Fellowship. *(Nota dell'editore)*

A Encinitas, in California

Una veduta aerea dell'eremitaggio della Self-Realization Fellowship di Encinitas, California, che si affaccia sull'Oceano Pacifico con il suo ritiro e i suoi *ashram*. Nelle vicinanze si trova un tempio della SRF.

Paramahansa Yogananda nei giardini dell'eremitaggio SRF di Encinitas, situato su un promontorio che si affaccia sull'Oceano Pacifico, nel 1940.

Tuo', 'Nel paese oltre i miei sogni', 'Madre, la mia anima Ti chiama', 'Mio Signore, ascolta' e 'Nel tempio del silenzio'.

Nella prefazione al libro dei canti riportai la mia prima, straordinaria esperienza sull'accoglienza riservata dagli occidentali alle melodie orientali. Accadde in occasione di una conferenza pubblica, il 18 aprile 1926, alla Carnegie Hall di New York.

Il 17 aprile avevo confidato a uno studente americano, Alvin Hunsicker: "Ho intenzione di chiedere al pubblico di cantare un antico canto indù: 'Dio magnifico'".[4]

Il signor Hunsicker aveva obiettato che i canti orientali non sono di facile comprensione per gli americani.

---

[4] Le parole del Guru Nanak sono le seguenti:
"Dio magnifico, Dio magnifico!
Nella foresta verde Tu sei;
nella montagna sei maestoso;
mentre nel fiume sei sempre irrequieto;
ma nell'oceano grave Tu sei.
Per chi serve Tu sei il servigio;
per chi ama sei l'amore;
per chi soffre sei il conforto;
ma per lo yogi estasi sei.
Dio magnifico, Dio magnifico
Io mi inchino ai piedi Tuoi!".

A Encinitas, in California

"La musica è un linguaggio universale", avevo risposto. "Gli americani non mancheranno di sentire l'aspirazione dell'anima che pervade questo canto sublime".

La sera seguente, le strofe piene di devozione di 'Dio magnifico' risuonarono ininterrottamente per più di un'ora da tremila gole. Non più blasé, cari newyorchesi! Il vostro cuore si è elevato in un semplice inno di lode. Quella sera avvennero divine guarigioni fra i devoti che cantavano con amore il nome benedetto del Signore.

Nel 1941 visitai il Centro di Boston della Self-Realization Fellowship. Il coordinatore del centro, il dottor M. W. Lewis, mi fece alloggiare in una suite ricca di artistici ornamenti. "Signore", mi disse sorridendo, "nei primi anni trascorsi in America, avete abitato in questa città in una camera singola e senza bagno. Volevo che sapeste che Boston può vantare anche degli appartamenti di lusso!".

Molti anni felici in California sono trascorsi velocemente, densi di attività. Nel 1937 a Encinitas è stata fondata una comunità[5] della Self-Realization Fellowship. Le numerose attività che vi si svolgono permettono di offrire ai discepoli una ricca formazione in molti campi, in sintonia con gli ideali della Self-Realization Fellowship. Vi si coltivano frutta e verdura, destinate al consumo dei residenti dei centri di Encinitas e di Los Angeles.

"Egli creò da uno solo tutte le nazioni degli uomini".[6] 'Fratellanza mondiale' è un termine molto ampio, ma l'uomo deve ampliare la propria comprensione e sensibilità verso gli altri e considerarsi un cittadino del mondo. Colui che veramente comprende che: "questa è la mia America, la mia India, le mie Filippine, la mia Europa, la mia Africa", e così via, non mancherà mai di quella libertà di pensiero e d'azione che consente di condurre una vita utile e felice.

Sebbene il corpo di Sri Yukteswar non abbia mai calcato altro suolo che quello indiano, egli ben conosceva la verità che ci rende fratelli:

"Il mondo è la mia patria".

---

[5] Ora è un fiorente *ashram*, che comprende l'originario eremitaggio principale, un *ashram* per i monaci e uno per le monache, locali per la preparazione e consumazione dei pasti e un suggestivo ritiro aperto ai membri e ai simpatizzanti della SRF. Dalla strada principale che costeggia la vasta tenuta si vede una serie di colonne bianche, sormontate da loti con petali di metallo dorato. Nell'arte indiana il loto è simbolo del centro della Coscienza Cosmica (*sahasrara*) posto nel cervello, il "loto di luce dai mille petali". *(Nota dell'editore)*

[6] Atti degli apostoli 17, 26.

Capitolo 49

Gli anni dal 1940 al 1951

"Abbiamo davvero compreso il valore della meditazione e sappiamo che nulla può turbare la nostra pace interiore. Nelle ultime settimane, durante i nostri incontri, abbiamo udito gli allarmi degli attacchi aerei e le esplosioni delle bombe ad azione ritardata, ma i nostri studenti continuano a riunirsi e a gradire immensamente i nostri bei servizi".

Questo coraggioso messaggio, scritto dal coordinatore del Centro della Self-Realization Fellowship di Londra, era soltanto una delle molte lettere che ricevevo dall'Inghilterra e da altre parti d'Europa devastate dalla guerra, durante gli anni precedenti all'ingresso dell'America nella Seconda guerra mondiale.

Nel 1942 il dottor Cranmer-Byng di Londra, noto redattore della collana *The Wisdom of the East*, mi scrisse:

"Leggendo l'*East-West*[1] mi sono reso conto di quanto sembriamo lontani, come se vivessimo in due mondi diversi. Bellezza, ordine, calma e pace mi giungono da Los Angeles, e approdano qui, come un vascello carico delle benedizioni e del conforto che il Santo Graal reca a una città assediata.

"Vedo come in sogno il vostro boschetto di palme e il tempio di Encinitas con le distese dell'oceano e la vista delle montagne; e soprattutto la fratellanza tra uomini e donne dagli ideali spirituali, una comunità profondamente unita, assorta in attività creative e rigenerata dalla contemplazione... Saluti a tutta la Comunità, da un soldato semplice, che vi scrive dalla torre di vedetta in attesa dell'alba".

A Hollywood, in California, è sorta una 'Chiesa di tutte le religioni', costruita dagli stessi collaboratori della Self-Realization Fellowship e inaugurata nel 1942. Un anno dopo a San Diego è stato fondato un

---

[1] La rivista ora intitolata *Self-Realization*.

Paramahansa Yogananda
Fotografia scattata il 20 agosto 1950 durante la consacrazione di Lake Shrine della Self-Realization Fellowship, Pacific Palisades, California.

Lake Shrine della Self-Realization Fellowship e il monumento alla pace mondiale di Gandhi

Situata a Pacific Palisades, Los Angeles, California, questa tenuta di dieci acri venne inaugurata da Paramahansa Yogananda il 20 agosto del 1950. Nel 1949, mentre dirigeva i lavori di costruzione e giardinaggio al lago, a volte Paramahansa Yogananda risiedeva nella casa galleggiante visibile nella foto in alto a sinistra. Sul lato opposto del lago si vede il mulino a vento che funge da cappella. Lake Shrine è aperto al pubblico; servizi, meditazioni, e conferenze vi hanno luogo settimanalmente. Nell'altra foto s'intravede, tra le due colonne, il sarcofago di pietra con decorazioni a basso rilievo che contiene una parte delle ceneri del Mahatma Gandhi.

altro tempio, e nel 1947 ne è sorto un terzo a Long Beach, sempre in California.[2]

Nel 1949 la Self-Realization Fellowship ricevette in dono una delle più belle proprietà del mondo: un meraviglioso giardino fiorito nella zona di Pacific Palisades, a Los Angeles. Questo terreno, dell'estensione di più di quattro ettari, è un anfiteatro naturale circondato da colline verdeggianti. La proprietà prende il nome di Lake Shrine da un vasto lago naturale, un gioiello azzurro in un diadema di alture. Un pittoresco mulino a vento olandese ospita una cappella, che è un luogo pieno di pace. Nei pressi di una valle fiorita, una grande ruota muove l'acqua che ricadendo produce una musica dolce e tranquilla. Il luogo è adornato da due statue di marmo provenienti dalla Cina: una raffigura Buddha e l'altra Kwan Yin (la personificazione cinese della Madre Divina). Su un'altura al di sopra di una cascata si erge una statua di Cristo a grandezza naturale, dal viso sereno e dalle vesti fluttuanti, che è illuminata di notte in modo davvero suggestivo.

Nel 1950, l'anno che segnò il trentesimo anniversario[3] della Self-Realization Fellowship in America, fu inaugurato a Lake Shrine il 'Mahatma Gandhi World Peace Memorial'. Lì, in un millenario sarcofago di pietra, fu custodita una parte delle ceneri del Mahatma, inviate dall'India.

Nel 1951 venne fondato a Hollywood l''India Center'.[4] Condussero con me la cerimonia di inaugurazione il signor Goodwin J. Knight, vicegovernatore della California e il signor M. R. Ahuja, console generale dell'India. Qui si trova inoltre l''India Hall', una sala per conferenze che può ospitare fino a 250 persone.

Coloro che visitano per la prima volta i vari centri della Self-Realization Fellowship chiedono spesso ulteriori chiarimenti sullo yoga. Una domanda che a volte mi sento rivolgere è questa: "È vero che, come sostengono alcune associazioni, lo yoga non si può studiare con profitto ricorrendo a insegnamenti scritti, ma si dovrebbe praticare esclusivamente sotto la guida diretta di un maestro?".

---

[2] Nel 1967 il gruppo che frequentava la Cappella di Long Beach, che ormai non riusciva a contenere il gran numero di devoti, si trasferì nello spazioso Tempio della Self-Realization Fellowship di Fullerton, California. *(Nota dell'editore)*

[3] In occasione della celebrazione di questo anniversario, il 27 agosto 1950 tenni a Los Angeles una cerimonia, durante la quale iniziai al Kriya Yoga 500 studenti.

[4] Nucleo, insieme al tempio adiacente, di un grande *ashram* gestito da devoti che hanno dedicato la loro vita al servizio dell'umanità e alla realizzazione degli ideali di Paramahansa Yogananda. *(Nota dell'editore)*

Goodwin J. Knight, vicegovernatore della California (*al centro*), con Yoganandaji e A. B. Rose, all'inaugurazione dell'India Center della Self-Realization Fellowship, adiacente al tempio SRF (foto *in basso*) a Hollywood, California, 8 aprile 1951.

Il tempio della Self-Realization Fellowship (Chiesa di tutte le religioni) a Hollywood.

Nell'era atomica, lo yoga deve essere insegnato con un metodo simile a quello delle *Lezioni della Self-Realization Fellowship*;[5] se così non fosse, questa scienza emancipatrice sarebbe di nuovo riservata a pochi privilegiati. Sarebbe senz'altro un immenso vantaggio per ogni discepolo poter avere al proprio fianco un guru dalla perfetta saggezza divina; ma il mondo è abitato da molti 'peccatori' e da pochi santi. Come possono allora le moltitudini ricevere l'aiuto dello yoga se non studiando, a casa propria, gli insegnamenti scritti da veri yogi?

L'unica alternativa sarebbe quella di ignorare l'"uomo comune" privandolo della conoscenza dello yoga. Ma questo non è il disegno di Dio per la nuova era. Babaji ha promesso di proteggere e guidare tutti i sinceri Kriya Yogi sul loro sentiero verso la Meta.[6] Sono necessari centinaia di migliaia, e non solo dozzine, di Kriya Yogi per realizzare quel mondo di pace e di abbondanza che attende gli uomini, una volta che si siano impegnati nel giusto modo per ristabilire la loro condizione di figli del Padre Celeste.

Fondare in Occidente l'organizzazione della Self-Realization Fellowship, un 'alveare per il miele spirituale', era un compito che mi fu affidato da Sri Yukteswar e dal Mahavatar Babaji. Assolvere questo sacro incarico non è stato privo di difficoltà.

"Ditemi sinceramente, Paramahansaji, ne è valsa la pena?". Questa laconica domanda mi fu rivolta una sera dal dottor Lloyd Kennell, uno dei responsabili del tempio di San Diego. Compresi che intendeva dire: "Siete stato felice in America? Cosa pensate delle falsità messe in circolazione da persone dal giudizio fuorviato, determinate a impedire la diffusione dello yoga? Che ne dite delle delusioni e delle amarezze sofferte, di quei responsabili dei centri incapaci di dirigere, di quegli studenti ai quali non si riusciva a insegnare?".

---

[5] Questa esauriente serie di lezioni è disponibile presso la Casa Madre internazionale della Self-Realization Fellowship, l'organizzazione fondata da Paramahansa Yogananda per diffondere la scienza di meditazione del Kriya Yoga e l'arte di condurre una vita spirituale (vedere pagina 552). *(Nota dell'editore)*

[6] Paramahansa Yogananda ha detto inoltre ai suoi allievi d'Oriente e d'Occidente che, dopo aver lasciato questa terra, avrebbe continuato a vegliare sul progresso spirituale di tutti i Kriyaban (studenti delle *Lezioni della Self-Realization Fellowship* che hanno ricevuto l'iniziazione al Kriya; vedere pagina 346). La verità di questa meravigliosa promessa è stata provata, fin dal giorno del suo *mahasamadhi*, dalle tante lettere di Kriya Yogi che hanno percepito la guida onnipresente del loro guru. *(Nota dell'editore)*

"Benedetto colui che è messo alla prova dal Signore!", risposi. "Egli si è ricordato, di quando in quando, di darmi qualche fardello da portare". Pensai poi a tutti i devoti fedeli, all'amore, alla devozione e alla comprensione che illuminano il cuore dell'America. Proseguii lentamente, con grande convinzione: "Ma la mia risposta è sì, mille volte sì! *Ne è valsa la pena*, più di quanto avessi mai sognato, di vedere Oriente e Occidente più vicini, uniti nell'unico legame duraturo, quello spirituale".

I grandi maestri dell'India che hanno mostrato un profondo interesse per l'Occidente hanno compreso con chiarezza le condizioni del mondo moderno; sanno che, finché tutte le nazioni non avranno meglio assimilato le virtù distintive dell'Oriente e dell'Occidente, la situazione mondiale non potrà migliorare. Ciascun emisfero ha bisogno del meglio che l'altro ha da offrire.

Nel corso dei miei viaggi per il mondo sono stato triste testimone di tanta sofferenza:[7] in Oriente la sofferenza è principalmente di tipo materiale, mentre in Occidente l'infelicità riguarda soprattutto il piano mentale e spirituale. Tutte le nazioni subiscono le dolorose conseguenze di una civiltà non equilibrata. L'India e molti altri paesi orientali possono trarre grande vantaggio emulando il senso degli affari e l'efficienza materiale di nazioni occidentali come l'America. I popoli occidentali, d'altro canto, necessitano di una comprensione più profonda dei fondamenti spirituali della vita e in particolare delle tecniche scientifiche, sviluppate in India fin dall'antichità, che permettono all'uomo di raggiungere la comunione cosciente con Dio.

Una civiltà dallo sviluppo completo e armonioso non è un ideale utopistico. Per millenni l'India è stata una nazione in cui regnava tanto l'illuminazione spirituale quanto una diffusa prosperità materiale. Nella lunga storia dell'India, la povertà degli ultimi duecento anni è solo una fase karmica temporanea. Per secoli, la 'ricchezza dell'India'

---

[7] "Quella voce è intorno a me come un mare prorompente:
'È dunque la tua terra così deturpata,
coccio su coccio frantumata?
Guarda! Tutte le cose fuggono da te, perché tu fuggi Me!...
Tutto ciò che ti tolsi, te l'ho tolto
non per darti dolore,
ma solo perché tu lo cercassi tra le mie braccia.
Tutto ciò che il tuo infantile errore
immaginava perduto, nella tua casa io l'ho per te serbato.
Alzati, afferra la mia mano e vieni!'".
(da *Il segugio del cielo* di Francis Thompson)

fu proverbiale in tutto il mondo.[8] L'abbondanza materiale, così come quella spirituale, è un'espressione della struttura stessa di *rita*, la legge cosmica, ovvero la giustizia naturale. Dio non conosce parsimonia, e lo stesso vale per l'esuberante Natura, il Divino che si manifesta nella realtà fenomenica.

[8] Le testimonianze storiche presentano l'India, fino al XVIII secolo, come la nazione più ricca del mondo. Per inciso, nella letteratura o nella tradizione indiana non v'è nulla che confermi la teoria storica occidentale secondo la quale l'India sarebbe stata 'invasa' dai primi ariani, provenienti da qualche imprecisata regione dell'Asia o dell'Europa. Comprensibilmente gli studiosi non sono in grado di stabilire il punto di partenza di questa immaginaria migrazione. Dai *Veda* risulta invece che l'India è stata la patria degli indù fin da tempi immemorabili. Gli elementi a conferma di questa tesi sono stati esposti in un volume originale e di piacevole lettura, *Rig-Vedic India*, scritto da Abinas Chandra Das e pubblicato nel 1921 dall'Università di Calcutta. Il professor Das sostiene che alcuni gruppi migratori provenienti dall'India si stabilirono in varie regioni dell'Europa e dell'Asia, e vi diffusero la lingua e le tradizioni ariane. La lingua lituana, ad esempio, è per molti aspetti straordinariamente simile al sanscrito. Il filosofo Kant, che non conosceva il sanscrito, fu colpito dalla struttura scientifica della lingua lituana. "Questa lingua", affermò Kant, "contiene la chiave che svelerà tutti gli enigmi, non solo della filologia ma anche della storia".

La Bibbia menziona le ricchezze dell'India (Cronache 9, 21,10) quando narra che le 'navi di Tarsis' portarono al re Salomone 'oro e argento, avorio, scimmie e pavoni' e inoltre 'alberi di algum (sandalo) e pietre preziose' provenienti da Ofir (Sopara, sulla costa di Bombay). Megastene, ambasciatore greco (IV secolo a. C.), ci ha lasciato un quadro particolareggiato della prosperità dell'India. Plinio (I secolo d. C.) dice che i Romani spendevano annualmente cinquanta milioni di sesterzi (pari a circa 250 milioni di euro) per merci importate dall'India, che era allora una grande potenza marittima.

Alcuni viaggiatori cinesi hanno lasciato vivide descrizioni dell'opulenta civiltà indiana, del suo alto livello di istruzione e del suo eccellente governo. Il prete cinese Fa-Hsien (V secolo), racconta che gli Indiani erano felici, onesti e prosperi. Si vedano le opere *Buddhist Records of the Western World* (l'India era per i cinesi il 'mondo occidentale'!), di Samuel Beal, Trubner, Londra, e *On Yuan Chwang's Travels in India*, A.D. 629-45, di Thomas Watters, Royal Asiatic Society.

Quando nel XV secolo Colombo scoprì il Nuovo Mondo, era in realtà in cerca di una via più breve per i traffici con l'India. Per secoli, l'Europa è stata estremamente interessata ai prodotti esportati dall'India: sete, tessuti pregiati (di tale delicatezza da meritare gli appellativi di 'aria tessuta' e 'vapore invisibile'), stoffe di cotone stampato, broccati, ricami, tappeti, coltelli, armature, avorio e oggetti in avorio, profumi, incensi, legno di sandalo, vasellame, medicine e unguenti, indaco, riso, spezie, coralli, oro, argento, perle, rubini, smeraldi e diamanti.

Abbiamo testimonianze di mercanti portoghesi e italiani che descrivono il loro stupore alla vista della favolosa magnificenza dell'impero Vijayanagar (1336-1565). Lo splendore della capitale fu descritto dall'ambasciatore arabo Razzak in questi termini: 'occhio umano non vide mai né orecchio udì mai parlare di un luogo uguale a questo su tutta la terra'.

Nel XVI secolo, per la prima volta nella sua lunga storia, l'intera India cadde sotto una dominazione straniera. Il turco Baber invase il Paese nel 1524 e diede inizio a una dinastia di monarchi musulmani. Stabilendosi nell'antica terra, i nuovi re non la impoverirono. Tuttavia, nel XVII secolo, indebolita da contrasti interni, la prosperosa India divenne preda di diverse nazioni europee; infine l'Inghilterra assunse il potere e il governo del Paese. L'India ottenne pacificamente l'indipendenza il 15 agosto 1947.

Autobiografia di uno Yogi

Le Scritture indù insegnano che l'uomo viene attirato su questo pianeta per imparare, in modo sempre più completo vita dopo vita, le forme infinite in cui lo Spirito si può manifestare e può prevalere sulle condizioni materiali. Oriente e Occidente stanno imparando questa grande verità in modi diversi e dovrebbero condividere con gioia le loro scoperte. Indubbiamente Dio si compiace quando vede che i Suoi figli sulla terra si impegnano strenuamente per realizzare in tutto il mondo una civiltà libera dalla povertà, dalle malattie e dall'ignoranza spirituale. L'oblio delle proprie risorse divine (risultato del cattivo uso che l'uomo fa del libero arbitrio)[9] è la causa originaria di ogni altra forma di sofferenza.

Come molti indiani, ho anch'io una storia segreta 'che ora si può raccontare'. Durante la Prima guerra mondiale, un gruppo di giovani che avevo conosciuto all'università si mise in contatto con me e cercò di convincermi a guidare un movimento rivoluzionario. Rifiutai con queste parole: "Uccidere i nostri fratelli inglesi non può portare all'India alcun bene. L'India non otterrà la libertà con le armi, ma grazie alla sua forza spirituale". Misi poi in guardia i miei amici, avvertendoli che le navi tedesche cariche di armi, sulle quali essi facevano affidamento, sarebbero state intercettate dagli inglesi a Diamond Harbour, nel Bengala. I giovani, tuttavia, non desistettero dai loro piani, che naufragarono proprio come avevo previsto. I miei amici uscirono di prigione dopo qualche anno. Parecchi di loro, abbandonata la fede nella violenza, sposarono i valori di Gandhi e si unirono al suo movimento politico. E alla fine videro la vittoria dell'India, dopo una 'guerra' vinta con mezzi pacifici.

La triste divisione del Paese in due stati, India e Pakistan, e il breve ma sanguinoso intermezzo che seguì in alcune regioni, furono causati più da motivi economici che dal fanatismo religioso (ragione meno importante, spesso presentata erroneamente come la principale). Innumerevoli indù e musulmani, oggi come in passato, vivono fianco a fianco in amicizia. Un grandissimo numero di persone di entrambe le fedi divennero discepoli di Kabir (1450-1518), il maestro 'senza credo' che ancora oggi ha milioni di seguaci (*Kabir-panthis*). Sotto il governo musulmano di Akbar il Grande, regnava in tutta l'India la più ampia libertà religiosa. E anche oggi non c'è un serio antagonismo religioso nel 95% della popolazione comune. La vera India, l'India che fu capace di capire e di seguire il Mahatma Gandhi, non si può trovare nelle irrequiete città, ma nei 700.000 pacifici villaggi, dove le semplici e giuste forme di autogoverno dei *panchayats* (consigli locali) si perpetuano da tempi immemorabili. I problemi che affliggono l'India odierna, che ha appena ottenuto l'indipendenza, saranno certamente risolti un giorno dai grandi uomini che l'India non ha mai mancato di far sorgere dal proprio seno.

[9] "Liberamente noi serviamo,
Perché liberamente amiamo, poiché è nostra scelta
Amare o non amare; in questo siamo saldi o cadiamo,
E alcuni di noi sono caduti, nella disobbedienza sono caduti,
Sì, dal cielo nel più profondo inferno. O terribile caduta,
Da quale somma beatitudine a quale angosciosa pena!".
(dal *Paradiso Perduto* di Milton)

Gli anni dal 1940 al 1951

I mali attribuiti all'astrazione antropomorfica chiamata 'società' possono essere imputati più realisticamente a ogni essere umano.[10] L'utopia deve nascere in seno a ciascun individuo prima di poter fiorire e diventare una virtù collettiva, poiché le riforme interiori portano naturalmente a quelle esteriori. Un uomo che ha cambiato sé stesso cambierà migliaia di persone.

Le Scritture di tutto il mondo che hanno superato la prova del tempo assolvono essenzialmente la stessa funzione di ispirare l'uomo nel suo viaggio verso l'elevazione spirituale. Uno dei periodi più felici della mia vita è stato quello trascorso dettando la mia interpretazione di parte del Nuovo Testamento[11] per la rivista *Self-Realization*. Implorai con fervore il Cristo di guidarmi nell'intuire il vero significato delle sue parole, molte delle quali sono state malauguratamente oggetto di interpretazioni errate per venti secoli.

Una notte, nell'eremitaggio di Encinitas, mentre pregavo assorto nel silenzio, il mio studio si riempì di una luce di un azzurro opalescente. In quella luce apparve la figura radiosa del beato Signore Gesù. Aveva l'aspetto di un giovane di circa venticinque anni, con barba e baffi radi; i lunghi capelli neri, divisi nel mezzo, erano circondati da un'aureola d'oro lucente.

I suoi occhi erano infinitamente meravigliosi; mentre li contemplavo mutavano senza posa, e a ogni divino cambiamento di espressione, comprendevo intuitivamente la saggezza che comunicavano. Nel suo sguardo glorioso percepivo il potere che sostiene miriadi di mondi. Un Santo Graal apparve alle sue labbra, discese alle mie e poi risalì a Gesù. Dopo alcuni istanti egli pronunciò parole bellissime, di una natura così personale che le serbo racchiuse nel mio cuore.

Tra il 1950 e il 1951 ho trascorso molto tempo in un tranquillo ritiro presso il deserto del Mojave, in California, dove ho tradotto la

---

[10] Il disegno della *lila* o 'gioco' divino che ha portato in esistenza i mondi fenomenici si fonda sulla *reciprocità* tra le creature e il Creatore. L'unico dono che l'uomo possa offrire a Dio è l'amore; ed è sufficiente a suscitare la sua traboccante generosità. "Andate ancora frodandomi, voi, la nazione tutta! Portate le decime intere nel tesoro del tempio, perché ci sia cibo nella mia casa; poi mettetemi pure alla prova in questo – dice il Signore degli eserciti – se Io non vi aprirò le cateratte del cielo e non riverserò su di voi benedizioni sovrabbondanti" (Malachia 3, 9-10).

[11] Il commento completo di Paramahansa Yogananda sui quattro Vangeli è stato pubblicato dalla Self-Realization Fellowship in un volume intitolato *The Second Coming of Christ: The Resurrection of the Christ Within You*. (Nota dell'editore)

Paramahansa Yogananda nell'eremitaggio SRF di Encinitas, California, nel luglio del 1950.

Bhagavad Gita e ne ho esposto un commento dettagliato,[12] in cui sono descritti i vari sentieri dello yoga.

La Bhagavad Gita, la più importante Scrittura indiana, fa per due volte[13] riferimento esplicito a una tecnica yoga (l'unica che vi sia menzionata e la stessa che Babaji chiamò semplicemente Kriya Yoga), offrendo in tal modo insegnamenti di natura pragmatica oltre che morale. Il nostro mondo di sogno è come un oceano, in cui il respiro è la tempesta dell'illusione, che dà vita alla coscienza delle onde individuali: le forme degli uomini e di tutti gli altri oggetti materiali. Sapendo che la conoscenza di tipo puramente filosofico ed etico non basta a risvegliare l'uomo dal suo doloroso sogno di vivere un'esistenza separata da Dio, il Signore Krishna indicò la sacra scienza che permette allo yogi di dominare il corpo e scegliere a suo piacimento di trasformarlo in pura energia. Gli scienziati moderni, pionieri dell'era atomica, sono ormai in grado di comprendere, se pure in termini teorici, la possibilità di una tale impresa consentita dallo yoga. È stato dimostrato infatti che tutta la materia può essere trasformata in energia.

Le Scritture indù esaltano la scienza dello yoga perché è alla portata di tutto il genere umano. È vero che il mistero del respiro è stato talvolta risolto senza l'impiego di tecniche yoga, come nel caso dei mistici non indù dotati di straordinarie capacità di devozione per il Signore. Questi santi cristiani, musulmani e di altre fedi religiose sono stati visti nello stato di estasi caratterizzato dall'assoluta immobilità e dall'assenza del respiro (*sabikalpa samadhi*),[14] estasi senza la quale nessun uomo ha mai raggiunto il primo stadio della percezione di Dio. (Quando però un santo ha raggiunto il *nirbikalpa*, cioè lo stato più elevato di *samadhi*, egli

---

[12] *God Talks With Arjuna: The Bhagavad Gita – Royal Science of God-Realization*, pubblicato dalla Self-Realization Fellowship. La Bhagavad Gita è la sacra Scrittura più amata dell'India. Consiste in un dialogo tra Sri Krishna (simbolo dello Spirito) e il suo discepolo Arjuna (che simboleggia l'anima del devoto ideale): eterne parole di guida spirituale, sempre attuali per ogni ricercatore della verità. Il messaggio centrale della *Gita* è che l'uomo può ottenere la liberazione grazie all'amore per Dio, alla saggezza e alle giuste opere compiute con spirito disinteressato, senza attaccamento per i risultati dell'azione.

[13] Bhagavad Gita IV, 29 e V, 27-28.

[14] Vedere il capitolo 26. Fra i mistici cristiani che, in base alle testimonianze raccolte, hanno raggiunto lo stato del *sabikalpa samadhi*, possiamo menzionare Santa Teresa d'Avila, il cui corpo diventava talmente rigido e immobile che le suore del convento non erano in grado di farle cambiare posizione o di riportarla alla coscienza esteriore.

è indissolubilmente unito al Signore, sia che respiri sia che non respiri, sia che resti immerso nell'immobilità o nell'attività).

Frate Lorenzo, mistico cristiano del XVII secolo, racconta di aver percepito il primo barlume di realizzazione divina mentre guardava un albero. Quasi tutti gli esseri umani hanno visto un albero, ma pochi purtroppo vi hanno scorto il suo Creatore. La maggioranza degli uomini non è assolutamente in grado di ridestare quelle irresistibili capacità di devozione acquisite senza sforzo da pochi *ekantin,* quei santi che hanno solo Dio nel cuore e che si trovano su tutti i sentieri religiosi, sia in Oriente sia in Occidente. Ma non per questo all'uomo comune[15] è preclusa la possibilità di raggiungere la comunione con Dio. Per recuperare il ricordo dell'anima, è sufficiente che pratichi la tecnica del Kriya Yoga, osservi i precetti morali e sappia invocare sinceramente Dio, dicendo: "Signore, desidero ardentemente conoscerti!".

Il richiamo universale esercitato dallo yoga consiste perciò nella possibilità di avvicinarsi a Dio grazie a un metodo scientifico da seguire ogni giorno, piuttosto che mediante una devozione di straordinaria intensità, che trascende le facoltà emotive dell'uomo comune.

Vari grandi maestri giainisti dell'India sono stati chiamati *tirthakara,* 'coloro che preparano il guado', perché mostrano il passaggio grazie al quale l'umanità disorientata può attraversare i mari tempestosi del *samsara* (la ruota karmica, l'alternarsi continuo di vite e di morti) e giungere all'altra sponda. Il *samsara* (che letteralmente significa 'scorrere con', il fluire dei fenomeni) induce l'uomo a scegliere la via che oppone minore resistenza. "Chiunque vuole essere amico del mondo si rende nemico di Dio".[16] Per diventare amico di Dio, l'uomo deve vincere i demoni, che sono i mali del karma, ovvero delle azioni che lo inducono costantemente a una supina acquiescenza verso le illusioni del mondo di *maya.* Il ricercatore sincero che conosce la ferrea legge del karma si sente spinto a trovare la via per liberarsi definitivamente dai vincoli karmici. Poiché questa schiavitù degli esseri umani è radicata nei desideri della mente ottenebrata da *maya,* l'obiettivo primario dello yogi è il controllo

---

[15] L''uomo comune' deve pur iniziare il proprio cammino spirituale in qualche tempo e in qualche luogo. "Un viaggio di mille miglia inizia con un passo solo", ha osservato Lao-Tzu. Cfr. Buddha: "Nessun uomo pensi con leggerezza al bene, dicendo in cuor suo: 'Non verrà a me'. Goccia dopo goccia, il vaso si riempie; il saggio diviene ricolmo di bene, anche se lo raccoglie a poco a poco".

[16] Giacomo 4, 4.

della mente.[17] Cadono così tutti i veli dell'ignoranza karmica e l'uomo può finalmente conoscere sé stesso nella propria essenza originaria.

Il mistero della vita e della morte, la cui soluzione è il solo scopo del soggiorno dell'uomo sulla terra, è intimamente intrecciato al respiro. La libertà dal respiro è libertà dalla morte. Avendo compreso questa verità, gli antichi *rishi* dell'India si concentrarono su questo aspetto e svilupparono una scienza precisa e razionale che permettesse di raggiungere lo stato di assenza del respiro.

Se l'India non avesse altri doni da offrire al mondo, basterebbe la sola offerta regale del Kriya Yoga.

Alcuni passi della Bibbia mostrano che i profeti ebraici erano perfettamente consapevoli del ruolo assegnato da Dio al respiro quale sottile legame tra il corpo e l'anima. Nella Genesi si afferma: "Allora il Signore Dio plasmò l'uomo con polvere del suolo e soffiò nelle sue narici un alito di vita e l'uomo divenne un essere vivente".[18] Il corpo umano è composto di sostanze chimiche e minerali che si trovano anche nella 'polvere del suolo'. Questo involucro fisico non potrebbe svolgere alcuna attività né manifestare alcuna forma di energia e di movimento se l'anima non gli trasmettesse le correnti vitali che, nell'uomo non illuminato, sono infuse nel corpo grazie alla mediazione del respiro (energia gassosa). Le correnti vitali, che agiscono nel corpo umano tramite le cinque manifestazioni del *prana* o energie vitali sottili, sono un'espressione dell'*Om*, la vibrazione dell'anima onnipresente.

Il riflesso di vita che dalla sorgente dell'anima si riverbera luminoso nelle cellule del corpo, dando loro una verosimiglianza di vitalità,

---

[17] Ferma, una lampada arde al riparo dal vento;
tale è la mente dello Yogi,
che, al sicuro dalle tempeste dei sensi, arde luminosa verso il Cielo.
Quando la mente medita in pace, acquietata nella santa consuetudine;
quando il Sé contempla sé stesso, e in sé stesso
trova conforto; quando conosce la gioia senza nome
oltre la sfera dei sensi, gioia rivelata all'anima –
all'anima soltanto! – e in questa conoscenza non vacilla,
fedele al Vero; quando, paga di questo,
reputa non comparabile ogni altro tesoro,
e così, salda, non può essere scossa
dal più fiero dolore, questo è lo stato che ha il nome di 'pace',
questo felice distacco è Yoga; chiamate quell'uomo
uno Yogi perfetto!".
Bhagavad Gita VI,19-23 (dalla traduzione inglese di Sir Edwin Arnold).

[18] Genesi 2, 7.

è l'unica ragione per cui l'uomo ha attaccamento al proprio corpo; è ovvio che, altrimenti, egli non avrebbe motivo di mostrare tanta premurosa e deferente considerazione per un pezzo di argilla. L'essere umano si identifica erroneamente con la propria forma fisica perché il respiro convoglia nel corpo le correnti vitali provenienti dall'anima con tale intensità da indurlo a confondere l'effetto con la causa e quindi a idolatrare il corpo, immaginando che abbia vita propria.

Lo stato cosciente dell'uomo è essenzialmente consapevolezza del corpo e del respiro. Nello stato subcosciente, manifesto nel sonno, la mente si separa temporaneamente dall'identificazione con il corpo e con il respiro. Nello stato supercosciente l'uomo conquista la libertà dall'illusione che l'"esistenza" dipenda dal corpo e dal respiro. [19] Dio vive senza respiro; l'anima, fatta a sua immagine, diviene cosciente di sé, per la prima volta, solo quando raggiunge lo stato senza respiro.

Quando, per opera del karma, che regola l'evoluzione di ciascuno, si recide il legame del respiro tra l'anima e il corpo, si verifica la brusca transizione che chiamiamo 'morte', in cui le cellule fisiche ritornano alla loro condizione naturale di impotenza. Nel caso del Kriya Yogi, invece, il legame del respiro è reciso volontariamente in virtù del sapere scientifico, anziché della rude intrusione della necessità karmica. Grazie all'effettiva esperienza personale, lo yogi ha già compreso che la propria essenza è incorporea e non ha bisogno della lezione alquanto aggressiva della morte per capire che è sbagliato fare affidamento su un corpo fisico.

Vita dopo vita, ogni uomo compie dei progressi (ciascuno avanzando al proprio passo, per quanto incostante possa essere), avvicinandosi alla meta del proprio trionfo. La morte non è un'interruzione di questo cammino evolutivo dell'uomo; anzi, facendogli raggiungere un mondo astrale, gli offre semplicemente un ambiente più adatto dove purificarsi dalle proprie imperfezioni. "Non sia turbato il vostro cuore... Nella casa del Padre mio vi sono molte dimore".[20] È davvero improbabile che

---

[19] "Non gioirete mai del mondo nel giusto modo finché il mare stesso non scorrerà nelle vostre vene, finché non sarete rivestiti di cielo e incoronati di stelle e ciascuno di voi non penserà a sé stesso come all'unico erede del mondo intero, e ancor più di così, perché nel mondo vi sono altri uomini i quali sono unici eredi proprio come voi; finché non saprete cantare, gioire e rallegrarvi in Dio, come gli avari fanno con l'oro e i re con i loro scettri... finché non conoscerete a fondo le vie del Signore in tutte le epoche proprio come conoscete il vostro cammino e la vostra tavola; finché non conoscerete intimamente quell'oscuro nulla di cui è fatto il mondo" (da *Centuries of Meditations* di Thomas Traherne).

[20] Giovanni 14, 1-2.

Gli anni dal 1940 al 1951

L'ambasciatore dell'India negli Stati Uniti, Binay Ranjan Sen, con Sri Yogananda alla Casa Madre internazionale della Self-Realization Fellowship a Los Angeles, il 4 marzo 1952, tre giorni prima della scomparsa del grande yogi.

In un discorso in suo onore pronunciato durante il funerale che si celebrò l'11 marzo, l'ambasciatore Sen disse: "Se noi oggi avessimo un uomo come Paramahansa Yogananda alle Nazioni Unite, probabilmente il mondo sarebbe un luogo migliore di quello che è. Per quanto io ne sappia, nessuno ha lavorato più di lui, nessuno ha dato tanto di sé stesso, per unire i popoli dell'India e dell'America".

Dio abbia esaurito la Sua ingegnosità nella realizzazione di quest'unico mondo, o che nell'aldilà Egli non offra nulla di più interessante di uno strimpellare di arpe.

La morte non è l'annullamento dell'esistenza, ovvero un'uscita finale dalla vita, e non è neppure la porta che conduce all'immortalità. Chi ha smarrito il proprio Sé nelle gioie terrene non lo ritroverà tra gli eterei incanti di un mondo astrale. In questo luogo raccoglierà soltanto percezioni più sottili e una maggiore ricettività verso la bellezza e la bontà, che sono una cosa sola. È sull'incudine di questa terra grossolana che l'uomo deve faticosamente forgiare l'oro indistruttibile della sua identità spirituale. Stringendo tra le mani questo aureo tesoro così duramente conquistato, l'unico dono che l'avida Morte accetti, l'essere umano conquista finalmente la liberazione dai cicli ricorrenti della reincarnazione fisica.

A Encinitas e a Los Angeles ho tenuto per diversi anni lezioni sugli *Yoga Sutra* di Patanjali e altre profonde opere della filosofia indù.

"Perché mai Dio ha congiunto corpo e anima?", mi chiese una sera un allievo. "Quale scopo si prefiggeva dando inizio a questo dramma evolutivo della creazione?". Innumerevoli persone hanno posto domande come questa, e i filosofi hanno cercato invano di dare risposte soddisfacenti.

"Lasciate qualche mistero da esplorare nell'Eternità", era solito dire Sri Yukteswar con un sorriso. "Come potrebbero le limitate facoltà raziocinanti dell'uomo concepire le intenzioni insondabili dell'Assoluto al di là della creazione?[21] La ragione umana, condizionata dal principio di causa-effetto del mondo fenomenico, rimane sconcertata dinanzi al mistero di Dio, Colui che è senza principio e senza causa. Tuttavia, anche se la ragione umana non può sondare gli enigmi della creazione, alla fine Dio Stesso svelerà al devoto ogni mistero".

Chi desidera sinceramente e intensamente la saggezza è contento di dare inizio alla propria ricerca cominciando umilmente a conoscere qualche semplice elemento di base del disegno divino, e non pretende anzitempo di comprendere alla perfezione l'intera formula matematica della 'Teoria di Einstein' sulla vita.

"*Nessuno ha mai visto Dio in nessun momento* (nessun mortale soggetto al 'tempo', la relatività di *maya*,[22] può comprendere l'Infinito); *proprio il Figlio unigenito, che è nel seno del Padre* (la Coscienza Cristica,

---

[21] "Perché i miei pensieri non sono i vostri pensieri, le vostre vie non sono le mie vie, dice il Signore. Quanto il cielo sovrasta la terra, tanto le mie vie sovrastano le vostre vie, i miei pensieri sovrastano i vostri pensieri" (Isaia 55, 8-9). Dante dichiarò nella *Divina Commedia*:
Nel ciel che più della sua luce prende
fu' io e vidi cose che ridire
né sa né può chi di lassù discende;
perché appressando sé al suo disire,
nostro intelletto si profonda tanto
che dietro la memoria non può ire.
Veramente quant'io del regno santo
nella mia mente potei far tesoro,
sarà ora materia del mio canto.

[22] Il ciclo terrestre del giorno e della notte, l'alternarsi della luce e del buio, ricorda costantemente all'uomo che la creazione è legata a *maya*, la legge degli opposti. (I periodi di transizione o di equilibrio tra il giorno e la notte, cioè l'alba e il crepuscolo, sono perciò considerati adatti alla meditazione). Squarciando il velo di *maya* intessuto di dualità, lo yogi percepisce l'Unità trascendente.

cioè il riflesso dell'Intelligenza Perfetta che, proiettata all'esterno, dà forma a tutti i fenomeni attraverso la vibrazione di *Om*, e ha avuto origine dal 'seno', ovvero dalle profondità del Divino Increato, allo scopo di manifestare la molteplicità che scaturisce dall'Unità), *lui lo ha rivelato* (assoggettato alla forma o manifestato)".[23]

"In verità, in verità vi dico", spiegò Gesù, "il Figlio da sé non può fare nulla se non ciò che vede fare dal Padre; quello che Egli fa, anche il Figlio lo fa".[24]

La natura trina di Dio che si manifesta nei mondi fenomenici è simboleggiata nelle Scritture indù da Brahma il Creatore, Vishnu il Conservatore e Shiva il Distruttore-Rinnovatore. La loro triplice attività si esprime incessantemente in tutta la creazione vibratoria. Poiché l'Assoluto è oltre le facoltà umane di concezione, il devoto indù Lo adora nelle maestose personificazioni della Trinità.[25]

Le divine manifestazioni della creazione, conservazione e distruzione che troviamo nell'universo non sono tuttavia la natura ultima di Dio e tantomeno la Sua essenza (la creazione del cosmo è infatti soltanto la Sua *lila*, il Suo gioco creativo).[26] Non è possibile cogliere la natura più autentica di Dio nemmeno comprendendo tutti i misteri della Trinità, perché la Sua natura esteriore, che si manifesta nel regolato fluire degli atomi, è solo una forma di espressione, non di rivelazione di Sé. L'essenza del Signore si conosce soltanto quando 'il Figlio ascende al Padre'.[27] L'uomo che ha raggiunto la liberazione oltrepassa le sfere vibratorie ed entra nel Regno originario senza vibrazioni.

Tutti i grandi profeti sono rimasti in silenzio dinanzi alla richiesta di svelare gli ultimi misteri. Quando Pilato chiese: "Che cos'è la verità?",[28] Cristo non rispose. Le grandi, altisonanti domande poste dagli intellettuali come Pilato scaturiscono raramente da un ardente spirito di ricerca. Queste

---

[23] Giovanni 1, 18.

[24] Giovanni 5, 19.

[25] Questa è una concezione diversa della Realtà trina, rispetto a quella di *Sat, Tat* e *Om*, ovvero Padre, Figlio e Spirito Santo. Brahma-Vishnu-Shiva rappresenta l'espressione trina di Dio nell'aspetto di *Tat* o Figlio, la Coscienza Cristica immanente nella creazione vibratoria. Le *shakti*, energie o 'consorti' della Trinità, sono simboli di *Om*, lo Spirito Santo, la sola forza causale che sostiene il cosmo per mezzo della vibrazione (vedere le note a pagina 162 e 214-216).

[26] "O Signore... Tu hai creato tutte le cose, e per la tua volontà furono create e sussistono" (Apocalisse 4, 11).

[27] Giovanni 14, 12

[28] Giovanni 18, 38.

persone sono mosse piuttosto da una vuota arroganza che considera il dubbio circa i valori spirituali[29] come un segno di 'larghezza di vedute'.

"Per questo io sono nato e per questo sono venuto nel mondo, per rendere testimonianza alla verità. Chiunque è della verità, ascolta la mia voce".[30] Con queste poche parole, Gesù ha scritto interi volumi. Un figlio di Dio 'rende testimonianza' *con la propria vita*. Egli incarna la verità; se inoltre la spiega, questa è generosa sovrabbondanza.

La verità non è una teoria, non è un sistema filosofico speculativo e neppure una percezione intellettuale. La verità è perfetta corrispondenza alla realtà. Per l'uomo la verità è l'incrollabile certezza della sua vera natura, è sapere che il proprio Sé è l'anima. Gesù dimostrò con ogni parola e ogni atto della sua vita di conoscere *la verità* del proprio essere, della sua origine in Dio. Identificandosi completamente con la Coscienza Cristica onnipresente, egli poteva affermare con categorica semplicità: "Chiunque è della verità ascolta la mia voce".

Anche Buddha rifiutò di far luce sulle verità metafisiche ultime, osservando recisamente che l'uomo farebbe meglio a impiegare i pochi momenti che trascorre sulla terra perfezionando la propria natura morale. Il mistico cinese Lao-tzu ci ha lasciato questo giusto insegnamento: "Colui che sa non dice; colui che dice non sa". I misteri ultimi di Dio non sono 'aperti alla discussione'. Decifrare il Suo codice segreto è un'arte che nessun essere umano può trasmettere a un altro; in questo caso soltanto Dio può essere il Maestro.

"Fermatevi e sappiate che io sono Dio".[31] Il Signore, che non ostenta mai la Sua onnipresenza, può essere udito solo negli immacolati silenzi. Il Suono primordiale, echeggiando nell'universo come la vibrazione creativa di *Om* si traduce istantaneamente in parole intelligibili per il devoto che si trova in sintonia.

I *Veda* spiegano lo scopo divino della creazione, per quanto la ragione umana possa comprenderlo. I *rishi* ci hanno insegnato che ogni essere

---

[29] "Ama la Virtù; essa sola è libera;
può insegnarti ad ascendere
più in alto dell'armonia delle sfere celesti;
oppure, se la Virtù fosse debole,
il Cielo stesso si abbasserebbe a lei".
(da *Comus* di Milton)

[30] Giovanni 18, 37.

[31] Salmi 45,11. Lo scopo della scienza dello yoga è raggiungere quell'immobilità interiore che è necessaria per poter veramente 'conoscere Dio'.

Paramahansa Yogananda: 'L'ultimo sorriso'
Questa fotografia fu scattata un'ora prima del suo *mahasamadhi* (il cosciente distacco finale dal corpo di uno yogi) durante il banchetto in onore dell'ambasciatore indiano Binay R. Sen, il 7 marzo 1952 a Los Angeles, California.

Il fotografo ha colto qui un sorriso amorevole che sembra essere la benedizione di addio per ciascuno dei milioni di amici, studenti e discepoli del maestro. Gli occhi, che stanno già contemplando l'Eternità, sono tuttavia colmi di calore umano e comprensione.

La morte non ha avuto il potere di contaminare questo incomparabile devoto di Dio; il suo corpo ha manifestato uno straordinario stato d'immutabilità (vedere pagina 549).

umano è stato creato da Dio come un'anima destinata a manifestare in modo unico alcune particolari qualità dell'Infinito, prima di tornare a identificarsi con l'Assoluto. Tutti gli uomini, che in questo modo sono dotati di un aspetto dell'Individualità divina, sono ugualmente cari a Dio.

La saggezza accumulata dall'India, sorella maggiore di tutte le nazioni, è patrimonio dell'intera umanità. La verità dei *Veda*, come tutta la verità, appartiene al Signore e non all'India. I *rishi*, le cui menti erano puri ricettacoli, atti ad accogliere le profonde e divine verità dei *Veda*, erano membri della razza umana, nati su questa terra, anziché su un altro pianeta, per servire tutta l'umanità. Le distinzioni di etnia e nazionalità non hanno alcun significato nel regno della verità, dove l'unico requisito necessario è la capacità spirituale di accoglierla.

Dio è Amore; il suo progetto creativo può essere fondato solo sull'amore. Questo semplice pensiero non offre forse al cuore umano una consolazione maggiore di ogni ragionamento erudito? Tutti i santi che sono penetrati nel cuore della Realtà hanno dato testimonianza dell'esistenza di un divino disegno universale che è meraviglioso e pieno di gioia.

Dio rivelò le sue intenzioni al profeta Isaia con queste parole:

> Così sarà della parola [il suono creativo *Om*] uscita dalla mia bocca: non ritornerà a me senza effetto, senza aver operato ciò che desidero e senza aver compiuto ciò per cui l'ho mandata. Voi dunque partirete con gioia, sarete condotti in pace: i monti e i colli davanti a voi eromperanno in grida di gioia e tutti gli alberi dei campi batteranno le mani (Isaia 55, 11-12).

"Voi dunque partirete con gioia, e sarete condotti in pace". Gli uomini del ventesimo secolo, un'epoca duramente provata, ascoltano con intensa speranza questa meravigliosa promessa. Ogni devoto di Dio che si impegni con determinazione per riconquistare la propria eredità divina è in grado di realizzare appieno la verità insita in essa.

La sacra missione del Kriya Yoga in Oriente e in Occidente è soltanto ai suoi inizi. Possano tutti gli esseri umani giungere a sapere che esiste una precisa tecnica scientifica per la realizzazione del Sé, grazie alla quale si può sconfiggere ogni infelicità umana!

Nell'inviare pensieri e vibrazioni di amore alle migliaia di Kriya Yogi sparsi come gioielli splendenti su tutta la terra, penso spesso con gratitudine:

"Signore, Tu hai dato a questo monaco una grande famiglia!".

Paramahansa Yogananda:
uno Yogi nella vita e nella morte

Paramahansa Yogananda entrò nel *mahasamadhi* (la cosciente uscita finale di uno yogi dal corpo) a Los Angeles, in California, il 7 marzo 1952, al termine del discorso che pronunciò in occasione di un banchetto in onore dell'ambasciatore dell'India, Binay R. Sen.

Questo grande maestro dell'umanità dimostrò il valore dello yoga non solo nella vita, ma anche nella morte. A distanza di settimane dalla sua scomparsa, sul suo volto immutato risplendeva la luce divina dell'incorruttibilità.

Harry T. Rowe, direttore del Forest Lawn Memorial Park (il cimitero in cui è attualmente sepolto il corpo del grande maestro), inviò alla Self-Realization Fellowship una lettera ufficiale, di cui riportiamo alcuni stralci:

"L'assenza di qualsiasi segno visibile di decomposizione sul corpo di Paramahansa Yogananda costituisce per noi un caso eccezionale… A distanza di venti giorni dalla morte, le sue spoglie non presentavano manifestazioni di decomposizione… Non apparivano segni visibili di deterioramento dell'epidermide o disidratazione dei tessuti. Questo perfetto stato di conservazione è, a quanto risulta dagli archivi cimiteriali, un caso senza precedenti… Quando il corpo di Yogananda fu portato qui, il personale si aspettava di constatare, attraverso il coperchio di vetro della bara, l'avanzamento progressivo della decomposizione. La nostra meraviglia aumentava di giorno in giorno perché, con il passare del tempo, continuando a tenere la salma sotto osservazione, notavamo che non si manifestava nessun cambiamento. Il corpo di Yogananda si manteneva in uno stato di straordinaria inalterabilità…

"Il suo corpo non ha mai emanato l'odore della decomposizione… Il 27 marzo, appena prima di collocare il rivestimento di bronzo sulla bara, l'aspetto di Yogananda era identico a quello del 7 marzo, ancora intatto e incontaminato, esattamente come appariva la notte della morte. Il 27 marzo non esisteva alcun elemento per affermare che il suo corpo avesse subìto un processo visibile di decomposizione. Per questi motivi ribadiamo che, in base alla nostra esperienza, il caso di Paramahansa Yogananda è da considerarsi unico".

Francobolli commemorativi e monete in onore di Paramahansa Yogananda e Lahiri Mahasaya

Il Governo dell'India ha emesso in due occasioni francobolli commemorativi in onore della vita e dell'opera di Paramahansa Yogananda: *(a sinistra)* nel 1977, per commemorare il venticinquesimo anniversario del suo *mahasamadhi* e *(a destra)* nel 2017, per onorare il centenario della fondazione della Yogoda Satsanga Society of India.

Nel 2019, il Governo dell'India ha reso omaggio a Paramahansa Yogananda con l'emissione di una moneta commemorativa da 125 rupie in occasione del centoventicinquesimo anniversario della sua nascita, corredata da un opuscolo governativo che, tra l'altro, afferma: "Gli insegnamenti sullo yoga scientifici e non settari di Paramahansa Yogananda esercitano un fascino universale che attrae persone di ogni religione e sentiero della vita".

Nel 2020, il Governo ha inoltre emesso una moneta commemorativa da 125 rupie per onorare il centoventicinquesimo anniversario del *mahasamadhi* di Lahiri Mahasaya, precursore del Kriya Yoga.

Ulteriori informazioni sugli insegnamenti del Kriya Yoga di Paramahansa Yogananda

La Self-Realization Fellowship si adopera con dedizione per assistere i ricercatori della verità di tutto il mondo. Per informazioni sulla programmazione annuale delle nostre conferenze pubbliche, sugli incontri di approfondimento degli insegnamenti, sui servizi di meditazione e di ispirazione che si tengono nei nostri templi e centri sparsi in tutto il mondo, sui programmi dei ritiri e ogni altra attività, vi invitiamo a visitare il nostro sito web o a mettervi in contatto con la Casa Madre:

www.yogananda.org

Self-Realization Fellowship
3880 San Rafael Avenue
Los Angeles, CA 90065-3219. USA
+1(323) 225-2471

Le *Lezioni della Self-Realization Fellowship*

Guida personale e istruzioni di Paramahansa Yogananda sulle tecniche di meditazione yoga e i princìpi di una vita spirituale

Se ti senti attratto dalle verità spirituali descritte in *Autobiografia di uno Yogi,* ti invitiamo a iscriverti alle *Lezioni della Self-Realization Fellowship.*

Paramahansa Yogananda ha ideato questa serie di Lezioni per lo studio individuale allo scopo di fornire ai sinceri ricercatori spirituali l'opportunità di apprendere e praticare le antiche tecniche di meditazione yoga presentate in questo libro, inclusa la scienza del Kriya Yoga. Le *Lezioni* contengono anche la sua guida pratica per ottenere un benessere fisico, mentale e spirituale equilibrato.

Le *Lezioni della Self-Realization Fellowship* sono disponibili a un prezzo contenuto (per coprire i costi di stampa e spedizione). Tutti gli studenti ricevono gratuitamente una guida personale nella loro pratica degli insegnamenti da parte dei monaci e delle monache della Self-Realization Fellowship.

Per maggiori informazioni...

Si invita a visitare il sito www.srflessons.org per richiedere il pacchetto informativo gratuito sulle Lezioni che comprende:

- *Una presentazione delle Lezioni della Self-Realization Fellowship*: informazioni sulla serie di Lezioni di Paramahansa Yogananda per lo studio individuale
- *La realizzazione del Sé porta ai conseguimenti più elevati*: una introduzione esaustiva agli insegnamenti presentati nelle Lezioni della SRF

Libri in italiano di Paramahansa Yogananda

*Tradotti a cura della Self-Realization Fellowship,
pubblicati da Astrolabio-Ubaldini Editore
via Guido d'Arezzo, 16 - 00198 Roma*

Autobiografia di uno Yogi

L'eterna ricerca dell'uomo

Il divino romanzo

Verso la realizzazione del Sé

Il Maestro disse

Affermazioni scientifiche di guarigione

Meditazioni metafisiche

La scienza della religione

Il vino del mistico –
Le Rubaiyyàt di Omar Khayyàm,
un'interpretazione spirituale di Paramahansa Yogananda

Sussurri dall'Eternità

Dove splende la luce

Nel santuario dell'anima

Lo yoga di Gesù

Lo yoga della Bhagavad Gita

Diario spirituale

***Pubblicati dalla
Self-Realization Fellowship***
3880 San Rafael Avenue
Los Angeles, CA 90065-3219, USA
Tel. +1 323 225 2471
www.yogananda.org

Autobiografia di uno Yogi - Edizione audio

Canti dell'anima

Perché Dio permette il male e come trascenderlo

Come potete parlare con Dio

La legge del successo

La pace interiore

Due rane nei guai

Date una nuova forma alla vostra vita

Concentrare il potere dell'attenzione sul successo

Preghiere di un Maestro per i suoi discepoli

Vivere senza paura

Canti Cosmici

Un catalogo completo dei libri e delle registrazioni audio e video, incluse alcune rare registrazioni d'archivio di Paramahansa Yogananda, è disponibile su richiesta.

Libri in italiano di altri autori

Tradotti a cura della Self-Realization Fellowship, pubblicati da Astrolabio-Ubaldini Editore
via Guido d'Arezzo, 16 - 00198 Roma

La scienza sacra
Swami Sri Yukteswar

Soltanto amore
Sri Daya Mata

Pubblicati dalla
Self-Realization Fellowship
3880 San Rafael Avenue
Los Angeles, CA 90065-3219, USA
Tel. +1 323 225 2471
www.yogananda.org

Nella quiete del cuore:
come creare un rapporto d'amore con Dio
Sri Daya Mata

L'intuizione:
la guida dell'anima per prendere decisioni nella vita
Sri Daya Mata

L'arte di educare i figli
Sri Daya Mata

Come superare i difetti del carattere
Sri Daya Mata

Manifestare la coscienza divina nella vita di ogni giorno
Sri Mrinalini Mata

Il rapporto guru-discepolo
Sri Mrinalini Mata

Un precursore del nuovo genere umano
Tara Mata

Come usare il potere del pensievo positivo
Brother Bhaktananda

Il matrimonio spirituale
Brother Anandamoy

DVD

Awake: The Life of Yogananda (in italiano: *Il sentiero della felicità*)
Film documentario pluripremiato sulla vita e l'opera di Paramahansa Yogananda

La linea di successione dei Guru della Self-Realization Fellowship

Il Mahavatar Babaji è il guru supremo nella linea di successione dei maestri indiani della Self-Realization Fellowship, i quali si assumono la responsabilità del benessere spirituale di tutti i membri della Self-Realization Fellowship/Yogoda Satsanga Society of India che praticano fedelmente il Kriya Yoga. "Rimarrò nel corpo", ha promesso Babaji, "per tutta la durata di questo particolare ciclo del mondo" (vedere i capitoli 33 e 37).

Nel 1920 il Mahavatar Babaji disse a Paramahansa Yogananda: "Tu sei colui che ho scelto per diffondere il messaggio del Kriya Yoga in Occidente… Verrà il tempo in cui il Kriya Yoga, la tecnica scientifica della realizzazione di Dio, si diffonderà in ogni paese, contribuendo a unire in armoniosa fratellanza tutte le nazioni, grazie alla percezione trascendente che ogni uomo avrà del Padre Infinito".

Mahavatar significa 'grande incarnazione' o 'incarnazione divina'; *yogavatar* significa 'incarnazione dello yoga'; *jnanavatar* significa 'incarnazione della saggezza'.

Premavatar significa 'incarnazione dell'amore', titolo conferito a Paramahansa Yogananda nel 1953 dal suo grande discepolo Rajarsi Janakananda (James J. Lynn). (Vedere la nota 24 a p. 363).

NOTA SULLA PRONUNCIA DEI NOMI SANSCRITI

Le esemplificazioni fonetiche che seguono riproducono con una qualche approssimazione i suoni del sanscrito. Le vocali tra parentesi (i) e (a) sono semimute.

Bhagavan Krishna
si pronuncia [bagavan cr(i)-sc-na]
la *v* ha un suono intermedio tra *u* e *v*
sc ha un suono analogo a quello della parola 'scena'

Mahavatar Babaji
si pronuncia [mahavatar babagi]
la *h* va leggermente aspirata

Yogavatar Lahiri Mahasaya
si pronuncia [iogavatar lahiri ma-ha-sciai-(a)]
la *h* va leggermente aspirata
sc ha un suono analogo a quello di 'sciare'

Jnanavatar Swami Sri Yukteswar
si pronuncia [ghian-avatar sua-mi sc-ri iuk-te-sc-uar].
il gruppo *jn* si pronuncia *ghi*
sua come in 'suadente'
sc come in 'scena'

Premavatar Paramahansa Yogananda
si pronuncia [prem-avatar pa-ra-m(a)-han-s(a) ioganand(a)].
la *h* è leggermente aspirata

Scopi e Ideali
della
Self-Realization Fellowship

Fondatore: Paramahansa Yogananda
Presidente: Brother Chidananda

Diffondere in tutto il mondo la conoscenza di precise tecniche scientifiche per ottenere l'esperienza personale e diretta di Dio.

Insegnare che lo scopo della vita umana è l'evoluzione dalla limitata coscienza mortale alla consapevolezza di Dio, raggiunta grazie all'impegno personale; a questo fine, fondare in tutto il mondo templi della Self-Realization Fellowship dedicati alla comunione con Dio ed esortare ciascun individuo a innalzare un santuario interiore nella propria casa e nel proprio cuore.

Mettere in luce la perfetta armonia e l'unità fondamentale tra gli insegnamenti del cristianesimo originario impartiti da Gesù Cristo e quelli dello yoga originario di Bhagavan Krishna; mostrare che questi princìpi di verità sono la base scientifica comune a tutte le religioni.

Indicare la sublime strada maestra cui infine conducono i sentieri di tutte le vere religioni: la meditazione scientifica su Dio, praticata ogni giorno con devozione.

Liberare l'uomo dalla sua triplice sofferenza: le malattie fisiche, le disarmonie mentali e l'ignoranza spirituale.

Promuovere il principio 'vita semplice e pensiero elevato' e diffondere uno spirito di fratellanza fra i popoli, sostenendo l'eterna verità su cui si fonda la loro unione: il fatto che Dio sia il Padre di tutti.

Dimostrare la superiorità della mente sul corpo e dell'anima sulla mente.

Vincere il male con il bene, la tristezza con la gioia, la crudeltà con l'amabilità, l'ignoranza con la saggezza.

Conciliare scienza e religione comprendendo l'unitarietà dei loro princìpi fondamentali.

Promuovere la comprensione culturale e spirituale tra orientali e occidentali e l'acquisizione delle migliori caratteristiche gli uni degli altri.

Servire l'umanità come il proprio più grande Sé.

Indice analitico

*I nomi di persona, se orientali, sono di solito in ordine alfabetico, in base al primo nome, come è menzionato nell'*Autobiografia*; per esempio, Bhagabati Charan Ghosh si trova sotto la lettera 'B'. I nomi occidentali, invece, sono elencati per cognome.*

Abanindra, nipote di Tagore, 291

Abdul Gufoor Khan, discepolo musulmano di Lahiri Mahasaya, 355

Abhoya, preghiera di, affinché Lahiri Mahasaya fermi il treno, 309; affinché il suo nono figlio viva, 310

Abinas Chandra Das, Prof., 535 n.

Abinash, 7; visione di, di Lahiri Mahasaya in un campo, 8

Abu Said, mistico persiano, cit., 55

Acqua, meditazione sull', 89; leggenda riguardante l', del Gange, 214 n.; elogio dell', di san Francesco, 326 n.

Adamo ed Eva allegoria, 188 e sgg.

Afzal Khan, maomettano dai poteri miracolosi, 200 e sgg.

Agastya, avatar dell'India meridionale, 328

Ahamkara, il principio dell'ego, 45 n., 54 n., 242 n. Vedere anche Ego

Ahimsa, nonviolenza, 55 n., 55, 127, 482

Ahuja, M. R., Console Generale dell'India, 531

Akbar il Grande, 176, 227 n., 536 n.

Alakananda, 53

Aldilà, stati dopo la morte, 282, 285 n., 458 e sgg., 542

Alessandro Magno, 137, 370 n., 426 e sgg.; rimprovero di, da parte di Dandamis, 427-428; domande di, ai brahmini, 429; profezia sulla morte di, 430

Amar Mitter, mio compagno di scuola superiore, fuga di, verso l'Himalaya, 33 e sgg., 48

Ambasciatore dell'India B. R. Sen, xi, 543, 549

American Unitarian Association, 376, 387

Amiyo Bose, mia nipote, 497

Amore, 159, 243, 270, 463, 491, 502-503, 536 n., 537 n., 548; Sri Yukteswar me lo esprime verbalmente, 102-103, 438; effetto dell', sulle piante, 391

Amulaya, discepolo di Sri Yukteswar, 442

Amuleto, 23-24 e sgg., 33, 103; comparsa dell', 23; scomparsa dell', 100, 204 n.

Ananda Mohan Lahiri, cit., 360 e sgg.

Ananda Moyi Ma, 'madre permeata di gioia', 497 e sgg.; visita di, alla scuola di Ranchi, 501 e sgg.

Ananta Lal Ghosh, mio fratello maggiore, 17, 19 e sgg., 33, 36, 39 e sgg., 103, 109 e sgg., 115-118, 135, 185, 376, 444 n.; fidanzamento di, 17; mi riacciuffa sulla strada per l'Himalaya, 19; consegna il messaggio di mia madre sul letto di morte, 20-23; impedisce il mio secondo viaggio verso l'Himalaya, 36; mi porta a Benares da un pandit e suo figlio, 39-40; mi incontra ad Agra, 109; morte di, 109, 253-254; propone la prova 'senza un soldo a Brindaban, 110 e sgg.; richiede l'iniziazione al Kriya Yoga, 118

Ancient India, 427 n.

Andrews, C. F., 289 n., 484 n.

Angela, Beata, di Foligno, astinenza di, dal cibo, 515 n.

Angeli, episodio degli, che circondano Lahiri Mahasaya, 306-307

Anima (Sé), Spirito individualizzato, 83 n., 143, 171, 182, 185, 187 n., 189, 206, 244 n., 266 e sgg., 283, 290 n., 466 e sgg., 541 n. 541-542, 546

Apocalisse, cit., 162 n., 177 n., 199 n., 262 n., 470 n., 545 n.

Aquilone, episodio dell', con mia sorella Uma, 15-16

Ariano, 426 n., 535 n.; antico significato di, 370 n.

Arjuna, discepolo di Sri Krishna, 39, 56 n., 261, 269, 348 n., 539 n.

Arnold, Sir Edwin, traduttore della Bhagavad Gita, cit., 46 n., 56 n., 378 n., 541 n.

Arriano, storico greco, 427, 430

Arya, Mission Institution, 360

Aryavarta, antico nome dell'India, 370 n.

Asana, postura yoga, 274 n., 249, 339, 419

Ashram, eremitaggio, 72 n.

Asoka, imperatore, sovrano ideale, xxi; iscrizioni di, 228 n., 426

Associated Press, rapporto sulle onde radio, 170 n.; cit. Dott. Huxley, 394 n.

Astrologia, 180 e sgg., 264; opinione di Sri Yukteswar sull', 181 e sgg., 257

Astronomia, antichi trattati sull', 180 n.

Ateismo, 198 n.; *Sankhya,* filosofia fraintesa come, 187

Atlantic Monthly, 30 n., 93 n.

Atlantide, 262 n.

Atma. Vedere Anima.

Atomo, '*anu*' e teoria atomica, 78n., 93, 170 n., 228, 244, 251, 294, 296, 297, 343 n., 459 n., 511 n.

Auddy, J., compagno di viaggio in Kashmir, 210, 214, 218-219, 224-225

Aulukya, (Kanada, 'divoratore di atomi'), 78 n.

Aum. Vedere Om

Aurobindo Ghosh, Sri, 480 n.

Avatar, 75 n., 327 e sgg.

Avidya, ignoranza, 198 n., 295, 335 n., 406 n.

Ayurveda, 360 n.

Azione, necessità dell', 55 n., 136, 272

Babaji, guru di Lahiri Mahasaya 157, 261, 262 n., 266 n., 280, 316, 325, 327 e sgg., 330 n., 352, 363 e sgg., 398, 443, 446, 458, 468 n., 539; un avatar, 327 e sgg.; influenza silenziosa di, 329; apparizione di, 329; libera un discepolo dalla sorte di morire tra le fiamme, 330-331; risuscita un discepolo, 331; promette che manterrà sempre il suo corpo fisico, 334; primo incontro con Lahiri Mahasaya, 337 e sgg.; predispone il trasferimento di Lahiri Mahasaya a Ranikhet, 338; materializza un palazzo sull'Himalaya, 340 e sgg.; inizia Lahiri

Indice analitico

Mahasaya al Kriya Yoga, 343; mitiga le antiche regole riguardanti il Kriya, 346; cita la *Gita* sull'efficacia del Kriya, 347; appare davanti a un gruppo a Moradabad, 348-349; lava i piedi a un *sadhu* alla *kumbha mela*, 350; incontra Sri Yukteswar ad Allahabad, 365 e sgg., a Serampore, 370; a Benares, 368; esprime un profondo interesse per l'Occidente, 367; promette a Sri Yukteswar l'invio di un discepolo da istruire, 367, 378; predice che la vita di Lahiri Mahasaya si avvicina alla fine, 369; è il guru supremo dei membri della Self-Realization Fellowship, 370 n.; mi appare mentre mi appresto a partire per l'America, 377-378; mi manda un messaggio tramite Keshabananda, 451; guida di, per tutti i sinceri Kriya Yogi, 533

Baber, Re, 535 n.; storico episodio relativo a una guarigione, 227

Babu, 'signore', 7 n., 202 n.

Balananda Brahmachari, riceve l'iniziazione al Kriya Yoga, 358

Barach, Dott. Alvan L., esperimenti di, sugli effetti terapeutici della sospensione del respiro, 269 n.

Behari, domestico a Serampore, 211

Behari Pandit, mio professore allo Scottish Church College, 151, 152

Benares, eremitaggio, 96 e sgg., 102, 107, 349 n., la mia prima formazione nell', 97 e sgg.

Bengal-Nagpur Railway Company, 5, 6, 201 n., 243, 275; posizione di mio padre nella, 5, 25

Bengali, 134, 241, 324, 360

Bhaduri Mahasaya, venerabile 'santo che levita', 67 e sgg.

Bhagabati Charan Ghosh, mio padre, 4 e sgg., 17 e sgg., 25, 28, 32, 41, 94, 96, 97, 109, 110, 122, 136, 138, 201 n., 210, 238, 242, 376; abitudini spartane di, 6-7; visione di, di Lahiri Mahasaya in un campo, 7; iniziazione di, al Kriya Yoga, 9; eterna devozione di, per mia madre, 20; visita di, alla mia scuola di Ranchi, 275; finanzia il mio viaggio in America, 377, 387; mi dà il benvenuto al ritorno in India, 408; finanzia la scuola di Ranchi, 417; morte di, 444 n.

Bhagavad Gita, 'Il canto del Signore', 6, 31 n., 33, 34, 39, 46 n., 55 n., 92, 147, 187, 227 n., 249, 261, 269, 309, 348 n., 357, 360-361, 368, 378, 455, 465 n., 488, 539, 541 n. citata da Babaji, 347; mia traduzione della, 539

Bhakti, devozione, 92, 140, 163, 356

Bharata, fondatore della musica indù, 176

Bhaskarananda Saraswati, swami, 358

Bhola Nath, studente cantante a Ranchi, 287, 289

Bhupendra Nath Sanyal, 357

Bibbia, cit., 23 n., 96 n., 131 n., 132 n., 145, 150, 161 n., 162 n., 173 n., 177 n., 188, 189, 190 n., 198-199 n., 226 n., 238, 243, 274, 279 n., 293 n., 295, 298, 299, 300, 304 n., 305 n., 315, 317, 322, 328, 332, 335 n., 338 n., 350 n., 351 e sgg., 374, 402, 468 n., 470 n., 488, 489, 491, 493 n., 495, 502, 527, 535 n., 537 n., 540, 541, 542, 544, 545, 546

Bimal, studente di Ranchi, 375

'Bioscopio', esperienza nella coscienza cosmica, 89-90

Birtles, Francis, esperienza di, con le tigri, 450 n.,
Bishnu Charan Ghosh, il più piccolo dei miei fratelli, 7, 96, 234, 254, 274, 408, 504
Bletsch, Ettie, 399, 408, 423 n., 456, 477
Bose, *Vedere* Jagadis Chandra.
Bose, Dott. P., marito di mia sorella Nalini, 254, 257
Bracciale astrologico, 180, 182 e sgg., 192, 193, 195, 258 n.
Brahma, un aspetto della Divinità Suprema, 31, 75 n., 83 n., 162 n., 174-175, 177 n., 244, 324 n., 442 n., 545
Brahmachari, votato al celibato, 273 n., 445
Brahmacharini, donna asceta, 316
Bramino, 'colui che conosce Dio', una delle quattro caste, 43 n., 83 n., 256 n., 323, 325, 355, 427, 429, 432, 445, 452, 498
Brinda Bhagat, postino di Benares, 358
Brown, Prof. W. Norman, cit. sull'India, 77 n., 361 n.
Browning, Robert, cit., 150
Buddha, 97, 106, 328, 426 n., 465 n., 482 n., 531, 540 n., 546
Bulletin of the American Council of Learned Societies, 77 n., 361 n.
Burbank, Luther, vii, 391 e sgg.

Calcutta, Università di, xviii, 89, 119, 198, 235-236, 240, 250 n., 433, 535 n.; mi laureo presso l', 242
Calligaris, Prof. Giuseppe, 29 n.
Canti cosmici, 524
Carlyle, cit., 363 n.

Carnegie Hall, pubblico della, canta un'antico canto indù, 526
Cartesio cit., 406 n.
Caste, sistema delle, in India, 4, 355, 431
Caterina, santa, da Siena, astinenza di, dal cibo, 515 n.
Cela, discepolo, 134 e sgg.
Celibato, 246, 478, 484, 486
Centri spinali, 31 n., 127, 177, 189, 260, 263, 265, 268, 310 n., 402 n., 462, 515 n.
Centuries of Meditations, cit., 542 n.
Century of Verses, cit., 106 n., 268
Cerbiatto, morte del, a Ranchi, 275
Chakras. Vedere Centri spinali.
Chandragupta, Imperatore, contemporaneo di Alessandro Magno, 426
Chiesa cristiana, delle origini, insegnava la reincarnazione, 191 n.
Childe Harold, esame dell'episodio connesso a, 139
Cobra, 413 n., 450, 486; episodio del, vicino all'eremitaggio di Puri, 128
Colombo, Cristoforo, 70, 370 n., 375, 535 n.
Colonia, SRF, a Encinitas, 527
Comandamenti morali, 540; osservazione dei, necessaria per il successo nello yoga, 249
Commenti alle Scritture, di Pranabananda, 31 n.; di Lahiri Mahasaya, 43, 361; di Sanandana, discepolo di Shankara, 106 n.; di Shankara, 106 n., 142 n.; di Sri Yukteswar, 188 e sgg.; di Sadasivendra, 251 n., 433 n.; mio, al Nuovo Testamento, 537, mio alla Bhagavad Gita, 538
Compensation, cit., 55 n., 285 n.
Comus, cit., 546 n.

Indice analitico

Concentrazione, tecniche di, alla scuola di Ranchi, 420

Concilio di preghiera, 518 n.

Congress of Religions, a Boston, 376, 384, 386-387, 412

Conoscenza, intellettuale, paragonata alla realizzazione, 42 e sgg., 146-147, 208, 268, 357, 406 n.

Cooch Behar, Principe di, sfida di, allo 'swami delle tigri', 61

Coppa d'argento, profezia della, dello swami Vivekananda, 519 e sgg.

Corpo astrale, 264, 285n., 459, 462 e sgg., 465 e sgg., 471 e sgg.

Corpo causale, 459, 467 e sgg., 472

Corpo fisico, 127, 135, 157, 189, 190, 258 n., 263 e sgg., 267-268, 269 n., 273, 402 n., 465 e sgg., 542, 544

Coscienza, 140 n.; studio sugli stati di, 54 n.

Coscienza Cosmica, 9 n., 34, 263, 264, 266, 342, 459 n., 527 n.; prime esperienze nella, 91-92, 160 e sgg., 231 e sgg.; poesia sulla, 163

Coscienza Cristica, 162 n., 188 n., 190 n., 263, 305 n., 317, 335 n., 357, 402 n., 544, 545 n., 546

Couéismo, 15 n., 67 n.

Cousin, Victor, cit. sulla filosofia orientale, 83 n.

Cranmer-Byng, Dott. L., lettera dall'Inghilterra di, 528

Creazione, universale, si sprigiona da Brahma, 83 n.; prodotta da *Om*, 162 n., 164 n., 262 n.; cicli della, 186 n.; affidata alle 'consorti' di Dio, 214 n.; polarità della, 294-295; la vera natura della, 294 e sgg., 312, 342 e sgg., 468 e sgg., 474

Creazione immacolata, 189

Crile, Dott. Geo. W., cit., 511 n.

Cristo, Gesù, il, 96 n., 131, 177 n., 188-189, 190 n., 208, 226, 231, 260-261, 263, 293, 312, 315, 328, 332, 335 n., 338, 370, 373, 399, 402 e sgg., 404, 405 n., 407, 463, 470, 487, 489, 491, 495, 502, 531, 544, 545, 546; rapporto di, con Giovanni Battista, 351, 352; la mia visione di, a Encinitas, 537

Dabru Ballav, insegnante della *Gita*, 147

Dakshineswar, tempio di Kali a, 87, 229 e sgg.; Yogoda Math a, 421

Danda, bastone di bambù, 310 n., 330

Dandamis, saggio indù, rimprovero di, ad Alessandro Magno, 427 e sgg.

Dante, poema di, cit., 544 n.

Darshan (visione santa), 183, 359

Dasgupta, Prof. S., 242 n., 248 n.

Daya Mata, terzo presidente della SRF-YSS, 259

Dayananda, swami, responsabile dell'eremitaggio di Benares, 97 e sgg., 107

Desai, M., segretario di Gandhi, 477 e sgg., 480, 482, 487, 489

Desiderio, schiavitù dell'uomo, 143-144, 167, 269, 340 n., 467-468, 471-472, 540

Devendranath Tagore, padre di Rabindranath, 290

Dharma, integrità, dovere, xxi, xxii, 55 n., 432 n., 489 n., 489-490

Dhoti, indumento maschile indiano, 111 n., 289, 316, 411, 422

Diabete, 129 e sgg.; 192-193, santo guarito dal, da Dio, 226

Diario di viaggio, di C. Richard Wright, brani scelti, sulla sua prima visita a Sri Yukteswar a Serampore, 410 e sgg.; sui viaggi nel Mysore 424-425; su Kara Patri alla *kubha mela*, 446; su Giri Bala, 508 e sgg.

Diavolo, il, 304 n. *Vedere anche maya*.

Dickinson, E. E., episodio della 'coppa d'argento', 519 e sgg.

Diet and Diet Reform, 488 n.

Dijen, mio compagno di camera durante i miei studi superiori, 206 e sgg.

Diksha, iniziazione spirituale, 118, 357

Dio, nomi e manifestazioni di, 13 n., 15 n., 30 n., 48 n., 83 n., 89, 92-93, 116 n., 121 n., 161, 162 n., 165-167, 177 n., 214 n., 230, 263, 299, 320, 324 n., 463, 544-545; onnipresenza di, 55 n., 154-155; vero sostegno dell'uomo, 72, 99, 110; fonte di generosità nella mia prova 'senza un soldo', 109 e sgg.; risponde alle preghiere, 40, 115, 173, 231, 302; è conoscibile, 187; al tempio di Dakshineswar, 232-233;

Disciplina, di mio padre, 6; di Dayananda, 98 e sgg.; di Sri Yukteswar, 107, 134, 135 e sgg.; ricevuta anche da maestri illuminati, 348 n.

Divina Commedia, La, cit., 544 n.

Divina Madre, un aspetto di Dio, 15, 84 e sgg., 92-93, 121 n., 214 n., 463

Documenti cinesi, sull'India, 443 n., 535 n.

Dostojevskij, cit., 155 n.

Droghe e alcolici nocivi, 463 n.

Ducouri Lahiri, figlio di Lahiri Mahasaya, 309, 325

Durga, aspetto di Dio come Madre Divina, 121 n., 214 n.

Durga Ma, 522

Dvapara yuga, attuale era equinoziale del mondo, 186, 262 n.

Dwarka Prasad, mio amico d'infanzia a Bareilly, 19, 36, 41

Dwarkanath Tagore, nonno di Rabindranath, 290

Dwijendra Tagore, fratello di Rabindranath, 291

East-West, rivista. Vedere Self-Realization, rivista

Eddington, Sir Arthur S., cit, sul mondo come "materia mentale", 297

Egitto, la mia visita in, 407

Ego, 45, 49, 50, 54n., 116, 136 e sgg., 171, 204, 242n., 252 n., 267 e sgg., 314, 351 n., 435, 466

Einstein, teoria della relatività di, 296 e sgg.; elogio di, a Gandhi, 496

Elia, 260, 304-305, 351 e sgg.

Eliseo, 314 n., 351 e sgg.

Elisabetta, Beata, di Rent, astinenza di, dal cibo, 515 n.

Emerson, cit., 30 n., 43 n., 49 n., 55 n., 68 n., 75 n., 198 n, 242 n., 285 n., 290 n.; poesia di, su *Maya*, 49 n.

Encinitas, eremitaggio e colonia a, 522 e sgg., 528

Encyclopedia Americana, 24 n.

Energia solare, 512 n.

Energia vitale, 54, 67 n., 128, 261 e sgg., 265 e sgg., 402 n., 466, 541

Era atomica, xiv, 251, 294, 297, 533, 539

Ere (cicli) del mondo, 186, 262 n.

Indice analitico

Eremitaggio, a Puri, ritiro sul mare di Sri Yukteswar, ix, 168, 452-453, 476; descrizione dell', a Benares, sede della mia prima formazione, 96; a Serampore, *ashram* di Sri Yukteswar, 106, 120, 410, 411; a Brindaban, scena di ospitalità durante la mia prova 'senza un soldo', 113; vicino a Rishikesh, scena dell'uscita dal mondo di Pranabananda, 277 e sgg.; a Dakshineswar, Yogoda Math, 421; a Brindaban, costruito da Keshabananda, 450; a Encinitas, Self-Realization Fellowship, 522-523, 527 n.;

Europa, il mio viaggio in, in Inghilterra e Scozia, 399; in Germania, Olanda, Francia, Svizzera, Italia, e Grecia, 406

Evans-Wentz, Dott. W. Y., viii, ix-x

Fa-Hsien, sacerdote cinese del V secolo in India, 228 n.

Fachiro, asceta musulmano, 55, 200, 445

Fedro, cit., 209 n.

Feste indiane, 121 n., 168 n.; *Vedere kumbha mela*; celebrazione delle, di Sri Yukteswar, 120 n., 173 e sgg., 441

Film cosmico, 301 e sgg.

Forest Lawn Memorial-Park, testimonianza di un impresario di pompe funebri di, 549

Foruncolo, episodio del, riguardante mia sorella Uma, 13

Forza di volontà, 150, 171, 274, 283 n., 402 n., 419, 487

Fragole, episodio delle, in Kashmir, 217

Francesco, san, d'Assisi, 226, 326 n.; mio pellegrinaggio alla tomba di, 406

Francesco, san, di Sales, cit., 228

Fra Lorenzo, mistico cristiano, 540

Fratellanza, 321, 490, 527, 548, 556

Freud, 67 n.

Galli-Curci, Amelita, 388

Gandha Baba, il 'santo dei profumi', i prodigi di, 51 e sgg.

Gandhi, M. K. ('Mahatma'), 6 n., 256 n., 289 n., 293 n., 408 n., 431, 477 e sgg.; opinioni di, sulla religione, 256 n., 486 e sgg.; sulla nonviolenza, 478, 486 e sgg., 495, 531; sul silenzio, 481; sulla protezione della mucca, 482; sul celibato, 484, 486; sulla dieta, 487; visita di, alla scuola YSS di Ranchi, 477; undici voti di, 478; Kriya Yoga, iniziazione di, 488; *In Memoriam*, 496

Gandhi's Letters to a Disciple, 479 n.

Gandhi World Peace Memorial, ('Monumento alla pace mondiale di Ghandi') al Lake Shrine della SRF, 531

Ganga Dhar, fotografo di Lahiri Mahasaya, 11

Gange, fiume, leggenda del, 214 n.; purezza del, 325 n.

Gaudapada, *paramguru* di Adi ('il primo') Shankaracharya, 106 n.

Gauri Ma, responsabile dell'eremitaggio di Brindaban, 113

Genesi, interpretazione della, 188 e sgg.

Gerlich, Dott. Fritz, 400

Ghat, luogo per le abluzioni, 28, 94, 312, 333, 370

Ghosal, S. n., rettore dell'università di Tagore, Visva-Bharati, 291 n.

Ghosh, il mio cognome, 4

Ghoshal, D. C., mio professore all'Università di Serampore, 235-236, 441

Giainismo, una setta dell'induismo, 482 n., 488, 540

Giappone, mia visita in, 253; visione della costa del, da parte di Lahiri Mahasaya, 357

Gioielli, influenza positiva dei, 182, 195, 257-258; materializzazione di, 341 e sgg.

Giovanni Battista, rapporto di, con Gesù, 351 e sgg.

Giovanni, san, della Croce, 92 n.

Giri ('montagna'), denominazione di uno dei dieci rami dell'Ordine degli swami, 121, 244-245, 446

Giri Bala, la 'santa che non mangia', 504 e sgg.; utilizza una tecnica yoga 504, 511

Girolamo, san, insegnava la reincarnazione, 191 n.

Gita ('canto'). *Vedere* Bhagavad Gita

Gitanjali, 288; poesia in, 291-292

Giuseppe, san, da Copertino, stato di levitazione di, 72 n.

Gogonendra, nipote di Tagore, 291

Govinda Jati, guru di Shankara, 106 n., 328 n.

Guarigione, del *sadhu*, 37; opinione di Sri Yukteswar sulla, 129, 135, 213; attraverso l'uso di bracciali e gioielli 182, 258 n.; attraverso un maestro che assume su di sé il karma di un'altra persona, 224 e sgg.; opinione di Lahiri Mahasaya sulla, 129 e sgg.,319, 360; nell'antica India, 430

Guna, qualità della natura, 23 n., 432 n.

Guru (*gurudeva*), insegnante spirituale, 3 n., 29, 42, 89 n., 102, 119-120, 158, 227, 260, 273 n., 370 n., 488; elogio del, di Shankara, 106 n.;

Gyanamata, Sister, 519, 522

Habu, sacerdote dell'eremitaggio di Benares, 101

Hanum, Halide Edib, 479 n.

Harsha, re, 443 n.

Hatha Yoga, scienza del controllo del corpo, 177 n., 251 n.

Hazrat, entità astrale sotto il controllo di Afzal Khan, 201 e sgg.

Hieuen Tsiang. *Vedere* Yuan Chwang.

Himalaya, montagne dell', 155, 217 e sgg., 223, 325 n.; mio luogo di nascita, vicino all', 4; la mia fuga verso l', prima, 19, seconda, 33 e sgg., 48, terza, 151 e sgg., 158

Hindi, lingua indiana, 324, 483 n.

Hindu High School, scuola superiore a Calcutta, 94; mio diploma conseguito presso, 95

Hiranyaloka, pianeta astrale, 458-459, 463 e sgg., 470-471 n., 472, 475

History of Indian Philosophy, 248 n.

Howells, Prof. George, Preside dell'Università di Serampore, 198

Humayun, Principe, 227 n.; episodio storico riguardante la sua guarigione, 227

Hunsicker, Alvin, 526

Huxley, Dott. Julian, cit. sulle tecniche orientali, 394 n.

Ikshwaku, padre della dinastia indiana dei guerrieri del sole, 262

Indice analitico

Incorruttibilità del corpo, 266 n., 549; di santa Teresa d'Avila, 73 n.; di san Giovanni della Croce, 92 n.

India, civiltà antica e moderna dell', xxi, 23-24 n., 322, 425 e sgg., 430 e sgg., 433 n., 534 e sgg., 548; contributi dell', alla civiltà, 74, 76 e sgg., 180 n., 322, 360 n.; indipendenza dell', 536 n.; bandiera, xxi

India Center, SRF, a Hollywood, 531

Induismo, 370 n., 488; rituali quotidiani dell', 483

'Inno all'America', 390

International Congress of Religious Liberals, Boston, la mia prima conferenza in America al, 376, 386

Introspezione, 49, 75, 267, 473

Intuizione, 171, 173 n., 251, 462, 463

Ipnotismo, 349; effetti nocivi dell', 54

Ippocrate, 360 n.

Ishwara, Dio come Signore dell'universo, 13 n.

Istruzione, necessità di una corretta, 198-199 n., 273; opinione di Tagore sull', 290 e sgg.; opinione di Luther Burbank sull', 392 e sgg.,

Jagadguru Sri Shankaracharya, titolo religioso, 245

Jagadis Chandra Bose, famoso botanico, 48 e sgg., 116

Janaka, re, 242 n.

Jatinda (Jotin Ghosh), fuga di, verso l'Himalaya, 34, 41

Jeans, Sir James, cit., sull'universo come pensiero, 298

Jehangir, Imperatore, giardini di, nel Kashmir, 221

Ji, suffisso che denota rispetto, 97 n.

Jitendra Mazumdar, mio compagno all'eremitaggio di Benares, 96, 97-98, 107; ad Agra, 109, 110, 111, 115, 448; Brindaban, 110 e sgg.

Jnana, saggezza, 92, 140, 269, 356

Jnanavatar, 'Incarnazione della saggezza', un titolo di Sri Yukteswar, 118, 363, 456, 556

Jones, Sir William, elogio di, del sanscrito, 24 n.

Journal di Emerson, 43 n.

Joyendra Puri, presidente dei *sadhu* dell'India, 445 n.

Jules-Bois, M., della Sorbona, cit. sulla mente supercosciente, 67 n.

Jung, Dott. C. G., elogio di, dello yoga, 250-251

Kabir, grande maestro medievale, 260, 328, 373, 536 n.; risurrezione di, 373 n.

Kalanos, insegnante indù di Alessandro Magno, 430

Kali, aspetto di Dio come Madre Natura, 15, 48, 87, 214 n., 229 e sgg.

Kali Kumar Roy, discepolo di Lahiri Mahasaya, 11, 310-311

Kali yuga, età del ferro, 186, 186 n., 262 n.

Kalidasa, lo 'Shakespeare indiano', cit., 214 n.

Kanai, giovane discepolo di Sri Yukteswar, 149, 206, 210 e sgg., 217, 224,

Kant, cit., 535 n.

Kara Patri, *sadhu* alla *kumbha mela*, 446-447

Karma, legge universale di causa ed effetto, 39, 181-182, 185, 190 n., 200-201, 225-226, 228, 242 n., 252 n., 260, 264, 268, 278, 285 n.,

331, 335 n., 339, 340, 372, 458-459, 461, 465, 470 e sgg., 491 n., 515 n., 541, 542

Karma yoga, sentiero che porta a Dio attraverso opere o attività, 269, 356

Kashi, studente della scuola di Ranchi, rinato e ritrovato, 281 e sgg.

Kashi Moni, moglie di Lahiri Mahasaya, 306 e sgg., 325; vede gli angeli che circondano il marito, 306-307; assiste alla sua miracolosa scomparsa, 308

Kasturbai, moglie di Gandhi, 484 e sgg.

Kebalananda, swami, mio insegnante di sanscrito, 42 e sgg., 122, 337, 349; con Babaji sull'Himalaya, 330 e sgg.

Kedar Nath, 25 e sgg., 32; vede il 'secondo corpo' di Pranabananda al *ghat* di Benares, 27-28

Keller, Helen, 462 n.

Kellogg, Charles, esperimenti di, con le vibrazioni tonali, 175 n.

Kennell, Dott. Lloyd, 533

Keshabananda, swami, 280; vede Lahiri Mahasaya dopo la risurrezione, 372 e sgg.; mi riceve all'eremitaggio di Brindaban, 448 e sgg.; mi consegna un messaggio di Babaji, 451

Key to Health, 488 n.

Knight Goodwin J., Vice-Governatore della California, 531

Krishna, divino *avatar*, 112, 113, 115, 116, 168 n., 175, 231, 261, 269, 328, 329, 348 n., 539; primi anni di vita di, a Brindaban, 452; mia visione di, 457

Krishnananda, swami, domatore di una leonessa, alla *kumbha mela*, 446

Kriya Yoga, tecnica per la realizzazione di Dio, 9, 20, 42, 44, 116, 122, 133, 149, 152, 167, 178, 206, 214 n., 229, 260 e sgg., 277, 325-326, 345, 346, 355-356, 358 e sgg., 361 e sgg., 377, 393, 398, 420, 487-488, 531 n., 539-540, 541, 548; iniziazione al, dei miei genitori, 9; di Pratap Chatterji, 116; di Ananta, 118; la mia, 122; di Kashi Moni, 307; di Lahiri Mahasaya, 343; definizione del, 260-261; antichità del, 261; il Secondo Kriya, 279; antiche regole relative al, mitigate da Babaji, 346; quattro stadi del, 358; base eterna del, 364; profezia di Babaji riguardo al, 378

Kriya Yogi *(Kriyaban)*, chi pratica l'antica tecnica yoga trasmessa da Babaji a Lahiri Mahasaya, 260, 264 e sgg., 533, 542, 548

Kumar, residente dell'eremitaggio di Serampore, 140 e sgg.

Kumbha mela, ricorrenza religiosa, 316, 350, 365; primo incontro di Babaji e Sri Yukteswar alla, 365 e sgg.; testimonianza cinese della, 443 n.; la mia visita alla, 443 e sgg.;

Kutastha chaitanya, 10, 162 n., 357, 402

n. *Vedere* anche Coscienza Cristica.

Kwan Yin, personificazione cinese della Madre Divina, 531

Lahiri Mahasaya, discepolo di Babaji e guru di Sri Yukteswar, 7 e sgg., 29, 31, 33, 42 e sgg., 45, 106, 123, 133, 136, 148, 151, 155, 158, 243, 260-261, 277, 293, 304 n., 306 e sgg., 323, 327, 329, 330, 332, 348 n., 352 e sgg., 365, 369, 371 e sgg., 375, 377, 412, 448, 451, 454-455, 468 n., 522; materializzazione di, in un

Indice analitico

campo, 9; iniziazione dei miei genitori da parte di, al Kriya Yoga, 9; mi guarisce dal colera asiatico, 10; origine miracolosa della fotografia di, 11; apparizione di, 12; mi battezza, 22; intercede presso Brahma in favore di Pranabananda, 31 e sgg.; guru di Kebalananda, 42 e sgg.; commenti alle Scritture di, 43, 360 e sgg.; guarisce la cecità di Ramu, 44; guru di Sri Yukteswar, 120, 122; guarisce Sri Yukteswar dalla magrezza, 129-130; è circondato dagli angeli, 306-307; inizia sua moglie al Kriya, 307; scompare dalla vista di sua moglie, 308; protegge due devote dai fulmini, 309; ritarda il treno in seguito alla preghiera di una devota, 309; salva la vita del figlio di Abhoya, 310; fa vedere una scena riguardante la vita privata del principale di Kali Kumar Roy, 310-311; riceve l'omaggio di swami Trailanga, 316; risuscita Rama dalla morte, 317 e sgg.; rifiuta la pubblicità, 320, 359; predice che la sua biografia sarà scritta per l'Occidente, 321; primi anni di vita di, 323 e sgg.; impiego statale di, 325, 337, 359 n.; apparizione simultanea di, nella sua casa di Benares e al *ghat* di Dasaswamedh, 333 e sgg.; viene trasferito a Ranikhet, 337; incontra Babaji, 338 e sgg.; riceve l'iniziazione al Kriya in un palazzo sull'Himalaya, 343 e sgg.; missione della vita di, interpretare il ruolo di un ideale capofamiglia yogi, 345, 364; chiede a Babaji di mitigare le restrizioni sul Kriya, 346; chiama Babaji davanti ai suoi amici di Moradabad, 348-349; vede Babaji lavare i piedi a un sadhu, 350; guarisce la moglie del suo datore di lavoro a Londra, 353; inizia al Kriya persone di ogni fede religiosa, 355, 356; visione del naufragio vicino al Giappone, 357; titolo di *yogavatar,* 359 n., 363; calligrafia di, 361; lascia il mondo, 372; apparizione di, nel corpo risuscitato, davanti a tre discepoli, 373 e sgg.;

Lake Shrine, SRF, Los Angeles, 420 n.

Lal Dhari, domestico, 211-212

Lalla Yogiswari, devota di Shiva, 'vestita di cielo', 215 n.

Lama, F. R. von, 400 n.

Lambodar Dey, fratello di Giri Bala, 505-506, 507

Lampada, scomparsa, episodio della, all'eremitaggio di Puri, 172

Lao-tzu, cit., 495, 540 n., 546

Lateau, Louise, astinenza di, dal cibo, 515 n.

Lauder, Sir Harry, 399

Laurence, William L., cit. sull'energia solare, 512 n.

Lazzeri, Domenica, astinenza di, dal cibo, 515 n.

Legacy of India, The, cit., 214 n.

Leggi, universo governato da, 130, 142, 180 e sgg., 304 n., 313-314, 321, 488 n.

Levinthal, Rabbi I. H., cit. a proposito della mente superconscia, 140 n.

Lewis, Dott. M. W., 527

Lezioni SRF, per gli iscritti, 260 n., 533, 533 n., 552

Lidwina, Santa, di Schiedam, astinenza di, dal cibo, 515 n.

Autobiografia di uno Yogi

Lincoln, Abraham, foto di, a Calcutta, 392 n.

Lituano, lingua, 535 n.

Londra, conferenze, 399, 517; seminario di yoga a, 517; Centro SRF a, 517; lettera da, durante la guerra, 528

Loto, fiori di loto, significato simbolico del, 76 n., 527 n.; materializzazione dei, da parte di Shankara, per consentire a un discepolo di attraversare il fiume, 106 n.; dei centri cerebrospinali, 177 n.; Loto dai mille petali', 177 n., 189, 402 n.

Lourdes, santuario di, 152

Luce, fenomeno della, 296 e sgg.

Lutero, Martin, cit., 356 n.

Lynn, James J. (Rajarsi Janakananda), 363 n., 398, 522

Ma, discepola a Puri, vede Sri Yukteswar risorto, 476

Madre, mia, 4-5, 10-11, 14-15, 20, 84-85, 100, 254, 444 n., 479; visione che ho avuto di mia, a Bareilly, 17-18; morte di, 18; messaggio e amuleto da, 20-24; di Sri Yukteswar, 106, 121, 130, 144; di Lahiri Mahasaya, 323-324

Maestro, 89 n., 123 e sgg., 144-145, 225 e sgg., 242 n., 258 n., 313, 335 n.; segni distintivi di un, 227. *Vedere anche* Guru *e* Yogi.

Maestro Mahasaya, (Mahendra Nath Gupta), santo dell'umiltà, 42 n., 84 e sgg.; esperienza del 'bioscopio' concessami da, 91

Mahabharata, antico poema epico, 4, 6 n., 55 n., 99 n., 146, 360, 432, 491

Mahamandal, eremitaggio a Benares, 96, 349 n.

Maharaj, "grande re", titolo di rispetto, 368, 411, 454-455

Maharaja, di Kasimbazar, Sir Manindra Chandra Nundy, primo finanziatore della scuola di Ranchi, 273, 417; suo figlio, Sir Srish Chandra Nundy, 408, 417; di Benares, 359; suo figlio, 359; Jotindra Mohan Thakur, 359; di Mysore, 423; suo figlio, mio ospite, 423; di Travancore, 431; di Burdwan, indagine da parte di, sullo stato di astinenza dal cibo di Giri Bala, 505

Mahasamadhi, uscita finale dal mondo di un grande yogi, 372, 533 n.

Mahasaya, titolo religioso, 26 n., 86, 325 n.

Mahatma, 'grande anima'. *Vedere* Gandhi.

Mahavatar, 'Incarnazione divina', un titolo di Babaji, 328, 330 n., 363

Mahavira, profeta giainista, 482 n.

Mahendra Nath Gupta ('M'). *Vedere* Maestro Mahasaya.

Maitra Mahasaya, vede il corpo di Babaji materializzarsi a Moradabad, 349

Malattia, 128 e sgg.; trasferimento metafisico di, 224 e sgg., 372, 404, 470 n.

Mantra, canto di grande potenza 23 n., 175-176, 461 n., 462, 514 n.

Manu, grande legislatore dell'antichità, 261-262, 431-432

Marconi, 74; cit., 295 n.

Marshall, Sir John, cit., 24 n.

Masson-Oursel, P., cit. a proposito di Re Asoka, xxi

Indice analitico

Mataji, sorella di Babaji, 333-334

Math, monastero, 72 n., 107 n., 245 n., 421

Mauna, silenzio spirituale, 313 n.

Maya, illusione cosmica, 45-46 n., 49, 107, 116, 124, 133, 143, 163, 175, 186, 190, 227, 263, 279 n., 294 e sgg., 335 n., 469, 474 n., 544; poesia di Emerson su, 49 n.

McCrindle, Dott. J. W., traduttore di testi greci sull'India, 427

Megastene, cit. a proposito della prosperità dell'antica India, 426 n., 427

Mente, 54-55 n., 58 e sgg., 129 e sgg., 134, 140 n., 142, 164, 170-171, 226, 266-267, 269 n., 283 n., 464; poesia sul controllo della, 431, 541 n.

Mente subconscia, 54-55 n., 140 n., 157, 542-543

Mente supercosciente, 67-68 n., 126, 140 n., 157, 225, 269, 464, 542

Metafisica, 74, 135 n., 227

Microscopio elettronico, 297

Milton, cit., 307 n., 536 n., 546 n.

Mirabai, mistica medievale, 71; poesia di, 71

Mira Behn, discepola di Gandhi, 479

Miracoli, legge dei, 54 e sgg., 130-132, 242 n., 293 e sgg., 342 n., 364

Misra, Dott., medico di bordo, 253; scetticismo di, a Shanghai, 254

Mohenjo-Daro and the Indus Civilization, 24 n.

Mondi astrali, 203-204, 285 n., 458 e sgg., 542

Mondo causale, 459-460, 463, 465, 466 e sgg.

Mondo, cicli del, 186, 262 n.

Morte, 4, 275, 285 n., 301, 334 n., 335 n., 356, 374, 442, 465-467, 471 e sgg., 474 e sgg., 541-543

Mount Washington, proprietà di, 219, 387-388, 391, 398, 518-519. *Vedere anche* Self-Realization Fellowship

Mudra, gesto rituale, 360 n.

Mukunda Lal Ghosh, il mio nome di battesimo, 4; cambiato in Yogananda al mio ingresso nell'Ordine degli swami, 244

Müller, Max, cit. sull'uso errato del termine Aryan, 370 n.

Museo, della YSS, 420, della SRF, 420 n.

Musica, indiana, 174 e sgg., 524-527

Musulmani (maomettani), 200, 262 n., 370 n., 373 n., 492, 535-536 n.; *namaj*, preghiera dei, 356; moschea, Mecca Masjid, a Hyderabad, 425

Myers, F. W. H., cit., 140 n.

Mysore, invito a visitarlo, 423; i miei viaggi nel, 423 e sgg.

Nadi, passaggi dei nervi, 360 n.

Nalanda Università, antica, 78

Nalini, mia sorella minore, esperienze dell'infanzia di, 254; matrimonio di, 254; guarigione di, dalla magrezza, 255-256; dalla febbre tifoide, 256; dalla paralisi delle gambe, 256; figlie di, 258

Nanak, Guru, canto di, cantato alla Carnegie Hall, 526

Nantu, aiuto di, per superare gli esami della scuola superiore, 95-96

Naren, discepolo di Sri Yukteswar, 194

Natura, mondo della relatività. *Vedere* Durga, Kali e Maya

Nature Cure, 488 n.

Natura del mondo fisico, La, 297

Neem, albero di margosa, 13, 360, 479

Nehru, Jawaharlal, cit., 496

Neumann, Therese, di Konnersreuth, 31 n., 225 n., 504, 510, 515 n.; mio pellegrinaggio per incontrare, 398 e sgg.

Newton, legge del moto di, 294

New York Times, The, cit., 82, 269 n., 297, 512 n.

Nicola, san, di Flüe, astinenza di, dal cibo, 515 n.

Night Thoughts, 342 n.

Nirbikalpa samadhi, stato di immutabile coscienza di Dio, 31 n., 227, 263, 295, 344, 459, 475, 539. *Vedere anche Samadhi*.

Niyama, precetti religiosi, 249

'Nobile Ottuplice Sentiero' del buddismo, 249 n.

Nonviolenza, 127 e sgg., 293 n., 478, 482 n.; opinione di Gandhi sulla, 486 e sgg., 489 e sgg.; esperimento, di William Penn, 494

Northrop, Dott. John Howard, cit. sulla purezza dell'acqua del Gange, 325-326 n.

Occhio singolo o spirituale, 45 n., 173 n., 187 n., 190 n., 231, 264, 279, 283, 295, 299, 307, 402 n., 404, 420, 445, 462, 498

Om (Aum), vibrazione cosmica creatrice, 14 n., 23 n., 161, 162 n., 164 n., 175, 262, 295, 372 n., 402 n., 514 n., 541, 545, 545 n., 548

Omar Khayyàm, mistico persiano, 328

Onesikritos, messaggero di Alessandro, visita di, a un saggio indù, 427 e sgg.

Origene, insegnava la reincarnazione, 191 n.

Over-Soul, The, 68 n.

Padmasana, posizione del loto, 177 n.

Padre, mio.*Vedere* Bhagabati, di Sri Yukteswar, 121; di Lahiri Mahasaya, 323-324

Pakistan, 536 n.

Panchanon Bhattacharya, 360, 373-374, 448; vede il corpo risorto di Lahiri Mahasaya, 374

Pandit, studioso, a Benares, 39-40, 42, 95, 109, 124; all'eremitaggio di Serampore, 145-146

Panini, antico grammatico, elogio di, del sanscrito, 95 n.

Panthi, la mia pensione a Serampore, 200, 202, 206, 236, 238, 240; luogo dei quattro prodigi di Afzal Khan, 202 e sgg.; episodio della miracolosa apparizione di Sri Yukteswar, 206

Paolo, san, cit., 263

Paradiso Perduto, cit., 536 n.

Paramahansa(ji), titolo religioso, 4 n., 87, 442

Paramguru, il guru del proprio guru, 370 n.

Parole, potere delle, 13-14, 23 n., 256 n.

Parvati, dea, 214

Patanjali, antico esponente dello yoga, 31 n. 67, 127, 145 n., 242 n., 248-249, 251-252 n., 261, 262, 328, 442-443, 515 n., 544; 'Sentiero degli otto passi dello yoga', delineato da, 249

Indice analitico

Pellegrinaggio, mio, da Therese Neumann in Baviera, 399 e sgg.; alla tomba di san Francesco d'Assisi, 406; in Palestina, 406-407; da Giri Bala nel Bengala, 504 e sgg.

Penn, William, esperimento di, sulla nonviolenza, 494

Perdono, 491, 493 n.

Pilato, Ponzio, cit., 545

Pingale, Dott., discepolo di Gandhi, 477, 487

Platone, 209 n.

Plinio, cit. a proposito della prosperità dell'antica India, 535 n.

Plutarco, 427, 429

Poema e poesia(e), di Emerson, 49 n.; di Mirabai, 71; di Tagore, su J. C. Bose, 82-83, in *Gitanjali*, 291-292; di Shankara, 107-108 n.,245; mia, '*Samadhi*', 163-164; di Lalla Yogiswari, 216 n.; di Shakespeare, 266; a Shiva, 324 n.; di Omar Khayyàm, 328; di Kabir, 373 n.; di Walt Whitman, 390; di Thayumanavar, 431; di Ravidas, 452; di Nanak, 526 n.; di Francis Thompson, 534 n.; di Milton, 536 n., 546 n.; di Dante, 544 n.

Polo, Marco, cit., 256 n.

Positive Sciences of the Ancient Hindus, 180 n.

Posizione del loto (*padmasana*), 177 n.

Poteri, miracolosi, 31 n., 165, 242 n., 252 n., 258 n., 304 n. 342n.; cattivo uso dei, 55, 132, 203-204

Prabhas Chandra Ghosh, Vicepresidente, YSS, 185 n., 236

Prafulla, esperienza di, con il cobra, 128; discepolo di Sri Yukteswar, 413, 455

Prajna Chakshu, *sadhu* cieco, 446

Prana, energia vitale, 54, 67 n., 177 n., 249, 251, 261, 459 n., 541

Pranabananda, swami, 'Il santo dai due corpi', 25 e sgg., 94, 276 e sgg., 335 n.; *Pranab Gita*, di, 31 n.; visita di, alla scuola di Ranchi, 277; visita a, mia e di mio padre, 277-278; lascia la terra in modo spettacolare, 279 e sgg.; vede Lahiri Mahasaya risorto, 374

Pranam, 416 n., 447, 489, 510

Pranayama, tecnica per il controllo dell'energia vitale, 67-68, 249, 251, 262

Pratap Chatterji, aiuto di, a due ragazzi senza un soldo a Brindaban, 115-116

Preghiera, che riceve risposta, 15-16, 39-40, 115, 173, 230-231, 301-302, 376, 380

'Preghiera per la casa', 522

Preghiera alla Madre Divina per il perdono dei peccati, 106 n.

Premavatar, 'Incarnazione dell'amore', 363 n.

Prokash Das, 284

Prova "senza un soldo" a Brindaban, 110 e sgg.

Proverbio persiano, 356 n., 491 n.

Psicoanalisi, 54 n.

Quaccheri, Pennsylvania, esperimento dei, sull'uso della nonviolenza, 494

Rabindranath Tagore, 287 e sgg., 524; poesia di, su J. C. Bose, 82-83, in *Gitanjali*, 291-292; mio primo incontro con, 287-288; invito di, a visitare la sua scuola di Santiniketan, 289; famiglia di, 290

Radhakrishnan, Sir S., 292 n.

Radio, analogia, nella comprensione del 'comico episodio del cavolfiore', 170 e sgg.; miscroscopio, 170 n.; mente, 170, 283 n.;

Raga, scala melodica, 175-176

'Raja Begum', tigre a Cooch Behar, 62 e sgg.

Raja Yoga, scienza yoga completa o 'regale', 251 n., 356

Rajarsi Janakananda. *Vedere* Lynn, J. J.

Rajendra Nath Mitra, compagno di viaggio in Kashmir, 210 e sgg., 221, 223

Ram Gopal Muzumdar, 'il santo che non dorme mai', 152, 153 e sgg.; rimprovero di, perché non mi sono inchinato davanti al santuario di Tarakeswar, 155; guarigione operata da, della mia schiena, 158; primo incontro di, con Babaji and Mataji, 332

Rama, antico *avatar*, 45, 328

Rama, discepolo di Lahiri Mahasaya, risuscitato, 318 e sgg.

Ramakrishna Paramahansa, 87-88, 230, 520 n.

Raman, Sir C. V., 433

Ramana Maharshi, 436

Ramayana, antico poema epico, 5, 45 n., 99 n., 488

Ramu, discepolo di Lahiri Mahasaya, guarigione di, dalla cecità, 44

Ranchi, scuola di (Yogoda Satsanga Brahmacharya Vidyalaya), fondazione della, 273 e sgg.; succursali della, 276, 421; attività educative, mediche e filantropiche di, 276, 419 e sgg.; visita alla, da parte di Pranabananda, 276, da parte del Mahatma Gandhi, 477, da parte di Ananda Moy Ma, 500 e sgg.; conversazione sulla, con Rabindranath Tagore, 289; visita a, da parte dei membri della scuola di Tagore, Santiniketan, 291 n.; mia visione dell'America nel ripostiglio della, 375; interesse di Luther Burbank per la, 392; difficoltà finanziarie della, 417; organizzazione permanente della, 417; iniziazione dei ragazzi al Kriya Yoga, presso la, 420

Ravidas, santo medievale, miracolo di, a Chitor, 452; poesia di, 452

Rawlinson, H. G., cit., xxi

Razzak, cit. sull'opulenza dell'antica India, 535 n.

Reincarnazione, 191 n., 285 n., 340 n., 351 n., 465, 469-471, 491 n., 542

Respiro, 442 n.; padronanza del, 67, 126, 136, 160, 261 e sgg., 539 e sgg.; ritmo del, rapporto del, con la longevità, 265

Respiro, sospensione del, 227, 542; effetti terapeutici sul corpo e sulla mente della, 269 n.

Richet, Charles Robert, famoso fisiologo, cit., sulla metafisica, 135 n.; su future scoperte, 172

Rig-Vedic India, 535 n.

Rinuncia, 39 n., 71-72, 272-273, 274-275, 344-345, 484

Rishi, saggio illuminato, 42, 51, 69, 83 n.

Risurrezione dalla morte, 335 n.; di Rama, 319; dell'uomo che si è lanciato nel precipizio sull'Himalaya, 331; di Lahiri Mahasaya, 373-374 e sgg.; di Kabir, 373; di Sri Yukteswar, 457 e sgg.; di Cristo, 470

Rita, legge universale, 242 n., 252 n., 535

Rituali, quotidiani, degli indù ortodossi, 483

Rivista *Self-Realization* (già *East-West*), 436, 497, 528, 537; fondata nel 1925, 395; cit., 78 n., 180 n., 432 n.

Robinson, Dott. Frederick B., 387

Roerich, Prof. Nicholas, 293

Roma, la maggiore della mie sorelle, 7, 17, 22, 229, 234, 444 n.; morte di, 234

Romesh Chandra Dutt, aiuto di, ai miei esami di laurea, 238 e sgg.

Roosevelt, Franklin D., cit., 494

Rowe, Harry T., Direttore del cimitero di Forest Lawn, cit., 549

Roy, Dott. n. C., chirurgo veterinario, 192 e sgg.; guarigione dal diabete di, per opera di Sri Yukteswar, 192-193

Rubaiyàt, strofa dal, interpretazione della, 328

Ruskin, cit., 243 n.

Sadasiva Brahman, 251 n.; miracoli di, 433 e sgg.

Sadhana, percorso di disciplina spirituale, 96, 122, 455

Sadhu, asceta, 22-23, 447; a Lahore, dà l'amuleto a mia madre, 23; a Hardwar, guarisce il proprio braccio, reciso dal poliziotto, 37-38; a Benares, sente la conversazione tra il figlio del pandit e me, 40; al tempio di Kalighat, 48 e sgg., 56

Sailesh Mazumdar, con noi in visita a Giri Bala, 506

Salomone, 48, 535 n.

Samadhi, stato di unione con Dio, 31 n., 123, 126, 136 n., 157, 177 n., 227, 249, 263, 295, 344, 372, 459, 475, 524, 539; poesia sul, 163-165

Sambhabi Mudra, 360 n.

Sananda Lal Ghosh, mio fratello minore, 96

Sanandan, discepolo di Pranabananda, 278 e sgg.

Sanandana, discepolo di Shankara, 106 n.

Sanatan Dharma (induismo), 370 n.

Sankhya Aphorisms, 54 n., 187

Sankirtan, canti in gruppo, 174, 177, 178, 441

Sannyasi, rinunciante, 39, 273 n.

Sanscrito, 23 n., 483 n., 535 n.; elogio del, di Sir William Jones, 24 n.; elogio del, di Panini, 95 n.

'Santo dei profumi' (Gandha Baba), 51 e sgg.

Santo Graal, mia visione di, 537

Santosh Roy, 192 e sgg.

Santuario, guarigione, in Spagna, 73 n.; a Tarakeswar, 153; a Nerur, 433

Sanyal Mahasaya. Vedere Bhupendra

Sarada Ghosh, mio zio, 212, 236, 239; guarigione di, per mezzo di erbe materializzate al santuario di Tarakeswar, 153

Sari, abito delle donne indiane, 254, 483, 516, 519

Sartor Resartus, cit., 363 n.

Sasi, guarigione dalla tubercolosi di, per opera di Sri Yukteswar, 194 e sgg.

Sat, Tat, Aum (Padre, Figlio, Spirito Santo), 162 n., 545 n.

Satana ("l'avversario"), 304 n. *Vedere anche maya*

Satish Chandra Bose, marito di mia sorella Roma, 229 e sgg.; morte di, 234

Satsanga, 'fratellanza con la verità', 173, 421 n. *Vedere* Yogoda Satsanga

Satyagraha, movimento per la non-violenza istituito da Gandhi, 478, 486, 495; undici voti del, 478

Satyagrahi, 'persona votata alla verità', 478, 480, 482, 487, 491, 492, 493

Schimberg, A. P., 31 n., 400 n.

Schlegel, Friedrich von, cit., 83 n.

Schopenhauer, elogio di, delle *Upanishad*, 146 n.

Scienza sacra, La, 186 n., 370

Scopi e ideali, della SRF, 558

Scottish Church College, di Calcutta, 123, 151, 197; ricevo il mio diploma intermedio in scienze umanistiche, presso lo, 197-198

Scritture indù, 13 n., 96 n., 99 n., 116, 162 n., 186 n., 226, 256 n., 262 n., 266 n., 285 n., 368, 459 n., 536, 539

Seal, Dott. B. n., 180 n.

Sebananda, swami, 442, 476

Segugio del cielo, Il, cit., 534 n.

Self-Realization, Chiesa di tutte le Religioni, a Hollywood, 528; a San Diego 528; a Pacific Palisades, 531

Self-Realization Fellowship, Casa Madre Internazionale della, Los Angeles, California, 132, 219, 387-388, 421, 518; finanzia la visita in America di Shankaracharya, 245 n.; *Lezioni della*, 260 n., 533, 552; riconoscimento giuridico della, 398; chiamata Yogoda Satsanga Society (YSS) in India, 421, 455; Centro della, a Londra, 517, 528; celebrazioni annuali del Natale alla, 518; colonia della, a Encinitas, 527

Sen, B. R., Ambasciatore dell'India, xi, 549

Sensi, i cinque, dell'uomo, 54, 126, 142, 143-144, 188-190, 248 n.

"Sentiero degli otto passi dello yoga" delineato da Patanjali, 249

Serampore College, 198, 200, 206, 209, 235, 236; associato alla Calcutta University, 198; miei esami finali presso il, 235 e sgg.; mio discorso agli allievi del, 441

Sesso, 142-143, 188; opinione di Gandhi su, alimentazione e, 486-487

Shakespeare, versi di, sulla vittoria sulla morte, 266

Shakti, 'consorte' o energia divina attivante, 214 n., 545 n.

Shankaracharya (Shankara), Adi, riorganizzatore dell'Ordine degli swami, 106-107 n., 142 n., 144, 146, 219, 245, 268, 328, 474 n.; *math* fondati da, 106-107 n.; mia visione davanti al tempio di Srinagar di, 219; poesia di, 245; epoca in cui visse, 245 n.

Shankaracharya di Mysore, 433 n.

Shankaracharya di Puri, visita l'America, 245 n.

Shankari Mai Jiew, discepola di swami Trailanga, conversazione di, con Babaji, 316

Shastra, libri sacri, 42, 99 n.

Shaw, George Bernard, cit., 23-24 n.

Shiva, un aspetto del Dio Supremo, 48 n., 87, 173 n., 174, 214-215 n., 324 n., 329-330, 420, 545; "vestiti di cielo", setta di, 214-215 n.; poesia su, 324 n.

Slade, Madeleine, discepola *Satyagraha* di Gandhi, 479

Indice analitico

Socrate, 406; cit., 209 n.; incontro di, con un saggio indù, 406 n.
Sofferenza, scopo della, 50, 300, 515
Sogni, fenomeno dei, 300, 340 e sgg.
Songs of the Soul, 387
Spirito, 244 n., 356, 468-470
Spirit's Pilgrimage, The, 479 n.
Spirito Santo, 162 n., 402 n., 545 n. *Vedere anche* Om
SRF. *Vedere* Self-Realization Fellowship
Sri, 'santo', titolo di rispetto, 121 n.
Sri Yukteswar, il mio guru, discepolo di Lahiri Mahasaya, 29, 48, 86, 101 e sgg., 110, 111, 118, 155, 157, 158, 159 e sgg., 168 e sgg., 206 e sgg., 236 e sgg, 257-258, 263, 272, 274, 293, 306, 317 e sgg. 327, 337, 346 n., 349, 357, 363-364, 365 e sgg., 378, 388, 398, 410, 438 e sgg., 446, 451 e sgg., 484, 506 n., 509 n., 527, 533, 544; visita a, da parte di Dott. W. Y. Evans-Wentz, ix-x; apparizione di, x, 101, 102, 410 e sgg.; mio primo incontro con, 101 e sgg.; promessa di, di amore incondizionato, 103, 438; richiesta di, che io mi iscriva all'università, 119; nascita e primi anni di vita di, 121; nome di, 121; mia iniziazione da parte di, alla scienza del Kriya Yoga, 122; dieta vegetariana di, 124; guarigione operata da, della mia magrezza, 128-129; guarigione di, per opera di Lahiri Mahasaya, dalla magrezza, 129-130; severa disciplina di, 135 e sgg.; esperienze all'eremitaggio di, con Kumar, 140 e sgg.; proprietà di, 149-150, 442-443; mi concede l'esperienza della coscienza cosmica, 160 e sgg.; manda il contadino che mi ruba il cavolfiore, 169 e sgg.; si rifiuta di trovare la lampada mancante, 172; procura un 'ombrello' di nuvole, 173; espone il vero significato, dell'astrologia, 180 e sgg., dei versetti delle Scritture, 187 e sgg.; mi guarisce da un problema di fegato, 183; guarisce Dott. Roy dal diabete, 192 e sgg.; guarisce Sasi dalla tubercolosi, 194 e sgg.; mi esorta a proseguire i miei studi a Serampore, 197-198; racconta i miracoli di Afzal Khan 200 e sgg.; appare simultaneamente a Calcutta e a Serampore, 207; mi guarisce dal colera, 213-214; profezia delle fragole, 217; viene colpito da una malattia di origine metafisica in Kashmir 224 e sgg.; mi manda da Romesh per superare gli esami, 238 e sgg.; mi consacra all'Ordine degli swami con il nome di Yogananda, 244; guarisce Nalini dalla paralisi alle gambe, 256-258; assiste alla risurrezione di Rama, 318 e sgg.; mi chiede di scrivere la vita di Lahiri Mahasaya, 320-321, 448; titolo di *jnanavatar,* 363, 456; vede Babaji in tre occasioni, 365 e sgg.; scrive un libro su richiesta di Babaji, 368 e segg.; mi benedice quando parto per l'America, 381; risponde alla mia preghiera sulla nave, 385; mi richiama in India, 398; predice la sua morte, 398, 442; dà il benvenuto a me e a Dick Wright a Serampore, 410; mi conferisce il titolo di *Paramahansa,* 442; lascia questa terra, 453-454; sepoltura di, 454; risurrezione di, 457 e sgg.; descrizione di, di un universo astrale, 458 e sgg.;
Srimad Bhagavata, 190 n.

Statua della Libertà, 518

Steinmetz, Charles P., cit. sulla necessità di una ricerca spirituale, 494 n.

Sthiti Lal Nundy, vicino di casa di Giri Bala, 504-505, 510

Storici greci, sull'India, 427 e sgg.

Story of My Experiments with Truth, The, 484 n.

Story of Therese Neumann, The, 31 n., 400 n.

Sussurri dall'Eternità, 388 n.

Swadeshi, uso dei prodotti fatti in casa, 478, 509, 519

Swami, membro di un antico ordine di monaci, 19 n., 144, 148, 243 e sgg.; ordine, riorganizzato da Shankara, 106-107 n.; mia iniziazione come, 244; cerimonia tenuta dallo Shankaracharya di Puri per due monaci della YSS, 106-107 n.; differenza fra, e yogi, 245 e sgg.; iniziazione di Sri Yukteswar nell'Ordine degli swami, 366

'Swami delle tigri', lo, (swami Sohong), 57 e sgg.

Tagore. *Vedere* Rabindranath

Taj Mahal, famoso mausoleo, 110, 112, 118, 448

Talete, cit. su vita-morte, 334 n.

Tan Sen, poteri esercitati attraverso la musica di, 175-176

Tarakeswar, santuario, 152 e sgg.; mia prima visita a, 152-153; mia seconda visita a, 158; miracolo a, della materializzazione delle erbe che hanno guarito mi zio Sarada, 153

Taxila, antica università di, 78; visitata da Alessandro Magno, 427-429

Teismo, 92

Telepatia, 170, 207, 253-254, 283 n., 464

Tempo e spazio, relatività di, 296-297, 298-299

Teresa, santa, d'Avila, 242 n., 539 n.; stato di levitazione di, 73 n.

Terra Santa (Palestina), mia visita in, 406-407

Thamu, la più piccola delle mie sorelle, 96

Thayumanavar, poesia di, sul controllo della mente, 431

Thérèse, santa di Lisieux, 'Piccolo Fiore', 399

Thomas, F. W., cit., 214 n.

Thompson, Francis, cit., 534 n.

Tibet, 53, 155

Tigre (i), 34, 38, 41, 57 e sgg., 450; 'Raja Begum', a Cooch Behar, 62 e sgg.,

Tincouri Lahiri, figlio di Lahiri Mahasaya, 309, 325

Tolstoj, 293, 488

Tommaso d'Aquino, san, cit. 209 n.

Toynbee, Arnold J., 245 n.

Traherne, Thomas, cit., 542 n.

Trailanga, swami, miracoli di, 311 e sgg.; guarigione operata da, di mio zio, 315; elogio tributato da, a Lahiri Mahasaya, 316

Training of the Human Plant, The, 392

Tre corpi dell'uomo, i, 459, 466 e sgg., 473-474

Tre eremiti, I, 293

Troland, Dott. L. T., cit. sulla luce, 299

Indice analitico

Uma, una delle mie sorelle maggiori, 17, 53; episodio del foruncolo, 13-14; episodio dell'aquilone, 15-16; dea, 214 n.

Umiltà, 50, 86, 92, 350, 350 n.

Universo Misterioso, Il, cit. 298

Uomo, evoluzione dell', 116, 189, 264, 542 e sgg.; creazione dell' (concetto della Genesi), 188 e sgg., 541; (concetto indù), 190-191 n.; fatto a immagine di Dio, 189 n., 198-199 n., 242 n., 300; natura dell', 198-199 n., 473

Upanishad, compendi del pensiero vedico, 165, 249, 327, 474 n.; elogio delle, da parte di Schopenhauer, 146 n. *Vedere anche Vedanta*

Upendra Mohun Chowdhury, assiste alla levitazione di Bhaduri Mahasaya, 67-68

Usanze indiane, culto, 10; gare di aquiloni, 15; matrimonio, 17, 20 n., 33, 254; elemosine, 23, 483; rispetto per il fratello maggiore, 41 n., 112; doni al proprio guru, 72, 416; toccare i piedi del proprio guru, 133, 355; funerali, 144, 373 n.; 'l'ospite è Dio', 156; astinenza dal fumo in presenza degli anziani, 218 n.; togliersi le scarpe all'ingresso dell'eremitaggio, 237 n.; iniziazione nell'Ordine degli swami, 244-245; mangiare con le mani, 416, 506; le *yajna* quotidiane (offerte rituali obbligatorie), 483

Vaticano, commento del, sulla morte di Gandhi, 496

Veda, sacre Scritture dell'India, 43 n., 51 n., 83 n., 92, 99 n., 146 n., 174, 298, 248 n., 326 n., 370, 402 n., 535 n.; elogio dei, da parte di Emerson, 43 n.; quadruplice piano dei, per la vita dell'uomo, 55 n., 252 n.

Vedanta, 'parte finale dei *Veda*', 83 n., 106-107 n., 146 n., 244 n., 248 n., 446, 474 n.

Verità, 23 n., 171, 173 n., 249, 256 n., 348, 478 n., 484 n., 492, 545 e sgg.

Vidyalaya. *Vedere* Ranchi, scuola di

Vidyasagar, filantropo, 241

Vishnu, un aspetto del Dio Supremo, 174, 324 n., 545

Vishuddhananda, swami ('Gandha Baba'), 53

Visioni mie, di una precedente incarnazione, 3; di Lahiri Mahasaya che emerge dalla propria foto, 10; degli yogi dell'Himalaya e di una grande Luce, 12; a Bareilly, di mia madre, 18; del volto del mio guru, 33, 102; della Madre Divina, 85; del mondo come un film muto, 91-92; dei lampi di luce, 158; al santuario di Tarakeswar, delle sfere cosmiche, 158; di coscienza cosmica, 160-161; in Kashmir, di un edificio in California, 219; a Dakshineswar, della dea vivente in un'immagine di pietra, 231; in un sogno, del cerbiatto, 275; di un capitano al comando di una nave da guerra, 300-301; dei campi di battaglia in Europa, 302; del corpo come luce, 303-305; di volti americani, 375; della morte del mio guru, 453-454; del Signore Krishna, 457; a Bombay, di uno strano mondo, 457; di mie precedenti incarnazioni, 475-476; a Encinitas, di Gesù Cristo e del santo Graal, 537

Visva-Bharati, università fondata da Tagore, 291; *Quarterly*, 83 n.

'Vitatroni' (*prana*), energie più sottili dell'energia atomica, 54, 304, 459, 462, 466, 469

Vivasvat, antico illuminato, 261

Vivekananda, swami, 520-521

Washington, George, cit., 388

Whitman, Walt, poesia di, cit., 390

Wilson, Margaret Woodrow, discepolato in India di, 480 n.

Wilson, Woodrow, 480 n.; cit., 492

Wright, C. Richard, mio segretario, 399, 403 e sgg., 408, 410, 417, 422, 423-424, 433, 436, 446, 448, 456, 477-478, 483, 497, 501, 504, 506-507, 509 n., 510, 514, 517-518. *Vedere anche* 'Diario di viaggio'

Wutz, Prof. Franz, a Eichstätt, 400-403

Yajna, offerte rituali obbligatorie, 483

Yama, condotta morale, 249, 252 n.

Yama, il dio della morte, 320

Yoga tibetano e le dottrine segrete, Lo, ix; foto di Sri Yukteswar in, ix

Yoga, 'unione', scienza che si prefigge di unire l'anima individuale allo Spirito Cosmico, 54 n., 69, 155, 171, 244, 245 e sgg., 260 e sgg., 321-324, 361 n., 362-363, 531, 539 e sgg., 541 n.; applicabilità universale dello, 248, 249-250, 539-540; critiche allo, dovute a ignoranza, 248, 249-250, 251 n.; definizione dello, di Patanjali, 248-249; elogio dello, da parte di Jung, 250-251; quattro stadi dello, 252 n.

Yoga Sutra (*Aforismi* di Patanjali), 31 n., 127 n., 145 n., 242 n., 248-249, 251-252 n., 256 n., 262 n., 433 n., 442 n., 515 n., 544

Yogavatar, 'Incarnazione dello yoga', titolo di Lahiri Mahasaya, 359 n., 363, 364

Yogi, colui che pratica lo yoga, 3 n., 126, 265 e sgg., 278, 279 n., 299 e sgg., 541 n., 542; differenza tra, e swami, 246 e sgg. *Vedere anche* yoga

Yogini, donna yogi, 316, 504 e sgg.

Yogmata, Sister, realizza la profezia delle fragole, 217

Yogoda, Esercizi di ricarica SRF, 273-274, 290, 397, 419, 421 n., 487

Yogoda Math, eremitaggio YSS a Dakshineswar, 421

Yogoda Satsanga Society (YSS), scuole e attività della, in India, 245 n., 419 e sgg., 455

Young, Edward, cit. sui miracoli, 342 n.

Younghusband, Sir Francis, 399; cit. sulla gioia cosmica, 93 n.

YSS. *Vedere* Yogoda Satsanga Society

Yuan Chwang (Hieuen Tsiang), 443 n., 535 n.

Yuga, cicli del mondo, 186, 262 n.

Zanzare, episodio delle, all'eremitaggio di Serampore, 125 e sgg.

Zend-Avesta, 488; cit., 522

Indice delle illustrazioni

L'autore (frontespizio)

La madre di Sri Yogananda, Gurru (Gyana Prabha) Ghosh	8
Il padre di Sri Yogananda, Bhagabati Charan Ghosh	9
Yoganandaji all'età di sei anni	14
Ananta, il fratello maggiore di Yoganandaji	21
Le sorelle di Sri Yogananda: Uma, Roma e Nalini	21
Swami Pranabananda, il 'santo dai due corpi' di Benares	27
Swami Kebalananda, insegnante di sanscrito di Yogananda	47
La casa di famiglia di Sri Yogananda a Calcutta	47
Nagendra Nath Bhaduri, il 'santo che levita'	70
Jagadis Chandra Bose, grande scienziato indiano	80
Il maestro Mahasaya (Mahendra Nath Gupta)	88
La Madre Divina	90
Swami Gyanananda e Sri Yogananda	100
Sri Yukteswar, guru di Yogananda	104
Tempio della meditazione di Sri Yukteswar a Serampore	105
Sri Yogananda, 1915	105
Il Signore Krishna, il più grande profeta indiano	114
Jitendra Mazumdar, compagno a Brindaban	117
Ram Gopal Muzumdar, il 'santo che non dorme mai'	152
Ashram di Sri Yukteswar sulla riva del mare a Puri, Orissa	165
Sri Yukteswar nella posizione del loto	166
Yoganandaji a sedici anni	196
Il Signore nella forma di Shiva, 'Re degli yogi'	215
Casa Madre della Self-Realization Fellowship/Yogoda Satsanga Society of India	220
Sri Rajarsi Janakananda, presidente della SRF/YSS dal 1952 al 1955	222

Sri Daya Mata, presidente della SRF/YSS dal 1955 al 2010....... 222
Sri Mrinalini Mata, presidente della SRF/YSS dal 2010 al 2017... 222
Yoganandaji e suo cugino, Prabhas Chandra Ghosh 237
Sri Jagadguru Shankaracharya alla Casa Madre internazionale
    della SRF/YSS, 1958................................... 247
Sri Daya Mata in divina comunione 259
Un occidentale in samadhi, Sri Rajarsi Janakananda (J.J. Lynn) .. 271
Succursale e ashram della Scuola Yogoda Math a Ranchi........ 280
Kashi, studente della scuola di Ranchi......................... 284
Rabindranath Tagore 288
Shankari Mai Jiew, discepola di swami Trailanga 314
Lahiri Mahasaya 323
Mahavatar Babaji, guru di Lahiri Mahasaya................... 336
Grotta abitata saltuariamente dal Mahavatar Babaji 341
Lahiri Mahasaya, guru di Sri Yukteswar....................... 354
Panchanon Bhattacharya, discepolo di Lahiri Mahasaya........ 362
Foto sul passaporto di Sri Yogananda, 1920 379
Delegati all'International Congress of Religious Liberals, Boston,
    1920... 380
Sri Yogananda in viaggio verso l'Alaska, estate del 1924......... 381
Lezione di yoga a Denver..................................... 382
Una classe di studenti yoga a Los Angeles 383
Servizio di Pasqua all'alba, Casa Madre della SRF/YSS, 1925 384
Sri Yogananda presso la cripta di George Washington, 1927...... 385
Sri Yogananda alla Casa Bianca................................ 386
Emilio Portes Gil, presidente del Messico, con Sri Yogananda 389
Yoganandaji al lago Xochimilco, Messico, 1929 389
Luther Burbank e Yoganandaji a Santa Rosa, California, 1924 ... 394
Therese Neumann, C.R. Wright e Yoganandaji 405
Sri Yukteswar e Sri Yogananda a Calcutta, 1935 409
Gruppo di devoti nella veranda dell'ashram di Serampore, 1935 .. 412

Indice delle illustrazioni

Sri Yogananda a Damodar, India, 1935. 413

Processione di insegnanti e studenti della scuola di Ranchi, 1938 . 414

Studenti della scuola per ragazzi della Yogoda Satsanga Society di Ranchi, 1970. 414

Sri Yogananda presso la scuola per ragazze di Ranchi, 1936. 415

Scuola Yogoda Satsanga per ragazzi di Ranchi, 1936. 415

Yogoda Math a Dakshineswar, India 418

Sri Yogananda con alcuni amici e parenti sul fiume Yamuna a Mathura, 1935 419

Ramana Maharshi e Yoganandaji 435

Sri Yukteswar e Yoganandaji durante una processione religiosa, 1935. 437

Gruppo di devoti nel cortile dell'ashram di Serampore, 1935 439

Lezione di yoga a Calcutta, 1935 440

Krishnananda alla khumba mela con la leonessa addomesticata . 444

Sri Yogananda e C. Richard Wright, suo segretario, con swami Keshabananda a Brindaban, 1936. 449

Tempio alla memoria di Sri Yukteswar a Puri 453

Il Mahatma Gandhi e Sri Yogananda nell'ashram di Wardha, 1935. 481

Ananda Moyi Ma, la 'madre permeata di gioia', con Paramahansa Yogananda. 499

Sri Yogananda al Taj Mahal, Agra, 1936. 502

Giri Bala, la santa del Bengala che non mangia mai. 513

Paramahansa Yogananda e Sri Daya Mata, 1939 523

Paramahansa Yogananda e Sri Rajarsi Janakananda, 1933. 523

Eremitaggio della Self-Realization Fellowship, Encinitas, California 525

Sri Yogananda nei giardini dell'eremitaggio SRF di Encinitas, 1940 . 526

Paramahansa Yogananda all'inaugurazione di Lake Shrine, 1950 . . 529

Lake Shrine della Self-Realization Fellowship e il monumento alla pace mondiale di Gandhi 530

Autobiografia di uno Yogi

L'onorevole Goodwin J. Knight, vicegovernatore della California,
   con Yoganandaji all'inaugurazione dell'India Center, 1951 ... 532
Tempio della Self-Realization Fellowship a Hollywood, California .. 532
Sri Yogananda a Encinitas, California, 1950. 538
L'ambasciatore dell'India, B.R. Sen presso la Casa Madre della SRF. 543
Sri Yogananda un'ora prima del suo mahasamadhi, 7 marzo 1952 . 547

Indice

L'eredità spirituale di Paramahansa Yogananda v
Ringraziamenti viii
Prefazione ix
Introduzione xi

1. I miei genitori e la mia prima infanzia 3
2. La morte di mia madre e l'amuleto dai poteri mistici 17
3. Il santo dai due corpi 25
4. Tento invano di fuggire verso l'Himalaya 33
5. Il 'santo dei profumi' mostra i suoi prodigi 48
6. Lo swami delle tigri 57
7. Il santo che levita 67
8. Il grande scienziato indiano J. C. Bose 74
9. Il devoto estatico e il suo romanzo cosmico (Il maestro Mahasaya) 84
10. Incontro il mio maestro, Sri Yukteswar 94
11. Due ragazzi senza un soldo a Brindaban 109
12. Gli anni trascorsi nell'eremitaggio del mio maestro 119
13. Il santo che non dorme mai 151
14. Un'esperienza della coscienza cosmica 159
15. Il furto del cavolfiore 168
16. Come sconfiggere gli astri 180
17. Sasi e i tre zaffiri 192
18. Il maomettano dai poteri miracolosi 200
19. Mentre è a Calcutta, il mio maestro appare a Serampore .. 206
20. Non visitiamo il Kashmir 210
21. Visitiamo il Kashmir 217
22. Il cuore di un'immagine di pietra 229
23. Prendo la laurea 235
24. Divento monaco dell'Ordine degli swami 243
25. Mio fratello Ananta e mia sorella Nalini 253
26. La scienza del Kriya Yoga 260
27. Fondo una scuola di yoga a Ranchi 272
28. Kashi rinato e ritrovato 281

29. Rabindranath Tagore e io confrontiamo le nostre scuole 287
30. La legge dei miracoli 293
31. Un incontro con la madre santa (Kashi Moni Lahiri) 306
32. La resurrezione di Rama............................... 317
33. Babaji, uno yogi dell'India moderna simile al Cristo........ 327
34. Un palazzo si materializza sull'Himalaya 337
35. La vita di Lahiri Mahasaya, un maestro simile al Cristo 351
36. L'interesse di Babaji per l'Occidente 365
37. Vado in America...................................... 375
38. Luther Burbank, un santo fra le rose 391
39. Therese Neumann: la mistica cattolica con le stigmate...... 398
40. Ritorno in India 408
41. Un'esperienza idilliaca nell'India del sud................. 423
42. Gli ultimi giorni trascorsi con il mio guru 438
43. La resurrezione di Sri Yukteswar........................ 457
44. Con il Mahatma Gandhi a Wardha 477
45. La Madre permeata di gioia del Bengala (Ananda Moyi Ma). 497
46. La yogini che non mangia mai.......................... 504
47. Ritorno in Occidente 517
48. A Encinitas, in California.............................. 522
49. Gli anni dal 1940 al 1951.............................. 528

Paramahansa Yogananda: uno Yogi nella vita e nella morte 549
*Francobolli commemorativi e monete in onore di Paramahansa
   Yogananda e Lahiri Mahasaya* 550
*Ulteriori informazioni sugli insegnamenti del Kriya Yoga
   di Paramahansa Yogananda*............................ 551
Le Lezioni della Self-Realization Fellowship 552
Altre opere della Self-Realization Fellowship................. 553
La linea di successione dei Guru della Self-Realization Fellowship . 556
Scopi e Ideali della Self-Realization Fellowship................ 558
Indice analitico 559
Indice delle illustrazioni 581

www.ingramcontent.com/pod-product-compliance
Lightning Source LLC
Chambersburg PA
CBHW060218230426
43664CB00011B/1472